KEY TO MAP PAGES - TABLEAU D'ASSEMBLAGE
BLATTSCHNITT - KAARTIND
INDICE DELLE CARTE.

GW00418709

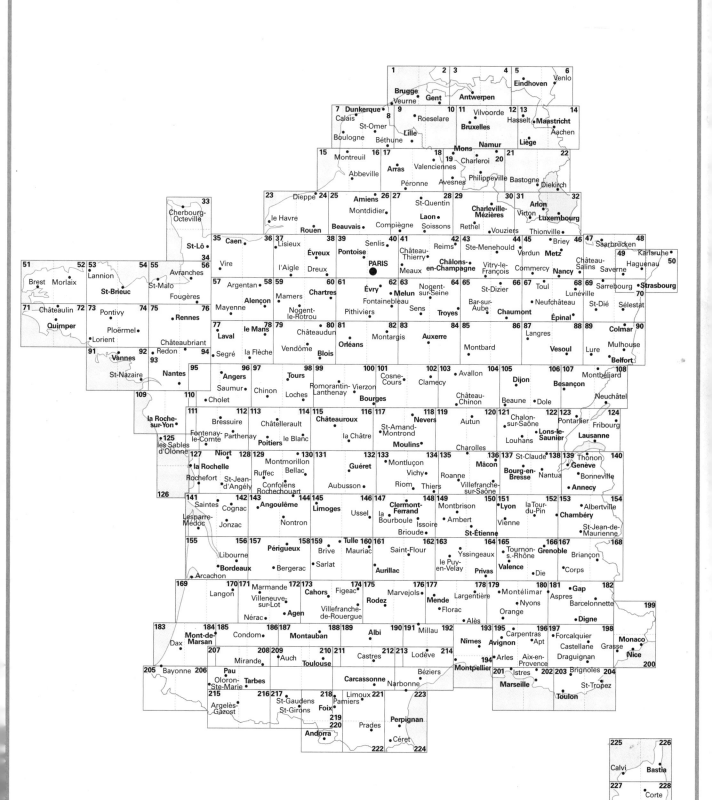

PHILIP'S

France
Belgium Luxembourg
ROAD ATLAS

Contents

First published 2002
under the title BLAYFOLDEX ATLAS FRANCE
BELGIQUE LUXEMBOURG 2002
by Blay Foldex SA
Copyright © Blay-Foldex S.A.

To the best of the Publisher's knowledge, the
information in this atlas was correct at the time
of going to press. No responsibility can be
accepted for any errors or their consequences.

Printed in Italy

Philip's
a division of Octopus Publishing Group Ltd
2–4 Heron Quays
London E14 4JP

Second edition 2002
First impression 2002

www.philips-maps.co.uk

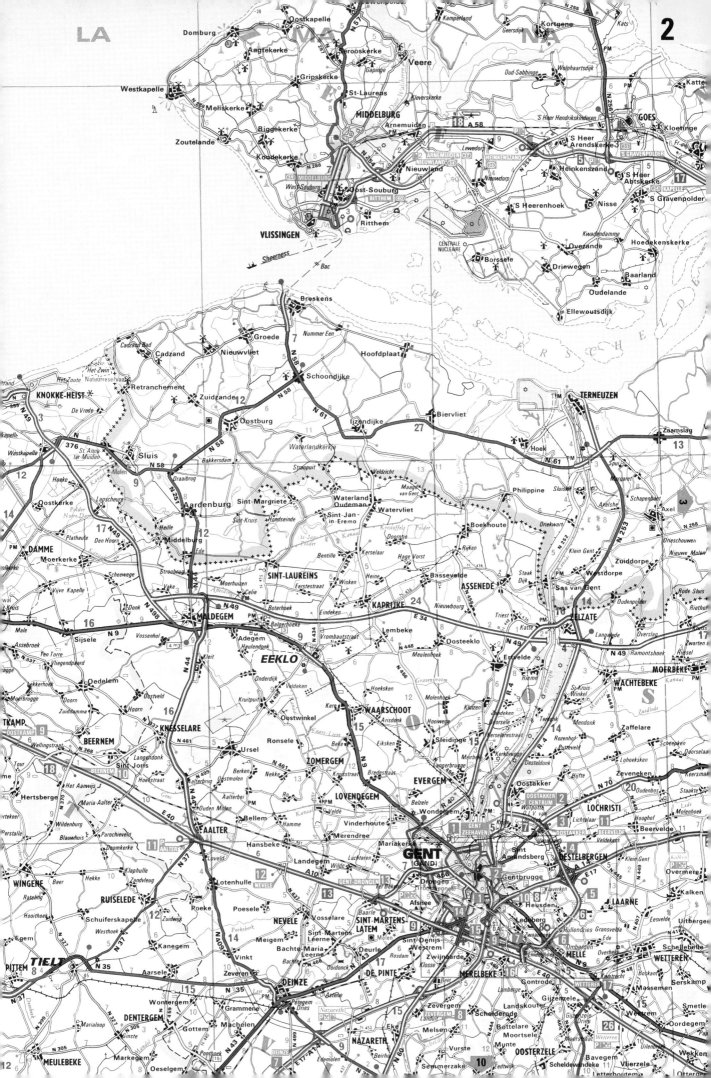

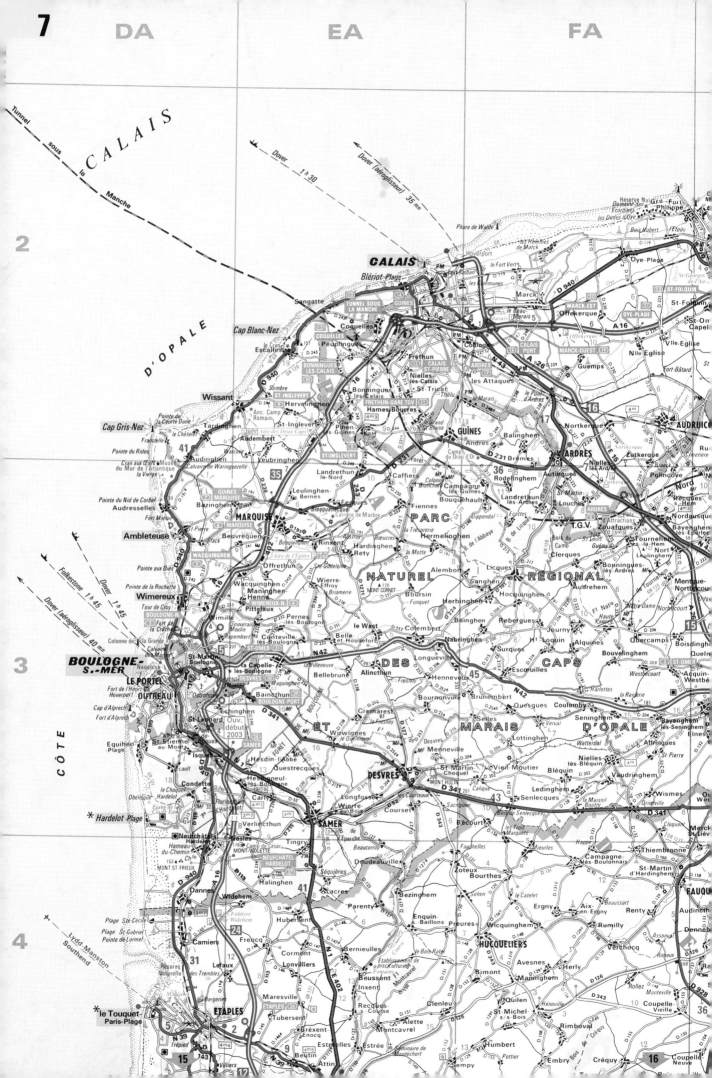

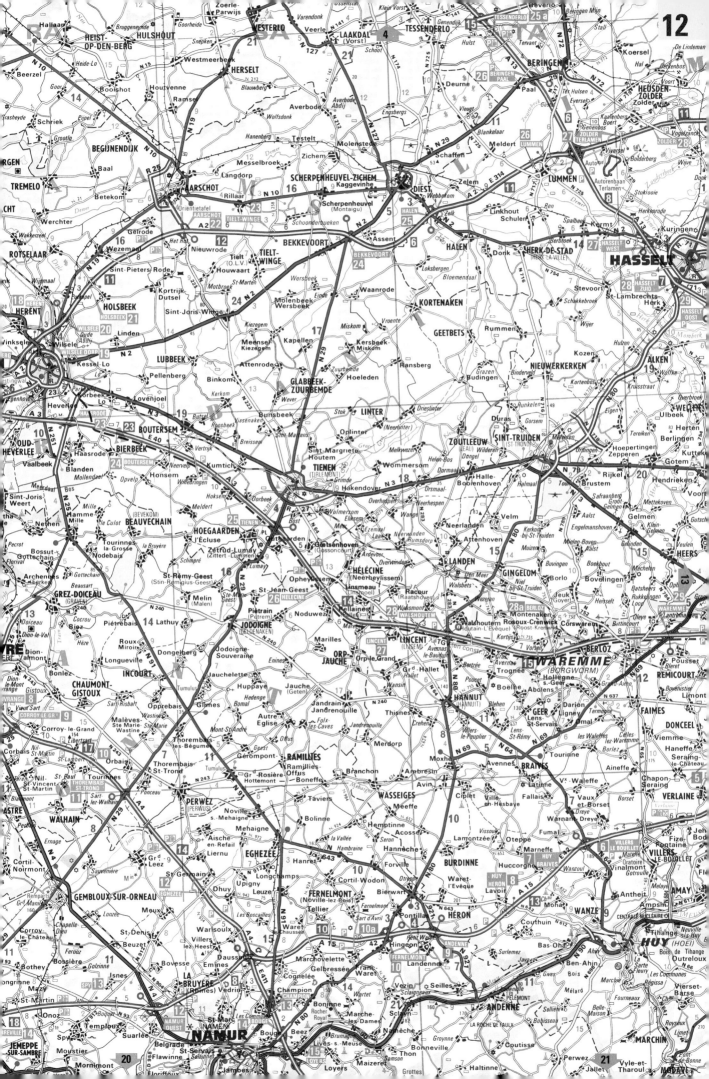

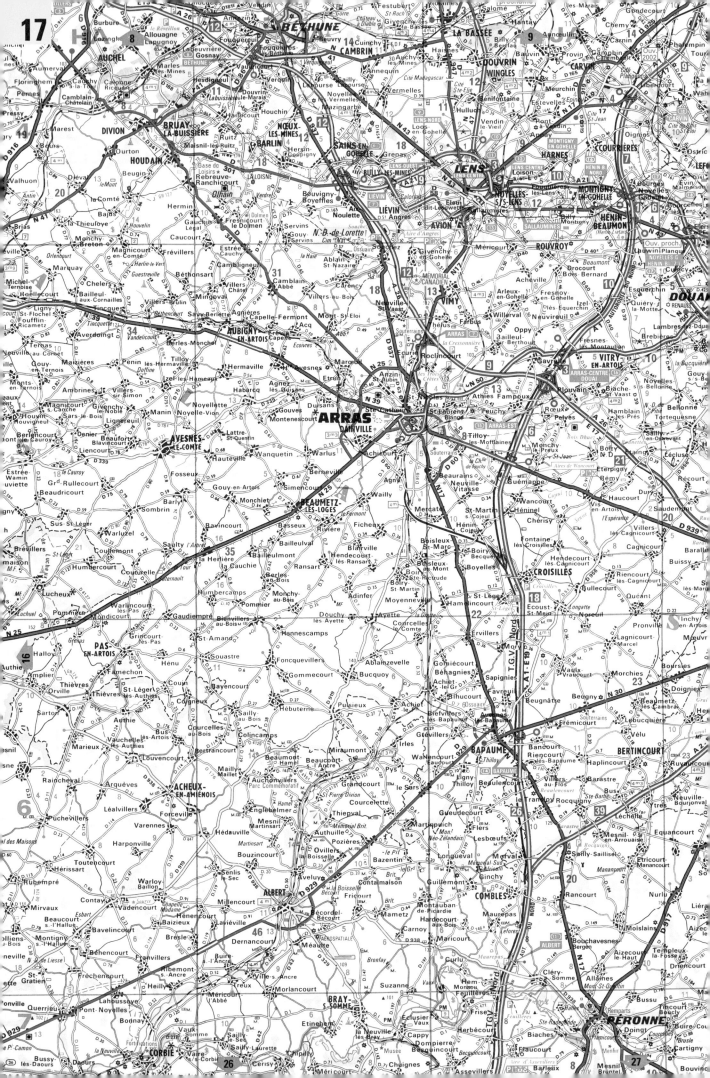

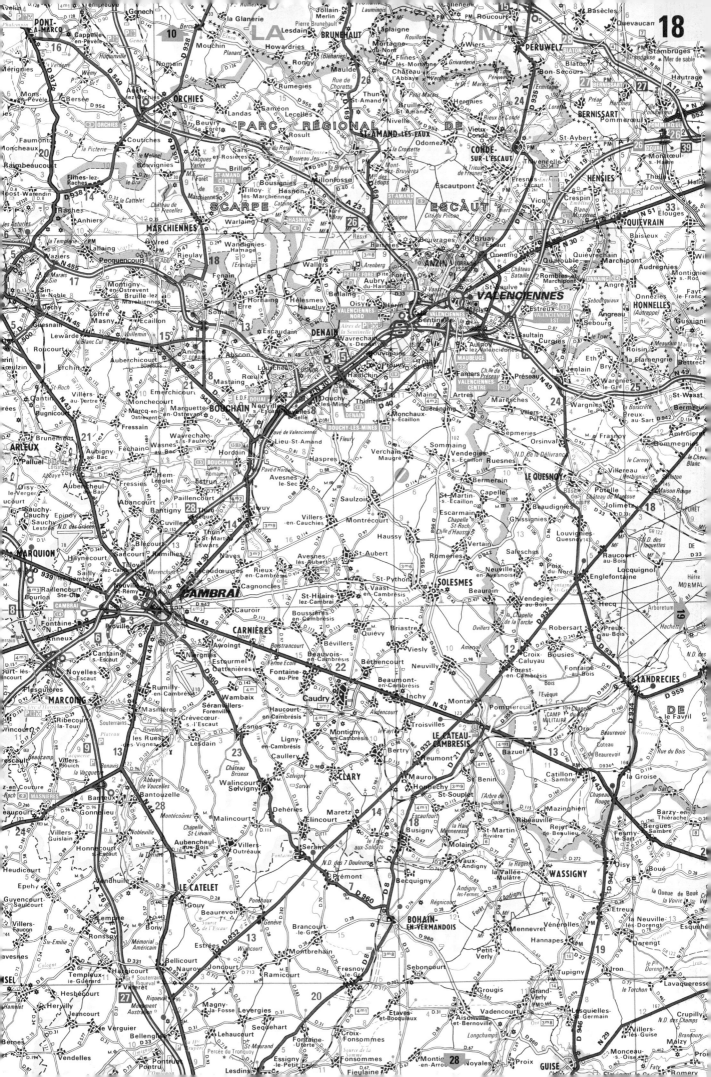

AA

ST-VALÉRY-EN-CAUX · DIEPPE · ENVERMEU

Ste-Marguerite-sur-Mer · Quiberville-Plage · Phare d'Ailly · Valleuse · Pourville · Puys · Bracquemont · Dérchigny · Tourville-la-Chapelle · Glicourt · Intraville · Gouchat · Bréatny · Taillette

Veules-les-Roses · Sotteville · Quiberville · St-Aubin-sur-Mer · Flainville · Longueil · Manoir d'Ango · Hautot-sur-Mer · Appeville · Rouxmesnil-Bouteilles · Arques-la-Bataille · St-Nicolas-d'Aliermont · Douvrend · le Mont · Bailly-en-Rivière · St-Ouen-sous-Bailly

le Bourg-Dun · Tous-les-Mesnils · OFFRANVILLE · St-Aubin-sur-Scie · Ambrumesnil · Colmesnil-Manneville · Martigny · Dampierre-St-Nicolas · Bout-d'Aval

Manneville-ès-Plains · Blosseville · la Chapelle-sur-Dun · Avremesnil · St-Pierre-le-Vieux · Gueures · Sauqueville · Aubermesnil-Beaumais · le Bois-Robert · St-Germain-d'Étables · Meulers · le Hamel · Boissay · ENVERMEU · Tuberville · Renouval

Cailleville · Pleine-Sève · le Mesnil-Durdent · Houdetot · St-Pierre-le-Viger · Gruchet-St-Siméon · Brachy · Hermanville · Bout-l'Abbé · Bertreville-St-Ouen · Crosville-sur-Scie · Denestanville · Torcy-le-Petit · Ste-Vaast-d'Équiville · Ste-Agathe · Croixdalle · Ricarville-du-Val · Osmoy-St-Valéry · N.D.-d'Aliermont

Néville · FONTAINE-LE-DUN · Crasville-la-Rocquefort · Autigny · Luneray · le Ronchay · Greuville · Lammerville · Omonville · Mont-les-Bois · Beaumais · la Chaussée · la Chapelle-du-Bourgay · Muchedent · Mesnil-Follemprise · Bures-en-Bray

Crasville-la-Mallet · Drosay · Ste-Colombe · Bourville · Rainfreville · Tocqueville-en-Caux · Royville · BACQUEVILLE-EN-CAUX · Belmesnil · St-Mards · Criquetot-sur-Longueville · les Cent-Acres · le Catelier · Montigny · la Gde-Rue · Ardouval · Fresles · Pommeréval

Angiens · Ermenouville · Brametot · Héberville · Canville-les-Deux-Églises · Sasseville · Gonneton · Biville-la-Rivière · Lamberville · Beauval-en-Caux (Beaunay) · Gonneville-sur-Scie · Goupilleville · St-Crespin · St-Honoré · FORGES-LES-EAUX

St-Vaast-Dieppedalle · Anglesqueville-la-Bras-Long · Hautot-l'Auvray · Gonzeville · St-Laurent-en-Caux · Auzouville-sur-Saâne · St-Pierre-Bénouville · Ste-Geneviève-en-Caux · Heugleville-sur-Scie · N.D.-du-Parc · Cropus · St-Hellier · Orival · la Crique · Rosay · Maucomble · Aire de Maucomble

DOUDEVILLE · Harcanville · Étalleville · Prétot-Vicquemare · Thiédeville · le Torp-Mesnil · Imbleville · Eurville · Biville-la-Baignarde · Biville-en-Caux · Auffay · Cressy · St-Martin · la Heuze · Vauchel · Ventes-St-Rémy · BELLENCOMBRE · les Authieux · St-Étienne · Bosmelet · la Pommeraye · Montreuil-en-Caux · Beaumont-le-Hareng · ST-SAËNS

l'Anvéville · Amfreville-les-Champs · Berville · Lindebeuf · Val-de-Saâne · Belleville-en-Caux · Calleville-les-Deux-Églises · Bonnetôt · Beuville · St-Denis-sur-Scie · Sévis · Bosmelet · Louvet · Bracquetuit · la Folie · Étaimpuis · Beuzeville-la-Giffard · Beaussault

Héricourt-en-Caux · Hautot-St-Sulpice · Yvecrique · Criquetot-sur-Ouville · Ouville-l'Abbaye · Vibeuf · la Fontelaye · Bellemare · St-Vaast-du-Val · Cassonville · la Pommeraye · Montville-en-Caux · Épinay · Bosc-le-Hard · Bosc-Bérenger · le Pucheuil · Gaillefontaine

Étoutteville · VERVILLE · Grémonville · St-Martin-aux-Arbres · Bourdainville · les Étangs · Varvannes · le Nisbourg · Bertrimont · TÔTES · St-Maclou-de-Folleville · St-Victor-l'Abbaye · Gruchet-le-Valasse · Grigneuseville · Cottévrard · TÔTES-ST-SAËNS · Martin-Osmonville

YVETOT · Écalles-Alix · St-Martin-aux-Arbres · l'Eseneval · Saussay · Huglevelle-en-Caux · Beautot · Fresnay-le-Long · Frichemesnil · Authieux-Ratiéville · Esteville · Critot · Beaumont · Touffreville · Estouteville-Écalles · BUCHY

Baons-le-Comte · Motteville · Cideville · Émanville · Butot · St-Ouen-du-Breuil · la Houssaye-Béranger · Grugny · le Bocasse · Bosc-le-Hard · Claville-Motteville · le Mesnil St-Germain-sur-Cailly · Vieux-Manoir · St-Martin-du-Plessis

Ste-Marie-des-Champs · Flamanville · Limésy · St-Antoine · Mesnil-Panneville · Ste-Austreberthe · Sierville · Goupillières · le Boulay · CLÈRES · Cotdelibeuf · Ratiéville · Le Fot · Collège de Normandie · Le Cieux · Mont-Cauvaire · Fontaine-le-Bourg · Yquebeuf · Colmare · Cailly · les Authieux · Ste-Croix-sur-Buchy

St-Clair-sur-les-Monts · Beauvoir · Croix-Mare · la Folletière · Carville-la-Folletière · Fréville · Blacqueville · Renfeugères · Fresquiennes · Anceaumeville · la Rue-St-Pierre · St-Georges-sur-Fontaine · St-André-sur-Cailly · Bierval · Longuerue · Bierville

Mauny · Touffreville-la-Corbeline · PAVILLY · Bouville · Betteville · Villers-Écalles · Eslettes · Montville · Bosc-Guérard-St-Adrien · Coquereaumont · St-Jean · Fontaine-sous-Préaux · Quincampoix · Montdétour · Morgny-la-Pommeraye · Catenay

Maulévrier-Ste-Gertrude · CAUDEBEC-EN-CAUX · St-Wandrille-Rançon · Épinay-sur-Duclair · St-Paër · Malzaize · Pissy-Poville · Barentin · Malaunay · Houppeville · la Muette · ISNEAUVILLE · Préaux · Servaville-Salmonville · Grainville-sur-Ry · St-Aubin-Épinay

Yainville · Pt de Brotonne · St-Nicolas-de-Bliquetuit · N.D.-de-Bliquetuit · la Mailleraye-sur-Seine · le Nouveau-Trait · Vaupuy · DUCLAIR · Val-la-Fontaine · St-Pierre-de-Varengeville · la Vaupalière · Roumare · le Houlme · St-Jean-du-Cardonnay · N.D.-DE-BONDEVILLE · Isneauville · Hêtre · la Vieux-Rue · Blainville-Crevon

la Haye-Hauville · Heurtauville · Jumièges · Anneville-Ambourville · Berville-sur-Seine · Hénouville · St-Martin-de-Boscherville · MAROMME · BOIS-GUILLAUME · Bihorel · Bellevue · Fontaine-sous-Préaux · Roncherolles-sur-le-Vivier

NORMANDE · la Londe · Mesnil-sous-Jumièges · Quevillon · Yville-sur-Seine · Val-de-la-Haye · Montigny · CANTELEU · MONT-ST-AIGNAN · Déville · DARNÉTAL · Martainville-Épreville · Auzouville-sur-Ry

ROUTOT · la Trinité-de-Thouberville · Barneville-sur-Seine · LE GRD QUEVILLY · LE PT QUEVILLY · Couronne · ROUEN · BONSECOURS · St-Léger-du-Bourg-Denis · Amfreville-la-Mi-Voie · St-Aubin-Épinay

Bourgthéroulde · Bourgachard · Rougemontiers · Hauteville-sur-Mer · SOTTEVILLE-LÈS-ROUEN · ST-ÉTIENNE-DU-ROUVRAY · Belbeuf · Montmain · Fresne-le-Plan · Renneville · le Favril

Aires de Bosgouet · Bosc-Bénard-Crescy · St-Ouen-de-Thouberville · Moulineaux · la Neuville-Chant-d'Oisel · BOOS · Gouy · Quévreville-la-Poterie · Ymare · FLEURY-SUR-ANDELLE

BOURGTHÉROULDE-INFREVILLE · Thuit-Hébert · Bosc-Bénard-Commin · le Landin · Robert le Diable · GRD COURONNE · St-Aubin-Celloville · Romilly-sur-Andelle · Pont-St-Pierre · Douville-sur-Andelle

DISSEL · ELBEUF · Cléon · Tourville-la-Rivière · Sotteville-sous-le-Val · la Neuville-du-Bosc · Criquebeuf-sur-Seine · Alizay · le Manoir · Amfreville-les-Champs · Flipou

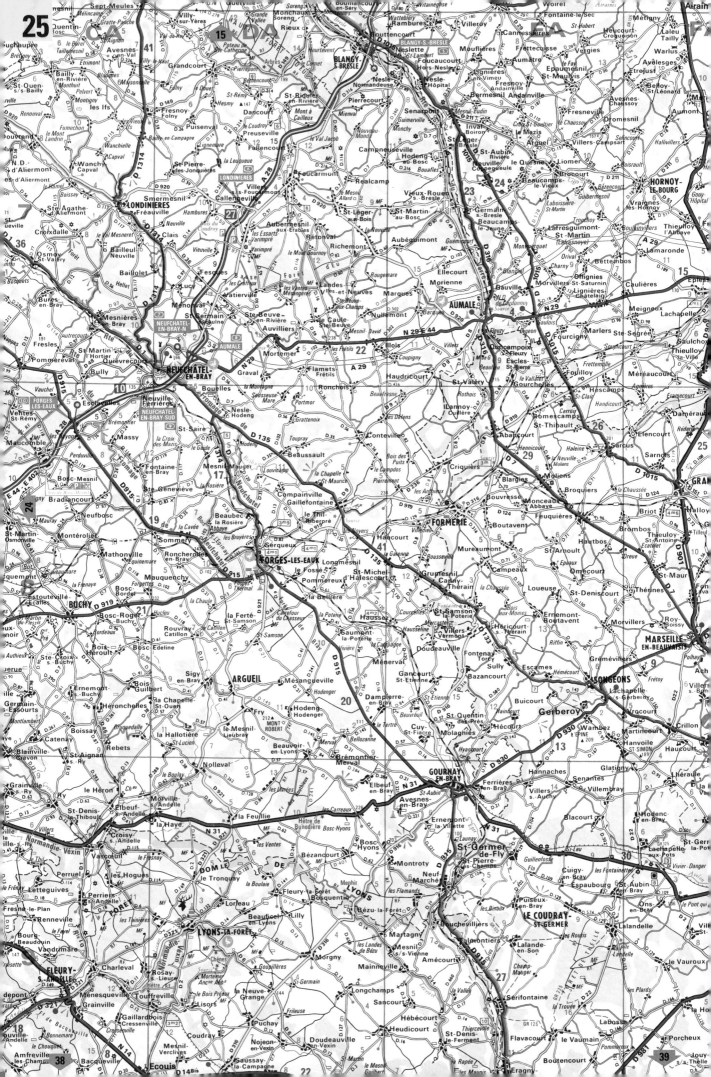

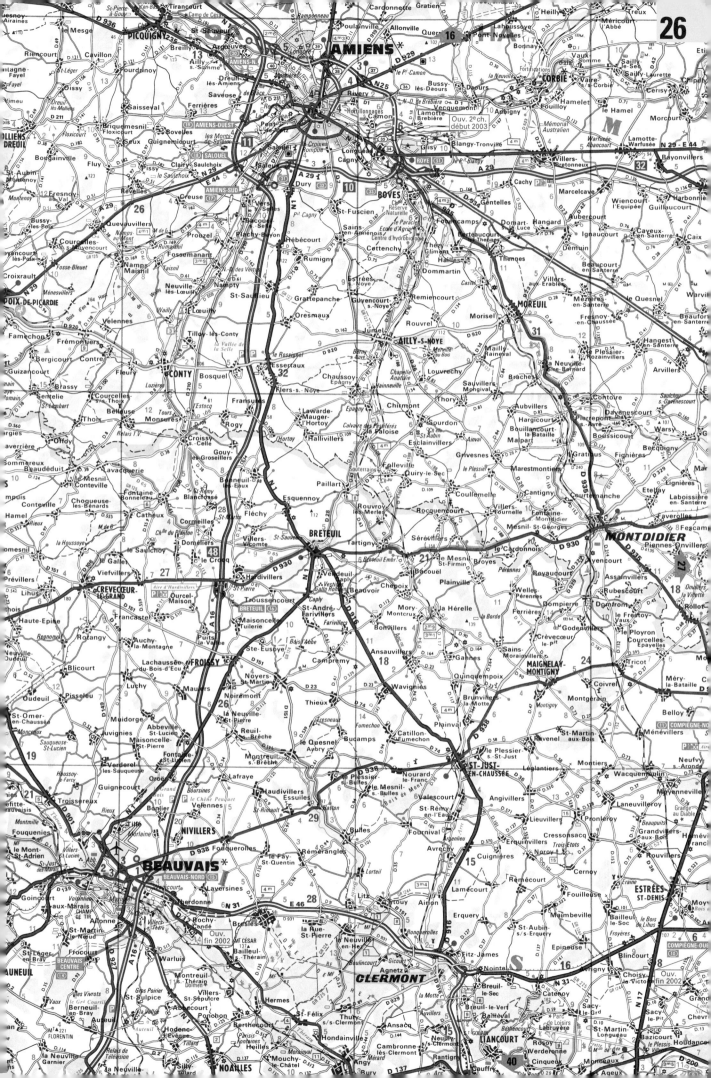

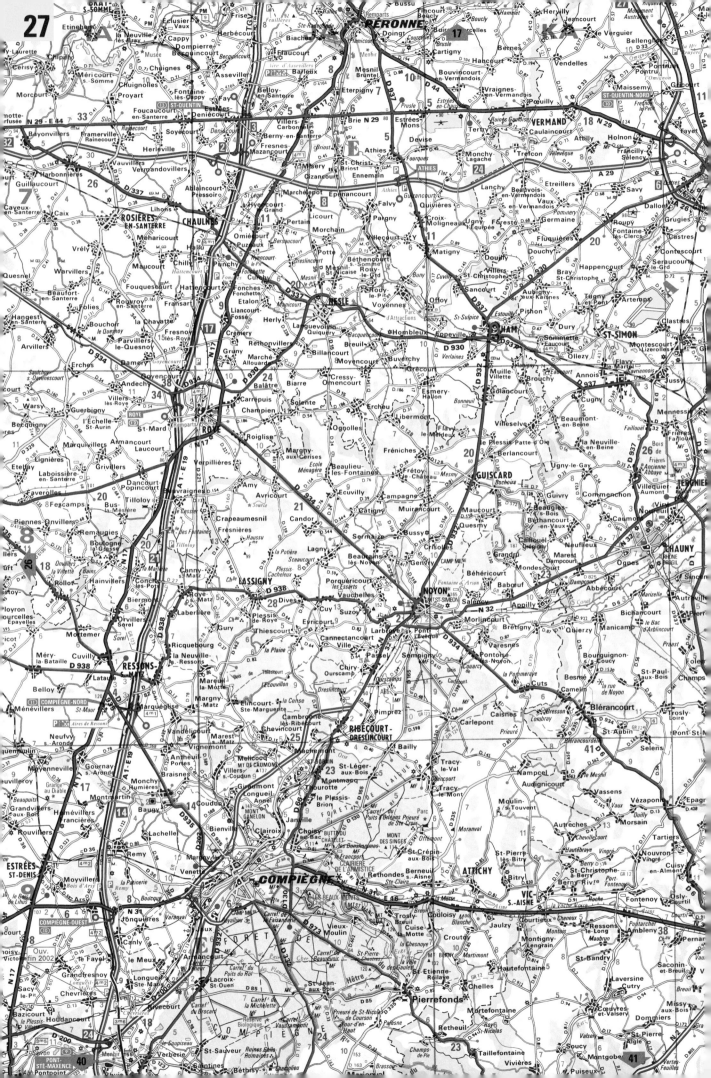

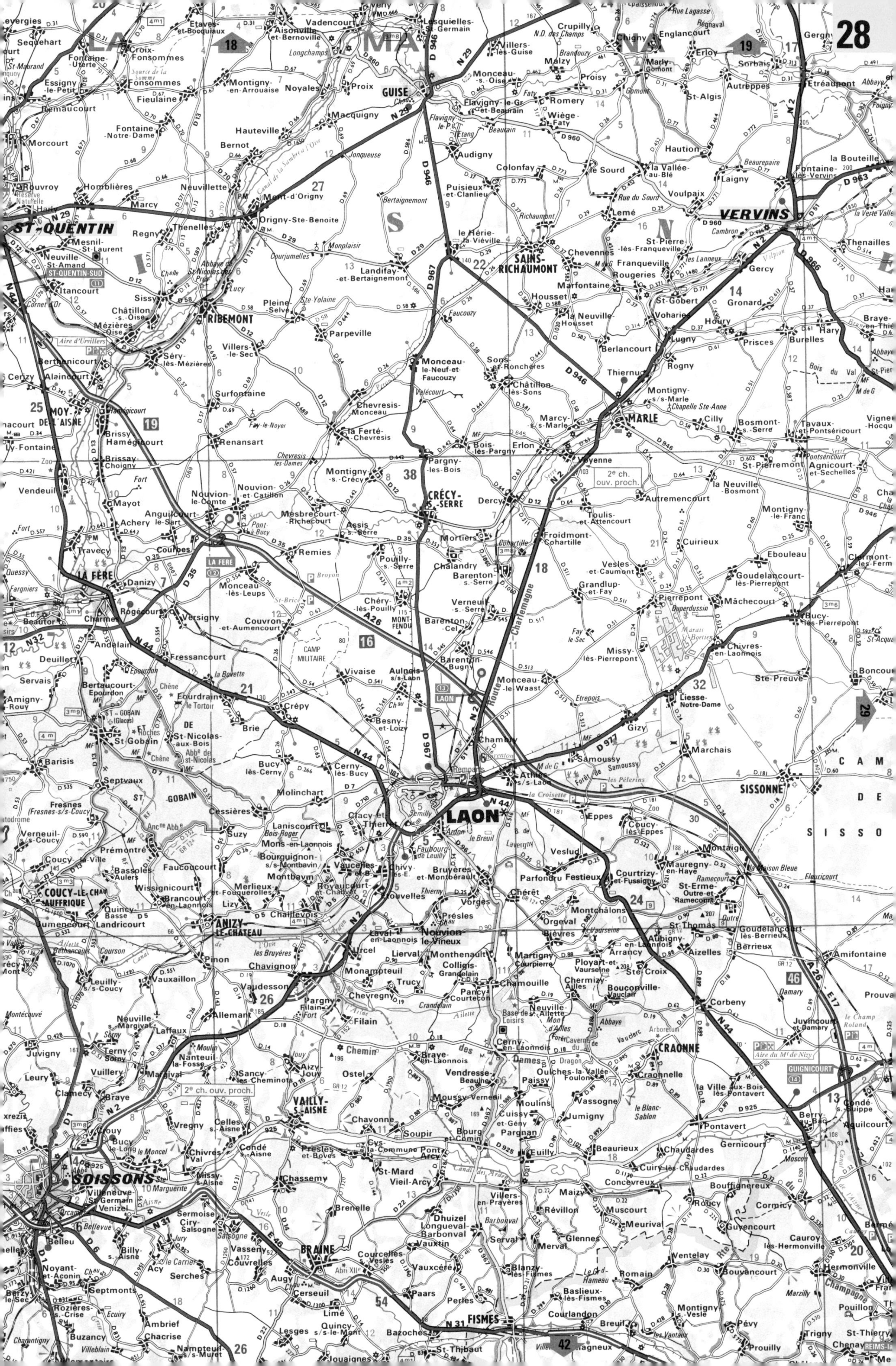
ST-QUENTIN
Guise
Vervins
Ribemont
Sains-Richaumont
Marle
Crécy-s.-Serre
La Fère
Moy-de-l'Aisne
Laon
Sissonne
Craonne
Coucy-le-Château-Auffrique
Anizy-le-Château
Vailly-s.-Aisne
Soissons
Braine
Fismes
Origny-Ste-Benoite
Mont-d'Origny
Vadencourt
Lesquielles-St-Germain
Villers-lès-Guise
Audigny
Colonfay
Puisieux-et-Clanlieu
Le Hérie-la-Viéville
Landifay-et-Bertaignemont
Parpeville
Chevresis-Monceau
La Ferté-Chevresis
Renansart
Surfontaine
Villers-le-Sec
Séry-lès-Mézières
Châtillon-s.-Oise
Mézières-s.-Oise
Sissy
Regny
Thenelles
Neuvillette
Hauteville
Macquigny
Proix
Noyales
Montigny-en-Arrouaise
Fonsommes
Fieulaine
Homblières
Marcy
Rouvroy
Morcourt
Remaucourt
Essigny-le-Petit
Fontaine-Notre-Dame
Bernot
Monceau-s.-Oise
Flavigny-le-Gr. et Beaurain
Romery
Wiège-Faty
Malzy
Proisy
Crupilly
Englancourt
Marly-Gomont
Erloy
Sorbais
St-Algis
Autreppes
Etréaupont
Haution
La Vallée-au-Blé
Le Sourd
Laigny
Voulpaix
Fontaine-lès-Vervins
Thenailles
Gercy
Gronard
Lemé
St-Pierre-lès-Franqueville
Franqueville
Rougeries
Chevennes
Marfontaine
Housset
St-Gobert
Voharies
Lugny
Hary
Burelles
Prisces
Rogny
Thiernu
Berlancourt
La Neuville-Housset
Sons-et-Ronchères
Châtillon-lès-Sons
Monceau-le-Neuf-et-Faucouzy
Marcy-s/s-Marle
Montigny-s/s-Marle
Cilly
Bosmont-s.-Serre
Tavaux-et-Pontséricourt
Pargny-les-Bois
Bois-lès-Pargny
Erlon
Voyenne
Dercy
Toulis-et-Attencourt
Autremencourt
La Neuville-Bosmont
St-Pierremont
Agnicourt-et-Sechelles
Montigny-le-Franc
Cuirieux
Ebouleau
Froidmont-Cohartille
Mortiers
Chalandry
Barenton-s.-Serre
Vesles-et-Caumont
Grandlup-et-Fay
Pierrepont
Goudelancourt-lès-Pierrepont
Mâchecourt
Bucy-lès-Pierrepont
Chivres-en-Laonnois
Missy-lès-Pierrepont
Ste-Preuve
Liesse-Notre-Dame
Gizy
Marchais
Samoussy
Athies-s/s-Laon
Chambry
Monceau-le-Waast
Barenton-Bugny
Barenton-Cel
Verneuil-s.-Serre
Chéry-lès-Pouilly
Pouilly-s.-Serre
Assis-s.-Serre
Remies
Mesbrecourt-Richecourt
Montigny-s.-Crécy
Nouvion-et-Catillon
Nouvion-le-Comte
Anguilcourt-le-Sart
Achery
Mayot
Travecy
Brissy-Hamégicourt
Brissay-Choigny
Vendeuil
Alaincourt
Berthenicourt
Danizy
Monceau-lès-Leups
Couvron-et-Aumencourt
Versigny
Rogécourt
Charmes
Andelain
Deuillet
Servais
Fressancourt
Bertaucourt-Epourdon
Fourdrain
Brie
Crépy
Vivaise
Aulnois-s/s-Laon
Besny-et-Loizy
Cerny-lès-Bucy
Bucy-lès-Cerny
Molinchart
Cessières
St-Gobain
Septvaux
Barisis
Suzy
Laniscourt
Mons-en-Laonnois
Clacy-et-Thierret
Vaucelles-et-Beffecourt
Chivy-lès-Étouvelles
Bruyères-et-Montbérault
Vorges
Presles-et-Thierny
Eppes
Coucy-lès-Eppes
Veslud
Parfondru
Festieux
Montaigu
Mauregny-en-Haye
Courtrizy-et-Fussigny
St-Erme-Outre-et-Ramecourt
Chérêt
Orgeval
Bièvres
Martigny-Courpierre
Ployart-et-Vaurseine
Arrancy
Aubigny-en-Laonnois
Aizelles
Goudelancourt-lès-Berrieux
Berrieux
Amifontaine
Ste-Croix
Bouconville-Vauclair
Chermizy-Ailles
Corbeny
Juvincourt-et-Damary
Guignicourt
Prémontré
Bassoles-Aulers
Faucoucourt
Wissignicourt
Merlieux-et-Fouquerolles
Brancourt-en-Laonnois
Lizy
Montbavin
Royaucourt-et-Chailvet
Chaillevois
Étouvelles
Laval-en-Laonnois
Nouvion-le-Vineux
Urcel
Lierval
Monthenault
Colligis-Crandelain
Chamouille
Monampteuil
Trucy
Pancy-Courtecon
Chavignon
Pinon
Vaudesson
Allemant
Chevregny
Filain
Pargny-Filain
Cerny-en-Laonnois
Neuville-s.-Margival
Laffaux
Vauxaillon
Leuilly-s/s-Coucy
Quincy-Basse
Landricourt
Juvigny
Terny-Sorny
Margival
Nanteuil-la-Fosse
Sancy-les-Cheminots
Aizy-Jouy
Ostel
Braye-en-Laonnois
Vendresse-Beaulne
Paissy
Oulches-la-Vallée-Foulon
Craonnelle
La Ville-aux-Bois-lès-Pontavert
Pontavert
Berry-au-Bac
Condé-s.-Suippe
Moussy-Verneuil
Moulins
Vassogne
Jumigny
Cuissy-et-Gény
Pargnan
Bourg-et-Comin
Soupir
Chavonne
Celles-s.-Aisne
Vregny
Chivres-Val
Condé-s.-Aisne
Presles-et-Boves
Cys-la-Commune
Pont-Arcy
Œuilly
Beaurieux
Chaudardes
Gernicourt
Cuiry-lès-Chaudardes
Concevreux
Bouffignereux
Roucy
Cormicy
Guyencourt
Maizy
Muscourt
Meurival
Révillon
Glennes
Merval
Serval
Villers-en-Prayères
Dhuizel
Longueval-Barbonval
Vauxtin
Vieil-Arcy
St-Mard
Chassemy
Brenelle
Missy-s.-Aisne
Villeneuve-St-Germain
Venizel
Sermoise
Ciry-Salsogne
Vasseny
Couvrelles
Billy-s.-Aisne
Acy
Serches
Belleu
Noyant-et-Aconin
Septmonts
Berzy-le-Sec
Rozières-s.-Crise
Ambrief
Chacrise
Buzancy
Nampteuil-s/s-Muret
Courcelles-s.-Vesle
Vauxcéré
Paars
Perles
Blanzy-lès-Fismes
Basileux-lès-Fismes
Courlandon
Romain
Ventelay
Bouvancourt
Montigny-s.-Vesle
Breuil
Pévy
Prouilly
Trigny
Hermonville
Cauroy-lès-Hermonville
Augy
Cerseuil
Limé
Lesges
Quincy-s/s-le-Mont
Bazoches
St-Thibaut
Jouaignes
Crouy
Bucy-le-Long
Vuillery
Clamecy
Braye
Leury
CAMP MILITAIRE
CAMP DE SISSONNE
Chemin des Dames
2e ch. ouv. proch.
Aire d'Urvillers
Aire du Mt de Nizy
A26
E17
N2
N29
N44
N31
D946
D967
D977
D963
D966
D925
D35
La Fère
Laon
St-Quentin-Sud
Guignicourt
Reims-la Neuvillette
18
19
29
42

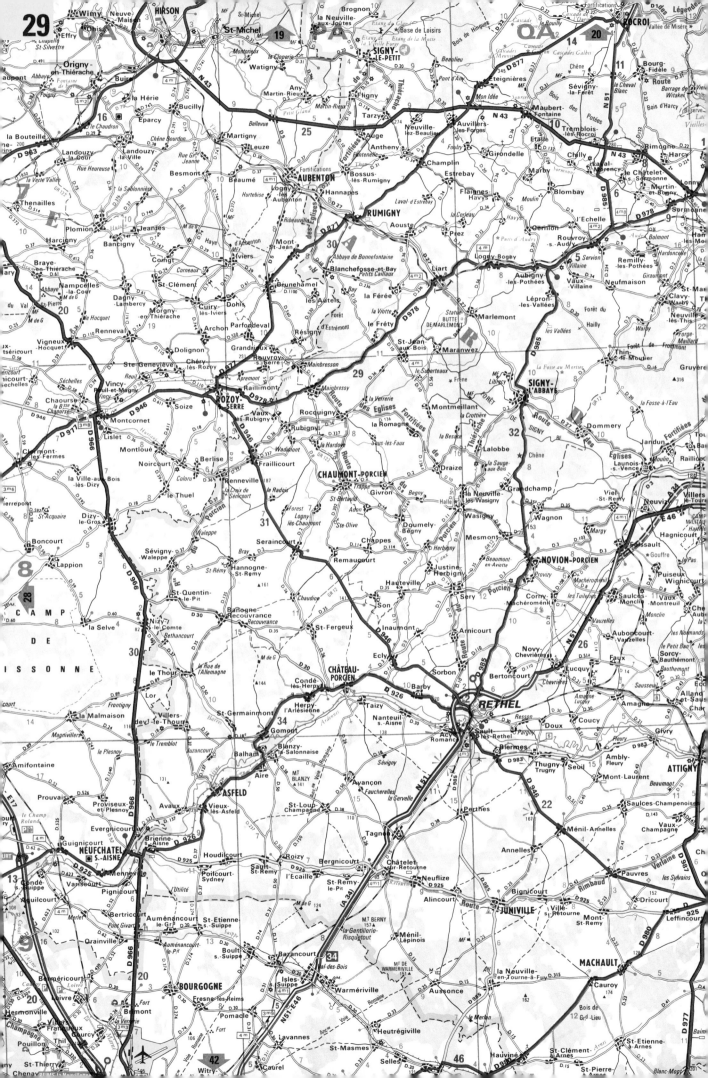

DIEKIRCH
Heiderscheid
Bettendorf
Reisdorf
Wallendorf
Biesdorf
Prümzurlay
Kaschenbach
Niederweis
Gilzem
Erpeldange
Niederfeulen
Warken
Ettelbruck
Schieren
Bollendorf
Ferschweiler
Ernzen
Eisenbach
Menningen
Mertzig
Grosbous
Ermsdorf
Beaufort
NATURPARK
Berdorf
Echternacherbrück
ECHTERNACH
Rosport
Ralingen
Godendorf
Olk
Wahl
Buschrodt
Vichten
Berg
Medernach
Nommern
Waldbillig
Müllerthal
Consdorf
Bettborn
Bissen
Larochette
Heffingen
Bech
Mompach
Trierweiler
Useldange
Boevange-s-Attert
Moesdorf
Beringen
Fischbach
Rippig
Herborn
MERSCH
Saeul
Lintgen
Junglinster
Manternach
Biwer
Wasserliesch
Mertert
Septfontaines
Lorentzweiler
Rodenbourg
Betzdorf
GREVENMACHER
Hobscheid
Steinsel
Kopstal
Flaxweiler
Wellen
Nittel
Koerich
Steinfort
Kehlen
Walferdange
Niederanven
Oberdonven
CAPELLEN
Mamer
Strassen
Bertrange
Sandweiler
Schuttrange
Wormeldange
LUXEMBOURG
Dippach
Hesperange
Contern
Lenningen
Wehr
Saarburg
Bascharage
Leudelange
Reckange-s-Mess
Waldbredimus
Stadtbredimus
Bous
REMICH
Palzem
Sanem
Roeser
Dalheim
Weiler-la-Tour
Mondercange
Bettembourg
Frisange
Mondorf-les-Bains
Nennig
Sinz
Faha
Kesslingen
Orscholz
ESCH-S-ALZETTE
Schifflange
Dudelange
Evrange
Mondorff
Schengen
Perl
Wochern
Oberperl
HUNSRUCK
SAAR
Russange
Audun-le-Tiche
Rumelange
Roussy-le-Village
Rodemack
Apach
VILLERUPT
Zoufftgen
Kanfen
Breistroff-la-Grande
Haute-Kontz
Rettel
SIERCK-LES-BAINS
Ottange
Volmerange-les-Mines
Boust
Gavisse
Malling
Montenach
Aumetz
Escherange
Hunting
Tressange
Rochonvillers
Entrange
CATTENOM
Kirschnaumen
Angevillers
Hettange-Grande
Koenigsmacker
Halstroff
Havange
THIONVILLE
Oudrenne
Laumesfeld
AUDUN-LE-ROMAN
FONTOY
ALGRANGE
Manom
Elzange
Valmestroff
Waldweistroff
Terville
YUTZ
Kuntzig
Inglange
Budling
Monneren
Knutange
Nilvange
Distroff
Hackenberg
Veckring
Kemplich
St-François-Lacroix
Bibiche
HAYANGE
Illange
Stuckange
Buding
Klang
Menskirch
Lommerange
Neufchef
Serémange-Erzange
FLORANGE
Volstroff
METZERVISSE
Kédange-s.-Canner
Dalstein
Chémery-les-Deux
BOUZONVILLE
Trieux
Uckange
Bertrange
Metzeresche
Ranguevaux
FAMECK
Guénange
Hombourg-Budange
Freistroff
Vaudreching
Bettainvillers
Richemont
Bousse
Ebersviller
Avril
Rurange-lès-Thionville
Luttange
Aboncourt
Hestroff
Holling
Moyeuvre-Grande
Vitry-s.-Orne
Clouange
Gandrange
Piblange
Anzeling
Gomelange
Rosselange
Amnéville
Mondelange
BRIEY
Hagondange
NATURPARK

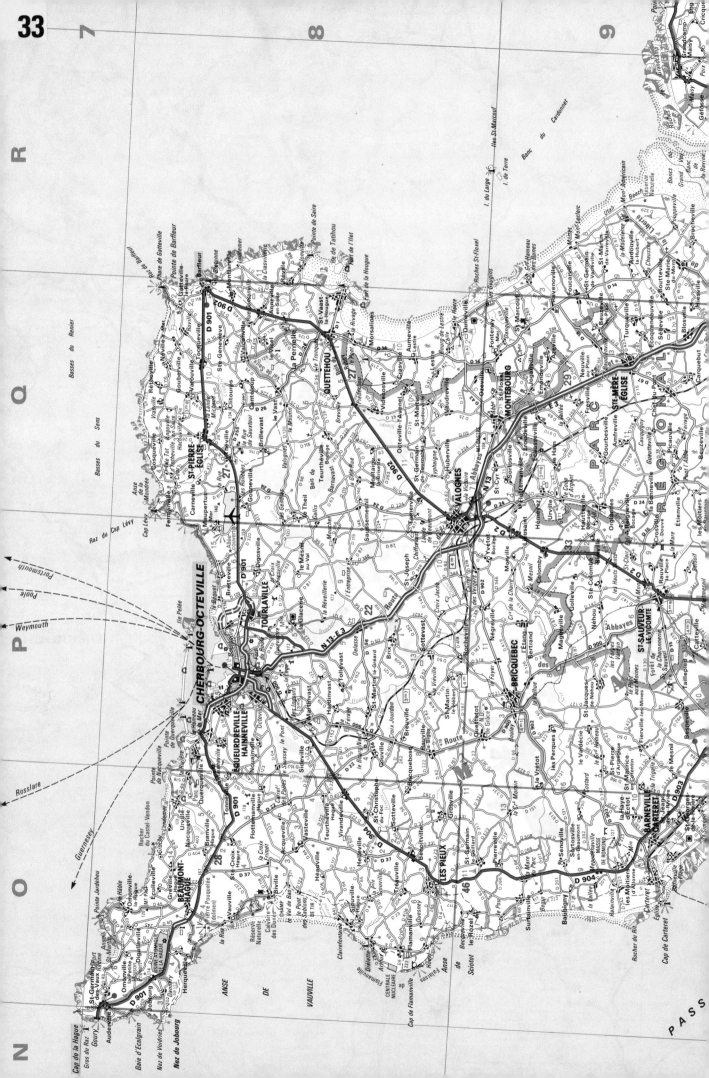

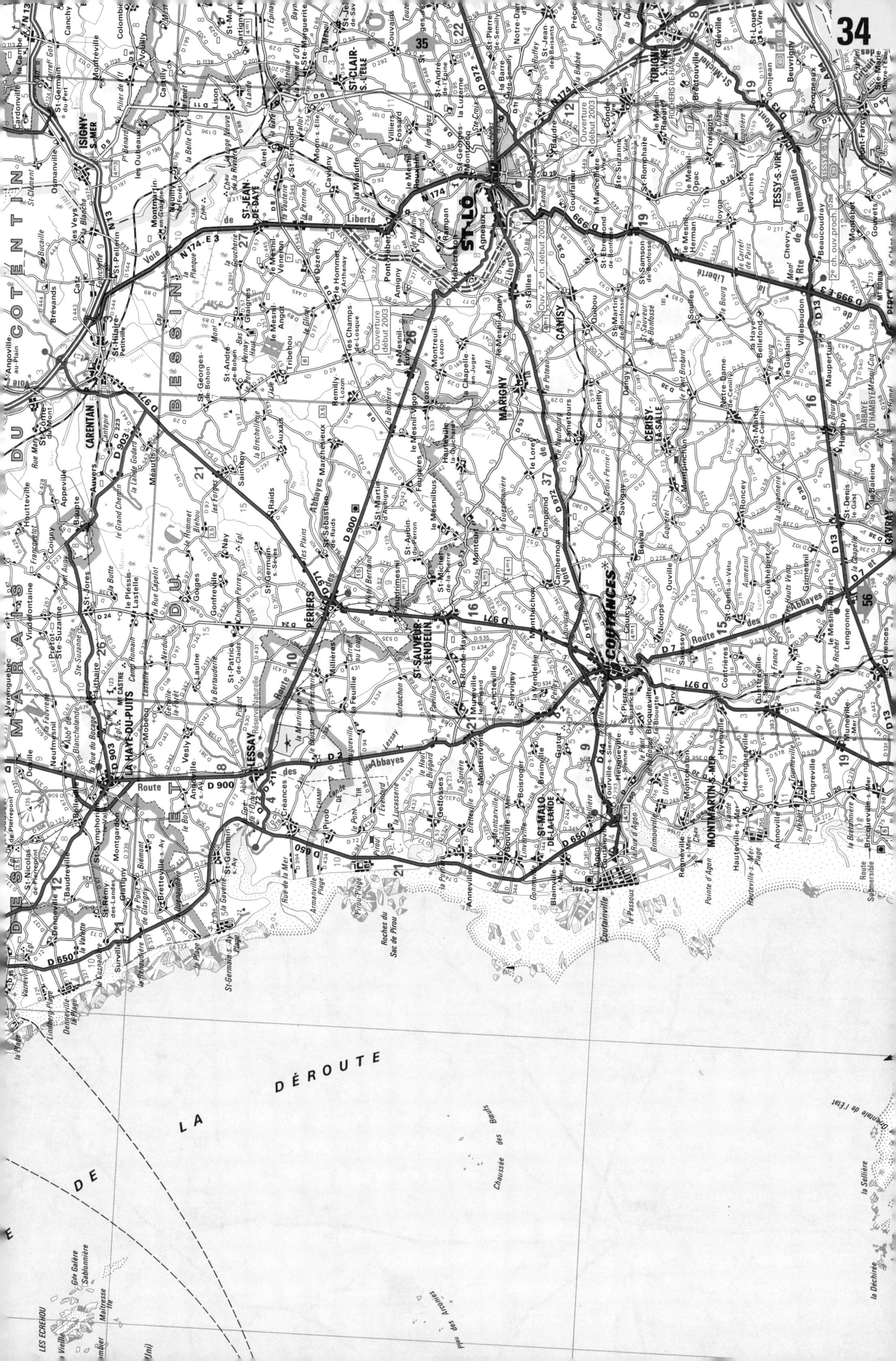

DU COTENTIN

DU BESSIN

MARAIS DU

COTENTIN

ISIGNY-S-MER

CARENTAN

ST-JEAN-DE-DAYE

ST-CLAIR-S-L'ELLE

ST-LÔ

TESSY-S-VIRE

MARIGNY

CAMISY

CERISY-LA-SALLE

PÉRIERS

ST-SAUVEUR-LENDELIN

COUTANCES

LA HAYE-DU-PUITS

LESSAY

ST-MALO-DE-LA-LANDE

MONTMARTIN-S-MER

LA DÉROUTE

LA DE

LES ÉCREHOU

Dépendance de l'État

Pointe d'Agon

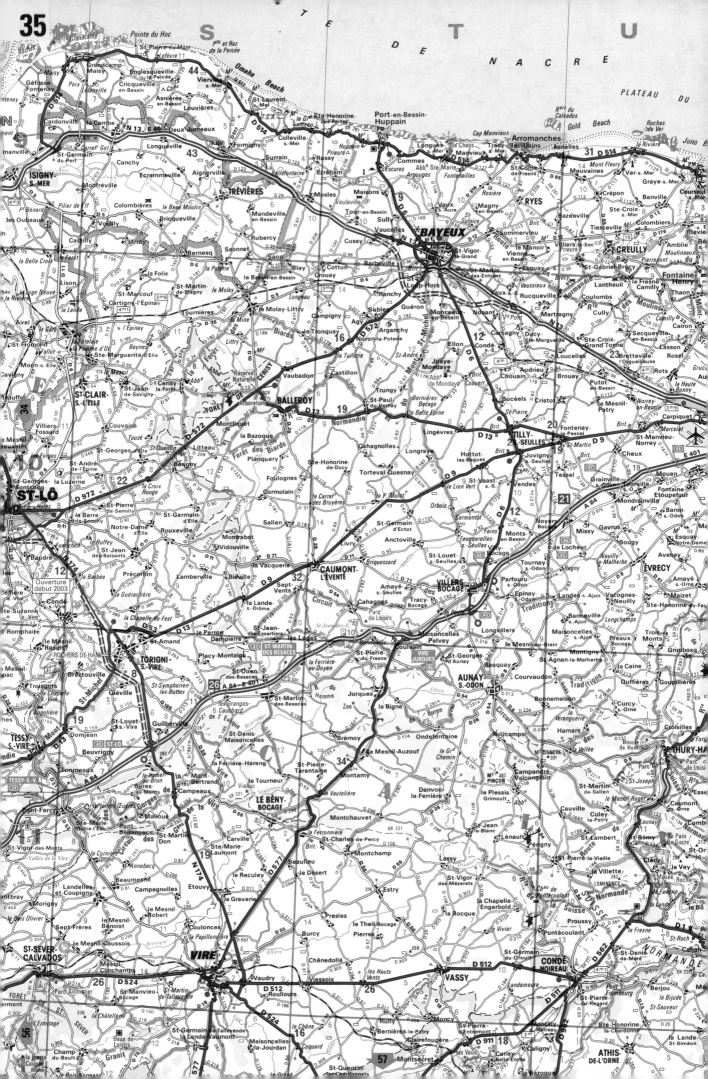

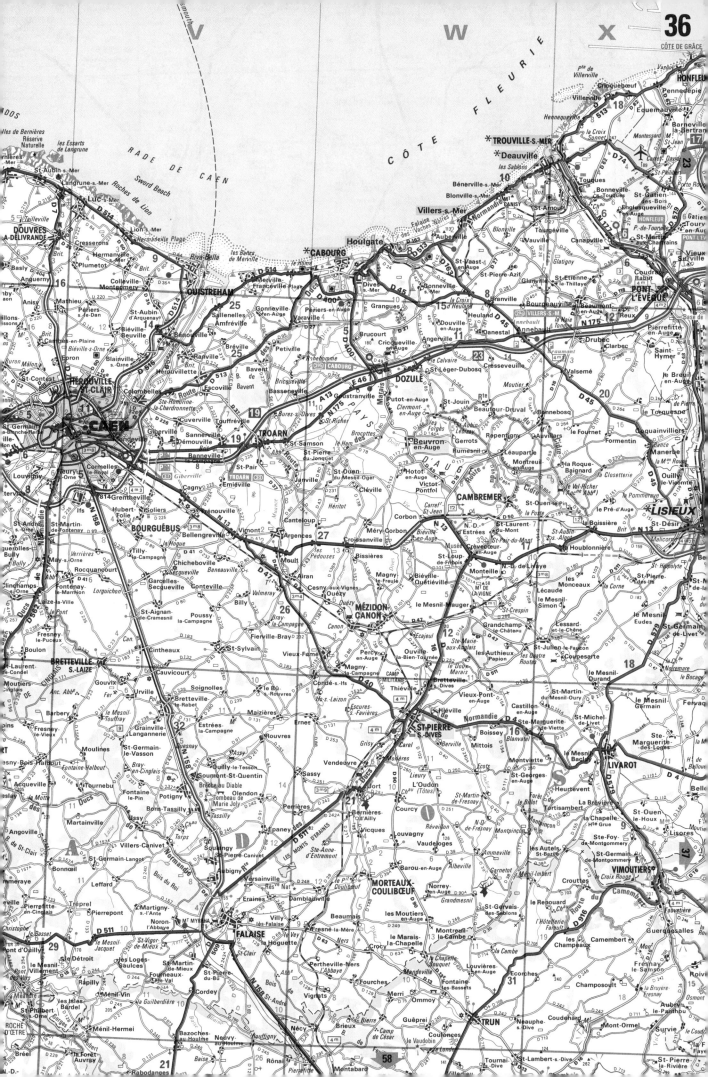

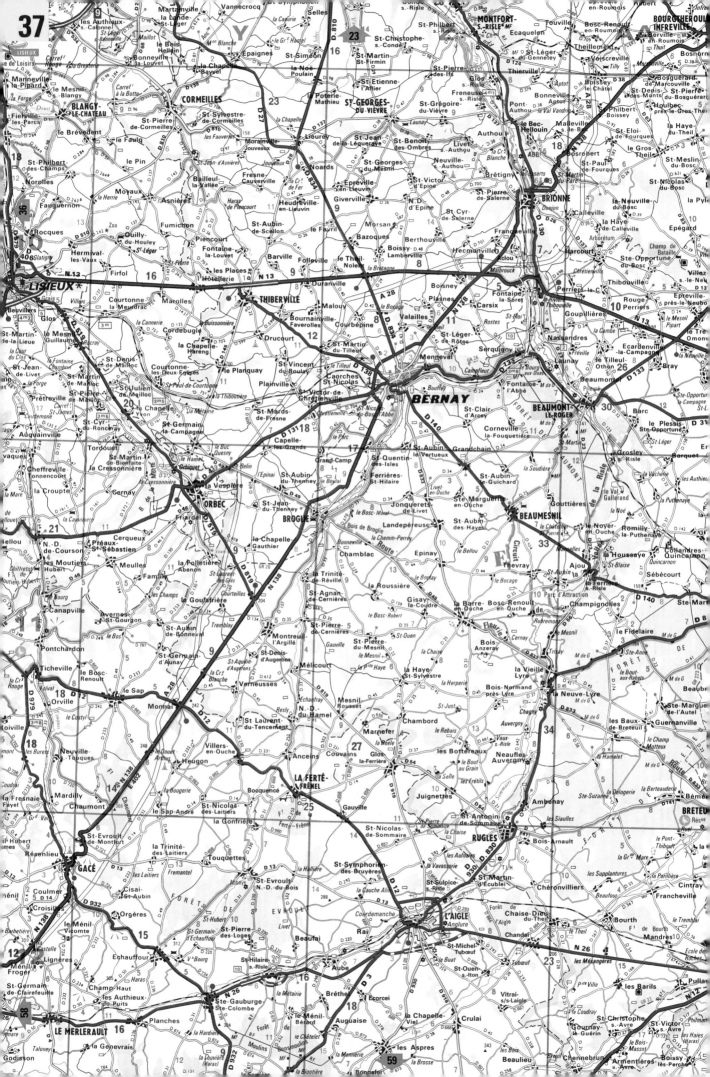

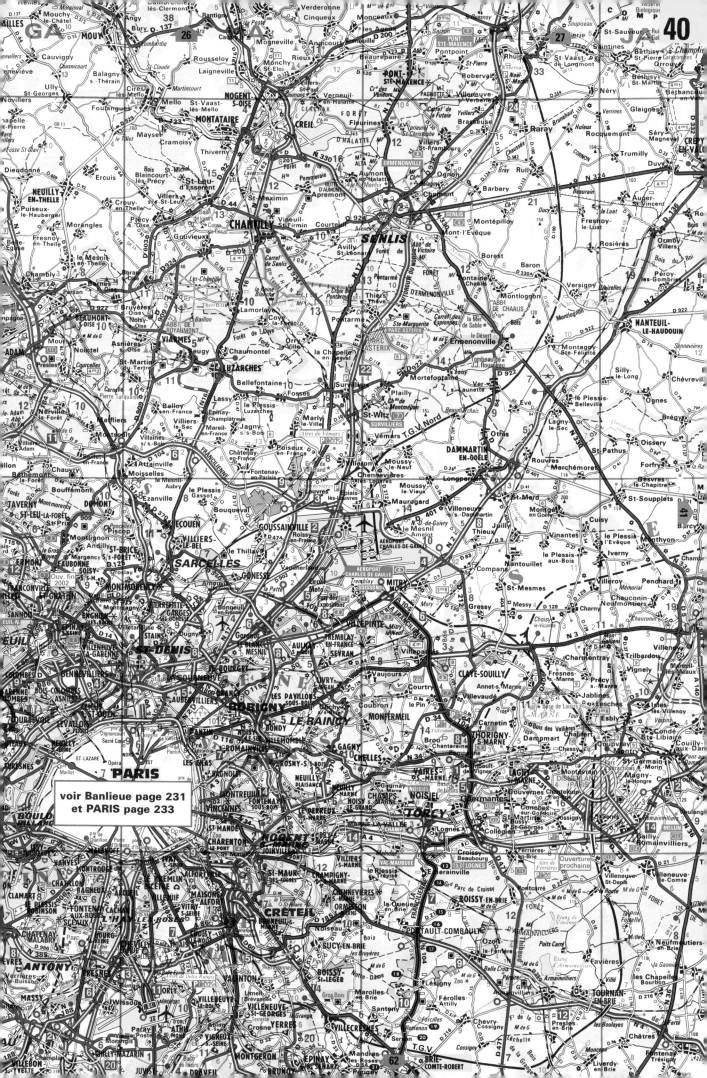

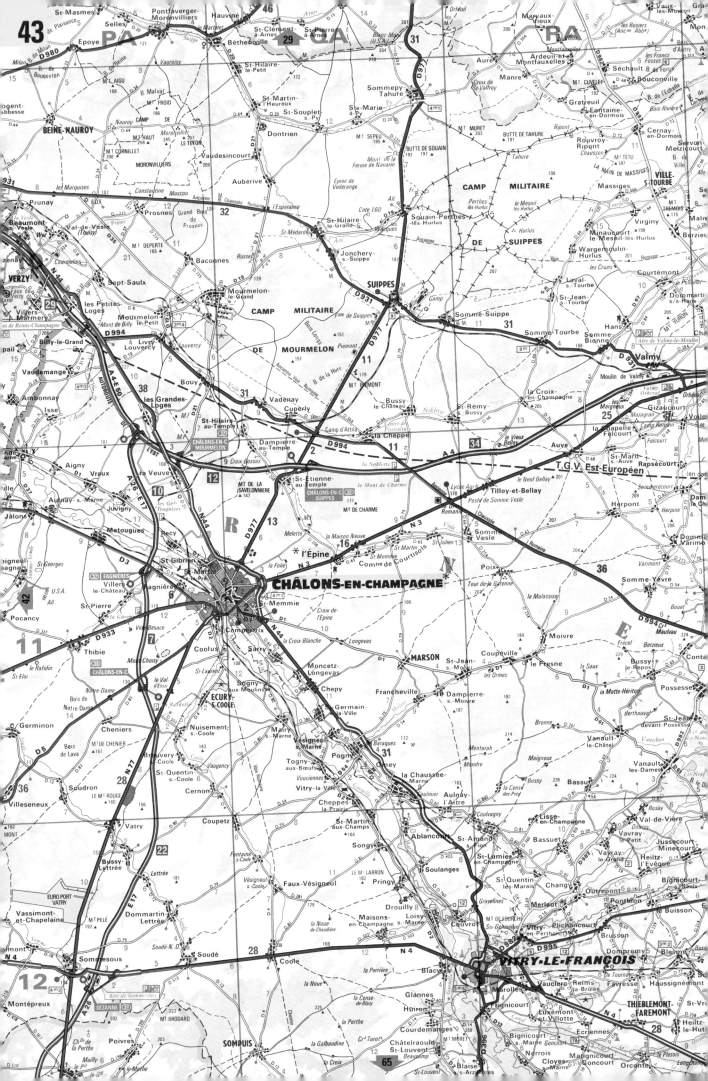

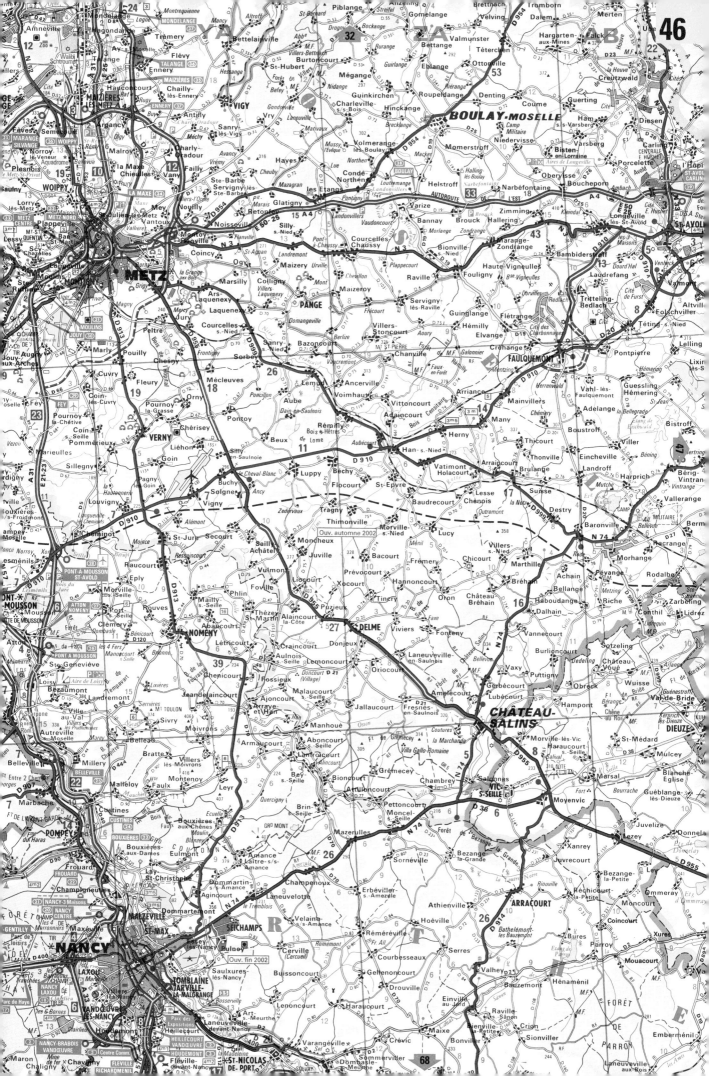

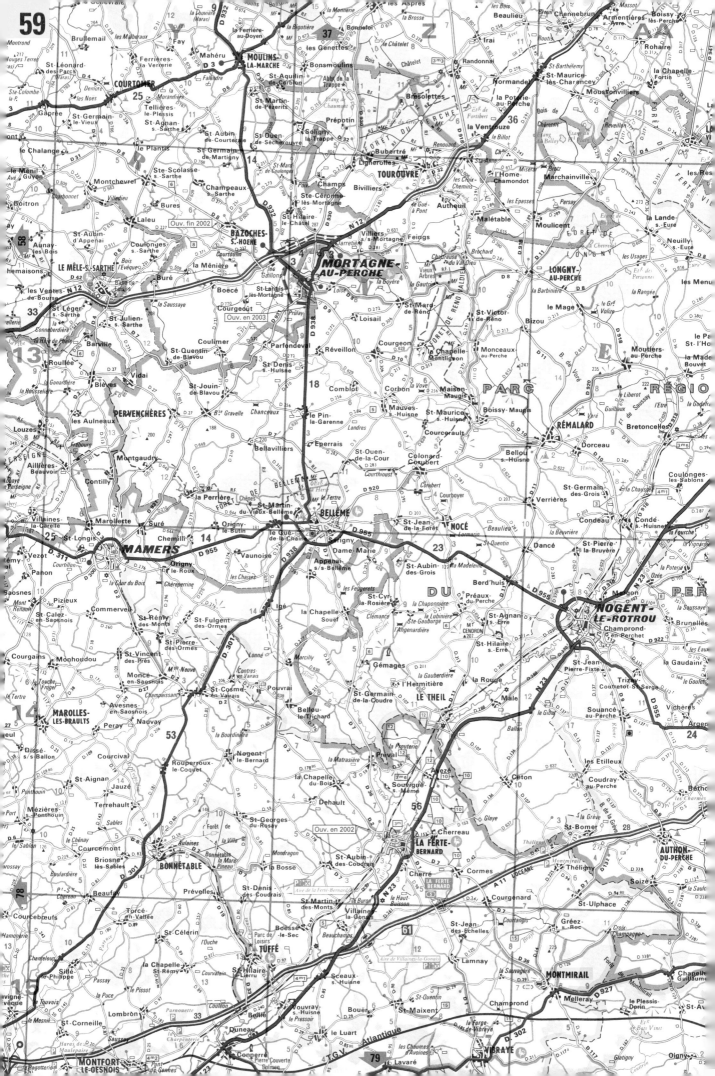

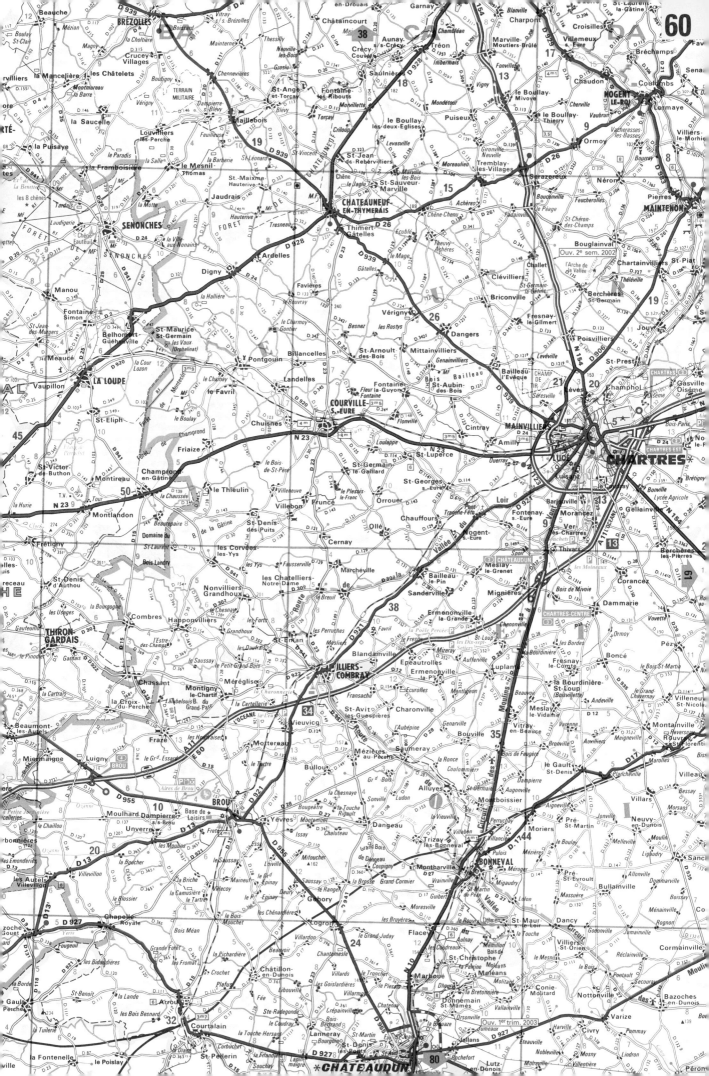

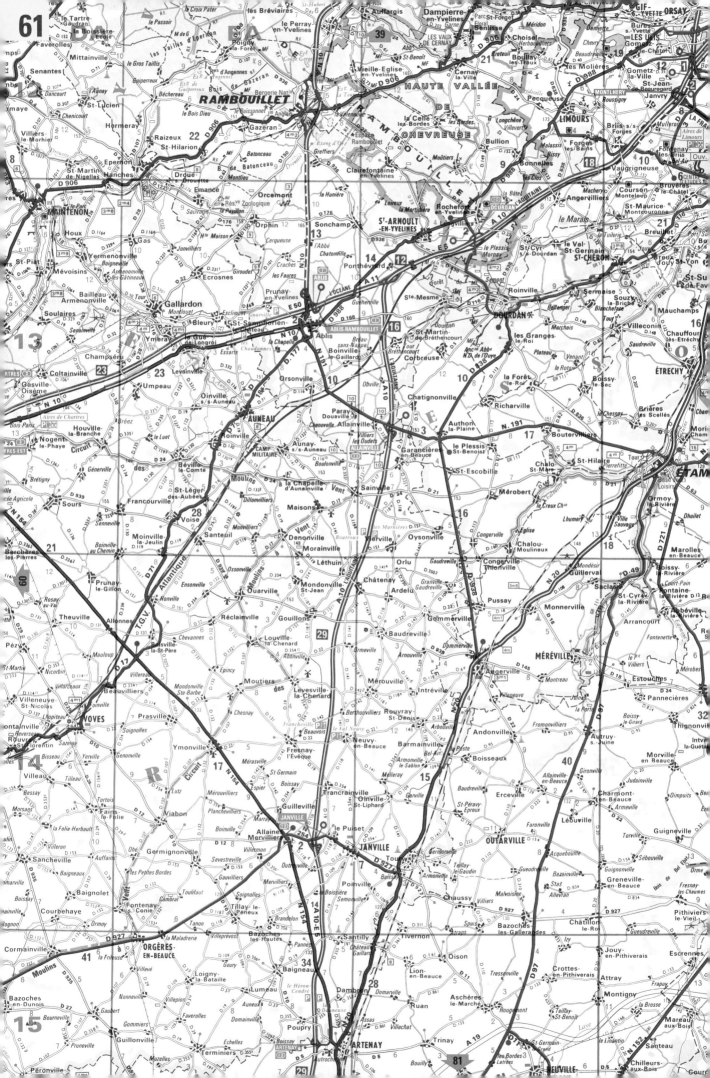

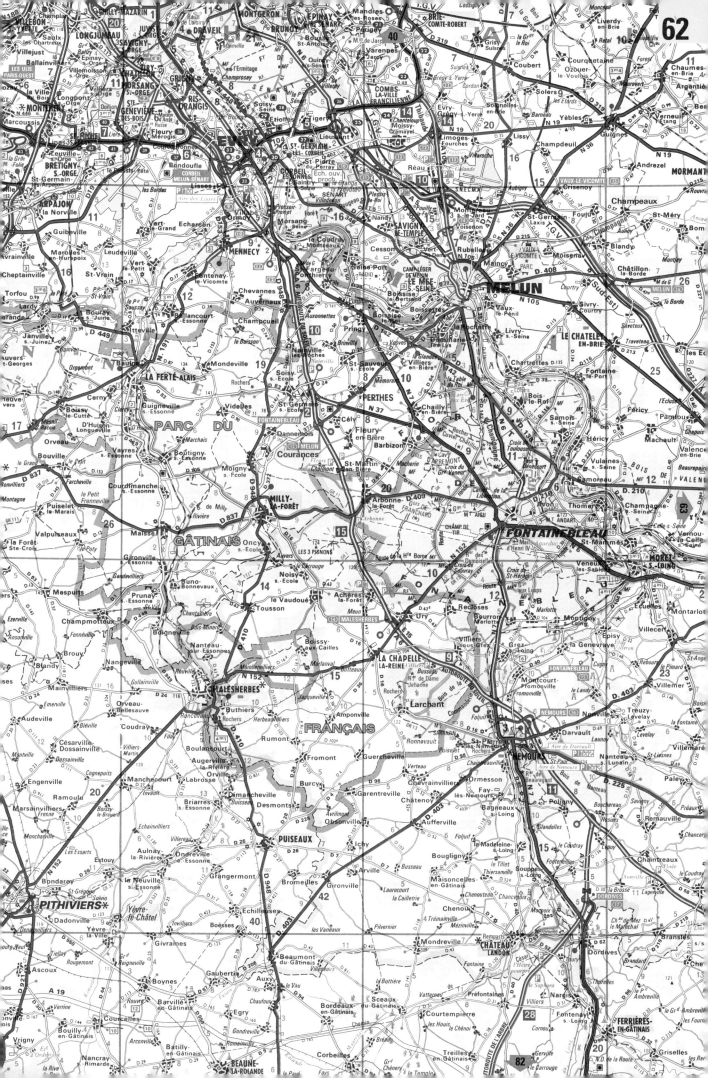

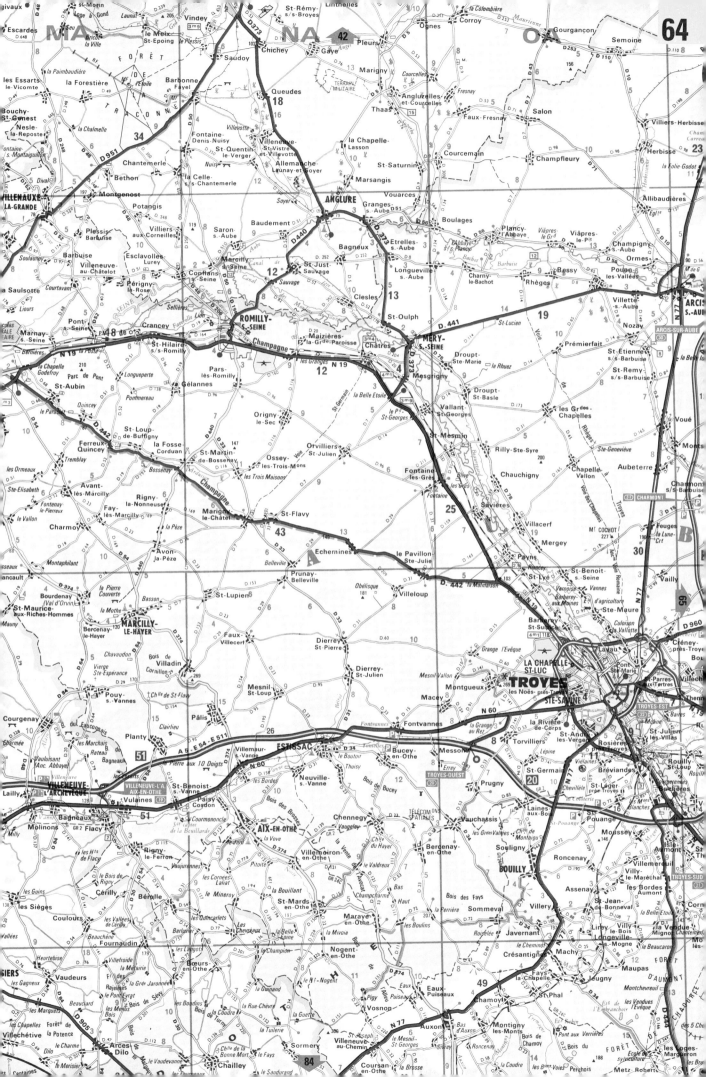

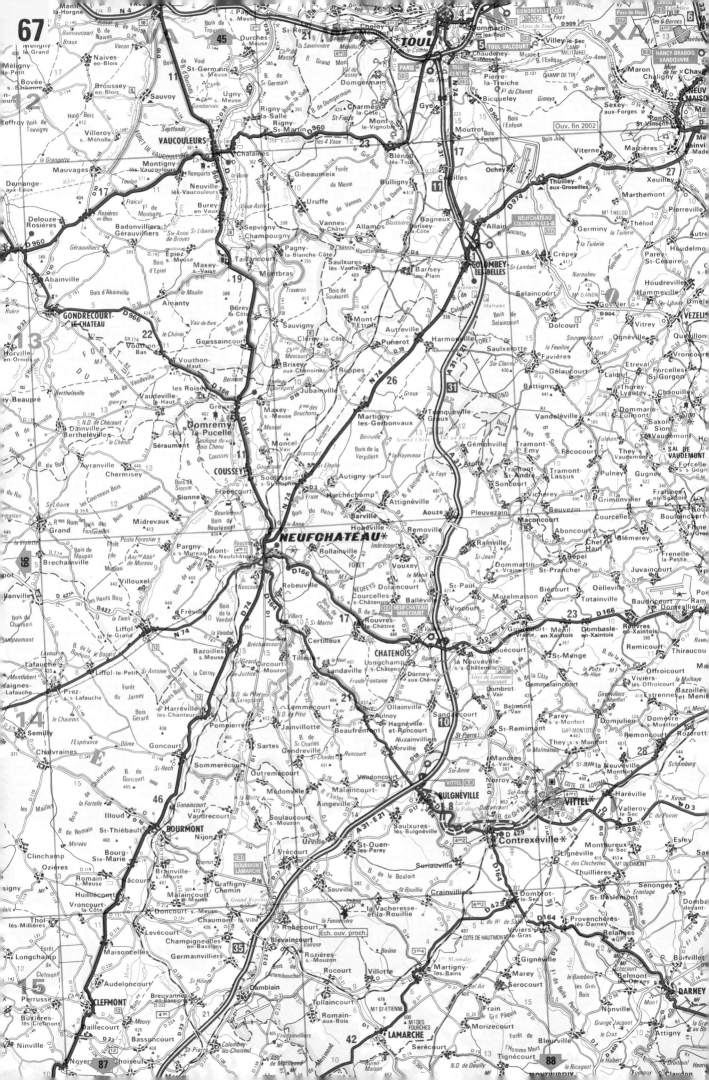

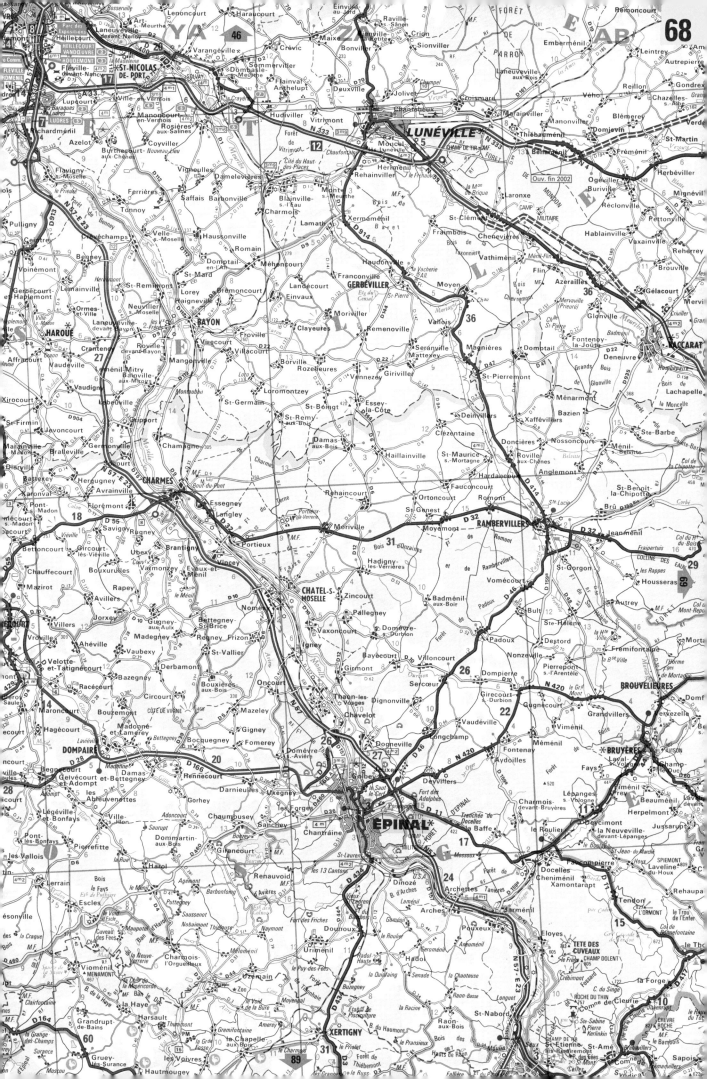

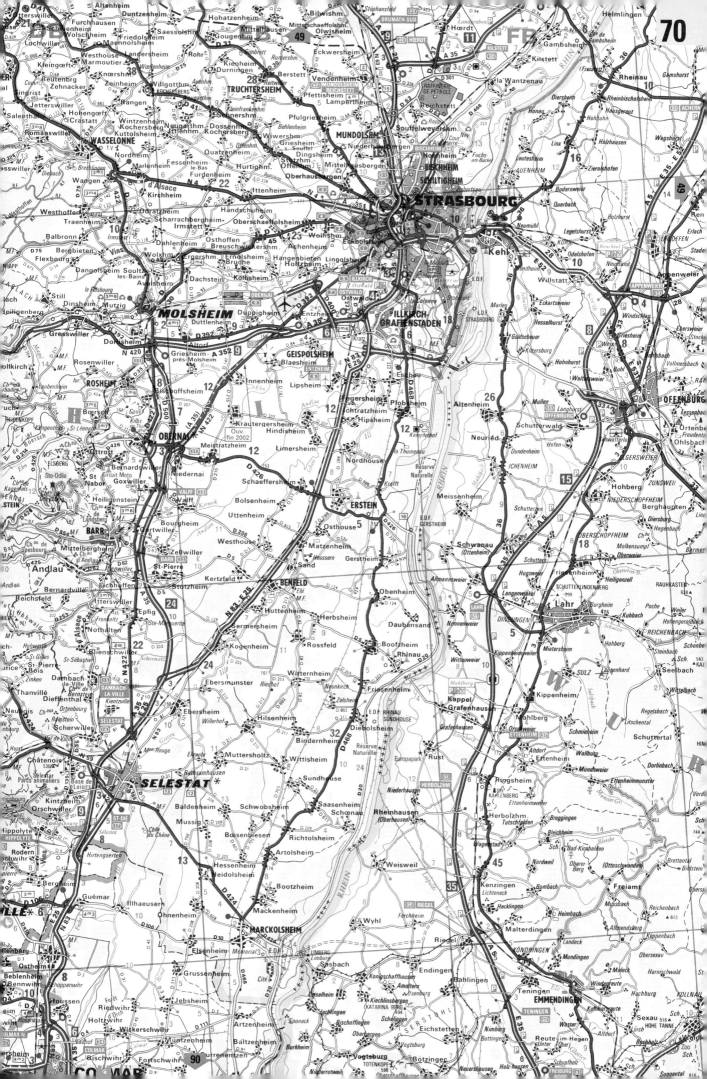

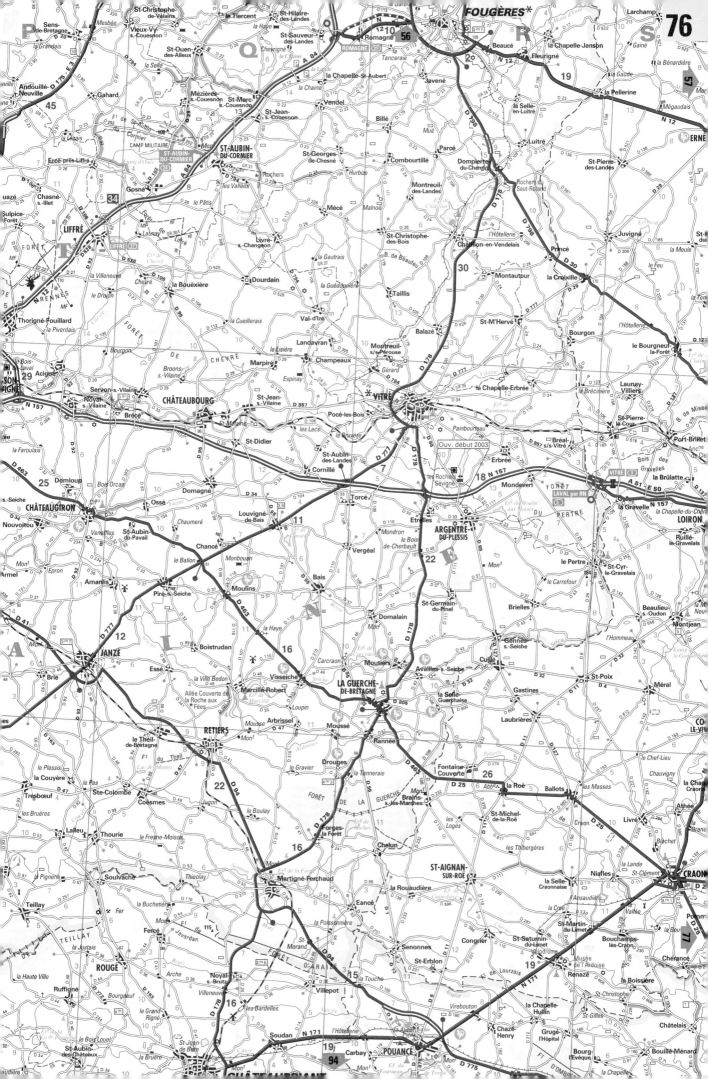

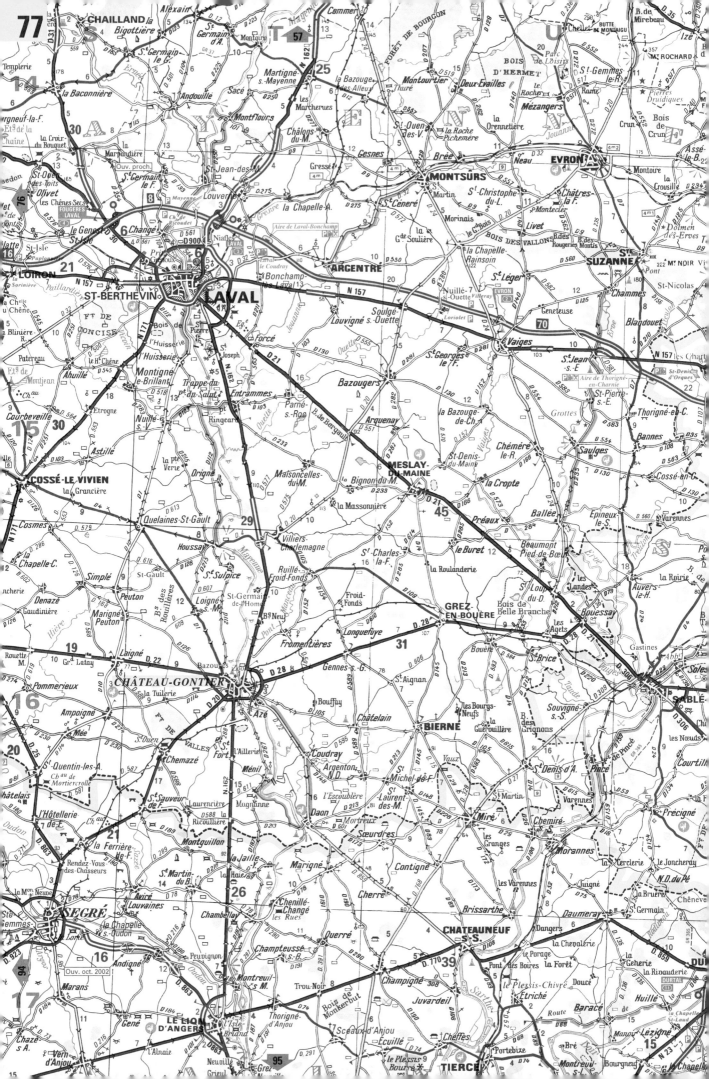

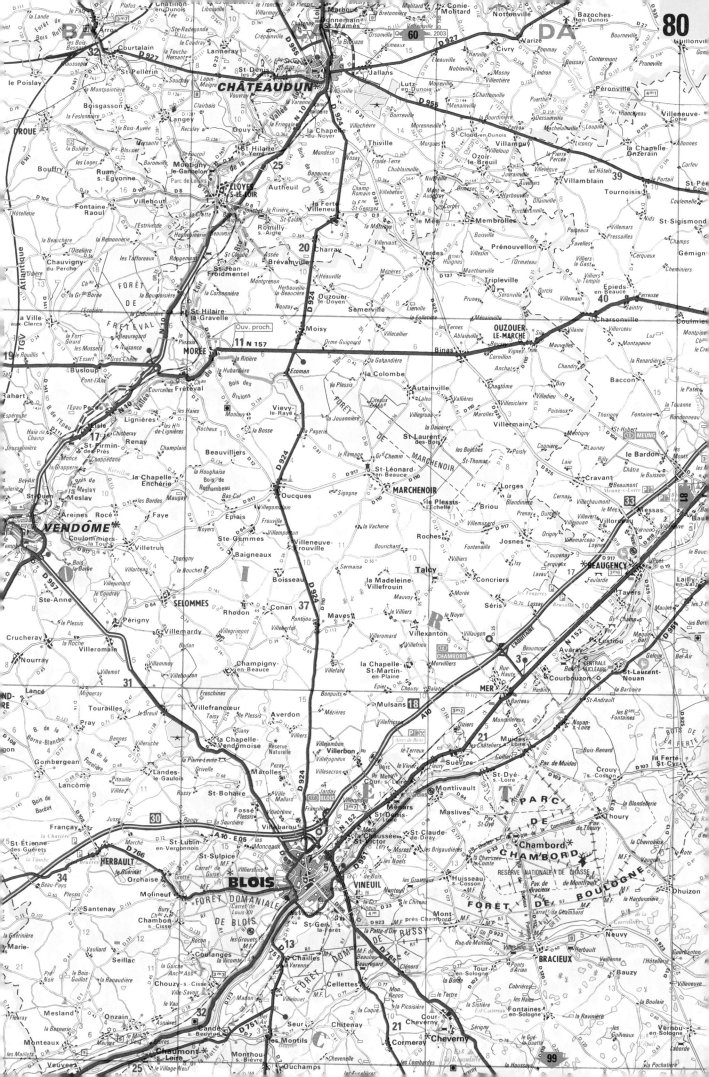

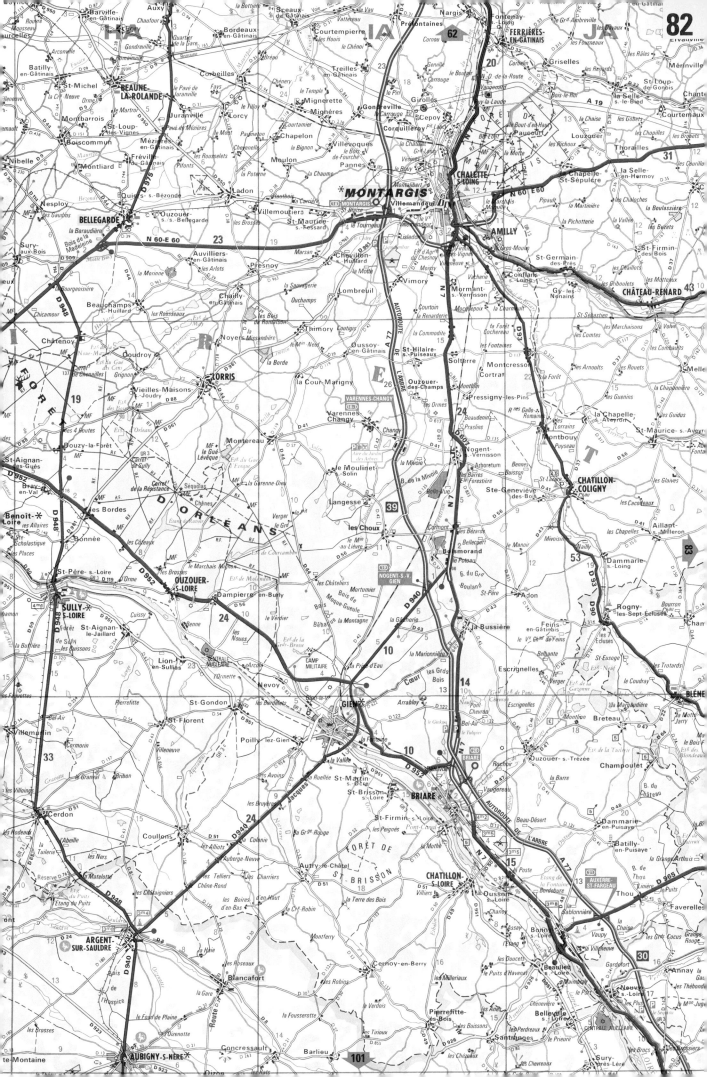

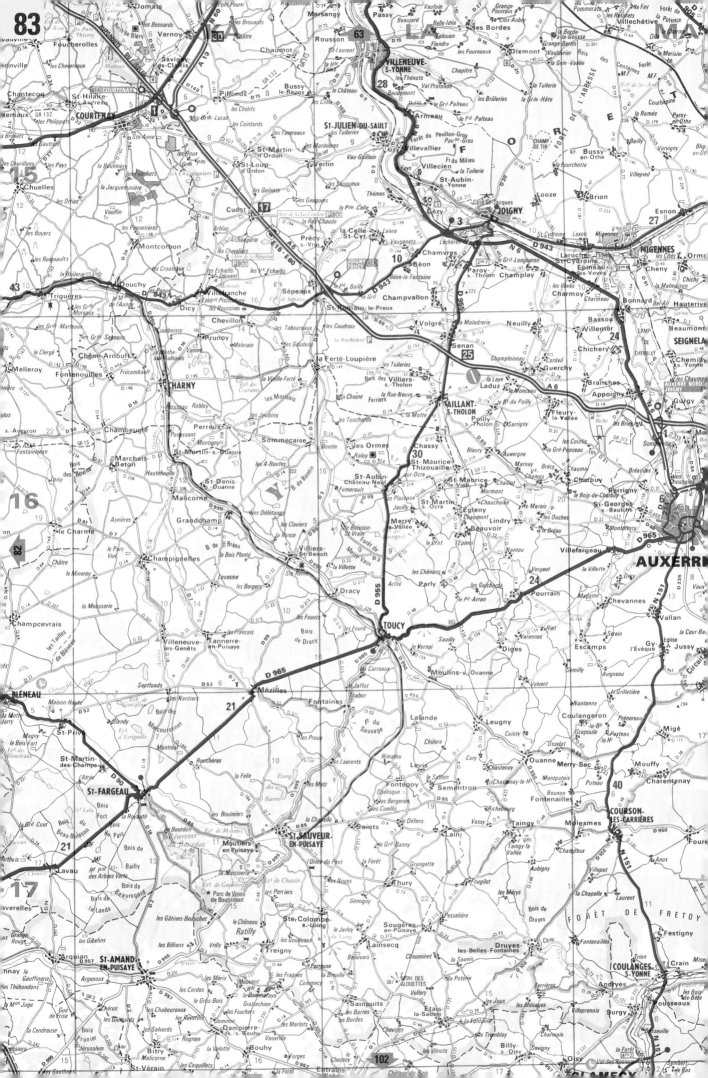

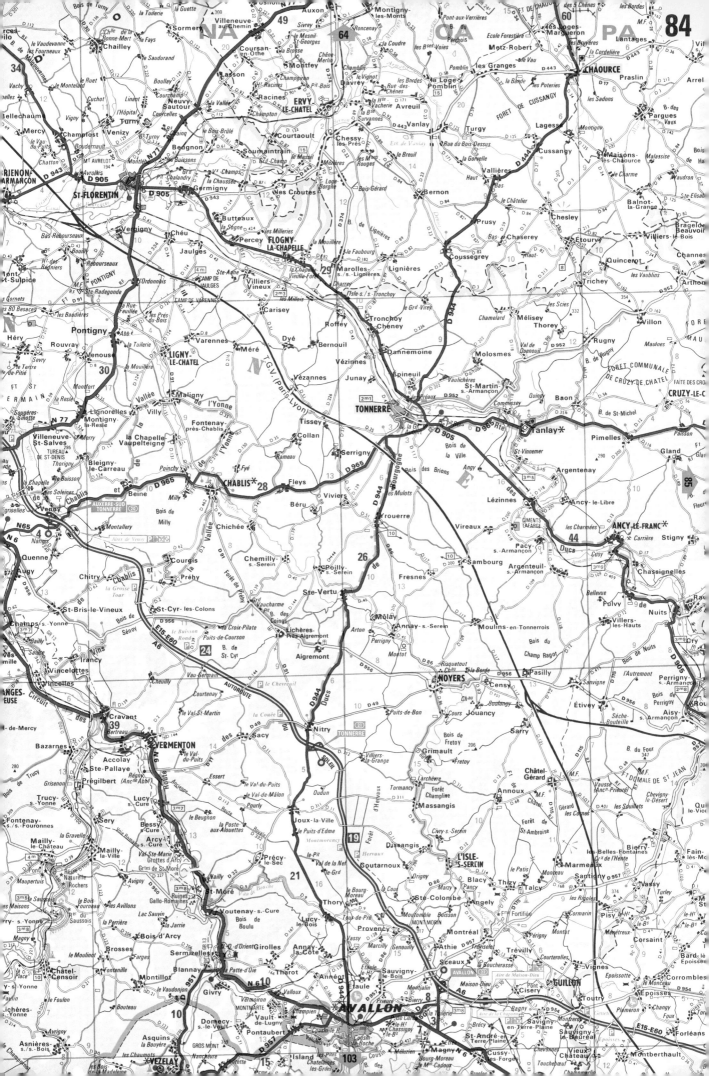

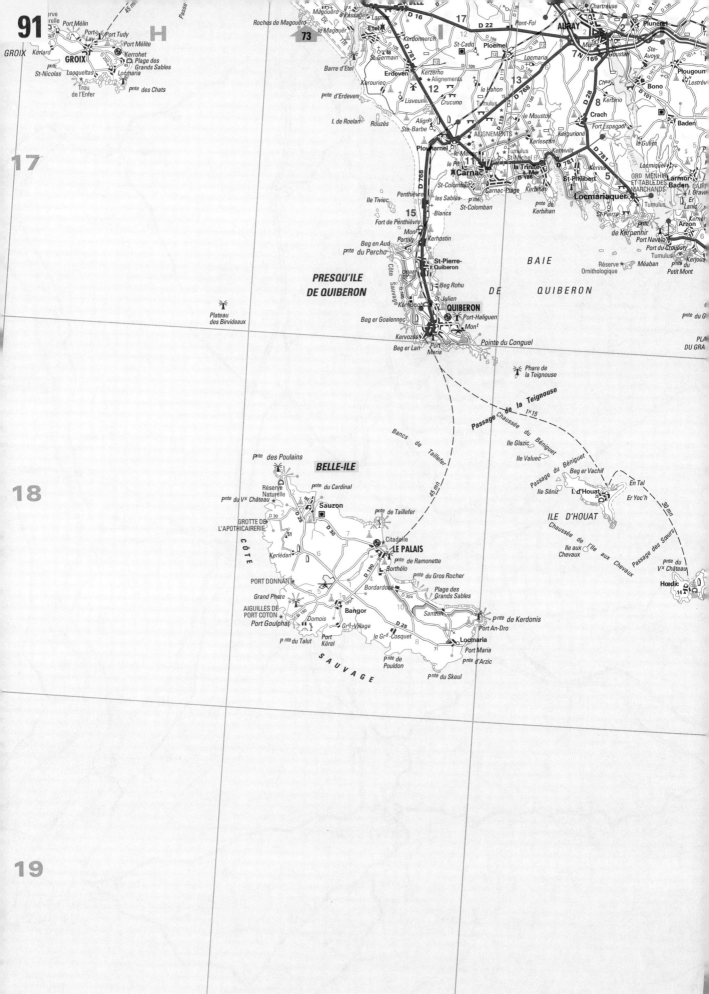

91

GROIX

17

18

19

73

PRESQU'ILE DE QUIBERON

BELLE-ILE

ILE D'HOUAT

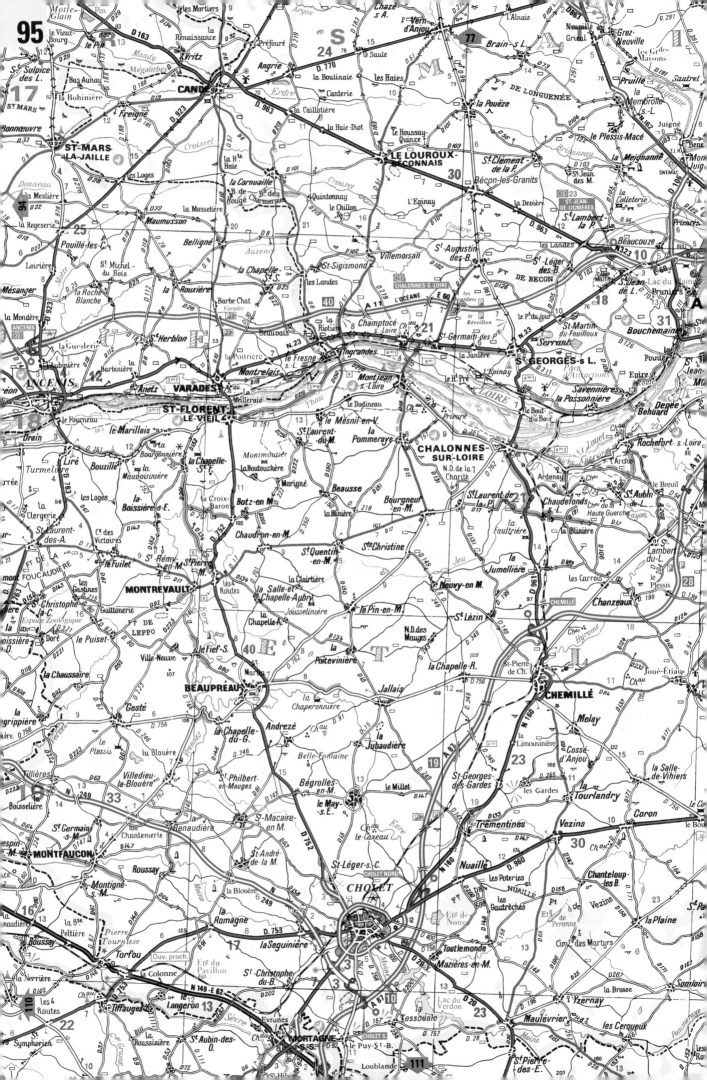

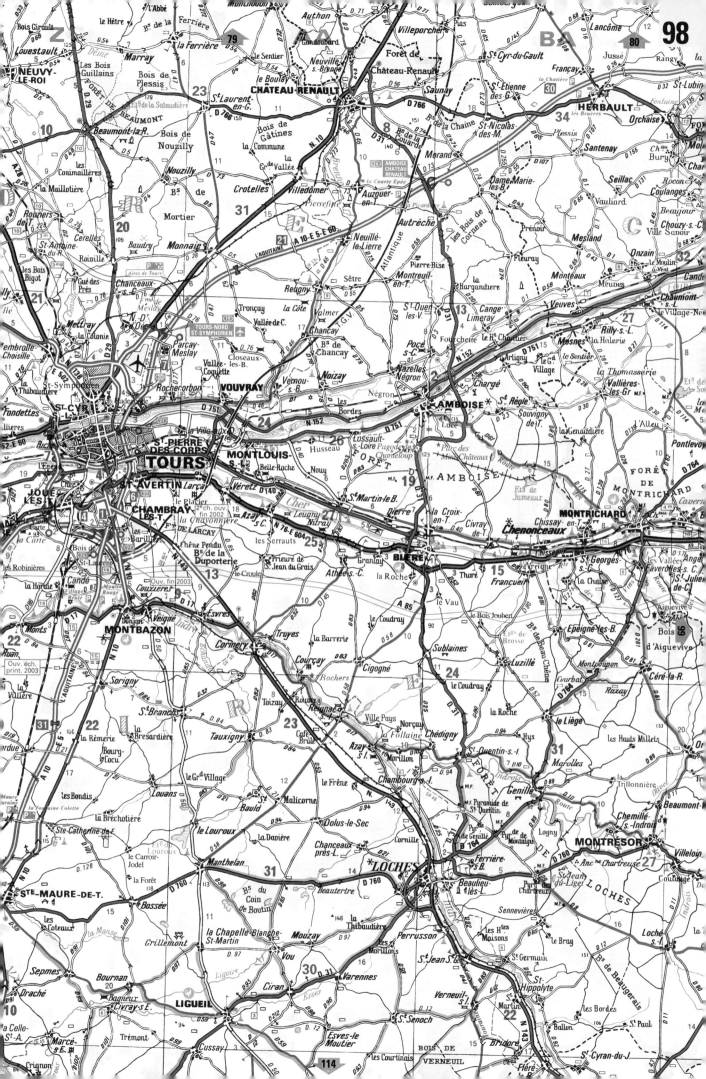

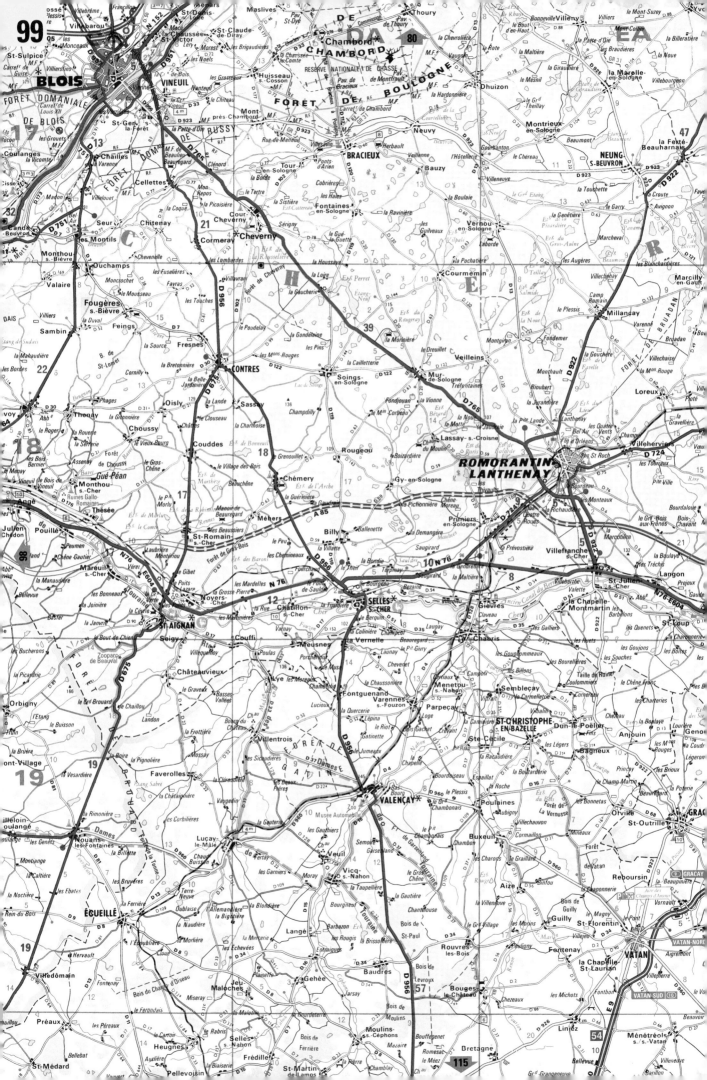

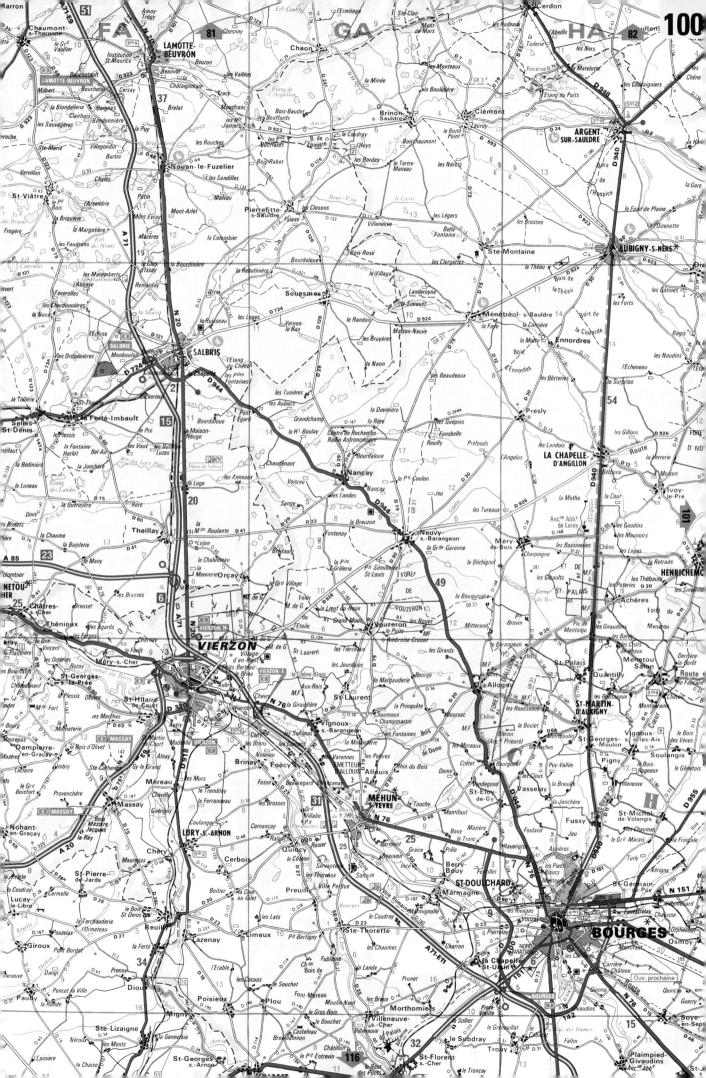

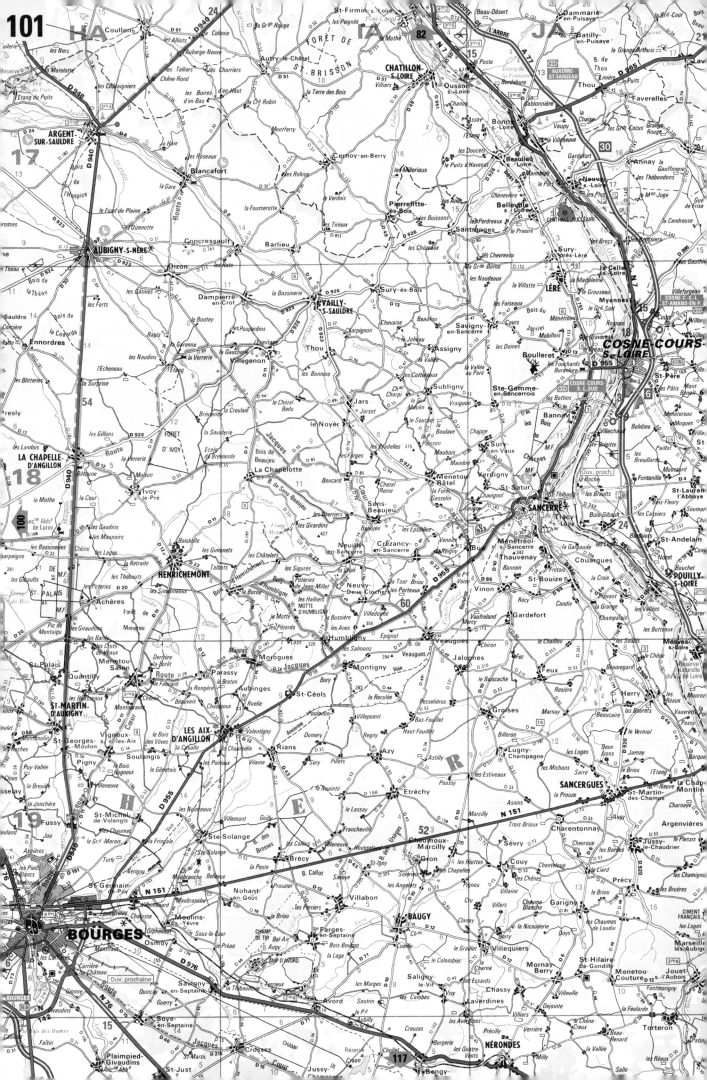

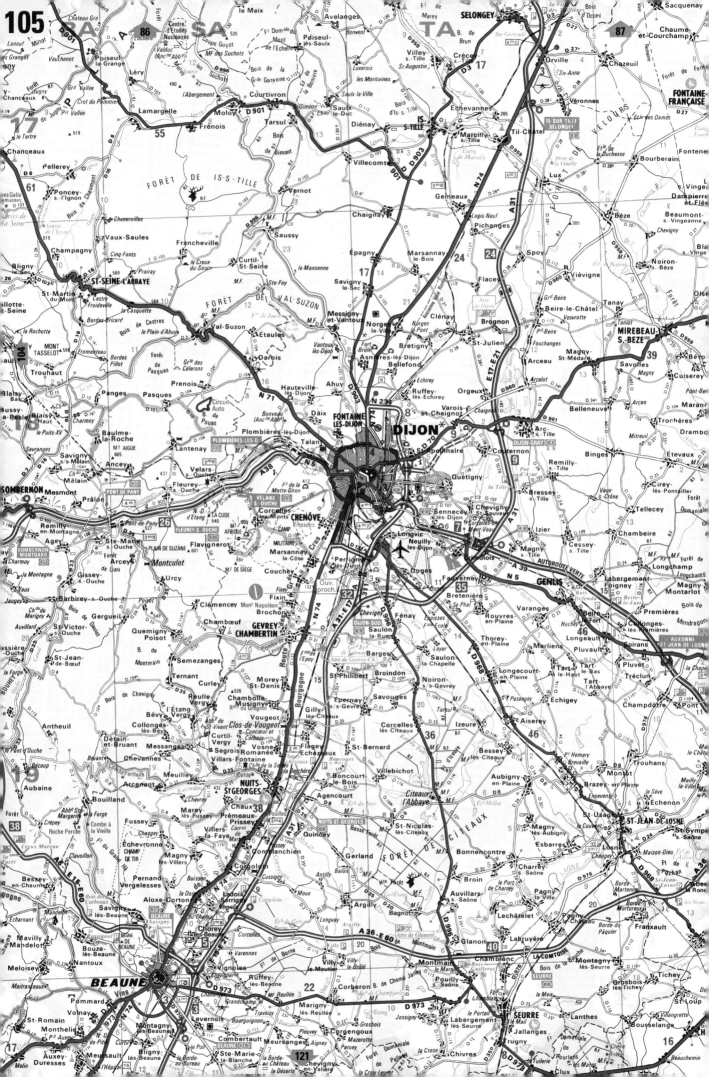

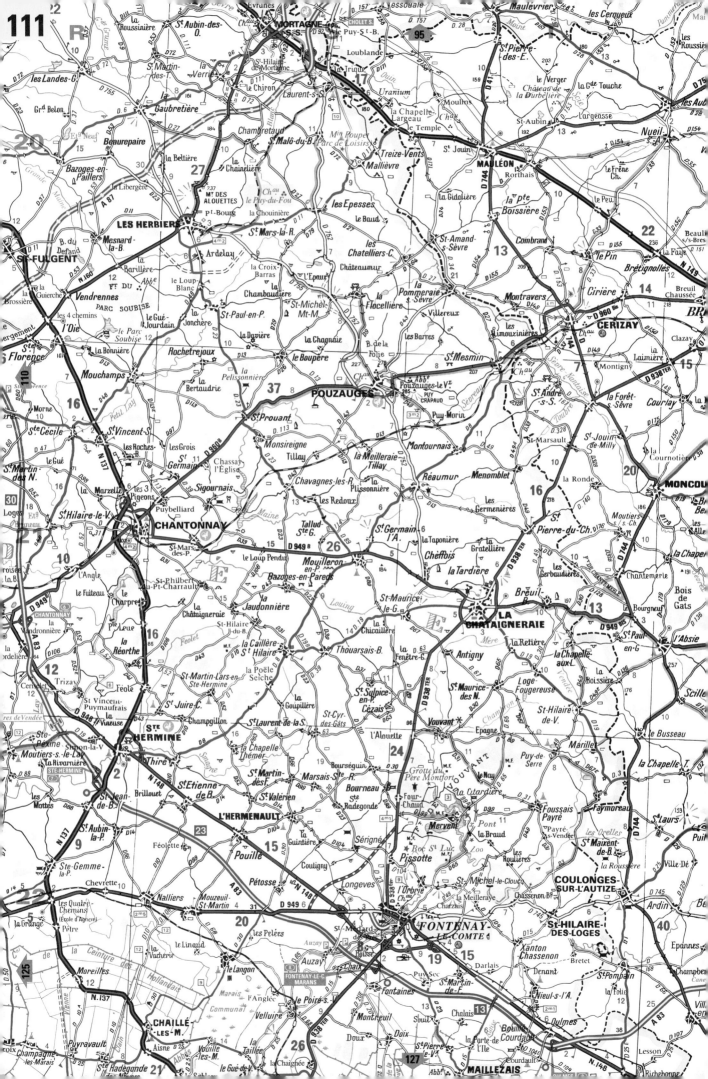

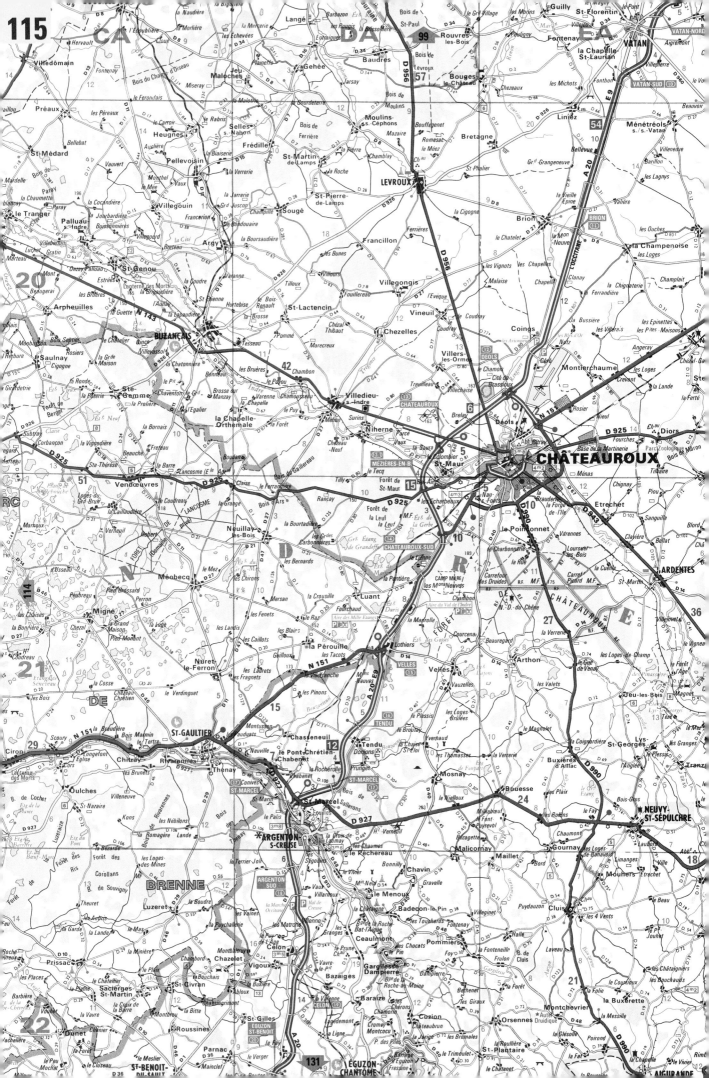

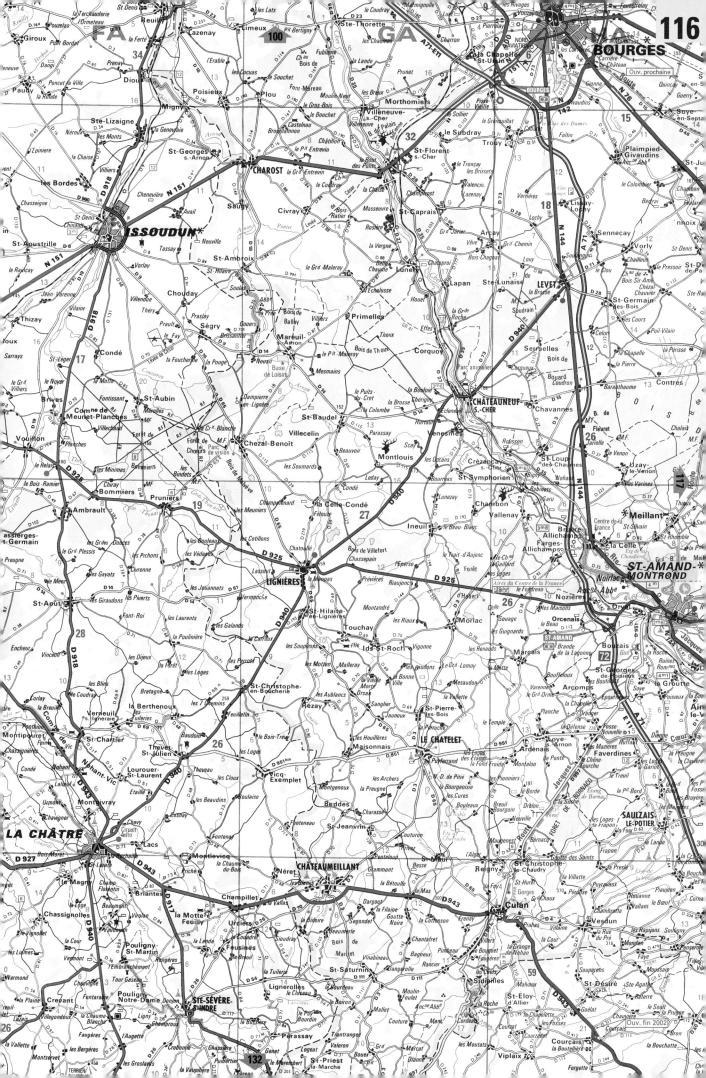

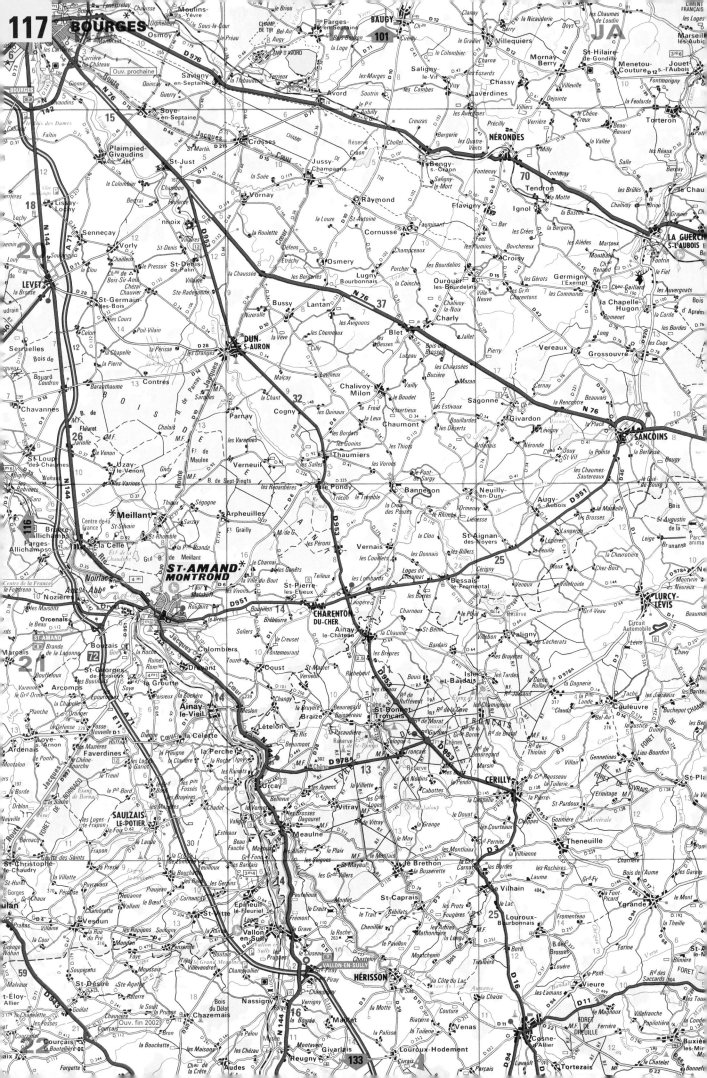

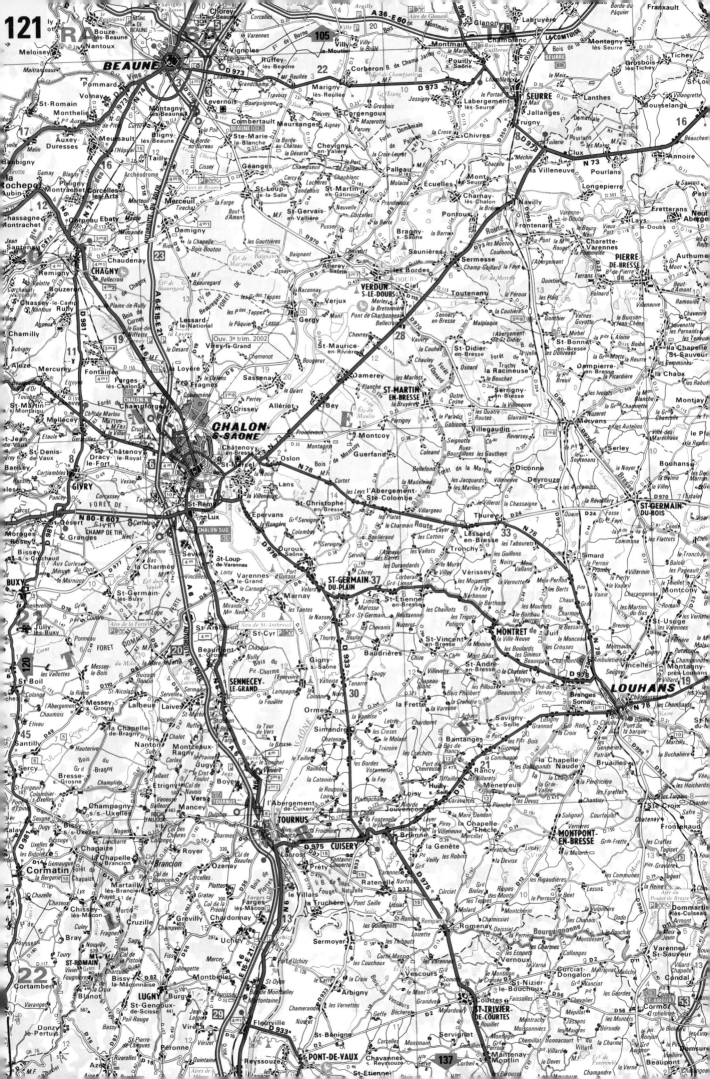

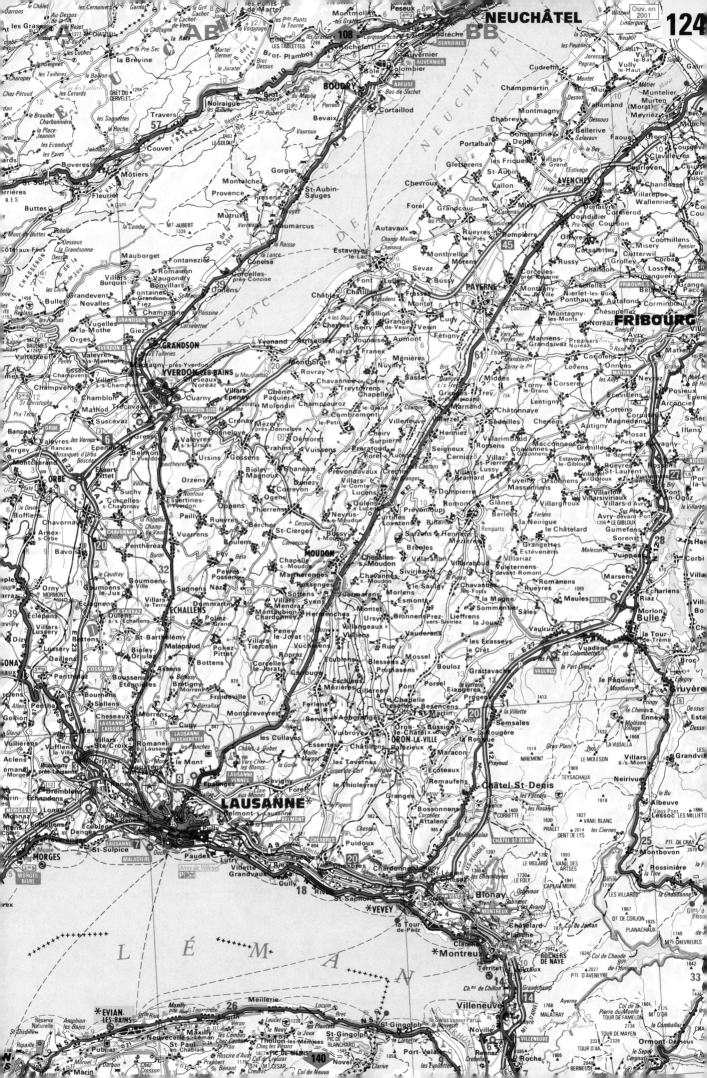

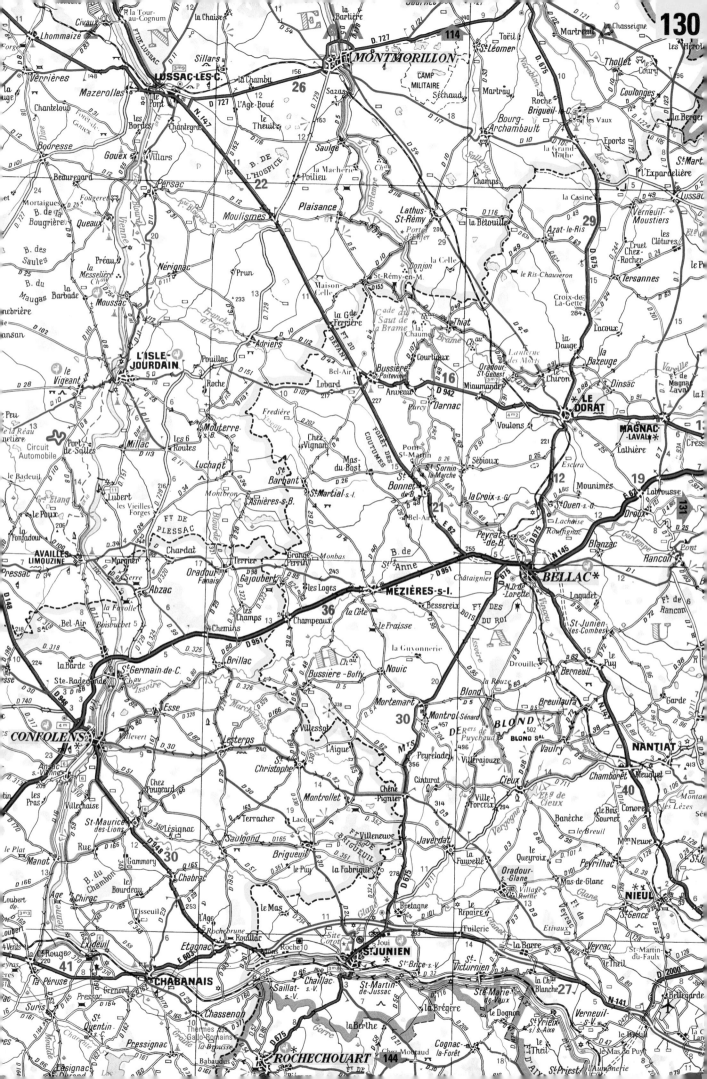

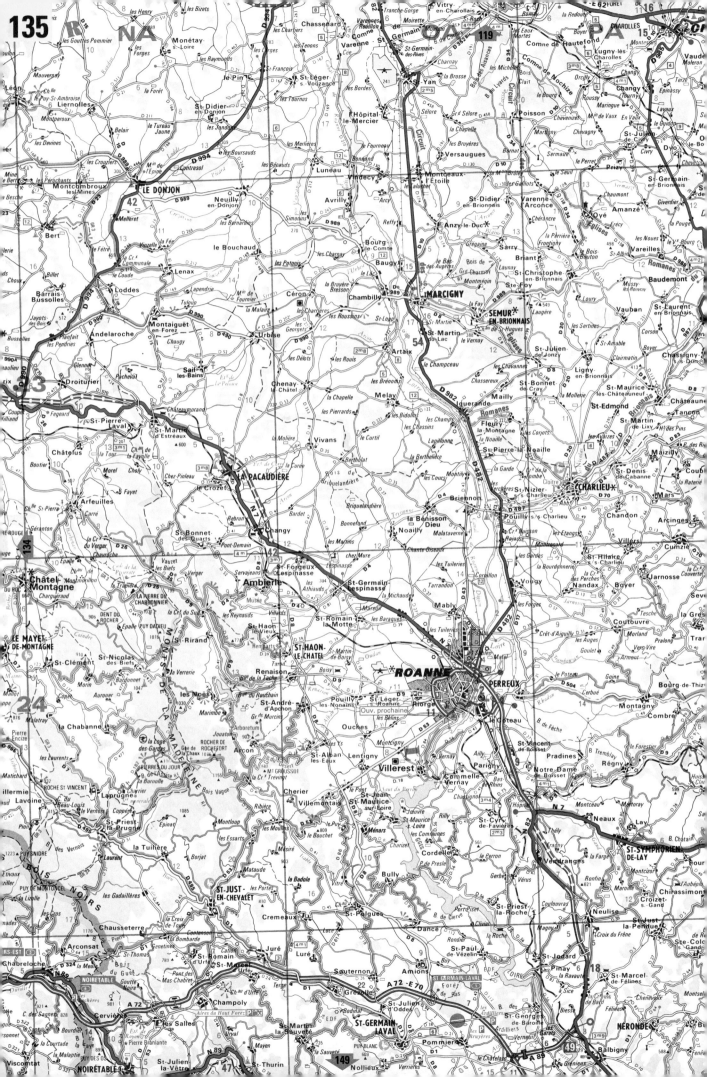

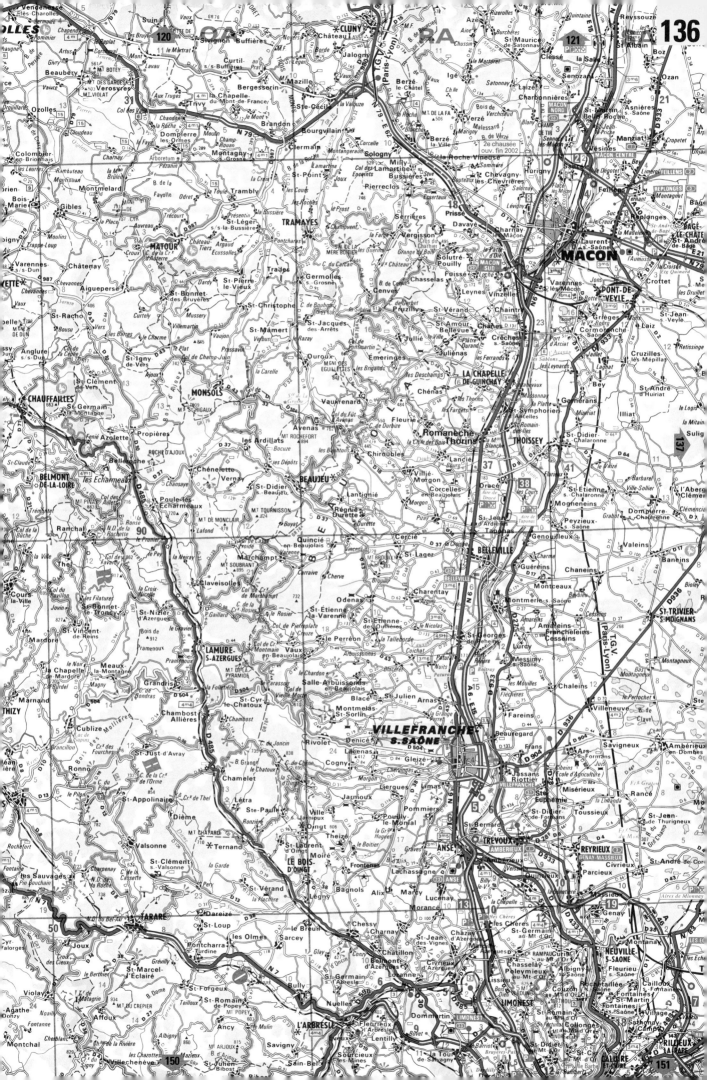

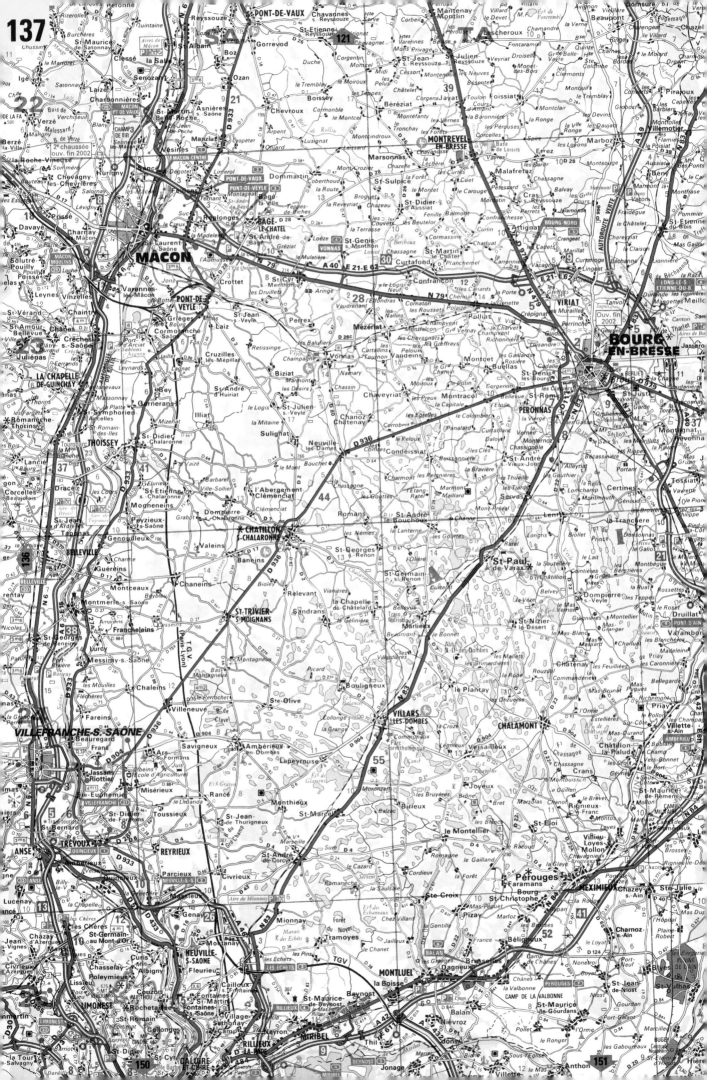

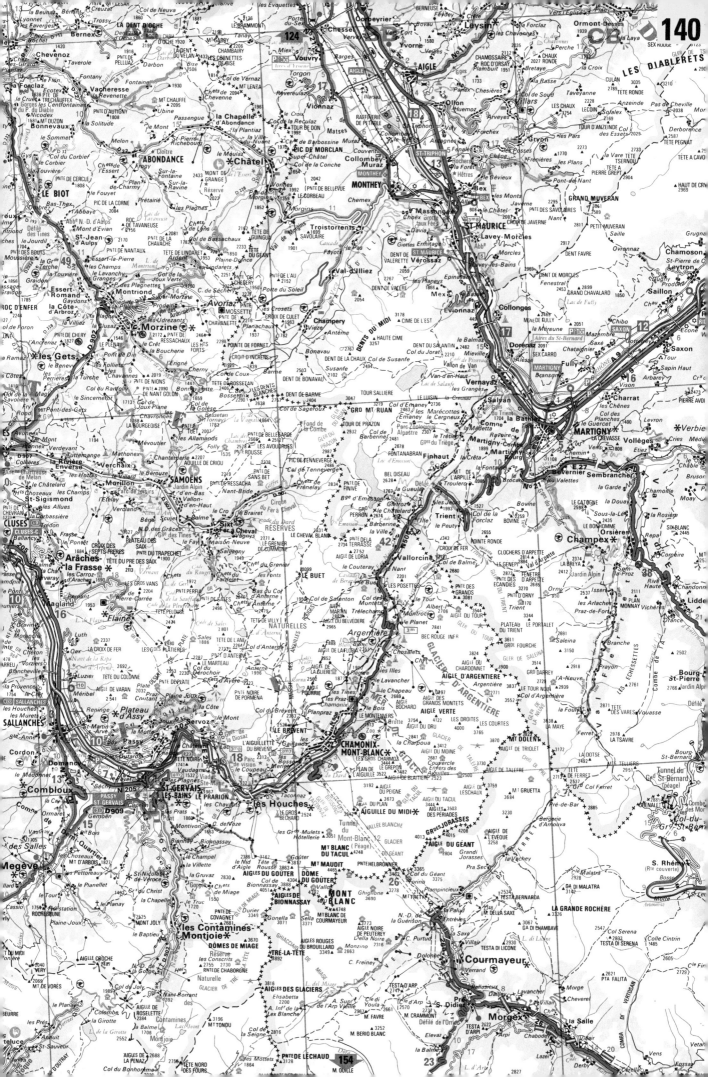

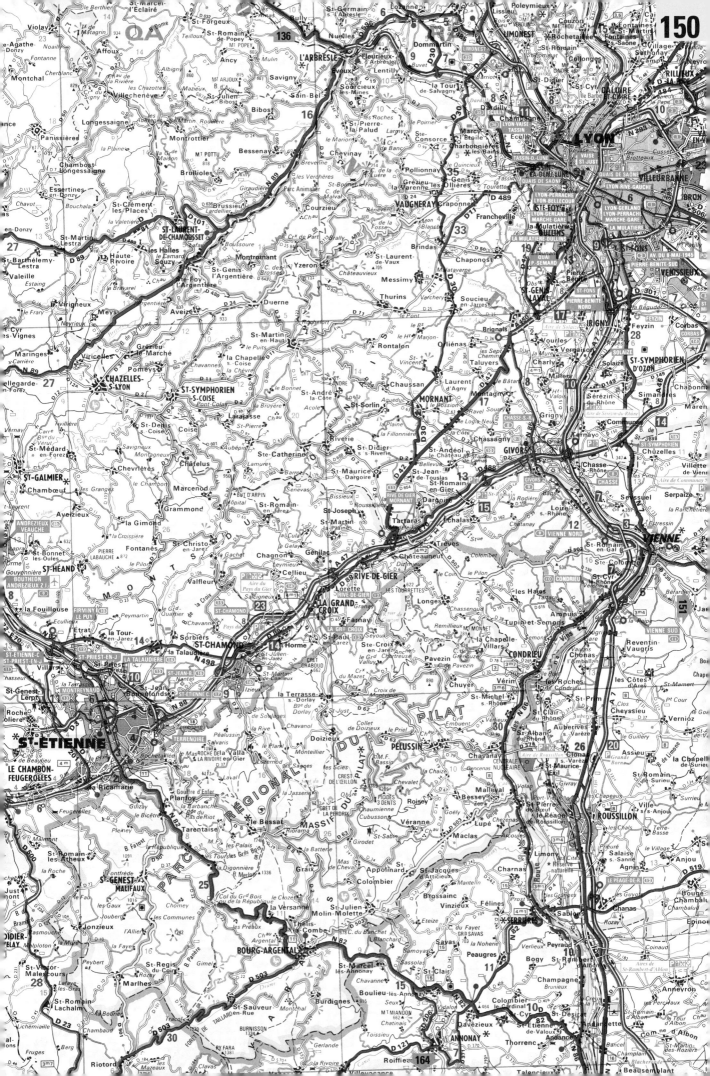

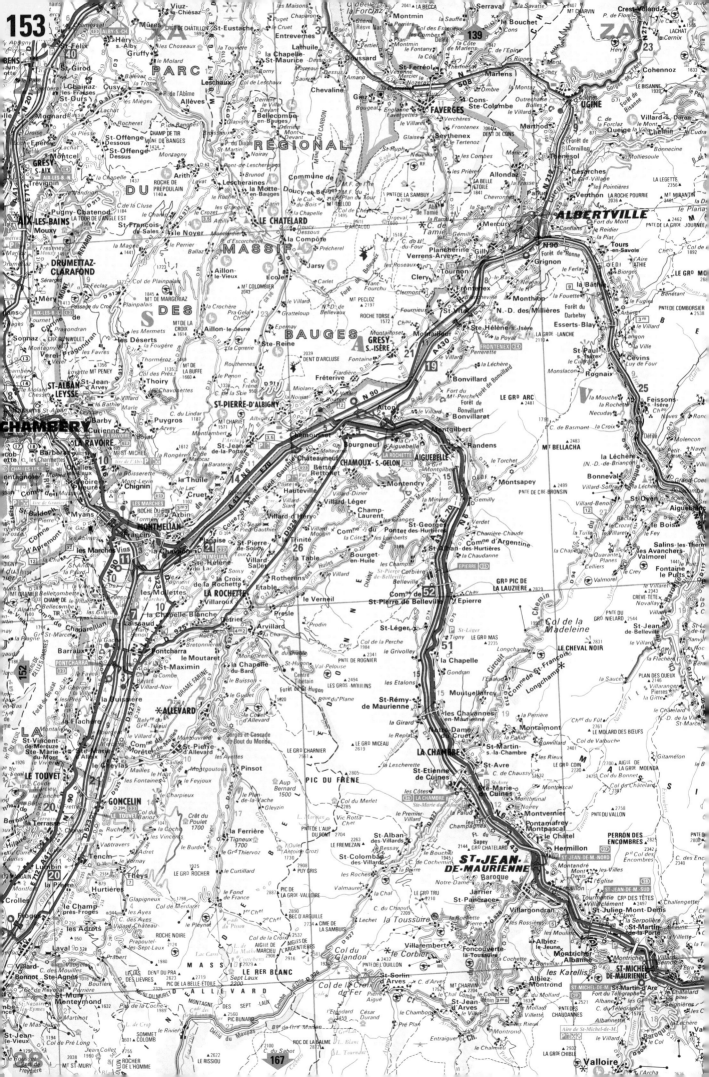

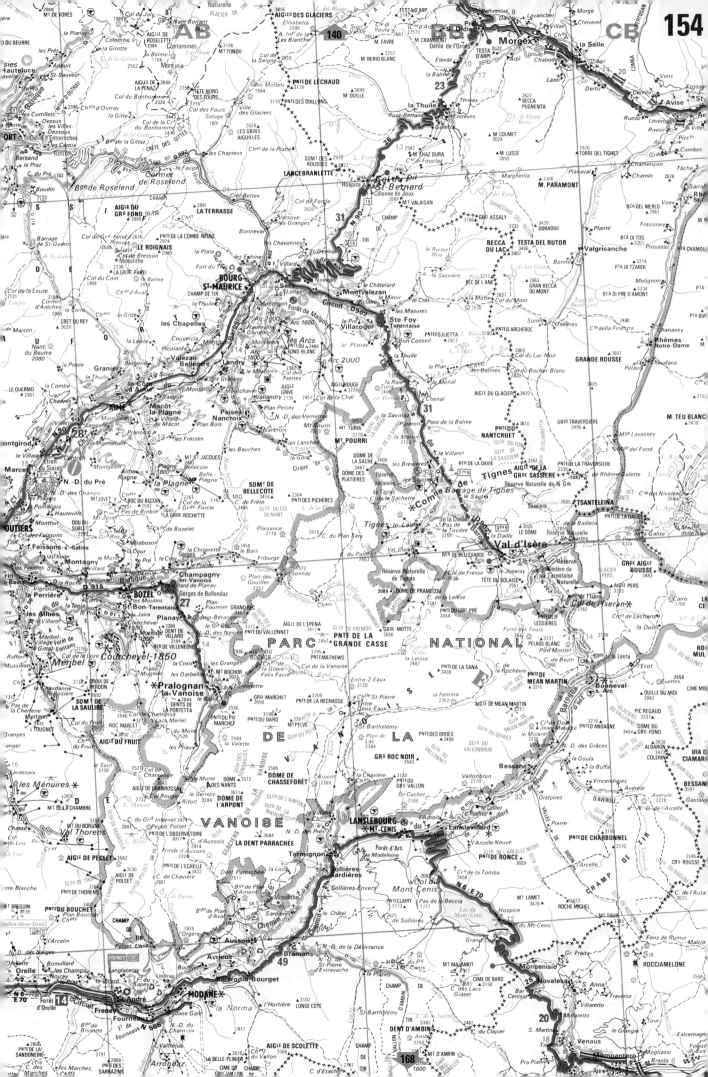

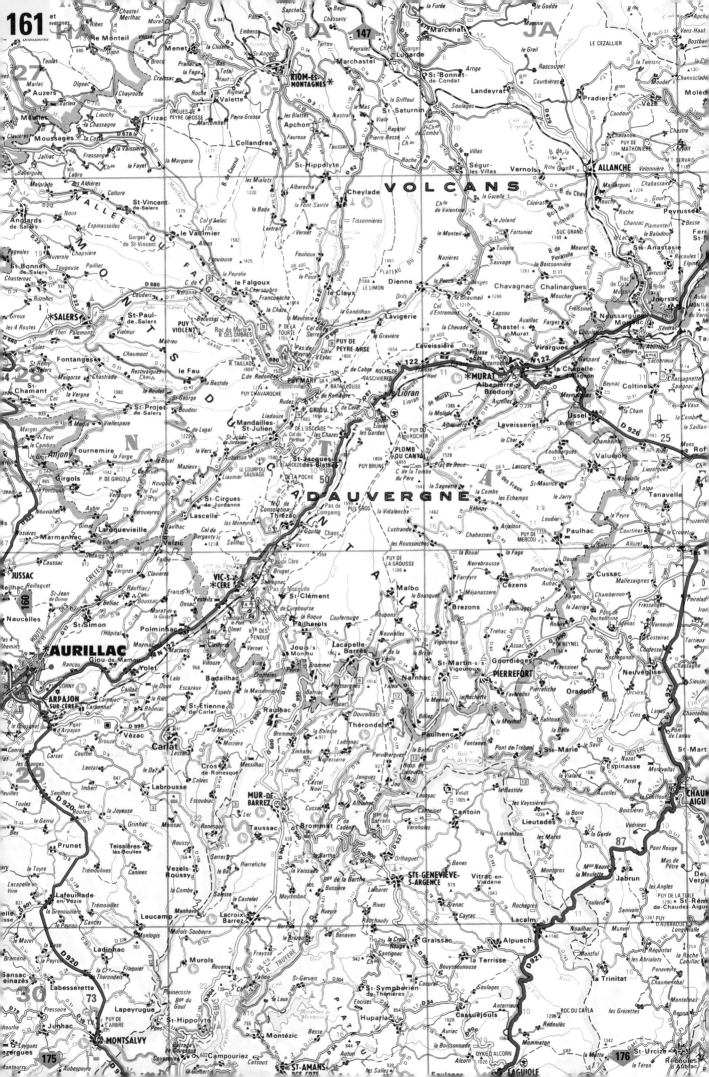

153
166
181
86
28
29
30

les Agrets
Laval
Villard-Bonnot
Ste-Agnès
St-Mury-Monteymond
St-Jean-le-Vieux
Revel
Chamrousse
Oulles
LE BOURG-D'OISANS
LE TAILLEFER
Ornon
Villard-Reymond
Villard Notre-Dame
Lavaldens
Valbonnais
Entraigues
Oris-en-Rattier
Valette
le Périer
Chantelouve
Cde de Valjouffrey
la Salette-Fallavaux
St-Julien
CORPS
Aspres-les-Corps
Ambel
Pellafol
Beaufin
Monestier-d'Ambel
le Glaizil
Chauffayer
St-Disdier
St-Etienne-en-Devoluy
Superdevoluy
St-Eusèbe-en-Champsaur
la Motte-en-Champsaur
la Fare-en-Champsaur
St-Bonnet-en-Champsaur
St-Michel-de-Chaillol
St-Jean-St-Nicolas
ORCIÈRES
St-Léger-les-Mélèzes
Ancelle
St-Laurent-du-Cros

Vaujany
Allemont
Oz
Huez
l'Alpe-d'Huez
Villard-Reculas
la Garde
Besse
Clavans-en-Haut-Oisans
Mizoën
Auris
le Freney
Mont-de-Lans
les Deux Alpes
Vénosc
St-Christophe-en-Oisans
la Bérarde
LE RER BLANC
PIC DE L'ETENDARD
Col de la Croix de Fer
Col du Glandon
St-Sorlin d'Arves
St-Jean-d'Arves
St-Martin-d'Arc
ST-MICHEL-DE-MAURIENNE
Valloire
Albiez-Montrond
LA GRAVE
LA MEIJE
PIC GASPARD
Col du Lautaret
Col du Galibier
LE RATEAU
BARRE DES ECRINS
MT PELVOUX
L'OISANS
PARC NATIONAL
MASSIF DE L'OISANS
la Chapelle-en-Valgaudemar
Villar-Loubière
St-Maurice-en-Valgodemard
St-Firmin
St-Jacques-en-Valgodemard
V x Chaillol
Champoléon
Buissard

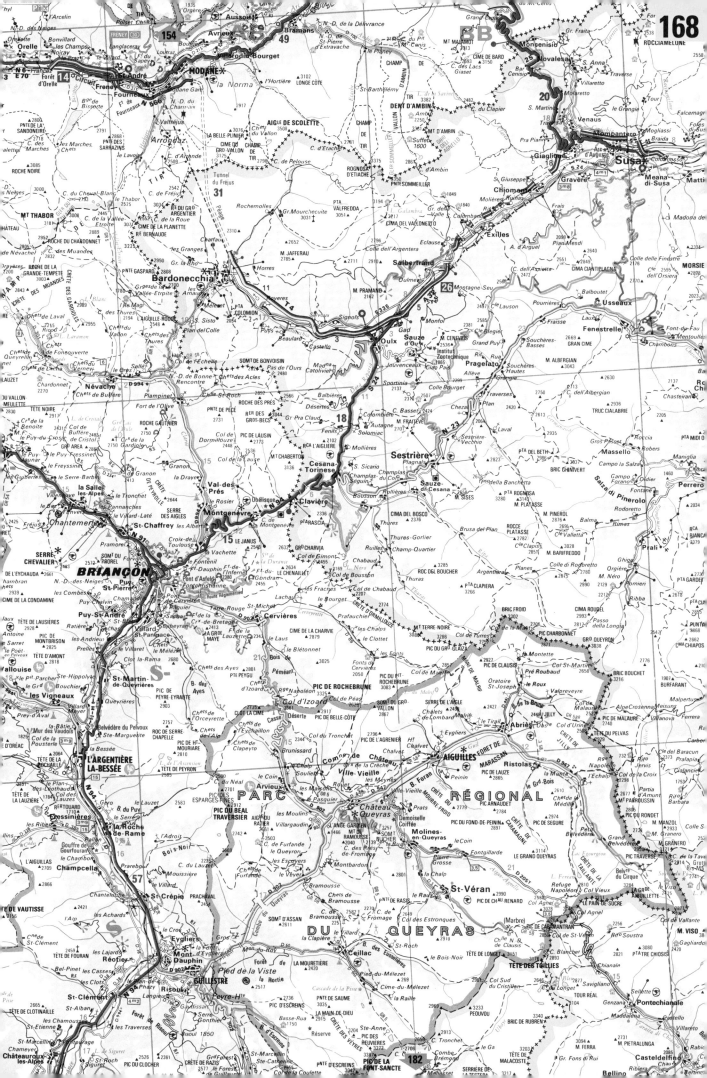

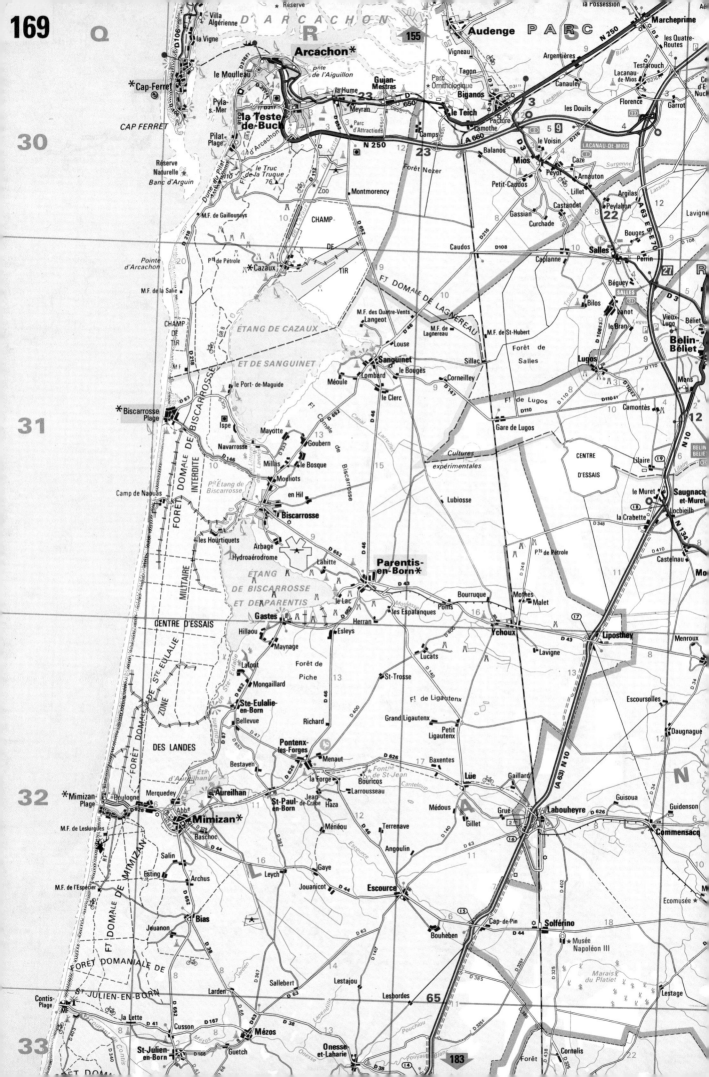

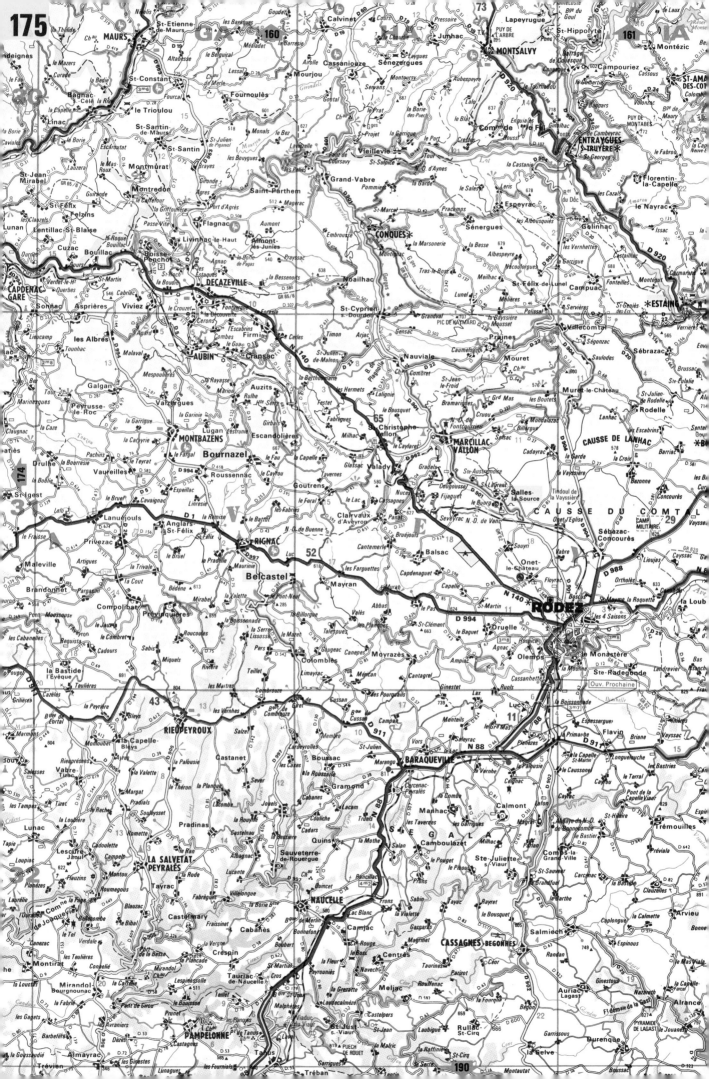

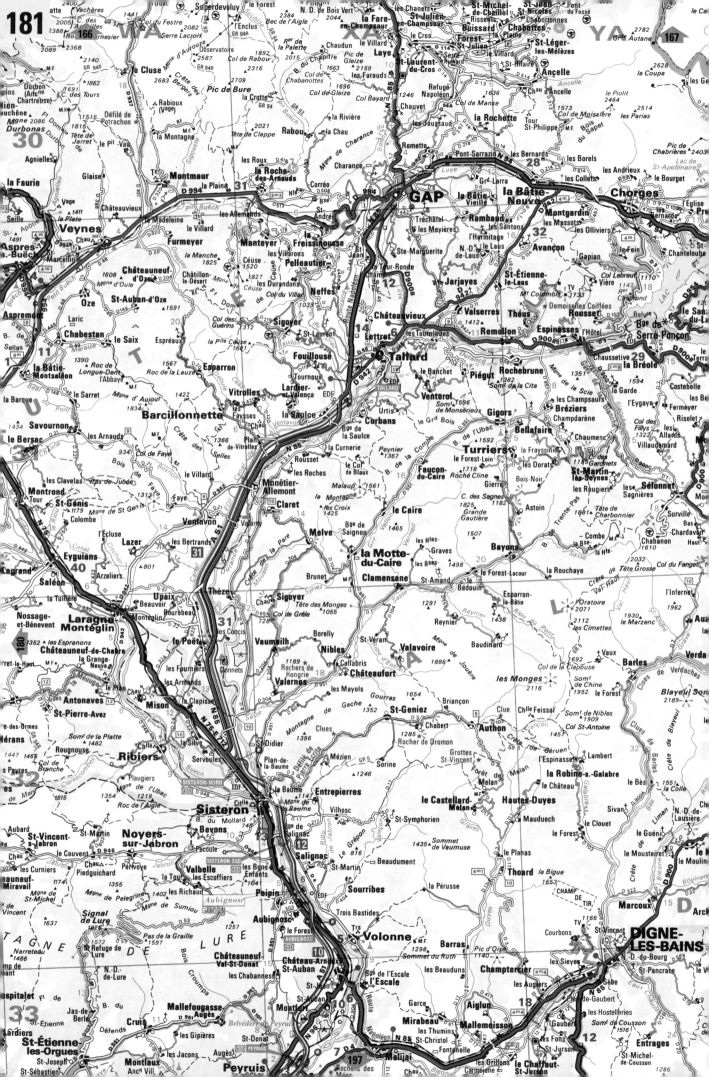

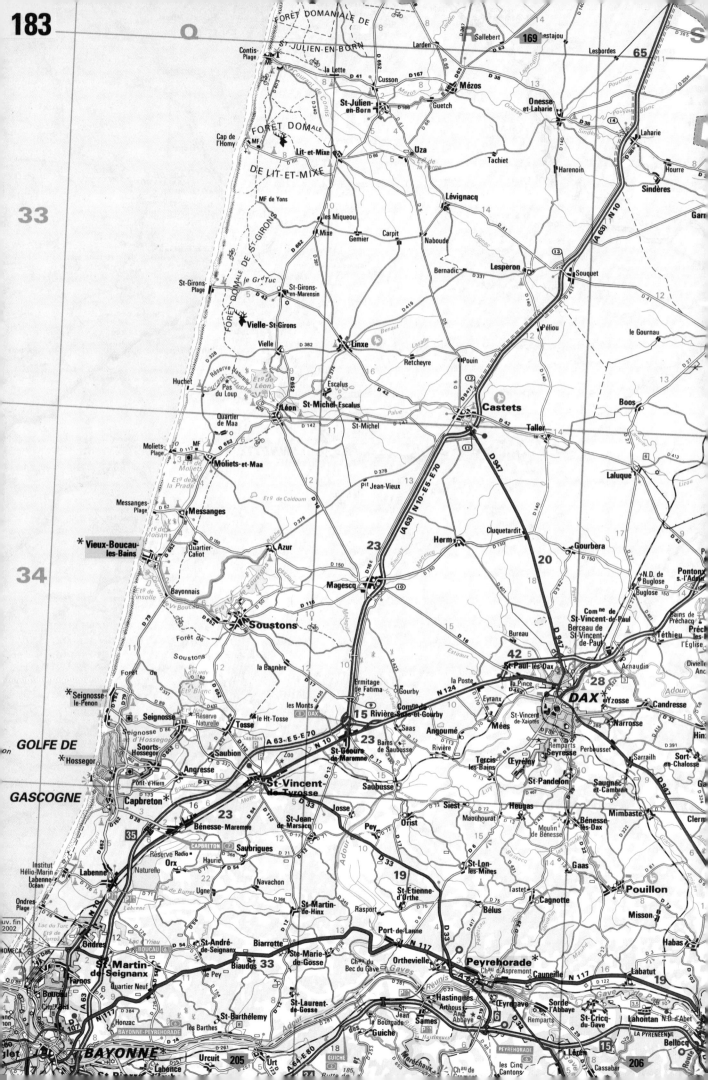

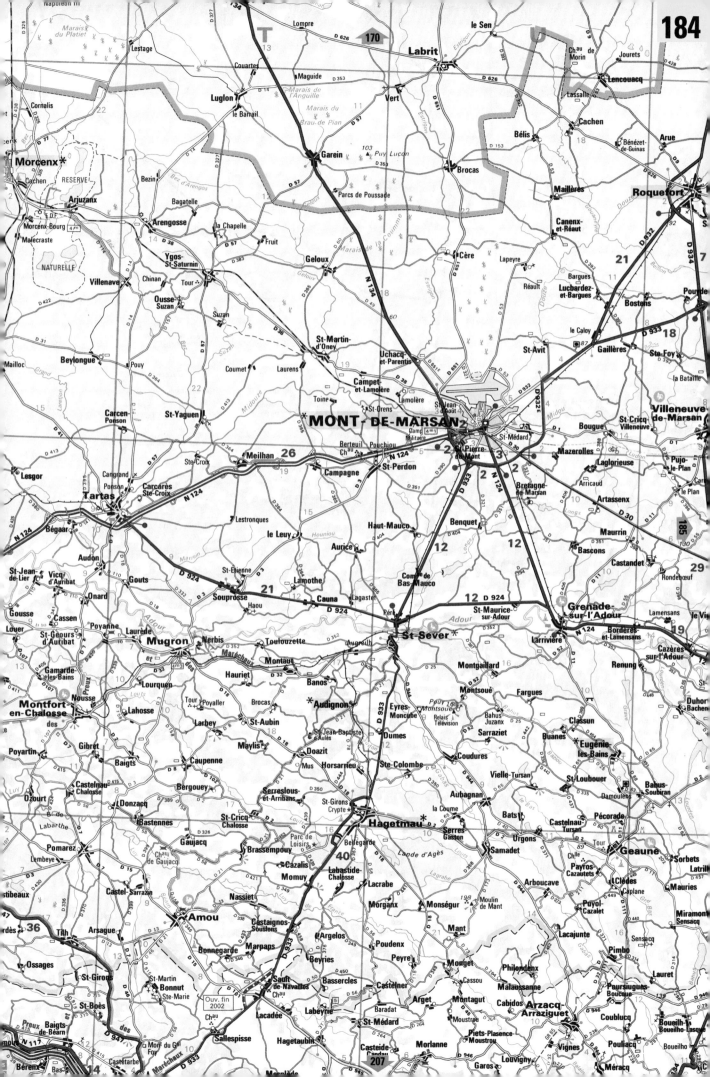

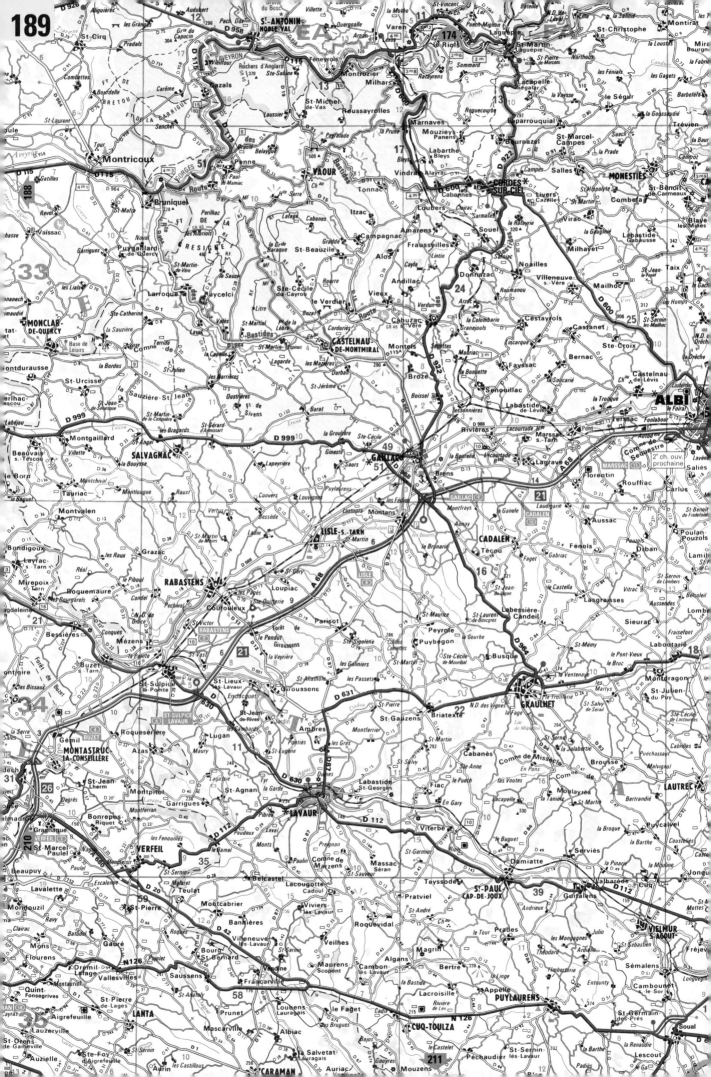

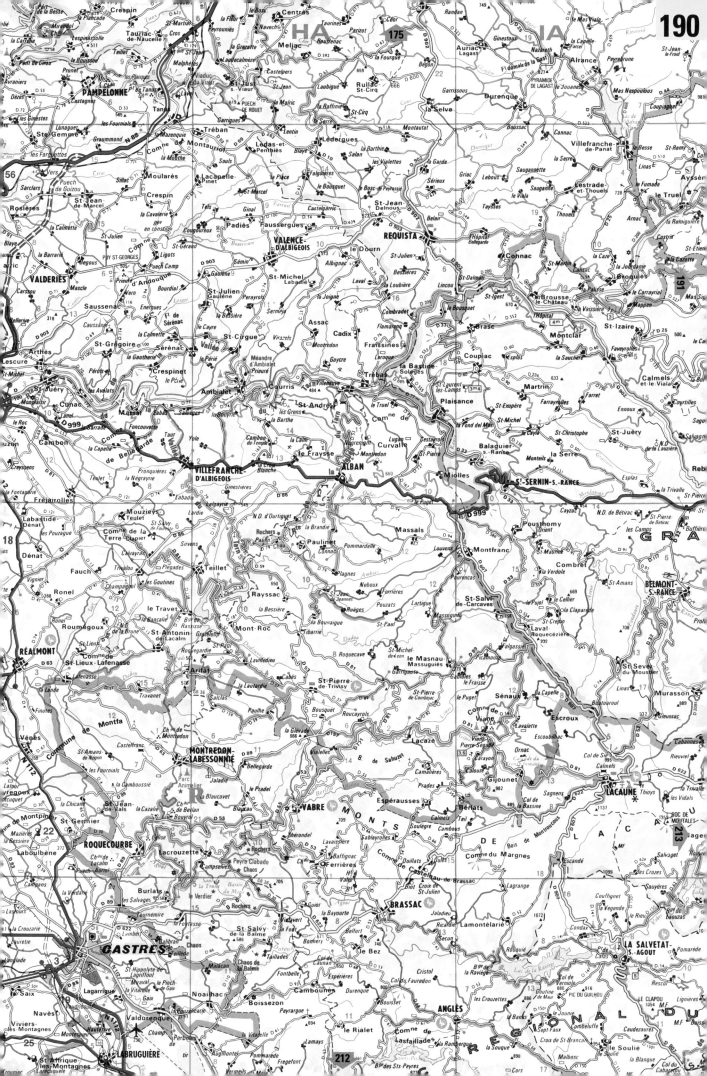

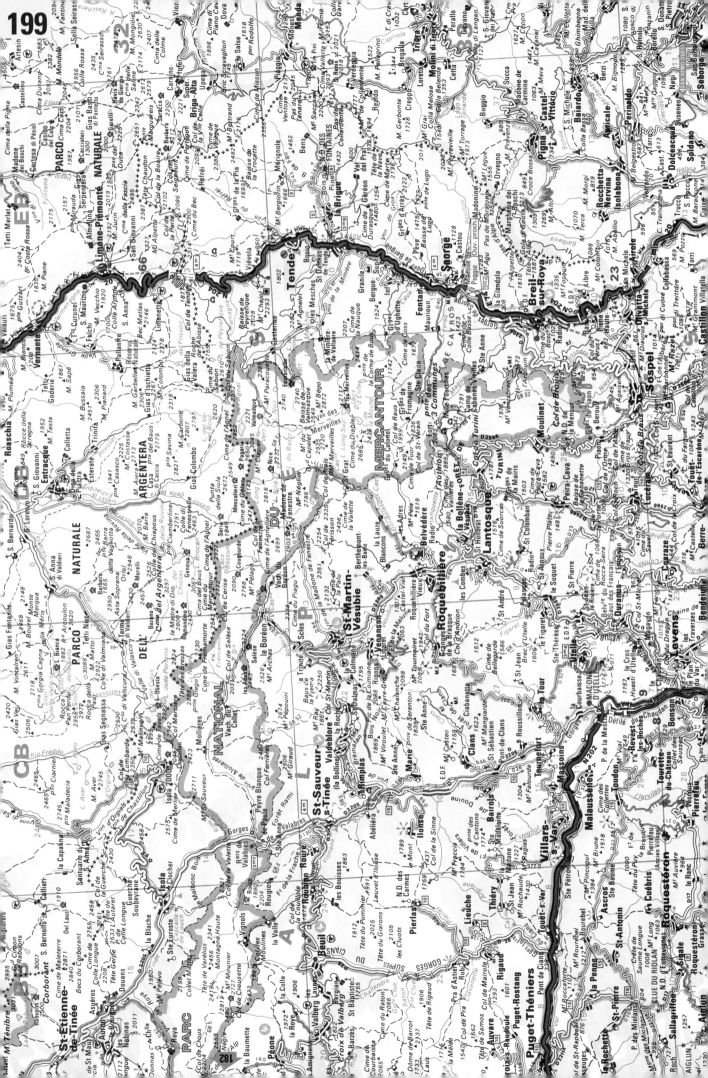

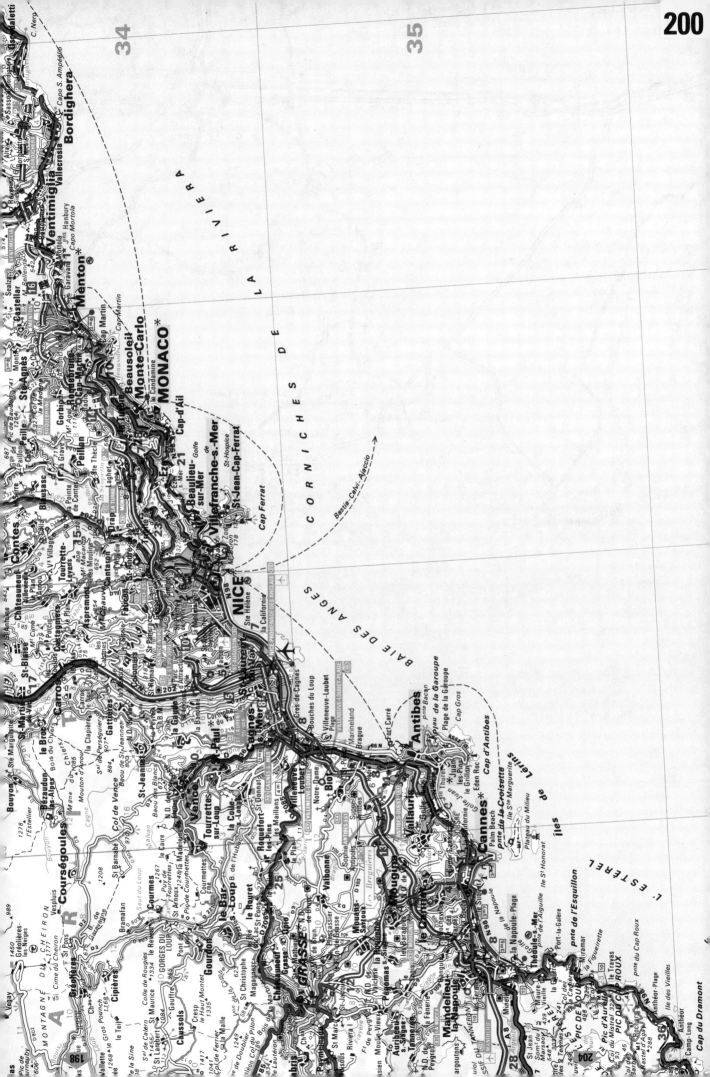

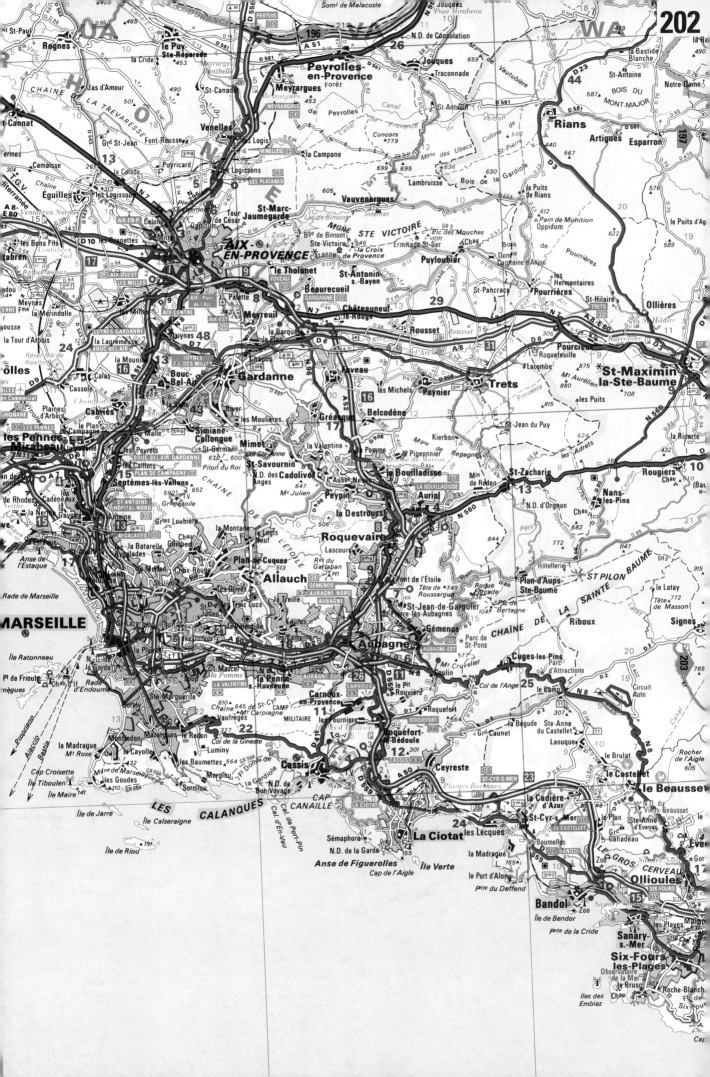

TOULON — **BRIGNOLES** — **HYÈRES**

Varages · St-Martin · les Annelles · Tavernes · le Logis · Amphoux · Fox-Amphoux · Campagne-Neuve · Villecroze · la Tuilière · St-Romain · St-Jean · le Villard · Tourtour · St-Pierre · Ampus · les Prannes · Montfer

Barjols · Pontevès · P'te Bessillon · Gros Bessillon · Sillans-la-Cascade · Salernes · Babadié · M'gne du Serre · Mentone · Flayosc · Flayosquet

Brue-Auriac · Notre-Dame · St-Estève · Châteauvert · Cotignac · N.D. de Grâce · Entrecasteaux · St-Antonin-du-Var · N.D. de Benva · Lorgues · Taradeau

Bras · St-Étienne · N.D. d'Espérance · Miraval · Correns · Montfort-sur-Argens · Carcès · Lac de Carcès · ABBE DU THORONET · le Thoronet · Ste-Anne · Vidau

 St-Maximin · Tourves · Cambarette Nord · le Val · Vins-sur-Caramy · St-Vincent · Pomples · St-Pastour · le Recou · le Vieux-Cannet

BRIGNOLES · la Celle · Camps-la-Source · St-Quinis · Cabasse · Parc Mini France · le Luc · le Cannet-des-Maures · St-Julien

Moulin de Caramy · Montagne de la Loube · Bois de Garéoult · Ste-Anastasie-s-Issole · Ste-Agathe · Flassans-sur-Issole · la Haute Verrerie

Mazaugues · la Roquebrussanne · les Moulières · Garéoult · Forcalqueiret · Besse-sur-Issole · Peirassou · Gonfaron · les Mayons

Néoules · Rocbaron · Carnoules · Pignans · N.D. du Figuier · la Sauvette

Méounes-les-Montrieux · le Martinet · Ste-Philomène · Puget-Ville · CARNOULES · N.D. des Anges

Montrieux-le-Jeune · Chartreuse · Barre · Pouverine · CUERS NORD · le Fédon · Grd des Martels

Belgentier · Valcros · Cuers · la Portanière · Collobrières · la Rivière · Col de Taillude · Chartreuse de la Verne

Solliès-Toucas · Pierrefeu-du-Var · FORÊT · Camp-long · FORÊT DES MAURES · Col de Babaou · St-Guillaume

le Revest-les-Eaux · Tourris · Solliès-Pont · Solliès-Ville · la Farlède · la Navarre · la Gde Bastide · le Sorlier · N.D. des Maures · Col de Grattelouds · FORÊT DE DOM · Corniche

Ollioules · Évenos · MONT FARON · la Valette-du-Var · la Crau · les Borrels · St-Honoré · Bormes-les-Mimosas · la Verrerie · le Pin · St-Clair

TOULON · la Seyne-sur-Mer · Cap Brun · la Garde · Hyères · Mauvanne · la Londe-les-Maures · Le Lavandou · Plage de la Favière

St-Mandrier-sur-Mer · Cap Cépet · Grande Rade · le Pradet · Carqueiranne · Hyères-Plage · les Salins d'Hyères · Brégançon · Cabasson · Cap Bénat

N.D. du Mai · Cap Sicié · Presqu'île de St-Mandrier · Golfe de Giens · Étang des Pesquiers · Presqu'île de Giens · RADE D'HYÈRES

Giens · Baie du Niel · Pointe Escampobariou · Porquerolles · Île de Porquerolles · Sémaphore · Île de Bagaud · Île de Port-Cros · PARC NATIONAL DE PORT-CROS

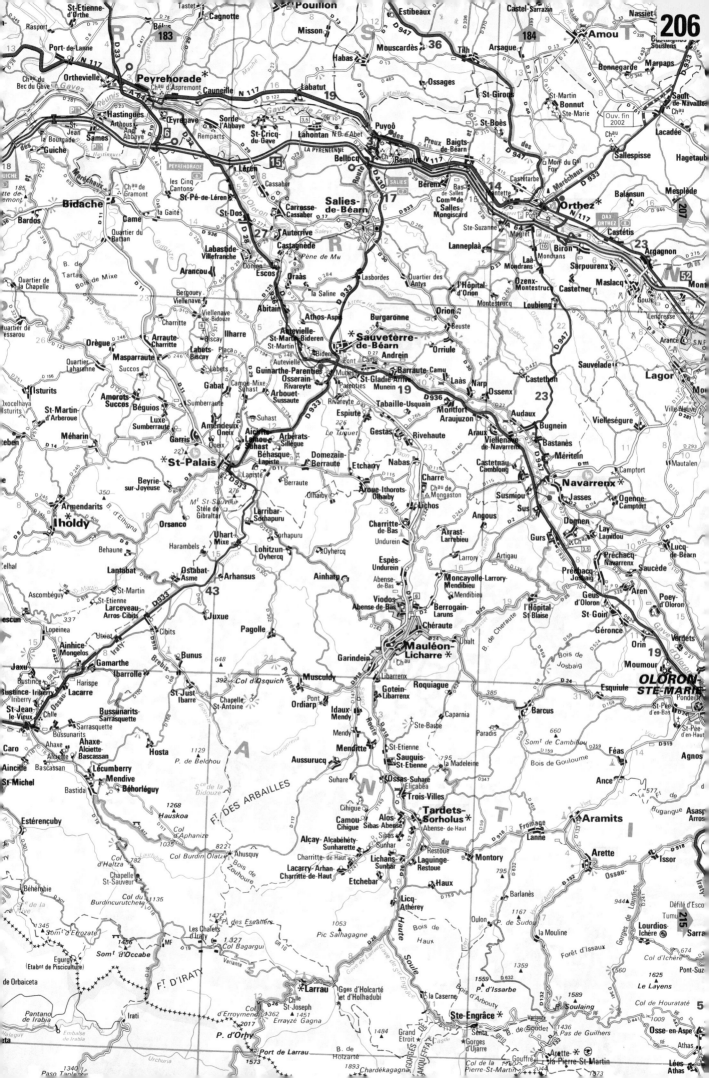

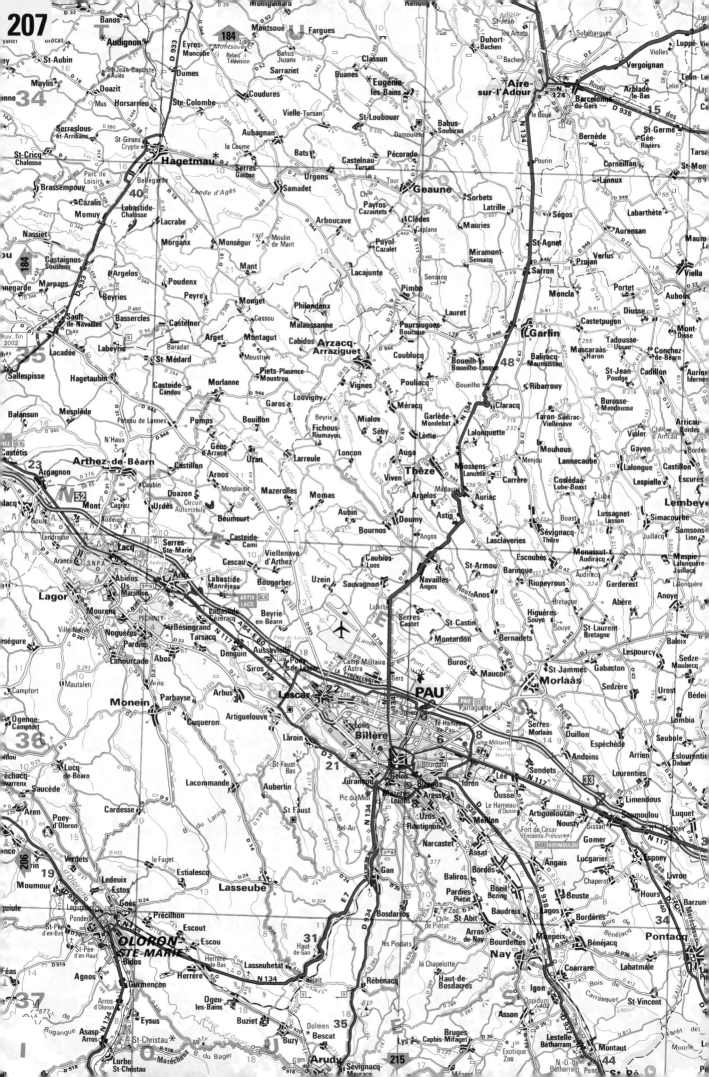

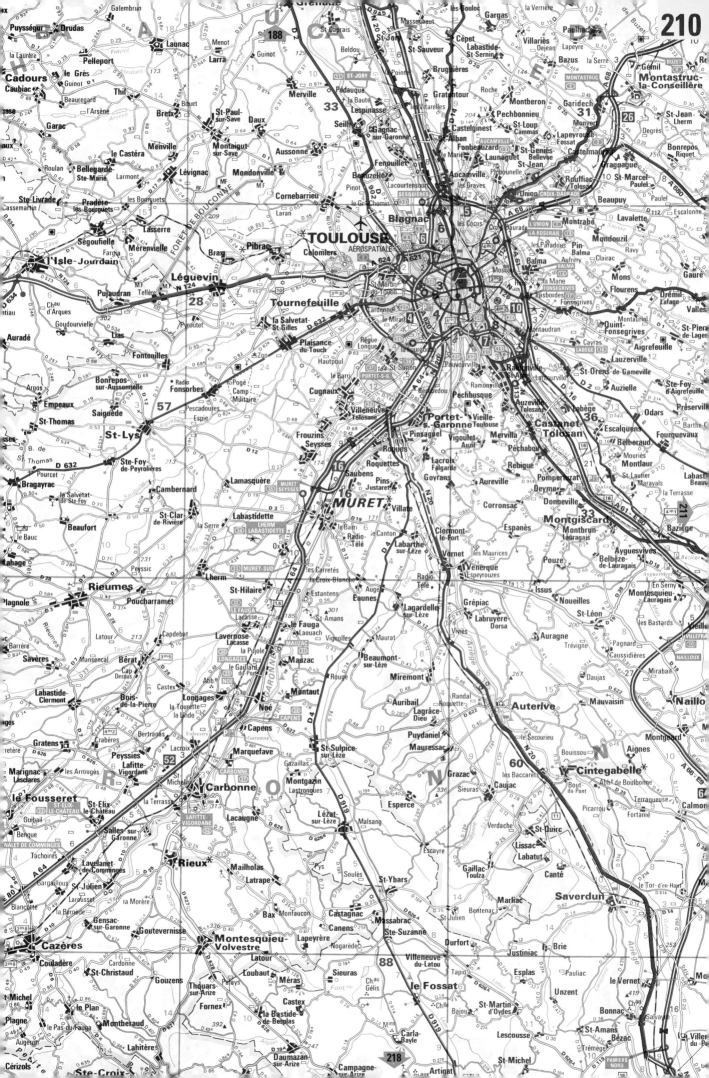

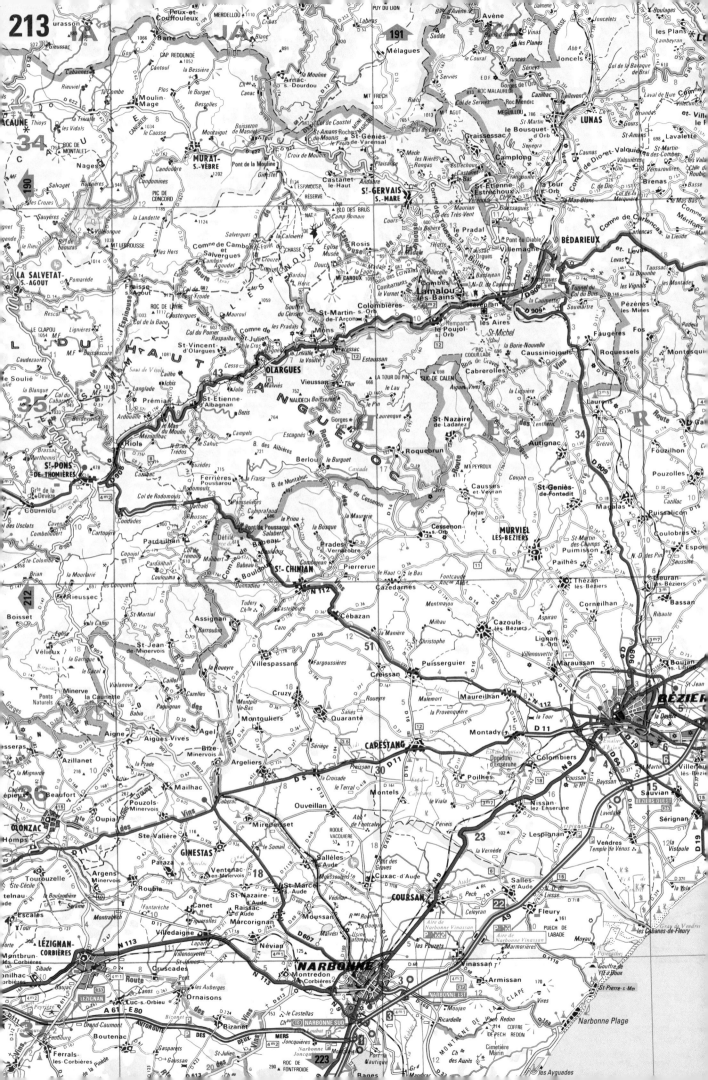

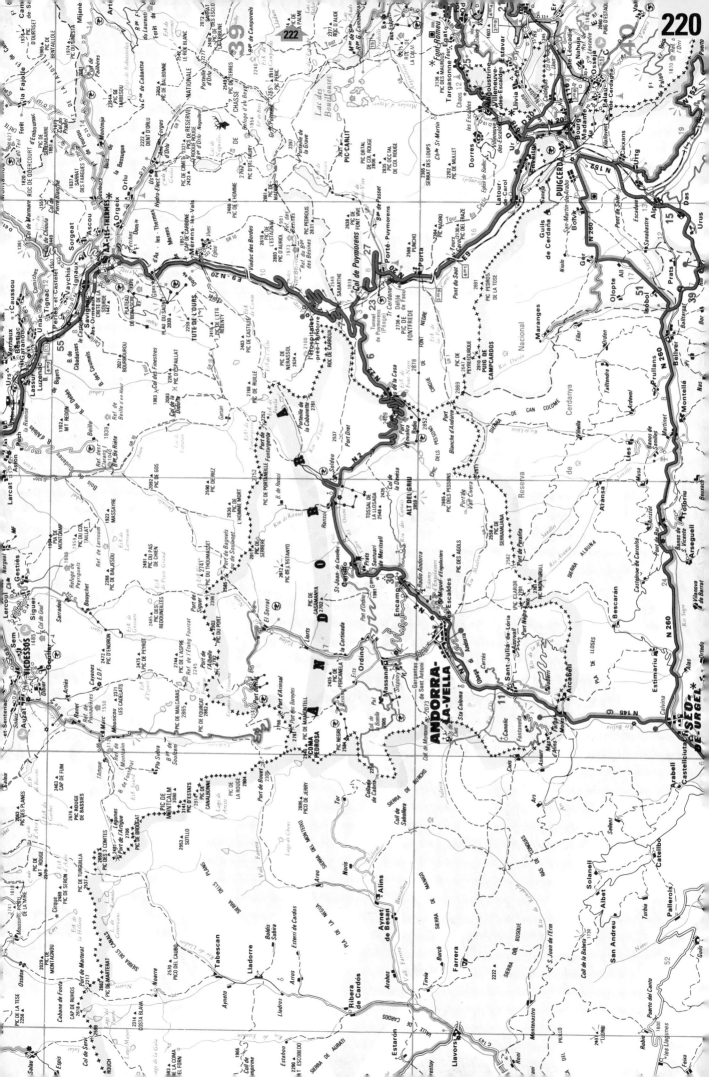

37

38

39

40

Marseille
(saison) Nice
(saison) Toulon

Savona

Marseille
Nice

1 h

la Pietra
Tour

L'ILE-ROUSSE
Tour

Lozari

11

N1197

M.TE D'ORTO
173 ▲

Dolm

la Marine de Davia
B. di Carbonaghia

Corbara

Monticell

8

Algajola
Citadelle

Occuloni

Marine de S.t Ambrogio

Pigna

Sta-Reparata
di-Balagna

D 151 de Corbara

St Antonino

A

BELGODERE

P.ta di a Revellata

Baie d'Algajo

Lumio

563 ▲

Aregno

Caperi

B.on de
Codole

Costa

St-Jea

Laboratoire Marin

6

Lavatoggio

15

A

G

Occhiatana

CALVI

N 197

la Balanina

Col de Salvi
509

367

B. S. Cesareo

D 161

Ville- di-Paraso

Speloncato

Grotte des
Veaux Marins
Port de Recisa

Fiume Secco
CAMP

Fiume Secco

Avapessa

Muroje

S. Rocco

Nessa

CIMA DI
TORNABUE

Madonna
della Serra
Pietra Major

Sta-
Catherine

Sant'Antino D.451

9

Muro

Faliceto

Poggiola

Bocca Croce

1285 ▲

Montegrosso
Montemaggiore
S.t Rainier de B.

Cassano

Zilia

M.te TOLO

1332

Forc

Olmi

Port de Nichiareto

903

CMA GAZELLE

Ste-Restitude

1611 ▲

Capo a u Cavallo

San Quilcu

CAPO DI A CONCA

302 ▲

CAPO DI A TIR

11

300

Mausoleo

Capo
d'Alzo

298 ▲

Bocca Seria

775

CAPO DI
SERRA D'ALZO

Moncale

B. di
Neraghia

CALENZANA

H

M.te GROSSO

1941

1840

A

MF

B.on de
SORDALI

T.r de Truccia

34

Tour Mozza

817

M.TE CINTO

Forêt

2010

P.NTA RADICHE

2032

Capo a DENTI

FORET

DE

TARTAGINE

259

Et.d de
Grovani

M.on Cant.re de S. Quilico

de
Calenzana

1637

M.te PADRO

2393

CAPO SELOLLA

Capo di a Morsetta

M.TE
425

Crovani

Argentella

B. di Marsolino

CAPO LOVO

2143

M.te CORONA

2304

B.ie de Tula

Asco

Faradiolla

MARTINO

801

CAPO DI L'ARGENTELLA

CHAMP DE
TIR

2144

CIMA DI LA STATOGHIA

B.ie d'Intrata

1487

l'Argentelle

768

CAPO GHINEPARO

M.on Cant.re de Frassiana

Chaos

MF
de Bonifato

CAPO
LADRONCELLO

2101

P.NTA GIALBA

Casacciole

la Tana

CAPO DI VEGNO

Cirque de
Bonifato

Spasimata
1130

P.NTA

Bocca Bassa

G. de Galéria

Eglise de Mustella

227

B. di Bonasa

1955

B.ie de Pinnera

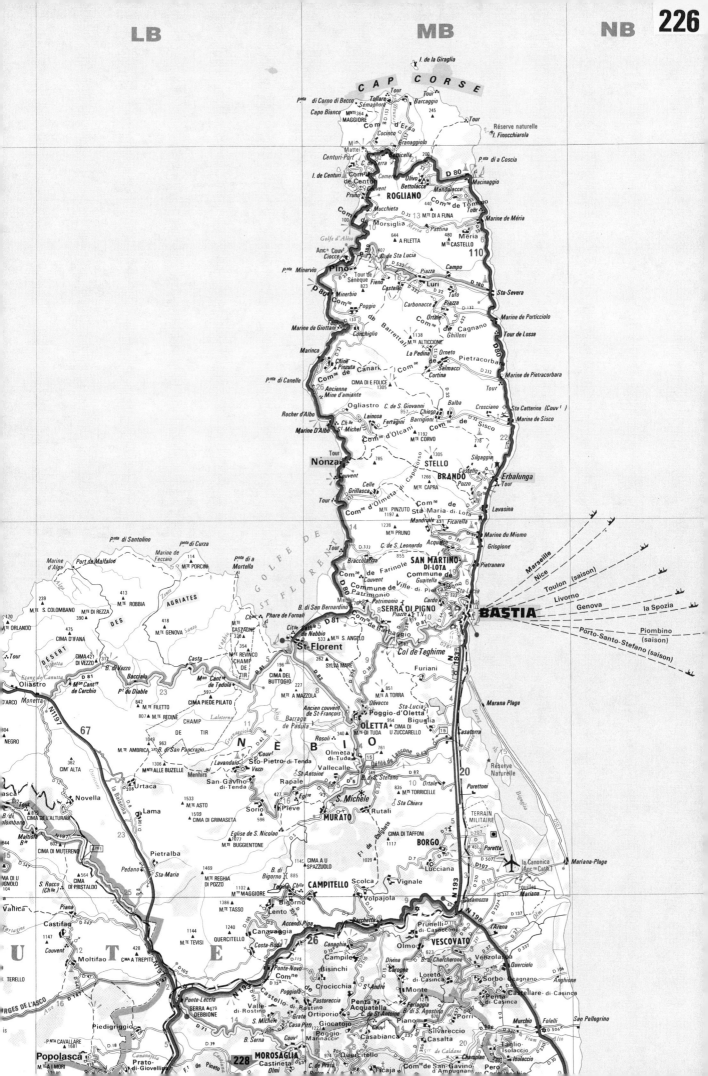

L'INCUDINE

228

Sari-Solenzara

Cala d'Oro

Marine de Cana d'Oro

Marine de Cannella

Col de Bavella
FORÊT DE BAVELLA

GR 20

Favone
B. di Guardia

TAFONATA
Pt de Tarco

101

Conca

N 198

D'AQUELLA B. di Parata Tour Gênoise

SERRA-DI-SCOPAMENE

Zonza

Sorbollano

C O R S E

Ste-Lucie-de-Porto-Vecchio

Quenza

Pinarello
I. Roscana

Nevatoli
Poggioli

Croix de Leccia

Torreccia

LEVIE

S. Gavino di-Carbini

Carabona

FORÊT

Vigna Piana

la Dipilaggia

Altagène

Carbini

L'OSPEDALE

MONTE ROSSO

la Capicciola

San Cipriano

CRÊTE Ste-TRINITÉE

DE FUNGIA

I. St-Cyprien

Golfe di Sogno

Ste-Lucie-de-Tallano

Marseille

Porto-Santo-Stefano
(saison)

Pazzuoli

Palau

GOLFE DE PORTO-VECCHIO

Tour

Cala Rossa

Pnte St-Cyprien

PORTO-VECCHIO

Pnte de l'Arena

Pnte de Chiappa

MONTAGNE DE CAGNA

L'OMO-DI-CAGNA

VAGONCELLA

Muratello

Rocher de Zuglione

Piccovaggia
Ile Farina

Iles Cerbicale
(Réserve naturelle)

I. Forana

Rer de la Vacca

Arca

PNTE DE CHIABBIO

Ceccia

Preccio

PNTE DI L'ORO

I. de Maestro Maria

I. Piana

Palombaggia

Monument préhistorique

I. Pietricaggiosa

Sotta

Bocca di l'Oro

Capo d'Asciaio

S. Gavino

Golfe de Santa Giulia

I. du Toro

Poggiale

Tarrabuccetta

MT BIANCO

Petra Longa Salvini

PNTA DI RAFAELLO

Porto Novo

FIGARI

PNTA DI STAVOLINCA

Chera

Saparelli

PLATEAU D'ARAPA

Col d'Aresia

Sta Giulia

Chiosa d'Asino

Tour de Sponsaglia

P. de Figari

Caravone

Presqu'île de Rondinara

Col de la Testa

MTE SCOPETO

Barrage de Figari

Francolo

Balistra

I. Razzoli

N 198

CAPO BIANCO

Pnte Capicciolo

GOLFE DE SANTA MANZA

P. de Ventilegne

MTE CORBO

C. de Parmentile

Tour de Sta-Manza

la Tonnara

Col d'Arbia

Etang de Stentino

Gurgazo

N 196

Ermitage de la Trinité

C. de la Foce

Capo di Feno

CHAMP DE TIR

Grotte du Sdragonato

BONIFACIO

Pnte de la Madonetta

PNTA DI SAN MULARI

I. Poraggia

Iles Lavezzi
(Réserve naturelle)

I. Ratino

I. Piana

Falaises

Phare

Capo Pertusato

Pnte de Sprono

I. de Cavallo

I. de San Baïnso

I. Perduto

Cimre de l'Achiarino
Pyramide de la Sémillante

I. de Lavezzi

Cimre de Furcone

B O U C H E S   D E   B O N I F A C I O

Ecueil des Lavezzi

I. la Presa

M. Capello

I. Corcelli
I. Piana

I. Sta-Maria

I. Barrettini

M. Budello

I. Budelli

P. Marginetto

P. Abbatoggia

I. Maddalena

P. Galera

Capo Testa

Santa Teresa di Gallura

I. Spargiotto

I. Spargi

GUARDIA PREPOSTI

Cassa Azara

I. Giardinelli
MESSO D. CERVO

Madonnina

Moneta

LA LICCIOLA

Buoncammino

Cassa Cant.

P. Sardegna

la Maddalena

I. Caprera

Page	Carreau	Commune	Administratif	Département
77	**V 17**	ABBARETZ	**C** Chef-Lieu de Canton **S** Sous-Préfecture **P** Préfecture	44

01	Ain	**14**	Calvados	**27**	Eure	**41**	Loir-et-Cher	**55**	Meuse	**68**	Rhin (Haut)	**82**	Tarn-et-Garonne
02	Aisne	**15**	Cantal	**28**	Eure-et-Loir	**42**	Loire	**56**	Morbihan	**69**	Rhône	**83**	Var
03	Allier	**16**	Charente	**29**	Finistère	**43**	Loire (Haute)	**57**	Moselle	**70**	Saône (Haute)	**84**	Vaucluse
04	Alpes-de-Haute Provence	**17**	Charente-Maritime	**30**	Gard	**44**	Loire-Atlantique	**58**	Nièvre	**71**	Saône-et-Loire	**85**	Vendée
05	Alpes (Hautes)	**18**	Cher	**31**	Garonne (Haute)	**45**	Loiret	**59**	Nord	**72**	Sarthe	**86**	Vienne
06	Alpes-Maritimes	**19**	Corrèze	**32**	Gers	**46**	Lot	**60**	Oise	**73**	Savoie	**87**	Vienne (Haute)
07	Ardèche	**2A**	Corse du Sud	**33**	Gironde	**47**	Lot-et-Garonne	**61**	Orne	**74**	Savoie (Haute)	**88**	Vosges
08	Ardennes	**2B**	Corse (Haute)	**34**	Hérault	**48**	Lozère	**62**	Pas-de-Calais	**75**	Paris	**89**	Yonne
09	Ariège	**21**	Côte-d'Or	**35**	Ille-et-Vilaine	**49**	Maine-et-Loire	**63**	Puy-de-Dôme	**76**	Seine-Maritime	**90**	Belfort (Territoire de)
10	Aube	**22**	Côtes-d'Armor	**36**	Indre	**50**	Manche	**64**	Pyrénées-Atlantiques	**77**	Seine-et-Marne	**91**	Essonne
11	Aude	**23**	Creuse	**37**	Indre-et-Loire	**51**	Marne	**65**	Pyrénées (Hautes)	**78**	Yvelines	**92**	Hauts-de-Seine
12	Aveyron	**24**	Dordogne	**38**	Isère	**52**	Marne (Haute)	**66**	Pyrénées-Orientales	**79**	Deux-Sèvres	**93**	Seine-Saint-Denis
13	Bouches-du-Rhône	**25**	Doubs	**39**	Jura	**53**	Mayenne	**67**	Rhin (Bas)	**80**	Somme	**94**	Val-de-Marne
		26	Drôme	**40**	Landes	**54**	Meurthe-et-Moselle			**81**	Tarn	**95**	Val d'Oise

A

Page	Carreau	Commune	Adm.	Dpt
208	**W 36**	AAST		64
67	**VA 13**	ABAINVILLE		55
18	**KA 5**	ABANCOURT		59
25	**EA 8**	ABANCOURT		60
46	**YA 11**	ABAUCOURT		54
45	**VA 10**	ABAUCOURT HAUTECOURT		55
106	**WA 19**	ABBANS DESSOUS		25
106	**WA 19**	ABBANS DESSUS		25
94	**P 17**	ABBARETZ		44
27	**KA 8**	ABBECOURT		02
26	**GA 9**	ABBECOURT		60
107	**ZA 17**	ABBENANS		25
15	**EA 6**	ABBEVILLE	**S**	80
61	**GA 14**	ABBEVILLE LA RIVIERE		91
45	**WA 10**	ABBEVILLE LES CONFLANS		54
26	**GA 8**	ABBEVILLE ST LUCIEN		60
108	**BB 18**	ABBEVILLERS		25
214	**LA 35**	ABEILHAN		34
88	**YA 16**	ABELCOURT		70
207	**V 36**	ABERE		64
137	**SA 23**	ABERGEMENT CLEMENCIAT, L'		01
121	**SA 21**	ABERGEMENT DE CUISERY, L'		71
138	**UA 24**	ABERGEMENT DE VAREY, L'		01
105	**UA 19**	ABERGEMENT LA RONCE		39
122	**VA 20**	ABERGEMENT LE GRAND		39
122	**VA 20**	ABERGEMENT LE PETIT		39
123	**XA 20**	ABERGEMENT LES THESY		39
121	**SA 21**	ABERGEMENT STE COLOMBE, L'		71
207	**T 36**	ABIDOS		64
114	**Z 20**	ABILLY		37
206	**S 36**	ABITAIN		64
144	**AA 26**	ABJAT SUR BANDIAT		24
17	**IA 5**	ABLAIN ST NAZAIRE		62
27	**JA 7**	ABLAINCOURT PRESSOIR		80
17	**IA 6**	ABLAINZEVELLE		62
43	**QA 12**	ABLANCOURT		51
39	**FA 10**	ABLEIGES		95
68	**YA 14**	ABLEUVENETTES, LES		88
61	**EA 13**	ABLIS		78
23	**X 9**	ADLON		14
40	**HA 12**	ABLON SUR SEINE		94
149	**OA 27**	ABOEN		42
67	**XA 14**	ABONCOURT		54
46	**YA 10**	ABONCOURT		57
88	**XA 16**	ABONCOURT GESINCOURT		70
46	**YA 12**	ABONCOURT SUR SEILLE		57
140	**AB 23**	ABONDANCE	**C**	74
38	**CA 12**	ABONDANT		28
207	**U 36**	ABOS		64
69	**CB 12**	ABRESCHVILLER		57
134	**LA 24**	ABREST		03
152	**VA 26**	ABRETS, LES		38
168	**BB 29**	ABRIES		05
18	**LA 5**	ABSCON		59
111	**U 21**	ABSIE, L'		79
130	**Z 24**	ABZAC		16
156	**V 28**	ABZAC		33
107	**ZA 17**	ACCOLANS		25
84	**NA 17**	ACCOLAY		89
164	**QA 29**	ACCONS		07
215	**T 37**	ACCOUS	**C**	64
47	**ZA 11**	ACHAIN		57
48	**CB 11**	ACHEN		57
70	**EB 13**	ACHENHEIM		67
101	**HA 18**	ACHERES		18
39	**FA 11**	ACHERES		78
62	**IA 14**	ACHERES LA FORET		77
28	**LA 8**	ACHERY		02
17	**HA 6**	ACHEUX EN AMIENOIS	**C**	80
15	**EA 6**	ACHEUX EN VIMEU		80
17	**JA 5**	ACHEVILLE		62
87	**VA 17**	ACHEY		70
17	**IA 5**	ACHICOURT		62
17	**JA 6**	ACHIET LE GRAND		62
17	**IA 6**	ACHIET LE PETIT		62
103	**MA 19**	ACHUN		58
25	**FA 8**	ACHY		60
76	**P 15**	ACIGNE		35
37	**Z 10**	ACLOU		27
38	**BA 12**	ACON		27
17	**IA 5**	ACQ		62
36	**U 11**	ACQUEVILLE		14
33	**O 8**	ACQUEVILLE		50
38	**BA 10**	ACQUIGNY		27
7	**GA 3**	ACQUIN WESTBECOURT		62
28	**LA 9**	ACY		02
41	**JA 10**	ACY EN MULTIEN		60
29	**PA 9**	ACY ROMANCE		08
47	**ZA 11**	ADAINCOURT		57
39	**EA 12**	ADAINVILLE		78
107	**YA 18**	ADAM LES PASSAVANT		25
107	**YA 19**	ADAM LES VERCEL		25
48	**CB 11**	ADAMSWILLER		67
216	**W 37**	ADAST		65
216	**W 37**	ADE		65
47	**AB 11**	ADELANGE		57
89	**ZA 16**	ADELANS ET LE VAL DE BITHAINE		70
216	**Y 38**	ADERVIELLE POUCHERGUES		65
112	**V 21**	ADILLY		79
17	**IA 5**	ADINFER		62
214	**LA 35**	ADISSAN		34
129	**X 24**	ADJOTS, LES		16
82	**JA 16**	ADON		45
153	**XA 27**	ADRETS, LES		38
198	**AB 35**	ADRETS DE L'ESTEREL, LES		83
130	**AA 23**	ADRIERS		86
227	**JB 42**	AFA		2A
145	**EA 26**	AFFIEUX		19
45	**WA 10**	AFFLEVILLE		54
136	**QA 25**	AFFOUX		69
68	**XA 13**	AFFRACOURT		54
7	**FA 3**	AFFRINGUES		62
209	**AA 36**	AGASSAC		31
214	**LA 36**	AGDE	**C**	34
213	**JA 36**	AGEL		34
172	**Z 32**	AGEN	**P**	47
175	**IA 31**	AGEN D'AVEYRON		12
105	**SA 19**	AGENCOURT		21
16	**FA 6**	AGENVILLE		80
16	**FA 5**	AGENVILLERS		80
26	**IA 9**	AGEUX, LES		60
66	**UA 15**	AGEVILLE		52
104	**RA 18**	AGEY		21
228	**MB 41**	AGHIONE		2B
46	**YA 12**	AGINCOURT		54
171	**Y 31**	AGME		47
172	**Y 30**	AGNAC		47
148	**LA 27**	AGNAT		43
34	**R 10**	AGNEAUX		50
26	**HA 9**	AGNETZ		60
17	**IA 5**	AGNEZ LES DUISANS		62
28	**OA 8**	AGNICOURT ET SECHELLES		02
17	**IA 5**	AGNIERES		62
167	**WA 30**	AGNIERES EN DEVOLUY		05
151	**SA 27**	AGNIN		38
215	**T 37**	AGNOS		64
17	**IA 5**	AGNY		62
34	**P 11**	AGON COUTAINVILLE		50
144	**Z 27**	AGONAC		24
192	**NA 33**	AGONES		34
118	**KA 21**	AGONGES		03
215	**W 37**	AGOS VIDALOS		65
143	**Y 25**	AGRIS		16
142	**U 27**	AGUDELLE		17
176	**KA 32**	AGUESSAC		12
29	**OA 9**	AGUILCOURT		02
211	**FA 35**	AGUTS		81
35	**T 10**	AGY		14
206	**R 37**	AHAXE ALCIETTE BASCASSAN		64
205	**P 36**	AHETZE		64
68	**YA 14**	AHEVILLE		88
77	**S 15**	AHUILLE		53
132	**FA 24**	AHUN	**C**	23
105	**SA 18**	AHUY		21
19	**OA 5**	AIBES		59
89	**AB 17**	AIBRE		25
206	**S 36**	AICIRITS CAMOU SUHAST		64
128	**U 23**	AIFFRES		79
193	**PA 33**	AIGALIERS		30
37	**Z 12**	AIGLE, L'	**C**	61
29	**RA 7**	AIGLEMONT		08
122	**WA 20**	AIGLEPIERRE		39
38	**CA 11**	AIGLEVILLE		27
197	**XA 33**	AIGLUN		04
200	**BB 34**	AIGLUN		06
186	**X 34**	AIGNAN	**C**	32
85	**RA 17**	AIGNAY LE DUC	**C**	21
213	**IA 36**	AIGNE		34
78	**X 15**	AIGNE		72
35	**S 9**	AIGNERVILLE		14
210	**DA 36**	AIGNES		31
143	**X 26**	AIGNES ET PUYPEROUX		16
15	**DA 6**	AIGNEVILLE		80
43	**PA 11**	AIGNY		51
128	**V 23**	AIGONNAY		79
129	**W 25**	AIGRE	**C**	16
210	**DA 35**	AIGREFEUILLE		31
127	**S 24**	AIGREFEUILLE D'AUNIS	**C**	17
110	**Q 19**	AIGREFEUILLE SUR MAINE	**C**	44
193	**OA 33**	AIGREMONT		30
87	**WA 15**	AIGREMONT		52
39	**FA 11**	AIGREMONT		78
84	**NA 16**	AIGREMONT		89
152	**WA 26**	AIGUEBELETTE LE LAC		73
153	**YA 26**	AIGUEBELLE	**C**	73
153	**ZA 26**	AIGUEBLANCHE		73
212	**GA 35**	AIGUEFONDE		81
134	**KA 24**	AIGUEPERSE	**C**	63
136	**QA 23**	AIGUEPERSE		69
219	**DA 37**	AIGUES JUNTES		09
194	**PA 35**	AIGUES MORTES	**C**	30
219	**EA 37**	AIGUES VIVES		09
212	**HA 36**	AIGUES VIVES		11
193	**PA 34**	AIGUES VIVES		30
213	**JA 36**	AIGUES VIVES		34
179	**QA 32**	AIGUEZE		30
163	**NA 28**	AIGUILHE		43
168	**BB 30**	AIGUILLES	**C**	05
171	**Y 32**	AIGUILLON		47
221	**FA 38**	AIGUILLON, L'		09
125	**Q 23**	AIGUILLON SUR MER, L'		85
109	**O 21**	AIGUILLON SUR VIE, L'		85
197	**YA 34**	AIGUINES		83
132	**EA 22**	AIGURANDE	**C**	36
178	**PA 30**	AILHON		07
82	**JA 16**	AILLANT SUR MILLERON		45
83	**LA 16**	AILLANT SUR THOLON	**C**	89
171	**W 31**	AILLAS		33
149	**OA 25**	AILLEUX		42
89	**ZA 17**	AILLEVANS		70
65	**RA 14**	AILLEVILLE		10
88	**YA 16**	AILLEVILLERS ET LYAUMONT		70
67	**UA 14**	AILLIANVILLE		52
59	**X 13**	AILLIERES BEAUVOIR		72
153	**XA 26**	AILLON LE JEUNE		73
153	**XA 26**	AILLON LE VIEUX		73
89	**ZA 16**	AILLONCOURT		70
38	**CA 10**	AILLY		27
16	**FA 6**	AILLY LE HAUT CLOCHER	**C**	80
26	**HA 7**	AILLY SUR NOYE	**C**	80
16	**GA 7**	AILLY SUR SOMME		80
194	**PA 34**	AIMARGUES	**C**	30
154	**AB 26**	AIME	**C**	73
117	**IA 21**	AINAY LE CHATEAU		03
117	**HA 21**	AINAY LE VIEIL		18
206	**R 37**	AINCILLE		64
39	**EA 10**	AINCOURT		95
30	**TA 9**	AINCREVILLE		55
45	**XA 12**	AINGERAY		54
67	**WA 14**	AINGEVILLE		88
66	**UA 13**	AINGOULAINCOURT		52
206	**S 36**	AINHARP		64
206	**R 36**	AINHICE MONGELOS		64
205	**P 36**	AINHOA		64
88	**YA 16**	AINVELLE		70
87	**WA 15**	AINVELLE		88
16	**FA 6**	AIRAINES		80
36	**W 10**	AIRAN		14
29	**PA 9**	AIRE		08
185	**V 34**	AIRE SUR L'ADOUR	**C**	40
8	**HA 3**	AIRE SUR LA LYS	**C**	62
34	**R 10**	AIREL		50
213	**KA 35**	AIRES, LES		34
26	**HA 9**	AIRION		60
15	**DA 4**	AIRON NOTRE DAME		62
15	**EA 4**	AIRON ST VAAST		62
211	**EA 36**	AIROUX		11
112	**W 20**	AIRVAULT	**C**	79
105	**TA 19**	AISEREY		21
88	**XA 16**	AISEY ET RICHECOURT		70
85	**RA 16**	AISEY SUR SEINE		21
18	**MA 7**	AISONVILLE ET BERNOVILLE		02
107	**YA 18**	AISSEY		25
104	**PA 18**	AISY SOUS THIL		21
85	**PA 17**	AISY SUR ARMANCON		89
228	**LB 40**	AITI		2B
153	**YA 26**	AITON		73
146	**HA 26**	AIX		19
18	**LA 4**	AIX		59
101	**HA 19**	AIX D'ANGILLON, LES	**C**	18
166	**UA 30**	AIX EN DIOIS		26
7	**FA 4**	AIX EN ERGNY		62
16	**EA 4**	AIX EN ISSART		62
64	**NA 14**	AIX EN OTHE	**C**	10
202	**VA 35**	AIX EN PROVENCE	**S**	13
148	**MA 26**	AIX LA FAYETTE		63
152	**WA 25**	AIX LES BAINS	**C**	73
17	**IA 4**	AIX NOULETTE		62
144	**BA 25**	AIXE SUR VIENNE	**C**	87
164	**PA 30**	AIZAC		07
66	**SA 15**	AIZANVILLE		52
99	**EA 19**	AIZE		36
17	**KA 6**	AIZECOURT LE BAS		80
17	**JA 6**	AIZECOURT LE HAUT		80
28	**NA 9**	AIZELLES		02
110	**P 21**	AIZENAY		85
23	**Z 9**	AIZIER		27
28	**MA 9**	AIZY JOUY		02
221	**GA 37**	AJAC		11
227	**JB 42**	AJACCIO	**P**	2A
132	**FA 23**	AJAIN		23
158	**BA 28**	AJAT		24
46	**YA 11**	AJONCOURT		57
37	**AA 11**	AJOU		27
164	**QA 30**	AJOUX		07
221	**FA 37**	ALAIGNE	**C**	11
28	**LA 7**	ALAINCOURT		02
88	**XA 15**	ALAINCOURT		70
46	**YA 11**	ALAINCOURT LA COTE		57
221	**GA 37**	ALAIRAC		11
209	**AA 36**	ALAN		31
228	**LB 40**	ALANDO		2B
227	**JB 42**	ALATA		2A
179	**QA 30**	ALBA LA ROMAINE		07
190	**HA 33**	ALBAN	**C**	81
162	**KA 29**	ALBARET LE COMTAL		48
162	**LA 29**	ALBARET STE MARIE		48
223	**IA 37**	ALBAS		11
173	**CA 31**	ALBAS		46
70	**DB 14**	ALBE		67
188	**CA 33**	ALBEFEUILLE LAGARDE		82
152	**UA 27**	ALBENC, L'		38
152	**WA 25**	ALBENS	**C**	73
161	**JA 28**	ALBEPIERRE BREDONS		15
224	**JA 40**	ALBERE, L'		66
17	**IA 6**	ALBERT	**C**	80
227	**KB 40**	ALBERTACCE		2B
153	**ZA 26**	ALBERTVILLE	**S**	73
47	**BB 11**	ALBESTROFF	**C**	57
189	**GA 33**	ALBI	**P**	81
211	**EA 35**	ALBIAC		31
160	**EA 30**	ALBIAC		46
188	**DA 33**	ALBIAS		82
221	**HA 38**	ALBIERES		11
220	**EA 38**	ALBIES		09
153	**YA 27**	ALBIEZ LE JEUNE		73
167	**YA 28**	ALBIEZ MONTROND		73
159	**EA 28**	ALBIGNAC		19
137	**SA 25**	ALBIGNY SUR SAONE		69
212	**HA 35**	ALBINE		81
227	**KB 42**	ALBITRECCIA		2A
164	**QA 29**	ALBON		07
151	**SA 27**	ALBON		26
164	**RA 29**	ALBOUSSIERE		07
175	**GA 31**	ALBRES, LES		12
159	**EA 28**	ALBUSSAC		19
139	**XA 25**	ALBY SUR CHERAN	**C**	74
206	**S 37**	ALCAY ALCABEHETY SUNHARETTE		64
205	**Q 37**	ALDUDES		64
7	**EA 3**	ALEMBON		62
58	**X 13**	ALENCON	**P**	61
224	**JA 39**	ALENYA		66
228	**MB 41**	ALERIA		2B
178	**OA 32**	ALES	**S**	30
221	**GA 37**	ALET LES BAINS		11
7	**EA 4**	ALETTE		62
219	**CA 38**	ALEU		09
139	**YA 25**	ALEX		74
57	**T 14**	ALEXAIN		53
179	**SA 31**	ALEYRAC		26
40	**HA 12**	ALFORTVILLE	**C**	94
225	**JB 39**	ALGAJOLA		2B
211	**EA 35**	ALGANS		81
90	**EB 15**	ALGOLSHEIM		68
32	**XA 9**	ALGRANGE	**C**	57
122	**VA 21**	ALIEZE		39
214	**LA 35**	ALIGNAN DU VENT		34
29	**PA 9**	ALINCOURT		08
7	**EA 3**	ALINCTHUN		62
85	**QA 17**	ALISE STE REINE		21
179	**RA 30**	ALISSAS		07
136	**RA 24**	ALIX		69
165	**SA 29**	ALIXAN		26
24	**BA 9**	ALIZAY		27
67	**WA 13**	ALLAIN		54
17	**JA 6**	ALLAINES		80
61	**FA 14**	ALLAINES MERVILLIERS		28
38	**CA 12**	ALLAINVILLE		28
61	**FA 13**	ALLAINVILLE		78
93	**M 17**	ALLAIRE	**C**	56
45	**WA 10**	ALLAMONT		54
67	**WA 13**	ALLAMPS		54
179	**RA 31**	ALLAN		26
161	**JA 27**	ALLANCHE	**C**	15
29	**QA 8**	ALLAND'HUY ET SAUSSEUIL		08
69	**BB 13**	ALLARMONT		88
142	**U 27**	ALLAS BOCAGE		17
142	**V 26**	ALLAS CHAMPAGNE		17
158	**BA 29**	ALLAS LES MINES		24
159	**DA 27**	ALLASSAC		19
202	**VA 36**	ALLAUCH	**C**	13
178	**PA 32**	ALLEGRE		30
163	**NA 28**	ALLEGRE	**C**	43
196	**TA 34**	ALLEINS		13
197	**XA 34**	ALLEMAGNE EN PROVENCE		04
64	**NA 12**	ALLEMANCHE LAUNAY ET SOYER		51
143	**Y 27**	ALLEMANS		24
171	**X 30**	ALLEMANS DU DROPT		47
28	**MA 9**	ALLEMANT		02
42	**NA 12**	ALLEMANT		51
167	**XA 28**	ALLEMOND		38
15	**DA 6**	ALLENAY		80
177	**MA 31**	ALLENC		48
89	**BB 17**	ALLENJOIE		25
9	**JA 4**	ALLENNES LES MARAIS		59
49	**DB 12**	ALLENWILLER		67
104	**QA 19**	ALLEREY		21
121	**SA 20**	ALLEREY SUR SAONE		71
121	**SA 20**	ALLERIOT		71
16	**EA 6**	ALLERY		80
158	**AA 29**	ALLES SUR DORDOGNE		24
96	**U 18**	ALLEUDS, LES		49
129	**W 23**	ALLEUDS, LES		79
30	**RA 9**	ALLEUX, LES		08
162	**KA 29**	ALLEUZE		15
153	**XA 27**	ALLEVARD	**C**	38
153	**XA 25**	ALLEVES		74
165	**SA 30**	ALLEX		26
163	**OA 29**	ALLEYRAC		43
163	**NA 29**	ALLEYRAS		43
146	**GA 26**	ALLEYRAT		19
132	**GA 24**	ALLEYRAT		23
172	**Z 31**	ALLEZ ET CAZENEUVE		47
44	**SA 12**	ALLIANCELLES		51
219	**DA 38**	ALLIAT		09
64	**OA 13**	ALLIBAUDIERES		10
66	**SA 13**	ALLICHAMPS		52
216	**X 37**	ALLIER		65
218	**CA 37**	ALLIERES		09
124	**ZA 20**	ALLIES, LES		25
102	**KA 18**	ALLIGNY COSNE		58
103	**PA 19**	ALLIGNY EN MORVAN		58
54	**J 14**	ALLINEUC		22
139	**ZA 23**	ALLINGES		74
100	**GA 19**	ALLOGNY		18
89	**AB 17**	ALLONDANS		25
153	**YA 25**	ALLONDAZ		73
31	**VA 8**	ALLONDRELLE LA MALMAISON		54
26	**FA 9**	ALLONNE		60
112	**U 21**	ALLONNE		79
61	**DA 14**	ALLONNES		28
97	**W 18**	ALLONNES	**C**	49
78	**X 15**	ALLONNES	**C**	72
198	**ZA 33**	ALLONS		04
171	**W 32**	ALLONS		47
16	**HA 7**	ALLONVILLE		80
139	**XA 24**	ALLONZIER LA CAILLE		74
182	**AB 32**	ALLOS		04
8	**HA 4**	ALLOUAGNE		62
129	**Y 24**	ALLOUE		16
100	**GA 19**	ALLOUIS		18
24	**Z 8**	ALLOUVILLE BELLEFOSSE		76
154	**ZA 27**	ALLUES, LES		73
39	**FA 11**	ALLUETS LE ROI, LES		78
103	**MA 19**	ALLUY		58
60	**CA 14**	ALLUYES		28
160	**GA 28**	ALLY		15
162	**LA 28**	ALLY		43
175	**GA 32**	ALMAYRAC		81
58	**X 12**	ALMENECHES		61
175	**GA 30**	ALMONT LES JUNIES		12
218	**BA 38**	ALOS		09
189	**EA 33**	ALOS		81
206	**S 37**	ALOS SIBAS ABENSE		64
105	**SA 19**	ALOXE CORTON		21
161	**JA 30**	ALPUECH		12
7	**FA 3**	ALQUINES		62
175	**IA 32**	ALRANCE		12
47	**BB 10**	ALSTING		57
230	**KB 43**	ALTAGENE		2A
49	**EB 12**	ALTECKENDORF		67
90	**CB 17**	ALTENACH		68
49	**DB 12**	ALTENHEIM		67
195	**SA 33**	ALTHEN DES PALUDS		84
228	**LB 41**	ALTIANI		2B
177	**NA 31**	ALTIER		48
160	**EA 29**	ALTILLAC		19
90	**CB 17**	ALTKIRCH	**S**	68
70	**EB 13**	ALTORF		67
47	**AB 11**	ALTRIPPE		57
47	**AB 10**	ALTVILLER		57
47	**BB 11**	ALTWILLER		67
120	**RA 20**	ALUZE		71
159	**EA 29**	ALVIGNAC		46
23	**Z 8**	ALVIMARE		76
219	**DA 37**	ALZEN		09
228	**LB 40**	ALZI		2B

Page	Carreau	Commune	Adm.	Dpt
47	ZA 10	ALZING		57
192	LA 33	ALZON	C	30
212	GA 36	ALZONNE	C	11
89	ZA 16	AMAGE		70
29	QA 8	AMAGNE		08
107	XA 18	AMAGNEY		25
112	V 21	AMAILLOUX		79
65	QA 14	AMANCE		10
46	YA 12	AMANCE		54
88	XA 16	AMANCE	C	70
107	XA 19	AMANCEY	C	25
139	YA 24	AMANCY		74
106	VA 19	AMANGE		39
76	P 15	AMANLIS		35
67	VA 13	AMANTY		55
45	XA 10	AMANVILLERS		57
135	PA 23	AMANZE		71
189	FA 33	AMARENS		81
107	YA 20	AMATHAY VESIGNEUX		25
35	U 10	AMAYE SUR ORNE		14
35	T 10	AMAYE SUR SEULLES		14
102	MA 18	AMAZY		58
68	XA 14	AMBACOURT		88
156	U 29	AMBARES ET LAGRAVE		33
209	AA 36	AMBAX		31
131	CA 24	AMBAZAC	C	87
167	WA 29	AMBEL		38
37	Z 11	AMBENAY		27
129	W 25	AMBERAC		16
138	UA 24	AMBERIEU EN BUGEY	C	01
136	RA 24	AMBERIEUX		69
137	SA 24	AMBERIEUX EN DOMBES		01
129	Y 24	AMBERNAC		16
113	X 21	AMBERRE		86
149	NA 26	AMBERT	S	63
156	U 28	AMBES		33
174	FA 31	AMBEYRAC		12
190	HA 33	AMBIALET		81
227	JB 41	AMBIEGNA		2A
135	NA 24	AMBIERLE		42
88	XA 15	AMBIEVILLERS		70
97	Y 18	AMBILLOU		37
96	V 18	AMBILLOU CHATEAU		49
139	YA 23	AMBILLY		74
39	FA 10	AMBLAINVILLE		60
89	ZA 17	AMBLANS ET VELOTTE		70
27	KA 9	AMBLENY		02
152	VA 25	AMBLEON		01
7	DA 3	AMBLETEUSE		62
142	V 26	AMBLEVILLE		16
39	EA 10	AMBLEVILLE		95
35	U 9	AMBLIE		14
30	TA 8	AMBLIMONT		08
79	AA 16	AMBLOY		41
29	QA 9	AMBLY FLEURY		08
44	UA 11	AMBLY SUR MEUSE		55
98	BA 18	AMBOISE	C	37
92	L 17	AMBON		56
165	SA 29	AMBONIL		26
43	PA 10	AMBONNAY		51
66	SA 14	AMBONVILLE		52
116	FA 21	AMBRAULT		36
189	EA 34	AMBRES		81
16	GA 4	AMBRICOURT		62
28	LA 9	AMBRIEF		02
65	SA 12	AMBRIERES		51
57	T 13	AMBRIERES LES VALLEES	C	53
17	HA 5	AMBRINES		62
138	UA 24	AMBRONAY		01
146	FA 26	AMBRUGEAT		19
24	AA 7	AMBRUMESNIL		76
171	X 32	AMBRUS		47
138	UA 24	AMBUTRIX		01
25	EA 9	AMECOURT		27
45	VA 10	AMEL SUR L'ETANG		55
47	ZA 11	AMELECOURT		57
224	IA 40	AMELIE LES BAINS PALALDA		66
206	R 36	AMENDEUIX ONEIX		64
69	AB 12	AMENONCOURT		54
39	DA 10	AMENUCOURT		95
8	HA 4	AMES		62
8	HA 4	AMETTES		62
120	RA 22	AMEUGNY		71
88	XA 15	AMEUVELLE		88
36	V 10	AMFREVILLE		14
33	Q 9	AMFREVILLE		50
37	AA 10	AMFREVILLE LA CAMPAGNE	C	27
24	BA 9	AMFREVILLE LA MI VOIE		76
24	CA 9	AMFREVILLE LES CHAMPS		27
24	AA 8	AMFREVILLE LES CHAMPS		76
24	CA 9	AMFREVILLE SOUS LES MONTS		27
38	BA 10	AMFREVILLE SUR ITON		27
19	NA 5	AMFROIPRET		59
16	GA 7	AMIENS	P	80
29	OA 9	AMIFONTAINE		02
34	R 10	AMIGNY		50
28	LA 8	AMIGNY ROUY		02
41	KA 12	AMILLIS		77
60	CA 13	AMILLY		28
82	IA 15	AMILLY	C	45
135	OA 25	AMIONS		42
198	AB 33	AMIRAT		06
69	DB 15	AMMERSCHWIHR		68
90	CB 17	AMMERZWILLER		68
78	W 15	AMNE		72
32	XA 10	AMNEVILLE		57
88	XA 16	AMONCOURT		70
107	XA 19	AMONDANS		25
89	ZA 16	AMONT ET EFFRENEY		70
206	R 36	AMOROTS SUCCOS		64
184	T 35	AMOU	C	40
85	QA 16	AMPILLY LE SEC		21
85	RA 17	AMPILLY LES BORDES		21
136	PA 24	AMPLEPUIS	C	69
16	HA 6	AMPLIER		62
77	S 16	AMPOIGNE		53
62	HA 14	AMPONVILLE		77
228	MB 41	AMPRIANI		2B
150	RA 26	AMPUIS		69
203	YA 35	AMPUS		83
127	T 23	AMURE		79
27	JA 8	AMY		60
143	X 25	ANAIS		16
127	S 23	ANAIS		17
209	AA 36	ANAN		31
206	T 37	ANCE		64
24	BA 8	ANCEAUMEVILLE		76
37	Y 11	ANCEINS		61
181	YA 30	ANCELLE		05
44	UA 10	ANCEMONT		55
94	R 18	ANCENIS	S	44
66	SA 12	ANCERVILLE	C	55
47	ZA 11	ANCERVILLE		57
69	BB 13	ANCERVILLER		54
105	SA 18	ANCEY		21
20	RA 7	ANCHAMPS		08
97	X 19	ANCHE		37
129	X 23	ANCHE		86
88	XA 16	ANCHENONCOURT ET CHAZEL		70
41	KA 10	ANCIENVILLE		02
106	VA 18	ANCIER		70
58	X 14	ANCINNES		72
216	Y 38	ANCIZAN		65
133	JA 24	ANCIZES COMPS, LES		63
179	RA 30	ANCONE		26
24	BA 7	ANCOURT		76
23	Z 8	ANCOURTEVILLE SUR HERICOURT		76
24	AA 8	ANCRETIEVILLE ST VICTOR		76
23	Y 7	ANCRETTEVILLE SUR MER		76
35	Q 10	ANCTEVILLE		50
35	T 10	ANCTOVILLE		14
56	P 11	ANCTOVILLE SUR BOSCQ		50
136	QA 25	ANCY		69
85	PA 16	ANCY LE FRANC	C	89
84	OA 16	ANCY LE LIBRE		89
45	XA 10	ANCY SUR MOSELLE		57
25	EA 7	ANDAINVILLE		80
150	RA 27	ANDANCE		07
150	RA 27	ANDANCETTE		26
96	U 18	ANDARD		49
38	CA 10	ANDE		27
27	IA 8	ANDECHY		80
54	L 13	ANDEL		22
28	LA 8	ANDELAIN		02
135	NA 23	ANDELAROCHE		03
88	XA 17	ANDELARRE		70
88	XA 17	ANDELARROT		70
162	KA 28	ANDELAT		15
89	BB 17	ANDELNANS		90
66	UA 14	ANDELOT BLANCHEVILLE	C	52
123	XA 20	ANDELOT EN MONTAGNE		39
122	UA 22	ANDELOT MORVAL		39
39	EA 11	ANDELU		78
38	DA 10	ANDELYS, LES	S	27
44	SA 12	ANDERNAY		55
155	R 30	ANDERNOS LES BAINS		33
31	WA 9	ANDERNY		54
152	VA 25	ANDERT ET CONDON		01
39	GA 10	ANDEVILLE		60
77	T 17	ANDIGNE		49
189	FA 33	ANDILLAC		81
125	R 23	ANDILLY		17
45	WA 12	ANDILLY		54
139	XA 24	ANDILLY		74
40	GA 11	ANDILLY		95
87	VA 15	ANDILLY EN BASSIGNY		52
186	X 33	ANDIRAN		47
70	DB 13	ANDLAU		67
207	V 36	ANDOINS		64
90	DB 15	ANDOLSHEIM	C	68
198	AB 34	ANDON		06
61	FA 14	ANDONVILLE		45
89	ZA 17	ANDORNAY		70
77	T 14	ANDOUILLE		53
76	P 14	ANDOUILLE NEUVILLE		35
190	GA 33	ANDOUQUE		81
206	S 36	ANDREIN		64
7	FA 2	ANDRES		62
208	W 36	ANDREST		65
39	FA 11	ANDRESY	C	78
95	S 19	ANDREZE		49
62	JA 12	ANDREZEL		77
149	PA 26	ANDREZIEUX BOUTHEON		42
83	MA 17	ANDRYES		89
193	OA 33	ANDUZE	C	30
217	Y 37	ANERES		65
38	DA 11	ANET	C	28
94	R 18	ANETZ		44
207	V 36	ANGAIS		64
99	CA 18	ANGE		41
142	V 26	ANGEAC CHAMPAGNE		16
142	W 26	ANGEAC CHARENTE		16
30	SA 8	ANGECOURT		08
142	W 26	ANGEDUC		16
84	OA 17	ANGELY		89
90	BB 17	ANGEOT		90
95	U 18	ANGERS	P	49
36	W 10	ANGERVILLE		14
61	FA 14	ANGERVILLE		91
23	Y 8	ANGERVILLE BAILLEUL		76
23	X 8	ANGERVILLE L'ORCHER		76
38	BA 11	ANGERVILLE LA CAMPAGNE		27
23	Y 7	ANGERVILLE LA MARTEL		76
61	FA 13	ANGERVILLIERS		91
187	BA 33	ANGEVILLE		82
32	XA 9	ANGEVILLERS		57
56	Q 12	ANGEY		50
26	HA 9	ANGICOURT		60
24	AA 7	ANGIENS		76
106	WA 18	ANGIREY		70
26	HA 9	ANGIVILLERS		60
156	T 28	ANGLADE		33
161	HA 28	ANGLARDS DE SALERS		15
162	KA 29	ANGLARDS DE ST FLOUR		15
160	EA 30	ANGLARS		46
173	BA 31	ANGLARS JUILLAC		46
159	CA 29	ANGLARS NOZAC		46
175	GA 31	ANGLARS ST FELIX		12
130	WA 24	ANGLEFORT		01
68	AB 13	ANGLEMONT		88
198	ZA 33	ANGLES		04
212	HA 35	ANGLES	C	81
125	Q 22	ANGLES		85
195	RA 33	ANGLES, LES		30
216	W 37	ANGLES, LES		65
222	FA 39	ANGLES, LES		66
146	EA 27	ANGLES SUR CORREZE, LES		19
114	AA 21	ANGLES SUR L'ANGLIN		86
23	X 8	ANGLESQUEVILLE L'ESNEVAL		76
24	Z 7	ANGLESQUEVILLE LA BRAS LONG		76
205	P 35	ANGLET	C	64
127	S 23	ANGLIERS		17
113	X 20	ANGLIERS		86
64	NA 13	ANGLURE	C	51
136	PA 23	ANGLURE SOUS DUN		71
64	NA 12	ANGLUZELLES ET COURCELLES		51
144	BA 27	ANGOISSE		24
69	BB 13	ANGOMONT		54
216	X 37	ANGOS		65
143	X 26	ANGOULEME	P	16
126	R 24	ANGOULINS		17
183	R 34	ANGOUME		40
206	T 36	ANGOUS		64
222	FA 40	ANGOUSTRINE VILLENEUVE DES ESCALDES		66
36	U 11	ANGOVILLE		14
34	R 9	ANGOVILLE AU PLAIN		50
34	P 10	ANGOVILLE SUR AY		50
17	IA 4	ANGRES		62
183	Q 34	ANGRESSE		40
95	S 17	ANGRIE		49
36	U 9	ANGUERNY		14
28	LA 8	ANGUILCOURT LE SART		02
26	HA 9	ANGY		60
205	Q 37	ANHAUX		64
18	KA 4	ANHIERS		59
192	MA 34	ANIANE	C	34
18	LA 5	ANICHE		59
36	U 10	ANISY		14
28	MA 8	ANIZY LE CHATEAU	C	02
88	YA 16	ANJEUX		70
151	SA 27	ANJOU		38
99	EA 19	ANJOUIN		36
89	BB 16	ANJOUTEY		90
217	Z 37	ANLA		65
118	MA 20	ANLEZY		58
144	BA 27	ANLHIAC		24
83	JA 17	ANNAY		58
17	JA 4	ANNAY		62
84	NA 17	ANNAY LA COTE		89
84	OA 16	ANNAY SUR SEREIN		89
36	W 10	ANNEBAULT		14
139	YA 24	ANNECY	P	74
139	XA 24	ANNECY LE VIEUX	C	74
29	QA 9	ANNELLES		08
139	YA 23	ANNEMASSE	C	74
84	NA 17	ANNEOT		89
127	T 25	ANNEPONT		17
8	IA 4	ANNEQUIN		62
157	Z 28	ANNESSE ET BEAULIEU		24
40	IA 11	ANNET SUR MARNE		77
18	KA 6	ANNEUX		59
24	AA 9	ANNEVILLE AMBOURVILLE		76
33	Q 8	ANNEVILLE EN SAIRE		50
66	TA 14	ANNEVILLE LA PRAIRIE		52
34	P 10	ANNEVILLE SUR MER		50
24	BA 7	ANNEVILLE SUR SCIE		76
151	SA 27	ANNEYRON		26
127	T 24	ANNEZAY		17
8	IA 4	ANNEZIN		62
9	JA 4	ANNOEULLIN		59
121	UA 20	ANNOIRE		39
27	KA 8	ANNOIS		02
151	UA 25	ANNOISIN CHATELANS		38
117	HA 20	ANNOIX		18
150	RA 27	ANNONAY	C	07
66	UA 13	ANNONVILLE		52
198	AB 33	ANNOT	C	04
23	Y 8	ANNOUVILLE VILMESNIL		76
84	OA 17	ANNOUX		89
34	P 11	ANNOVILLE		50
19	OA 6	ANOR		59
207	V 36	ANOS		64
103	OA 19	ANOST		71
69	BB 14	ANOULD		88
45	WA 10	ANOUX		54
208	W 36	ANOYE		64
23	Z 8	ANQUETIERVILLE		76
87	VA 16	ANROSEY		52
130	Z 24	ANSAC SUR VIENNE		16
26	HA 9	ANSACQ		60
187	AA 34	ANSAN		32
45	WA 12	ANSAUVILLE		54
26	HA 8	ANSAUVILLERS		60
136	RA 24	ANSE	C	69
39	GA 10	ANSERVILLE		60
222	HA 38	ANSIGNAN		66
208	X 35	ANSOST		65
196	UA 34	ANSOUIS		84
9	KA 4	ANSTAING		59
171	W 31	ANTAGNAC		47
162	KA 29	ANTERRIEUX		15
107	ZA 18	ANTEUIL		25
128	U 24	ANTEZANT LA CHAPELLE		17
173	AA 31	ANTHE		47
68	ZA 12	ANTHELUPT		54
42	NA 10	ANTHENAY		51
29	PA 7	ANTHENY		08
104	RA 19	ANTHEUIL		21
27	IA 9	ANTHEUIL PORTES		60
103	NA 18	ANTHIEN		58
151	TA 25	ANTHON		38
139	ZA 22	ANTHY SUR LEMAN		74
200	CB 35	ANTIBES	C	06
217	Z 37	ANTICHAN		65
217	Z 38	ANTICHAN DE FRONTIGNES		31
147	HA 27	ANTIGNAC		15
217	Z 38	ANTIGNAC		31
111	T 21	ANTIGNY		85
114	AA 22	ANTIGNY		86
104	QA 19	ANTIGNY LA VILLE		21
46	YA 10	ANTILLY		57
41	JA 10	ANTILLY		60
208	X 36	ANTIN		65
228	MB 41	ANTISANTI		2B
216	X 37	ANTIST		65
113	Z 20	ANTOGNY LE TILLAC		37
96	W 19	ANTOIGNE		49
58	V 13	ANTOIGNY		61
148	KA 26	ANTOINGT		63
181	WA 32	ANTONAVES		05
158	AA 28	ANTONNE ET TRIGONANT		24
40	GA 12	ANTONY	S	92
164	QA 30	ANTRAIGUES SUR VOLANE	C	07
56	P 13	ANTRAIN	C	35
113	Y 20	ANTRAN		86
217	AA 38	ANTRAS		09
186	Y 34	ANTRAS		32
176	LA 30	ANTRENAS		48
221	GA 38	ANTUGNAC		11
120	QA 20	ANTULLY		71
24	Z 8	ANVEVILLE		76
128	W 25	ANVILLE		16
16	GA 4	ANVIN		62
29	PA 7	ANY MARTIN RIEUX		02
147	KA 27	ANZAT LE LUGUET		63
47	ZA 10	ANZELING		57
132	EA 23	ANZEME		23
171	X 32	ANZEX		47
18	MA 5	ANZIN	C	59
17	IA 5	ANZIN ST AUBIN		62
135	OA 23	ANZY LE DUC		71
152	VA 26	AOSTE		38
42	NA 10	AOUGNY		51
29	PA 7	AOUSTE		08
165	TA 30	AOUSTE SUR SYE		26
67	WA 13	AOUZE		88
32	ZA 9	APACH		57
148	KA 27	APCHAT		63
161	IA 27	APCHON		15
149	OA 27	APINAC		42
211	FA 35	APPELLE		81
59	Z 14	APPENAI SOUS BELLEME		61
107	ZA 18	APPENANS		25
90	DB 15	APPENWIHR		68
34	Q 9	APPEVILLE		50
23	Z 9	APPEVILLE ANNEBAULT		27
227	JB 42	APPIETTO		2A
27	KA 8	APPILLY		60
83	MA 16	APPOIGNY		89
152	VA 27	APPRIEU		38
219	EA 38	APPY		09
138	VA 23	APREMONT		01
44	SA 10	APREMONT		08
40	HA 10	APREMONT		60
106	VA 18	APREMONT		70
153	XA 26	APREMONT		73
109	O 21	APREMONT		85
45	VA 11	APREMONT LA FORET		55
118	KA 20	APREMONT SUR ALLIER		18
86	TA 16	APREY		52
196	UA 33	APT	S	84
219	DA 37	ARABAUX		09
140	AB 24	ARACHES LA FRASSE		74
216	X 38	ARAGNOUET		65
212	GA 36	ARAGON		11
206	T 37	ARAMITS	C	64
195	RA 33	ARAMON	C	30
138	VA 24	ARANC		01
206	R 35	ARANCOU		64
138	VA 25	ARANDAS		01
152	UA 25	ARANDON		38
206	S 36	ARAUJUZON		64
163	PA 28	ARAULES		43
206	T 36	ARAUX		64
156	U 30	ARBANATS		33
217	AA 37	ARBAS		31
88	XA 16	ARBECEY		70
229	KB 43	ARBELLARA		2A
138	VA 23	ARBENT		01
215	V 37	ARBEOST		65
206	S 36	ARBERATS SILLEGUE		64
152	VA 25	ARBIGNIEU		01
121	SA 22	ARBIGNY		01
87	VA 16	ARBIGNY SOUS VARENNES		52
153	XA 26	ARBIN		73
170	V 30	ARBIS		33
185	V 34	ARBLADE LE BAS		32
185	W 34	ARBLADE LE HAUT		32
122	WA 20	ARBOIS	C	39
217	Z 37	ARBON		31
205	P 35	ARBONNE		64
62	IA 13	ARBONNE LA FORET		77
192	MA 34	ARBORAS		34
227	JB 41	ARBORI		2A
86	SA 16	ARBOT		52
108	AB 17	ARBOUANS		25
207	U 35	ARBOUCAVE		40
206	S 36	ARBOUET SUSSAUTE		64
102	KA 18	ARBOURSE		58
222	HA 39	ARBOUSSOLS		66
136	RA 25	ARBRESLE, L'	C	69
76	Q 15	ARBRISSEL		35
207	U 36	ARBUS		64
139	YA 24	ARBUSIGNY		74
65	SA 15	ARC EN BARROIS	C	52
106	WA 19	ARC ET SENANS		25
106	WA 18	ARC LES GRAY		70
107	YA 19	ARC SOUS CICON		25
123	XA 20	ARC SOUS MONTENOT		25
105	TA 18	ARC SUR TILLE		21
169	R 30	ARCACHON	C	33
127	T 23	ARCAIS		79
174	DA 31	ARCAMBAL		46
205	P 35	ARCANGUES		64
116	GA 20	ARCAY		18
112	W 20	ARCAY		86
105	TA 18	ARCEAU		21
105	SA 19	ARCENANT		21
164	PA 29	ARCENS		07
141	S 26	ARCES		17
64	MA 15	ARCES DILO		89
105	SA 18	ARCEY		21
89	AB 17	ARCEY		25
181	YA 32	ARCHAIL		04
139	XA 23	ARCHAMPS		74
106	VA 19	ARCHELANGE		39
146	GA 27	ARCHES		15
68	ZA 15	ARCHES		88
68	ZA 15	ARCHETTES		88
142	V 26	ARCHIAC	C	17
159	CA 28	ARCHIGNAC		24
132	HA 28	ARCHIGNAT		03
114	Z 21	ARCHIGNY		86
127	T 24	ARCHINGEAY		17
29	OA 7	ARCHON		02
135	PA 23	ARCINGES		42
155	T 28	ARCINS		33
42	NA 10	ARCIS LE PONSART		51
65	PA 13	ARCIS SUR AUBE	C	10
216	X 37	ARCIZAC ADOUR		65
216	W 37	ARCIZAC EZ ANGLES		65
215	W 37	ARCIZANS AVANT		65
216	W 37	ARCIZANS DESSUS		65
116	HA 21	ARCOMPS		18
123	YA 20	ARCON		25
135	NA 24	ARCON		42
104	QA 19	ARCONCEY		21
58	W 13	ARCONNAY		72
135	NA 25	ARCONSAT		63
65	RA 14	ARCONVILLE		10
203	ZA 35	ARCS, LES		83
40	HA 12	ARCUEIL	C	94
41	LA 10	ARCY STE RESTITUE		02
84	NA 17	ARCY SUR CURE		89
60	BA 13	ARDELLES		28
61	FA 14	ARDELU		28
116	HA 21	ARDENAIS		18
79	Y 15	ARDENAY SUR MERIZE		72
216	Y 38	ARDENGOST		65
115	EA 21	ARDENTES	C	36
148	KA 27	ARDES	C	63
43	RA 10	ARDEUIL ET MONTFAUXELLES		08
217	Z 37	ARDIEGE		31
136	QA 23	ARDILLATS, LES		69
128	W 24	ARDILLEUX		79
127	S 24	ARDILLIERES		17
111	U 22	ARDIN		79
187	BA 34	ARDIZAS		32
164	RA 28	ARDOIX		07
122	WA 21	ARDON		39
81	EA 16	ARDON		45
24	CA 7	ARDOUVAL		76
7	FA 2	ARDRES	C	62
225	KB 39	AREGNO		2B
80	BA 16	AREINES		41
206	T 36	AREN		64
184	T 33	ARENGOSSE		40
139	YA 24	ARENTHON		74
155	R 30	ARES		33
122	WA 20	ARESCHES		39
207	V 36	ARESSY		64
206	T 37	ARETTE		64
133	HA 24	ARFEUILLE CHATAIN		23
135	NA 23	ARFEUILLES		03
212	GA 35	ARFONS		81
207	T 35	ARGAGNON		64
35	T 10	ARGANCHY		14
65	RA 14	ARGANCON		10
46	YA 10	ARGANCY		57
218	BA 38	ARGEIN		09
216	X 37	ARGELES		65
215	V 37	ARGELES GAZOST	S	65
224	JA 39	ARGELES SUR MER	C	66
213	JA 36	ARGELIERS		11
192	MA 34	ARGELLIERS		34
184	T 35	ARGELOS		40
207	V 35	ARGELOS		64
170	T 31	ARGELOUSE		40
36	V 10	ARGENCES		14
213	IA 36	ARGENS MINERVOIS		11
82	HA 17	ARGENT SUR SAULDRE	C	18
58	W 12	ARGENTAN	S	61
160	FA 28	ARGENTAT	C	19
84	OA 16	ARGENTENAY		89
39	GA 11	ARGENTEUIL	S	95
84	OA 16	ARGENTEUIL SUR ARMANCON		89
168	ZA 29	ARGENTIERE LA BESSEE, L'	C	05
63	JA 12	ARGENTIERES		77
153	YA 26	ARGENTINE		73
171	W 31	ARGENTON		47
112	U 20	ARGENTON CHATEAU	C	79
96	V 19	ARGENTON L'EGLISE		79
77	T 16	ARGENTON NOTRE DAME		53
115	DA 21	ARGENTON SUR CREUSE	C	36
77	T 15	ARGENTRE	C	53
76	R 15	ARGENTRE DU PLESSIS	C	35
101	JA 19	ARGENVIERES		18
59	AA 14	ARGENVILLIERS		28
44	SA 10	ARGERS		51
207	U 35	ARGET		64
89	AB 17	ARGIESANS		90
87	VA 17	ARGILLIERES		70
193	QA 33	ARGILLIERS		30
105	SA 19	ARGILLY		21
138	VA 24	ARGIS		01
229	KB 43	ARGIUSTA MORICCIO		2A
16	GA 7	ARGOEUVES		80
51	D 14	ARGOL		29
139	XA 24	ARGONAY		74
56	Q 13	ARGOUGES		50
16	EA 5	ARGOULES		80
25	DA 8	ARGUEIL	C	76
107	XA 19	ARGUEL		25
25	EA 7	ARGUEL		80
217	Z 38	ARGUENOS		31
217	Z 38	ARGUT DESSOUS		31
115	CA 20	ARGY		36
206	S 36	ARHANSUS		64
209	Y 36	ARIES ESPENAN		65
190	GA 34	ARIFAT		81
219	DA 38	ARIGNAC		09
138	VA 22	ARINTHOD	C	39
153	XA 25	ARITH		73
184	S 33	ARJUZANX		40
149	NA 27	ARLANC	C	63
122	VA 21	ARLAY		39
164	RA 28	ARLEBOSC		07
163	OA 29	ARLEMPDES		43
195	RA 34	ARLES	S	13
224	IA 40	ARLES SUR TECH	C	66
162	LA 28	ARLET		43
103	OA 19	ARLEUF		58
18	KA 5	ARLEUX	C	59
17	JA 5	ARLEUX EN GOHELLE		62
217	Z 38	ARLOS		31
94	R 16	ARMAILLE		49
27	JA 9	ARMANCOURT		60
27	IA 8	ARMANCOURT		80
46	YA 12	ARMAUCOURT		54
8	HA 2	ARMBOUTS CAPPEL		59
83	LA 15	ARMEAU		89
206	R 36	ARMENDARITS		64
216	Y 38	ARMENTEULE		65
9	JA 3	ARMENTIERES	C	59
41	KA 11	ARMENTIERES EN BRIE		77
37	AA 12	ARMENTIERES SUR AVRE		27
41	LA 10	ARMENTIERES SUR OURCQ		02
208	W 35	ARMENTIEUX		32
102	MA 18	ARMES		58
172	Y 30	ARMILLAC		47
223	KA 37	ARMISSAN		11
138	VA 25	ARMIX		01
208	X 35	ARMOUS ET CAU		32
139	ZA 23	ARMOY		74
160	GA 28	ARNAC		15
131	CA 23	ARNAC LA POSTE		87
145	CA 27	ARNAC POMPADOUR		19
191	JA 34	ARNAC SUR DOURDOU		12
78	X 16	ARNAGE		72
66	SA 14	ARNANCOURT		52
136	RA 24	ARNAS		69
217	AA 37	ARNAUD GUILHEM		31
219	DA 38	ARNAVE		09
45	XA 11	ARNAVILLE		54
104	QA 19	ARNAY LE DUC	C	21
104	QA 18	ARNAY SOUS VITTEAUX		21
180	UA 31	ARNAYON		26
217	Y 37	ARNE		65
205	Q 37	ARNEGUY		64
8	HA 3	ARNEKE		59
29	QA 8	ARNICOURT		08
38	BA 11	ARNIERES SUR ITON		27
207	U 35	ARNOS		64
40	HA 11	ARNOUVILLE LES GONESSE		95
39	EA 11	ARNOUVILLE LES MANTES		78
67	WA 13	AROFFE		88
138	VA 23	AROMAS		39
57	U 14	ARON		53
206	S 36	AROUE ITHOROTS OLHAIBY		64
88	XA 17	AROZ		70
193	QA 33	ARPAILLARGUES ET AUREILLAC		30
62	GA 13	ARPAJON	C	91
161	HA 29	ARPAJON SUR CERE	C	15
180	UA 31	ARPAVON		26
89	ZA 17	ARPENANS		70
117	HA 21	ARPHEUILLES		18
115	CA 20	ARPHEUILLES		36
133	IA 23	ARPHEUILLES ST PRIEST		03
192	MA 33	ARPHY		30
77	U 15	ARQUENAY		53
221	HA 38	ARQUES		11
176	JA 32	ARQUES		12
8	GA 3	ARQUES	C	62
173	CA 30	ARQUES, LES		46
24	BA 7	ARQUES LA BATAILLE		76
221	HA 37	ARQUETTES EN VAL		11
17	HA 6	ARQUEVES		80
83	JA 17	ARQUIAN		58
46	ZA 12	ARRACOURT	C	54

Page	Carreau	Commune	Adm.	Dpt
150	PA 26	AVEIZIEUX		42
86	SA 17	AVELANGES		21
16	FA 7	AVELESGES		80
9	KA 4	AVELIN		59
17	IA 6	AVELUY		80
136	RA 23	AVENAS		69
35	U 10	AVENAY		14
42	OA 10	AVENAY VAL D'OR		51
191	KA 34	AVENE		34
152	VA 26	AVENIERES, LES		38
187	AA 34	AVENSAC		32
155	T 28	AVENSAN		33
217	Y 37	AVENTIGNAN		65
216	W 37	AVERAN		65
17	HA 5	AVERDOINGT		62
80	CA 17	AVERDON		41
118	LA 21	AVERMES		03
39	EA 10	AVERNES		95
58	X 12	AVERNES SOUS EXMES		61
37	Y 11	AVERNES ST GOURGON		61
185	W 34	AVERON BERGELLE		32
58	V 14	AVERTON		53
19	OA 6	AVESNELLES		59
7	FA 4	AVESNES		62
25	EA 7	AVESNES CHAUSSOY		80
25	EA 9	AVESNES EN BRAY		76
59	Y 14	AVESNES EN SAOSNOIS		72
15	CA 7	AVESNES EN VAL		76
17	HA 5	AVESNES LE COMTE	C	62
18	LA 5	AVESNES LE SEC		59
18	LA 5	AVESNES LES AUBERT		59
17	JA 6	AVESNES LES BAPAUME		62
19	NA 6	AVESNES SUR HELPE	S	59
93	N 17	AVESSAC		44
78	V 15	AVESSE		72
217	Z 37	AVEUX		65
216	Y 37	AVEZAC PRAT LAHITTE		65
187	AA 34	AVEZAN		32
192	MA 33	AVEZE		30
147	IA 26	AVEZE		63
59	Z 14	AVEZE		72
139	YA 24	AVIERNOZ		74
195	RA 33	AVIGNON	P	84
122	WA 22	AVIGNON LES ST CLAUDE		39
166	VA 29	AVIGNONET		38
211	EA 36	AVIGNONET LAURAGAIS		31
31	WA 9	AVILLERS		54
68	YA 14	AVILLERS		88
45	WA 11	AVILLERS STE CROIX		55
107	YA 18	AVILLEY		25
40	HA 10	AVILLY ST LEONARD		60
17	JA 4	AVION	C	62
31	UA 8	AVIOTH		55
77	T 16	AVIRE		49
85	PA 15	AVIREY LINGEY		10
38	BA 11	AVIRON		27
42	OA 11	AVIZE	C	51
44	TA 10	AVOCOURT		55
97	X 19	AVOINE		37
58	W 12	AVOINE		61
78	V 16	AVOISE		72
70	DB 13	AVOLSHEIM		67
62	IA 13	AVON		77
129	W 22	AVON		79
64	MA 13	AVON LA PEZE		10
97	Y 19	AVON LES ROCHES		37
16	FA 4	AVONDANCE		62
101	IA 19	AVORD		18
104	RA 18	AVOSNES		21
86	SA 17	AVOT		21
107	ZA 19	AVOUDREY		25
45	XA 12	AVRAINVILLE		54
68	YA 13	AVRAINVILLE		88
62	GA 13	AVRAINVILLE		91
56	Q 12	AVRANCHES	S	50
67	VA 13	AVRANVILLE		88
26	HA 9	AVRECHY		60
119	NA 20	AVREE		58
24	AA 7	AVREMESNIL		76
152	VA 26	AVRESSIEUX		73
84	OA 15	AVREUIL		10
69	AB 12	AVRICOURT		54
69	AB 12	AVRICOURT		57
27	JA 8	AVRICOURT		60
168	AB 28	AVRIEUX		73
106	WA 18	AVRIGNEY VIREY		70
27	IA 9	AVRIGNY		60
32	XA 9	AVRIL		54
118	LA 20	AVRIL SUR LOIRE		58
95	U 17	AVRILLE		49
125	P 22	AVRILLE		85
97	X 18	AVRILLE LES PONCEAUX		37
135	OA 23	AVRILLY		03
38	BA 11	AVRILLY		27
57	T 13	AVRILLY		61
8	GA 3	AVROULT		62
142	U 26	AVY		17
18	LA 6	AWOINGT		59
220	EA 39	AX LES THERMES	C	09
221	GA 38	AXAT	C	11
219	EA 38	AXIAT		09
42	OA 10	AY	C	51
46	YA 10	AY SUR MOSELLE		57
133	JA 24	AYAT SUR SIOULE		63
147	JA 26	AYDAT		63
208	W 35	AYDIE		64
215	U 37	AYDIUS		64
68	ZA 14	AYDOILLES		88
159	CA 27	AYEN	C	19
26	IA 8	AYENCOURT		80
17	IA 5	AYETTE		62
222	GA 39	AYGUATEBIA TALAU		66
156	U 30	AYGUEMORTE LES GRAVES		33
210	DA 35	AYGUESVIVES		31
186	Y 34	AYGUETINTE		32
205	R 36	AYHERRE		64
152	WA 26	AYN		73
160	EA 29	AYNAC		46
89	ZA 17	AYNANS, LES		70
160	GA 29	AYRENS		15
112	W 21	AYRON		86
216	W 37	AYROS ARBOUIX		65
139	ZA 24	AYSE		74
191	IA 33	AYSSENES		12
126	R 23	AYTRE	C	17
30	RA 8	AYVELLES, LES		08
215	W 37	AYZAC OST		65
185	W 34	AYZIEU		32
31	UA 9	AZANNES ET SOUMAZANNES		55
189	EA 34	AZAS		31
131	EA 24	AZAT CHATENET		23
130	BA 23	AZAT LE RIS		87
112	V 22	AZAY LE BRULE		79
114	BA 20	AZAY LE FERRON		36
97	Y 18	AZAY LE RIDEAU	C	37
98	AA 18	AZAY SUR CHER		37
98	AA 19	AZAY SUR INDRE		37
112	V 21	AZAY SUR THOUET		79
79	BA 16	AZE		41
77	T 16	AZE		53
120	RA 22	AZE		71
68	YA 13	AZELOT		54
131	DA 22	AZERABLES		23
68	AB 13	AZERAILLES		54
158	BA 28	AZERAT		24
148	LA 27	AZERAT		43
208	W 36	AZEREIX		65
216	Y 38	AZET		65
33	Q 9	AZEVILLE		50
213	IA 36	AZILLANET		34
212	IA 36	AZILLE		11
227	KB 42	AZILONE AMPAZA		2A
16	FA 4	AZINCOURT		62
136	QA 23	AZOLETTE		69
69	AB 12	AZOUDANGE		57
183	Q 34	AZUR		40
101	IA 19	AZY		18
118	LA 21	AZY LE VIF		58
41	LA 11	AZY SUR MARNE		02
227	KB 41	AZZANA		2A

B

Page	Carreau	Commune	Adm.	Dpt
30	TA 9	BAALON		55
30	RA 8	BAALONS		08
213	JA 35	BABEAU BOULDOUX		34
27	KA 8	BABOEUF		60
63	LA 13	BABY		77
69	AB 13	BACCARAT	C	54
80	DA 16	BACCON		45
174	DA 31	BACH		46
19	NA 5	BACHANT		59
209	AA 36	BACHAS		31
158	BA 28	BACHELLERIE, LA		24
39	FA 9	BACHIVILLERS		60
217	Z 38	BACHOS		31
9	LA 4	BACHY		59
56	Q 12	BACILLY		50
43	PA 10	BACONNES		51
77	S 14	BACONNIERE, LA		53
26	HA 8	BACOUEL		60
26	GA 7	BACOUEL SUR SELLE		80
47	ZA 11	BACOURT		57
38	BA 10	BACQUEPUIS		27
25	CA 9	BACQUEVILLE		27
24	BA 7	BACQUEVILLE EN CAUX	C	76
161	IA 29	BADAILHAC		15
177	MA 31	BADAROUX		48
115	DA 22	BADECON LE PIN		36
144	BA 27	BADEFOLS D'ANS		24
158	AA 29	BADEFOLS SUR DORDOGNE		24
91	J 17	BADEN		56
212	HA 36	BADENS		11
90	BB 17	BADEVEL		25
151	UA 26	BADINIERES		38
68	ZA 14	BADMENIL AUX BOIS		88
69	BB 13	BADONVILLER	C	54
67	VA 13	BADONVILLIERS GERAUVILLIERS		55
48	CB 11	BAERENDORF		67
48	EB 11	BAERENTHAL		57
68	ZA 14	BAFFE, LA		88
149	NA 26	BAFFIE		63
193	OA 33	BAGARD		30
171	W 30	BAGAS		33
173	CA 31	BAGAT EN QUERCY		46
137	SA 23	BAGE LA VILLE		01
137	SA 23	BAGE LE CHATEL	C	01
218	BA 37	BAGERT		09
223	JA 37	BAGES		11
224	JA 39	BAGES		66
217	Z 37	BAGIRY		31
175	GA 30	BAGNAC SUR CELE		46
64	MA 14	BAGNEAUX		89
62	IA 14	BAGNEAUX SUR LOING		77
216	X 37	BAGNERES DE BIGORRE	S	65
217	Z 38	BAGNERES DE LUCHON	C	31
27	LA 9	BAGNEUX		02
118	KA 21	BAGNEUX		03
99	EA 19	BAGNEUX		36
64	NA 13	BAGNEUX		51
67	WA 13	BAGNEUX		54
40	GA 12	BAGNEUX	C	92
85	PA 15	BAGNEUX LA FOSSE		10
128	V 25	BAGNIZEAU		17
212	HA 36	BAGNOLES		11
58	U 13	BAGNOLES DE L'ORNE		61
40	HA 11	BAGNOLET	C	93
147	IA 26	BAGNOLS		63
136	RA 24	BAGNOLS		69
198	AB 35	BAGNOLS EN FORET		83
177	MA 31	BAGNOLS LES BAINS		48
179	RA 32	BAGNOLS SUR CEZE	C	30
105	TA 19	BAGNOT		21
55	O 13	BAGUER MORVAN		35
55	P 13	BAGUER PICAN		35
224	JA 39	BAHO		66
185	V 34	BAHUS SOUBIRAN		40
61	EA 15	BAIGNEAUX		28
156	V 30	BAIGNEAUX		33
80	CA 16	BAIGNEAUX		41
88	XA 17	BAIGNES		70
142	V 27	BAIGNES STE RADEGONDE	C	16
85	RA 17	BAIGNEUX LES JUIFS	C	21
61	DA 14	BAIGNOLET		28
184	T 34	BAIGTS		40
206	S 35	BAIGTS DE BEARN		64
194	OA 34	BAILLARGUES		34
56	Q 14	BAILLE		35
61	DA 13	BAILLEAU ARMENONVILLE		28
60	CA 13	BAILLEAU L'EVEQUE		28
60	CA 14	BAILLEAU LE PIN		28
222	HA 39	BAILLESTAVY		66
40	GA 10	BAILLET EN FRANCE		95
8	IA 3	BAILLEUL	C	59
58	W 12	BAILLEUL		61
16	EA 6	BAILLEUL		80
78	V 16	BAILLEUL, LE		72
17	HA 5	BAILLEUL AUX CORNAILLES		62
37	Y 10	BAILLEUL LA VALLEE		27
26	IA 9	BAILLEUL LE SOC		60
8	HA 4	BAILLEUL LES PERNES		62
25	CA 7	BAILLEUL NEUVILLE		76
17	JA 5	BAILLEUL SIR BERTHOULT		62
26	GA 9	BAILLEUL SUR THERAIN		60
17	IA 5	BAILLEULMONT		62
17	IA 5	BAILLEULVAL		62
26	HA 9	BAILLEVAL		60
25	CA 7	BAILLOLET		76
79	AA 15	BAILLOU		41
27	JA 9	BAILLY		60
39	FA 11	BAILLY		78
66	SA 13	BAILLY AUX FORGES		52
15	CA 7	BAILLY EN RIVIERE		76
65	RA 13	BAILLY LE FRANC		10
40	JA 11	BAILLY ROMAINVILLIERS		77
75	P 16	BAIN DE BRETAGNE	C	35
7	EA 3	BAINCTHUN		62
7	FA 3	BAINGHEN		62
163	NA 28	BAINS		43
88	YA 15	BAINS LES BAINS	C	88
75	N 16	BAINS SUR OUST		35
68	YA 13	BAINVILLE AUX MIROIRS		54
68	XA 14	BAINVILLE AUX SAULES		88
67	XA 13	BAINVILLE SUR MADON		54
199	CB 33	BAIROLS		06
76	Q 15	BAIS		35
58	V 14	BAIS	C	53
9	LA 4	BAISIEUX		59
86	TA 16	BAISSEY		52
19	PA 6	BAIVES		59
164	RA 30	BAIX		07
224	JA 39	BAIXAS		66
17	HA 6	BAIZIEUX		80
42	NA 11	BAIZIL, LE		51
172	Z 32	BAJAMONT		47
187	AA 34	BAJONNETTE		32
17	HA 4	BAJUS		62
217	AA 38	BALACET		09
159	DA 29	BALADOU		46
40	GA 9	BALAGNY SUR THERAIN		60
218	BA 38	BALAGUERES		09
174	FA 31	BALAGUIER D'OLT		12
190	IA 33	BALAGUIER SUR RANCE		12
122	UA 21	BALAISEAUX		39
30	RA 8	BALAIVES ET BUTZ		08
137	TA 25	BALAN		01
30	SA 8	BALAN		08
122	UA 22	BALANOD		39
206	T 35	BALANSUN		64
141	S 25	BALANZAC		17
214	NA 35	BALARUC LE VIEUX		34
214	MA 35	BALARUC LES BAINS		34
27	JA 8	BALATRE		80
76	R 14	BALAZE		35
178	QA 31	BALAZUC		07
149	PA 25	BALBIGNY		42
151	TA 27	BALBINS		38
70	DB 13	BALBRONN		67
70	EB 14	BALDENHEIM		67
90	DB 16	BALDERSHEIM		68
56	Q 11	BALEINE, LA		50
207	W 36	BALEIX		64
87	UA 16	BALESMES SUR MARNE		52
217	Z 37	BALESTA		31
171	X 30	BALEYSSAGUES		47
90	EB 15	BALGAU		68
29	PA 9	BALHAM		08
187	AA 33	BALIGNAC		82
65	QA 13	BALIGNICOURT		10
38	BA 12	BALINES		27
7	FA 2	BALINGHEM		62
207	V 35	BALIRACQ MAUMUSSON		64
207	V 36	BALIROS		64
170	U 31	BALIZAC		33
62	GA 12	BALLAINVILLIERS		91
139	YA 23	BALLAISON		74
98	Z 18	BALLAN MIRE	C	37
62	HA 13	BALLANCOURT SUR ESSONNE		91
142	V 25	BALLANS		17
30	RA 9	BALLAY		08
131	BA 24	BALLEDENT		87
77	U 15	BALLEE		53
102	LA 19	BALLERAY		58
35	S 10	BALLEROY	C	14
90	CB 17	BALLERSDORF		68
67	WA 14	BALLEVILLE		88
127	S 24	BALLON		17
78	X 14	BALLON	C	72
180	VA 32	BALLONS		26
120	QA 22	BALLORE		71
76	R 16	BALLOTS		53
63	KA 13	BALLOY		77
210	DA 35	BALMA		31
152	WA 25	BALME, LA		73
138	UA 22	BALME D'EPY, LA		39
139	XA 24	BALME DE SILLINGY, LA		74
139	YA 24	BALME DE THUY, LA		74
138	UA 25	BALME LES GROTTES, LA		38
85	PA 15	BALNOT LA GRANGE		10
85	PA 15	BALNOT SUR LAIGNES		10
227	JB 41	BALOGNA		2A
85	QA 16	BALOT		21
175	HA 31	BALSAC		12
90	CB 17	BALSCHWILLER		68
177	LA 31	BALSIEGES		48
70	EB 15	BALTZENHEIM		68
143	X 25	BALZAC		16
8	HA 2	BAMBECQUE		59
47	ZA 10	BAMBIDERSTROFF		57
69	BB 14	BAN DE LAVELINE		88
69	BB 14	BAN DE SAPT		88
46	XA 10	BAN ST MARTIN, LE		57
69	BB 14	BAN SUR MEURTHE CLEFCY		88
176	KA 31	BANASSAC		48
205	Q 37	BANCA		64
29	OA 7	BANCIGNY		02
17	JA 6	BANCOURT		62
202	WA 37	BANDOL		83
137	SA 24	BANEINS		01
158	Z 29	BANEUIL		24
91	I 18	BANGOR		56
216	X 37	BANIOS		65
132	FA 24	BANIZE		23
72	G 15	BANNALEC	C	29
123	YA 20	BANNANS		25
101	JA 18	BANNAY		18
42	NA 11	BANNAY		51
47	ZA 10	BANNAY		57
178	PA 31	BANNE		07
117	IA 21	BANNEGON		18
160	FA 29	BANNES		46
42	OA 12	BANNES		51
87	UA 16	BANNES		52
77	V 15	BANNES		53
36	V 10	BANNEVILLE LA CAMPAGNE		14
35	U 10	BANNEVILLE SUR AJON		14
211	EA 35	BANNIERES		81
44	UA 11	BANNONCOURT		55
63	KA 12	BANNOST VILLEGAGNON		77
29	OA 8	BANOGNE RECOUVRANCE		08
196	VA 33	BANON	C	04
184	T 34	BANOS		40
122	VA 20	BANS		39
148	LA 26	BANSAT		63
121	TA 21	BANTANGES		71
18	KA 6	BANTEUX		59
39	EA 10	BANTHELU		95
30	TA 9	BANTHEVILLE		55
18	KA 5	BANTIGNY		59
18	KA 6	BANTOUZELLE		59
90	DB 16	BANTZENHEIM		68
89	AB 17	BANVILLARS		90
35	U 9	BANVILLE		14
57	U 12	BANVOU		61
224	JA 39	BANYULS DELS ASPRES		66
224	KA 40	BANYULS SUR MER		66
84	OA 16	BAON		89
24	AA 8	BAONS LE COMTE		76
17	JA 6	BAPAUME	C	62
145	EA 27	BAR		19
44	TA 12	BAR LE DUC	P	55
30	SA 9	BAR LES BUZANCY		08
65	RA 14	BAR SUR AUBE	S	10
200	BB 34	BAR SUR LOUP, LE	C	06
65	QA 15	BAR SUR SEINE	C	10
77	U 17	BARACE		49
211	EA 36	BARAIGNE		11
115	DA 22	BARAIZE		36
17	KA 5	BARALLE		62
175	HA 32	BARAQUEVILLE	C	12
17	JA 6	BARASTRE		62
182	ZA 31	BARATIER		05
208	X 35	BARBACHEN		65
226	MB 39	BARBAGGIO		2B
221	HA 37	BARBAIRA		11
29	RA 8	BARBAISE		08
69	BB 13	BARBAS		54
171	X 32	BARBASTE		47
109	M 20	BARBATRE		85
217	Z 37	BARBAZAN	C	31
216	X 37	BARBAZAN DEBAT		65
216	X 37	BARBAZAN DESSUS		65
94	Q 18	BARBECHAT		44
201	TA 35	BARBEN, LA		13
195	RA 33	BARBENTANE		13
153	XA 26	BARBERAZ		73
64	OA 14	BARBEREY ST SULPICE		10
134	LA 23	BARBERIER		03
36	V 11	BARBERY		14
40	IA 10	BARBERY		60
35	T 10	BARBEVILLE		14
63	KA 14	BARBEY		77
69	BB 15	BARBEY SEROUX		88
128	W 24	BARBEZIERES		16
142	V 26	BARBEZIEUX ST HILAIRE	C	16
165	TA 29	BARBIERES		26
104	RA 18	BARBIREY SUR OUCHE		21
62	IA 13	BARBIZON		77
64	NA 12	BARBONNE FAYEL		51
68	YA 13	BARBONVILLE		54
108	AB 19	BARBOUX, LE		25
64	MA 13	BARBUISE		10
29	PA 8	BARBY		08
153	XA 26	BARBY		73
37	AA 10	BARC		27
224	KA 38	BARCARES, LE		66
165	TA 29	BARCELONNE		26
185	V 34	BARCELONNE DU GERS		32
182	AB 31	BARCELONNETTE	S	04
69	BB 12	BARCHAIN		57
181	WA 31	BARCILLONNETTE	C	05
208	Y 36	BARCUGNAN		32
206	T 37	BARCUS		64
41	JA 11	BARCY		77
149	OA 26	BARD		42
104	PA 19	BARD LE REGULIER		21
85	PA 17	BARD LES EPOISSES		21
106	WA 18	BARD LES PESMES		70
156	W 28	BARDE, LA		17
142	W 27	BARDENAC		16
187	AA 33	BARDIGUES		82
80	DA 16	BARDON, LE		45
206	R 35	BARDOS		64
158	Z 30	BARDOU		24
24	AA 9	BARDOUVILLE		76
216	W 38	BAREGES		65
216	Y 38	BAREILLES		65
69	CB 13	BAREMBACH		67
217	Z 38	BAREN		31
24	AA 8	BARENTIN		76
57	S 13	BARENTON	C	50
28	MA 8	BARENTON BUGNY		02
28	MA 8	BARENTON CEL		02
28	MA 8	BARENTON SUR SERRE		02
122	VA 22	BARESIA SUR L'AIN		39
33	R 8	BARFLEUR		50
198	ZA 34	BARGEME		83
198	ZA 35	BARGEMON		83
105	TA 19	BARGES		21
163	NA 29	BARGES		43
87	WA 16	BARGES		70
41	JA 10	BARGNY		60
171	W 30	BARIE		33
37	AA 12	BARILS, LES		27
207	V 36	BARINQUE		64
67	WA 13	BARISEY AU PLAIN		54
67	WA 13	BARISEY LA COTE		54
28	LA 8	BARISIS		02
120	RA 21	BARIZEY		71
218	BA 37	BARJAC		09
178	PA 32	BARJAC	C	30
177	LA 31	BARJAC		48
203	XA 35	BARJOLS	C	83
86	SA 17	BARJON		21
60	DA 13	BARJOUVILLE		28
181	YA 32	BARLES		04
216	W 37	BARLEST		65
27	JA 7	BARLEUX		80
82	IA 17	BARLIEU		18
17	IA 4	BARLIN	C	62
17	HA 5	BARLY		62
16	GA 5	BARLY		80
61	FA 14	BARMAINVILLE		28
178	PA 30	BARNAS		07
166	UA 30	BARNAVE		26
104	PA 19	BARNAY		71
33	O 9	BARNEVILLE CARTERET	C	50
23	X 9	BARNEVILLE LA BERTRAN		14
24	AA 9	BARNEVILLE SUR SEINE		27
57	U 13	BAROCHE SOUS LUCE, LA		61
45	WA 10	BAROCHES, LES		54
15	CA 6	BAROMESNIL		76
193	PA 33	BARON		30
156	V 29	BARON		33
40	IA 10	BARON		60
120	PA 22	BARON		71
35	U 10	BARON SUR ODON		14
47	AB 11	BARONVILLE		57
36	W 11	BAROU EN AUGE		14
65	RA 14	BAROVILLE		10
170	T 30	BARP, LE		33
37	AA 11	BARQUET		27
70	DB 13	BARR	C	67
135	NA 23	BARRAIS BUSSOLLES		03
208	Y 35	BARRAN		32
216	Y 38	BARRANCOUEU		65
181	XA 32	BARRAS		04
206	S 36	BARRAUTE CAMU		64
153	XA 27	BARRAUX		38
191	JA 34	BARRE		81
106	VA 19	BARRE, LA		39
107	YA 18	BARRE, LA		70
109	N 20	BARRE DE MONTS, LA		85
35	S 10	BARRE DE SEMILLY, LA		50
177	MA 32	BARRE DES CEVENNES	C	48
37	Z 11	BARRE EN OUCHE, LA		27
198	YA 33	BARREME	C	04
142	V 26	BARRET		16
180	VA 32	BARRET DE LIOURE		26
180	VA 32	BARRET SUR MEOUGE		05
122	VA 20	BARRETAINE		39
226	MB 38	BARRETTALI		2B
160	GA 28	BARRIAC LES BOSQUETS		15
129	X 24	BARRO		16
114	AA 20	BARROU		37
179	TA 32	BARROUX, LE		84
216	W 37	BARRY		65
188	CA 33	BARRY D'ISLEMADE		82
158	BA 28	BARS		24
208	X 35	BARS		32
166	UA 30	BARSAC		26
170	V 30	BARSAC		33
47	AB 10	BARST		57
108	AB 17	BART		25
90	DB 17	BARTENHEIM		68
209	Y 36	BARTHE		65
216	Y 37	BARTHE DE NESTE, LA	C	65
46	ZA 12	BARTHELEMONT LES BAUZEMONT		54
106	WA 19	BARTHERANS		25
188	BA 33	BARTHES, LES		82
216	W 37	BARTRES		65
37	Y 10	BARVILLE		27
59	Y 13	BARVILLE		61
67	WA 13	BARVILLE		88
62	HA 15	BARVILLE EN GATINAIS		45
141	S 26	BARZAN		17
207	W 36	BARZUN		64
18	NA 6	BARZY EN THIERACHE		02
42	MA 10	BARZY SUR MARNE		02
149	OA 27	BAS EN BASSET	C	43
134	LA 24	BAS ET LEZAT		63
19	OA 6	BAS LIEU		59
184	U 34	BAS MAUCO		40
184	U 34	BASCONS		40
186	X 34	BASCOUS		32
31	WA 9	BASLIEUX		54
28	NA 9	BASLIEUX LES FISMES		51
42	NA 10	BASLIEUX SOUS CHATILLON		51
36	U 9	BASLY		14
142	W 26	BASSAC		16
213	LA 36	BASSAN		34
171	W 30	BASSANNE		33
94	Q 19	BASSE GOULAINE	C	44
32	YA 9	BASSE HAM		57
32	YA 9	BASSE RENTGEN		57
89	AB 15	BASSE SUR LE RUPT		88
88	XA 15	BASSE VAIVRE, LA		70
9	JA 4	BASSEE, LA	C	59
69	CB 14	BASSEMBERG		67
36	V 10	BASSENEVILLE		14
156	U 29	BASSENS		33
152	WA 26	BASSENS		73
184	T 35	BASSERCLES		40
97	X 19	BASSES		86
17	IA 5	BASSEUX		62
41	LA 11	BASSEVELLE		77
146	HA 27	BASSIGNAC		15
160	EA 28	BASSIGNAC LE BAS		19
160	FA 28	BASSIGNAC LE HAUT		19
88	YA 16	BASSIGNEY		70
158	AA 28	BASSILAC		24
208	W 35	BASSILLON VAUZE		64
47	AB 11	BASSING		57
28	LA 8	BASSOLES AULERS		02
67	VA 15	BASSONCOURT		52
83	MA 16	BASSOU		89
208	X 35	BASSOUES		32
43	RA 11	BASSU		51
43	RA 12	BASSUET		51
177	MA 32	BASSURELS		48
205	P 35	BASSUSSARRY		64
138	WA 24	BASSY		74
206	T 36	BASTANES		64
226	KB 42	BASTELICA	C	2A
227	JB 42	BASTELICACCIA		2A
184	T 35	BASTENNES		40
226	MB 39	BASTIA	P	2B
224	IA 39	BASTIDE, LA		66
198	AB 34	BASTIDE, LA		83
205	R 36	BASTIDE CLAIRENCE, LA	C	64
193	QA 33	BASTIDE D'ENGRAS, LA		30
218	CA 37	BASTIDE DE BESPLAS, LA		09
219	EA 37	BASTIDE DE BOUSIGNAC, LA		09
219	EA 37	BASTIDE DE LORDAT, LA		09
218	CA 37	BASTIDE DE SEROU, LA	C	09
196	VA 34	BASTIDE DES JOURDANS, LA		84
218	BA 37	BASTIDE DU SALAT, LA		09
175	GA 31	BASTIDE L'EVEQUE, LA		12
191	KA 33	BASTIDE PRADINES, LA		12
177	NA 30	BASTIDE PUYLAURENT, LA		48
190	HA 33	BASTIDE SOLAGES, LA		12
221	FA 38	BASTIDE SUR L'HERS, LA		09
196	VA 34	BASTIDONNE, LA		84
159	EA 30	BASTIT, LE		46
132	HA 25	BASVILLE		23
128	W 24	BATAILLE, LA		79
165	SA 28	BATHERNAY		26
153	ZA 26	BATHIE, LA		73
180	VA 31	BATIE DES FONDS, LA		26
152	VA 26	BATIE DIVISIN, LA		38
152	VA 26	BATIE MONTGASCON, LA		38
181	WA 31	BATIE MONTSALEON, LA		05
181	YA 30	BATIE NEUVE, LA	C	05
179	SA 30	BATIE ROLLAND, LA		26
181	XA 30	BATIE VIEILLE, LA		05
88	WA 17	BATIES, LES		70
45	XA 10	BATILLY		54
58	V 12	BATILLY		61
62	HA 15	BATILLY EN GATINAIS		45
82	JA 17	BATILLY EN PUISAYE		45
184	U 34	BATS		40
216	X 37	BATSERE		65
107	YA 18	BATTENANS LES MINES		25
108	AB 19	BATTENANS VARIN		25
90	DB 16	BATTENHEIM		68
69	YA 13	BATTEXEY		88
67	XA 13	BATTIGNY		54
106	VA 18	BATTRANS		70

Page	Carreau	Commune	Adm.	Dpt
92	L 18	BATZ SUR MER		44
49	EB 12	BATZENDORF		67
120	RA 20	BAUBIGNY		21
33	O 9	BAUBIGNY		50
152	WA 26	BAUCHE, LA		73
73	J 16	BAUD	C	56
64	NA 13	BAUDEMENT		51
135	PA 23	BAUDEMONT		71
185	W 33	BAUDIGNAN		40
66	UA 13	BAUDIGNECOURT		55
197	XA 34	BAUDINARD SUR VERDON		83
88	YA 16	BAUDONCOURT		70
44	SA 12	BAUDONVILLIERS		55
34	R 10	BAUDRE		50
66	SA 13	BAUDRECOURT		52
47	ZA 11	BAUDRECOURT		57
207	V 36	BAUDREIX		64
44	UA 11	BAUDREMONT		55
99	DA 19	BAUDRES		36
61	FA 14	BAUDREVILLE		28
34	P 9	BAUDREVILLE		50
67	XA 14	BAUDRICOURT		88
121	SA 21	BAUDRIERES		71
197	YA 34	BAUDUEN		83
96	W 17	BAUGE	C	49
101	IA 19	BAUGY	C	18
27	IA 9	BAUGY		60
135	OA 23	BAUGY		71
88	XA 16	BAULAY		70
81	EA 16	BAULE		45
92	L 18	BAULE ESCOUBLAC, LA	C	44
105	SA 18	BAULME LA ROCHE		21
62	HA 13	BAULNE		91
42	MA 11	BAULNE EN BRIE		02
44	SA 10	BAULNY		55
75	N 15	BAULON		35
219	DA 37	BAULOU		09
140	ZA 23	BAUME, LA		74
165	TA 29	BAUME CORNILLANE, LA		26
165	TA 28	BAUME D'HOSTUN, LA		26
179	SA 31	BAUME DE TRANSIT, LA		26
107	YA 18	BAUME LES DAMES	C	25
122	VA 21	BAUME LES MESSIEURS		39
96	V 17	BAUNE		49
34	Q 9	BAUPTE		50
35	T 11	BAUQUAY		14
156	U 30	BAURECH		33
75	O 14	BAUSSAINE, LA		35
9	JA 4	BAUVIN		59
37	AA 11	BAUX DE BRETEUIL, LES		27
195	SA 34	BAUX DE PROVENCE, LES		13
38	BA 11	BAUX STE CROIX, LES		27
46	ZA 12	BAUZEMONT		54
80	DA 17	BAUZY		41
108	AB 17	BAVANS		25
19	NA 5	BAVAY	C	59
17	HA 6	BAVELINCOURT		80
36	V 10	BAVENT		14
106	VA 19	BAVERANS		39
89	AB 17	BAVILLIERS		90
8	HA 3	BAVINCHOVE		59
17	IA 5	BAVINCOURT		62
210	CA 36	BAX		31
106	WA 18	BAY		70
86	TA 16	BAY SUR AUBE		52
158	Z 29	BAYAC		24
66	TA 13	BAYARD SUR MARNE		52
156	V 28	BAYAS		33
72	G 16	BAYE		29
42	NA 11	BAYE		51
68	ZA 14	BAYECOURT		88
66	RA 14	BAYEL		10
17	IA 6	BAYENCOURT		80
7	FA 3	BAYENGHEM LES EPERLECQUES		62
7	FA 3	BAYENGHEM LES SENINGHEM		62
129	X 24	BAYERS		16
134	LA 23	BAYET		03
35	T 9	BAYEUX	S	14
68	YA 13	BAYON	C	54
156	T 28	BAYON SUR GIRONDE		33
205	Q 35	BAYONNE	S	64
181	XA 31	BAYONS		04
30	SA 9	BAYONVILLE		08
45	XA 11	BAYONVILLE SUR MAD		54
27	IA 7	BAYONVILLERS		80
143	W 27	BAZAC		16
115	DA 22	BAZAIGES		36
31	WA 9	BAZAILLES		54
39	EA 12	BAZAINVILLE		78
29	PA 9	BAZANCOURT		51
25	EA 8	BAZANCOURT		60
84	MA 17	BAZARNES		89
170	V 31	BAZAS	C	33
128	V 24	BAZAUGES		17
68	YA 14	BAZEGNEY		88
30	SA 8	BAZEILLES		08
31	UA 8	BAZEILLES SUR OTHAIN		55
131	DA 23	BAZELAT		23
39	EA 11	BAZEMONT		78
172	Y 32	BAZENS		47
17	IA 6	BAZENTIN		80
35	U 9	BAZENVILLE		14
208	W 36	BAZET		65
130	BA 23	BAZEUGE, LA		87
186	Y 34	BAZIAN		32
26	IA 9	BAZICOURT		60
210	DA 35	BAZIEGE		31
68	AB 13	BAZIEN		88
208	X 36	BAZILLAC		65
39	EA 9	BAZINCOURT SUR EPTE		27
44	TA 12	BAZINCOURT SUR SAULX		55
7	DA 3	BAZINGHEN		62
15	DA 6	BAZINVAL		76
60	AA 15	BAZOCHE GOUET, LA		28
103	NA 18	BAZOCHES		58
36	V 11	BAZOCHES AU HOULME		61
60	DA 15	BAZOCHES EN DUNOIS		28
63	KA 13	BAZOCHES LES BRAY		77
61	FA 14	BAZOCHES LES GALLERANDES		45
61	EA 15	BAZOCHES LES HAUTES		28
39	EA 12	BAZOCHES SUR GUYONNE		78
59	Y 13	BAZOCHES SUR HOENE	C	61
63	JA 15	BAZOCHES SUR LE BETZ		45
28	MA 9	BAZOCHES SUR VESLES		02
57	S 12	BAZOGE, LA		50
78	X 15	BAZOGE, LA		72
57	U 14	BAZOGE MONTPINCON, LA		53
110	R 20	BAZOGES EN PAILLERS		85
111	S 21	BAZOGES EN PAREDS		85
67	XA 14	BAZOILLES ET MENIL		88
67	VA 14	BAZOILLES SUR MEUSE		88
103	MA 19	BAZOLLES		58
46	YA 10	BAZONCOURT		57
35	S 10	BAZOQUE, LA		14
57	U 12	BAZOQUE, LA		61
37	Z 10	BAZOQUES		27
209	Y 36	BAZORDAN		65
77	U 15	BAZOUGE DE CHEMERE, LA		53
77	T 14	BAZOUGE DES ALLEUX, LA		53
56	R 13	BAZOUGE DU DESERT, LA		35
77	U 15	BAZOUGERS		53
56	P 13	BAZOUGES LA PEROUSE		35
78	V 17	BAZOUGES SUR LE LOIR		72
18	MA 6	BAZUEL		59
208	Y 35	BAZUGUES		32
188	DA 34	BAZUS		31
216	Y 38	BAZUS AURE		65
216	Y 37	BAZUS NESTE		65
163	OA 29	BEAGE, LE		07
16	GA 5	BEALCOURT		80
16	GA 4	BEALENCOURT		62
118	LA 20	BEARD		58
25	DA 8	BEAUBEC LA ROSIERE		76
136	QA 22	BEAUBERY		71
37	AA 11	BEAUBRAY		27
195	RA 34	BEAUCAIRE	C	30
186	Y 34	BEAUCAIRE		32
25	EA 7	BEAUCAMPS LE JEUNE		80
25	EA 7	BEAUCAMPS LE VIEUX		80
9	JA 4	BEAUCAMPS LIGNY		59
76	R 14	BEAUCE		35
216	W 37	BEAUCENS		65
196	TA 33	BEAUCET, LE		84
217	AA 37	BEAUCHALOT		31
39	GA 11	BEAUCHAMP	C	95
56	Q 11	BEAUCHAMPS		50
15	DA 6	BEAUCHAMPS		80
82	HA 15	BEAUCHAMPS SUR HUILLARD		45
164	RA 29	BEAUCHASTEL		07
37	AA 12	BEAUCHE		28
86	TA 16	BEAUCHEMIN		52
79	BA 15	BEAUCHENE		41
57	T 12	BEAUCHENE		61
63	LA 12	BEAUCHERY ST MARTIN		77
30	TA 9	BEAUCLAIR		55
34	R 11	BEAUCOUDRAY		50
90	BB 17	BEAUCOURT	C	90
27	IA 7	BEAUCOURT EN SANTERRE		80
17	IA 6	BEAUCOURT SUR L'ANCRE		80
17	HA 6	BEAUCOURT SUR L'HALLUE		80
95	T 17	BEAUCOUZE		49
152	UA 27	BEAUCROISSANT		38
216	X 37	BEAUDEAN		65
26	FA 8	BEAUDEDUIT		60
18	MA 5	BEAUDIGNIES		59
17	HA 5	BEAUDRICOURT		62
37	Y 12	BEAUFAI		61
59	Y 14	BEAUFAY		72
57	S 12	BEAUFICEL		50
25	DA 9	BEAUFICEL EN LYONS		27
167	XA 29	BEAUFIN		38
210	BA 35	BEAUFORT		31
213	IA 36	BEAUFORT		34
151	TA 27	BEAUFORT		38
122	UA 22	BEAUFORT	C	39
19	OA 5	BEAUFORT		59
154	ZA 25	BEAUFORT	C	73
17	HA 5	BEAUFORT BLAVINCOURT		62
30	TA 9	BEAUFORT EN ARGONNE		55
26	IA 7	BEAUFORT EN SANTERRE		80
96	V 18	BEAUFORT EN VALLEE	C	49
165	TA 29	BEAUFORT SUR GERVANNE		26
110	P 20	BEAUFOU		85
36	W 10	BEAUFOUR DRUVAL		14
67	WA 14	BEAUFREMONT		88
172	Z 31	BEAUGAS		47
127	S 25	BEAUGEAY		17
80	DA 16	BEAUGENCY	C	45
27	KA 8	BEAUGIES SOUS BOIS		60
182	YA 32	BEAUJEU		04
136	RA 23	BEAUJEU	C	69
87	VA 17	BEAUJEU ST VALLIER PIERREJUX ET QUITTEUR		70
57	U 13	BEAULANDAIS		61
17	JA 6	BEAULENCOURT		62
178	PA 31	BEAULIEU		07
35	T 11	BEAULIEU		14
147	HA 26	BEAULIEU		15
85	RA 16	BEAULIEU		21
193	OA 34	BEAULIEU		34
131	CA 22	BEAULIEU		36
166	UA 28	BEAULIEU		38
163	OA 28	BEAULIEU		43
102	MA 18	BEAULIEU		58
37	Z 12	BEAULIEU		61
148	LA 27	BEAULIEU		63
44	TA 11	BEAULIEU EN ARGONNE		55
27	JA 8	BEAULIEU LES FONTAINES		60
98	BA 19	BEAULIEU LES LOCHES		37
110	P 21	BEAULIEU SOUS LA ROCHE		85
112	V 22	BEAULIEU SOUS PARTHENAY		79
159	EA 29	BEAULIEU SUR DORDOGNE	C	19
95	U 18	BEAULIEU SUR LAYON		49
82	JA 17	BEAULIEU SUR LOIRE		45
200	DB 34	BEAULIEU SUR MER		06
76	S 15	BEAULIEU SUR OUDON		53
129	Y 24	BEAULIEU SUR SONNETTE		16
119	MA 21	BEAULON		03
36	W 11	BEAUMAIS		14
208	W 35	BEAUMARCHES		32
174	DA 30	BEAUMAT		46
29	PA 7	BEAUME		02
180	VA 30	BEAUME, LA		05
69	AB 14	BEAUMENIL		88
16	EA 4	BEAUMERIE ST MARTIN		62
179	TA 32	BEAUMES DE VENISE	C	84
35	S 11	BEAUMESNIL		14
37	Z 11	BEAUMESNIL	C	27
196	TA 34	BEAUMETTES		84
16	GA 6	BEAUMETZ		80
8	GA 4	BEAUMETZ LES AIRE		62
17	JA 6	BEAUMETZ LES CAMBRAI		62
17	IA 5	BEAUMETZ LES LOGES	C	62
178	PA 31	BEAUMONT		07
146	EA 27	BEAUMONT		19
186	X 33	BEAUMONT		32
148	LA 27	BEAUMONT		43
45	WA 11	BEAUMONT		54
148	KA 25	BEAUMONT	C	63
139	XA 24	BEAUMONT		74
113	Y 21	BEAUMONT		86
83	MA 16	BEAUMONT		89
187	BA 33	BEAUMONT DE LOMAGNE	C	82
196	VA 34	BEAUMONT DE PERTUIS		84
62	HA 15	BEAUMONT DU GATINAIS		77
146	EA 25	BEAUMONT DU LAC		87
158	Z 30	BEAUMONT DU PERIGORD	C	24
179	TA 32	BEAUMONT DU VENTOUX		84
30	SA 8	BEAUMONT EN ARGONNE		08
36	X 10	BEAUMONT EN AUGE		14
27	KA 8	BEAUMONT EN BEINE		02
18	LA 6	BEAUMONT EN CAMBRESIS		59
180	UA 30	BEAUMONT EN DIOIS		26
44	UA 10	BEAUMONT EN VERDUNOIS, VILLAGE RUINE		55
97	X 19	BEAUMONT EN VERON		37
33	O 8	BEAUMONT HAGUE	C	50
17	IA 6	BEAUMONT HAMEL		80
102	KA 19	BEAUMONT LA FERRIERE		58
79	Z 17	BEAUMONT LA RONCE		37
24	CA 8	BEAUMONT LE HARENG		76
37	Z 10	BEAUMONT LE ROGER	C	27
60	AA 14	BEAUMONT LES AUTELS		28
26	FA 9	BEAUMONT LES NONAINS		60
134	LA 24	BEAUMONT LES RANDAN		63
165	SA 29	BEAUMONT LES VALENCE		26
165	SA 28	BEAUMONT MONTEUX		26
77	U 16	BEAUMONT PIED DE BOEUF		53
79	Y 16	BEAUMONT PIED DE BOEUF		72
118	LA 20	BEAUMONT SARDOLLES		58
79	Z 17	BEAUMONT SUR DEME		72
121	SA 21	BEAUMONT SUR GROSNE		71
210	CA 36	BEAUMONT SUR LEZE		31
40	GA 10	BEAUMONT SUR OISE	C	95
58	X 14	BEAUMONT SUR SARTHE	C	72
43	PA 10	BEAUMONT SUR VESLE		51
105	UA 18	BEAUMONT SUR VINGEANNE		21
98	BA 19	BEAUMONT VILLAGE		37
37	AA 10	BEAUMONTEL		27
107	YA 18	BEAUMOTTE AUBERTANS		70
106	WA 18	BEAUMOTTE LES PIN		70
42	NA 11	BEAUNAY		51
121	SA 20	BEAUNE	S	21
133	JA 23	BEAUNE D'ALLIER		03
82	HA 15	BEAUNE LA ROLANDE	C	45
149	NA 27	BEAUNE SUR ARZON		43
85	RA 17	BEAUNOTTE		21
121	TA 22	BEAUPONT		01
157	X 29	BEAUPOUYET		24
95	S 19	BEAUPREAU	C	49
188	DA 34	BEAUPUY		31
209	BA 35	BEAUPUY		32
171	X 31	BEAUPUY		47
188	BA 34	BEAUPUY		82
16	HA 6	BEAUQUESNE		80
18	MA 5	BEAURAIN		59
17	JA 5	BEAURAINS		62
27	JA 8	BEAURAINS LES NOYON		60
16	FA 4	BEAURAINVILLE		62
202	VA 35	BEAURECUEIL		13
136	RA 24	BEAUREGARD		01
174	EA 31	BEAUREGARD		46
165	TA 29	BEAUREGARD BARET		26
159	CA 28	BEAUREGARD DE TERRASSON		24
158	Z 29	BEAUREGARD ET BASSAC		24
148	LA 25	BEAUREGARD L'EVEQUE		63
134	KA 24	BEAUREGARD VENDON		63
151	SA 27	BEAUREPAIRE	C	38
40	IA 9	BEAUREPAIRE		60
23	X 8	BEAUREPAIRE		76
110	R 20	BEAUREPAIRE		85
122	UA 21	BEAUREPAIRE EN BRESSE	C	71
19	NA 6	BEAUREPAIRE SUR SAMBRE		59
18	LA 6	BEAUREVOIR		02
180	VA 30	BEAURIERES		26
28	NA 9	BEAURIEUX		02
19	OA 5	BEAURIEUX		59
157	Y 28	BEAURONNE		24
165	SA 28	BEAUSEMBLANT		26
44	TA 11	BEAUSITE		55
200	DB 34	BEAUSOLEIL	C	06
143	Y 26	BEAUSSAC		24
128	V 23	BEAUSSAIS		79
25	DA 8	BEAUSSAULT		76
95	S 18	BEAUSSE		49
202	WA 37	BEAUSSET, LE	C	83
211	EA 36	BEAUTEVILLE		31
41	KA 12	BEAUTHEIL		77
156	U 30	BEAUTIRAN		33
28	LA 8	BEAUTOR		02
24	BA 8	BEAUTOT		76
58	V 12	BEAUVAIN		61
26	GA 9	BEAUVAIS	P	60
128	V 25	BEAUVAIS SUR MATHA		17
188	DA 33	BEAUVAIS SUR TESCOU		81
16	HA 6	BEAUVAL		80
24	BA 7	BEAUVAL EN CAUX		76
165	SA 29	BEAUVALLON		26
96	V 17	BEAUVAU		49
164	QA 29	BEAUVENE		07
122	UA 20	BEAUVERNOIS		71
182	ZA 32	BEAUVEZER		04
211	EA 35	BEAUVILLE		31
172	AA 32	BEAUVILLE	C	47
61	DA 14	BEAUVILLIERS		28
80	CA 16	BEAUVILLIERS		41
103	OA 18	BEAUVILLIERS		89
56	P 12	BEAUVOIR		50
26	HA 8	BEAUVOIR		60
63	JA 12	BEAUVOIR		77
83	LA 16	BEAUVOIR		89
151	TA 26	BEAUVOIR DE MARC		38
25	DA 8	BEAUVOIR EN LYONS		76
166	UA 28	BEAUVOIR EN ROYANS		38
109	N 20	BEAUVOIR SUR MER	C	85
128	U 23	BEAUVOIR SUR NIORT	C	79
16	GA 5	BEAUVOIR WAVANS		62
16	GA 5	BEAUVOIS		62
18	LA 6	BEAUVOIS EN CAMBRESIS		59
27	KA 7	BEAUVOIS EN VERMANDOIS		02
180	TA 32	BEAUVOISIN		26
193	PA 34	BEAUVOISIN		30
163	OA 28	BEAUX		43
149	OA 27	BEAUZAC		43
188	CA 34	BEAUZELLE		31
171	W 31	BEAUZIAC		47
69	BB 12	BEBING		57
70	DB 15	BEBLENHEIM		68
23	Y 8	BEC DE MORTAGNE		76
37	Z 10	BEC HELLOUIN, LE		27
38	BA 10	BEC THOMAS, LE		27
208	X 35	BECCAS		32
111	U 22	BECELEUF		79
45	WA 10	BECHAMPS		54
75	N 14	BECHEREL	C	35
143	W 26	BECHERESSE		16
46	YA 11	BECHY		57
95	T 17	BECON LES GRANITS		49
17	IA 6	BECORDEL BECOURT		80
7	FA 3	BECOURT		62
18	MA 6	BECQUIGNY		02
26	IA 8	BECQUIGNY		80
213	KA 35	BEDARIEUX	C	34
195	SA 33	BEDARRIDES	C	84
116	GA 21	BEDDES		18
209	AA 35	BEDECHAN		32
75	N 14	BEDEE		35
219	DA 38	BEDEILHAC ET AYNAT		09
218	BA 37	BEDEILLE		09
207	W 36	BEDEILLE		64
156	V 28	BEDENAC		17
180	TA 32	BEDOIN		84
177	MA 31	BEDOUES		48
215	T 37	BEDOUS		64
174	FA 30	BEDUER		46
102	KA 19	BEFFES		18
122	VA 22	BEFFIA		39
30	SA 9	BEFFU ET LE MORTHOMME		08
184	S 34	BEGAAR		40
141	S 27	BEGADAN		33
92	M 17	BEGANNE		56
53	I 12	BEGARD	C	22
156	U 29	BEGLES	C	33
68	YA 14	BEGNECOURT		88
216	Y 37	BEGOLE		65
95	S 19	BEGROLLES EN MAUGES		49
179	SA 31	BEGUDE DE MAZENC, LA		26
134	KA 24	BEGUES		03
170	V 30	BEGUEY		33
206	R 36	BEGUIOS		64
17	JA 6	BEHAGNIES		62
206	S 36	BEHASQUE LAPISTE		64
15	EA 6	BEHEN		80
17	HA 6	BEHENCOURT		80
27	KA 8	BEHERICOURT		60
44	TA 12	BEHONNE		55
206	R 37	BEHORLEGUY		64
39	EA 11	BEHOUST		78
47	BB 10	BEHREN LES FORBACH	C	57
95	T 18	BEHUARD		49
75	M 15	BEIGNON		56
59	Y 15	BEILLE		72
84	NA 16	BEINE		89
43	PA 10	BEINE NAUROY	C	51
50	GB 11	BEINHEIM		67
105	TA 18	BEIRE LE CHATEL		21
105	TA 19	BEIRE LE FORT		21
146	GA 25	BEISSAT		23
114	BA 22	BELABRE	C	36
85	RA 15	BELAN SUR OURCE		21
214	MA 35	BELARGA		34
173	BA 31	BELAYE		46
210	DA 35	BELBERAUD		31
187	BA 33	BELBESE		82
38	AA 9	BELBEUF		76
210	DA 35	BELBEZE DE LAURAGAIS		31
218	BA 37	BELBEZE EN COMMINGES		31
221	FA 38	BELCAIRE	C	11
175	GA 31	BELCASTEL		12
211	EA 35	BELCASTEL		81
221	GA 37	BELCASTEL ET BUC		11
202	VA 35	BELCODENE		13
221	FA 38	BELESTA		09
224	IA 39	BELESTA		66
211	EA 35	BELESTA EN LAURAGAIS		31
157	Y 29	BELEYMAS		24
89	AB 16	BELFAHY		70
108	BB 19	BELFAYS		25
211	EA 36	BELFLOU		11
58	X 12	BELFONDS		61
89	BB 17	BELFORT	P	90
174	DA 32	BELFORT DU QUERCY		46
221	FA 38	BELFORT SUR REBENTY		11
57	U 14	BELGEARD		53
203	XA 36	BELGENTIER		83
225	KB 39	BELGODERE	C	2B
170	T 31	BELHADE		40
60	BA 13	BELHOMERT GUEHOUVILLE		28
108	AB 19	BELIEU, LE		25
137	TA 25	BELIGNEUX		01
169	T 31	BELIN BELIET	C	33
184	U 33	BELIS		40
130	BA 24	BELLAC	S	87
181	YA 31	BELLAFAIRE		04
18	LA 5	BELLAING		59
16	FA 6	BELLANCOURT		80
47	ZA 11	BELLANGE		57
59	Y 13	BELLAVILLIERS		61
39	FA 10	BELLAY EN VEXIN, LE		95
40	GA 10	BELLE EGLISE		60
7	EA 3	BELLE ET HOULLEFORT		62
53	H 13	BELLE ISLE EN TERRE	C	22
41	LA 10	BELLEAU		02
46	YA 12	BELLEAU		54
156	V 30	BELLEBAT		33
7	EA 3	BELLEBRUNE		62
146	GA 26	BELLECHASSAGNE		19
83	MA 15	BELLECHAUME		89
138	WA 23	BELLECOMBE		39
153	XA 25	BELLECOMBE EN BAUGES		73
180	UA 31	BELLECOMBE TARENDOL		26
105	TA 18	BELLEFOND		21
156	V 30	BELLEFOND		33
114	Z 21	BELLEFONDS		86
123	XA 22	BELLEFONTAINE		39
57	S 12	BELLEFONTAINE		50
89	ZA 15	BELLEFONTAINE		88
40	HA 10	BELLEFONTAINE		95
69	CB 13	BELLEFOSSE		67
193	QA 34	BELLEGARDE		30
209	Z 35	BELLEGARDE		32
82	HA 15	BELLEGARDE	C	45
190	GA 33	BELLEGARDE		81
221	FA 37	BELLEGARDE DU RAZES		11
180	UA 31	BELLEGARDE EN DIOIS		26
150	PA 26	BELLEGARDE EN FOREZ		42
132	GA 24	BELLEGARDE EN MARCHE	C	23
151	SA 27	BELLEGARDE POUSSIEU		38
188	BA 34	BELLEGARDE STE MARIE		31
138	WA 23	BELLEGARDE SUR VALSERINE	C	01
108	AB 18	BELLEHERBE		25
90	CB 17	BELLEMAGNY		68
59	Z 13	BELLEME	C	61
134	KA 23	BELLENAVES		03
24	CA 8	BELLENCOMBRE	C	76
105	TA 18	BELLENEUVE		21
18	KA 7	BELLENGLISE		02
36	V 10	BELLENGREVILLE		14
24	BA 7	BELLENGREVILLE		76
85	RA 17	BELLENOD SUR SEINE		21
104	QA 18	BELLENOT SOUS POUILLY		21
154	AB 26	BELLENTRE		73
44	UA 10	BELLERAY		55
134	LA 24	BELLERIVE SUR ALLIER		03
136	QA 23	BELLEROCHE		42
47	BB 12	BELLES FORETS		57
211	FA 35	BELLESERRE		81
187	BA 34	BELLESSERRE		31
28	LA 9	BELLEU		02
26	FA 8	BELLEUSE		80
139	ZA 23	BELLEVAUX		74
122	UA 20	BELLEVESVRE		71
46	XA 12	BELLEVILLE		54
136	RA 24	BELLEVILLE	C	69
128	U 23	BELLEVILLE		79
24	BA 8	BELLEVILLE EN CAUX		76
30	SA 9	BELLEVILLE ET CHATILLON SUR BAR		08
82	JA 17	BELLEVILLE SUR LOIRE		18
15	BA 6	BELLEVILLE SUR MER		76
44	UA 10	BELLEVILLE SUR MEUSE		55
110	Q 21	BELLEVILLE SUR VIE		85
149	NA 27	BELLEVUE LA MONTAGNE		43
152	VA 25	BELLEY	S	01
138	WA 23	BELLEYDOUX		01
18	LA 6	BELLICOURT		02
58	W 12	BELLIERE, LA		61
25	DA 8	BELLIERE, LA		76
138	VA 23	BELLIGNAT		01
94	S 18	BELLIGNE		44
19	NA 5	BELLIGNIES		59
63	KA 15	BELLIOLE, LA		89
221	FA 37	BELLOC		09
208	Y 35	BELLOC ST CLAMENS		32
206	S 35	BELLOCQ		64
143	X 27	BELLON		16
17	KA 5	BELLONNE		62
41	LA 11	BELLOT		77
36	X 11	BELLOU		14
57	U 12	BELLOU EN HOULME		61
59	Z 14	BELLOU LE TRICHARD		61
59	Z 13	BELLOU SUR HUISNE		61
27	IA 8	BELLOY		60
40	HA 10	BELLOY EN FRANCE		95
27	JA 7	BELLOY EN SANTERRE		80
26	FA 7	BELLOY ST LEONARD		80
16	GA 6	BELLOY SUR SOMME		80
142	U 26	BELLUIRE		17
24	BA 7	BELMESNIL		76
107	YA 19	BELMONT		25
186	X 34	BELMONT		32
152	UA 26	BELMONT		38
122	VA 20	BELMONT		39
87	VA 16	BELMONT		52
69	CB 13	BELMONT		67
89	ZA 16	BELMONT		70
160	FA 29	BELMONT BRETENOUX		46
136	RA 25	BELMONT D'AZERGUES		69
136	QA 23	BELMONT DE LA LOIRE	C	42
67	XA 15	BELMONT LES DARNEY		88
138	VA 25	BELMONT LUTHEZIEU		01
174	DA 32	BELMONT STE FOI		46
69	AB 14	BELMONT SUR BUTTANT		88
191	IA 34	BELMONT SUR RANCE	C	12
67	WA 14	BELMONT SUR VAIR		88
152	VA 26	BELMONT TRAMONET		73
173	BA 31	BELMONTET		46
89	ZA 16	BELONCHAMP		70
219	EA 37	BELPECH	C	11
44	UA 11	BELRAIN		55
68	XA 15	BELRUPT		88
44	UA 10	BELRUPT EN VERDUNOIS		55
183	R 35	BELUS		40
29	RA 7	BELVAL		08
34	Q 11	BELVAL		50
69	CB 13	BELVAL		88
30	TA 9	BELVAL BOIS DES DAMES		08
44	SA 11	BELVAL EN ARGONNE		51
42	NA 10	BELVAL SOUS CHATILLON		51
199	DB 33	BELVEDERE		06
229	JB 44	BELVEDERE CAMPOMORO		2A
89	AB 17	BELVERNE		70
158	BA 29	BELVES	C	24
157	W 29	BELVES DE CASTILLON		33
173	BA 31	BELVEZE		82
221	FA 37	BELVEZE DU RAZES		11
193	QA 33	BELVEZET		30
177	NA 30	BELVEZET		48
221	GA 38	BELVIANES ET CAVIRAC		11
221	FA 38	BELVIS		11
108	AB 18	BELVOIR		25
73	I 17	BELZ	C	56
37	AA 11	BEMECOURT		27
219	DA 38	BENAC		09
216	W 37	BENAC		65
219	DA 37	BENAGUES		09
97	X 18	BENAIS		37
219	EA 38	BENAIX		09
68	AB 13	BENAMENIL		54
23	Y 8	BENARVILLE		76
112	W 22	BENASSAY		86
128	U 24	BENATE, LA		17
28	LA 7	BENAY		02
145	DA 26	BENAYES		19
199	CB 34	BENDEJUN		06
90	CB 17	BENDORF		68
215	V 37	BENEJACQ		64
36	W 9	BENERVILLE SUR MER		14
183	S 35	BENESSE LES DAX		40
183	Q 35	BENESSE MAREMNE		40
129	Y 24	BENEST		16
47	AB 11	BENESTROFF		57
24	AA 7	BENESVILLE		76
128	T 22	BENET		85
86	SA 17	BENEUVRE		21
167	XA 30	BENEVENT ET CHARBILLAC		05
131	DA 24	BENEVENT L'ABBAYE	C	23
45	WA 11	BENEY EN WOEVRE		55
70	EB 14	BENFELD	C	67
117	IA 20	BENGY SUR CRAON		18
17	JA 4	BENIFONTAINE		62
47	BB 10	BENING LES ST AVOLD		57
135	OA 23	BENISSON DIEU, LA		42
180	TA 32	BENIVAY OLLON		26
38	DA 11	BENNECOURT		78
23	Z 8	BENNETOT		76
68	YA 13	BENNEY		54
70	DB 15	BENNWIHR		68
72	E 16	BENODET		29
85	QA 17	BENOISEY		21
33	O 8	BENOITVILLE		50
127	T 23	BENON		17
138	UA 25	BENONCES		01
36	V 10	BENOUVILLE		14
23	X 8	BENOUVILLE		76
209	AA 36	BENQUE		31
216	X 37	BENQUE		65
217	Z 38	BENQUE DESSOUS ET DESSUS		31
184	U 34	BENQUET		40
208	W 36	BENTAYOU SEREE		64
137	UA 23	BENY		01
35	S 11	BENY BOCAGE, LE	C	14
35	U 9	BENY SUR MER		14
138	WA 25	BEON		01
83	LA 15	BEON		89
215	U 37	BEOST		64
210	BA 36	BERAT		31
186	Y 33	BERAUT		32
216	W 37	BERBERUST LIAS		65
162	MA 27	BERBEZIT		43

Page	Carreau	Commune	Adm.	Dpt
158	BA 29	BERBIGUIERES		24
64	NA 14	BERCENAY EN OTHE		10
64	MA 14	BERCENAY LE HAYER		10
108	AB 18	BERCHE		25
60	DA 13	BERCHERES LES PIERRES		28
60	DA 13	BERCHERES ST GERMAIN		28
38	DA 11	BERCHERES SUR VESGRE		28
15	DA 4	BERCK	C	62
128	U 25	BERCLOUX		17
59	Z 14	BERD'HUIS		61
208	Y 35	BERDOUES		32
19	OA 5	BERELLES		59
38	BA 10	BERENGEVILLE LA CAMPAGNE		27
90	DB 17	BERENTZWILLER		68
206	S 35	BERENX		64
137	TA 22	BEREZIAT		01
79	Z 15	BERFAY		72
48	CB 11	BERG		67
32	YA 9	BERG SUR MOSELLE		57
174	DA 31	BERGANTY		46
70	DB 13	BERGBIETEN		67
157	Y 29	BERGERAC	S	24
65	RA 14	BERGERES		10
42	OA 11	BERGERES LES VERTUS		51
42	MA 11	BERGERES SOUS MONTMIRAIL		51
136	QA 22	BERGESSERIN		71
70	DB 14	BERGHEIM		68
90	CB 16	BERGHOLTZ		68
90	CB 15	BERGHOLTZZELL		68
26	FA 7	BERGICOURT		80
29	PA 9	BERGNICOURT		08
148	KA 26	BERGONNE		63
184	T 34	BERGOUEY		40
206	R 35	BERGOUEY VIELLENAVE		64
16	GA 4	BERGUENEUSE		62
8	HA 2	BERGUES	C	59
18	NA 6	BERGUES SUR SAMBRE		02
53	H 12	BERHET		22
47	AB 11	BERIG VINTRANGE		57
35	S 10	BERIGNY		50
35	U 11	BERJOU		61
19	NA 5	BERLAIMONT	C	59
28	NA 7	BERLANCOURT		02
27	KA 8	BERLANCOURT		60
190	IA 34	BERLATS		81
16	HA 5	BERLENCOURT LE CAUROY		62
17	IA 5	BERLES AU BOIS		62
17	HA 5	BERLES MONCHEL		62
30	SA 8	BERLIERE, LA		08
48	CB 12	BERLING		57
29	OA 8	BERLISE		02
213	JA 35	BERLOU		34
18	MA 5	BERMERAIN		59
29	OA 9	BERMERICOURT		51
19	NA 5	BERMERIES		59
47	AB 11	BERMERING		57
25	EA 7	BERMESNIL		80
16	GA 4	BERMICOURT		62
90	BB 17	BERMONT		90
23	Z 8	BERMONVILLE		76
129	X 24	BERNAC		16
189	FA 33	BERNAC		81
216	X 37	BERNAC DEBAT		65
216	X 37	BERNAC DESSUS		65
207	V 36	BERNADETS		64
208	Y 36	BERNADETS DEBAT		65
208	Y 36	BERNADETS DESSUS		65
125	Q 22	BERNARD, LE		85
110	Q 19	BERNARDIERE, LA		85
70	DB 13	BERNARDSWILLER		67
70	DB 14	BERNARDVILLE		67
16	FA 5	BERNATRE		80
16	GA 6	BERNAVILLE	C	80
37	Z 10	BERNAY	S	27
78	W 15	BERNAY		72
15	EA 5	BERNAY EN PONTHIEU		80
127	T 24	BERNAY ST MARTIN		17
63	JA 12	BERNAY VILBERT		77
73	H 15	BERNE		56
45	WA 11	BERNECOURT		54
185	V 34	BERNEDE		32
109	N 19	BERNERIE EN RETZ, LA		44
18	KA 7	BERNES		80
40	GA 10	BERNES SUR OISE		95
35	S 9	BERNESQ		14
142	W 27	BERNEUIL		16
142	T 26	BERNEUIL		17
16	GA 6	BERNEUIL		80
130	BA 24	BERNEUIL		87
26	FA 9	BERNEUIL EN BRAY		60
27	JA 9	BERNEUIL SUR AISNE		60
15	BA 6	BERNEVAL LE GRAND		76
17	IA 5	BERNEVILLE		62
140	AB 22	BERNEX		74
38	BA 10	BERNIENVILLE		27
23	Y 8	BERNIERES		76
36	W 11	BERNIERES D'AILLY		14
57	T 12	BERNIERES LE PATRY		14
36	U 9	BERNIERES SUR MER		14
38	CA 10	BERNIERES SUR SEINE		27
7	EA 4	BERNIEULLES		62
152	WA 27	BERNIN		38
193	PA 34	BERNIS		30
49	EB 12	BERNOLSHEIM		67
84	OA 15	BERNON		10
170	V 31	BERNOS BEAULAC		33
28	MA 7	BERNOT		02
84	NA 16	BERNOUIL		89
39	EA 9	BERNOUVILLE		27
90	CB 17	BERNWILLER		68
27	JA 7	BERNY EN SANTERRE		80
27	KA 9	BERNY RIVIERE		02
38	BA 12	BEROU LA MULOTIERE		28
187	Z 33	BERRAC		32
201	TA 35	BERRE L'ETANG	C	13
199	DB 34	BERRE LES ALPES		06
212	HA 36	BERRIAC		11
178	PA 31	BERRIAS ET CASTELJAU		07
92	L 17	BERRIC		56
96	W 19	BERRIE		86
52	F 13	BERRIEN		29
28	NA 9	BERRIEUX		02
206	S 36	BERROGAIN LARUNS		64
42	PA 10	BERRU		51
90	CB 16	BERRWILLER		68
28	NA 9	BERRY AU BAC		02
100	GA 19	BERRY BOUY		18
181	WA 31	BERSAC, LE		05
131	CA 24	BERSAC SUR RIVALIER		87
122	VA 20	BERSAILLIN		39
18	KA 4	BERSEE		59
19	OA 5	BERSILLIES		59
156	U 28	BERSON		33
49	EB 12	BERSTETT		67
49	EB 12	BERSTHEIM		67
135	NA 23	BERT		03
16	GA 6	BERTANGLES		80
28	LA 8	BERTAUCOURT EPOURDON		02
16	GA 6	BERTEAUCOURT LES DAMES		80
26	HA 7	BERTEAUCOURT LES THENNES		80
23	Z 7	BERTHEAUVILLE		76
26	GA 9	BERTHECOURT		60
113	X 20	BERTHEGON		86
106	WA 19	BERTHELANGE		25
47	BB 12	BERTHELMING		57
8	IA 3	BERTHEN		59
97	Y 18	BERTHENAY		37
28	LA 7	BERTHENICOURT		02
39	EA 10	BERTHENONVILLE		27
116	FA 21	BERTHENOUX, LA		36
171	V 31	BERTHEZ		33
176	JA 31	BERTHOLENE		12
37	Z 10	BERTHOUVILLE		27
149	NA 26	BERTIGNAT		63
65	QA 15	BERTIGNOLLES		10
17	JA 6	BERTINCOURT	C	62
29	OA 8	BERTONCOURT		08
69	BB 12	BERTRAMBOIS		54
17	IA 6	BERTRANCOURT		80
32	YA 9	BERTRANGE		57
211	FA 35	BERTRE		81
217	Z 37	BERTREN		65
23	Z 7	BERTREVILLE		76
24	BA 7	BERTREVILLE ST OUEN		76
143	Y 27	BERTRIC BUREE		24
69	AB 13	BERTRICHAMPS		54
29	OA 9	BERTRICOURT		02
24	BA 8	BERTRIMONT		76
69	CB 14	BERTRIMOUTIER		88
18	LA 6	BERTRY		59
84	NA 16	BERU		89
113	X 22	BERUGES		86
64	MA 14	BERULLE		10
58	W 14	BERUS		72
24	AA 8	BERVILLE		76
39	FA 10	BERVILLE		95
37	AA 9	BERVILLE EN ROUMOIS		27
38	AA 11	BERVILLE LA CAMPAGNE		27
23	Y 9	BERVILLE SUR MER		27
24	AA 9	BERVILLE SUR SEINE		76
47	AB 10	BERVILLER EN MOSELLE		57
136	RA 22	BERZE LA VILLE		71
136	RA 22	BERZE LE CHATEL		71
179	QA 30	BERZEME		07
43	SA 10	BERZIEUX		51
28	LA 9	BERZY LE SEC		02
30	SA 8	BESACE, LA		08
122	WA 21	BESAIN		39
107	XA 19	BESANCON	P	25
165	TA 29	BESAYES		26
215	U 37	BESCAT		64
180	UA 32	BESCIGNAN		26
207	U 36	BESINGRAND		64
56	R 11	BESLON		50
27	KA 8	BESME		02
29	OA 7	BESMONT		02
107	YA 18	BESNANS		70
93	N 18	BESNE		44
33	P 9	BESNEVILLE		50
28	MA 8	BESNY ET LOIZY		02
143	W 27	BESSAC		16
117	IA 21	BESSAIS LE FROMENTAL		18
163	OA 28	BESSAMOREL		43
214	LA 36	BESSAN		34
39	GA 11	BESSANCOURT		95
154	BB 27	BESSANS		73
178	PA 31	BESSAS		07
150	QA 27	BESSAT, LE		42
125	R 22	BESSAY		85
118	LA 22	BESSAY SUR ALLIER		03
160	HA 28	BESSE		15
129	W 24	BESSE		16
173	BA 30	BESSE		24
167	YA 28	BESSE		38
147	JA 26	BESSE ET ST ANASTAISE	C	63
79	Z 16	BESSE SUR BRAYE		72
203	YA 36	BESSE SUR ISSOLE	C	83
221	GA 38	BESSEDE DE SAULT		11
178	OA 32	BESSEGES	C	30
150	QA 25	BESSENAY		69
188	CA 33	BESSENS		82
219	EA 37	BESSET		09
150	RA 27	BESSEY		42
104	RA 19	BESSEY EN CHAUME		21
104	RA 19	BESSEY LA COUR		21
105	TA 19	BESSEY LES CITEAUX		21
162	LA 29	BESSEYRE ST MARY, LA		43
188	DA 34	BESSIERES		31
128	U 23	BESSINES		79
131	CA 24	BESSINES SUR GARTEMPE	C	87
165	UA 28	BESSINS		38
118	LA 22	BESSON		03
90	BB 17	BESSONCOURT		90
160	GA 29	BESSONIES		46
162	LA 30	BESSONS, LES		48
176	IA 31	BESSUEJOULS		12
64	OA 13	BESSY		10
84	NA 17	BESSY SUR CURE		89
220	EA 38	BESTIAC		09
159	EA 29	BETAILLE		46
88	WA 16	BETAUCOURT		70
209	Z 36	BETBEZE		65
185	V 33	BETBEZER D'ARMAGNAC		40
209	Z 35	BETCAVE AGUIN		32
218	BA 37	BETCHAT		09
132	FA 22	BETETE		23
41	JA 9	BETHANCOURT EN VALOIS		60
27	KA 8	BETHANCOURT EN VAUX		02
44	TA 10	BETHELAINVILLE		55
40	GA 10	BETHEMONT LA FORET		95
18	LA 6	BETHENCOURT		59
15	DA 6	BETHENCOURT SUR MER		80
27	JA 7	BETHENCOURT SUR SOMME		80
29	QA 7	BETHENIVILLE		51
42	OA 9	BETHENY		51
44	TA 10	BETHINCOURT		55
114	AA 22	BETHINES		86
41	JA 9	BETHISY ST MARTIN		60
41	JA 9	BETHISY ST PIERRE		60
218	BA 38	BETHMALE		09
64	MA 12	BETHON		51
58	W 14	BETHON		72
89	AB 17	BETHONCOURT		25
17	HA 5	BETHONSART		62
59	AA 14	BETHONVILLIERS		28
90	BB 17	BETHONVILLIERS		90
8	IA 4	BETHUNE	S	62
65	QA 13	BETIGNICOURT		10
41	LA 12	BETON BAZOCHES		77
88	YA 16	BETONCOURT LES BROTTE		70
88	YA 16	BETONCOURT ST PANCRAS		70
87	WA 16	BETONCOURT SUR MANCE		70
185	W 34	BETOUS		32
208	X 36	BETPLAN		32
216	W 38	BETPOUEY		65
208	Y 36	BETPOUY		65
208	W 35	BETRACQ		64
49	FB 11	BETSCHDORF		67
32	WA 9	BETTAINVILLERS		54
66	SA 12	BETTANCOURT LA FERREE		52
44	SA 12	BETTANCOURT LA LONGUE		51
47	ZA 10	BETTANGE		57
138	UA 24	BETTANT		01
48	BB 12	BETTBORN		57
68	YA 14	BETTEGNEY ST BRICE		88
46	YA 14	BETTELAINVILLE		57
25	EA 7	BETTEMBOS		80
16	FA 6	BETTENCOURT RIVIERE		80
16	GA 6	BETTENCOURT ST OUEN		80
90	DB 17	BETTENDORF		68
216	X 37	BETTES		65
24	AA 8	BETTEVILLE		76
19	OA 5	BETTIGNIES		59
47	AB 10	BETTING LES ST AVOLD		57
90	DB 17	BETTLACH		68
75	P 14	BETTON	C	35
153	YA 26	BETTON BETTONET		73
68	XA 14	BETTONCOURT		88
19	NA 5	BETTRECHIES		59
48	DB 10	BETTVILLER		57
48	CB 11	BETTWILLER		67
41	JA 10	BETZ	C	60
114	AA 20	BETZ LE CHATEAU		37
17	HA 4	BEUGIN		62
17	JA 6	BEUGNATRE		62
41	LA 10	BEUGNEUX		02
19	OA 6	BEUGNIES		59
84	NA 15	BEUGNON		89
112	U 21	BEUGNON, LE		79
17	JA 6	BEUGNY		62
199	BB 33	BEUIL		06
69	BB 14	BEULAY, LE		88
89	AB 16	BEULOTTE ST LAURENT		70
107	XA 19	BEURE		25
65	QA 14	BEUREY		10
104	QA 19	BEUREY BAUGUAY		21
44	SA 12	BEUREY SUR SAULX		55
149	NA 27	BEURIERES		63
104	QA 18	BEURIZOT		21
127	S 25	BEURLAY		17
66	SA 14	BEURVILLE		52
7	EA 4	BEUSSENT		62
207	V 36	BEUSTE		64
108	AB 18	BEUTAL		25
15	EA 4	BEUTIN		62
41	MA 10	BEUVARDES		02
31	VA 9	BEUVEILLE		54
67	XA 13	BEUVEZIN		54
37	X 10	BEUVILLERS		14
32	WA 9	BEUVILLERS		54
18	MA 5	BEUVRAGES		59
27	IA 8	BEUVRAIGNES		80
7	EA 3	BEUVREQUEN		62
35	S 11	BEUVRIGNY		50
102	MA 18	BEUVRON		58
36	W 10	BEUVRON EN AUGE		14
8	IA 4	BEUVRY		62
18	LA 4	BEUVRY LA FORET		59
46	YA 11	BEUX		57
97	X 19	BEUXES		86
71	C 15	BEUZEC CAP SIZUN		29
23	Y 9	BEUZEVILLE	C	27
33	Q 9	BEUZEVILLE AU PLAIN		50
33	Q 9	BEUZEVILLE LA BASTILLE		50
23	Y 8	BEUZEVILLE LA GRENIER		76
23	Z 8	BEUZEVILLE LA GUERARD		76
23	Y 8	BEUZEVILLETTE		76
152	UA 27	BEVENAIS		38
89	ZA 17	BEVEUGE		70
61	EA 13	BEVILLE LE COMTE		28
18	LA 6	BEVILLERS		59
181	WA 32	BEVONS		04
105	SA 19	BEVY		21
137	SA 23	BEY		01
121	SA 20	BEY		71
46	YA 12	BEY SUR SEILLE		54
156	U 29	BEYCHAC ET CAILLAU		33
184	S 33	BEYLONGUE		40
144	BA 25	BEYNAC		87
158	BA 29	BEYNAC ET CAZENAC		24
159	EA 28	BEYNAT	C	19
197	YA 33	BEYNES		04
39	EA 11	BEYNES		78
137	SA 25	BEYNOST		01
216	Y 37	BEYREDE JUMET		65
32	YA 9	BEYREN LES SIERCK		57
207	U 36	BEYRIE EN BEARN		64
206	R 36	BEYRIE SUR JOYEUSE		64
184	T 35	BEYRIES		40
145	CA 27	BEYSSAC		19
145	CA 27	BEYSSENAC		19
212	HA 35	BEZ, LE		81
192	MA 33	BEZ ET ESPARON		30
194	DA 37	BEZAC		09
63	LA 12	BEZALLES		77
25	DA 9	BEZANCOURT		76
46	ZA 12	BEZANGE LA GRANDE		54
68	AB 12	BEZANGE LA PETITE		57
42	OA 10	BEZANNES		51
200	CB 34	BEZAUDUN LES ALPES		06
180	TA 30	BEZAUDUN SUR BINE		26
46	XA 11	BEZAUMONT		54
105	UA 18	BEZE		21
158	BA 29	BEZENAC		24
133	JA 23	BEZENET		03
209	AA 35	BEZERIL		32
213	LA 36	BEZIERS	S	34
7	EA 4	BEZINGHEM		62
217	Z 38	BEZINS GARRAUX		31
221	FA 37	BEZOLE, LA		11
186	Y 34	BEZOLLES		32
39	GA 11	BEZONS	C	95
45	VA 10	BEZONVAUX, VILLAGE RUINE		55
193	OA 33	BEZOUCE		30
105	UA 18	BEZOUOTTE		21
25	DA 9	BEZU LA FORET		27
41	LA 11	BEZU LE GUERY		02
39	EA 9	BEZU ST ELOI		27
41	LA 10	BEZU ST GERMAIN		02
209	Z 36	BEZUES BAJON		32
17	JA 5	BIACHE ST VAAST		62
17	JA 7	BIACHES		80
123	YA 20	BIANS LES USIERS		25
113	X 22	BIARD		86
106	UA 19	BIARNE		39
27	JA 8	BIARRE		80
205	P 35	BIARRITZ	C	64
183	Q 35	BIARROTTE		40
160	EA 29	BIARS SUR CERE		46
169	R 32	BIAS		40
172	Z 31	BIAS		47
183	Q 35	BIAUDOS		40
47	ZA 9	BIBICHE		57
49	FB 11	BIBLISHEIM		67
150	QA 25	BIBOST		69
27	KA 8	BICHANCOURT		02
119	MA 20	BICHES		58
48	CB 12	BICKENHOLTZ		57
67	WA 12	BICQUELEY		54
206	R 35	BIDACHE	C	64
205	Q 36	BIDARRAY		64
205	P 35	BIDART		64
47	AB 11	BIDESTROFF		57
47	AB 10	BIDING		57
179	QA 31	BIDON		07
215	T 37	BIDOS		64
67	XA 14	BIECOURT		88
90	DB 18	BIEDERTHAL		68
108	AB 18	BIEF		25
123	XA 21	BIEF DES MAISONS		39
123	XA 20	BIEF DU FOURG		39
122	VA 20	BIEFMORIN		39
17	JA 6	BIEFVILLERS LES BAPAUME		62
215	U 37	BIELLE		64
15	EA 6	BIENCOURT		80
66	UA 13	BIENCOURT SUR ORGE		55
27	JA 9	BIENVILLE		60
46	ZA 12	BIENVILLE LA PETITE		54
17	IA 5	BIENVILLERS AU BOIS		62
29	QA 9	BIERMES		08
27	IA 8	BIERMONT		60
77	U 16	BIERNE	C	53
8	HA 2	BIERNE		59
104	PA 18	BIERRE LES SEMUR		21
85	PA 17	BIERRY LES BELLES FONTAINES		89
219	CA 38	BIERT		09
24	CA 8	BIERVILLE		76
90	EB 15	BIESHEIM		68
66	UA 15	BIESLES		52
49	FB 12	BIETLENHEIM		67
171	V 31	BIEUJAC		33
27	LA 9	BIEUXY		02
73	I 15	BIEUZY		56
35	S 10	BIEVILLE		50
36	V 10	BIEVILLE BEUVILLE		14
36	W 10	BIEVILLE QUETIEVILLE		14
28	NA 9	BIEVRES		02
31	UA 8	BIEVRES		08
40	GA 12	BIEVRES	C	91
69	AB 14	BIFFONTAINE		88
169	S 30	BIGANOS		33
143	W 25	BIGNAC		16
74	K 16	BIGNAN		56
127	T 24	BIGNAY		17
35	T 11	BIGNE, LA		14
29	OA 9	BIGNICOURT		08
43	RA 12	BIGNICOURT SUR MARNE		51
43	RA 12	BIGNICOURT SUR SAULX		51
110	P 19	BIGNON, LE		44
77	T 15	BIGNON DU MAINE, LE		53
63	JA 15	BIGNON MIRABEAU, LE		45
113	Y 21	BIGNOUX		86
226	LB 40	BIGORNO		2B
57	S 14	BIGOTTIERE, LA		53
226	MB 39	BIGUGLIA		2B
24	BA 9	BIHOREL		76
17	JA 6	BIHUCOURT		62
215	U 37	BILHERES		64
229	KB 44	BILIA		2A
152	VA 27	BILIEU		38
159	EA 29	BILLAC		19
60	CA 13	BILLANCELLES		28
27	JA 7	BILLANCOURT		80
131	DA 24	BILLANGES, LES		87
156	V 29	BILLAUX, LES		33
76	R 14	BILLE		35
123	XA 21	BILLECUL		39
207	U 36	BILLERE	C	64
106	UA 19	BILLEY		21
134	MA 23	BILLEZOIS		03
138	WA 24	BILLIAT		01
152	WA 25	BILLIEME		73
216	Y 38	BILLIERE		31
92	L 17	BILLIERS		56
74	K 16	BILLIO		56
148	LA 25	BILLOM	C	63
134	LA 23	BILLY		03
36	V 10	BILLY		14
99	DA 18	BILLY		41
9	JA 4	BILLY BERCLAU		62
118	MA 20	BILLY CHEVANNES		58
43	PA 10	BILLY LE GRAND		51
85	RA 17	BILLY LES CHANCEAUX		21
17	JA 4	BILLY MONTIGNY		62
31	VA 9	BILLY SOUS MANGIENNES		55
28	LA 9	BILLY SUR AISNE		02
83	LA 17	BILLY SUR OISY		58
41	LA 10	BILLY SUR OURCQ		02
90	DB 15	BILTZHEIM		68
49	EB 12	BILWISHEIM		67
7	FA 4	BIMONT		62
44	SA 10	BINARVILLE		51
80	DA 16	BINAS		41
70	EB 14	BINDERNHEIM		67
105	TA 18	BINGES		21
54	K 12	BINIC		22
48	CB 11	BINING		57
33	P 9	BINIVILLE		50
217	Z 38	BINOS		31
42	NA 10	BINSON ET ORQUIGNY		51
159	EA 29	BIO		46
152	UA 26	BIOL		38
152	WA 25	BIOLLE, LA		73
133	IA 24	BIOLLET		63
57	S 12	BION		50
46	YA 12	BIONCOURT		57
69	BB 13	BIONVILLE		54
47	ZA 10	BIONVILLE SUR NIED		57
200	CB 35	BIOT		06
140	AB 23	BIOT, LE	C	74
188	DA 33	BIOULE		82
129	X 24	BIOUSSAC		16
134	LA 24	BIOZAT		03
142	W 26	BIRAC		16
171	V 31	BIRAC		33
171	X 31	BIRAC SUR TREC		47
186	Y 34	BIRAN		32
144	Z 27	BIRAS		24
205	O 36	BIRIATOU		64
137	TA 24	BIRIEUX		01
49	DB 12	BIRKENWALD		67
142	U 26	BIRON		17
172	AA 30	BIRON		24
206	T 35	BIRON		64
169	R 31	BISCARROSSE		40
49	FB 12	BISCHHEIM	C	67
48	EB 11	BISCHHOLTZ		67
70	EB 13	BISCHOFFSHEIM		67
70	DB 15	BISCHWIHR		68
49	FB 12	BISCHWILLER	C	67
90	CB 17	BISEL		68
228	MB 40	BISINCHI		2B
44	UA 11	BISLEE		55
47	BB 11	BISSERT		67
42	OA 10	BISSEUIL		51
85	RA 16	BISSEY LA COTE		21
85	QA 16	BISSEY LA PIERRE		21
120	RA 21	BISSEY SOUS CRUCHAUD		71
8	HA 2	BISSEZEELE		59
36	W 10	BISSIERES		14
120	RA 22	BISSY LA MACONNAISE		71
120	RA 22	BISSY SOUS UXELLES		71
120	RA 21	BISSY SUR FLEY		71
47	ZA 10	BISTEN EN LORRAINE		57
47	AB 11	BISTROFF		57
48	DB 10	BITCHE	C	57
83	KA 17	BITRY		58
27	KA 9	BITRY		60
48	EB 11	BITSCHHOFFEN		67
90	CB 16	BITSCHWILLER LES THANN		68
187	AA 34	BIVES		32
152	WA 27	BIVIERS		38
33	O 8	BIVILLE		50
24	BA 8	BIVILLE LA BAIGNARDE		76
24	AA 7	BIVILLE LA RIVIERE		76
15	CA 6	BIVILLE SUR MER		76
59	Z 13	BIVILLIERS		61
223	JA 37	BIZANET		11
207	V 36	BIZANOS		64
87	VA 16	BIZE		52
217	Y 37	BIZE		65
213	JA 36	BIZE MINERVOIS		11
133	IA 22	BIZENEUILLE		03
137	SA 23	BIZIAT		01
152	UA 26	BIZONNES		38
108	AB 19	BIZOT, LE		25
120	QA 21	BIZOTS, LES		71
59	Z 13	BIZOU		61
217	Y 37	BIZOUS		65
136	RA 24	BLACE		69
25	EA 9	BLACOURT		60
24	AA 8	BLACQUEVILLE		76
43	QA 12	BLACY		51
84	OA 17	BLACY		89
70	EB 13	BLAESHEIM		67
210	CA 35	BLAGNAC	C	31
30	TA 8	BLAGNY		08
105	UA 18	BLAGNY SUR VINGEANNE		21
171	W 30	BLAIGNAC		33
141	S 27	BLAIGNAN		33
93	O 17	BLAIN	C	44
40	HA 10	BLAINCOURT LES PRECY		60
65	QA 13	BLAINCOURT SUR AUBE		10
24	CA 8	BLAINVILLE CREVON		76
68	ZA 13	BLAINVILLE SUR L'EAU		54
34	P 10	BLAINVILLE SUR MER		50
36	V 10	BLAINVILLE SUR ORNE		14
17	IA 5	BLAIRVILLE		62
65	QA 12	BLAISE SOUS ARZILLIERES		51
96	V 18	BLAISON GOHIER		49
66	SA 14	BLAISY		52
104	RA 18	BLAISY BAS		21
104	RA 18	BLAISY HAUT		21
209	Z 36	BLAJAN		31
108	BB 18	BLAMONT		25
69	BB 13	BLAMONT	C	54
211	FA 35	BLAN		81
114	BA 21	BLANC, LE	S	36
40	HA 11	BLANC MESNIL, LE	C	93
82	HA 17	BLANCAFORT		18
104	QA 18	BLANCEY		21
26	GA 8	BLANCFOSSE		60
47	AB 12	BLANCHE EGLISE		57
29	PA 7	BLANCHEFOSSE ET BAY		08
69	CB 13	BLANCHERUPT		67
60	CA 14	BLANDAINVILLE		28
192	MA 33	BLANDAS		30
152	UA 26	BLANDIN		38
77	V 15	BLANDOUET		53
62	JA 13	BLANDY		77
62	GA 14	BLANDY		91
16	GA 5	BLANGERVAL BLANGERMONT		62
37	X 10	BLANGY LE CHATEAU	C	14
26	FA 7	BLANGY SOUS POIX		80
15	DA 7	BLANGY SUR BRESLE	C	76
16	GA 4	BLANGY SUR TERNOISE		62
26	HA 7	BLANGY TRONVILLE		80
84	NA 17	BLANNAY		89
104	PA 19	BLANOT		21
120	RA 22	BLANOT		71
187	AA 34	BLANQUEFORT		32
156	T 29	BLANQUEFORT	C	33
173	AA 30	BLANQUEFORT SUR BRIOLANCE		47
163	NA 28	BLANZAC		43
130	BA 23	BLANZAC		87
128	V 25	BLANZAC LES MATHA		17
143	W 26	BLANZAC PORCHERESSE	C	16
143	Y 26	BLANZAGUET ST CYBARD		16
148	KA 25	BLANZAT		63
129	X 23	BLANZAY		86
128	U 24	BLANZAY SUR BOUTONNE		17
45	VA 10	BLANZEE		55
120	QA 21	BLANZY		71
29	PA 9	BLANZY LA SALONNAISE		08
28	MA 9	BLANZY LES FISMES		02
25	EA 8	BLARGIES		60
107	YA 18	BLARIANS		25
8	HA 3	BLARINGHEM		59
174	EA 30	BLARS		46
38	BA 10	BLARU		78
156	W 30	BLASIMON		33
113	X 21	BLASLAY		86
162	LA 28	BLASSAC		43
200	DB 34	BLAUSASC		06
196	TA 33	BLAUVAC		84
193	PA 33	BLAUZAC		30
162	LA 29	BLAVIGNAC		48
163	OA 28	BLAVOZY		43
35	S 10	BLAY		14
155	T 28	BLAYE	S	33
189	GA 33	BLAYE LES MINES		81
172	AA 32	BLAYMONT		47
186	Y 33	BLAZIERT		32
66	TA 13	BLECOURT		52
18	KA 5	BLECOURT		59
84	NA 16	BLEIGNY LE CARREAU		89
68	AB 13	BLEMEREY		54
67	XA 14	BLEMEREY		88
8	GA 3	BLENDECQUES		62

Page	Carreau	Commune	Adm.	Dpt
83	JA 17	BLENEAU	C	89
63	KA 14	BLENNES		77
45	XA 11	BLENOD LES PONT A MOUSSON		54
67	WA 13	BLENOD LES TOUL		54
7	FA 3	BLEQUIN		62
27	KA 8	BLERANCOURT		02
98	AA 18	BLERE	C	37
75	N 15	BLERUAIS		35
156	V 29	BLESIGNAC		33
148	KA 27	BLESLE	C	43
43	RA 12	BLESME		51
41	MA 11	BLESMES		02
132	GA 24	BLESSAC		23
85	RA 17	BLESSEY		21
66	SA 15	BLESSONVILLE		52
8	GA 4	BLESSY		62
117	IA 20	BLET		18
122	UA 21	BLETTERANS	C	39
67	XA 15	BLEURVILLE		88
61	EA 13	BLEURY		28
67	VA 15	BLEVAINCOURT		88
59	Y 13	BLEVES		72
177	NA 31	BLEYMARD, LE	C	48
26	FA 8	BLICOURT		60
70	DB 14	BLIENSCHWILLER		67
48	CB 10	BLIES EBERSING		57
48	CB 10	BLIES GUERSVILLER		57
48	CB 10	BLIESBRUCK		57
198	YA 33	BLIEUX		04
65	QA 13	BLIGNICOURT		10
65	RA 14	BLIGNY		10
42	NA 10	BLIGNY		51
104	RA 18	BLIGNY LE SEC		21
121	SA 20	BLIGNY LES BEAUNE		21
104	RA 19	BLIGNY SUR OUCHE	C	21
26	IA 9	BLINCOURT		60
16	GA 4	BLINGEL		62
158	AA 28	BLIS ET BORN		24
103	NA 19	BLISMES		58
90	EB 16	BLODELSHEIM		68
80	CA 17	BLOIS	P	41
122	VA 21	BLOIS SUR SEILLE		39
212	IA 36	BLOMAC		11
133	JA 23	BLOMARD		03
29	QA 7	BLOMBAY		08
130	BA 24	BLOND		87
88	WA 16	BLONDEFONTAINE		70
36	W 9	BLONVILLE SUR MER		14
24	AA 7	BLOSSEVILLE		76
33	Q 9	BLOSVILLE		50
133	JA 24	BLOT L'EGLISE		63
90	DB 17	BLOTZHEIM		68
96	W 18	BLOU		49
208	X 35	BLOUSSON SERIAN		32
56	R 11	BLOUTIERE, LA		50
138	WA 25	BLOYE		74
139	YA 25	BLUFFY		74
66	SA 14	BLUMERAY		52
108	AB 18	BLUSSANGEAUX		25
107	ZA 18	BLUSSANS		25
122	VA 21	BLYE		39
137	UA 25	BLYES		01
35	U 11	BO, LE		14
40	HA 11	BOBIGNY	P	93
55	N 13	BOBITAL		22
24	BA 8	BOCASSE, LE		76
96	W 17	BOCE		49
226	KB 41	BOCOGNANO	C	2A
68	YA 14	BOCQUEGNEY		88
37	Y 11	BOCQUENCE		61
53	J 14	BODEO, LE		22
52	E 13	BODILIS		29
172	Z 32	BOE		47
59	Y 13	BOECE		61
139	ZA 23	BOEGE	C	74
207	V 36	BOEIL BEZING		64
149	OA 25	BOEN	C	42
70	DB 13	BOERSCH		67
8	IA 3	BOESCHEPE		59
8	HA 3	BOESEGHEM		59
70	EB 14	BOESENBIESEN		67
112	U 20	BOESSE		79
59	Z 15	BOESSE LE SEC		72
62	HA 14	BOESSES		45
64	NA 15	BOEURS EN OTHE		89
16	GA 5	BOFFLES		62
164	RA 29	BOFFRES		07
139	ZA 23	BOGEVE		74
29	RA 7	BOGNY SUR MEUSE		08
150	RA 27	BOGY		07
18	MA 6	BOHAIN EN VERMANDOIS	C	02
74	L 16	BOHAL		56
96	U 18	BOHALLE, LA		49
51	C 13	BOHARS		29
138	UA 23	BOHAS MEYRIAT RIGNAT		01
62	HA 14	BOIGNEVILLE		91
81	FA 15	BOIGNY SUR BIONNE		45
39	EA 11	BOINVILLE EN MANTOIS		78
45	VA 10	BOINVILLE EN WOEVRE		55
61	EA 13	BOINVILLE LE GAILLARD		78
39	DA 11	BOINVILLIERS		78
17	JA 5	BOIRY BECQUERELLE		62
17	JA 5	BOIRY NOTRE DAME		62
17	IA 5	BOIRY ST MARTIN		62
17	IA 5	BOIRY STE RICTRUDE		62
142	T 26	BOIS		17
153	ZA 26	BOIS, LE		73
37	Z 11	BOIS ANZERAY		27
37	Z 12	BOIS ARNAULT		27
17	JA 5	BOIS BERNARD		62
40	GA 11	BOIS COLOMBES	C	92
123	XA 22	BOIS D AMONT		39
39	FA 12	BOIS D'ARCY		78
84	NA 17	BOIS D'ARCY		89
24	CA 9	BOIS D'ENNEBOURG		76
136	QA 24	BOIS D'OINGT, LE	C	69
109	O 20	BOIS DE CENE		85
69	AB 14	BOIS DE CHAMP		88
122	VA 20	BOIS DE GAND		39
210	BA 36	BOIS DE LA PIERRE		31
9	JA 3	BOIS GRENIER		59
25	CA 8	BOIS GUILBERT		76
24	BA 9	BOIS GUILLAUME	C	76
37	Y 9	BOIS HELLAIN, LE		27
25	CA 8	BOIS HEROULT		76
62	GA 14	BOIS HERPIN		91
23	Z 8	BOIS HIMONT		76
39	DA 10	BOIS JEROME ST OUEN		27
24	CA 9	BOIS L'EVEQUE		76
38	CA 11	BOIS LE ROI		27
62	IA 13	BOIS LE ROI		77
28	MA 7	BOIS LES PARGNY		02
37	Z 11	BOIS NORMAND PRES LYRE		27
125	Q 23	BOIS PLAGE EN RE, LE		17
24	BA 7	BOIS ROBERT, LE		76
136	PA 23	BOIS STE MARIE		71
16	GA 6	BOISBERGUES		80
142	V 27	BOISBRETEAU		16
82	HA 15	BOISCOMMUN		45
7	FA 3	BOISDINGHEM		62
63	KA 12	BOISDON		77
38	DA 9	BOISEMONT		27
39	FA 11	BOISEMONT		95
80	BA 15	BOISGASSON		28
75	N 14	BOISGERVILLY		35
15	EA 4	BOISJEAN		62
16	FA 5	BOISLE, LE		80
17	IA 5	BOISLEUX AU MONT		62
17	JA 5	BOISLEUX ST MARC		62
112	U 21	BOISME		79
31	WA 9	BOISMONT		54
15	EA 6	BOISMONT		80
82	IA 16	BOISMORAND		45
37	Z 10	BOISNEY		27
142	U 27	BOISREDON		17
34	P 10	BOISROGER		50
25	CA 8	BOISSAY		76
158	Z 30	BOISSE		24
137	SA 25	BOISSE, LA		01
175	GA 30	BOISSE PENCHOT		12
80	CA 16	BOISSEAU		41
61	FA 14	BOISSEAUX		45
209	AA 36	BOISSEDE		31
58	W 12	BOISSEI LA LANDE		61
128	U 24	BOISSEROLLES		79
193	OA 34	BOISSERON		34
160	GA 29	BOISSET		15
212	IA 36	BOISSET		34
149	OA 27	BOISSET		43
193	OA 33	BOISSET ET GAUJAC		30
149	PA 26	BOISSET LES MONTROND		42
38	CA 11	BOISSET LES PREVANCHES		27
149	OA 26	BOISSET ST PRIEST		42
39	DA 11	BOISSETS		78
62	IA 13	BOISSETTES		77
145	CA 25	BOISSEUIL		87
144	BA 27	BOISSEUILH		24
137	SA 22	BOISSEY		01
36	W 11	BOISSEY		14
37	AA 10	BOISSEY LE CHATEL		27
212	HA 35	BOISSEZON		81
122	WA 21	BOISSIA		39
36	X 10	BOISSIERE, LA		14
38	CA 11	BOISSIERE, LA		27
192	MA 34	BOISSIERE, LA		34
122	VA 22	BOISSIERE, LA		39
76	S 16	BOISSIERE, LA		53
158	AA 28	BOISSIERE D'ANS, LA		24
110	R 20	BOISSIERE DE MONTAIGU, LA		85
125	Q 22	BOISSIERE DES LANDES, LA		85
94	R 19	BOISSIERE DU DORE, LA		44
61	DA 12	BOISSIERE ECOLE, LA		78
112	U 22	BOISSIERE EN GATINE, LA		79
94	R 18	BOISSIERE SUR EVRE, LA		49
193	PA 34	BOISSIERES		30
173	CA 31	BOISSIERES		46
62	IA 13	BOISSISE LA BERTRAND		77
62	IA 13	BOISSISE LE ROI		77
62	HA 14	BOISSY AUX CAILLES		77
38	CA 12	BOISSY EN DROUAIS		28
41	JA 10	BOISSY FRESNOY		60
39	FA 10	BOISSY L'AILLERIE		95
61	GA 14	BOISSY LA RIVIERE		91
37	Z 10	BOISSY LAMBERVILLE		27
39	FA 9	BOISSY LE BOIS		60
41	KA 11	BOISSY LE CHATEL		77
62	GA 13	BOISSY LE CUTTE		91
42	MA 11	BOISSY LE REPOS		51
61	FA 13	BOISSY LE SEC		91
37	AA 12	BOISSY LES PERCHE		28
59	Z 13	BOISSY MAUGIS		61
38	DA 11	BOISSY MAUVOISIN		78
39	EA 11	BOISSY SANS AVOIR		78
61	GA 13	BOISSY SOUS ST YON		91
40	HA 12	BOISSY ST LEGER	C	94
76	Q 15	BOISTRUDAN		35
61	EA 14	BOISVILLE LA ST PERE		28
56	R 12	BOISYVON		50
59	X 13	BOITRON		61
41	LA 11	BOITRON		77
107	XA 20	BOLANDOZ		25
53	G 13	BOLAZEC		29
23	Y 8	BOLBEC	C	76
179	RA 32	BOLLENE	C	84
199	DB 33	BOLLENE VESUBIE, LA		06
33	P 9	BOLLEVILLE		50
23	Z 8	BOLLEVILLE		76
8	GA 2	BOLLEZEELE		59
90	CB 16	BOLLWILLER		68
66	TA 14	BOLOGNE		52
138	UA 23	BOLOZON		01
222	FA 40	BOLQUERE		66
70	EB 13	BOLSENHEIM		67
63	JA 13	BOMBON		77
170	U 30	BOMMES		33
116	FA 21	BOMMIERS		36
219	DA 38	BOMPAS		09
224	JA 39	BOMPAS		66
8	GA 4	BOMY		62
172	Z 32	BON ENCONTRE		47
102	LA 19	BONA		58
217	AA 38	BONAC IRAZEIN		09
186	Y 34	BONAS		32
106	VA 18	BONBOILLON		70
60	DA 14	BONCE		28
77	T 15	BONCHAMP LES LAVAL		53
29	OA 8	BONCOURT		02
38	CA 11	BONCOURT		27
38	DA 11	BONCOURT		28
45	WA 10	BONCOURT		54
105	SA 19	BONCOURT LE BOIS		21
45	VA 12	BONCOURT SUR MEUSE		55
62	GA 14	BONDAROY		45
108	BB 18	BONDEVAL		25
188	DA 34	BONDIGOUX		31
177	MA 31	BONDONS, LES		48
62	HA 12	BONDOUFLE		91
9	KA 3	BONDUES		59
40	HA 11	BONDY	C	93
148	LA 25	BONGHEAT		63
69	CB 14	BONHOMME, LE		68
230	LB 45	BONIFACIO	C	2A
26	GA 9	BONLIER		60
122	WA 21	BONLIEU		39
179	SA 30	BONLIEU SUR ROUBION		26
205	R 36	BONLOC		64
219	DA 37	BONNAC		09
162	KA 28	BONNAC		15
131	CA 24	BONNAC LA COTE		87
88	YA 17	BONNAL		25
83	MA 15	BONNARD		89
132	FA 23	BONNAT	C	23
122	UA 21	BONNAUD		39
107	XA 18	BONNAY		25
120	RA 22	BONNAY		71
17	HA 7	BONNAY		80
139	YA 23	BONNE		74
36	X 10	BONNEBOSQ		14
87	VA 15	BONNECOURT		52
82	HA 16	BONNEE		45
151	TA 26	BONNEFAMILLE		38
59	Z 12	BONNEFOI		61
146	FA 26	BONNEFOND		19
208	Y 36	BONNEFONT		65
122	WA 21	BONNEFONTAINE		39
184	T 35	BONNEGARDE		40
41	LA 11	BONNEIL		02
61	FA 12	BONNELLES		78
55	O 13	BONNEMAIN		35
35	U 11	BONNEMAISON		14
216	X 37	BONNEMAZON		65
105	TA 19	BONNENCONTRE		21
143	X 27	BONNES		16
113	Z 21	BONNES		86
41	LA 10	BONNESVALYN		02
66	UA 13	BONNET		55
59	Y 14	BONNETABLE	C	72
108	AB 19	BONNETAGE		25
156	U 29	BONNETAN		33
142	W 26	BONNEUIL		16
131	CA 22	BONNEUIL		36
40	HA 11	BONNEUIL EN FRANCE		95
41	JA 9	BONNEUIL EN VALOIS		60
26	GA 8	BONNEUIL LES EAUX		60
113	Z 21	BONNEUIL MATOURS		86
40	HA 12	BONNEUIL SUR MARNE	C	94
60	CA 14	BONNEVAL	C	28
149	NA 27	BONNEVAL		43
153	ZA 26	BONNEVAL		73
154	BB 27	BONNEVAL SUR ARC		73
123	YA 21	BONNEVAUX		25
178	OA 31	BONNEVAUX		30
140	AB 23	BONNEVAUX		74
107	YA 19	BONNEVAUX LE PRIEURE		25
79	AA 16	BONNEVEAU		41
106	WA 18	BONNEVENT VELLOREILLE		70
128	W 25	BONNEVILLE		16
139	YA 24	BONNEVILLE	S	74
16	GA 6	BONNEVILLE		80
33	Q 9	BONNEVILLE, LA		50
37	Z 10	BONNEVILLE APTOT		27
157	X 29	BONNEVILLE ET ST AVIT DE FUMADIERES		24
37	Y 9	BONNEVILLE LA LOUVET		14
38	BA 11	BONNEVILLE SUR ITON, LA		27
23	X 9	BONNEVILLE SUR TOUQUES		14
25	FA 8	BONNIERES		60
16	GA 5	BONNIERES		62
39	DA 11	BONNIERES SUR SEINE	C	78
196	UA 34	BONNIEUX	C	84
7	FA 3	BONNINGUES LES ARDRES		62
7	EA 2	BONNINGUES LES CALAIS		62
36	V 11	BONNOEIL		14
94	Q 17	BONNOEUVRE		44
184	T 35	BONNUT		64
82	JA 17	BONNY SUR LOIRE		45
91	J 17	BONO		56
208	Y 36	BONREPOS		65
188	DA 34	BONREPOS RIQUET		31
210	BA 35	BONREPOS SUR AUSSONNELLE		31
139	YA 23	BONS EN CHABLAIS		74
36	V 11	BONS TASSILLY		14
24	BA 9	BONSECOURS		76
59	Z 12	BONSMOULINS		61
199	CB 34	BONSON		06
149	PA 26	BONSON		42
153	YA 26	BONVILLARD		73
153	YA 26	BONVILLARET		73
46	ZA 12	BONVILLER		54
26	HA 8	BONVILLERS		60
67	XA 15	BONVILLET		88
18	KA 6	BONY		02
156	V 28	BONZAC		33
45	VA 10	BONZEE		55
216	W 37	BOO SILHEN		65
70	EB 14	BOOFZHEIM		67
183	S 33	BOOS		40
24	CA 9	BOOS	C	76
70	EB 14	BOOTZHEIM		67
54	J 13	BOQUEHO		22
174	FA 32	BOR ET BAR		12
40	HA 10	BORAN SUR OISE		60
215	U 38	BORCE		64
132	GA 23	BORD ST GEORGES		23
156	U 29	BORDEAUX	P	33
62	HA 15	BORDEAUX EN GATINAIS		45
23	X 8	BORDEAUX ST CLAIR		76
207	V 36	BORDERES		64
184	U 34	BORDERES ET LAMENSANS		40
216	Y 38	BORDERES LOURON	C	65
208	W 36	BORDERES SUR L'ECHEZ	C	65
207	V 36	BORDES		64
216	X 37	BORDES		65
116	FA 20	BORDES, LES		36
82	HA 16	BORDES, LES		45
121	SA 20	BORDES, LES		71
63	LA 15	BORDES, LES		89
64	OA 14	BORDES AUMONT, LES		10
217	Z 37	BORDES DE RIVIERE		31
218	CA 37	BORDES SUR ARIZE, LES		09
218	BA 38	BORDES SUR LEZ, LES		09
178	OA 32	BORDEZAC		30
127	T 25	BORDS		17
163	PA 29	BOREE		07
142	W 27	BORESSE ET MARTRON		17
40	IA 10	BOREST		60
88	YA 17	BOREY		70
226	MB 39	BORGO	C	2B
203	YA 37	BORMES LES MIMOSAS		83
188	DA 33	BORN, LE		31
177	MA 30	BORN, LE		48
23	Y 8	BORNAMBUSC		76
122	VA 21	BORNAY		39
178	OA 30	BORNE		07
163	NA 28	BORNE		43
39	GA 10	BORNEL		60
90	BB 17	BORON		90
8	IA 3	BORRE		59
159	CA 29	BORREZE		24
142	V 27	BORS (canton de BAIGNES)		16
143	X 27	BORS (canton de MONTMOREAU)		16
148	LA 25	BORT L'ETANG		63
147	HA 27	BORT LES ORGUES	C	19
68	ZA 13	BORVILLE		54
219	DA 38	BOSC, LE		09
192	LA 34	BOSC, LE		34
24	AA 9	BOSC BENARD COMMIN		27
24	AA 9	BOSC BENARD CRESCY		27
24	CA 8	BOSC BERENGER		76
25	CA 8	BOSC BORDEL		76
25	CA 8	BOSC EDELINE		76
24	BA 8	BOSC GUERARD ST ADRIEN		76
25	DA 9	BOSC HYONS		76
24	BA 8	BOSC LE HARD		76
25	CA 8	BOSC MESNIL		76
37	Y 11	BOSC RENOULT, LE		61
37	Z 11	BOSC RENOULT EN OUCHE		27
24	AA 9	BOSC RENOULT EN ROUMOIS		27
37	AA 9	BOSC ROGER EN ROUMOIS, LE		27
25	CA 8	BOSC ROGER SUR BUCHY		76
157	W 28	BOSCAMNANT		17
207	U 36	BOSDARROS		64
24	AA 9	BOSGOUET		27
37	AA 10	BOSGUERARD DE MARCOUVILLE		27
122	UA 21	BOSJEAN		71
145	CA 25	BOSMIE L'AIGUILLE		87
28	NA 7	BOSMONT SUR SERRE		02
131	EA 24	BOSMOREAU LES MINES		23
37	AA 9	BOSNORMAND		27
26	GA 7	BOSQUEL		80
25	DA 9	BOSQUENTIN		27
37	AA 10	BOSROBERT		27
132	GA 24	BOSROGER		23
65	RA 14	BOSSANCOURT		10
114	AA 20	BOSSAY SUR CLAISE		37
108	AB 19	BOSSE, LA		25
59	Z 14	BOSSE, LA		72
75	P 16	BOSSE DE BRETAGNE, LA		35
98	Z 19	BOSSEE		37
49	EB 12	BOSSENDORF		67
157	Y 29	BOSSET		24
30	SA 7	BOSSEVAL ET BRIANCOURT		08
139	YA 23	BOSSEY		74
151	TA 27	BOSSIEU		38
156	W 29	BOSSUGAN		33
29	PA 7	BOSSUS LES RUMIGNY		08
134	MA 23	BOST		03
184	U 33	BOSTENS		40
23	Z 7	BOSVILLE		76
90	BB 17	BOTANS		90
52	F 13	BOTMEUR		29
52	G 13	BOTSORHEL		29
37	Z 11	BOTTEREAUX, LES		27
95	S 18	BOTZ EN MAUGES		49
81	FA 16	BOU		45
39	FA 11	BOUAFLE		78
38	CA 10	BOUAFLES		27
219	DA 38	BOUAN		09
93	P 19	BOUAYE	C	44
16	FA 4	BOUBERS LES HESMOND		62
16	GA 5	BOUBERS SUR CANCHE		62
39	EA 10	BOUBIERS		60
202	UA 35	BOUC BEL AIR		13
209	Z 35	BOUCAGNERES		32
205	Q 35	BOUCAU		64
134	MA 23	BOUCE		03
58	W 12	BOUCE		61
129	Y 24	BOUCHAGE, LE		16
152	VA 26	BOUCHAGE, LE		38
18	LA 5	BOUCHAIN	C	59
76	S 16	BOUCHAMPS LES CRAON		53
135	NA 23	BOUCHAUD, LE		03
17	JA 6	BOUCHAVESNES BERGEN		80
95	T 18	BOUCHEMAINE		49
47	AB 10	BOUCHEPORN		57
179	SA 32	BOUCHET		26
139	YA 25	BOUCHET, LE		74
163	NA 29	BOUCHET ST NICOLAS, LE		43
25	EA 9	BOUCHEVILLIERS		27
27	IA 7	BOUCHOIR		80
16	FA 6	BOUCHON		80
66	TA 12	BOUCHON SUR SAULX, LE		55
138	WA 23	BOUCHOUX, LES	C	39
64	MA 12	BOUCHY ST GENEST		51
164	RA 28	BOUCIEU LE ROI		07
107	YA 19	BOUCLANS		25
193	PA 33	BOUCOIRAN ET NOZIERES		30
43	RA 10	BOUCONVILLE		08
45	WA 11	BOUCONVILLE SUR MADT		55
28	NA 9	BOUCONVILLE VAUCLAIR		02
39	FA 10	BOUCONVILLERS		60
45	WA 12	BOUCQ		54
148	KA 26	BOUDES		63
24	AA 8	BOUDEVILLE		76
187	BA 33	BOUDOU		82
217	Z 37	BOUDRAC		31
86	SA 15	BOUDREVILLE		21
172	Z 30	BOUDY DE BEAUREGARD		47
18	NA 6	BOUE		02
93	O 18	BOUEE		44
207	V 35	BOUEILH BOUEILHO LASQUE		64
25	DA 8	BOUELLES		76
59	Z 15	BOUER		72
77	U 16	BOUERE		53
77	U 16	BOUESSAY		53
115	EA 21	BOUESSE		36
143	Y 26	BOUEX		16
76	Q 14	BOUEXIERE, LA		35
40	GA 11	BOUFFEMONT		95
110	Q 20	BOUFFERE		85
28	NA 9	BOUFFIGNEREUX		02
16	FA 5	BOUFFLERS		80
80	BA 15	BOUFFRY		41
26	FA 7	BOUGAINVILLE		80
207	U 36	BOUGARBER		64
151	SA 27	BOUGE CHAMBALUD		38
99	EA 19	BOUGES LE CHATEAU		36
88	WA 16	BOUGEY		70
39	GA 11	BOUGIVAL		78
60	DA 13	BOUGLAINVAL		28
62	IA 14	BOUGLIGNY		77
171	W 31	BOUGLON	C	47
142	U 26	BOUGNEAU		17
88	XA 17	BOUGNON		70
128	W 22	BOUGON		79
184	U 33	BOUGUE		40
93	P 19	BOUGUENAIS		44
35	U 10	BOUGY		14
81	FA 15	BOUGY LEZ NEUVILLE		45
121	UA 21	BOUHANS		71
87	VA 17	BOUHANS ET FEURG		70
89	ZA 17	BOUHANS LES LURE		70
88	YA 17	BOUHANS LES MONTBOZON		70
127	S 23	BOUHET		17
104	RA 19	BOUHEY		21
83	KA 17	BOUHY		58
208	X 36	BOUILH DEVANT		65
208	X 36	BOUILH PEREUILH		65
212	HA 36	BOUILHONNAC		11
175	GA 30	BOUILLAC		12
158	AA 30	BOUILLAC		24
188	BA 34	BOUILLAC		82
202	VA 36	BOUILLADISSE, LA		13
15	DA 6	BOUILLANCOURT EN SERY		80
26	HA 8	BOUILLANCOURT LA BATAILLE		80
41	JA 10	BOUILLANCY		60
104	RA 19	BOUILLAND		21
193	QA 34	BOUILLARGUES	C	30
24	AA 9	BOUILLE, LA		76
111	T 22	BOUILLE COURDAULT		85
96	V 19	BOUILLE LORETZ		79
76	S 16	BOUILLE MENARD		49
96	V 19	BOUILLE ST PAUL		79
54	L 13	BOUILLIE, LA		22
207	U 35	BOUILLON		64
58	X 13	BOUILLON, LE		61
45	WA 11	BOUILLONVILLE		54
64	OA 14	BOUILLY	C	10
42	NA 10	BOUILLY		51
62	GA 15	BOUILLY EN GATINAIS		45
129	W 24	BOUIN		79
109	N 20	BOUIN		85
16	FA 5	BOUIN PLUMOISON		62
221	HA 37	BOUISSE		11
85	QA 16	BOUIX		21
123	XA 20	BOUJAILLES		25
213	LA 36	BOUJAN SUR LIBRON		34
64	OA 13	BOULAGES		10
67	XA 14	BOULAINCOURT		88
62	HA 14	BOULANCOURT		77
32	XA 9	BOULANGE		57
209	Z 35	BOULAUR		32
79	AA 17	BOULAY, LE		37
81	EA 15	BOULAY LES BARRES		45
58	W 13	BOULAY LES IFS		53
38	BA 10	BOULAY MORIN, LE		27
47	ZA 10	BOULAY MOSELLE	S	57
119	PA 21	BOULAYE, LA		71
158	AA 28	BOULAZAC		24
195	RA 34	BOULBON		13
180	VA 30	BOULC		26
224	IA 39	BOULE D'AMONT		66
224	IA 39	BOULETERNERE		66
41	JA 11	BOULEURS		77
42	NA 10	BOULEUSE		51
156	U 29	BOULIAC		33
150	RA 27	BOULIEU LES ANNONAY		07
137	SA 24	BOULIGNEUX		01
88	YA 16	BOULIGNEY		70
31	WA 9	BOULIGNY		55
208	X 36	BOULIN		65
41	KA 10	BOULLARRE		60
60	CA 12	BOULLAY LES DEUX EGLISES, LE		28
61	FA 12	BOULLAY LES TROUX		91
60	CA 12	BOULLAY MIVOYE, LE		28
60	DA 12	BOULLAY THIERRY, LE		28
101	JA 18	BOULLERET		18
23	Y 9	BOULLEVILLE		27
188	CA 34	BOULOC		31
173	BA 32	BOULOC		82
110	Q 21	BOULOGNE		85
40	GA 11	BOULOGNE BILLANCOURT	S	92
27	IA 8	BOULOGNE LA GRASSE		60
209	Z 36	BOULOGNE SUR GESSE	C	31
19	NA 6	BOULOGNE SUR HELPE		59
7	DA 3	BOULOGNE SUR MER	S	62
79	Z 15	BOULOIRE	C	72
36	U 10	BOULON		14
107	XA 18	BOULOT		70
224	JA 39	BOULOU, LE		66
107	XA 18	BOULT		70
30	SA 9	BOULT AUX BOIS		08
29	OA 9	BOULT SUR SUIPPE		51
173	BA 31	BOULVE, LE		46
30	RA 8	BOULZICOURT		08
207	U 35	BOUMOURT		64
157	Z 30	BOUNIAGUES		24
111	S 21	BOUPERE, LE		85
7	EA 3	BOUQUEHAULT		62
23	Y 9	BOUQUELON		27
16	HA 5	BOUQUEMAISON		80
44	UA 11	BOUQUEMONT		55
178	PA 32	BOUQUET		30
24	AA 9	BOUQUETOT		27
40	HA 11	BOUQUEVAL		95
65	PA 14	BOURANTON		10
62	GA 13	BOURAY SUR JUINE		91
90	BB 16	BOURBACH LE BAS		68
90	BB 16	BOURBACH LE HAUT		68
87	UA 17	BOURBERAIN		21
88	XA 16	BOURBEVELLE		70
118	KA 21	BOURBON L'ARCHAMBAULT	C	03
119	NA 21	BOURBON LANCY	C	71
87	WA 15	BOURBONNE LES BAINS	C	52
147	IA 26	BOURBOULE, LA		63
8	GA 2	BOURBOURG	C	59
53	I 13	BOURBRIAC	C	22
126	R 25	BOURCEFRANC LE CHAPUS		17
138	UA 22	BOURCIA		39
30	RA 9	BOURCQ		08
24	AA 8	BOURDAINVILLE		76
185	V 34	BOURDALAT		40
152	WA 25	BOURDEAU		73
179	TA 30	BOURDEAUX	C	26
144	Z 27	BOURDEILLES		24
144	Z 26	BOURDEIX, LE		24
171	W 30	BOURDELLES		33
64	MA 14	BOURDENAY		10
127	T 23	BOURDET, LE		79
215	V 37	BOURDETTES		64
193	PA 33	BOURDIC		30
60	DA 14	BOURDINIERE ST LOUP, LA		28
16	FA 6	BOURDON		80
69	AB 12	BOURDONNAY		57
39	DA 12	BOURDONNE		78
66	UA 14	BOURDONS SUR ROGNON		52
8	HA 4	BOURECQ		62
41	LA 10	BOURESCHES		02
130	Z 22	BOURESSE		86
16	GA 5	BOURET SUR CANCHE		62
44	SA 10	BOUREUILLES		55
156	U 28	BOURG	C	33
87	UA 16	BOURG		52
160	FA 30	BOURG, LE		46
24	AA 9	BOURG ACHARD		27
130	BA 22	BOURG ARCHAMBAULT		86
150	QA 27	BOURG ARGENTAL	C	42
24	CA 9	BOURG BEAUDOUIN		27
51	C 13	BOURG BLANC		29
69	CB 14	BOURG BRUCHE		67
142	V 25	BOURG CHARENTE		16
132	EA 23	BOURG D'HEM, LE		23
94	S 17	BOURG D'IRE, LE		49
167	XA 28	BOURG D'OISANS, LE	C	38
217	Y 38	BOURG D'OUEIL		31
216	X 37	BOURG DE BIGORRE		65
165	SA 28	BOURG DE PEAGE	C	26
123	XA 21	BOURG DE SIROD		39
135	PA 24	BOURG DE THIZY		69
173	AA 32	BOURG DE VISA	C	82

Page	Carreau	Commune	Adm.	Dpt
123	YA 20	CHAFFOIS		25
89	AB 17	CHAGEY		70
150	QA 26	CHAGNON		42
30	RA 8	CHAGNY		08
120	RA 20	CHAGNY	C	71
79	Y 16	CHAHAIGNES		72
58	W 13	CHAHAINS		61
105	TA 18	CHAIGNAY		21
38	DA 11	CHAIGNES		27
128	W 23	CHAIL		79
131	CA 22	CHAILLAC		36
130	AA 25	CHAILLAC SUR VIENNE		87
57	S 14	CHAILLAND	C	53
111	S 22	CHAILLE LES MARAIS	C	85
110	Q 21	CHAILLE SOUS LES ORMEAUX		85
80	CA 17	CHAILLES		41
141	R 25	CHAILLEVETTE		17
28	MA 8	CHAILLEVOIS		02
64	NA 15	CHAILLEY		89
45	VA 11	CHAILLON		55
58	X 12	CHAILLOUE		61
62	IA 13	CHAILLY EN BIERE		77
41	KA 12	CHAILLY EN BRIE		77
82	HA 15	CHAILLY EN GATINAIS		45
46	YA 10	CHAILLY LES ENNERY		57
104	QA 18	CHAILLY SUR ARMANCON		21
153	XA 25	CHAINAZ LES FRASSES		74
122	UA 20	CHAINEE DES COUPIS		39
81	EA 16	CHAINGY		45
136	RA 23	CHAINTRE		71
62	JA 14	CHAINTREAUX		77
42	OA 11	CHAINTRIX BIERGES		51
65	RA 14	CHAISE, LA		10
56	R 12	CHAISE BAUDOUIN, LA		50
149	NA 27	CHAISE DIEU, LA	C	43
37	Z 12	CHAISE DIEU DU THEIL		27
111	S 22	CHAIX		85
109	O 21	CHAIZE GIRAUD, LA		85
110	Q 21	CHAIZE LE VICOMTE, LA		85
221	FA 37	CHALABRE	C	11
158	Z 28	CHALAGNAC		24
149	OA 25	CHALAIN D'UZORE		42
149	PA 26	CHALAIN LE COMTAL		42
67	VA 13	CHALAINES		55
143	W 27	CHALAIS	C	16
114	BA 22	CHALAIS		36
112	W 20	CHALAIS		86
137	TA 24	CHALAMONT	C	01
90	EB 16	CHALAMPE		68
86	TA 17	CHALANCEY		52
180	UA 31	CHALANCON		26
112	W 21	CHALANDRAY		86
28	MA 8	CHALANDRY		02
30	RA 8	CHALANDRY ELAIRE		08
59	X 13	CHALANGE, LE		61
144	BA 26	CHALARD, LE		87
63	MA 13	CHALAUTRE LA GRANDE		77
63	LA 13	CHALAUTRE LA PETITE		77
103	OA 18	CHALAUX		58
137	SA 24	CHALEINS		01
144	AA 26	CHALEIX		24
164	QA 29	CHALENCON		07
123	XA 21	CHALESMES, LES		39
82	IA 15	CHALETTE SUR LOING	C	45
65	QA 13	CHALETTE SUR VOIRE		10
138	VA 24	CHALEY		01
107	XA 18	CHALEZE		25
107	XA 18	CHALEZEULE		25
162	KA 29	CHALIERS		15
40	IA 11	CHALIFERT		77
67	XA 12	CHALIGNY		54
161	JA 28	CHALINARGUES		15
87	UA 16	CHALINDREY		52
117	IA 20	CHALIVOY MILON		18
95	S 17	CHALLAIN LA POTHERIE		49
109	O 20	CHALLANS	C	85
103	MA 18	CHALLEMENT		58
30	RA 9	CHALLERANGE		08
138	UA 23	CHALLES		01
79	Y 15	CHALLES		72
153	XA 26	CHALLES LES EAUX		73
60	DA 13	CHALLET		28
139	XA 23	CHALLEX		01
142	W 27	CHALLIGNAC		16
138	WA 24	CHALLONGES		74
118	KA 20	CHALLUY		58
63	LA 13	CHALMAISON		77
149	NA 25	CHALMAZEL		42
119	NA 21	CHALMOUX		71
61	FA 13	CHALO ST MARS		91
165	TA 28	CHALON, LE		26
121	SA 20	CHALON SUR SAONE	S	71
97	X 17	CHALONNES SOUS LE LUDE		49
95	T 18	CHALONNES SUR LOIRE	C	49
151	SA 26	CHALONS		38
77	T 14	CHALONS DU MAINE		53
43	QA 11	CHALONS EN CHAMPAGNE	P	51
42	NA 9	CHALONS SUR VESLE		51
89	AB 17	CHALONVILLARS		70
61	FA 13	CHALOU MOULINEUX		91
42	NA 11	CHALTRAIT		51
148	KA 26	CHALUS		63
144	BA 26	CHALUS	C	87
160	GA 27	CHALVIGNAC		15
67	UA 14	CHALVRAINES		52
156	W 28	CHAMADELLE		33
68	YA 13	CHAMAGNE		88
151	TA 25	CHAMAGNIEU		38
147	KA 25	CHAMALIERES	C	63
163	OA 28	CHAMALIERES SUR LOIRE		43
166	UA 29	CHAMALOC		26
40	IA 10	CHAMANT		60
62	GA 13	CHAMARANDE		91
66	TA 15	CHAMARANDES CHOIGNES		52
179	SA 31	CHAMARET		26
149	NA 25	CHAMBA, LA		42
86	SA 16	CHAMBAIN		21
105	UA 18	CHAMBEIRE		21
77	T 17	CHAMBELLAY		49
149	PA 25	CHAMBEON		42
132	HA 22	CHAMBERAT		03
132	FA 24	CHAMBERAUD		23
145	EA 26	CHAMBERET		19
122	VA 22	CHAMBERIA		39
152	WA 26	CHAMBERY	P	73
83	KA 16	CHAMBEUGLE		89
148	KA 27	CHAMBEZON		43
135	OA 23	CHAMBILLY		71
37	Z 11	CHAMBLAC		27
105	TA 19	CHAMBLANC		21
122	VA 20	CHAMBLAY		39
149	PA 27	CHAMBLES		42
133	IA 23	CHAMBLET		03
45	WA 11	CHAMBLEY BUSSIERES	C	54
40	GA 10	CHAMBLY		60
105	SA 19	CHAMBOEUF		21

Page	Carreau	Commune	Adm.	Dpt
150	PA 26	CHAMBOEUF		42
58	X 12	CHAMBOIS		61
105	SA 19	CHAMBOLLE MUSIGNY		21
127	S 24	CHAMBON		17
116	GA 21	CHAMBON		18
178	OA 32	CHAMBON		30
114	AA 20	CHAMBON		37
164	PA 29	CHAMBON, LE		07
150	PA 27	CHAMBON FEUGEROLLES, LE	C	42
82	GA 15	CHAMBON LA FORET		45
163	MA 29	CHAMBON LE CHATEAU		48
131	EA 23	CHAMBON STE CROIX		23
80	CA 17	CHAMBON SUR CISSE		41
148	MA 26	CHAMBON SUR DOLORE		63
147	JA 26	CHAMBON SUR LAC		63
164	PA 28	CHAMBON SUR LIGNON, LE		43
132	HA 23	CHAMBON SUR VOUEIZE	C	23
178	PA 31	CHAMBONAS		07
133	HA 23	CHAMBONCHARD		23
149	NA 25	CHAMBONIE, LA		42
131	DA 23	CHAMBORAND		23
37	Z 11	CHAMBORD		27
80	DA 17	CHAMBORD		41
130	BA 24	CHAMBORET		87
178	OA 32	CHAMBORIGAUD		30
107	XA 18	CHAMBORNAY LES BELLEVAUX		70
106	WA 18	CHAMBORNAY LES PIN		70
39	EA 10	CHAMBORS		60
136	QA 24	CHAMBOST ALLIERES		69
150	QA 25	CHAMBOST LONGESSAIGNE		69
145	EA 27	CHAMBOULIVE		19
39	FA 11	CHAMBOURCY		78
98	AA 19	CHAMBOURG SUR INDRE		37
38	CA 10	CHAMBRAY		27
98	Z 18	CHAMBRAY LES TOURS	C	37
153	YA 27	CHAMBRE, LA	C	73
42	NA 10	CHAMBRECY		51
56	Q 12	CHAMBRES, LES		50
111	S 20	CHAMBRETAUD		85
46	ZA 12	CHAMBREY		57
66	UA 14	CHAMBRONCOURT		52
28	MA 8	CHAMBRY		02
41	JA 11	CHAMBRY		77
148	LA 26	CHAMEANE		63
136	QA 24	CHAMELET		69
42	OA 10	CHAMERY		51
108	AB 19	CHAMESEY		25
108	BB 18	CHAMESOL		25
85	QA 16	CHAMESSON		21
159	EA 27	CHAMEYRAT		19
41	KA 11	CHAMIGNY		77
120	RA 20	CHAMILLY		71
77	U 15	CHAMMES		53
122	WA 20	CHAMOLE		39
140	BB 24	CHAMONIX MONT BLANC	C	74
142	U 27	CHAMOUILLAC		17
28	MA 9	CHAMOUILLE		02
66	TA 13	CHAMOUILLEY		52
153	YA 26	CHAMOUSSET		73
103	NA 18	CHAMOUX		89
153	YA 26	CHAMOUX SUR GELON	C	73
64	OA 15	CHAMOY		10
85	PA 17	CHAMP D'OISEAU		21
58	V 12	CHAMP DE LA PIERRE, LE		61
38	BA 11	CHAMP DOLENT		27
57	S 12	CHAMP DU BOULT		14
37	Y 12	CHAMP HAUT		61
153	YA 26	CHAMP LAURENT		73
69	AB 14	CHAMP LE DUC		88
153	XA 27	CHAMP PRES FROGES, LE		38
125	Q 22	CHAMP ST PERE, LE		85
65	QA 14	CHAMP SUR BARSE		10
166	WA 28	CHAMP SUR DRAC		38
96	U 18	CHAMP SUR LAYON, LE		49
146	HA 27	CHAMPAGNAC		15
142	U 27	CHAMPAGNAC		17
144	Z 27	CHAMPAGNAC DE BELAIR	C	24
146	FA 27	CHAMPAGNAC LA NOAILLE		19
159	EA 28	CHAMPAGNAC LA PRUNE		19
144	AA 25	CHAMPAGNAC LA RIVIERE		87
148	MA 27	CHAMPAGNAC LE VIEUX		43
132	GA 24	CHAMPAGNAT		23
122	UA 22	CHAMPAGNAT		71
148	LA 26	CHAMPAGNAT LE JEUNE		63
150	RA 27	CHAMPAGNE		07
127	S 25	CHAMPAGNE		17
39	DA 12	CHAMPAGNE		28
78	X 15	CHAMPAGNE		72
150	RA 25	CHAMPAGNE AU MONT D'OR		69
138	VA 24	CHAMPAGNE EN VALROMEY	C	01
143	Y 27	CHAMPAGNE ET FONTAINE		24
129	X 23	CHAMPAGNE LE SEC		86
125	R 22	CHAMPAGNE LES MARAIS		85
129	Y 24	CHAMPAGNE MOUTON	C	16
129	Y 23	CHAMPAGNE ST HILAIRE		86
106	WA 19	CHAMPAGNE SUR LOUE		39
40	GA 10	CHAMPAGNE SUR OISE		95
62	JA 13	CHAMPAGNE SUR SEINE		77
106	UA 18	CHAMPAGNE SUR VINGEANNE		21
143	W 26	CHAMPAGNE VIGNY		16
152	VA 26	CHAMPAGNEUX		73
106	WA 19	CHAMPAGNEY		25
106	VA 18	CHAMPAGNEY		39
89	AB 16	CHAMPAGNEY	C	70
166	WA 28	CHAMPAGNIER		38
122	WA 21	CHAMPAGNOLE	C	39
141	T 26	CHAMPAGNOLLES		17
104	RA 18	CHAMPAGNY		21
154	AB 27	CHAMPAGNY EN VANOISE		73
120	RA 21	CHAMPAGNY SOUS UXELLES		71
102	MA 19	CHAMPALLEMENT		58
124	ZA 22	CHAMPANGES		74
42	NA 11	CHAMPAUBERT		51
168	ZA 30	CHAMPCELLA		05
63	LA 12	CHAMPCENEST		77
58	V 12	CHAMPCERIE		61
56	Q 12	CHAMPCERVON		50
158	Z 28	CHAMPCEVINEL		24
83	JA 16	CHAMPCEVRAIS		89
56	Q 12	CHAMPCEY		50
163	PA 28	CHAMPCLAUSE		43
62	HA 13	CHAMPCUEIL		91
112	U 22	CHAMPDENIERS ST DENIS	C	79
62	IA 12	CHAMPDEUIL		77
149	OA 26	CHAMPDIEU		42
122	UA 21	CHAMPDIVERS		39
127	T 24	CHAMPDOLENT		17
138	VA 24	CHAMPDOR		01
105	UA 19	CHAMPDOTRE		21
69	AB 15	CHAMPDRAY		88
103	PA 18	CHAMPEAU EN MORVAN		21
76	Q 15	CHAMPEAUX		35
56	P 12	CHAMPEAUX		50
62	JA 13	CHAMPEAUX		77
36	X 11	CHAMPEAUX, LES		61

Page	Carreau	Commune	Adm.	Dpt
143	Z 26	CHAMPEAUX ET LA CHAPELLE POMMIER		24
59	Y 13	CHAMPEAUX SUR SARTHE		61
148	KA 26	CHAMPEIX	C	63
38	CA 10	CHAMPENARD		27
115	EA 20	CHAMPENOISE, LA		36
46	YA 12	CHAMPENOUX		54
57	U 14	CHAMPEON		53
149	NA 26	CHAMPETIERES		63
89	AB 17	CHAMPEY		70
46	XA 11	CHAMPEY SUR MOSELLE		54
58	X 13	CHAMPFLEUR		72
64	OA 12	CHAMPFLEURY		10
42	OA 10	CHAMPFLEURY		51
121	RA 20	CHAMPFORGEUIL		71
58	W 13	CHAMPFREMONT		53
138	WA 23	CHAMPFROMIER		01
57	U 14	CHAMPGENETEUX		53
42	MA 12	CHAMPGUYON		51
60	DA 13	CHAMPHOL		28
27	JA 8	CHAMPIEN		80
151	UA 26	CHAMPIER		38
77	U 17	CHAMPIGNE		49
83	KA 16	CHAMPIGNELLES		89
42	PA 11	CHAMPIGNEUL CHAMPAGNE		51
30	RA 8	CHAMPIGNEUL SUR VENCE		08
30	SA 9	CHAMPIGNEULLE		08
46	XA 12	CHAMPIGNEULLES		54
67	VA 15	CHAMPIGNEULLES EN BASSIGNY		52
65	RA 15	CHAMPIGNOL LEZ MONDEVILLE		10
104	QA 19	CHAMPIGNOLLES		21
37	AA 11	CHAMPIGNOLLES		27
42	OA 10	CHAMPIGNY		51
63	KA 14	CHAMPIGNY		89
80	CA 16	CHAMPIGNY EN BEAUCE		41
38	CA 11	CHAMPIGNY LA FUTELAYE		27
113	X 21	CHAMPIGNY LE SEC		86
87	UA 16	CHAMPIGNY LES LANGRES		52
87	VA 16	CHAMPIGNY SOUS VARENNES		52
64	OA 13	CHAMPIGNY SUR AUBE		10
40	HA 12	CHAMPIGNY SUR MARNE	C	94
97	Y 19	CHAMPIGNY SUR VEUDE		37
116	FA 22	CHAMPILLET		36
42	OA 10	CHAMPILLON		51
164	RA 29	CHAMPIS		07
40	GA 12	CHAMPLAN		91
42	NA 10	CHAMPLAT ET BOUJACOURT		51
83	LA 15	CHAMPLAY		89
120	PA 22	CHAMPLECY		71
102	LA 18	CHAMPLEMY		58
29	PA 7	CHAMPLIN		08
102	LA 19	CHAMPLIN		58
87	VA 17	CHAMPLITTE	C	70
107	YA 18	CHAMPLIVE		25
84	MA 15	CHAMPLOST		89
143	W 26	CHAMPMILLON		16
62	GA 14	CHAMPMOTTEUX		91
145	DA 25	CHAMPNETERY		87
44	UA 10	CHAMPNEUVILLE		55
143	X 25	CHAMPNIERS		16
129	Y 23	CHAMPNIERS		86
144	Z 25	CHAMPNIERS ET REILHAC		24
167	YA 30	CHAMPOLEON		05
135	NA 25	CHAMPOLY		42
36	X 11	CHAMPOSOULT		61
67	VA 13	CHAMPOUGNY		55
82	JA 17	CHAMPOULET		45
107	YA 18	CHAMPOUX		25
104	RA 18	CHAMPRENAULT		21
56	Q 11	CHAMPREPUS		50
59	Z 15	CHAMPROND		72
60	BA 13	CHAMPROND EN GATINE		28
59	AA 14	CHAMPROND EN PERCHET		28
122	VA 20	CHAMPROUGIER		39
27	LA 8	CHAMPS		02
59	Z 13	CHAMPS		61
134	KA 24	CHAMPS		63
34	R 10	CHAMPS DE LOSQUE, LES		50
55	N 13	CHAMPS GERAUX, LES		22
144	AA 26	CHAMPS ROMAIN		24
40	IA 11	CHAMPS SUR MARNE	C	77
147	IA 27	CHAMPS SUR TARENTAINE MARCHAL	C	15
84	MA 16	CHAMPS SUR YONNE		89
144	AA 25	CHAMPSAC		87
132	EA 23	CHAMPSANGLARD		23
57	U 12	CHAMPSECRET		61
61	DA 13	CHAMPSERU		28
87	VA 16	CHAMPSEVRAINE		52
197	XA 33	CHAMPTERCIER		04
77	T 17	CHAMPTEUSSESUR BACONNE		49
95	S 18	CHAMPTOCE SUR LOIRE		49
94	Q 18	CHAMPTOCEAUX	C	49
106	VA 18	CHAMPTONNAY		70
83	LA 15	CHAMPVALLON		89
106	VA 19	CHAMPVANS		39
106	VA 18	CHAMPVANS		70
106	WA 19	CHAMPVANS LES MOULINS		25
118	MA 20	CHAMPVERT		58
42	MA 10	CHAMPVOISY		51
102	KA 19	CHAMPVOUX		58
167	WA 28	CHAMROUSSE		38
83	LA 15	CHAMVRES		89
177	LA 31	CHANAC	C	48
160	EA 27	CHANAC LES MINES		19
162	MA 29	CHANALEILLES		43
151	SA 27	CHANAS		38
147	JA 25	CHANAT LA MOUTEYRE		63
138	WA 24	CHANAY		01
138	WA 25	CHANAZ		73
98	AA 18	CHANCAY		37
76	Q 15	CHANCE		35
85	RA 17	CHANCEAUX		21
98	AA 19	CHANCEAUX PRES LOCHES		37
79	Z 17	CHANCEAUX SUR CHOISILLE		37
158	Z 28	CHANCELADE		24
44	SA 12	CHANCENAY		52
106	VA 18	CHANCEY		70
138	VA 23	CHANCIA		39
37	Z 12	CHANDAI		61
178	PA 31	CHANDOLAS		07
135	PA 23	CHANDON		42
164	PA 29	CHANEAC		07
137	SA 24	CHANEINS		01
136	RA 23	CHANES		71
77	T 15	CHANGE		53
120	RA 20	CHANGE		71
78	X 15	CHANGE		72
158	AA 28	CHANGE, LE		24
87	UA 15	CHANGEY		52
41	KA 11	CHANGIS SUR MARNE		77
135	NA 23	CHANGY		42
43	RA 12	CHANGY		51
135	PA 22	CHANGY		71
148	MA 27	CHANIAT		43
142	U 25	CHANIERS		17

Page	Carreau	Commune	Adm.	Dpt
85	PA 16	CHANNAY		21
97	X 17	CHANNAY SUR LATHAN		37
85	PA 15	CHANNES		10
148	KA 25	CHANONAT		63
165	SA 28	CHANOS CURSON		26
180	VA 31	CHANOUSSE		05
87	UA 16	CHANOY		52
137	SA 23	CHANOZ CHATENAY		01
81	FA 15	CHANTEAU		45
83	JA 15	CHANTECOQ		45
112	V 22	CHANTECORPS		79
68	ZA 13	CHANTEHEUX		54
145	DA 27	CHANTEIX		19
134	KA 23	CHANTELLE	C	03
38	BA 11	CHANTELOUP		27
75	P 15	CHANTELOUP		35
56	Q 11	CHANTELOUP		50
112	U 21	CHANTELOUP		79
40	IA 11	CHANTELOUP EN BRIE		77
95	T 19	CHANTELOUP LES BOIS		49
39	FA 11	CHANTELOUP LES VIGNES		78
167	XA 29	CHANTELOUVE		38
64	MA 12	CHANTEMERLE		51
165	SA 28	CHANTEMERLE LES BLES		26
179	SA 31	CHANTEMERLE LES GRIGNAN		26
127	T 24	CHANTEMERLE SUR LA SOIE		17
118	KA 21	CHANTENAY ST IMBERT		58
78	V 16	CHANTENAY VILLEDIEU		72
75	P 15	CHANTEPIE		35
157	Y 28	CHANTERAC		24
44	UA 12	CHANTERAINE		55
147	JA 27	CHANTERELLE		15
88	WA 17	CHANTES		70
152	UA 27	CHANTESSE		38
162	MA 28	CHANTEUGES		43
142	V 27	CHANTILLAC		16
40	HA 10	CHANTILLY	C	60
111	S 21	CHANTONNAY	C	85
68	ZA 14	CHANTRAINE		88
66	TA 14	CHANTRAINES		52
107	XA 19	CHANTRANS		25
57	U 13	CHANTRIGNE		53
57	T 12	CHANU		61
47	ZA 11	CHANVILLE		57
95	T 18	CHANZEAUX		49
81	GA 17	CHAON		41
67	XA 13	CHAOUILLEY		54
85	PA 15	CHAOURCE	C	10
29	OA 8	CHAOURSE		02
120	RA 22	CHAPAIZE		71
153	XA 27	CHAPAREILLAN		38
133	JA 25	CHAPDES BEAUFORT		63
143	Y 27	CHAPDEUIL		24
118	MA 22	CHAPEAU		03
139	XA 25	CHAPEIRY		74
65	QA 13	CHAPELAINE		51
133	HA 22	CHAPELAUDE, LA		03
134	MA 24	CHAPELLE, LA		03
30	SA 7	CHAPELLE, LA		08
129	W 25	CHAPELLE, LA		16
153	YA 27	CHAPELLE, LA		73
110	P 21	CHAPELLE ACHARD, LA		85
148	MA 26	CHAPELLE AGNON, LA		63
77	T 15	CHAPELLE ANTHENAISE, LA		53
119	OA 21	CHAPELLE AU MANS, LA		71
57	T 12	CHAPELLE AU MOINE, LA		61
57	U 14	CHAPELLE AU RIBOUL, LA		53
158	BA 28	CHAPELLE AUBAREIL, LA		24
68	YA 15	CHAPELLE AUX BOIS, LA		88
159	DA 28	CHAPELLE AUX BROCS, LA		19
118	MA 21	CHAPELLE AUX CHASSES, LA		03
78	X 17	CHAPELLE AUX CHOUX, LA		72
55	O 13	CHAPELLE AUX FILTZMEENS, LA		35
111	T 21	CHAPELLE AUX LYS, LA		85
97	Y 18	CHAPELLE AUX NAUX, LA		37
159	EA 29	CHAPELLE AUX SAINTS, LA		19
131	DA 22	CHAPELLE BALOUE, LA		23
94	Q 18	CHAPELLE BASSE MER, LA		44
112	V 22	CHAPELLE BATON, LA		79
129	Y 23	CHAPELLE BATON, LA		86
37	Y 10	CHAPELLE BAYVEL, LA		27
162	MA 27	CHAPELLE BERTIN, LA		43
112	V 21	CHAPELLE BERTRAND, LA		79
57	T 12	CHAPELLE BICHE, LA		61
75	N 14	CHAPELLE BLANCHE, LA		22
153	XA 27	CHAPELLE BLANCHE, LA		73
98	AA 19	CHAPELLE BLANCHE ST MARTIN, LA		37
75	O 15	CHAPELLE BOUEXIC, LA		35
74	L 16	CHAPELLE CARO, LA		56
56	R 12	CHAPELLE CECELIN, LA		50
75	O 14	CHAPELLE CHAUSSEE, LA		35
77	S 16	CHAPELLE CRAONNAISE, LA		53
140	AB 23	CHAPELLE D'ABONDANCE, LA		74
161	JA 28	CHAPELLE D'ALAGNON, LA		15
78	V 16	CHAPELLE D'ALIGNE, LA		72
57	U 13	CHAPELLE D'ANDAINE, LA		61
100	HA 18	CHAPELLE D'ANGILLON, LA	C	18
9	JA 3	CHAPELLE D'ARMENTIERES, LA		59
61	EA 13	CHAPELLE D'AUNAINVILLE, LA		28
149	PA 27	CHAPELLE D'AUREC, LA		43
123	YA 20	CHAPELLE D'HUIN		25
120	RA 21	CHAPELLE DE BRAGNY, LA		71
75	O 16	CHAPELLE DE BRAIN, LA		35
136	RA 23	CHAPELLE DE GUINCHAY, LA	C	71
152	UA 26	CHAPELLE DE LA TOUR, LA		38
136	QA 24	CHAPELLE DE MARDORE, LA		69
151	SA 27	CHAPELLE DE SURIEU, LA		38
123	XA 21	CHAPELLE DES BOIS		25
75	O 14	CHAPELLE DES FOUGERETZ, LA		35
92	M 18	CHAPELLE DES MARAIS, LA		44
142	U 25	CHAPELLE DES POTS, LA		17
69	AB 14	CHAPELLE DEVANT BRUYERES, LA		88
153	XA 27	CHAPELLE DU BARD, LA		38
59	Z 14	CHAPELLE DU BOIS, LA		72
38	BA 10	CHAPELLE DU BOIS DES FAULX, LA		27
24	BA 7	CHAPELLE DU BOURGAY, LA		76
137	SA 24	CHAPELLE DU CHATELARD, LA		01
95	S 19	CHAPELLE DU GENET, LA		49
75	N 14	CHAPELLE DU LOU, LA		35
136	QA 22	CHAPELLE DU MONT DE FRANCE, LA		71
152	WA 25	CHAPELLE DU MONT DU CHAT, LA		73
80	CA 15	CHAPELLE DU NOYER, LA		28
34	R 10	CHAPELLE EN JUGER, LA		50
149	OA 26	CHAPELLE EN LAFAYE, LA		42
40	HA 10	CHAPELLE EN SERVAL, LA		60
167	YA 29	CHAPELLE EN VALGAUDEMAR, LA		05
166	UA 29	CHAPELLE EN VERCORS, LA	C	26
39	EA 10	CHAPELLE EN VEXIN, LA		95
80	BA 16	CHAPELLE ENCHERIE, LA		41
35	T 11	CHAPELLE ENGERBOLD, LA		14
76	R 15	CHAPELLE ERBREE, LA		35
144	Z 27	CHAPELLE FAUCHER, LA		24
43	RA 11	CHAPELLE FELCOURT, LA		51
38	DA 12	CHAPELLE FORAINVILLIERS, LA		28

Page	Carreau	Commune	Adm.	Dpt
59	AA 12	CHAPELLE FORTIN, LA		28
75	N 16	CHAPELLE GACELINE, LA		56
112	U 20	CHAPELLE GAUDIN, LA		79
79	Z 16	CHAPELLE GAUGAIN, LA		72
37	Y 11	CHAPELLE GAUTHIER, LA		27
63	JA 13	CHAPELLE GAUTHIER, LA		77
148	MA 27	CHAPELLE GENESTE, LA		43
94	R 17	CHAPELLE GLAIN, LA		44
144	Z 27	CHAPELLE GONAGUET, LA		24
143	Y 27	CHAPELLE GRESIGNAC, LA		24
59	AA 15	CHAPELLE GUILLAUME		28
37	Y 10	CHAPELLE HARENG, LA		27
36	X 11	CHAPELLE HAUTE GRUE, LA		14
109	O 21	CHAPELLE HERMIER, LA		85
94	Q 19	CHAPELLE HEULIN, LA		44
117	JA 20	CHAPELLE HUGON, LA		18
76	R 16	CHAPELLE HULLIN, LA		49
79	Z 16	CHAPELLE HUON, LA		72
63	JA 12	CHAPELLE IGER, LA		77
76	R 14	CHAPELLE JANSON, LA		35
62	IA 14	CHAPELLE LA REINE, LA	C	77
64	NA 12	CHAPELLE LASSON, LA		51
93	N 18	CHAPELLE LAUNAY, LA		44
162	LA 28	CHAPELLE LAURENT, LA		15
88	YA 16	CHAPELLE LES LUXEUIL, LA		70
148	KA 26	CHAPELLE MARCOUSSE, LA		63
143	Y 27	CHAPELLE MONTABOURLET, LA		24
144	AA 26	CHAPELLE MONTBRANDEIX, LA		87
42	MA 11	CHAPELLE MONTHODON, LA		02
59	Z 13	CHAPELLE MONTLIGEON, LA		61
101	JA 19	CHAPELLE MONTLINARD, LA		18
99	EA 18	CHAPELLE MONTMARTIN, LA		41
144	Z 27	CHAPELLE MONTMOREAU, LA		24
113	X 22	CHAPELLE MONTREUIL, LA		86
113	Z 21	CHAPELLE MOULIERE, LA		86
41	LA 12	CHAPELLE MOUTILS, LA		77
121	TA 21	CHAPELLE NAUDE, LA		71
53	H 13	CHAPELLE NEUVE, LA		22
73	J 16	CHAPELLE NEUVE, LA		56
80	DA 15	CHAPELLE ONZERAIN, LA		45
115	DA 20	CHAPELLE ORTHEMALE, LA		36
110	P 21	CHAPELLE PALLUAU, LA		85
129	W 23	CHAPELLE POUILLOUX, LA		79
58	X 13	CHAPELLE PRES SEES, LA		61
63	JA 13	CHAPELLE RABLAIS, LA		77
77	U 15	CHAPELLE RAINSOUIN, LA		53
139	YA 24	CHAPELLE RAMBAUD, LA		74
38	CA 10	CHAPELLE REANVILLE, LA		27
95	T 19	CHAPELLE ROUSSELIN, LA		49
60	BA 15	CHAPELLE ROYALE		28
59	Z 14	CHAPELLE SOUEF, LA		61
120	RA 22	CHAPELLE SOUS BRANCION, LA		71
136	PA 23	CHAPELLE SOUS DUN, LA		71
42	NA 11	CHAPELLE SOUS ORBAIS, LA		51
120	PA 20	CHAPELLE SOUS UCHON, LA		71
146	FA 27	CHAPELLE SPINASSE		19
102	LA 18	CHAPELLE ST ANDRE, LA		58
76	Q 14	CHAPELLE ST AUBERT, LA		35
78	X 15	CHAPELLE ST AUBIN, LA		72
111	U 21	CHAPELLE ST ETIENNE, LA		79
94	R 18	CHAPELLE ST FLORENT, LA		49
78	X 15	CHAPELLE ST FRAY, LA		72
160	FA 28	CHAPELLE ST GERAUD, LA		19
158	BA 28	CHAPELLE ST JEAN, LA		24
77	V 17	CHAPELLE ST LAUD, LA		49
112	U 21	CHAPELLE ST LAURENT, LA		79
99	EA 19	CHAPELLE ST LAURIAN, LA		36
64	OA 14	CHAPELLE ST LUC, LA	C	10
132	FA 24	CHAPELLE ST MARTIAL, LA		23
152	WA 26	CHAPELLE ST MARTIN, LA		73
80	CA 16	CHAPELLE ST MARTIN EN PLAINE, LA		41
139	YA 25	CHAPELLE ST MAURICE, LA		74
81	EA 16	CHAPELLE ST MESMIN, LA		45
25	DA 8	CHAPELLE ST OUEN, LA		76
87	WA 17	CHAPELLE ST QUILLAIN, LA		70
59	Y 15	CHAPELLE ST REMY, LA		72
95	S 18	CHAPELLE ST SAUVEUR, LA		44
121	UA 20	CHAPELLE ST SAUVEUR, LA		71
82	JA 15	CHAPELLE ST SEPULCRE, LA		45
63	KA 13	CHAPELLE ST SULPICE, LA		77
100	GA 19	CHAPELLE ST URSIN, LA		18
82	JA 16	CHAPELLE SUR AVEYRON, LA		45
41	LA 11	CHAPELLE SUR CHEZY, LA		02
150	QA 26	CHAPELLE SUR COISE, LA		69
24	AA 7	CHAPELLE SUR DUN, LA		76
93	P 18	CHAPELLE SUR ERDRE, LA	C	44
122	WA 20	CHAPELLE SUR FURIEUSE, LA		39
97	X 19	CHAPELLE SUR LOIRE, LA		37
63	LA 14	CHAPELLE SUR OREUSE, LA		89
77	S 17	CHAPELLE SUR OUDON, LA		49
145	EA 26	CHAPELLE SUR USSON, LA		63
132	EA 24	CHAPELLE TAILLEFERT, LA		23
121	TA 22	CHAPELLE THECLE, LA		71
111	S 22	CHAPELLE THEMER, LA		85
111	U 22	CHAPELLE THIREUIL, LA		79
75	O 15	CHAPELLE THOUARAULT, LA		35
56	R 12	CHAPELLE UREE, LA		50
64	OA 13	CHAPELLE VALLON		10
84	NA 16	CHAPELLE VAUPELTEIGNE, LA		89
80	CA 17	CHAPELLE VENDOMOISE, LA		41
79	BA 15	CHAPELLE VICOMTESSE, LA		41
37	Z 12	CHAPELLE VIEL, LA		61
150	RA 26	CHAPELLE VILLARS, LA		42
114	Z 22	CHAPELLE VIVIERS		86
122	UA 20	CHAPELLE VOLAND		39
37	Y 10	CHAPELLE YVON, LA		14
154	AB 26	CHAPELLES, LES		73
40	JA 12	CHAPELLES BOURBON, LES		77
82	IA 15	CHAPELON		45
101	IA 18	CHAPELOTTE, LA		18
39	FA 11	CHAPET		78
123	XA 20	CHAPOIS		39
151	SA 26	CHAPONNAY		69
150	RA 25	CHAPONOST		69
133	JA 22	CHAPPES		03
29	PA 8	CHAPPES		08
65	PA 14	CHAPPES		10
134	LA 25	CHAPPES		63
131	CA 24	CHAPTELAT		87
134	KA 24	CHAPTUZAT		63
152	VA 26	CHARANCIEU		38
151	TA 26	CHARANTONNAY		38
152	VA 27	CHARAVINES		38
29	QA 8	CHARBOGNE		08
119	OA 21	CHARBONNAT		71
148	LA 27	CHARBONNIER LES MINES		63
60	AA 14	CHARBONNIERES		28
137	SA 22	CHARBONNIERES		71
150	RA 25	CHARBONNIERES LES BAINS		69
107	YA 19	CHARBONNIERES LES SAPINS		25
133	JA 24	CHARBONNIERES LES VARENNES		63
133	JA 24	CHARBONNIERES LES VIEILLES		63
83	MA 16	CHARBUY		89
180	UA 31	CHARCE, LA		26
96	U 18	CHARCE ST ELLIER SUR AUBANCE		49

Page	Carreau	Commune	Adm.	Dpt
200	BB 34	COURMES		06
42	MA 10	COURMONT		02
89	AB 17	COURMONT		70
221	GA 37	COURNANEL		11
40	HA 11	COURNEUVE, LA	C	93
213	IA 35	COURNIOU		34
147	KA 26	COURNOLS		63
75	N 16	COURNON		56
148	KA 25	COURNON D'AUVERGNE	C	63
214	NA 35	COURNONSEC		34
214	NA 35	COURNONTERRAL		34
143	X 26	COURONNE, LA	C	16
44	UA 11	COUROUVRE		55
63	JA 12	COURPALAY		77
156	V 30	COURPIAC		33
148	MA 25	COURPIERE	C	63
142	U 27	COURPIGNAC		17
62	IA 12	COURQUETAINE		77
186	X 34	COURRENSAN		32
17	JA 4	COURRIERES	C	62
190	HA 33	COURRIS		81
178	PA 32	COURRY		30
174	DA 31	COURS		46
172	Z 32	COURS		47
112	U 22	COURS		79
74	L 16	COURS, LE		56
171	X 30	COURS DE MONSEGUR		33
157	Z 29	COURS DE PILE		24
136	PA 24	COURS LA VILLE		69
171	W 31	COURS LES BAINS		33
102	KA 19	COURS LES BARRES		18
158	Z 28	COURSAC		24
213	KA 36	COURSAN	C	11
64	NA 15	COURSAN EN OTHE		10
200	BB 34	COURSEGOULES	C	06
7	EA 3	COURSET		62
35	U 9	COURSEULLES SUR MER		14
56	R 11	COURSON		14
83	MA 17	COURSON LES CARRIERES	C	89
61	GA 13	COURSON MONTELOUP		91
41	LA 12	COURTACON		77
42	OA 10	COURTAGNON		51
60	BA 15	COURTALAIN		28
84	NA 15	COURTAOULT		10
221	FA 37	COURTAULY		11
90	CB 18	COURTAVON		68
108	BB 18	COURTEFONTAINE		25
106	WA 19	COURTEFONTAINE		39
38	BA 12	COURTEILLES		27
146	HA 26	COURTEIX		19
90	CB 17	COURTELEVANT		90
26	HA 8	COURTEMANCHE		80
83	JA 15	COURTEMAUX		45
43	RA 10	COURTEMONT		51
42	MA 10	COURTEMONT VARENNES		02
62	IA 15	COURTEMPIERRE		45
152	UA 25	COURTENAY		38
83	KA 15	COURTENAY	C	45
65	PA 14	COURTENOT		10
65	PA 14	COURTERANGES		10
85	QA 15	COURTERON		10
121	TA 22	COURTES		01
87	VA 17	COURTESOULT ET GATEY		70
107	ZA 19	COURTETAIN ET SALANS		25
221	FA 37	COURTETE, LA		11
40	HA 10	COURTEUIL		60
195	SA 33	COURTHEZON		84
42	MA 10	COURTHIEZY		51
208	X 35	COURTIES		32
27	KA 9	COURTIEUX		60
77	V 16	COURTILLERS		72
56	Q 12	COURTILS		50
146	GA 25	COURTINE, LA	C	23
43	QA 11	COURTISOLS		51
86	SA 17	COURTIVRON		21
63	KA 15	COURTOIN		89
63	LA 14	COURTOIS SUR YONNE		89
59	Y 12	COURTOMER	C	61
63	JA 12	COURTOMER		77
37	Y 10	COURTONNE LA MEURDRAC		14
37	Y 10	COURTONNE LES DEUX EGLISES		14
28	NA 8	COURTRIZY ET FUSSIGNY		02
40	IA 11	COURTRY		77
35	T 11	COURVAUDON		14
123	XA 20	COURVIERES		25
42	MA 10	COURVILLE		51
60	CA 13	COURVILLE SUR EURE	C	28
150	QA 25	COURZIEU		69
122	UA 22	COUSANCE		39
66	TA 12	COUSANCES LES FORGES		55
44	UA 12	COUSANCES LES TRICONVILLE		55
19	OA 5	COUSOLRE		59
219	EA 37	COUSSA		09
145	CA 26	COUSSAC BONNEVAL		87
208	X 36	COUSSAN		65
113	X 20	COUSSAY		86
114	Z 20	COUSSAY LES BOIS		86
84	OA 15	COUSSEGREY		10
176	JA 31	COUSSERGUES		12
67	VA 13	COUSSEY	C	88
117	IA 21	COUST		18
221	GA 38	COUSTAUSSA		11
223	IA 37	COUSTOUGE		11
224	IA 40	COUSTOUGES		66
34	Q 11	COUTANCES	S	50
133	KA 23	COUTANSOUZE		03
84	OA 17	COUTARNOUX		89
63	KA 13	COUTENCON		77
219	EA 37	COUTENS		09
57	U 13	COUTERNE		61
105	TA 18	COUTERNON		21
162	MA 28	COUTEUGES		43
41	JA 11	COUTEVROULT		77
89	AB 17	COUTHENANS		70
171	X 31	COUTHURES SUR GARONNE		47
18	KA 4	COUTICHES		59
112	W 22	COUTIERES		79
135	PA 24	COUTOUVRE		42
156	W 28	COUTRAS	C	33
129	X 24	COUTURE		16
8	IA 4	COUTURE, LA		62
125	R 22	COUTURE, LA		85
38	CA 11	COUTURE BOUSSEY, LA		27
128	W 24	COUTURE D'ARGENSON		79
79	Z 16	COUTURE SUR LOIR		41
17	HA 5	COUTURELLE		62
143	Y 27	COUTURES		24
171	W 30	COUTURES		33
96	V 18	COUTURES		49
187	BA 33	COUTURES		82
35	S 10	COUVAINS		50
37	Z 11	COUVAINS		61
191	LA 33	COUVERTOIRADE, LA		12
66	UA 13	COUVERTPUIS		55
65	RA 14	COUVIGNON		10
33	P 8	COUVILLE		50
44	TA 12	COUVONGES		55
28	MA 9	COUVRELLES		02
28	MA 8	COUVRON ET AUMENCOURT		02
43	QA 12	COUVROT		51
164	RA 30	COUX		07
142	U 27	COUX		17
158	AA 29	COUX ET BIGAROQUE		24
101	JA 19	COUY		18
76	P 16	COUYERE, LA		35
158	Z 29	COUZE ET ST FRONT		24
131	CA 25	COUZEIX		87
97	W 19	COUZIERS		37
118	KA 21	COUZON		03
137	SA 25	COUZON AU MONT D'OR		69
159	DA 30	COUZOU		46
187	BA 34	COX		31
40	HA 10	COYE LA FORET		60
8	GA 4	COYECQUES		62
43	KA 10	COYOLLES		02
138	WA 23	COYRIERE		39
122	VA 22	COYRON		39
137	YA 13	COYVILLER		54
141	S 26	COZES	C	17
228	LB 42	COZZANO		2A
91	J 17	CRACH		56
151	TA 26	CRACHIER		38
83	MA 17	CRAIN		89
46	YA 11	CRAINCOURT		57
149	PA 26	CRAINTILLEUX		42
67	WA 14	CRAINVILLIERS		88
41	MA 10	CRAMAILLE		02
122	WA 20	CRAMANS		39
42	OA 11	CRAMANT		51
127	T 23	CRAMCHABAN		17
58	V 12	CRAMENIL		61
40	HA 10	CRAMOISY		60
16	FA 6	CRAMONT		80
219	DA 37	CRAMPAGNA		09
139	XA 24	CRAN GEVRIER		74
64	MA 13	CRANCEY		10
122	VA 21	CRANCOT		39
160	GA 29	CRANDELLES		15
78	W 15	CRANNES EN CHAMPAGNE		72
137	TA 24	CRANS		01
123	XA 21	CRANS		39
175	GA 31	CRANSAC		12
68	YA 13	CRANTENOY		54
139	YA 23	CRANVES SALES		74
76	S 16	CRAON	C	53
112	W 21	CRAON		86
28	NA 9	CRAONNE	C	02
28	NA 9	CRAONNELLE		02
27	JA 8	CRAPEAUMESNIL		60
150	RA 25	CRAPONNE		69
149	NA 27	CRAPONNE SUR ARZON	C	43
152	UA 27	CRAS		38
174	DA 30	CRAS		46
137	TA 23	CRAS SUR REYSSOUZE		01
49	DB 12	CRASTATT		67
187	Z 34	CRASTES		32
38	BA 10	CRASVILLE		27
33	Q 8	CRASVILLE		50
24	Z 7	CRASVILLE LA MALLET		76
24	AA 7	CRASVILLE LA ROCQUEFORT		76
203	XA 37	CRAU, LA	C	83
89	AB 17	CRAVANCHE		90
141	T 26	CRAVANS		17
80	DA 16	CRAVANT		45
84	NA 17	CRAVANT		89
97	Y 19	CRAVANT LES COTEAUX		37
185	W 34	CRAVENCERES		32
38	DA 11	CRAVENT		78
173	CA 31	CRAYSSAC		46
8	GA 2	CRAYWICK		59
127	T 25	CRAZANNES		17
96	V 17	CRE		72
34	P 10	CREANCES		50
104	RA 19	CREANCEY		21
86	TA 17	CRECEY SUR TILLE		21
128	V 22	CRECHE, LA		79
136	RA 23	CRECHES SUR SAONE		71
217	Z 37	CRECHETS		65
134	LA 23	CRECHY		03
28	LA 9	CRECY AU MONT		02
60	CA 12	CRECY COUVE		28
16	EA 5	CRECY EN PONTHIEU	C	80
41	JA 11	CRECY LA CHAPELLE	C	77
28	MA 8	CRECY SUR SERRE	C	02
74	K 15	CREDIN		56
174	EA 31	CREGOLS		46
41	JA 11	CREGY LES MEAUX		77
47	ZA 11	CREHANGE		57
55	M 13	CREHEN		22
87	HA 10	CREIL	C	60
213	JA 36	CREISSAN		34
191	KA 33	CREISSELS		12
7	EA 3	CREMAREST		62
135	NA 24	CREMEAUX		42
27	JA 7	CREMERY		80
151	UA 25	CREMIEU	C	38
138	WA 24	CREMPIGNY BONNEGUETE		74
174	DA 31	CREMPS		46
122	WA 22	CRENANS		39
64	OA 14	CRENEY PRES TROYES		10
58	V 13	CRENNES SUR FRAUBEE		53
156	U 29	CREON	C	33
185	W 33	CREON D'ARMAGNAC		40
120	RA 20	CREOT		71
85	PA 17	CREPAND		21
67	XA 13	CREPEY		54
165	TA 28	CREPOL		26
35	U 9	CREPON		14
28	MA 8	CREPY		02
16	GA 4	CREPY		62
41	JA 10	CREPY EN VALOIS	C	60
16	FA 4	CREQUY		62
194	OA 35	CRES, LE		34
106	VA 18	CRESANCEY		70
64	OA 15	CRESANTIGNES		10
56	R 12	CRESNAYS, LES		50
193	OA 33	CRESPIAN		30
39	FA 11	CRESPIERES		78
175	GA 32	CRESPIN		12
18	MA 4	CRESPIN		59
190	GA 33	CRESPIN		81
190	GA 33	CRESPINET		81
65	RA 13	CRESPY LE NEUF		10
143	W 27	CRESSAC ST GENIS		16
134	KA 22	CRESSANGES		03
132	FA 23	CRESSAT		23
128	V 24	CRESSE		17
176	KA 32	CRESSE, LA		12
159	DA 28	CRESSENSAC		46
36	V 9	CRESSERONS		14
36	W 10	CRESSEVEUILLE		14
122	UA 22	CRESSIA		39
152	WA 25	CRESSIN ROCHEFORT		01
26	HA 9	CRESSONSACQ		60
24	BA 8	CRESSY		76
27	JA 8	CRESSY OMENCOURT		80
119	NA 21	CRESSY SUR SOMME		71
165	SA 30	CREST	C	26
148	KA 25	CREST, LE		63
139	ZA 25	CREST VOLAND		73
148	KA 26	CRESTE		63
179	TA 32	CRESTET		84
164	RA 28	CRESTET, LE		07
38	AA 10	CRESTOT		27
40	HA 12	CRETEIL	P	94
34	Q 9	CRETTEVILLE		50
35	U 9	CREULLY	C	14
26	GA 7	CREUSE		80
88	YA 17	CREUSE, LA		70
120	QA 20	CREUSOT, LE	C	71
47	AB 10	CREUTZWALD		57
134	LA 23	CREUZIER LE NEUF		03
134	LA 23	CREUZIER LE VIEUX		03
89	ZA 17	CREVANS ET LA CHAPELLE LES GRANGES		70
116	FA 22	CREVANT		36
134	LA 24	CREVANT LAVEINE		63
68	YA 13	CREVECHAMPS		54
36	W 10	CREVECOEUR EN AUGE		14
41	JA 12	CREVECOEUR EN BRIE		77
26	FA 8	CREVECOEUR LE GRAND	C	60
26	HA 8	CREVECOEUR LE PETIT		60
18	LA 6	CREVECOEUR SUR L'ESCAUT		59
88	YA 17	CREVENEY		70
46	ZA 12	CREVIC		54
75	P 15	CREVIN		35
182	ZA 31	CREVOUX		05
152	VA 25	CREYS MEPIEU		38
143	Z 27	CREYSSAC		24
157	Z 29	CREYSSE		24
159	DA 29	CREYSSE		46
164	QA 30	CREYSSEILLES		07
158	Z 28	CREYSSENSAC ET PISSOT		24
116	GA 20	CREZANCAY SUR CHER		18
42	MA 11	CREZANCY		02
101	IA 18	CREZANCY EN SANCERRE		18
128	V 24	CREZIERES		79
67	WA 13	CREZILLES		54
23	X 9	CRICQUEBOEUF		14
36	W 10	CRICQUEVILLE EN AUGE		14
35	S 9	CRICQUEVILLE EN BESSIN		14
15	CA 6	CRIEL SUR MER		76
25	FA 8	CRILLON		60
180	TA 32	CRILLON LE BRAVE		84
105	TA 18	CRIMOLOIS		21
46	ZA 12	CRION		54
24	BA 8	CRIQUE, LA		76
23	X 7	CRIQUEBEUF EN CAUX		76
38	BA 10	CRIQUEBEUF LA CAMPAGNE		27
24	BA 8	CRIQUEBEUF SUR SEINE		27
23	X 8	CRIQUETOT L'ESNEVAL	C	76
23	Z 7	CRIQUETOT LE MAUCONDUIT		76
24	BA 7	CRIQUETOT SUR LONGUEVILLE		76
24	AA 8	CRIQUETOT SUR OUVILLE		76
25	EA 8	CRIQUIERS		76
62	IA 13	CRISENOY		77
27	KA 8	CRISOLLES		60
97	Y 19	CRISSAY SUR MANSE		37
78	W 14	CRISSE		72
106	UA 19	CRISSEY		39
121	SA 21	CRISSEY		71
227	JB 41	CRISTINACCE		2A
35	T 10	CRISTOT		14
142	V 26	CRITEUIL LA MAGDELEINE		16
24	CA 8	CRITOT		76
228	MB 40	CROCE		2B
8	HA 2	CROCHTE		59
228	MB 40	CROCICCHIA		2B
132	HA 25	CROCQ	C	23
26	GA 8	CROCQ, LE		60
36	W 11	CROCY		14
50	GB 11	CROETTWILLER		67
156	V 29	CROIGNON		33
162	MA 29	CROISANCES		43
16	GA 5	CROISETTE		62
92	L 18	CROISIC, LE	C	44
38	BA 11	CROISILLE, LA		27
145	DA 26	CROISILLE SUR BRIANCE, LA		87
35	U 11	CROISILLES		14
60	DA 12	CROISILLES		28
37	X 12	CROISILLES		61
17	JA 5	CROISILLES	C	62
68	ZA 12	CROISMARE		54
36	W 10	CROISSANVILLE		14
40	IA 12	CROISSY BEAUBOURG		77
26	GA 8	CROISSY SUR CELLE		60
39	GA 11	CROISSY SUR SEINE		78
73	H 15	CROISTY, LE		56
117	JA 20	CROISY		18
25	CA 9	CROISY SUR ANDELLE		76
38	CA 11	CROISY SUR EURE		27
9	KA 3	CROIX		59
108	BB 18	CROIX		90
27	KA 9	CROIX AUX BOIS, LA		08
69	CB 14	CROIX AUX MINES, LA		88
56	Q 13	CROIX AVRANCHIN, LA		50
172	Z 32	CROIX BLANCHE, LA		47
18	MA 6	CROIX CALUYAU		59
127	S 24	CROIX CHAPEAU		17
128	U 24	CROIX COMTESSE, LA		17
153	XA 26	CROIX DE LA ROCHETTE, LA		73
60	BA 14	CROIX DU PERCHE, LA		28
63	KA 13	CROIX EN BRIE, LA		77
43	RA 10	CROIX EN CHAMPAGNE, LA		51
16	GA 5	CROIX EN TERNOIS		62
98	AA 18	CROIX EN TOURAINE, LA		37
18	LA 7	CROIX FONSOMMES		02
74	L 15	CROIX HELLEAN, LA		56
24	AA 8	CROIX MARE		76
27	KA 7	CROIX MOLIGNEAUX		80
38	CA 10	CROIX ST LEUFROY, LA		27
130	BA 23	CROIX SUR GARTEMPE, LA		87
41	LA 10	CROIX SUR OURCQ, LA		02
198	BB 33	CROIX SUR ROUDOULE, LA		06
204	ZA 36	CROIX VALMER, LA		83
73	J 15	CROIXANVEC		56
25	CA 7	CROIXDALLE		76
76	R 14	CROIXILLE, LA		53
26	FA 7	CROIXRAULT		80
135	PA 24	CROIZET SUR GAND		42
153	WA 27	CROLLES		38
56	Q 13	CROLLON		50
131	CA 23	CROMAC		87
107	XA 18	CROMARY		70
119	NA 21	CRONAT		71
162	LA 28	CRONCE		43
77	U 15	CROPTE, LA		53
24	BA 7	CROPUS		76
192	NA 33	CROS		30
147	IA 26	CROS		63
192	LA 34	CROS, LE		34
164	QA 29	CROS DE GEORAND		07
160	GA 28	CROS DE MONTVERT		15
161	IA 29	CROS DE RONESQUE		15
107	ZA 18	CROSEY LE GRAND		25
107	ZA 18	CROSEY LE PETIT		25
78	W 16	CROSMIERES		72
40	HA 12	CROSNE		91
93	N 18	CROSSAC		44
117	IA 20	CROSSES		18
38	AA 10	CROSVILLE LA VIEILLE		27
33	Q 9	CROSVILLE SUR DOUVE		50
24	BA 7	CROSVILLE SUR SCIE		76
79	AA 17	CROTELLES		37
122	WA 21	CROTENAY		39
38	CA 11	CROTH		28
15	DA 5	CROTOY, LE		80
182	ZA 31	CROTS		05
61	FA 15	CROTTES EN PITHIVERAIS		45
137	SA 23	CROTTET		01
75	N 14	CROUAIS, LE		35
35	T 10	CROUAY		14
37	X 11	CROUPTE, LA		14
208	W 35	CROUSEILLES		64
113	X 22	CROUTELLE		86
84	NA 15	CROUTES, LES		10
27	KA 9	CROUTOY		60
36	X 11	CROUTTES		61
41	LA 11	CROUTTES SUR MARNE		02
28	LA 9	CROUY		02
40	HA 10	CROUY EN THELLE		60
16	FA 6	CROUY ST PIERRE		80
80	DA 17	CROUY SUR COSSON		41
41	KA 10	CROUY SUR OURCQ		77
123	XA 21	CROUZET, LE		25
123	XA 20	CROUZET MIGETTE		25
133	IA 23	CROUZILLE, LA		63
97	Y 19	CROUZILLES		37
131	DA 22	CROZANT		23
146	GA 25	CROZE		23
165	SA 28	CROZES HERMITAGE		26
139	XA 23	CROZET		01
135	NA 23	CROZET, LE		42
122	WA 22	CROZETS, LES		39
51	C 14	CROZON	C	29
115	EA 22	CROZON SUR VAUVRE		36
179	RA 30	CRUAS		07
60	BA 12	CRUCEY VILLAGES		28
80	BA 16	CRUCHERAY		41
176	JA 31	CRUEJOULS		12
153	XA 26	CRUET		73
104	RA 19	CRUGEY		21
42	NA 10	CRUGNY		51
74	L 16	CRUGUEL		56
197	WA 33	CRUIS		04
37	Z 12	CRULAI		61
180	TA 30	CRUPIES		26
19	NA 7	CRUPILLY		02
223	JA 37	CRUSCADES		11
139	XA 24	CRUSEILLES	C	74
32	WA 9	CRUSNES		54
193	PA 33	CRUVIERS LASCOURS		30
102	MA 19	CRUX LA VILLE		58
120	RA 22	CRUZILLE		71
137	SA 23	CRUZILLES LES MEPILLAT		01
213	JA 36	CRUZY		34
85	PA 16	CRUZY LE CHATEL	C	89
85	PA 16	CRY		89
162	MA 28	CUBELLES		43
177	NA 31	CUBIERES		48
221	HA 38	CUBIERES SUR CINOBLE		11
177	NA 31	CUBIERETTES		48
144	AA 27	CUBJAC		24
159	CA 28	CUBLAC		19
136	QA 24	CUBLIZE		69
156	U 28	CUBNEZAIS		33
107	ZA 17	CUBRIAL		25
107	ZA 17	CUBRY		25
88	XA 16	CUBRY LES FAVERNEY		70
156	U 29	CUBZAC LES PONTS		33
63	KA 13	CUCHARMOY		77
42	NA 10	CUCHERY		51
15	DA 4	CUCQ		62
223	IA 38	CUCUGNAN		11
196	UA 34	CUCURON		84
170	V 31	CUDOS		33
83	KA 15	CUDOT		89
199	BB 33	CUEBRIS		06
208	Y 36	CUELAS		32
203	XA 36	CUERS	C	83
28	LA 9	CUFFIES		02
118	KA 20	CUFFY		18
110	Q 19	CUGAND		85
202	WA 36	CUGES LES PINS		13
210	CA 35	CUGNAUX		31
106	WA 18	CUGNEY		70
27	KA 9	CUGNY		02
55	P 13	CUGUEN		35
217	Y 37	CUGURON		31
113	X 21	CUHON		86
26	HA 9	CUIGNIERES		60
25	EA 9	CUIGY EN BRAY		60
76	R 15	CUILLE		53
8	IA 4	CUINCHY		62
17	KA 5	CUINCY		59
217	Z 37	CUING, LE		31
135	PA 24	CUINZIER		42
28	NA 8	CUIRIEUX		02
41	MA 9	CUIRY HOUSSE		02
28	NA 9	CUIRY LES CHAUDARDES		02
29	OA 7	CUIRY LES IVIERS		02
42	OA 11	CUIS		51
27	JA 9	CUISE LA MOTTE		60
122	UA 22	CUISEAUX	C	71
105	UA 18	CUISEREY		21
121	SA 22	CUISERY	C	71
122	UA 22	CUISIA		39
58	W 13	CUISSAI		61
28	NA 9	CUISSY ET GENY		02
44	TA 10	CUISY		55
40	IA 11	CUISY		77
27	LA 9	CUISY EN ALMONT		02
116	HA 22	CULAN		18
104	QA 19	CULETRE		21
35	U 11	CULEY LE PATRY		14
134	LA 25	CULHAT		63
151	TA 26	CULIN		38
120	RA 21	CULLES LES ROCHES		71
35	U 10	CULLY		14
87	UA 16	CULMONT		52
138	WA 25	CULOZ		01
106	WA 18	CULT		70
177	LA 31	CULTURES		48
42	OA 10	CUMIERES		51
44	TA 10	CUMIERES LE MORT HOMME		55
211	EA 36	CUMIES		11
187	AA 34	CUMONT		82
190	GA 33	CUNAC		81
102	MA 18	CUNCY LES VARZY		58
157	Y 29	CUNEGES		24
30	TA 9	CUNEL		55
90	BB 17	CUNELIERES		90
85	RA 15	CUNFIN		10
148	MA 26	CUNLHAT	C	63
96	W 17	CUON		49
43	QA 10	CUPERLY		51
187	Z 33	CUQ		47
211	FA 35	CUQ		81
211	FA 35	CUQ TOULZA	C	81
207	U 36	CUQUERON		64
143	W 27	CURAC		16
176	JA 32	CURAN		12
181	XA 31	CURBANS		04
136	PA 23	CURBIGNY		71
96	W 20	CURCAY SUR DIVE		86
27	JA 7	CURCHY		80
121	TA 22	CURCIAT DONGALON		01
35	U 11	CURCY SUR ORNE		14
119	OA 21	CURDIN		71
180	VA 32	CUREL		04
66	TA 13	CUREL		52
159	EA 29	CUREMONTE		19
78	W 15	CURES		72
18	MA 5	CURGIES		59
120	QA 20	CURGY		71
153	XA 26	CURIENNE		73
176	JA 30	CURIERES		12
136	RA 25	CURIS AU MONT D'OR		69
105	SA 19	CURLEY		21
17	JA 6	CURLU		80
66	SA 14	CURMONT		52
180	TA 31	CURNIER		26
156	V 29	CURSAN		33
137	TA 23	CURTAFOND		01
136	QA 22	CURTIL SOUS BUFFIERES		71
120	RA 21	CURTIL SOUS BURNAND		71
105	SA 18	CURTIL ST SEINE		21
105	SA 19	CURTIL VERGY		21
190	HA 33	CURVALLE		81
112	W 22	CURZAY SUR VONNE		86
125	Q 22	CURZON		85
107	ZA 18	CUSANCE		25
107	ZA 18	CUSE ET ADRISANS		25
87	UA 17	CUSEY		52
161	JA 29	CUSSAC		15
144	AA 25	CUSSAC		87
155	T 28	CUSSAC FORT MEDOC		33
163	NA 29	CUSSAC SUR LOIRE		43
84	OA 15	CUSSANGY		10
114	AA 20	CUSSAY		37
134	MA 24	CUSSET	C	03
86	TA 17	CUSSEY LES FORGES		21
107	XA 18	CUSSEY SUR L'OGNON		25
107	XA 19	CUSSEY SUR LISON		25
35	T 9	CUSSY		14
103	PA 19	CUSSY EN MORVAN		71
104	RA 19	CUSSY LA COLONNE		21
104	RA 19	CUSSY LE CHATEL		21
103	OA 18	CUSSY LES FORGES		89
46	XA 12	CUSTINES		54
153	XA 25	CUSY		74
27	KA 9	CUTRY		02
31	WA 9	CUTRY		54
27	KA 8	CUTS		60
47	AB 11	CUTTING		57
227	KB 42	CUTTOLI CORTICCHIATO		2A
122	WA 22	CUTTURA		39
139	XA 24	CUVAT		74
88	YA 16	CUVE		70
41	JA 10	CUVERGNON		60
36	V 10	CUVERVILLE		14
38	CA 9	CUVERVILLE		27
23	X 8	CUVERVILLE		76
15	CA 6	CUVERVILLE SUR YERES		76
56	R 12	CUVES		50
66	UA 15	CUVES		52
123	XA 20	CUVIER		39
18	LA 5	CUVILLERS		59
27	IA 8	CUVILLY		60
46	YA 11	CUVRY		57
212	GA 36	CUXAC CABARDES		11
213	KA 36	CUXAC D'AUDE		11
27	JA 8	CUY		60
63	LA 14	CUY		89
25	EA 8	CUY ST FIACRE		76
175	GA 30	CUZAC		46
159	DA 29	CUZANCE		46
138	VA 25	CUZIEU		01
149	PA 26	CUZIEU		42
115	DA 22	CUZION		36
173	AA 31	CUZORN		47
119	OA 21	CUZY		71
28	MA 9	CYS LA COMMUNE		02
9	KA 4	CYSOING	C	59

D

Page	Carreau	Commune	Adm.	Dpt
62	GA 13	D'HUISON LONGUEVILLE		91
69	CB 12	DABO		57
70	EB 13	DACHSTEIN		67
62	GA 14	DADONVILLE		45
158	BA 30	DAGLAN		24
137	TA 25	DAGNEUX		01
41	KA 12	DAGNY		77
29	OA 7	DAGNY LAMBERCY		02
44	UA 12	DAGONVILLE		55
96	U 18	DAGUENIERE, LA		49
70	EB 13	DAHLENHEIM		67
156	V 29	DAIGNAC		33
30	SA 8	DAIGNY		08
66	SA 14	DAILLANCOURT		52
67	VA 15	DAILLECOURT		52
17	IA 5	DAINVILLE	C	62
67	VA 13	DAINVILLE BERTHELEVILLE		55
105	SA 18	DAIX		21
47	ZA 10	DALEM		57
47	ZA 11	DALHAIN		57
50	GB 12	DALHUNDEN		67
148	KA 25	DALLET		63
28	LA 7	DALLON		02
219	DA 37	DALOU		09
47	ZA 9	DALSTEIN		57
198	AB 33	DALUIS		06
68	ZA 13	DAMAS AUX BOIS		88
68	YA 14	DAMAS ET BETTEGNEY		88
171	X 32	DAMAZAN	C	47
48	EB 11	DAMBACH		67
70	DB 14	DAMBACH LA VILLE		67

Page	Carreau	Commune	Adm.	Dpt
108	AB 18	DAMBELIN		25
89	BB 17	DAMBENOIS		25
89	ZA 16	DAMBENOIT LES COLOMBE		70
67	VA 15	DAMBLAIN		88
36	W 11	DAMBLAINVILLE		14
61	EA 15	DAMBRON		28
38	BA 12	DAME MARIE		27
59	Z 14	DAME MARIE		61
80	BA 17	DAME MARIE LES BOIS		37
68	YA 13	DAMELEVIERES		54
25	FA 8	DAMERAUCOURT		60
121	SA 20	DAMEREY		71
42	NA 10	DAMERY		51
27	IA 7	DAMERY		80
92	L 17	DAMGAN		56
189	FA 34	DAMIATTE		81
58	X 13	DAMIGNY		61
45	VA 10	DAMLOUP		55
41	KA 10	DAMMARD		02
60	DA 14	DAMMARIE		28
82	JA 17	DAMMARIE EN PUISAYE		45
82	IA 13	DAMMARIE LES LYS		77
82	JA 16	DAMMARIE SUR LOING		45
66	TA 13	DAMMARIE SUR SAULX		55
40	IA 10	DAMMARTIN EN GOELE	C	77
39	DA 11	DAMMARTIN EN SERVE		78
106	VA 18	DAMMARTIN LES TEMPLIERS		25
106	VA 19	DAMMARTIN MARPAIN		39
87	VA 15	DAMMARTIN SUR MEUSE		52
41	JA 12	DAMMARTIN SUR TIGEAUX		77
19	OA 5	DAMOUSIES		59
29	RA 7	DAMOUZY		08
122	UA 20	DAMPARIS		39
65	QA 13	DAMPIERRE		10
35	S 11	DAMPIERRE		14
106	WA 19	DAMPIERRE	C	39
87	UA 15	DAMPIERRE		52
43	QA 11	DAMPIERRE AU TEMPLE		51
25	DA 8	DAMPIERRE EN BRAY		76
121	TA 20	DAMPIERRE EN BRESSE		71
82	HA 16	DAMPIERRE EN BURLY		45
101	IA 18	DAMPIERRE EN CROT		18
100	FA 19	DAMPIERRE EN GRACAIS		18
104	QA 18	DAMPIERRE EN MONTAGNE		21
39	FA 12	DAMPIERRE EN YVELINES		78
105	UA 18	DAMPIERRE ET FLEE		21
43	SA 11	DAMPIERRE LE CHATEAU		51
90	BB 18	DAMPIERRE LES BOIS		25
88	YA 16	DAMPIERRE LES CONFLANS		70
83	KA 17	DAMPIERRE SOUS BOUHY		58
80	BA 14	DAMPIERRE SOUS BROU		28
24	CA 7	DAMPIERRE ST NICOLAS		76
38	BA 12	DAMPIERRE SUR AVRE		28
128	U 24	DAMPIERRE SUR BOUTONNE		17
108	AB 17	DAMPIERRE SUR LE DOUBS		25
88	YA 17	DAMPIERRE SUR LINOTTE		70
43	QA 11	DAMPIERRE SUR MOIVRE		51
87	VA 17	DAMPIERRE SUR SALON	C	70
89	AB 16	DAMPJOUX		25
41	KA 10	DAMPLEUX		02
40	IA 11	DAMPMART		77
159	DA 28	DAMPNIAT		19
108	BB 19	DAMPRICHARD		25
38	BA 9	DAMPS, LES		27
39	DA 10	DAMPSMESNIL		27
88	YA 17	DAMPVALLEY LES COLOMBE		70
88	YA 16	DAMPVALLEY ST PANCRAS		70
45	WA 11	DAMPVITOUX		54
87	VA 15	DAMREMONT		52
38	BA 11	DAMVILLE	C	27
31	UA 9	DAMVILLERS	C	55
127	T 23	DAMVIX		85
135	OA 25	DANCE		42
59	AA 14	DANCE		61
86	SA 15	DANCEVOIR		52
25	DA 7	DANCOURT		76
27	IA 8	DANCOURT POPINCOURT		80
60	DA 14	DANCY		28
36	W 10	DANESTAL		14
113	Z 20	DANGE ST ROMAIN	C	86
60	CA 14	DANGEAU		28
60	CA 13	DANGERS		28
58	X 14	DANGEUL		72
70	DB 13	DANGOLSHEIM		67
39	EA 10	DANGU		27
34	R 11	DANGY		50
28	LA 8	DANIZY		02
89	BB 17	DANJOUTIN	C	90
49	DB 12	DANNE ET QUATRE VENTS		57
48	CB 12	DANNELBOURG		57
108	BB 18	DANNEMARIE		25
90	CB 17	DANNEMARIE	C	68
39	DA 12	DANNEMARIE		78
106	WA 19	DANNEMARIE SUR CRETE		25
84	OA 16	DANNEMOINE		89
62	HA 13	DANNEMOIS		91
7	DA 4	DANNES		62
30	TA 9	DANNEVOUX		55
35	T 11	DANVOU LA FERRIERE		14
79	BA 16	DANZE		41
77	T 16	DAON		53
51	D 14	DAOULAS	C	29
26	HA 7	DAOURS		80
160	FA 28	DARAZAC		19
122	VA 20	DARBONNAY		39
178	QA 30	DARBRES		07
85	QA 17	DARCEY		21
156	V 29	DARDENAC		33
38	BA 10	DARDEZ		27
150	RA 25	DARDILLY		69
136	QA 24	DAREIZE		69
26	FA 8	DARGIES		60
15	DA 6	DARGNIES		80
150	RA 26	DARGOIRE		42
66	TA 14	DARMANNES		52
130	AA 23	DARNAC		87
24	BA 9	DARNETAL	C	76
146	GA 27	DARNETS		19
67	XA 15	DARNEY	C	88
67	WA 14	DARNEY AUX CHENES		88
68	YA 14	DARNIEULLES		88
105	SA 18	DAROIS		21
62	IA 14	DARVAULT		77
81	FA 16	DARVOY		45
89	BB 17	DASLE		25
70	EB 14	DAUBENSAND		67
38	BA 10	DAUBEUF LA CAMPAGNE		27
38	CA 10	DAUBEUF PRES VATTEVILLE		27
23	Y 8	DAUBEUF SERVILLE		76
156	W 30	DAUBEZE		33
48	EB 11	DAUENDORF		67
218	CA 37	DAUMAZAN SUR ARIZE		09
77	U 16	DAUMERAY		49
197	WA 33	DAUPHIN		04
172	AA 31	DAUSSE		47
188	CA 34	DAUX		31

Page	Carreau	Commune	Adm.	Dpt
148	KA 26	DAUZAT SUR VODABLE		63
134	KA 24	DAVAYAT		63
136	RA 23	DAVAYE		71
223	IA 38	DAVEJEAN		11
26	IA 8	DAVENESCOURT		80
150	RA 27	DAVEZIEUX		07
146	FA 26	DAVIGNAC		19
84	OA 15	DAVREY		10
39	FA 11	DAVRON		78
183	R 34	DAX	S	40
36	W 9	DEAUVILLE		14
193	PA 33	DEAUX		30
149	OA 25	DEBATS RIVIERE D'ORPRA		42
175	GA 30	DECAZEVILLE	C	12
18	KA 5	DECHY		59
151	SA 25	DECINES CHARPIEU	C	69
118	LA 20	DECIZE	C	58
173	CA 30	DEGAGNAC		46
78	W 15	DEGRE		72
59	Z 14	DEHAULT		72
18	LA 6	DEHERIES		59
48	CB 11	DEHLINGEN		67
68	ZA 13	DEINVILLERS		88
87	VA 17	DELAIN		70
8	GA 4	DELETTES		62
39	EA 10	DELINCOURT		60
90	BB 17	DELLE	C	90
47	ZA 11	DELME	C	57
67	VA 13	DELOUZE ROSIERES		55
39	FA 9	DELUGE, LE		60
31	UA 9	DELUT		55
107	YA 18	DELUZ		25
198	ZA 34	DEMANDOLX		04
67	UA 13	DEMANGE AUX EAUX		55
88	XA 16	DEMANGEVELLE		70
140	AB 25	DEMI QUARTIER		74
88	YA 17	DEMIE, LA		70
121	SA 20	DEMIGNY		71
36	V 10	DEMOUVILLE		14
186	X 34	DEMU		32
26	HA 7	DEMUIN		80
18	LA 5	DENAIN	C	59
190	GA 34	DENAT		81
77	S 16	DENAZE		53
95	T 18	DENEE		49
24	BA 7	DENESTANVILLE		76
134	KA 23	DENEUILLE LES CHANTELLE		03
133	JA 22	DENEUILLE LES MINES		03
69	AB 13	DENEUVRE		54
87	VA 17	DENEVRE		70
96	V 19	DENEZE SOUS DOUE		49
97	X 17	DENEZE SOUS LE LUDE		49
122	WA 21	DENEZIERES		39
207	U 36	DENGUIN		64
136	RA 24	DENICE		69
17	HA 5	DENIER		62
69	BB 14	DENIPAIRE		88
7	GA 4	DENNEBROEUCQ		62
34	P 9	DENNEVILLE		50
120	RA 20	DENNEVY		71
89	BB 17	DENNEY		90
61	EA 13	DENONVILLE		28
47	ZA 10	DENTING		57
115	EA 20	DEOLS		36
68	YA 14	DERBAMONT		88
113	X 20	DERCE		86
15	CA 7	DERCHIGNY		76
28	MA 8	DERCY		02
223	IA 38	DERNACUEILLETTE		11
17	IA 6	DERNANCOURT		80
93	P 17	DERVAL	C	44
164	QA 29	DESAIGNES		07
89	AB 17	DESANDANS		25
114	Z 20	DESCARTES	C	37
122	UA 20	DESCHAUX, LE		39
35	T 11	DESERT, LE		14
133	IA 22	DESERTINES		03
57	S 13	DESERTINES		53
153	XA 26	DESERTS, LES		73
107	XA 20	DESERVILLERS		25
162	LA 28	DESGES		43
138	WA 24	DESINGY		74
62	HA 14	DESMONTS		45
122	UA 21	DESNES		39
47	BB 12	DESSELING		57
90	DB 15	DESSENHEIM		68
138	VA 22	DESSIA		39
68	AB 14	DESTORD		88
202	VA 36	DESTROUSSE, LA		13
47	ZA 11	DESTRY		57
7	EA 3	DESVRES	C	62
104	RA 19	DETAIN ET BRUANT		21
153	XA 27	DETRIER		73
36	V 11	DETROIT, LE		14
119	PA 20	DETTEY		71
49	DB 12	DETTWILLER		67
40	GA 11	DEUIL LA BARRE		95
28	LA 8	DEUILLET		02
9	JA 3	DEULEMONT		59
133	KA 22	DEUX CHAISES		03
77	U 14	DEUX EVAILLES		53
122	VA 20	DEUX FAYS, LES		39
35	S 9	DEUX JUMEAUX		14
161	KA 29	DEUX VERGES		15
30	TA 8	DEUX VILLES, LES		08
68	ZA 12	DEUXVILLE		54
118	MA 20	DEVAY		58
107	XA 18	DEVECEY		25
164	QA 28	DEVESSET		07
209	Z 36	DEVEZE		65
143	W 27	DEVIAT		16
172	AA 30	DEVILLAC		47
29	RA 7	DEVILLE		08
24	BA 9	DEVILLE LES ROUEN		76
27	JA 7	DEVISE		80
127	TA 23	DEVROUZE		71
68	AB 14	DEYCIMONT		88
210	DA 35	DEYME		31
68	ZA 14	DEYVILLERS		88
34	R 10	DEZERT, LE		50
120	RA 20	DEZIZE LES MARANGES		71
41	KA 11	DHUISY		77
28	MA 9	DHUIZEL		02
80	DA 17	DHUIZON		41
104	QA 19	DIANCEY		21
69	BB 12	DIANE CAPELLE		57
63	JA 14	DIANT		77
68	XA 13	DIARVILLE		54
121	TA 21	DICONNE		71
83	KA 15	DICY		89
90	DB 16	DIDENHEIM		68
166	UA 30	DIE	S	26
38	BA 17	DIEBLING		57
70	EB 14	DIEBOLSHEIM		67
47	BB 11	DIEDENDORF		67
69	DB 14	DIEFFENBACH AU VAL		67

Page	Carreau	Commune	Adm.	Dpt
49	FB 11	DIEFFENBACH LES WOERTH		67
70	DB 14	DIEFFENTHAL		67
90	CB 16	DIEFMATTEN		68
136	QA 24	DIEME		69
48	CB 11	DIEMERINGEN		67
151	TA 26	DIEMOZ		38
86	TA 17	DIENAY		21
161	IA 28	DIENNE		15
113	Y 22	DIENNE		86
119	MA 20	DIENNES AUBIGNY		58
65	QA 14	DIENVILLE		10
24	BA 7	DIEPPE	S	76
45	VA 10	DIEPPE SOUS DOUAUMONT		55
98	AA 18	DIERRE		37
64	NA 14	DIERREY ST JULIEN		10
64	NA 14	DIERREY ST PIERRE		10
47	AB 10	DIESEN		57
90	DB 17	DIETWILLER		68
40	GA 10	DIEUDONNE		60
44	UA 10	DIEUE SUR MEUSE		55
179	TA 31	DIEULEFIT	C	26
171	X 30	DIEULIVOL		33
45	XA 11	DIEULOUARD	C	54
188	CA 34	DIEUPENTALE		82
47	AB 12	DIEUZE	C	57
17	HA 4	DIEVAL		62
47	AB 11	DIFFEMBACH LES HELLIMER		57
83	LA 16	DIGES		89
122	UA 22	DIGNA		39
143	X 26	DIGNAC		16
221	GA 37	DIGNE D'AMONT, LA		11
221	GA 37	DIGNE D'AVAL, LA		11
181	YA 32	DIGNE LES BAINS	P	04
68	ZA 14	DIGNONVILLE		88
60	BA 13	DIGNY		28
119	OA 22	DIGOIN	C	71
33	P 8	DIGOSVILLE		50
33	O 8	DIGULLEVILLE		50
105	TA 18	DIJON	P	21
62	HA 14	DIMANCHEVILLE		45
49	DB 12	DIMBSTHAL		67
19	OA 5	DIMECHAUX		59
19	OA 5	DIMONT		59
55	N 13	DINAN	S	22
55	N 12	DINARD	C	35
72	E 14	DINEAULT		29
55	O 14	DINGE		35
49	EB 12	DINGSHEIM		67
139	XA 24	DINGY EN VUACHE		74
139	YA 24	DINGY ST CLAIR		74
68	ZA 15	DINOZE		88
130	BA 23	DINSAC		87
70	DB 13	DINSHEIM		67
85	RA 15	DINTEVILLE		52
191	KA 34	DIO ET VALQUIERES		34
165	TA 28	DIONAY		38
193	PA 33	DIONS		30
115	EA 20	DIORS		36
119	NA 22	DIOU		03
100	FA 19	DIOU		36
143	X 26	DIRAC		16
51	D 13	DIRINON		29
103	MA 18	DIROL		58
84	OA 17	DISSANGIS		89
113	Y 21	DISSAY		86
79	Y 17	DISSAY SOUS COURCILLON		72
59	X 14	DISSE SOUS BALLON		72
97	X 17	DISSE SOUS LE LUDE		72
96	W 19	DISTRE		49
32	YA 9	DISTROFF		57
207	V 35	DIUSSE		64
165	SA 30	DIVAJEU		26
27	JA 8	DIVES		60
36	W 9	DIVES SUR MER		14
17	HA 4	DIVION	C	62
139	XA 22	DIVONNE LES BAINS		01
63	LA 15	DIXMONT		89
151	UA 25	DIZIMIEU		38
42	OA 10	DIZY		51
29	OA 8	DIZY LE GROS		02
184	T 34	DOAZIT		40
207	U 35	DOAZON		64
68	AB 15	DOCELLES		88
128	U 23	DOEUIL SUR LE MIGNON		17
206	T 36	DOGNEN		64
68	ZA 14	DOGNEVILLE		88
8	GA 3	DOHEM		62
29	PA 7	DOHIS		02
17	KA 6	DOIGNIES		59
17	JA 7	DOINGT		80
158	BA 30	DOISSAT		24
152	UA 26	DOISSIN		38
111	T 22	DOIX		85
150	QA 27	DOIZIEUX		42
55	O 13	DOL DE BRETAGNE	C	35
67	WA 14	DOLAINCOURT		88
65	RA 14	DOLANCOURT		10
67	XA 13	DOLCOURT		54
106	UA 19	DOLE	S	39
29	OA 7	DOLIGNON		02
89	BB 16	DOLLEREN		68
79	Z 15	DOLLON		72
63	KA 14	DOLLOT		89
172	Z 31	DOLMAYRAC		47
54	M 13	DOLO		22
152	VA 26	DOLOMIEU		38
126	Q 24	DOLUS D'OLERON		17
98	AA 19	DOLUS LE SEC		37
47	BB 12	DOLVING		57
30	RA 8	DOM LE MESNIL		08
76	Q 15	DOMAGNE		35
148	MA 25	DOMAIZE		63
76	R 15	DOMALAIN		35
140	AB 24	DOMANCY		74
151	TA 26	DOMARIN		38
16	GA 6	DOMART EN PONTHIEU	C	80
26	HA 7	DOMART SUR LA LUCE		80
63	KA 15	DOMATS		89
195	RA 33	DOMAZAN		30
67	XA 15	DOMBASLE DEVANT DARNEY		88
44	TA 10	DOMBASLE EN ARGONNE		55
67	XA 14	DOMBASLE EN XAINTOIS		88
46	YA 12	DOMBASLE SUR MEURTHE		54
66	SA 13	DOMBLAIN		52
122	VA 21	DOMBLANS		39
31	UA 9	DOMBRAS		55
67	WA 15	DOMBROT LE SEC		88
67	WA 14	DOMBROT SUR VAIR		88
103	NA 18	DOMECY SUR CURE		89
84	NA 17	DOMECY SUR LE VAULT		89
26	GA 8	DOMELIERS		60
166	WA 28	DOMENE	C	38
133	KA 22	DOMERAT	C	03
16	GA 6	DOMESMONT		80
193	PA 33	DOMESSARGUES		30
152	WA 26	DOMESSIN		73

Page	Carreau	Commune	Adm.	Dpt
45	XA 12	DOMEVRE EN HAYE	C	54
67	XA 14	DOMEVRE SOUS MONTFORT		88
68	ZA 14	DOMEVRE SUR AVIERE		88
68	ZA 14	DOMEVRE SUR DURBION		88
69	AB 13	DOMEVRE SUR VEZOUZE		54
162	MA 27	DOMEYRAT		43
132	GA 23	DOMEYROT		23
206	S 36	DOMEZAIN BERRAUTE		64
69	AB 14	DOMFAING		88
48	CB 11	DOMFESSEL		67
26	IA 8	DOMFRONT		60
57	T 12	DOMFRONT	C	61
78	W 15	DOMFRONT EN CHAMPAGNE		72
67	WA 12	DOMGERMAIN		54
75	P 16	DOMINELAIS, LA		35
16	EA 5	DOMINOIS		80
35	S 11	DOMJEAN		50
68	AB 13	DOMJEVIN		54
67	XA 14	DOMJULIEN		88
16	FA 6	DOMLEGER LONGVILLERS		80
76	P 15	DOMLOUP		35
67	XA 13	DOMMARIE EULMONT		54
87	UA 17	DOMMARIEN		52
49	YA 12	DOMMARTEMONT		54
137	SA 23	DOMMARTIN		01
123	YA 20	DOMMARTIN		25
103	NA 19	DOMMARTIN		58
136	RA 25	DOMMARTIN		69
26	HA 7	DOMMARTIN		80
68	YA 14	DOMMARTIN AUX BOIS		88
43	SA 10	DOMMARTIN DAMPIERRE		51
45	WA 11	DOMMARTIN LA CHAUSSEE		54
45	VA 11	DOMMARTIN LA MONTAGNE		55
65	QA 13	DOMMARTIN LE COQ		10
66	SA 13	DOMMARTIN LE FRANC		52
66	SA 13	DOMMARTIN LE ST PERE		52
121	UA 22	DOMMARTIN LES CUISEAUX		71
89	AB 15	DOMMARTIN LES REMIREMONT		88
45	WA 12	DOMMARTIN LES TOUL		54
67	XA 14	DOMMARTIN LES VALLOIS		88
43	PA 12	DOMMARTIN LETTREE		51
46	YA 12	DOMMARTIN SOUS AMANCE		54
43	RA 10	DOMMARTIN SOUS HANS		51
67	WA 14	DOMMARTIN SUR VRAINE		88
43	RA 11	DOMMARTIN VARIMONT		51
31	WA 9	DOMMARY BARONCOURT		55
159	CA 29	DOMME	C	24
29	QA 8	DOMMERY		08
27	KA 9	DOMMIERS		02
47	AB 11	DOMNON LES DIEUZE		57
40	GA 11	DOMONT	C	95
68	YA 14	DOMPAIRE	C	88
44	UA 11	DOMPCEVRIN		55
26	HA 8	DOMPIERRE		60
57	U 12	DOMPIERRE		61
68	ZA 14	DOMPIERRE		88
45	VA 11	DOMPIERRE AUX BOIS		55
17	JA 7	DOMPIERRE BECQUINCOURT		80
76	R 14	DOMPIERRE DU CHEMIN		35
104	PA 18	DOMPIERRE EN MORVAN		21
131	CA 23	DOMPIERRE LES EGLISES		87
136	QA 22	DOMPIERRE LES ORMES		71
123	YA 20	DOMPIERRE LES TILLEULS		25
120	PA 21	DOMPIERRE SOUS SANVIGNES		71
16	FA 5	DOMPIERRE SUR AUTHIE		80
119	MA 22	DOMPIERRE SUR BESBRE	C	03
137	SA 23	DOMPIERRE SUR CHALARONNE		01
142	U 25	DOMPIERRE SUR CHARENTE		17
19	NA 6	DOMPIERRE SUR HELPE		59
102	MA 18	DOMPIERRE SUR HERY		58
126	R 23	DOMPIERRE SUR MER		17
122	VA 22	DOMPIERRE SUR MONT		39
102	LA 19	DOMPIERRE SUR NIEVRE		58
137	TA 24	DOMPIERRE SUR VEYLE		01
110	Q 21	DOMPIERRE SUR YON		85
178	OA 30	DOMPNAC		07
107	ZA 19	DOMPREL		25
43	RA 12	DOMPREMY		51
31	WA 9	DOMPRIX		54
145	EA 26	DOMPS		87
68	AB 13	DOMPTAIL		88
68	YA 13	DOMPTAIL EN L'AIR		54
41	LA 11	DOMPTIN		02
16	FA 6	DOMQUEUR		80
31	VA 9	DOMREMY LA CANNE		55
67	VA 13	DOMREMY LA PUCELLE		88
66	TA 14	DOMREMY LANDEVILLE		52
121	UA 22	DOMSURE		01
67	XA 14	DOMVALLIER		88
16	FA 5	DOMVAST		80
9	JA 4	DON		59
221	GA 37	DONAZAC		11
30	SA 8	DONCHERY		08
68	AB 13	DONCIERES		88
55	WA 10	DONCOURT AUX TEMPLIERS		55
45	XA 10	DONCOURT LES CONFLANS		54
31	WA 9	DONCOURT LES LONGUYON		54
67	WA 15	DONCOURT SUR MEUSE		52
172	AA 32	DONDAS		47
93	N 18	DONGES		44
66	TA 14	DONJEUX		52
46	YA 11	DONJEUX		57
135	NA 23	DONJON, LE	C	03
35	U 11	DONNAY		14
189	FA 33	DONNAZAC		81
47	AB 12	DONNELAY		57
60	CA 15	DONNEMAIN ST MAMES		28
63	KA 13	DONNEMARIE DONTILLY	C	77
65	QA 13	DONNEMENT		10
49	EB 12	DONNENHEIM		67
81	FA 16	DONNERY		45
210	DA 35	DONNEVILLE		31
142	U 27	DONNEZAC		33
133	IA 24	DONTREIX		23
43	QA 10	DONTRIEN		51
56	P 11	DONVILLE LES BAINS		50
170	V 30	DONZAC		33
172	AA 32	DONZAC		82
184	T 34	DONZACQ		40
132	FA 24	DONZEIL, LE		23
159	DA 27	DONZENAC	C	19
179	RA 31	DONZERE		26
102	KA 18	DONZY	C	58
120	QA 22	DONZY LE NATIONAL		71
120	RA 22	DONZY LE PERTUIS		71
148	MA 27	DORANGES		63
90	BB 17	DORANS		90
134	MA 25	DORAT		63
130	BA 23	DORAT, LE	C	87
59	AA 13	DORCEAU		61
62	IA 15	DORDIVES		45
149	NA 27	DORE L'EGLISE		63
57	S 13	DOREE, LA		53
18	NA 6	DORENGT		02
70	DB 13	DORLISHEIM		67
42	MA 10	DORMANS	C	51

Page	Carreau	Commune	Adm.	Dpt
63	JA 14	DORMELLES		77
159	CA 28	DORNAC, LA		24
164	QA 29	DORNAS		07
103	MA 18	DORNECY		58
24	LA 21	DORNES	C	58
45	XA 10	DORNOT		57
222	FA 40	DORRES		66
138	VA 23	DORTAN		01
65	PA 14	DOSCHES		10
65	PA 12	DOSNON		10
49	EB 12	DOSSENHEIM KOCHERSBERG		67
49	DB 12	DOSSENHEIM SUR ZINSEL		67
114	BA 21	DOUADIC		36
17	KA 5	DOUAI	S	59
38	CA 11	DOUAINS		27
71	D 15	DOUARNENEZ	C	29
44	UA 10	DOUAUMONT		55
123	YA 20	DOUBS		25
58	X 14	DOUCELLES		72
143	Y 27	DOUCHAPT		24
27	KA 7	DOUCHY		02
63	KA 15	DOUCHY		45
17	IA 5	DOUCHY LES AYETTE		62
18	LA 5	DOUCHY LES MINES		59
122	WA 21	DOUCIER		39
153	YA 25	DOUCY EN BAUGES		73
7	EA 4	DOUDEAUVILLE		62
25	EA 8	DOUDEAUVILLE		76
25	DA 9	DOUDEAUVILLE EN VEXIN		27
15	EA 6	DOUDELAINVILLE		80
24	AA 7	DOUDEVILLE	C	76
172	Z 30	DOUDRAC		47
41	KA 11	DOUE		77
96	V 19	DOUE LA FONTAINE	C	49
173	CA 31	DOUELLE		46
128	U 25	DOUHET, LE		17
58	W 14	DOUILLET		72
27	KA 7	DOUILLY		80
66	TA 14	DOULAINCOURT SAUCOURT	C	52
30	TA 9	DOULCON		55
66	SA 13	DOULEVANT LE CHATEAU	C	52
66	SA 13	DOULEVANT LE PETIT		52
157	W 29	DOULEZON		33
8	IA 3	DOULIEU, LE		59
16	HA 6	DOULLENS	C	80
29	PA 8	DOUMELY BEGNY		08
207	U 35	DOUMY		64
68	ZA 15	DOUNOUX		88
192	LA 33	DOURBIES		30
76	Q 14	DOURDAIN		35
61	FA 13	DOURDAN	C	91
17	JA 4	DOURGES		62
212	GA 35	DOURGNE	C	81
16	EA 5	DOURIEZ		62
19	OA 5	DOURLERS		59
190	HA 33	DOURN, LE		81
144	AA 26	DOURNAZAC		87
123	XA 20	DOURNON		39
208	X 36	DOURS		65
139	YA 25	DOUSSARD		74
113	X 20	DOUSSAY		86
139	YA 23	DOUVAINE	C	74
157	Z 28	DOUVILLE		24
36	W 10	DOUVILLE EN AUGE		14
24	CA 9	DOUVILLE SUR ANDELLE		27
24	CA 7	DOUVREND		76
138	UA 24	DOUVRES		01
36	U 9	DOUVRES LA DELIVRANDE	C	14
9	JA 4	DOUVRIN	C	62
29	OA 8	DOUX		08
112	W 21	DOUX		79
80	CA 15	DOUY		28
41	JA 10	DOUY LA RAMEE		77
172	Z 30	DOUZAINS		47
143	W 25	DOUZAT		16
158	AA 28	DOUZE, LA		24
223	IA 37	DOUZENS		11
157	Y 28	DOUZILLAC		24
30	SA 8	DOUZY		08
34	P 9	DOVILLE		50
123	XA 21	DOYE		39
133	JA 23	DOYET		03
36	W 10	DOZULE	C	14
136	RA 23	DRACE		69
98	Z 19	DRACHE		37
49	FB 11	DRACHENBRONN BIRLENBACH		67
41	LA 16	DRACY		89
120	RA 21	DRACY LE FORT		71
120	QA 20	DRACY LES COUCHES		71
120	PA 20	DRACY ST LOUP		71
56	Q 12	DRAGEY RONTHON		50
198	ZA 35	DRAGUIGNAN	S	83
94	R 18	DRAIN		49
182	YA 32	DRAIX		04
29	PA 8	DRAIZE		08
105	UA 18	DRAMBON		21
122	VA 22	DRAMELAY		39
40	HA 11	DRANCY	C	93
200	DB 34	DRAP		06
42	MA 10	DRAVEGNY		02
62	HA 12	DRAVEIL	C	91
104	RA 18	DREE		21
93	N 17	DREFFEAC		44
210	DA 35	DREMIL LAFAGE		31
51	D 13	DRENNEC, LE		29
26	GA 7	DREUIL LES AMIENS		80
219	EA 38	DREUILHE		09
38	CA 12	DREUX	S	28
117	HA 21	DREVANT		18
29	QA 9	DRICOURT		08
17	KA 6	DRIENCOURT		80
8	GA 2	DRINCHAM		59
17	JA 5	DROCOURT		62
39	EA 10	DROCOURT		78
38	BA 12	DROISY		27
138	WA 24	DROISY		74
135	NA 23	DROITURIER		03
28	LA 9	DROIZY		02
138	UA 23	DROM		01
25	EA 7	DROMESNIL		80
24	Z 7	DROSAY		76
65	RA 13	DROSNAY		51
85	BA 15	DROUE	C	41
61	EA 12	DROUE SUR DROUETTE		28
76	Q 16	DROUGES		35
43	QA 12	DROUILLY		51
64	OA 13	DROUPT ST BASLE		10
64	OA 13	DROUPT STE MARIE		10
46	ZA 12	DROUVILLE		54
17	IA 4	DROUVIN LE MARAIS		62
130	BA 23	DROUX		87
65	RA 13	DROYES		52
35	X 10	DRUBEC		14
16	EA 6	DRUCAT		80
37	Y 10	DRUCOURT		27
187	BA 34	DRUDAS		31

Page	Carreau	Commune	Adm.	Dpt
60	BA 13	FRAMBOISIERE, LA		28
108	AB 19	FRAMBOUHANS		25
16	GA 5	FRAMECOURT		62
27	IA 7	FRAMERVILLE RAINECOURT		80
15	EA 6	FRAMICOURT		80
87	VA 17	FRAMONT		70
66	SA 13	FRAMPAS		52
88	YA 16	FRANCALMONT		70
47	AB 11	FRANCALTROFF		57
211	EA 35	FRANCARVILLE		31
26	GA 8	FRANCASTEL		60
80	BA 17	FRANCAY		41
218	BA 37	FRANCAZAL		31
186	Y 33	FRANCESCAS	C	47
137	SA 24	FRANCHELEINS		01
118	KA 21	FRANCHESSE		03
30	TA 8	FRANCHEVAL		08
89	ZA 16	FRANCHEVELLE		70
105	SA 18	FRANCHEVILLE		21
37	AA 12	FRANCHEVILLE		27
122	VA 20	FRANCHEVILLE		39
43	QA 11	FRANCHEVILLE		51
45	WA 12	FRANCHEVILLE		54
58	W 12	FRANCHEVILLE		61
150	RA 25	FRANCHEVILLE		69
30	RA 8	FRANCHEVILLE, LA		08
27	IA 9	FRANCIERES		60
16	FA 6	FRANCIERES		80
115	DA 20	FRANCILLON		36
179	TA 30	FRANCILLON SUR ROUBION		26
27	KA 7	FRANCILLY SELENCY		02
153	XA 26	FRANCIN		73
138	WA 24	FRANCLENS		74
128	U 22	FRANCOIS		79
209	AA 36	FRANCON		31
68	ZA 13	FRANCONVILLE		54
40	GA 11	FRANCONVILLE	C	95
174	DA 31	FRANCOULES		46
87	WA 17	FRANCOURT		70
61	EA 13	FRANCOURVILLE		28
157	W 29	FRANCS		33
98	BA 18	FRANCUEIL		37
106	WA 18	FRANEY		25
138	WA 24	FRANGY	C	74
122	UA 21	FRANGY EN BRESSE		71
90	DB 17	FRANKEN		68
15	DA 6	FRANLEU		80
107	XA 19	FRANOIS		25
217	Z 37	FRANQUEVIELLE		31
28	NA 7	FRANQUEVILLE		02
37	Z 10	FRANQUEVILLE		27
16	FA 6	FRANQUEVILLE		80
24	BA 9	FRANQUEVILLE ST PIERRE		76
136	RA 24	FRANS		01
27	IA 7	FRANSART		80
132	FA 24	FRANSECHES		23
16	FA 6	FRANSU		80
26	GA 8	FRANSURES		80
17	HA 6	FRANVILLERS		80
105	UA 19	FRANXAULT		21
69	BB 14	FRAPELLE		88
69	BB 12	FRAQUELFING		57
123	XA 21	FRAROZ		39
118	MA 20	FRASNAY REUGNY		58
123	VA 19	FRASNE		25
106	WA 18	FRASNE LE CHATEAU		70
106	WA 19	FRASNE LES MEULIERES		39
122	WA 22	FRASNEE, LA		39
122	WA 21	FRASNOIS, LE		39
18	MA 5	FRASNOY		59
227	KB 42	FRASSETO		2A
48	CB 10	FRAUENBERG		57
189	FA 33	FRAUSSEILLES		81
65	RA 14	FRAVAUX		10
190	HA 33	FRAYSSE, LE		81
174	DA 30	FRAYSSINET		46
173	BA 30	FRAYSSINET LE GELAT		46
160	FA 29	FRAYSSINHES		46
60	BA 14	FRAZE		28
25	CA 7	FREAUVILLE		76
67	VA 13	FREBECOURT		88
122	UA 21	FREBUANS		39
185	V 33	FRECHE, LE		40
208	X 36	FRECHEDE		65
17	HA 6	FRECHENCOURT		80
216	X 37	FRECHENDETS		65
217	AA 37	FRECHET, LE		31
216	Y 38	FRECHET AURE		65
186	Y 33	FRECHOU		47
216	X 37	FRECHOU FRECHET		65
87	UA 15	FRECOURT		52
89	AB 17	FREDERIC FONTAINE		70
128	U 25	FREDIERE, LA		17
115	DA 20	FREDILLE		36
172	Y 32	FREGIMONT		47
209	AA 35	FREGOUVILLE		32
54	M 12	FREHEL		22
94	R 17	FREIGNE		49
168	ZA 30	FREISSINIERES		05
181	XA 31	FREISSINOUSE, LA		05
47	ZA 9	FREISTROFF		57
160	HA 28	FREIX ANGLARDS		15
190	GA 33	FREJAIROLLES		81
212	GA 35	FREJEVILLE		81
204	AB 35	FREJUS	C	83
69	CB 14	FRELAND		68
9	JA 3	FRELINGHIEN		59
39	EA 10	FREMAINVILLE		95
39	FA 10	FREMECOURT		95
68	AB 13	FREMENIL		54
45	VA 12	FREMEREVILLE SOUS LES COTES		55
47	ZA 11	FREMERY		57
47	AB 11	FREMESTROFF		57
17	JA 6	FREMICOURT		62
69	AB 14	FREMIFONTAINE		88
26	FA 7	FREMONTIERS		80
69	BB 12	FREMONVILLE		54
23	Z 8	FRENAYE, LA		76
7	EA 4	FRENCQ		62
67	XA 14	FRENELLE LA GRANDE		88
67	XA 14	FRENELLE LA PETITE		88
57	T 12	FRENES		61
24	BA 9	FRENEUSE		76
39	DA 11	FRENEUSE		78
37	Z 10	FRENEUSE SUR RISLE		27
168	AB 28	FRENEY		73
167	XA 28	FRENEY D'OISANS, LE		38
27	JA 8	FRENICHES		60
86	SA 17	FRENOIS		21
68	XA 14	FRENOIS		88
36	V 10	FRENOUVILLE		14
40	GA 10	FREPILLON		95
25	CA 7	FRESLES		76
37	X 11	FRESNAIE FAYEL, LA		61
35	O 12	FRESNAIS, LA		35
65	RA 14	FRESNAY		10
109	O 20	FRESNAY EN RETZ		44
61	EA 14	FRESNAY L'EVEQUE		28
60	DA 14	FRESNAY LE COMTE		28
60	DA 13	FRESNAY LE GILMERT		28
24	BA 8	FRESNAY LE LONG		76
36	X 11	FRESNAY LE SAMSON		61
58	W 14	FRESNAY SUR SARTHE	C	72
58	V 12	FRESNAYE AU SAUVAGE, LA		61
58	X 13	FRESNAYE SUR CHEDOUET, LA	C	72
38	BA 11	FRESNE, LE		27
43	RA 11	FRESNE, LE		51
35	U 10	FRESNE CAMILLY, LE		14
37	Y 10	FRESNE CAUVERVILLE		27
38	CA 9	FRESNE L'ARCHEVEQUE		27
36	W 11	FRESNE LA MERE		14
24	CA 9	FRESNE LE PLAN		76
39	FA 10	FRESNE LEGUILLON		60
29	OA 9	FRESNE LES REIMS		51
57	S 12	FRESNE PORET, LE		50
88	WA 17	FRESNE ST MAMES	C	70
95	S 18	FRESNE SUR LOIRE, LE		44
39	FA 9	FRESNEAUX MONTCHEVREUIL		60
28	LA 8	FRESNES		02
85	QA 17	FRESNES		21
99	CA 18	FRESNES		41
84	OA 16	FRESNES		89
40	GA 12	FRESNES	C	94
44	UA 11	FRESNES AU MONT		55
47	ZA 11	FRESNES EN SAULNOIS		57
42	MA 10	FRESNES EN TARDENOIS		02
45	VA 10	FRESNES EN WOEVRE	C	55
17	JA 5	FRESNES LES MONTAUBAN		62
27	JA 7	FRESNES MAZANCOURT		80
87	WA 15	FRESNES SUR APANCE		52
18	MA 4	FRESNES SUR ESCAUT		59
40	IA 11	FRESNES SUR MARNE		77
15	EA 6	FRESNES TILLOLOY		80
25	EA 7	FRESNEVILLE		80
38	CA 11	FRESNEY		27
36	U 10	FRESNEY LE PUCEUX		14
36	U 11	FRESNEY LE VIEUX		14
17	IA 4	FRESNICOURT LE DOLMEN		62
27	JA 8	FRESNIERES		60
31	WA 9	FRESNOIS LA MONTAGNE		54
16	GA 5	FRESNOY		62
25	EA 7	FRESNOY ANDAINVILLE		80
26	FA 7	FRESNOY AU VAL		80
26	IA 7	FRESNOY EN CHAUSSEE		80
17	JA 5	FRESNOY EN GOHELLE		62
40	GA 10	FRESNOY EN THELLE		60
25	DA 7	FRESNOY FOLNY		76
41	JA 9	FRESNOY LA RIVIERE		60
65	PA 14	FRESNOY LE CHATEAU		10
18	LA 6	FRESNOY LE GRAND		02
40	IA 10	FRESNOY LE LUAT		60
27	IA 7	FRESNOY LES ROYE		80
172	AA 32	FRESPECH		47
24	BA 8	FRESQUIENNES		76
193	OA 33	FRESSAC		30
18	KA 5	FRESSAIN		59
28	LA 8	FRESSANCOURT		02
89	AB 16	FRESSE		70
89	AB 16	FRESSE SUR MOSELLE		88
131	EA 22	FRESSELINES		23
15	DA 6	FRESSENNEVILLE		80
18	KA 5	FRESSIES		59
16	FA 4	FRESSIN		62
128	V 23	FRESSINES		79
26	IA 8	FRESTOY VAUX, LE		60
33	Q 9	FRESVILLE		50
153	YA 26	FRETERIVE		73
80	BA 16	FRETEVAL		41
7	EA 2	FRETHUN		62
88	WA 17	FRETIGNEY ET VELLOREILLE		70
60	BA 14	FRETIGNY		28
9	KA 4	FRETIN		59
41	KA 12	FRETOY		77
27	JA 8	FRETOY LE CHATEAU		60
152	UA 27	FRETTE, LA		38
121	TA 21	FRETTE, LA		71
39	GA 11	FRETTE SUR SEINE, LA		95
15	EA 7	FRETTECUISSE		80
15	DA 6	FRETTEMEULE		80
121	UA 20	FRETTERANS		71
29	PA 7	FRETY, LE		08
24	CA 7	FREULLEVILLE		76
16	GA 5	FREVENT		62
24	AA 8	FREVILLE		76
67	VA 14	FREVILLE		88
82	HA 15	FREVILLE DU GATINAIS		45
17	HA 5	FREVILLERS		62
17	IA 5	FREVIN CAPELLE		62
47	AB 11	FREYBOUSE		57
163	OA 29	FREYCENET LA CUCHE		43
163	OA 29	FREYCENET LA TOUR		43
219	EA 38	FREYCHENET		09
47	AB 10	FREYMING MERLEBACH	C	57
164	OA 30	FREYSSENET		07
60	BA 13	FRIAIZE		28
37	Y 11	FRIARDEL		14
15	DA 6	FRIAUCOURT		80
45	WA 10	FRIAUVILLE		54
47	BB 12	FRIBOURG		57
26	FA 7	FRICAMPS		80
24	BA 8	FRICHEMESNIL		76
17	IA 6	FRICOURT		80
162	KA 29	FRIDEFONT		15
49	DB 12	FRIEDOLSHEIM		67
27	LA 8	FRIERES FAILLOUEL		02
90	CB 17	FRIESEN		68
70	EB 14	FRIESENHEIM		67
43	RA 12	FRIGNICOURT		51
17	JA 7	FRISE		80
15	DA 6	FRIVILLE ESCARBOTIN	C	80
68	YA 14	FRIZON		88
23	X 8	FROBERVILLE		76
26	FA 9	FROCOURT		60
90	CB 17	FROENINGEN		68
48	EB 11	FROESCHWILLER		67
153	WA 27	FROGES		38
16	GA 5	FROHEN LE GRAND		80
16	GA 5	FROHEN LE PETIT		80
48	CB 11	FROHMUHL		67
89	ZA 16	FROIDECONCHE		70
90	BB 17	FROIDEFONTAINE		90
19	OA 7	FROIDESTREES		02
89	ZA 16	FROIDETERRE		70
108	BB 18	FROIDEVAUX		25
122	VA 20	FROIDEVILLE		39
109	O 20	FROIDFOND		85
28	NA 8	FROIDMONT COHARTILLE		02
44	TA 10	FROIDOS		55
26	GA 8	FROISSY	C	60
85	RA 17	FROLOIS		21
68	XA 13	FROLOIS		54
20	SA 6	FROMELENNES		08
9	JA 4	FROMELLES		59
131	CA 23	FROMENTAL		87
42	NA 11	FROMENTIERES		51
77	T 16	FROMENTIERES		53
44	TA 10	FROMEREVILLE LES VALLONS		55
45	VA 10	FROMEZEY		55
62	HA 14	FROMONT		77
30	TA 8	FROMY		08
66	TA 14	FRONCLES		52
217	Z 38	FRONSAC		31
156	V 29	FRONSAC	C	33
156	V 30	FRONTENAC		33
174	FA 31	FRONTENAC		46
121	TA 20	FRONTENARD		71
136	RA 24	FRONTENAS		69
121	UA 22	FRONTENAUD		71
122	VA 21	FRONTENAY		39
128	U 23	FRONTENAY ROHAN ROHAN	C	79
153	YA 26	FRONTENEX		73
214	NA 35	FRONTIGNAN	C	34
217	Z 38	FRONTIGNAN DE COMMINGES		31
209	AA 36	FRONTIGNAN SAVES		31
188	CA 34	FRONTON	C	31
151	TA 26	FRONTONAS		38
66	TA 13	FRONVILLE		52
93	O 19	FROSSAY		44
89	ZA 17	FROTEY LES LURE		70
88	YA 17	FROTEY LES VESOUL		70
46	XA 12	FROUARD		54
39	GA 10	FROUVILLE		95
210	CA 35	FROUZINS		31
68	YA 13	FROVILLE		54
16	FA 5	FROYELLES		80
113	X 21	FROZES		86
16	EA 6	FRUCOURT		80
148	LA 27	FRUGERES LES MINES		43
8	GA 4	FRUGES	C	62
162	MA 27	FRUGIERES LE PIN		43
60	CA 13	FRUNCE		28
25	DA 8	FRY		76
108	ZA 19	FUANS		25
41	JA 11	FUBLAINES		77
198	AB 33	FUGERET, LE		04
94	R 18	FUILET, LE		49
222	HA 39	FUILLA		66
136	RA 23	FUISSE		71
65	RA 14	FULIGNY		10
90	CB 17	FULLEREN		68
24	AA 7	FULTOT		76
85	PA 16	FULVY		89
20	RA 6	FUMAY	C	08
173	AA 31	FUMEL	C	47
37	Y 10	FUMICHON		14
49	DB 12	FURCHHAUSEN		67
49	EB 12	FURDENHEIM		67
226	MB 39	FURIANI		2B
181	WA 31	FURMEYER		05
105	SA 19	FUSSEY		21
100	HA 19	FUSSY		18
185	W 34	FUSTEROUAU		32
209	AA 36	FUSTIGNAC		31
44	SA 10	FUTEAU		55
202	VA 35	FUVEAU		13
58	W 14	FYE		72

G

Page	Carreau	Commune	Adm.	Dpt
183	S 35	GAAS		40
170	V 30	GABARNAC		33
185	W 33	GABARRET	C	40
207	V 36	GABASTON		64
206	S 36	GABAT		64
213	LA 35	GABIAN		34
158	BA 28	GABILLOU		24
218	CA 37	GABRE		09
176	IA 31	GABRIAC		12
177	NA 32	GABRIAC		48
177	LA 31	GABRIAS		48
37	Y 12	GACE	C	61
75	N 16	GACILLY, LA	C	56
103	NA 19	GACOGNE		58
39	EA 10	GADANCOURT		95
38	CA 11	GADENCOURT		27
75	M 15	GAEL		35
157	Y 29	GAGEAC ET ROUILLAC		24
160	FA 30	GAGNAC SUR CERE		46
188	CA 34	GAGNAC SUR GARONNE		31
178	OA 32	GAGNIERES		30
40	HA 11	GAGNY	C	93
76	P 14	GAHARD		35
193	OA 34	GAILHAN		30
189	EA 33	GAILLAC	C	81
176	JA 31	GAILLAC D'AVEYRON		12
210	DA 36	GAILLAC TOULZA		31
215	V 37	GAILLAGOS		65
141	S 27	GAILLAN EN MEDOC		33
139	YA 23	GAILLARD		74
25	CA 9	GAILLARDBOIS CRESSENVILLE		27
24	AA 7	GAILLARDE, LA		76
25	DA 8	GAILLEFONTAINE		76
184	U 33	GAILLERES		40
38	CA 10	GAILLON	C	27
39	FA 11	GAILLON SUR MONTCIENT		78
23	X 8	GAINNEVILLE		76
221	GA 37	GAJA ET VILLEDIEU		11
221	FA 37	GAJA LA SELVE		11
171	W 31	GAJAC		33
218	BA 37	GAJAN		09
193	PA 33	GAJAN		30
130	AA 24	GAJOUBERT		87
16	GA 5	GALAMETZ		62
208	Y 36	GALAN	C	65
172	Y 32	GALAPIAN		47
193	OA 34	GALARGUES		34
227	JB 40	GALERIA		2B
218	AA 38	GALEY		09
216	Y 37	GALEZ		65
90	CB 16	GALFINGUE		68
175	GA 31	GALGAN		12
156	V 29	GALGON		33
208	W 35	GALIAX		32
217	Z 37	GALIE		31
221	FA 38	GALINAGUES		11
61	EA 13	GALLARDON		28
193	PA 34	GALLARGUES LE MONTUEUX		30
26	FA 8	GALLET, LE		60
39	EA 12	GALLUIS		78
15	DA 6	GAMACHES	C	80
39	DA 10	GAMACHES EN VEXIN		27
184	S 34	GAMARDE LES BAINS		40
206	R 36	GAMARTHE		64
39	EA 12	GAMBAIS		78
39	EA 12	GAMBAISEUIL		78
50	FB 12	GAMBSHEIM		67
207	U 36	GAN		64
219	DA 38	GANAC		09
197	WA 33	GANAGOBIE		04
25	EA 8	GANCOURT ST ETIENNE		76
58	W 13	GANDELAIN		61
41	KA 10	GANDELU		02
32	XA 10	GANDRANGE		57
192	NA 33	GANGES	C	34
134	KA 24	GANNAT	C	03
119	MA 21	GANNAY SUR LOIRE		03
26	HA 8	GANNES		60
171	V 31	GANS		33
217	AA 37	GANTIES		31
23	Y 7	GANZEVILLE		76
181	XA 30	GAP	P	05
16	FA 5	GAPENNES		80
59	X 12	GAPREE		61
187	BA 34	GARAC		31
39	EA 11	GARANCIERES		78
61	FA 13	GARANCIERES EN BEAUCE		28
38	CA 12	GARANCIERES EN DROUAIS		28
220	EA 38	GARANOU		09
143	X 26	GARAT		16
36	V 10	GARCELLES SECQUEVILLE		14
39	GA 11	GARCHES	C	92
102	KA 19	GARCHIZY		58
102	KA 18	GARCHY		58
202	VA 35	GARDANNE	C	13
198	ZA 34	GARDE, LA		04
167	XA 28	GARDE, LA		38
203	XA 37	GARDE, LA	C	83
179	RA 31	GARDE ADHEMAR, LA		26
204	ZA 36	GARDE FREINET, LA		83
101	JA 18	GARDEFORT		18
157	W 29	GARDEGAN ET TOURTIRAC		33
208	W 36	GARDERES		65
143	Y 26	GARDES LE PONTAROUX		16
221	GA 37	GARDIE		11
157	Y 29	GARDONNE		24
211	EA 36	GARDOUCH		31
184	T 33	GAREIN		40
38	CA 11	GARENCIERES		27
40	GA 11	GARENNE COLOMBES, LA	C	92
38	CA 11	GARENNES SUR EURE		27
62	HA 14	GARENTREVILLE		77
203	XA 36	GAREOULT		83
187	BA 33	GARGANVILLAR		82
188	DA 34	GARGAS		31
196	UA 33	GARGAS		84
39	EA 11	GARGENVILLE		78
40	HA 11	GARGES LES GONESSE	C	95
115	DA 22	GARGILESSE DAMPIERRE		36
188	DA 34	GARIDECH		31
187	BA 34	GARIES		82
101	JA 19	GARIGNY		18
216	Y 38	GARIN		31
206	S 36	GARINDEIN		64
52	F 13	GARLAN		29
207	V 35	GARLEDE MONDEBAT		64
207	V 35	GARLIN	C	64
178	QA 32	GARN, LE		30
109	O 20	GARNACHE, LA		85
119	MA 21	GARNAT SUR ENGIEVRE		03
38	CA 12	GARNAY		28
137	SA 23	GARNERANS		01
193	QA 34	GARONS		30
207	U 35	GAROS		64
209	AA 36	GARRAVET		32
69	CB 12	GARREBOURG		57
211	FA 35	GARREVAQUES		81
183	S 34	GARREY		40
190	GA 33	GARRIC, LE		81
193	OA 34	GARRIGUES		34
189	EA 34	GARRIGUES		81
193	PA 33	GARRIGUES STE EULALIE		30
206	R 36	GARRIS		64
183	S 33	GARROSSE		40
198	AB 34	GARS		06
131	EA 23	GARTEMPE		23
61	EA 13	GAS		28
39	DA 10	GASNY		27
172	AA 32	GASQUES		82
204	ZA 36	GASSIN		83
56	R 12	GAST, LE		14
169	R 31	GASTES		40
76	R 15	GASTINES		53
63	KA 12	GASTINS		77
61	DA 13	GASVILLE OISEME		28
122	UA 20	GATEY		39
57	S 12	GATHEMO		50
33	R 8	GATTEVILLE LE PHARE		50
200	CB 34	GATTIERES		06
177	MA 32	GATUZIERES		48
62	HA 15	GAUBERTIN		45
110	R 20	GAUBRETIERE, LA		85
17	HA 4	GAUCHIN LEGAL		62
16	GA 5	GAUCHIN VERLOINGT		62
28	LA 7	GAUCHY		02
31	CA 11	GAUCIEL		27
59	AA 14	GAUDAINE, LA		28
200	CB 34	GAUDE, LA		06
25	FA 8	GAUDECHART		60
217	Z 37	GAUDENT		65
17	HA 5	GAUDIEMPRE		62
219	EA 37	GAUDIES		09
187	AA 33	GAUDONVILLE		32
38	BA 11	GAUDREVILLE LA RIVIERE		27
172	AA 30	GAUGEAC		24
193	QA 33	GAUJAC		30
209	AA 35	GAUJAC		32
171	X 31	GAUJAC		47
184	T 35	GAUJACQ		40
209	Z 36	GAUJAN		32
60	AA 15	GAULT PERCHE, LE		41
42	MA 12	GAULT SOIGNY, LE		51
60	DA 14	GAULT ST DENIS, LE		28
210	DA 35	GAURE		31
156	T 28	GAURIAC		33
156	U 28	GAURIAGUET		33
209	Y 36	GAUSSAN		65
54	K 14	GAUSSON		22
37	Z 11	GAUVILLE		61
25	EA 7	GAUVILLE		80
38	BA 10	GAUVILLE LA CAMPAGNE		27
216	W 39	GAVARNIE		65
187	Z 34	GAVARRET SUR AULOUSTE		32
172	AA 30	GAVAUDUN		47
228	LB 40	GAVIGNANO		2B
32	YA 9	GAVISSE		57
56	Q 11	GAVRAY	C	50
93	O 17	GAVRE, LE		44
17	JA 5	GAVRELLE		62
73	H 17	GAVRES		56
35	U 10	GAVRUS		14
208	W 36	GAYAN		65
42	NA 12	GAYE		51
207	V 35	GAYON		64
186	Y 33	GAZAUPOUY		32
216	Y 37	GAZAVE		65
208	X 35	GAZAX ET BACCARISSE		32
61	EA 12	GAZERAN		78
216	W 37	GAZOST		65
121	SA 20	GEANGES		71
207	U 35	GEAUNE	C	40
127	T 25	GEAY		17
112	V 20	GEAY		79
216	W 38	GEDRE		65
96	V 18	GEE		49
185	V 34	GEE RIVIERE		32
34	P 10	GEFFOSSES		50
33	R 9	GEFOSSE FONTENAY		14
99	DA 19	GEHEE		36
90	BB 16	GEISHOUSE		68
90	DB 17	GEISPITZEN		68
70	EB 13	GEISPOLSHEIM	C	67
90	EB 15	GEISWASSER		68
49	DB 12	GEISWILLER		67
69	AB 13	GELACOURT		54
64	MA 13	GELANNES		10
67	XA 13	GELAUCOURT		54
60	DA 13	GELLAINVILLE		28
46	ZA 12	GELLENONCOURT		54
147	IA 25	GELLES		63
123	YA 21	GELLIN		25
207	U 36	GELOS		64
184	T 33	GELOUX		40
47	AB 12	GELUCOURT		57
68	YA 14	GELVECOURT ET ADOMPT		88
59	Z 14	GEMAGES		61
69	CB 14	GEMAINGOUTTE		88
217	Z 37	GEMBRIE		65
86	TA 17	GEMEAUX		21
202	VA 36	GEMENOS		13
81	EA 15	GEMIGNY		45
188	DA 34	GEMIL		31
67	XA 14	GEMMELAINCOURT		88
89	ZA 17	GEMONVAL		25
67	WA 13	GEMONVILLE		54
141	T 26	GEMOZAC	C	17
143	W 25	GENAC		16
39	EA 10	GENAINVILLE		95
151	SA 25	GENAS		69
219	DA 38	GENAT		09
85	PA 17	GENAY		21
137	SA 25	GENAY		69
129	Y 22	GENCAY	C	86
67	WA 14	GENDREVILLE		88
106	VA 19	GENDREY	C	39
77	T 17	GENE		49
188	DA 33	GENEBRIERES		82
9	KA 4	GENECH		59
120	PA 21	GENELARD		71
193	QA 34	GENERAC		30
156	U 28	GENERAC		33
193	OA 33	GENERARGUES		30
217	Y 37	GENEREST		65
211	FA 36	GENERVILLE		11
57	U 13	GENESLAY		61
77	S 15	GENEST ST ISLE, LE		53
164	QA 30	GENESTELLE		07
110	P 19	GENESTON		44
121	TA 22	GENETE, LA		71
157	W 28	GENETOUZE, LA		17
110	P 21	GENETOUZE, LE		85
56	P 12	GENETS		50
59	Z 12	GENETTES, LES		61
107	XA 18	GENEUILLE		25
37	Y 12	GENEVRAIE, LA		61
62	IA 14	GENEVRAYE, LA		77
89	ZA 17	GENEVREUILLE		70
88	YA 16	GENEVREY		70
87	VA 16	GENEVRIERES		52
66	TA 14	GENEVROYE, LA		52
107	ZA 17	GENEY		25
145	DA 25	GENEYTOUSE, LA		87
39	FA 10	GENICOURT		95
44	UA 11	GENICOURT SUR MEUSE		55
150	QA 26	GENILAC		42
98	BA 19	GENILLE		37
144	BA 27	GENIS		24
156	V 29	GENISSAC		33
165	TA 28	GENISSIEUX		26
105	TA 19	GENLIS	C	21
107	XA 19	GENNES		25
96	V 18	GENNES	C	49
16	FA 5	GENNES IVERGNY		62
77	T 16	GENNES SUR GLAIZE		53
76	R 15	GENNES SUR SEICHE		35
97	W 17	GENNETEIL		49
118	LA 21	GENNETINES		03
96	U 19	GENNETON		79
23	X 9	GENNEVILLE		14
40	GA 11	GENNEVILLIERS	C	92
138	VA 22	GENOD		39
178	OA 31	GENOLHAC	C	30
217	Z 37	GENOS		31
216	Y 38	GENOS		65
129	Z 25	GENOUILLAC		16
132	FA 23	GENOUILLAC		23
127	T 24	GENOUILLE		17
129	Y 24	GENOUILLE		86
136	RA 24	GENOUILLEUX		01
99	EA 19	GENOUILLY		18
120	QA 21	GENOUILLY		71
157	W 29	GENSAC		33
208	W 35	GENSAC		65
187	AA 33	GENSAC		82
209	Z 36	GENSAC DE BOULOGNE		31
142	V 26	GENSAC LA PALLUE		16
210	BA 36	GENSAC SUR GARONNE		31
142	V 26	GENTE		16
26	HA 7	GENTELLES		80
40	HA 12	GENTILLY		94
146	FA 25	GENTIOUX PIGEROLLES	C	23
27	JA 8	GENVRY		60
89	ZA 17	GEORFANS		70
138	VA 23	GEOVREISSET		01
138	VA 23	GEOVREISSIAT		01
57	T 12	GER		50
208	W 36	GER		64
216	W 37	GER		65
123	XA 20	GERAISE		39
89	BB 15	GERARDMER	C	88
65	PA 14	GERAUDOT		10
152	WA 26	GERBAIX		73
89	AB 15	GERBAMONT		88
47	ZA 11	GERBECOURT		57
68	YA 13	GERBECOURT ET HAPLEMONT		54
69	BB 14	GERBEPAL		88
25	EA 8	GERBEROY		60
68	ZA 13	GERBEVILLER	C	54
30	TA 9	GERCOURT ET DRILLANCOURT		55

Page	Carreau	Commune	Adm.	Dpt
24	BA 7	GREGES		76
46	ZA 12	GREMECEY		57
25	EA 8	GREMEVILLERS		60
31	UA 9	GREMILLY		55
24	AA 8	GREMONVILLE		76
188	CA 34	GRENADE	C	31
184	U 34	GRENADE SUR L'ADOUR	C	40
104	RA 18	GRENAND LES SOMBERNON		21
87	UA 16	GRENANT		52
151	TA 26	GRENAY		38
17	IA 4	GRENAY		62
69	DB 13	GRENDELBRUCH		67
61	GA 14	GRENEVILLE EN BEAUCE		45
148	KA 27	GRENIER MONTGON		43
47	BB 11	GRENING		57
166	VA 28	GRENOBLE	P	38
102	MA 18	GRENOIS		58
36	V 10	GRENTHEVILLE		14
90	DB 17	GRENTZINGEN		68
15	CA 6	GRENY		76
200	BB 34	GREOLIERES		06
197	WA 34	GREOUX LES BAINS		04
210	DA 36	GREPIAC		31
187	BA 34	GRES, LE		31
85	QA 17	GRESIGNY STE REINE		21
152	VA 26	GRESIN		73
135	PA 24	GRESLE, LA		42
166	VA 29	GRESSE EN VERCORS		38
39	DA 11	GRESSEY		78
70	DB 13	GRESSWILLER		67
40	IA 11	GRESSY		77
153	XA 25	GRESY SUR AIX	C	73
153	YA 26	GRESY SUR ISERE	C	73
40	IA 12	GRETZ ARMAINVILLIERS		77
88	WA 17	GREUCOURT		70
24	AA 7	GREUVILLE		76
67	VA 13	GREUX		88
127	T 23	GREVE SUR MIGNON, LA		17
33	O 8	GREVILLE HAGUE		50
17	JA 6	GREVILLERS		62
121	SA 22	GREVILLY		71
25	FA 8	GREZ		60
78	V 14	GREZ, LE		72
77	U 16	GREZ EN BOUERE	C	53
95	T 17	GREZ NEUVILLE		49
62	IA 14	GREZ SUR LOING		77
141	S 26	GREZAC		17
173	BA 31	GREZELS		46
159	CA 28	GREZES		24
162	MA 29	GREZES		43
174	EA 30	GREZES		46
177	LA 31	GREZES		48
171	X 31	GREZET CAVAGNAN		47
216	Y 38	GREZIAN		65
150	RA 25	GREZIEU LA VARENNE		69
150	QA 26	GREZIEU LE MARCHE		69
149	PA 26	GREZIEUX LE FROMENTAL		42
156	V 29	GREZILLAC		33
96	V 18	GREZILLE		49
135	OA 25	GREZOLLES		42
28	LA 7	GRICOURT		02
137	SA 23	GRIEGES		01
49	FB 12	GRIES		67
90	CB 15	GRIESBACH AU VAL		68
70	EB 13	GRIESHEIM PRES MOLSHEIM		67
49	EB 12	GRIESHEIM SUR SOUFFEL		67
179	SA 31	GRIGNAN	C	26
24	BA 8	GRIGNEUSEVILLE		76
157	Y 28	GRIGNOLS		24
171	W 31	GRIGNOLS	C	33
85	QA 17	GRIGNON		21
153	YA 26	GRIGNON		73
88	WA 15	GRIGNONCOURT		88
16	FA 5	GRIGNY		62
150	RA 26	GRIGNY		69
62	HA 12	GRIGNY	C	91
93	P 17	GRIGONNAIS, LA		44
179	SA 31	GRILLON		84
139	XA 23	GRILLY		01
45	VA 10	GRIMAUCOURT EN WOEVRE		55
44	UA 12	GRIMAUCOURT PRES SAMPIGNY		55
204	ZA 36	GRIMAUD	C	83
112	W 20	GRIMAUDIERE, LA		86
84	OA 17	GRIMAULT		89
35	U 10	GRIMBOSQ		14
34	Q 11	GRIMESNIL		50
67	XA 13	GRIMONVILLER		54
17	HA 6	GRINCOURT LES PAS		62
32	ZA 9	GRINDORFF		57
141	S 25	GRIPPERIE ST SYMPHORIEN, LA		17
68	YA 13	GRIPPORT		54
45	XA 11	GRISCOURT		54
85	QA 16	GRISELLES		21
82	JA 15	GRISELLES		45
41	LA 10	GRISOLLES		02
188	CA 34	GRISOLLES	C	82
39	FA 10	GRISY LES PLATRES		95
62	IA 12	GRISY SUISNES		77
63	LA 13	GRISY SUR SEINE		77
158	BA 30	GRIVES		24
26	HA 8	GRIVESNES		80
27	IA 8	GRIVILLERS		80
30	RA 9	GRIVY LOISY		08
15	DA 5	GROFFLIERS		62
18	NA 6	GROISE, LA		59
101	JA 19	GROISES		18
138	VA 23	GROISSIAT		01
139	YA 24	GROISY		74
91	H 17	GROIX	C	56
159	CA 29	GROLEJAC		24
101	IA 19	GRON		18
63	LA 14	GRON		89
28	NA 7	GRONARD		02
160	FA 28	GROS CHASTANG		19
90	CB 10	GROS REDERCHING		57
37	AA 10	GROS THEIL, LE		27
47	BB 10	GROSBLIEDERSTROFF		57
107	YA 18	GROSBOIS		25
104	RA 18	GROSBOIS EN MONTAGNE		21
121	UA 20	GROSBOIS LES TICHEY		21
125	P 22	GROSBREUIL		85
112	U 22	GROSEILLERS, LES		79
40	GA 11	GROSLAY		95
152	VA 25	GROSLEE		01
37	AA 11	GROSLEY SUR RISLE		27
89	BB 16	GROSMAGNY		90
90	BB 17	GROSNE		90
178	PA 31	GROSPIERRES		07
39	EA 12	GROSROUVRE		78
45	WA 12	GROSROUVRES		54
229	KB 44	GROSSA		2A
227	KB 42	GROSSETO PRUGNA		2A
38	BA 11	GROSSOEUVRE		27
117	JA 20	GROSSOUVRE		18
47	AB 11	GROSTENQUIN	C	57
33	O 8	GROSVILLE		50
16	HA 5	GROUCHES LUCHUEL		80
18	MA 7	GROUGIS		02
117	HA 21	GROUTTE, LA		18
122	VA 20	GROZON		39
23	Y 8	GRUCHET LE VALASSE		76
24	AA 7	GRUCHET ST SIMEON		76
125	Q 22	GRUES		85
68	YA 15	GRUEY LES SURANCE		88
139	XA 25	GRUFFY		74
76	R 16	GRUGE L'HOPITAL		49
28	LA 7	GRUGIES		02
24	BA 8	GRUGNY		76
223	KA 37	GRUISSAN		11
25	EA 8	GRUMESNIL		76
158	Z 28	GRUN BORDAS		24
47	BB 11	GRUNDVILLER		57
27	JA 7	GRUNY		80
119	NA 21	GRURY		71
9	KA 4	GRUSON		59
122	VA 21	GRUSSE		39
70	DB 15	GRUSSENHEIM		68
216	W 38	GRUST		65
29	QA 8	GRUYERES		08
141	S 25	GUA, LE		17
166	VA 28	GUA, LE		38
227	KB 41	GUAGNO		2A
38	DA 11	GUAINVILLE		28
8	HA 4	GUARBECQUE		62
229	KB 43	GUARGUALE		2A
216	Y 38	GUCHAN		65
216	Y 38	GUCHEN		65
219	EA 37	GUDAS		09
66	TA 14	GUDMONT VILLIERS		52
127	S 23	GUE D'ALLERE, LE		17
20	QA 6	GUE D'HOSSUS		08
59	Y 14	GUE DE LA CHAINE, LE		61
61	EA 13	GUE DE LONGROI, LE		28
127	S 22	GUE DE VELLUIRE, LE		85
47	BB 10	GUEBENHOUSE		57
90	CB 15	GUEBERSCHWIHR		68
47	AB 11	GUEBESTROFF		57
47	AB 12	GUEBLANGE LES DIEUZE		57
47	AB 11	GUEBLING		57
90	CB 16	GUEBWILLER	S	68
78	X 16	GUECELARD		72
96	W 17	GUEDENIAU, LE		49
74	L 15	GUEGON		56
34	Q 11	GUEHEBERT		50
74	K 16	GUEHENNO		56
74	K 15	GUELTAS		56
17	JA 5	GUEMAPPE		62
70	DB 14	GUEMAR		68
93	O 17	GUEMENE PENFAO	C	44
73	I 15	GUEMENE SUR SCORFF	C	56
7	FA 2	GUEMPS		62
32	YA 9	GUENANGE		57
71	D 15	GUENGAT		29
73	J 16	GUENIN		56
75	N 14	GUENROC		22
93	N 17	GUENROUET		44
47	AB 10	GUENVILLER		57
36	W 11	GUEPREI		61
75	N 16	GUER	C	56
92	L 18	GUERANDE	C	44
41	JA 12	GUERARD		77
27	IA 8	GUERBIGNY		80
114	Z 20	GUERCHE, LA		37
76	R 15	GUERCHE DE BRETAGNE, LA	C	35
117	JA 20	GUERCHE SUR L'AUBOIS, LA	C	18
62	HA 14	GUERCHEVILLE		77
83	LA 16	GUERCHY		89
136	RA 24	GUEREINS		01
132	EA 23	GUERET	P	23
121	SA 21	GUERFAND		71
102	KA 19	GUERIGNY	C	58
171	W 31	GUERIN		47
109	M 20	GUERINIERE, LA		85
53	G 13	GUERLESQUIN		29
47	AB 12	GUERMANGE		57
40	IA 11	GUERMANTES		77
73	I 15	GUERN		56
37	AA 11	GUERNANVILLE		27
39	DA 11	GUERNES		78
92	L 17	GUERNO, LE		56
39	EA 10	GUERNY		27
35	T 10	GUERON		14
37	AA 12	GUEROULDE, LA		27
44	UA 12	GUERPONT		55
36	X 11	GUERQUESALLES		61
119	OA 22	GUERREAUX, LES		71
47	ZA 9	GUERSTLING		57
47	AB 10	GUERTING		57
15	DA 6	GUERVILLE		76
39	EA 11	GUERVILLE	C	78
16	FA 5	GUESCHART		80
18	KA 5	GUESNAIN		59
113	X 20	GUESNES		86
47	AB 11	GUESSLING HEMERING		57
205	P 35	GUETHARY		64
17	JA 6	GUEUDECOURT		80
119	OA 21	GUEUGNON	C	71
24	AA 7	GUEURES		76
24	AA 8	GUEUTTEVILLE		76
24	AA 7	GUEUTTEVILLE LES GRES		76
42	NA 10	GUEUX		51
90	CB 17	GUEVENATTEN		68
90	CB 16	GUEWENHEIM		68
221	FA 37	GUEYTES ET LABASTIDE		11
68	AB 14	GUGNECOURT		88
67	XA 13	GUGNEY		54
68	YA 14	GUGNEY AUX AULX		88
62	GA 13	GUIBEVILLE		91
38	BA 11	GUICHAINVILLE		27
206	R 35	GUICHE		64
120	QA 22	GUICHE, LA	C	71
75	O 15	GUICHEN	C	35
52	F 13	GUICLAN		29
72	H 16	GUIDEL		56
78	X 15	GUIERCHE, LA		72
26	FA 9	GUIGNECOURT		60
26	GA 7	GUIGNEMICOURT		80
75	O 16	GUIGNEN		35
62	JA 12	GUIGNES		77
61	GA 14	GUIGNEVILLE		45
62	HA 13	GUIGNEVILLE SUR ESSONNE		91
29	OA 9	GUIGNICOURT		02
30	RA 8	GUIGNICOURT SUR VENCE		08
16	FA 5	GUIGNY		62
35	S 11	GUILBERVILLE		50
71	D 15	GUILER SUR GOYEN		29
51	C 13	GUILERS		29
165	SA 29	GUILHERAND GRANGES		07
156	V 29	GUILLAC		33
74	L 15	GUILLAC		56
26	IA 7	GUILLAUCOURT		80
182	BB 33	GUILLAUMES	C	06
17	JA 6	GUILLEMONT		80
134	MA 24	GUILLERMIE, LA		03
61	FA 14	GUILLERVAL		91
168	AB 30	GUILLESTRE	C	05
61	EA 14	GUILLEVILLE		28
74	L 15	GUILLIERS		56
73	H 15	GUILLIGOMARC'H		29
84	OA 17	GUILLON	C	89
107	YA 18	GUILLON LES BAINS		25
61	EA 15	GUILLONVILLE		28
170	U 31	GUILLOS		33
99	EA 19	GUILLY		36
81	GA 16	GUILLY		45
15	CA 6	GUILMECOURT		76
71	D 16	GUILVINEC	C	29
52	G 12	GUIMAEC		29
52	E 13	GUIMILIAU		29
142	V 26	GUIMPS		16
206	S 36	GUINARTHE PARENTIES		64
30	RA 8	GUINCOURT		08
66	TA 13	GUINDRECOURT AUX ORMES		52
65	SA 14	GUINDRECOURT SUR BLAISE		52
16	GA 5	GUINECOURT		62
7	FA 2	GUINES	C	62
53	I 13	GUINGAMP	S	22
47	ZA 10	GUINGLANGE		57
47	ZA 10	GUINKIRCHEN		57
47	BB 11	GUINZELING		57
51	D 13	GUIPAVAS	C	29
75	O 14	GUIPEL		35
51	C 13	GUIPRONVEL		29
75	O 16	GUIPRY		35
102	MA 19	GUIPY		58
39	EA 10	GUIRY EN VEXIN		95
27	KA 8	GUISCARD	C	60
72	G 15	GUISCRIFF		56
28	MA 7	GUISE	C	02
38	DA 10	GUISENIERS		27
34	R 11	GUISLAIN, LE		50
51	C 12	GUISSENY		29
16	FA 5	GUISY		62
211	FA 35	GUITALENS		81
226	KB 42	GUITERA LES BAINS		2A
142	U 27	GUITINIERES		17
39	EA 11	GUITRANCOURT		78
156	V 28	GUITRES	C	33
39	DA 10	GUITRY		27
75	N 14	GUITTE		22
27	KA 8	GUIVRY		02
26	FA 7	GUIZANCOURT		80
142	W 27	GUIZENGEARD		16
208	Y 36	GUIZERIX		65
169	R 30	GUJAN MESTRAS		33
48	EB 11	GUMBRECHTSHOFFEN		67
63	LA 13	GUMERY		10
180	UA 31	GUMIANE		26
149	OA 26	GUMIERES		42
160	FA 28	GUMOND		19
48	EB 11	GUNDERSHOFFEN		67
90	DB 16	GUNDOLSHEIM		68
48	CB 11	GUNGWILLER		67
90	CB 15	GUNSBACH		68
49	FB 11	GUNSTETT		67
69	CB 12	GUNTZVILLER		57
27	LA 8	GUNY		02
217	Z 38	GURAN		31
143	X 27	GURAT		16
63	KA 13	GURCY LE CHATEL		77
83	MA 16	GURGY		89
86	SA 16	GURGY LA VILLE		21
86	SA 16	GURGY LE CHATEAU		21
215	U 37	GURMENCON		64
206	T 36	GURS		64
53	I 13	GURUNHUEL		22
27	JA 8	GURY		60
45	VA 10	GUSSAINVILLE		55
19	NA 5	GUSSIGNIES		59
39	FA 12	GUYANCOURT		78
107	YA 19	GUYANS DURNES		25
108	ZA 19	GUYANS VENNES		25
28	NA 9	GUYENCOURT		02
18	KA 6	GUYENCOURT SAULCOURT		80
26	HA 7	GUYENCOURT SUR NOYE		80
110	Q 20	GUYONNIERE, LA		85
87	VA 16	GUYONVELLE		52
192	NA 34	GUZARGUES		34
106	WA 18	GY	C	70
99	DA 18	GY EN SOLOGNE		41
83	MA 16	GY L'EVEQUE		89
82	JA 15	GY LES NONAINS		45
67	WA 12	GYE		54
85	QA 15	GYE SUR SEINE		10

H

Page	Carreau	Commune	Adm.	Dpt
17	IA 5	HABARCQ		62
183	S 35	HABAS		40
139	ZA 23	HABERE LULLIN		74
139	ZA 23	HABERE POCHE		74
38	CA 11	HABIT, L'		27
68	AB 13	HABLAINVILLE		54
58	V 12	HABLOVILLE		61
47	ZA 11	HABOUDANGE		57
90	DB 16	HABSHEIM	C	68
208	Y 36	HACHAN		65
67	VA 14	HACOURT		52
39	DA 9	HACQUEVILLE		27
39	EA 10	HADANCOURT LE HAUT CLOCHER		60
68	ZA 14	HADIGNY LES VERRIERES		88
68	ZA 15	HADOL		88
49	DB 12	HAEGEN		67
68	YA 14	HAGECOURT		88
208	W 35	HAGEDET		65
32	YA 9	HAGEN		57
90	CB 17	HAGENBACH		68
90	DB 17	HAGENTHAL LE BAS		68
90	DB 17	HAGENTHAL LE HAUT		68
208	X 36	HAGET		32
207	T 35	HAGETAUBIN		64
184	U 34	HAGETMAU	C	40
45	WA 11	HAGEVILLE		54
67	WA 14	HAGNEVILLE ET RONCOURT		88
29	QA 8	HAGNICOURT		08
46	YA 10	HAGONDANGE		57
49	FB 12	HAGUENAU	S	67
94	Q 19	HAIE FOUASSIERE, LA		44
57	T 14	HAIE TRAVERSAINE, LA		53
150	RA 26	HAIES, LES		69
68	YA 13	HAIGNEVILLE		54
68	ZA 13	HAILLAINVILLE		88
155	T 29	HAILLAN, LE		33
26	HA 7	HAILLES		80
17	IA 4	HAILLICOURT		62
128	V 25	HAIMPS		17
114	AA 22	HAIMS		86
27	IA 8	HAINVILLERS		60
44	TA 12	HAIRONVILLE		55
9	JA 4	HAISNES		62
57	U 13	HALEINE		61
7	EA 4	HALINGHEN		62
16	FA 6	HALLENCOURT	C	80
9	JA 4	HALLENNES LEZ HAUBOURDIN		59
47	ZA 10	HALLERING		57
150	QA 25	HALLES, LES		69
30	TA 9	HALLES SOUS LES COTES		55
66	SA 12	HALLIGNICOURT		52
8	GA 3	HALLINES		62
26	GA 8	HALLIVILLERS		80
25	DA 8	HALLOTIERE, LA		76
69	BB 13	HALLOVILLE		54
25	FA 9	HALLOY		60
17	HA 6	HALLOY		62
16	GA 6	HALLOY LES PERNOIS		80
27	JA 7	HALLU		80
9	KA 3	HALLUIN		59
205	Q 36	HALSOU		64
32	ZA 9	HALSTROFF		57
27	KA 7	HAM	C	80
33	Q 9	HAM, LE		50
58	U 13	HAM, LE		53
8	HA 4	HAM EN ARTOIS		62
29	RA 7	HAM LES MOINES		08
47	AB 10	HAM SOUS VARSBERG		57
20	RA 6	HAM SUR MEUSE		08
35	U 11	HAMARS		14
47	BB 10	HAMBACH		57
57	U 14	HAMBERS		53
17	JA 5	HAMBLAIN LES PRES		62
56	Q 11	HAMBYE		50
17	KA 5	HAMEL		59
26	FA 8	HAMEL, LE		60
26	IA 7	HAMEL, LE		80
26	HA 7	HAMELET		80
56	R 13	HAMELIN		50
17	JA 5	HAMELINCOURT		62
7	EA 2	HAMES BOUCRES		62
67	XA 13	HAMMEVILLE		54
45	WA 12	HAMONVILLE		54
65	RA 13	HAMPIGNY		10
47	ZA 11	HAMPONT		57
31	VA 9	HAN DEVANT PIERREPONT		54
31	UA 9	HAN LES JUVIGNY		55
45	VA 11	HAN SUR MEUSE		55
47	ZA 11	HAN SUR NIED		57
128	W 24	HANC		79
61	DA 12	HANCHES		28
27	KA 7	HANCOURT		80
70	EB 13	HANDSCHUHEIM		67
26	HA 7	HANGARD		80
70	EB 13	HANGENBIETEN		67
26	IA 7	HANGEST EN SANTERRE		80
16	FA 6	HANGEST SUR SOMME		80
48	CB 12	HANGVILLER		57
25	EA 9	HANNACHES		60
18	MA 6	HANNAPES		02
29	PA 7	HANNAPPES		08
17	IA 6	HANNESCAMPS		62
47	ZA 11	HANNOCOURT		57
30	SA 8	HANNOGNE ST MARTIN		08
29	PA 8	HANNOGNE ST REMY		08
45	VA 11	HANNONVILLE SOUS LES COTES		55
45	WA 10	HANNONVILLE SUZEMONT		54
23	Z 7	HANOUARD, LE		76
43	RA 10	HANS		51
9	JA 4	HANTAY		59
52	E 14	HANVEC		29
48	DB 10	HANVILLER		57
25	FA 8	HANVOILE		60
17	JA 6	HAPLINCOURT		62
27	KA 7	HAPPENCOURT		02
60	BA 14	HAPPONVILLIERS		28
41	KA 10	HARAMONT		02
30	SA 8	HARAUCOURT		08
46	YA 12	HARAUCOURT		54
46	ZA 12	HARAUCOURT SUR SEILLE		57
16	GA 5	HARAVESNES		62
39	FA 10	HARAVILLIERS		95
27	IA 7	HARBONNIERES		80
69	BB 13	HARBOUEY		54
24	AA 8	HARCANVILLE		76
67	WA 13	HARCHECHAMP		88
29	OA 7	HARCIGNY		02
37	AA 10	HARCOURT		27
29	QA 7	HARCY		08
68	ZA 13	HARDANCOURT		88
57	U 14	HARDANGES		53
17	JA 6	HARDECOURT AUX BOIS		80
38	CA 11	HARDENCOURT COCHEREL		27
8	HA 3	HARDIFORT		59
7	EA 3	HARDINGHEN		62
33	P 8	HARDINVAST		50
26	GA 8	HARDIVILLERS		60
39	FA 9	HARDIVILLERS EN VEXIN		60
39	EA 11	HARDRICOURT		78
38	BA 10	HARENGERE, LA		27
67	XA 14	HAREVILLE		88
23	X 8	HARFLEUR		76
47	ZA 10	HARGARTEN AUX MINES		57
39	EA 11	HARGEVILLE		78
18	KA 6	HARGICOURT		02
26	HA 8	HARGICOURT		80
20	RA 6	HARGNIES		08
19	NA 5	HARGNIES		59
28	LA 7	HARLY		02
67	WA 13	HARMONVILLE		88
53	J 14	HARMOYE, LA		22
17	JA 4	HARNES	C	62
68	YA 14	HAROL		88
68	YA 13	HAROUE	C	54
17	HA 6	HARPONVILLE		80
47	AB 11	HARPRICH		57
38	DA 10	HARQUENCY		27
69	CB 12	HARREBERG		57
67	VA 14	HARREVILLE LES CHANTEURS		52
30	SA 9	HARRICOURT		08
68	YA 15	HARSAULT		88
48	BB 11	HARSKIRCHEN		67
41	LA 10	HARTENNES ET TAUX		02
90	CB 16	HARTMANNSWILLER		68
69	CB 12	HARTZVILLER		57
45	WA 10	HARVILLE		55
28	OA 7	HARY		02
69	CB 12	HASELBOURG		57
18	LA 4	HASNON		59
205	Q 36	HASPARREN	C	64
48	DB 10	HASPELSCHIEDT		57
18	LA 5	HASPRES		59
206	R 35	HASTINGUES		40
45	WA 10	HATRIZE		54
50	GB 11	HATTEN		67
27	JA 7	HATTENCOURT		80
23	Y 8	HATTENVILLE		76
69	BB 12	HATTIGNY		57
49	DB 12	HATTMATT		67
90	CB 15	HATTSTATT		68
216	X 37	HAUBAN		65
9	JA 4	HAUBOURDIN	C	59
46	YA 10	HAUCONCOURT		57
25	FA 8	HAUCOURT		60
17	JA 5	HAUCOURT		62
25	EA 8	HAUCOURT		76
18	LA 6	HAUCOURT EN CAMBRESIS		59
31	WA 9	HAUCOURT MOULAINE		54
44	UA 10	HAUDAINVILLE		55
45	VA 10	HAUDIOMONT		55
26	GA 9	HAUDIVILLERS		60
68	ZA 13	HAUDONVILLE		54
29	RA 7	HAUDRECY		08
25	EA 8	HAUDRICOURT		76
18	LA 5	HAULCHIN		59
209	Z 35	HAULIES		32
29	RA 7	HAULME		08
31	UA 9	HAUMONT PRES SAMOGNEUX, VILLAGE RUINE		55
184	T 34	HAURIET		40
90	DB 17	HAUSGAUEN		68
25	DA 8	HAUSSEZ		76
43	RA 12	HAUSSIGNEMONT		51
43	PA 12	HAUSSIMONT		51
68	YA 13	HAUSSONVILLE		54
18	LA 5	HAUSSY		59
47	BB 12	HAUT CLOCHER		57
53	J 14	HAUT CORLAY, LE		22
215	V 37	HAUT DE BOSDARROS		64
89	AB 16	HAUT DU THEM CHATEAU LAMBERT, LE		70
19	NA 6	HAUT LIEU		59
7	FA 3	HAUT LOQUIN		62
184	U 34	HAUT MAUCO		40
217	Y 37	HAUTAGET		65
25	EA 8	HAUTBOS		60
87	VA 16	HAUTE AMANCE		52
17	IA 5	HAUTE AVESNES		62
180	VA 30	HAUTE BEAUME, LA		05
57	T 12	HAUTE CHAPELLE, LA		61
26	FA 8	HAUTE EPINE		60
94	Q 19	HAUTE GOULAINE		44
39	EA 10	HAUTE ISLE		95
32	YA 9	HAUTE KONTZ		57
41	KA 11	HAUTE MAISON, LA		77
150	QA 25	HAUTE RIVOIRE		69
47	ZA 10	HAUTE VIGNEULLES		57
16	GA 5	HAUTECLOQUE		62
122	WA 22	HAUTECOUR		39
153	ZA 26	HAUTECOUR		73
138	UA 23	HAUTECOURT ROMANECHE		01
160	FA 28	HAUTEFAGE		19
172	Z 32	HAUTEFAGE LA TOUR		47
143	Y 26	HAUTEFAYE		24
41	JA 12	HAUTEFEUILLE		77
135	PA 22	HAUTEFOND		71
27	KA 9	HAUTEFONTAINE		60
144	BA 27	HAUTEFORT	C	24
154	ZA 25	HAUTELUCE		73
107	YA 19	HAUTEPIERRE LE CHATELET		25
134	LA 24	HAUTERIVE		03
58	X 13	HAUTERIVE		61
83	MA 16	HAUTERIVE		89
107	ZA 20	HAUTERIVE LA FRESSE		25
151	SA 27	HAUTERIVES		26
85	RA 17	HAUTEROCHE		21
181	YA 32	HAUTES DUYES		04
30	SA 7	HAUTES RIVIERES, LES		08
171	Y 31	HAUTESVIGNES		47
88	YA 16	HAUTEVELLE		70
41	KA 10	HAUTEVESNES		02
28	MA 7	HAUTEVILLE		02
29	PA 8	HAUTEVILLE		08
65	RA 12	HAUTEVILLE		51
17	IA 5	HAUTEVILLE		62
153	YA 26	HAUTEVILLE		73
39	DA 12	HAUTEVILLE, LA		78
34	Q 10	HAUTEVILLE LA GUICHARD		50
105	SA 18	HAUTEVILLE LES DIJON		21
138	VA 24	HAUTEVILLE LOMPNES	C	01
139	XA 24	HAUTEVILLE SUR FIER		74
56	P 11	HAUTEVILLE SUR MER		50
28	NA 7	HAUTION		02
19	OA 5	HAUTMONT	C	59
68	YA 15	HAUTMOUGEY		88
24	Z 7	HAUTOT L'AUVRAY		76
23	Z 8	HAUTOT LE VATOIS		76
24	Z 8	HAUTOT ST SULPICE		76
24	BA 7	HAUTOT SUR MER		76
24	AA 9	HAUTOT SUR SEINE		76
44	TA 11	HAUTS DE CHEE, LES		55
33	Q 9	HAUTTEVILLE BOCAGE		50
42	OA 10	HAUTVILLERS		51
16	EA 6	HAUTVILLERS OUVILLE		80
24	AA 9	HAUVILLE		27
29	QA 9	HAUVINE		08
156	U 30	HAUX		33
206	S 37	HAUX		64
32	XA 9	HAVANGE		57
38	DA 12	HAVELU		28
18	LA 5	HAVELUY		59
16	GA 6	HAVERNAS		80
8	HA 3	HAVERSKERQUE		59
23	X 9	HAVRE, LE	S	76
18	KA 6	HAVRINCOURT		62
40	HA 12	HAY LES ROSES, L'	S	94
32	XA 9	HAYANGE	C	57
20	RA 6	HAYBES		08
25	DA 9	HAYE, LA		76
68	YA 15	HAYE, LA		88
24	Z 9	HAYE AUBREE, LA		27
34	R 11	HAYE BELLEFOND, LA		50
33	O 9	HAYE D'ECTOT, LA		50
37	AA 10	HAYE DE CALLEVILLE, LA		27
24	Z 9	HAYE DE ROUTOT, LA		27
34	P 9	HAYE DU PUITS, LA	C	50
37	AA 10	HAYE DU THEIL, LA		27
38	BA 10	HAYE LE COMTE, LA		27
38	BA 10	HAYE MALHERBE, LA		27
56	Q 12	HAYE PESNEL, LA	C	50
37	Z 11	HAYE ST SYLVESTRE, LA		27
46	YA 10	HAYES		57
79	AA 16	HAYES, LES		41
18	KA 5	HAYNECOURT		59
122	UA 20	HAYS, LES		39
8	HA 3	HAZEBROUCK	C	59
47	BB 11	HAZEMBOURG		57
39	FA 10	HEAULME, LE		95
33	O 8	HEAUVILLE		50
25	EA 9	HEBECOURT		27
26	GA 7	HEBECOURT		80

Page	Carreau	Commune	Adm.	Dpt
34	R 10	HEBECREVON		50
24	AA 7	HEBERVILLE		76
17	IA 6	HEBUTERNE		62
216	Y 37	HECHES		65
90	CB 17	HECKEN		68
37	Z 10	HECMANVILLE		27
38	DA 11	HECOURT		27
25	EA 8	HECOURT		60
18	MA 5	HECQ		59
38	AA 10	HECTOMARE		27
17	IA 6	HEDAUVILLE		80
75	O 14	HEDE	C	35
39	GA 10	HEDOUVILLE		95
49	FB 11	HEGENEY		67
70	DB 17	HEGENHEIM		68
70	EB 14	HEIDOLSHEIM		67
90	CB 17	HEIDWILLER		68
70	DB 13	HEILIGENBERG		67
70	DB 13	HEILIGENSTEIN		67
46	YA 12	HEILLECOURT		54
26	GA 9	HEILLES		60
17	HA 6	HEILLY		80
43	RA 12	HEILTZ L'EVEQUE		51
43	RA 12	HEILTZ LE HUTIER		51
44	SA 12	HEILTZ LE MAURUPT	C	51
90	CB 17	HEIMERSDORF		68
90	CB 16	HEIMSBRUNN		68
47	ZA 9	HEINING LES BOUZONVILLE		57
44	UA 11	HEIPPES		55
90	EB 15	HEITEREN		68
90	DB 17	HEIWILLER		68
18	LA 5	HELESMES		59
205	R 36	HELETTE		64
8	GA 3	HELFAUT		62
90	DB 17	HELFRANTZKIRCH		68
74	L 15	HELLEAN		56
48	BB 12	HELLERING LES FENETRANGE		57
33	O 8	HELLEVILLE		50
47	BB 11	HELLIMER		57
58	W 13	HELOUP		61
47	ZA 10	HELSTROFF		57
9	KA 3	HEM		59
16	GA 6	HEM HARDINVAL		80
18	KA 5	HEM LENGLET		59
17	JA 6	HEM MONACU		80
33	Q 9	HEMEVEZ		50
27	IA 9	HEMEVILLERS		60
47	ZA 10	HEMILLY		57
69	BB 12	HEMING		57
74	K 14	HEMONSTOIR		22
46	ZA 12	HENAMENIL		54
54	L 13	HENANBIHEN		22
54	L 13	HENANSAL		22
205	O 36	HENDAYE	C	64
17	JA 5	HENDECOURT LES CAGNICOURT		62
17	IA 5	HENDECOURT LES RANSART		62
17	HA 6	HENENCOURT		80
90	CB 17	HENFLINGEN		68
53	I 12	HENGOAT		22
49	DB 12	HENGWILLER		67
17	JA 4	HENIN BEAUMONT	C	62
17	JA 5	HENIN SUR COJEUL		62
17	JA 5	HENINEL		62
73	H 16	HENNEBONT	C	56
68	YA 14	HENNECOURT		88
44	VA 10	HENNEMONT		55
7	EA 3	HENNEVEUX		62
67	XA 15	HENNEZEL		88
38	DA 10	HENNEZIS		27
54	K 13	HENON		22
39	FA 10	HENONVILLE		60
24	AA 9	HENOUVILLE		76
101	HA 18	HENRICHEMONT	C	18
48	CB 12	HENRIDORFF		57
47	BB 10	HENRIVILLE		57
17	HA 6	HENU		62
52	F 12	HENVIC		29
48	CB 12	HERANGE		57
80	BA 17	HERBAULT	C	41
17	JA 7	HERBECOURT		80
8	GA 3	HERBELLES		62
110	Q 20	HERBERGEMENT, L'		85
31	UA 8	HERBEUVAL		08
45	WA 11	HERBEUVILLE		55
39	FA 11	HERBEVILLE		78
69	AB 13	HERBEVILLER		54
166	WA 28	HERBEYS		38
111	S 20	HERBIERS, LES	C	85
92	M 18	HERBIGNAC	C	44
7	EA 3	HERBINGHEN		62
64	OA 12	HERBISSE		10
48	CB 11	HERBITZHEIM		67
39	GA 11	HERBLAY	C	95
70	EB 14	HERBSHEIM		67
57	S 13	HERCE		53
26	FA 9	HERCHIES		60
26	HA 8	HERELLE, LA		60
34	P 11	HERENGUERVILLE		50
213	KA 35	HEREPIAN		34
208	W 35	HERES		65
18	MA 4	HERGNIES		59
68	YA 13	HERGUGNEY		88
93	P 18	HERIC		44
16	GA 5	HERICOURT		62
89	AB 17	HERICOURT	C	70
24	Z 8	HERICOURT EN CAUX		76
25	EA 8	HERICOURT SUR THERAIN		60
62	IA 13	HERICY		77
29	OA 7	HERIE, LA		02
28	MA 7	HERIE LA VIEVILLE, LE		02
68	ZA 13	HERIMENIL		54
108	BB 18	HERIMONCOURT	C	25
18	LA 5	HERIN		59
17	HA 6	HERISSART		80
117	IA 22	HERISSON	C	03
17	IA 7	HERLEVILLE		80
17	IA 5	HERLIERE, LA		62
9	JA 4	HERLIES		59
16	HA 5	HERLIN LE SEC		62
16	GA 5	HERLINCOURT		62
7	FA 4	HERLY		62
27	JA 7	HERLY		80
183	R 34	HERM		40
219	EA 38	HERM, L'		09
24	BA 7	HERMANVILLE		76
36	V 9	HERMANVILLE SUR MER		14
176	KA 31	HERMAUX, LES		48
17	IA 5	HERMAVILLE		62
63	LA 13	HERME		77
69	BB 12	HERMELANGE		57
7	EA 3	HERMELINGHEN		62
111	S 22	HERMENAULT, L'	C	85
147	HA 25	HERMENT	C	63
61	EA 12	HERMERAY		78
26	GA 9	HERMES		60
23	X 8	HERMEVILLE		76
45	VA 10	HERMEVILLE EN WOEVRE		55
17	KA 6	HERMIES		62
153	YA 27	HERMILLON		73
17	HA 4	HERMIN		62
75	O 15	HERMITAGE, L'		35
54	J 14	HERMITAGE LORGE, L'		22
79	Z 17	HERMITES, LES		37
59	Z 14	HERMITIERE, L'		61
37	X 10	HERMIVAL LES VAUX		14
29	OA 9	HERMONVILLE		51
16	GA 4	HERNICOURT		62
47	ZA 11	HERNY		57
25	CA 9	HERON, LE		76
25	CA 8	HERONCHELLES		76
39	GA 10	HEROUVILLE		95
36	V 10	HEROUVILLE ST CLAIR	C	14
36	V 10	HEROUVILLETTE		14
69	AB 14	HERPELMONT		88
43	RA 11	HERPONT		51
29	PA 8	HERPY L'ARLESIENNE		08
38	CA 10	HERQUEVILLE		27
33	O 8	HERQUEVILLE		50
217	AA 38	HERRAN		31
185	W 33	HERRE		40
215	U 37	HERRERE		64
9	JA 4	HERRIN		59
49	FB 12	HERRLISHEIM		67
90	DB 15	HERRLISHEIM PRES COLMAR		68
101	JA 19	HERRY		18
31	WA 8	HERSERANGE	C	54
17	IA 4	HERSIN COUPIGNY		62
69	BB 12	HERTZING		57
7	EA 2	HERVELINGHEN		62
18	KA 7	HERVILLY		80
102	MA 18	HERY		58
84	MA 16	HERY		89
139	XA 25	HERY SUR ALBY		74
8	HA 2	HERZEELE		59
18	KA 7	HESBECOURT		80
25	EA 8	HESCAMPS		80
8	IA 4	HESDIGNEUL LES BETHUNE		62
8	EA 3	HESDIGNEUL LES BOULOGNE		62
16	FA 5	HESDIN	C	62
7	EA 3	HESDIN L'ABBE		62
90	EB 17	HESINGUE		68
16	FA 4	HESMOND		62
69	BB 12	HESSE		57
70	EB 14	HESSENHEIM		67
47	ZA 10	HESTROFF		57
19	OA 5	HESTRUD		59
16	HA 4	HESTRUS		62
26	FA 8	HETOMESNIL		60
32	XA 9	HETTANGE GRANDE		57
90	DB 15	HETTENSCHLAG		68
39	DA 10	HEUBECOURT HARICOURT		27
16	GA 4	HEUCHIN	C	62
16	EA 7	HEUCOURT CROQUOISON		80
38	CA 10	HEUDEBOUVILLE		27
25	EA 9	HEUDICOURT		27
18	KA 7	HEUDICOURT		80
45	WA 11	HEUDICOURT SOUS LES COTES		55
37	Y 10	HEUDREVILLE EN LIEUVIN		27
38	BA 10	HEUDREVILLE SUR EURE		27
183	R 35	HEUGAS		40
24	BA 7	HEUGLEVILLE SUR SCIE		76
115	CA 20	HEUGNES		36
37	Y 11	HEUGON		61
34	P 11	HEUGUEVILLE SUR SIENNE		50
87	UA 16	HEUILLEY COTTON		52
87	UA 16	HEUILLEY LE GRAND		52
106	UA 18	HEUILLEY SUR SAONE		21
36	W 10	HEULAND		14
147	IA 25	HEUME L'EGLISE		63
38	CA 10	HEUNIERE, LA		27
38	CA 9	HEUQUEVILLE		27
23	X 8	HEUQUEVILLE		76
8	GA 3	HEURINGHEM		62
24	AA 9	HEURTEAUVILLE		76
36	X 11	HEURTEVENT		14
57	S 13	HEUSSE		50
29	PA 9	HEUTREGIVILLE		51
16	GA 6	HEUZECOURT		80
66	UA 12	HEVILLIERS		55
151	TA 26	HEYRIEUX	C	38
8	GA 4	HEZECQUES		62
92	K 17	HEZO, LE		56
216	W 37	HIBARETTE		65
151	UA 25	HIERES SUR AMBY		38
20	RA 6	HIERGES		08
16	FA 5	HIERMONT		80
126	R 25	HIERS BROUAGE		17
143	W 25	HIERSAC	C	16
130	Z 24	HIESSE		16
33	R 9	HIESVILLE		50
36	W 11	HIEVILLE		14
207	V 36	HIGUERES SOUYE		64
216	X 37	HIIS		65
48	CB 12	HILBESHEIM		57
54	K 13	HILLION		22
70	EB 14	HILSENHEIM		67
47	BB 11	HILSPRICH		57
28	LA 7	HINACOURT		02
47	ZA 10	HINCKANGE		57
70	EB 13	HINDISHEIM		67
70	CB 17	HINDLINGEN		68
8	IA 4	HINGES		62
55	N 13	HINGLE, LE		22
48	DB 11	HINSBOURG		67
47	BB 11	HINSINGEN		67
183	S 34	HINX		40
70	EB 13	HIPSHEIM		67
55	O 12	HIREL		35
48	CB 11	HIRSCHLAND		67
90	CB 17	HIRSINGUE	C	68
19	OA 7	HIRSON	C	02
90	CB 17	HIRTZBACH		68
90	DB 16	HIRTZFELDEN		68
217	AA 37	HIS		31
216	X 37	HITTE		65
49	EB 12	HOCHFELDEN	C	67
90	CB 16	HOCHSTATT		68
49	EB 12	HOCHSTETT		67
56	Q 12	HOCQUIGNY		50
7	FA 3	HOCQUINGHEN		62
25	FA 9	HODENC EN BRAY		60
26	GA 9	HODENC L'EVEQUE		60
25	EA 7	HODENG AU BOSC		76
25	DA 8	HODENG HODENGER		76
39	EA 10	HODENT		95
91	J 18	HOEDIC		56
49	FB 12	HOENHEIM		67
49	FB 12	HOERDT		67
46	ZA 12	HOEVILLE		54
50	FB 11	HOFFEN		67
25	CA 9	HOGUES, LES		27
36	V 11	HOGUETTE, LA		14
49	EB 12	HOHATZENHEIM		67
49	DB 12	HOHENGOEFT		67
49	EB 12	HOHFRANKENHEIM		67
90	CB 15	HOHROD		68
69	DB 13	HOHWALD, LE		67
47	ZA 11	HOLACOURT		57
47	ZA 10	HOLLING		57
27	KA 7	HOLNON		02
8	GA 2	HOLQUE		59
70	EB 13	HOLTZHEIM		67
70	DB 15	HOLTZWIHR		68
47	BB 11	HOLVING		57
27	JA 7	HOMBLEUX		80
28	LA 7	HOMBLIERES		02
90	DB 16	HOMBOURG		68
32	YA 9	HOMBOURG BUDANGE		57
47	AB 10	HOMBOURG HAUT		57
59	Z 13	HOME CHAMONDOT, L'		61
45	XA 10	HOMECOURT	C	54
48	CB 12	HOMMARTING		57
69	CB 12	HOMMERT		57
97	X 18	HOMMES		37
34	R 10	HOMMET D'ARTHENAY, LE		50
213	IA 36	HOMPS		11
187	AA 34	HOMPS		32
19	NA 5	HON HERGIES		59
26	GA 9	HONDAINVILLE		60
8	HA 3	HONDEGHEM		59
41	LA 11	HONDEVILLIERS		77
38	BA 10	HONDOUVILLE		27
8	HA 2	HONDSCHOOTE	C	59
23	X 9	HONFLEUR	C	14
24	AA 9	HONGUEMARE GUENOUVILLE		27
18	MA 6	HONNECHY		59
18	KA 6	HONNECOURT SUR ESCAUT		59
173	CA 32	HONOR DE COS, L'		82
47	BB 11	HONSKIRCH		57
185	V 34	HONTANX		40
47	AB 10	HOPITAL, L'		57
52	D 14	HOPITAL CAMFROUT		29
206	S 35	HOPITAL D'ORION, L'		64
107	YA 19	HOPITAL DU GROSBOIS, L'		25
149	PA 26	HOPITAL LE GRAND, L'		42
135	OA 22	HOPITAL LE MERCIER, L'		71
149	OA 25	HOPITAL SOUS ROCHEFORT, L'		42
206	T 36	HOPITAL ST BLAISE, L'		64
107	ZA 18	HOPITAL ST LIEFFROY, L'		25
123	ZA 21	HOPITAUX NEUFS, LES		25
123	ZA 21	HOPITAUX VIEUX, LES		25
90	DB 15	HORBOURG WIHR		68
18	LA 5	HORDAIN		59
30	RA 8	HORGNE, LA		08
216	W 37	HORGUES		65
150	QA 26	HORME, L'		42
18	LA 5	HORNAING		59
26	FA 7	HORNOY LE BOURG	C	80
57	U 13	HORPS, LE	C	53
184	T 34	HORSARRIEU		40
67	UA 13	HORVILLE EN ORNOIS		55
38	BA 12	HOSMES, L'		27
197	WA 33	HOSPITALET, L'		04
191	KA 33	HOSPITALET DU LARZAC, L'		12
220	EA 39	HOSPITALET PRES L'ANDORRE, L'		09
206	R 37	HOSTA		64
47	BB 10	HOSTE		57
170	T 31	HOSTENS		33
138	VA 24	HOSTIAS		01
165	TA 28	HOSTUN		26
37	Y 10	HOTELLERIE, L'		14
77	S 16	HOTELLERIE DE FLEE, L'		49
138	VA 24	HOTONNES		01
36	W 10	HOTOT EN AUGE		14
35	T 10	HOTTOT LES BAGUES		14
48	DB 10	HOTTVILLER		57
36	X 10	HOUBLONNIERE, LA		14
140	AB 25	HOUCHES, LES		74
17	IA 4	HOUCHIN		62
17	HA 4	HOUDAIN	C	62
19	NA 5	HOUDAIN LEZ BAVAY		59
39	DA 12	HOUDAN	C	78
27	IA 9	HOUDANCOURT		60
66	UA 13	HOUDELAINCOURT		55
67	XA 13	HOUDELMONT		54
46	XA 12	HOUDEMONT		54
24	AA 7	HOUDETOT		76
29	OA 9	HOUDILCOURT		08
67	XA 13	HOUDREVILLE		54
67	WA 14	HOUECOURT		88
171	W 32	HOUEILLES	C	47
34	Q 9	HOUESVILLE		50
38	BA 10	HOUETTEVILLE		27
67	WA 14	HOUEVILLE		88
216	Y 37	HOUEYDETS		65
185	V 34	HOUGA, LE		32
39	GA 11	HOUILLES	C	78
38	CA 10	HOULBEC COCHEREL		27
37	AA 10	HOULBEC PRES LE GROS THEIL		27
29	RA 7	HOULDIZY		08
142	V 25	HOULETTE		16
36	W 9	HOULGATE		14
8	GA 3	HOULLE		62
24	BA 8	HOULME, LE		76
126	R 23	HOUMEAU, L'		17
221	FA 37	HOUNOUX		11
9	JA 4	HOUPLIN ANCOISNE		59
9	JA 3	HOUPLINES		59
24	BA 8	HOUPPEVILLE		76
23	Y 8	HOUQUETOT		76
208	X 36	HOURC		65
42	NA 9	HOURGES		51
207	V 36	HOURS		64
155	R 28	HOURTIN		33
28	NA 7	HOURY		02
79	AA 16	HOUSSAY		41
77	T 16	HOUSSAY		53
37	AA 11	HOUSSAYE, LA		27
24	BA 8	HOUSSAYE BERANGER, LA		76
41	JA 12	HOUSSAYE EN BRIE, LA		77
57	U 13	HOUSSEAU BRETIGNOLLES, LE		53
70	DB 15	HOUSSEN		68
69	AB 14	HOUSSERAS		88
28	NA 7	HOUSSET		02
67	XA 13	HOUSSEVILLE		54
69	BB 14	HOUSSIERE, LA		88
25	FA 9	HOUSSOYE, LA		60
123	YA 20	HOUTAUD		25
8	IA 2	HOUTKERQUE		59
34	Q 9	HOUTTEVILLE		50
38	CA 9	HOUVILLE EN VEXIN		27
61	DA 13	HOUVILLE LA BRANCHE		28
16	HA 5	HOUVIN HOUVIGNEUL		62
61	DA 13	HOUX		28
8	HA 2	HOYMILLE		59
107	YA 18	HUANNE MONTMARTIN		25
7	EA 4	HUBERSENT		62
36	V 10	HUBERT FOLIE		14
33	Q 8	HUBERVILLE		50
16	FA 5	HUBY ST LEU		62
16	EA 6	HUCHENNEVILLE		80
16	HA 4	HUCLIER		62
7	FA 4	HUCQUELIERS	C	62
56	P 11	HUDIMESNIL		50
68	ZA 13	HUDIVILLER		54
52	F 14	HUELGOAT	C	29
38	CA 11	HUEST		27
81	EA 15	HUETRE		45
167	XA 28	HUEZ		38
106	WA 18	HUGIER		70
24	AA 8	HUGLEVILLE EN CAUX		76
77	V 17	HUILLE		49
67	VA 14	HUILLIECOURT		52
121	TA 21	HUILLY SUR SEILLE		71
43	QA 12	HUIRON		51
97	X 19	HUISMES		37
56	Q 12	HUISNES SUR MER		50
79	BA 16	HUISSEAU EN BEAUCE		41
80	DA 17	HUISSEAU SUR COSSON		41
81	EA 16	HUISSEAU SUR MAUVES		45
77	T 15	HUISSERIE, L'		53
17	JA 4	HULLUCH		62
69	CB 12	HULTEHOUSE		57
65	QA 12	HUMBAUVILLE		51
66	SA 13	HUMBECOURT		52
17	IA 5	HUMBERCAMPS		62
17	HA 5	HUMBERCOURT		80
7	FA 4	HUMBERT		62
66	UA 14	HUMBERVILLE		52
101	IA 18	HUMBLIGNY		18
16	GA 4	HUMEROEUILLE		62
87	UA 16	HUMES JORQUENAY		52
16	GA 5	HUMIERES		62
70	DB 14	HUNAWIHR		68
47	BB 10	HUNDLING		57
90	DB 17	HUNDSBACH		68
90	EB 17	HUNINGUE	C	68
50	FB 11	HUNSPACH		67
32	YA 9	HUNTING		57
217	Z 37	HUOS		31
161	IA 30	HUPARLAC		12
15	EA 6	HUPPY		80
69	BB 14	HURBACHE		88
171	W 31	HURE		33
88	XA 16	HURECOURT		70
177	LA 32	HURES LA PARADE		48
133	HA 22	HURIEL	C	03
136	RA 23	HURIGNY		71
153	XA 27	HURTIERES		38
49	EB 12	HURTIGHEIM		67
90	DB 15	HUSSEREN LES CHATEAUX		68
90	BB 16	HUSSEREN WESSERLING		68
31	WA 9	HUSSIGNY GODBRANGE		54
57	S 13	HUSSON		50
49	EB 12	HUTTENDORF		67
70	EB 14	HUTTENHEIM		67
133	JA 23	HYDS		03
108	AB 18	HYEMONDANS		25
27	JA 7	HYENCOURT LE GRAND		80
34	P 11	HYENVILLE		50
203	XA 37	HYERES	C	83
107	XA 18	HYET		70
107	ZA 18	HYEVRE MAGNY		25
107	ZA 18	HYEVRE PAROISSE		25
68	XA 14	HYMONT		88

I

Page	Carreau	Commune	Adm.	Dpt
206	R 37	IBARROLLE		64
69	BB 12	IBIGNY		57
208	W 36	IBOS		65
70	EB 13	ICHTRATZHEIM		67
62	HA 14	ICHY		77
206	S 36	IDAUX MENDY		64
208	Y 35	IDRAC RESPAILLES		32
207	V 36	IDRON		64
116	GA 21	IDS ST ROCH		18
75	N 15	IFFENDIC		35
75	O 14	IFFS, LES		35
36	V 10	IFS		14
25	CA 7	IFS, LES		76
59	Y 14	IGE		61
136	RA 22	IGE		71
26	IA 7	IGNAUCOURT		80
220	EA 39	IGNAUX		09
69	AB 12	IGNEY		54
88	ZA 14	IGNEY		88
117	JA 20	IGNOL		18
106	WA 18	IGNY		70
39	GA 12	IGNY		91
42	NA 11	IGNY COMBLIZY		51
215	V 37	IGON		64
104	QA 19	IGORNAY		71
24	BA 9	IGOVILLE		27
135	OA 23	IGUERANDE		71
206	R 36	IHOLDY	C	64
92	J 17	ILE AUX MOINES		56
97	Y 19	ILE BOUCHARD, L'	C	37
126	R 24	ILE D'AIX		17
92	K 17	ILE D'ARZ		56
127	S 23	ILE D'ELLE, L'		85
91	J 18	ILE D'HOUAT		56
125	O 22	ILE D'OLONNE, L'		85
109	M 22	ILE D'YEU, L'	C	85
52	E 12	ILE DE BATZ		29
54	J 11	ILE DE BREHAT		22
71	B 17	ILE DE SEIN		29
51	B 12	ILE MOLENE		29
225	KB 39	ILE ROUSSE, L'	C	2B
40	GA 11	ILE ST DENIS, L'		93
71	E 16	ILE TUDY		29
206	S 36	ILHARRE		64
219	EA 38	ILHAT		09
212	HA 36	ILHES, LES		11
216	Y 38	ILHET		65
217	Z 37	ILHEU		65
32	YA 9	ILLANGE		57
217	AA 38	ILLARTEIN		09
170	U 30	ILLATS		33
224	IA 39	ILLE-SUR-TET		66
24	Z 9	ILLEVILLE SUR MONTFORT		27
90	CB 17	ILLFURTH		68
70	DB 14	ILLHAEUSERN		68
137	SA 23	ILLIAT		01
219	DA 38	ILLIER ET LARAMADE		09
60	CA 14	ILLIERS COMBRAY	C	28
38	CA 11	ILLIERS L'EVEQUE		27
9	JA 4	ILLIES		59
74	M 15	ILLIFAUT		22
70	FB 13	ILLKIRCH GRAFFENSTADEN	C	67
25	EA 7	ILLOIS		76
67	VA 14	ILLOUD		52
30	SA 7	ILLY		08
90	DB 16	ILLZACH	C	68
199	CB 33	ILONSE		06
24	AA 8	IMBLEVILLE		76
30	SA 9	IMECOURT		08
69	BB 12	IMLING		57
118	LA 20	IMPHY	C	58
29	PA 8	INAUMONT		08
38	BA 10	INCARVILLE		27
15	DA 6	INCHEVILLE		76
18	MA 6	INCHY		59
17	KA 6	INCHY EN ARTOIS		62
16	GA 5	INCOURT		62
108	BB 18	INDEVILLERS		25
93	P 19	INDRE		44
116	GA 21	INEUIL		18
167	XA 30	INFOURNAS, LES		05
49	EB 12	INGENHEIM		67
70	DB 15	INGERSHEIM		68
8	GA 3	INGHEM		62
32	YA 9	INGLANGE		57
50	FB 11	INGOLSHEIM		67
24	Z 7	INGOUVILLE		76
114	AA 21	INGRANDES		36
95	S 18	INGRANDES		49
113	Z 20	INGRANDES		86
97	X 18	INGRANDES DE TOURAINE		37
81	GA 15	INGRANNES		45
81	EA 16	INGRE	C	45
73	I 15	INGUINIEL		56
48	DB 11	INGWILLER		67
138	WA 24	INJOUX GENISSIAT		01
70	EB 13	INNENHEIM		67
152	VA 25	INNIMOND		01
30	TA 8	INOR		55
47	BB 11	INSMING		57
47	BB 11	INSVILLER		57
15	CA 7	INTRAVILLE		76
164	QA 29	INTRES		07
61	FA 14	INTREVILLE		28
61	GA 14	INTVILLE LA GUETARD		45
25	EA 7	INVAL BOIRON		80
7	EA 4	INXENT		62
73	I 16	INZINZAC LOCHRIST		56
44	TA 11	IPPECOURT		55
47	BB 10	IPPLING		57
59	Z 12	IRAI		61
112	W 20	IRAIS		79
84	MA 16	IRANCY		89
31	UA 9	IRE LE SEC		55
151	SA 26	IRIGNY	C	69
205	R 36	IRISSARRY		64
17	IA 6	IRLES		80
75	N 14	IRODOUER		35
18	MA 6	IRON		02
205	Q 37	IROULEGUY		64
38	CA 10	IRREVILLE		27
52	D 14	IRVILLAC		29
87	UA 15	IS EN BASSIGNY		52
86	TA 17	IS SUR TILLE	C	21
17	HA 4	ISBERGUES		62
87	WA 15	ISCHES		88
81	GA 17	ISDES		45
119	NA 20	ISENAY		58
56	R 12	ISIGNY LE BUAT	C	50
34	R 9	ISIGNY SUR MER	C	14
103	NA 18	ISLAND		89
145	CA 25	ISLE		87
40	GA 10	ISLE ADAM, L'	C	95
209	AA 35	ISLE ARNE, L'		32
65	PA 13	ISLE AUBIGNY		10
64	OA 14	ISLE AUMONT		10
187	Z 33	ISLE BOUZON, L'		32
151	TA 26	ISLE D'ABEAU, L'		38
143	X 26	ISLE D'ESPAGNAC, L'		16
208	Y 35	ISLE DE NOE, L'		32
209	AA 36	ISLE EN DODON, L'	C	31
117	JA 21	ISLE ET BARDAIS		03
210	BA 35	ISLE JOURDAIN, L'	C	32
130	Z 23	ISLE JOURDAIN, L'	C	86
156	U 30	ISLE ST GEORGES		33
195	TA 33	ISLE SUR LA SORGUE, L'	C	84
107	ZA 18	ISLE SUR LE DOUBS, L'	C	25
65	RA 12	ISLE SUR MARNE		51
84	OA 17	ISLE SUR SEREIN, L'	C	89
36	V 11	ISLES BARDEL, LES		14
41	KA 11	ISLES LES MELDEUSES		77
40	JA 11	ISLES LES VILLENOY		77
29	PA 9	ISLES SUR SUIPPE		51
44	SA 10	ISLETTES, LES		55
24	BA 9	ISNEAUVILLE		76
199	CB 32	ISOLA		06
228	LB 42	ISOLACCIO DI FIUMORBO		2B
87	UA 17	ISOMES		52
177	MA 31	ISPAGNAC		48
205	R 37	ISPOURE		64
7	DA 3	ISQUES		62
157	Y 28	ISSAC		24
164	QA 29	ISSAMOULENC		07
30	SA 7	ISSANCOURT ET RUMEL		08
163	OA 30	ISSANLAS		07
89	AB 17	ISSANS		25
219	EA 37	ISSARDS, LES		09
163	OA 29	ISSARLES		07
94	Q 17	ISSE		44
43	PA 10	ISSE		51
211	FA 36	ISSEL		11
159	EA 30	ISSENDOLUS		46
49	EB 12	ISSENHAUSEN		67
90	CB 16	ISSENHEIM		68
174	FA 30	ISSEPTS		46
134	MA 23	ISSERPENT		03
148	LA 26	ISSERTEAUX		63
158	Z 30	ISSIGEAC	C	24
178	QA 32	ISSIRAC		30
148	LA 26	ISSOIRE	S	63
215	T 37	ISSOR		64
39	EA 11	ISSOU		78
116	FA 20	ISSOUDUN	S	36
132	GA 24	ISSOUDUN LETRIEIX		23
210	DA 36	ISSUS		31
119	OA 21	ISSY L'EVEQUE	C	71
40	GA 11	ISSY LES MOULINEAUX	C	92
201	SA 35	ISTRES	S	13
42	OA 11	ISTRES ET BURY, LES		51
206	R 36	ISTURITS		64
28	LA 7	ITANCOURT		02
113	X 22	ITEUIL		86
49	EB 12	ITTENHEIM		67
70	DB 14	ITTERSWILLER		67
62	HA 13	ITTEVILLE		91
205	Q 36	ITXASSOU		64
189	EA 33	ITZAC		81
16	HA 5	IVERGNY		62
40	JA 11	IVERNY		77
29	PA 7	IVIERS		02

Page	Carreau	Commune	Adm.	Dpt
38	AA 10	IVILLE		27
41	KA 10	IVORS		60
122	WA 20	IVORY		39
101	HA 18	IVOY LE PRE		18
122	WA 20	IVREY		39
104	RA 19	IVRY EN MONTAGNE		21
38	DA 11	IVRY LA BATAILLE		27
39	FA 10	IVRY LE TEMPLE		60
40	HA 12	IVRY SUR SEINE	C	94
18	LA 5	IWUY		59
217	Z 37	IZAOURT		65
217	AA 37	IZAUT DE L'HOTEL		31
216	Y 37	IZAUX		65
58	V 14	IZE		53
152	UA 27	IZEAUX		38
17	JA 5	IZEL LES EQUERCHIN		62
17	HA 5	IZEL LES HAMEAUX		62
138	VA 24	IZENAVE		01
138	VA 23	IZERNORE	C	01
166	UA 28	IZERON		38
215	U 37	IZESTE		64
105	TA 19	IZEURE		21
105	TA 18	IZIER		21
152	VA 26	IZIEU		01
156	U 29	IZON		33
180	VA 32	IZON LA BRUISSE		26
185	W 34	IZOTGES		32

J

Page	Carreau	Commune	Adm.	Dpt
40	IA 11	JABLINES		77
131	DA 24	JABREILLES LES BORDES		87
161	JA 29	JABRUN		15
152	WA 26	JACOB BELLECOMBETTE		73
194	OA 34	JACOU		34
208	X 36	JACQUE		65
40	HA 10	JAGNY SOUS BOIS		95
41	KA 11	JAIGNES		77
165	TA 28	JAILLANS		26
77	T 16	JAILLE YVON, LA		49
45	XA 12	JAILLON		54
102	MA 19	JAILLY		58
104	RA 18	JAILLY LES MOULINS		21
67	WA 14	JAINVILLOTTE		88
132	FA 23	JALESCHES		23
160	HA 27	JALEYRAC		15
134	MA 22	JALIGNY SUR BESBRE	C	03
95	S 19	JALLAIS		49
121	TA 20	JALLANGES		21
60	CA 15	JALLANS		28
47	ZA 11	JALLAUCOURT		57
106	WA 18	JALLERANGE		25
101	IA 19	JALOGNES		18
136	RA 22	JALOGNY		71
42	PA 11	JALONS		51
120	RA 21	JAMBLES		71
39	EA 10	JAMBVILLE		78
39	FA 9	JAMERICOURT		60
31	UA 9	JAMETZ		55
145	CA 26	JANAILHAC		87
131	EA 24	JANAILLAT		23
106	UA 18	JANCIGNY		21
29	QA 8	JANDUN		08
151	TA 25	JANNEYRIAS		38
93	P 17	JANS		44
36	W 10	JANVILLE		14
61	FA 14	JANVILLE	C	28
27	JA 9	JANVILLE		60
62	GA 13	JANVILLE SUR JUINE		91
42	MA 11	JANVILLIERS		51
42	NA 10	JANVRY		51
61	GA 12	JANVRY		91
76	Q 15	JANZE	C	35
151	SA 27	JARCIEU		38
142	U 26	JARD, LA		17
125	P 22	JARD SUR MER		85
151	SA 26	JARDIN		38
146	FA 27	JARDIN, LE		19
113	Z 22	JARDRES		86
81	GA 16	JARGEAU	C	45
181	XA 31	JARJAYES		05
68	ZA 15	JARMENIL		88
142	V 25	JARNAC	C	16
142	U 26	JARNAC CHAMPAGNE		17
132	FA 23	JARNAGES	C	23
126	R 23	JARNE, LA		17
136	RA 24	JARNIOUX		69
135	PA 24	JARNOSSE		42
45	WA 10	JARNY		54
216	W 37	JARRET		65
166	WA 28	JARRIE		38
127	S 24	JARRIE, LA	C	17
128	U 24	JARRIE AUDOUIN, LA		17
153	YA 27	JARRIER		73
101	IA 18	JARS		18
153	YA 26	JARSY		73
46	YA 12	JARVILLE LA MALGRANGE	C	54
96	V 17	JARZE		49
150	PA 25	JAS		42
88	YA 16	JASNEY		70
136	RA 24	JASSANS RIOTTIER		01
65	QA 13	JASSEINES		10
137	UA 23	JASSERON		01
206	T 36	JASSES		64
205	Q 36	JATXOU		64
141	S 27	JAU DIGNAC ET LOIRAC		33
65	RA 14	JAUCOURT		10
111	S 21	JAUDONNIERE, LA		85
60	BA 13	JAUDRAIS		28
178	PA 30	JAUJAC		07
143	X 25	JAULDES		16
84	NA 15	JAULGES		89
41	MA 10	JAULGONNE		02
113	Y 20	JAULNAY		37
63	LA 13	JAULNES		77
45	WA 11	JAULNY		54
27	KA 9	JAULZY		60
164	QA 29	JAUNAC		07
113	Y 21	JAUNAY CLAN		86
157	Z 28	JAURE		24
182	AB 31	JAUSIERS		04
27	JA 9	JAUX		60
59	Y 14	JAUZE		72
162	MA 27	JAVAUGUES		43
76	R 14	JAVENE		35
130	AA 24	JAVERDAT		87
143	Z 26	JAVERLHAC ET LA CHAPELLE ST ROBERT		24
64	OA 14	JAVERNANT		10
182	YA 32	JAVIE, LA	C	04
162	LA 30	JAVOLS		48
142	V 25	JAVREZAC		16
58	V 13	JAVRON LES CHAPELLES		53
162	MA 28	JAX		43
206	R 37	JAXU		64
159	CA 28	JAYAC		24
137	TA 22	JAYAT		01
112	W 22	JAZENEUIL		86
141	T 26	JAZENNES		17
18	KA 7	JEANCOURT		02
46	YA 11	JEANDELAINCOURT		54
45	WA 10	JEANDELIZE		54
68	AB 14	JEANMENIL		88
149	NA 25	JEANSAGNIERE		42
29	OA 7	JEANTES		02
70	DB 15	JEBSHEIM		68
186	Y 34	JEGUN	C	32
157	X 28	JEMAYE, LA		24
18	MA 5	JENLAIN		59
134	KA 23	JENZAT		03
68	XA 15	JESONVILLE		88
65	QA 14	JESSAINS		10
49	DB 12	JETTERSWILLER		67
90	DB 17	JETTINGEN		68
115	EA 21	JEU LES BOIS		36
99	DA 19	JEU MALOCHES		36
38	DA 11	JEUFOSSE		78
64	OA 15	JEUGNY		10
19	OA 5	JEUMONT		59
138	VA 22	JEURRE		39
85	PA 17	JEUX LES BARD		21
28	ZA 14	JEUXEY		88
68	YA 13	JEVONCOURT		54
45	XA 11	JEZAINVILLE		54
216	Y 38	JEZEAU		65
178	PA 30	JOANNAS		07
149	NA 26	JOB		63
33	O 8	JOBOURG		50
222	HA 39	JOCH		66
45	XA 10	JOEUF		54
33	Q 9	JOGANVILLE		50
83	LA 15	JOIGNY	C	89
27	KA 7	JOIGNY SUR MEUSE		08
76	TA 13	JOINVILLE	C	52
40	HA 11	JOINVILLE LE PONT	C	94
41	MA 12	JOISELLE		51
18	MA 5	JOLIMETZ		59
68	ZA 12	JOLIVET		54
151	SA 25	JONAGE		69
191	KA 34	JONCELS		34
125	Q 22	JONCHERE, LA		85
131	DA 24	JONCHERE ST MAURICE, LA		87
180	UA 30	JONCHERES		26
90	BB 17	JONCHEREY		90
66	TA 15	JONCHERY		52
43	QA 10	JONCHERY SUR SUIPPE		51
42	NA 9	JONCHERY SUR VESLE		51
18	LA 6	JONCOURT		02
65	RA 13	JONCREUIL		10
120	QA 21	JONCY		71
152	WA 25	JONGIEUX		73
37	Z 11	JONQUERETS DE LIVET		27
195	SA 33	JONQUERETTES		84
42	NA 10	JONQUERY		51
223	IA 37	JONQUIERES		11
192	MA 34	JONQUIERES		34
27	IA 9	JONQUIERES		60
189	GA 34	JONQUIERES		81
179	SA 32	JONQUIERES		84
193	QA 34	JONQUIERES ST VINCENT		30
151	TA 25	JONS		69
30	RA 8	JONVAL		08
88	WA 15	JONVELLE		70
45	WA 10	JONVILLE EN WOEVRE		55
142	U 26	JONZAC	S	17
139	XA 24	JONZIER EPAGNY		74
150	QA 27	JONZIEUX		42
31	WA 9	JOPPECOURT		54
36	W 11	JORT		14
68	YA 14	JORXEY		88
162	MA 28	JOSAT		43
134	KA 24	JOSERAND		63
80	DA 16	JOSNES		41
183	R 35	JOSSE		40
74	L 15	JOSSELIN	C	56
40	IA 11	JOSSIGNY		77
161	IA 29	JOU SOUS MONJOU		15
131	CA 23	JOUAC		87
42	MA 9	JOUAIGNES		02
84	OA 17	JOUANCY		89
41	KA 11	JOUARRE		77
39	FA 12	JOUARS PONTCHARTRAIN		78
45	XA 10	JOUAVILLE		54
196	TA 33	JOUCAS		84
221	FA 38	JOUCOU		11
122	UA 22	JOUDES		71
31	WA 9	JOUDREVILLE		54
58	V 13	JOUE DU BOIS		61
58	W 12	JOUE DU PLAIN		61
78	V 15	JOUE EN CHARNIE		72
78	X 15	JOUE L'ABBE		72
98	Z 18	JOUE LES TOURS	C	37
94	Q 17	JOUE SUR ERDRE		44
101	JA 19	JOUET SUR L'AUBOIS		18
104	QA 19	JOUEY		21
123	ZA 21	JOUGNE		25
106	VA 19	JOUHE		39
114	AA 22	JOUHET		86
132	FA 23	JOUILLAT		23
202	VA 35	JOUQUES		13
175	GA 32	JOUQUEVIEL		81
145	CA 25	JOURGNAC		87
137	UA 23	JOURNANS		01
114	AA 22	JOURNET		86
158	AA 29	JOURNIAC		24
7	FA 3	JOURNY		62
104	RA 19	JOURS EN VAUX		21
85	RA 17	JOURS LES BAIGNEUX		21
161	JA 28	JOURSAC		15
129	Y 23	JOUSSE		86
121	TA 21	JOUVENCON		71
136	QA 25	JOUX		69
84	NA 17	JOUX LA VILLE		89
60	DA 13	JOUY		28
89	JA 14	JOUY		89
46	XA 10	JOUY AUX ARCHES		57
44	TA 10	JOUY EN ARGONNE		55
39	GA 12	JOUY EN JOSAS		78
61	GA 15	JOUY EN PITHIVERAIS		45
63	KA 12	JOUY LE CHATEL		77
39	FA 11	JOUY LE MOUTIER	C	95
81	EA 16	JOUY LE POTIER		45
42	OA 10	JOUY LES REIMS		51
39	DA 11	JOUY MAUVOISIN		78
25	FA 9	JOUY SOUS THELLE		60
38	CA 10	JOUY SUR EURE		27
41	LA 12	JOUY SUR MORIN		77
178	PA 31	JOYEUSE	C	07
137	TA 24	JOYEUX		01
134	LA 25	JOZE		63
208	W 35	JU BELLOC		32
35	T 10	JUAYE MONDAYE		14
67	WA 13	JUBAINVILLE		88
95	S 19	JUBAUDIERE, LA		49
57	U 14	JUBLAINS		53
71	D 15	JUCH, LE		29
156	V 29	JUGAZAN		33
159	DA 28	JUGEALS NAZARETH		19
54	M 13	JUGON LES LACS	C	22
121	SA 21	JUGY		71
128	U 25	JUICQ		17
121	TA 21	JUIF		71
143	X 27	JUIGNAC		16
94	R 17	JUIGNE DES MOUTIERS		44
96	U 18	JUIGNE SUR LOIRE		49
77	V 16	JUIGNE SUR SARTHE		72
37	Z 11	JUIGNETTES		27
145	CA 27	JUILLAC	C	19
208	X 35	JUILLAC		32
157	W 29	JUILLAC		33
142	V 26	JUILLAC LE COQ		16
143	X 26	JUILLAGUET		16
208	W 36	JUILLAN		65
129	X 24	JUILLE		16
58	X 14	JUILLE		72
128	V 24	JUILLE		79
104	PA 18	JUILLENAY		21
209	AA 35	JUILLES		32
56	Q 13	JUILLEY		50
85	QA 17	JUILLY		21
40	IA 11	JUILLY		77
222	GA 39	JUJOLS		66
138	UA 24	JUJURIEUX		01
162	LA 29	JULIANGES		48
136	RA 23	JULIENAS		69
142	V 25	JULIENNE		16
149	NA 27	JULLIANGES		43
136	RA 23	JULLIE		69
56	P 12	JULLOUVILLE		50
85	PA 16	JULLY		89
120	RA 21	JULLY LES BUXY		71
65	PA 15	JULLY SUR SARCE		10
216	W 37	JULOS		65
44	TA 10	JULVECOURT		55
39	EA 11	JUMEAUVILLE		78
148	LA 27	JUMEAUX	C	63
26	HA 7	JUMEL		80
38	CA 11	JUMELLES		27
95	T 18	JUMELLIERE, LA		49
28	LA 8	JUMENCOURT		02
24	AA 9	JUMIEGES		76
28	NA 9	JUMIGNY		02
144	BA 26	JUMILHAC LE GRAND	C	24
193	OA 34	JUNAS		30
84	OA 16	JUNAY		89
216	W 37	JUNCALAS		65
90	CB 16	JUNGHOLTZ		68
161	HA 30	JUNHAC		15
173	CA 31	JUNIES, LES		46
29	QA 9	JUNIVILLE	C	08
79	Y 16	JUPILLES		72
207	U 36	JURANCON		64
82	HA 15	JURANVILLE		45
135	NA 25	JURE		42
142	W 26	JURIGNAC		16
35	T 11	JURQUES		14
217	Y 38	JURVIELLE		31
46	YA 10	JURY		57
128	U 23	JUSCORPS		79
171	W 31	JUSIX		47
161	HA 29	JUSSAC	C	15
69	AB 14	JUSSARUPT		88
142	V 27	JUSSAS		17
43	RA 12	JUSSECOURT MINECOURT		51
88	WA 16	JUSSEY	C	70
27	LA 8	JUSSY		02
46	XA 10	JUSSY		57
83	MA 16	JUSSY		89
117	IA 20	JUSSY CHAMPAGNE		18
101	JA 19	JUSSY LE CHAUDRIER		18
186	X 34	JUSTIAN		32
29	PA 8	JUSTINE HERBIGNY		08
210	DA 36	JUSTINIAC		09
63	KA 13	JUTIGNY		77
67	XA 14	JUVAINCOURT		88
66	SA 15	JUVANCOURT		10
65	QA 14	JUVANZE		10
77	U 17	JUVARDEIL		49
47	AB 12	JUVELIZE		57
214	NA 35	JUVIGNAC		34
76	S 14	JUVIGNE		53
26	FA 8	JUVIGNIES		60
28	LA 9	JUVIGNY		02
43	PA 11	JUVIGNY		51
139	YA 23	JUVIGNY		74
66	TA 13	JUVIGNY EN PERTHOIS		55
57	S 12	JUVIGNY LE TERTRE	C	50
57	U 13	JUVIGNY SOUS ANDAINE	C	61
31	UA 9	JUVIGNY SUR LOISON		55
58	W 12	JUVIGNY SUR ORNE		61
35	T 10	JUVIGNY SUR SEULLES		14
46	YA 11	JUVILLE		57
164	PA 30	JUVINAS		07
28	NA 9	JUVINCOURT ET DAMARY		02
62	HA 12	JUVISY SUR ORGE	C	91
46	ZA 12	JUVRECOURT		54
206	R 36	JUXUE		64
87	RA 13	JUZANVIGNY		10
66	SA 14	JUZENNECOURT	C	52
211	EA 35	JUZES		31
217	Z 38	JUZET D'IZAUT		31
217	Z 38	JUZET DE LUCHON		31
39	EA 11	JUZIERS		78

K

Page	Carreau	Commune	Adm.	Dpt
48	CB 11	KALHAUSEN		57
49	FB 12	KALTENHOUSE		67
32	XA 9	KANFEN		57
90	DB 17	KAPPELEN		68
47	BB 11	KAPPELKINGER		57
69	CB 15	KATZENTHAL		68
50	GB 11	KAUFFENHEIM		67
69	CB 15	KAYSERSBERG	C	68
32	YA 9	KEDANGE SUR CANNER		57
49	FB 11	KEFFENACH		67
90	DB 17	KEMBS		68
47	ZA 9	KEMPLICH		57
47	BB 10	KERBACH		57
53	I 12	KERBORS		22
53	J 12	KERFOT		22
74	J 15	KERFOURN		56
52	G 14	KERGLOFF		29
73	J 15	KERGRIST		56
53	H 14	KERGRIST MOELOU		22
53	I 13	KERIEN		22
71	D 15	KERLAZ		29
32	YA 9	KERLING LES SIERCK		57
51	D 12	KERLOUAN		29
53	H 12	KERMARIA SULARD		22
53	I 12	KERMOROC'H		22
73	H 15	KERNASCLEDEN		56
51	D 13	KERNILIS		29
51	D 13	KERNOUES		29
53	I 13	KERPERT		22
47	BB 12	KERPRICH AUX BOIS		57
51	D 13	KERSAINT PLABENNEC		29
70	EB 13	KERTZFELD		67
73	I 16	KERVIGNAC		56
48	BB 11	KESKASTEL		67
50	GB 11	KESSELDORF		67
49	EB 12	KIENHEIM		67
69	CB 15	KIENTZHEIM		68
8	HA 2	KILLEM		59
49	FB 12	KILSTETT		67
48	EB 11	KINDWILLER		67
90	DB 16	KINGERSHEIM		68
70	DB 14	KINTZHEIM		67
89	BB 16	KIRCHBERG		68
49	DB 12	KIRCHHEIM		67
48	CB 12	KIRRBERG		67
49	DB 12	KIRRWILLER BOSSELSHAUSEN		67
32	ZA 9	KIRSCH LES SIERCK		57
32	ZA 9	KIRSCHNAUMEN		57
47	BB 11	KIRVILLER		57
32	YA 9	KLANG		57
49	DB 12	KLEINGOEFT		67
90	DB 17	KNOERINGUE		68
49	DB 12	KNOERSHEIM		67
32	XA 9	KNUTANGE		57
32	YA 9	KOENIGSMACKER		57
90	CB 17	KOESTLACH		68
90	DB 17	KOETZINGUE		68
44	UA 11	KOEUR LA GRANDE		55
45	VA 11	KOEUR LA PETITE		55
70	EB 14	KOGENHEIM		67
70	EB 13	KOLBSHEIM		67
70	EB 13	KRAUTERGERSHEIM		67
49	EB 12	KRAUTWILLER		67
40	HA 12	KREMLIN BICETRE, LE	C	94
49	FB 12	KRIEGSHEIM		67
90	BB 15	KRUTH		68
90	EB 15	KUNHEIM		68
32	YA 9	KUNTZIG		57
49	FB 12	KURTZENHOUSE		67
49	DB 12	KUTTOLSHEIM		67
49	FB 11	KUTZENHAUSEN		67

L

Page	Carreau	Commune	Adm.	Dpt
206	T 35	LAA MONDRANS		64
208	X 35	LAAS		32
62	GA 15	LAAS		45
206	S 36	LAAS		64
138	VA 24	LABALME		01
155	T 28	LABARDE		33
69	CB 15	LABAROCHE		68
186	X 33	LABARRERE		32
209	Z 35	LABARTHE		32
173	CA 32	LABARTHE		82
189	FA 33	LABARTHE BLEYS		81
217	AA 37	LABARTHE INARD		31
217	Z 37	LABARTHE RIVIERE		31
210	CA 35	LABARTHE SUR LEZE		31
207	V 35	LABARTHETE		32
216	X 37	LABASSERE		65
216	Y 37	LABASTIDE		65
210	DA 35	LABASTIDE BEAUVOIR		31
171	X 31	LABASTIDE CASTEL AMOUROUX		47
207	U 36	LABASTIDE CEZERACQ		64
184	T 35	LABASTIDE CHALOSSE		40
210	BA 36	LABASTIDE CLERMONT		31
211	EA 36	LABASTIDE D'ANJOU		11
185	V 33	LABASTIDE D'ARMAGNAC		40
189	FA 33	LABASTIDE DE LEVIS		81
174	DA 32	LABASTIDE DE PENNE		82
178	QA 31	LABASTIDE DE VIRAC		07
190	GA 34	LABASTIDE DENAT		81
160	GA 29	LABASTIDE DU HAUT MONT		46
188	BA 33	LABASTIDE DU TEMPLE		82
173	CA 31	LABASTIDE DU VERT		46
221	HA 37	LABASTIDE EN VAL		11
212	HA 36	LABASTIDE ESPARBAIRENQUE		11
189	FA 33	LABASTIDE GABAUSSE		81
173	CA 31	LABASTIDE MARNHAC		46
207	U 36	LABASTIDE MONREJEAU		64
174	DA 30	LABASTIDE MURAT	C	46
209	AA 36	LABASTIDE PAUMES		31
212	IA 35	LABASTIDE ROUAIROUX		81
209	BA 35	LABASTIDE SAVES		32
189	EA 34	LABASTIDE ST GEORGES		81
188	CA 33	LABASTIDE ST PIERRE		82
188	DA 34	LABASTIDE ST SERNIN		31
164	PA 30	LABASTIDE SUR BESORGUES		07
206	R 35	LABASTIDE VILLEFRANCHE		64
210	CA 35	LABASTIDETTE		31
160	FA 30	LABATHUDE		46
164	QA 28	LABATIE D'ANDAURE		07
215	V 37	LABATMALE		64
210	DA 36	LABATUT		09
183	S 35	LABATUT		40
208	W 36	LABATUT		64
208	W 36	LABATUT RIVIERE		65
39	GA 10	LABBEVILLE		95
178	PA 31	LABEAUME		07
211	FA 36	LABECEDE LAURAGAIS		11
210	DA 35	LABEGE		31
178	PA 30	LABEGUDE		07
209	Y 35	LABEJAN		32
183	Q 35	LABENNE		40
107	XA 20	LABERGEMENT DU NAVOIS		25
105	UA 18	LABERGEMENT FOIGNEY		21
105	UA 19	LABERGEMENT LES AUXONNE		21
121	TA 20	LABERGEMENT LES SEURRE		21
123	YA 21	LABERGEMENT STE MARIE		25
27	IA 8	LABERLIERE		60
171	W 31	LABESCAU		33
161	HA 30	LABESSERETTE		15
147	HA 26	LABESSETTE		63
189	FA 34	LABESSIERE CANDEIL		81
206	R 36	LABETS BISCAY		64
45	WA 10	LABEUVILLE		55
8	IA 4	LABEUVRIERE		62
207	T 35	LABEYRIE		64
178	PA 31	LABLACHERE		07
27	IA 8	LABOISSIERE EN SANTERRE		80
39	GA 9	LABOISSIERE EN THELLE		60
216	X 37	LABORDE		65
180	VA 32	LABOREL		26
25	EA 9	LABOSSE		60
169	S 32	LABOUHEYRE		40
190	GA 34	LABOULBENE		81
178	PA 30	LABOULE		07
158	AA 30	LABOUQUERIE		24
187	BA 33	LABOURGADE		82
17	IA 4	LABOURSE		62
189	FA 34	LABOUTARIE		81
172	Y 31	LABRETONIE		47
187	AA 34	LABRIHE		32
170	U 32	LABRIT	C	40
217	Z 37	LABROQUERE		31
62	HA 14	LABROSSE		45
161	HA 29	LABROUSSE		15
16	FA 5	LABROYE		62
212	GA 35	LABRUGUIERE	C	81
105	TA 19	LABRUYERE		21
26	HA 9	LABRUYERE		60
210	DA 36	LABRUYERE DORSA		31
45	WA 10	LABRY		54
174	DA 31	LABURGADE		46
163	OA 29	LAC D'ISSARLES, LE		07
123	XA 21	LAC DES ROUGES TRUITES		39
212	IA 35	LACABAREDE		81
207	T 35	LACADEE		64
207	U 35	LACAJUNTE		40
161	JA 29	LACALM		12
160	FA 29	LACAM D'OURCET		46
155	R 29	LACANAU		33
104	QA 19	LACANCHE		21
161	IA 29	LACAPELLE BARRES		15
173	AA 30	LACAPELLE BIRON		47
173	BA 31	LACAPELLE CABANAC		46
160	HA 29	LACAPELLE DEL FRAISSE		15
174	EA 32	LACAPELLE LIVRON		82
160	FA 30	LACAPELLE MARIVAL	C	46
190	HA 33	LACAPELLE PINET		81
174	FA 32	LACAPELLE SEGALAR		81
160	GA 29	LACAPELLE VIESCAMP		15
206	R 37	LACARRE		64
206	S 37	LACARRY ARHAN CHARITTE DE HAUT		64
208	X 36	LACASSAGNE		65
210	CA 36	LACAUGNE		31
190	IA 34	LACAUNE	C	81
172	AA 31	LACAUSSADE		47
218	BA 37	LACAVE		09
159	DA 29	LACAVE		46
190	HA 34	LACAZE		81
146	EA 26	LACELLE		19
136	RA 24	LACENAS		69
172	Y 32	LACEPEDE		47
142	V 26	LACHAISE		16
44	SA 10	LACHALADE		55
47	AB 10	LACHAMBRE		57
177	LA 30	LACHAMP		48
164	PA 29	LACHAMP RAPHAEL		07
171	X 30	LACHAPELLE		47
69	AB 13	LACHAPELLE		54
26	FA 7	LACHAPELLE		80
187	AA 33	LACHAPELLE		82
25	FA 9	LACHAPELLE AUX POTS		60
159	DA 29	LACHAPELLE AUZAC		46
66	SA 14	LACHAPELLE EN BLAISY		52
163	OA 29	LACHAPELLE GRAILLOUSE		07
178	QA 30	LACHAPELLE SOUS AUBENAS		07
164	PA 29	LACHAPELLE SOUS CHANEAC		07
89	AB 16	LACHAPELLE SOUS CHAUX		90
25	EA 8	LACHAPELLE SOUS GERBEROY		60
90	BB 16	LACHAPELLE SOUS ROUGEMONT		90
40	GA 10	LACHAPELLE ST PIERRE		60
136	RA 24	LACHASSAGNE		69
180	VA 32	LACHAU		26
45	WA 11	LACHAUSSEE		55
26	GA 8	LACHAUSSEE DU BOIS D'ECU		60
134	MA 24	LACHAUX		63
27	IA 9	LACHELLE		60
42	NA 12	LACHY		51
90	BB 17	LACOLLONGE		90
212	GA 36	LACOMBE		11
207	U 36	LACOMMANDE		64
214	LA 35	LACOSTE		34
196	TA 34	LACOSTE		84
211	EA 35	LACOUGOTTE CADOUL		81
173	AA 32	LACOUR		82
104	PA 18	LACOUR D'ARCENAY		21
218	BA 38	LACOURT		09
188	CA 33	LACOURT ST PIERRE		82
207	T 36	LACQ		64
185	V 33	LACQUY		40
207	U 35	LACRABE		40
7	EA 4	LACRES		62
211	FA 35	LACROISILLE		81
161	IA 29	LACROIX BARREZ		12
210	CA 35	LACROIX FALGARDE		31
27	JA 9	LACROIX ST OUEN		60
45	VA 11	LACROIX SUR MEUSE		55
158	AA 28	LACROPTE		24
121	SA 22	LACROST		71
190	GA 34	LACROUZETTE		81
116	FA 21	LACS		36
132	FA 23	LADAPEYRE		23
156	V 30	LADAUX		33
221	HA 37	LADERN SUR LAUQUET		11
208	W 35	LADEVEZE RIVIERE		32
208	W 35	LADEVEZE VILLE		32
144	BA 26	LADIGNAC LE LONG		87
160	EA 27	LADIGNAC SUR RONDELLES		19
161	HA 30	LADINHAC		15
160	FA 29	LADIRAT		46
142	W 26	LADIVILLE		16
105	SA 19	LADOIX SERRIGNY		21
82	HA 15	LADON		45
171	V 31	LADOS		33
122	VA 25	LADOYE SUR SEILLE		39
83	LA 16	LADUZ		89
219	EA 37	LAFAGE		11
146	FA 27	LAFAGE SUR SOMBRE		19
179	SA 32	LAFARE		84
164	QA 28	LAFARRE		07
163	OA 29	LAFARRE		43
131	DA 23	LAFAT		23
67	UA 14	LAFAUCHE		52
134	KA 23	LAFELINE		03
87	VA 16	LAFERTE SUR AMANCE	C	52
63	RA 15	LAFERTE SUR AUBE		52
161	HA 29	LAFEUILLADE EN VEZIE		15
28	LA 9	LAFFAUX		02
217	AA 37	LAFFITE TOUPIERE		31
166	WA 28	LAFFREY		38
208	X 35	LAFITOLE		65
188	BA 33	LAFITTE		82
172	Y 31	LAFITTE SUR LOT		47
210	BA 36	LAFITTE VIGORDANE		31
172	Z 32	LAFOX		47

Page	Carreau	Commune	Adm.	Dpt
178	QA 32	LAVAL ST ROMAN		30
148	MA 27	LAVAL SUR DOULON		43
160	GA 27	LAVAL SUR LUZEGE		19
43	RA 10	LAVAL SUR TOURBE		51
68	AB 14	LAVAL SUR VOLOGNE		88
172	AA 30	LAVALADE		24
167	WA 29	LAVALDENS		38
221	GA 37	LAVALETTE		11
210	DA 35	LAVALETTE		31
191	LA 34	LAVALETTE		34
44	UA 12	LAVALLEE		55
138	VA 23	LAVANCIA EPERCY		39
203	ZA 37	LAVANDOU, LE		83
106	VA 19	LAVANGEOT		39
29	PA 9	LAVANNES		51
106	VA 19	LAVANS LES DOLE		39
138	WA 22	LAVANS LES ST CLAUDE		39
106	WA 19	LAVANS QUINGEY		25
138	VA 23	LAVANS SUR VALOUSE		39
107	YA 19	LAVANS VUILLAFANS		25
19	NA 7	LAVAQUERESSE		02
171	X 32	LAVARDAC	C	47
186	Y 34	LAVARDENS		32
79	AA 16	LAVARDIN		41
78	W 15	LAVARDIN		72
79	Z 15	LAVARE		72
166	VA 29	LAVARS		38
162	KA 29	LAVASTRIE		15
225	JB 39	LAVATOGGIO		2B
64	OA 14	LAVAU		10
83	JA 17	LAVAU		89
93	N 18	LAVAU SUR LOIRE		44
162	LA 27	LAVAUDIEU		43
132	GA 23	LAVAUFRANCHE		23
103	OA 19	LAVAULT DE FRETOY		58
133	IA 23	LAVAULT STE ANNE		03
173	BA 30	LAVAUR		24
189	EA 34	LAVAUR	C	81
174	EA 32	LAVAURETTE		82
112	W 22	LAVAUSSEAU		86
132	FA 24	LAVAVEIX LES MINES		23
171	W 31	LAVAZAN		33
161	JA 28	LAVEISSENET		15
161	JA 28	LAVEISSIERE		15
219	EA 38	LAVELANET	C	09
210	BA 36	LAVELANET DE COMMINGES		31
69	AB 14	LAVELINE DEVANT BRUYERES		88
68	AB 15	LAVELINE DU HOUX		88
79	Z 16	LAVENAY		72
8	IA 3	LAVENTIE	C	62
208	X 35	LAVERAET		32
173	CA 30	LAVERCANTIERE		46
101	IA 19	LAVERDINES		18
159	EA 29	LAVERGNE		46
172	Y 30	LAVERGNE		47
78	Y 16	LAVERNAT		72
106	WA 19	LAVERNAY		25
176	JA 32	LAVERNHE		12
210	CA 36	LAVERNOSE LACASSE		31
87	VA 15	LAVERNOY		52
26	FA 8	LAVERRIERE		60
27	KA 9	LAVERSINE		02
26	GA 9	LAVERSINES		60
214	NA 35	LAVERUNE		34
165	SA 28	LAVEYRON		26
177	NA 30	LAVEYRUNE		07
157	Y 29	LAVEYSSIERE		24
149	OA 26	LAVIEU		42
17	IA 6	LAVIEVILLE		80
161	IA 28	LAVIGERIE		15
144	BA 25	LAVIGNAC		87
87	WA 16	LAVIGNEY		70
122	VA 21	LAVIGNY		39
163	OA 30	LAVILLATTE		07
66	TA 15	LAVILLE AUX BOIS		52
178	QA 30	LAVILLEDIEU		07
87	VA 15	LAVILLENEUVE		52
39	FA 10	LAVILLETERTRE		60
44	TA 12	LAVINCOURT		55
164	PA 30	LAVIOLLE		07
107	ZA 18	LAVIRON		25
187	AA 33	LAVIT	C	82
135	NA 24	LAVOINE		03
87	WA 17	LAVONCOURT		70
138	WA 25	LAVOURS		01
162	LA 28	LAVOUTE CHILHAC	C	43
163	NA 28	LAVOUTE SUR LOIRE		43
113	Z 21	LAVOUX		86
44	TA 11	LAVOYE		55
26	GA 8	LAWARDE MAUGER L'HORTOY		80
46	XA 12	LAXOU	C	54
135	PA 24	LAY		42
206	T 36	LAY LAMIDOU		64
46	YA 12	LAY ST CHRISTOPHE		54
45	WA 12	LAY ST REMY		54
181	XA 30	LAYE		05
209	AA 35	LAYMONT		32
172	Z 32	LAYRAC		47
188	DA 34	LAYRAC SUR TARN		31
216	W 37	LAYRISSE		65
121	TA 20	LAYS SUR LE DOUBS		71
72	F 15	LAZ		29
100	FA 19	LAZENAY		18
181	WA 31	LAZER		05
17	HA 6	LEALVILLERS		80
36	W 10	LEAUPARTIE		14
138	WA 24	LEAZ		01
90	BB 17	LEBETAIN		90
68	YA 13	LEBEUVILLE		54
16	FA 4	LEBIEZ		62
187	Z 34	LEBOULIN		32
173	BA 32	LEBREIL		46
17	JA 6	LEBUCQUIERE		62
36	X 10	LECAUDE		14
230	LB 43	LECCI		2A
18	LA 4	LECELLES		59
87	UA 16	LECEY		52
106	TA 19	LECHATELET		21
17	JA 6	LECHELLE		62
63	LA 13	LECHELLE		77
153	ZA 26	LECHERE, LA		73
157	Y 29	LECHES, LES		24
17	KA 5	LECLUSE		59
56	R 14	LECOUSSE		35
193	OA 34	LECQUES		30
138	VA 22	LECT		39
187	Z 33	LECTOURE	C	32
206	R 37	LECUMBERRY		64
217	Y 37	LECUSSAN		31
190	HA 33	LEDAS ET PENTHIES		81
172	Z 31	LEDAT		47
193	QA 33	LEDENON		30
190	HA 33	LEDERGUES		12
8	GA 3	LEDERZEELE		59
207	T 36	LEDEUIX		64
193	OA 33	LEDIGNAN	C	30
7	FA 3	LEDINGHEM		62
8	HA 2	LEDRINGHEM		59
207	V 36	LEE		64
9	LA 3	LEERS		59
215	T 38	LEES ATHAS		64
7	EA 4	LEFAUX		62
36	V 11	LEFFARD		14
29	QA 9	LEFFINCOURT		08
86	TA 15	LEFFONDS		52
8	HA 2	LEFFRINCKOUCKE		59
17	KA 4	LEFOREST	C	62
217	Z 38	LEGE		31
110	P 20	LEGE	C	44
155	R 29	LEGE CAP FERRET		33
68	YA 14	LEGEVILLE ET BONFAYS		88
26	HA 9	LEGLANTIERS		60
122	VA 22	LEGNA		39
136	RA 24	LEGNY		69
210	CA 35	LEGUEVIN	C	31
143	Y 27	LEGUILLAC DE CERCLES		24
157	Z 28	LEGUILLAC DE L'AUCHE		24
18	LA 7	LEHAUCOURT		02
55	N 13	LEHON		22
114	Z 21	LEIGNE LES BOIS		86
113	Y 20	LEIGNE SUR USSEAU		86
114	AA 22	LEIGNES SUR FONTAINE		86
149	OA 25	LEIGNEUX		42
90	CB 16	LEIMBACH		68
69	AB 12	LEINTREY		54
139	XA 23	LELEX		01
185	V 34	LELIN LAPUJOLLE		32
47	AB 11	LELLING		57
68	YA 13	LEMAINVILLE		54
49	FB 11	LEMBACH		67
48	DB 11	LEMBERG		57
207	W 35	LEMBEYE	C	64
157	Y 29	LEMBRAS		24
28	NA 7	LEME		02
207	V 35	LEME		64
68	YA 13	LEMENIL MITRY		54
97	Y 19	LEMERE		37
67	WA 14	LEMMECOURT		88
44	UA 10	LEMMES		55
46	YA 11	LEMONCOURT		57
211	FA 35	LEMPAUT		81
148	KA 25	LEMPDES		63
148	LA 27	LEMPDES SUR ALLAGNON		43
18	KA 6	LEMPIRE		02
164	RA 28	LEMPS		07
180	UA 31	LEMPS		26
148	LA 25	LEMPTY		63
144	AA 27	LEMPZOURS		24
46	YA 11	LEMUD		57
123	XA 20	LEMUY		39
35	T 11	LENAULT		14
135	NA 23	LENAX		03
113	Y 20	LENCLOITRE	C	86
184	U 33	LENCOUACQ		40
48	DB 10	LENGELSHEIM		57
56	Q 11	LENGRONNE		50
42	OA 12	LENHARREE		51
47	AB 11	LENING		57
72	F 14	LENNON		29
46	YA 12	LENONCOURT		54
17	JA 4	LENS	S	62
151	SA 27	LENS LESTANG		26
137	TA 24	LENT		01
124	XA 21	LENT		39
135	OA 24	LENTIGNY		42
174	DA 30	LENTILLAC DU CAUSSE		46
175	GA 30	LENTILLAC ST BLAISE		46
178	PA 30	LENTILLERES		07
52	RA 13	LENTILLES		10
136	RA 25	LENTILLY		69
151	TA 27	LENTIOL		38
226	LB 40	LENTO		2B
159	CA 30	LEOBARD		46
170	U 31	LEOGEATS		33
156	T 30	LEOGNAN		33
188	CA 33	LEOJAC		82
183	Q 33	LEON		40
165	TA 29	LEONCEL		26
148	KA 27	LEOTOING		43
61	FA 14	LEOUVILLE		45
142	V 27	LEOVILLE		17
68	AB 14	LEPANGES SUR VOLOGNE		88
132	HA 23	LEPAUD		23
152	WA 26	LEPIN LE LAC		73
132	FA 24	LEPINAS		23
15	EA 5	LEPINE		62
29	QA 7	LEPRON LES VALLEES		08
89	AB 16	LEPUIX		90
90	CB 17	LEPUIX NEUF		90
221	FA 37	LERAN		09
220	DA 38	LERCOUL		09
101	JA 18	LERE	C	18
206	S 35	LEREN		64
149	OA 26	LERIGNEUX		42
171	V 31	LERM ET MUSSET		33
97	X 19	LERNE		37
45	VA 12	LEROUVILLE		55
68	YA 15	LERRAIN		88
86	SA 17	LERY		21
38	BA 9	LERY		27
19	NA 7	LERZY		02
17	JA 6	LESBOEUFS		80
57	T 13	LESBOIS		53
207	U 36	LESCAR	C	64
139	XA 25	LESCHAUX		74
19	NA 6	LESCHELLES		02
153	XA 25	LESCHERAINES		73
122	WA 22	LESCHERES		39
66	SA 14	LESCHERES SUR LE BLAISERON		52
41	LA 12	LESCHEROLLES		77
121	TA 22	LESCHEROUX		01
42	JA 11	LESCHES		77
180	VA 30	LESCHES EN DIOIS		26
73	I 14	LESCOUET GOUAREC		22
219	DA 37	LESCOUSSE		09
211	FA 35	LESCOUT		81
215	T 38	LESCUN		64
209	BA 36	LESCUNS		31
219	CA 37	LESCURE		09
190	GA 33	LESCURE D'ALBIGEOIS		81
175	GA 32	LESCURE JAOUL		12
208	X 36	LESCURRY		65
18	LA 6	LESDAIN		59
18	LA 7	LESDINS		02
28	MA 9	LESGES		02
184	S 34	LESGOR		40
144	Z 25	LESIGNAC DURAND		16
40	IA 12	LESIGNY		77
114	Z 20	LESIGNY		86
113	J 13	LESLAY, LE		22
119	NA 21	LESME		71
46	XA 11	LESMENILS		54
65	QA 13	LESMONT		10
51	D 13	LESNEVEN	C	29
141	S 27	LESPARRE MEDOC	S	33
221	FA 38	LESPARROU		09
163	NA 30	LESPERON		07
183	R 33	LESPERON		40
8	HA 4	LESPESSES		62
207	V 35	LESPIELLE		64
213	KA 36	LESPIGNAN		34
188	CA 34	LESPINASSE		31
212	HA 36	LESPINASSIERE		11
16	EA 4	LESPINOY		62
217	AA 37	LESPITEAU		31
208	X 36	LESPOUEY		65
207	V 36	LESPOURCY		64
209	Z 36	LESPUGUE		31
221	HA 38	LESQUERDE		66
18	MA 7	LESQUIELLES ST GERMAIN		02
9	KA 4	LESQUIN		59
130	Z 24	LESSAC		16
121	TA 21	LESSARD EN BRESSE		71
36	X 10	LESSARD ET LE CHENE		14
121	SA 20	LESSARD LE NATIONAL		71
34	P 10	LESSAY	C	50
47	ZA 11	LESSE		57
69	CB 14	LESSEUX		88
46	XA 10	LESSY		57
24	AA 7	LESTANVILLE		76
146	EA 26	LESTARDS		19
215	V 37	LESTELLE BETHARRAM		64
217	AA 37	LESTELLE DE ST MARTORY		31
130	AA 24	LESTERPS		16
156	U 30	LESTIAC SUR GARONNE		33
40	DA 16	LESTIOU		41
190	IA 33	LESTRADE ET THOUELS		12
33	Q 8	LESTRE		50
8	IA 4	LESTREM		62
30	TA 8	LETANNE		08
117	IA 21	LETELON		03
61	EA 14	LETHUIN		28
227	JB 41	LETIA		2A
136	QA 24	LETRA		69
46	YA 11	LETRICOURT		54
25	CA 9	LETTEGUIVES		27
181	XA 31	LETTRET		05
7	EA 2	LEUBRINGHEN		62
221	GA 37	LEUC		11
161	HA 29	LEUCAMP		15
223	KA 38	LEUCATE		11
86	TA 16	LEUCHEY		52
62	GA 13	LEUDEVILLE		91
41	LA 12	LEUDON EN BRIE		77
86	RA 16	LEUGLAY		21
114	Z 20	LEUGNY		86
83	LA 17	LEUGNY		89
72	F 15	LEUHAN		29
28	LA 9	LEUILLY SOUS COUCY		02
8	GA 3	LEULINGHEM		62
7	EA 3	LEULINGHEN BERNES		62
66	UA 14	LEURVILLE		52
18	LA 9	LEURY		02
50	GB 11	LEUTENHEIM		67
62	GA 12	LEUVILLE SUR ORGE		91
42	NA 10	LEUVRIGNY		51
184	T 34	LEUY, LE		40
29	PA 7	LEUZE		02
61	EA 13	LEVAINVILLE		28
19	NA 5	LEVAL		59
90	BB 16	LEVAL		90
40	GA 11	LEVALLOIS PERRET	C	92
57	S 13	LEVARE		53
67	VA 15	LEVECOURT		52
199	CB 34	LEVENS	C	06
28	LA 7	LEVERGIES		02
131	SA 20	LEVERNOIS		21
60	DA 13	LEVES		28
157	X 29	LEVES ET THOUMEYRAGUES, LES		33
61	EA 14	LEVESVILLE LA CHENARD		28
116	HA 20	LEVET	C	18
230	LB 43	LEVIE	C	2A
123	XA 20	LEVIER	C	25
188	BA 34	LEVIGNAC		31
171	X 30	LEVIGNAC DE GUYENNE		47
183	R 33	LEVIGNACQ		40
41	JA 10	LEVIGNEN		60
65	RA 14	LEVIGNY		10
83	LA 17	LEVIS		89
39	FA 12	LEVIS ST NOM		78
44	UA 12	LEVONCOURT		55
90	CB 16	LEVONCOURT		68
115	DA 20	LEVROUX	C	36
18	KA 5	LEWARDE		59
31	WA 8	LEXY		54
68	AB 12	LEY		57
219	EA 38	LEYCHERT		09
160	FA 29	LEYME		46
90	DB 17	LEYMEN		68
137	UA 24	LEYMENT		01
136	RA 23	LEYNES		71
160	GA 30	LEYNHAC		15
46	YA 12	LEYR		54
132	GA 22	LEYRAT		23
151	UA 25	LEYRIEU		38
171	X 31	LEYRITZ MONCASSIN		47
138	VA 23	LEYSSARD		01
148	KA 27	LEYVAUX		15
47	BB 11	LEYVILLER		57
217	Z 38	LEZ		31
19	OA 5	LEZ FONTAINE		59
193	OA 33	LEZAN		30
53	I 12	LEZARDRIEUX	C	22
123	XA 22	LEZAT		39
210	CA 36	LEZAT SUR LEZE		09
129	W 23	LEZAY	C	79
9	KA 4	LEZENNES		59
66	UA 13	LEZEVILLE		52
47	AB 12	LEZEY		57
216	W 37	LEZIGNAN		65
213	IA 36	LEZIGNAN CORBIERES	C	11
214	LA 35	LEZIGNAN LA CEBE		34
77	V 17	LEZIGNE		49
149	OA 26	LEZIGNEUX		42
40	OA 16	LEZINNES		89
148	LA 25	LEZOUX	C	63
25	FA 9	LHERAULE		60
210	GA 35	LHERM		31
173	CA 30	LHERM		46
42	NA 10	LHERY		51
208	X 36	LHEZ		65
114	Z 22	LHOMMAIZE		86
79	Z 16	LHOMME		72
138	WA 24	LHOPITAL		01
47	BB 11	LHOR		57
173	CA 31	LHOSPITALET		46
112	W 21	LHOUMOIS		79
152	VA 25	LHUIS	C	01
65	PA 13	LHUITRE		10
42	MA 9	LHUYS		02
208	X 36	LIAC		65
26	HA 9	LIANCOURT	C	60
27	JA 7	LIANCOURT FOSSE		80
39	FA 10	LIANCOURT ST PIERRE		60
29	PA 7	LIART		08
210	BA 35	LIAS		32
185	W 34	LIAS D'ARMAGNAC		32
214	LA 35	LIAUSSON		34
208	Y 36	LIBAROS		65
17	JA 4	LIBERCOURT		62
27	JA 8	LIBERMONT		60
156	V 29	LIBOURNE	S	33
87	UA 17	LICEY SUR VINGEANNE		21
206	S 37	LICHANS SUNHAR		64
129	X 24	LICHERES		16
84	NA 16	LICHERES PRES AIGREMONT		89
84	MA 17	LICHERES SUR YONNE		89
206	S 36	LICHOS		64
48	DB 11	LICHTENBERG		67
27	JA 7	LICOURT		80
206	S 37	LICQ ATHEREY		64
7	FA 3	LICQUES		62
41	LA 10	LICY CLIGNON		02
47	AB 11	LIDREZING		57
90	DB 17	LIEBENSWILLER		68
90	CB 17	LIEBSDORF		68
108	AB 18	LIEBVILLERS		25
48	DB 10	LIEDERSCHIEDT		57
88	XA 17	LIEFFRANS		70
98	BA 19	LIEGE, LE		37
46	YA 11	LIEHON		57
17	HA 5	LIENCOURT		62
69	CB 14	LIEPVRE		68
17	KA 6	LIERAMONT		80
16	FA 6	LIERCOURT		80
8	HA 4	LIERES		62
136	RA 24	LIERGUES		69
104	PA 19	LIERNAIS	C	21
135	NA 22	LIERNOLLES		03
28	MA 9	LIERVAL		02
39	FA 10	LIERVILLE		60
216	X 37	LIES		65
106	WA 19	LIESLE		25
28	NA 8	LIESSE NOTRE DAME		02
19	OA 6	LIESSIES		59
34	Q 9	LIESVILLE SUR DOUVE		50
8	GA 4	LIETTRES		62
18	LA 5	LIEU ST AMAND		59
199	BB 33	LIEUCHE		06
106	VA 18	LIEUCOURT		70
151	TA 26	LIEUDIEU		38
219	EA 37	LIEURAC		09
213	LA 36	LIEURAN CABRIERES		34
214	LA 36	LIEURAN LES BEZIERS		34
37	Y 10	LIEUREY		27
75	N 16	LIEURON		35
33	Q 9	LIEUSAINT		50
62	HA 12	LIEUSAINT		77
161	JA 29	LIEUTADES		15
26	HA 9	LIEUVILLERS		60
88	YA 17	LIEVANS		70
17	IA 4	LIEVIN	C	62
28	LA 8	LIEZ		02
127	T 22	LIEZ		85
69	AB 15	LIEZEY		88
87	VA 14	LIFFOL LE GRAND		88
67	VA 14	LIFFOL LE PETIT		52
76	P 14	LIFFRE	C	35
186	Y 33	LIGARDES		32
16	EA 5	LIGESCOURT		80
146	GA 27	LIGINIAC		19
114	BA 22	LIGLET		86
114	BA 22	LIGNAC		36
221	FA 37	LIGNAIROLLES		11
170	V 31	LIGNAN DE BAZAS		33
156	U 29	LIGNAN DE BORDEAUX		33
213	KA 36	LIGNAN SUR ORB		34
146	GA 26	LIGNAREIX		19
129	X 24	LIGNE		16
94	Q 18	LIGNE	C	44
37	X 12	LIGNERES		61
17	HA 5	LIGNEREUIL		62
133	HA 23	LIGNEROLLES		03
86	SA 16	LIGNEROLLES		21
38	CA 11	LIGNEROLLES		27
116	GA 22	LIGNEROLLES		36
59	Z 13	LIGNEROLLES		61
67	XA 14	LIGNEVILLE		88
159	DA 28	LIGNEYRAC		19
84	OA 15	LIGNIERES		10
116	GA 21	LIGNIERES	C	18
80	BA 16	LIGNIERES		41
27	IA 8	LIGNIERES		80
25	EA 7	LIGNIERES CHATELAIN		80
97	Y 18	LIGNIERES DE TOURAINE		37
25	EA 7	LIGNIERES EN VIMEU		80
58	X 13	LIGNIERES LA CARELLE		72
58	V 13	LIGNIERES ORGERES		53
142	V 26	LIGNIERES SONNEVILLE		16
44	UA 12	LIGNIERES SUR AIRE		55
73	I 15	LIGNOL		56
66	RA 14	LIGNOL LE CHATEAU		10
65	QA 13	LIGNON		51
84	NA 16	LIGNORELLES		89
58	V 12	LIGNOU		61
44	UA 12	LIGNY EN BARROIS	C	55
135	PA 23	LIGNY EN BRIONNAIS		71
18	LA 6	LIGNY EN CAMBRESIS		59
84	NA 16	LIGNY LE CHATEL	C	89
81	EA 17	LIGNY LE RIBAULT		45
8	HA 4	LIGNY LES AIRE		62
16	HA 5	LIGNY ST FLOCHEL		62
16	GA 5	LIGNY SUR CANCHE		62
17	JA 6	LIGNY THILLOY		62
97	X 19	LIGRE		37
78	W 16	LIGRON		72
90	DB 18	LIGSDORF		68
98	AA 19	LIGUEIL	C	37
144	AA 27	LIGUEUX		24
157	X 29	LIGUEUX		33
113	Y 22	LIGUGE		86
27	IA 7	LIHONS		80
26	FA 8	LIHUS		60
40	HA 11	LILAS, LES	C	93
209	AA 36	LILHAC		31
9	KA 3	LILLE	P	59
23	Z 8	LILLEBONNE	C	76
55	O 13	LILLEMER		35
8	HA 4	LILLERS	C	62
25	DA 9	LILLY		27
129	X 23	LIMALONGES		79
197	WA 33	LIMANS		04
119	NA 20	LIMANTON		58
136	RA 24	LIMAS		69
39	EA 11	LIMAY	C	78
219	EA 37	LIMBRASSAC		09
28	MA 9	LIME		02
40	HA 12	LIMEIL BREVANNES		94
207	V 36	LIMENDOUS		64
98	BA 18	LIMERAY		37
70	EB 13	LIMERSHEIM		67
92	M 17	LIMERZEL		56
24	AA 8	LIMESY		76
39	DA 10	LIMETZ VILLEZ		78
158	AA 29	LIMEUIL		24
100	GA 19	LIMEUX		18
16	EA 6	LIMEUX		80
45	WA 11	LIMEY REMENAUVILLE		54
158	AA 28	LIMEYRAT		24
131	BA 25	LIMOGES	P	87
62	IA 12	LIMOGES FOURCHES		77
174	EA 31	LIMOGNE EN QUERCY	C	46
118	KA 21	LIMOISE		03
118	LA 20	LIMON		58
136	RA 25	LIMONEST	C	69
134	LA 24	LIMONS		63
19	NA 5	LIMONT FONTAINE		59
150	RA 27	LIMONY		07
61	FA 12	LIMOURS	C	91
212	HA 36	LIMOUSIS		11
221	GA 37	LIMOUX	S	11
110	P 20	LIMOUZINIERE, LA		44
23	Y 8	LIMPIVILLE		76
175	GA 30	LINAC		46
132	EA 22	LINARD		23
145	DA 25	LINARDS		87
143	W 26	LINARS		16
62	GA 12	LINAS		91
30	TA 8	LINAY		08
129	X 23	LINAZAY		86
24	AA 8	LINDEBEUF		76
144	Z 25	LINDOIS, LE		16
47	AB 12	LINDRE BASSE		57
47	AB 12	LINDRE HAUTE		57
83	LA 16	LINDRY		89
89	ZA 16	LINEXERT		70
114	BA 21	LINGE		36
57	S 12	LINGEARD		50
35	T 10	LINGEVRES		14
8	HA 4	LINGHEM		62
70	EB 13	LINGOLSHEIM		67
34	P 11	LINGREVILLE		50
228	MB 41	LINGUIZZETTA		2B
97	W 18	LINIERES BOUTON		49
113	Z 21	LINIERS		86
115	EA 20	LINIEZ		36
90	DB 17	LINSDORF		68
9	KA 3	LINSELLES		59
90	CB 15	LINTHAL		68
42	NA 12	LINTHELLES		51
42	NA 12	LINTHES		51
23	Z 8	LINTOT		76
24	BA 7	LINTOT LES BOIS		76
183	R 33	LINXE		40
30	TA 9	LINY DEVANT DUN		55
16	GA 5	LINZEUX		62
46	YA 11	LIOCOURT		57
25	EA 7	LIOMER		80
77	T 17	LION D'ANGERS, LE	C	49
30	TA 9	LION DEVANT DUN		55
61	FA 15	LION EN BEAUCE		45
82	HA 16	LION EN SULLIAS		45
36	V 9	LION SUR MER		14
158	Z 29	LIORAC SUR LOUYRE		24
193	OA 33	LIOUC		30
159	EA 29	LIOURDRES		19
196	UA 33	LIOUX		84
133	HA 24	LIOUX LES MONGES		23
169	S 32	LIPOSTHEY		40
70	EB 13	LIPSHEIM		67
195	RA 33	LIRAC		30
94	R 18	LIRE		49
64	OA 14	LIREY		10
84	WA 15	LIRONCOURT		88
45	WA 11	LIRONVILLE		54
30	RA 9	LIRY		08
8	GA 4	LISBOURG		62
37	X 10	LISIEUX	S	14
143	Z 27	LISLE		24
80	BA 16	LISLE		41
44	TA 11	LISLE EN BARROIS		55
44	SA 12	LISLE EN RIGAULT		55
189	EA 34	LISLE SUR TARN	C	81
29	OA 8	LISLET		02
34	R 10	LISON		14
36	X 11	LISORES		14
25	DA 9	LISORS		27
210	DA 36	LISSAC		09
163	NA 28	LISSAC		43
174	FA 30	LISSAC ET MOURET		46
159	DA 28	LISSAC SUR COUZE		19
116	HA 20	LISSAY LOCHY		18
43	RA 12	LISSE EN CHAMPAGNE		51
62	HA 13	LISSES		91
133	JA 24	LISSEUIL		63
31	UA 9	LISSEY		55
136	RA 25	LISSIEU		69
62	IA 12	LISSY		77
157	W 30	LISTRAC DE DUREZE		33
155	T 28	LISTRAC MEDOC		33
183	Q 33	LIT ET MIXE		40
34	Q 9	LITHAIRE		50
35	S 10	LITTEAU		14
49	DB 12	LITTENHEIM		67
26	GA 9	LITZ		60
58	W 13	LIVAIE		61
36	X 11	LIVAROT	C	14
46	XA 12	LIVERDUN		54
40	JA 12	LIVERDY EN BRIE		77
174	EA 30	LIVERNON	C	46
189	FA 33	LIVERS CAZELLES		81
77	U 15	LIVET		53
58	X 14	LIVET EN SAOSNOIS		72
167	WA 28	LIVET ET GAVET		38
37	Z 10	LIVET SUR AUTHOU		27
39	FA 10	LIVILLIERS		95
175	GA 30	LIVINHAC LE HAUT		12
212	IA 36	LIVINIERE, LA		34
76	S 16	LIVRE		53
76	Q 14	LIVRE SUR CHANGEON		35
207	W 36	LIVRON		64
165	SA 30	LIVRON SUR DROME		26
35	T 10	LIVRY		14
118	KA 21	LIVRY		58
40	HA 11	LIVRY GARGAN	C	93
43	PA 10	LIVRY LOUVERCY		51
62	IA 13	LIVRY SUR SEINE		77
49	EB 12	LIXHAUSEN		67
48	CB 12	LIXHEIM		57
47	BB 10	LIXING LES ROUHLING		57

M

Page	Carreau	Commune	Adm.	Dpt
171	X 31	MARMANDE	S	47
161	HA 28	MARMANHAC		15
84	OA 17	MARMEAUX		89
173	BA 30	MARMINIAC		46
187	Z 33	MARMONT PACHAS		47
58	X 12	MARMOUILLE		61
49	DB 12	MARMOUTIER	C	67
158	BA 29	MARNAC		24
136	PA 24	MARNAND		69
151	TA 27	MARNANS		38
174	FA 32	MARNAVES		81
106	WA 18	MARNAY	C	70
121	SA 21	MARNAY		71
129	Y 22	MARNAY		86
86	TA 15	MARNAY SUR MARNE		52
64	MA 13	MARNAY SUR SEINE		10
139	ZA 24	MARNAZ		74
109	O 20	MARNE, LA		44
37	Z 11	MARNEFER		61
112	W 20	MARNES		79
39	GA 11	MARNES LA COQUETTE		92
122	VA 21	MARNEZIA		39
191	KA 33	MARNHAGUES ET LATOUR		12
122	WA 20	MARNOZ		39
17	IA 5	MAROEUIL		62
19	NA 6	MAROILLES		59
81	EA 17	MAROLLE EN SOLOGNE, LA		41
37	Y 10	MAROLLES		14
80	CA 17	MAROLLES		41
43	RA 12	MAROLLES		51
41	KA 10	MAROLLES		60
61	GA 13	MAROLLES EN BEAUCE		91
41	KA 12	MAROLLES EN BRIE		77
40	IA 12	MAROLLES EN BRIE		94
62	GA 13	MAROLLES EN HUREPOIX		91
65	PA 14	MAROLLES LES BAILLY		10
59	Y 14	MAROLLES LES BRAULTS	C	72
60	AA 14	MAROLLES LES BUIS		28
79	AA 15	MAROLLES LES ST CALAIS		72
84	OA 15	MAROLLES SOUS LIGNIERES		10
63	KA 13	MAROLLES SUR SEINE		77
59	Y 13	MAROLLETTE		72
149	OA 26	MAROLS		42
24	BA 9	MAROMME	C	76
116	EA 20	MARON		36
67	XA 12	MARON		54
68	YA 14	MARONCOURT		88
184	T 35	MARPAPS		40
19	OA 5	MARPENT		59
76	Q 15	MARPIRE		35
17	KA 7	MARQUAIX		80
158	BA 29	MARQUAY		24
16	HA 5	MARQUAY		62
210	CA 36	MARQUEFAVE		31
27	IA 8	MARQUEGLISE		60
211	EA 36	MARQUEIN		11
208	X 36	MARQUERIE		65
25	EA 7	MARQUES		76
18	LA 5	MARQUETTE EN OSTREVANT		59
9	KA 3	MARQUETTE LEZ LILLE		59
30	RA 8	MARQUIGNY		08
9	JA 4	MARQUILLIES		59
18	KA 5	MARQUION	C	62
7	EA 3	MARQUISE	C	62
27	IA 8	MARQUIVILLERS		80
222	HA 39	MARQUIXANES		66
79	Z 17	MARRAY		37
44	UA 10	MARRE		55
122	WA 21	MARRE, LA		39
164	PA 28	MARS		07
192	MA 33	MARS		30
135	PA 23	MARS		42
133	HA 24	MARS, LES		23
45	WA 10	MARS LA TOUR		54
30	RA 9	MARS SOUS BOURCQ		08
118	KA 20	MARS SUR ALLIER		58
221	GA 38	MARSA		11
143	W 25	MARSAC		16
131	DA 24	MARSAC		23
208	W 36	MARSAC		65
187	AA 33	MARSAC		82
149	NA 26	MARSAC EN LIVRADOIS		63
93	P 17	MARSAC SUR DON		44
150	Z 28	MARSAC SUR L'ISLE		24
62	GA 14	MARSAINVILLIERS		45
128	T 23	MARSAIS		17
111	S 22	MARSAIS STE RADEGONDE		85
47	AB 12	MARSAL		57
190	GA 33	MARSAL		81
173	AA 30	MARSALES		24
187	Z 34	MARSAN		32
158	AA 28	MARSANEIX		24
64	NA 12	MARSANGIS		51
63	LA 15	MARSANGY		89
105	SA 18	MARSANNAY LA COTE		21
105	TA 18	MARSANNAY LE BOIS		21
179	SA 30	MARSANNE	C	26
156	U 28	MARSAS		33
216	X 37	MARSAS		65
134	KA 25	MARSAT		63
165	SA 28	MARSAZ		26
208	Y 35	MARSEILLAN		32
214	MA 36	MARSEILLAN		34
208	X 36	MARSEILLAN		65
202	UA 36	MARSEILLE	P	13
25	FA 8	MARSEILLE EN BEAUVAISIS	C	60
101	JA 19	MARSEILLES LES AUBIGNY		18
221	HA 37	MARSEILLETTE		11
194	PA 34	MARSILLARGUES		34
125	R 23	MARSILLY		17
46	YA 10	MARSILLY		57
187	Z 33	MARSOLAN		32
43	QA 11	MARSON	C	51
66	UA 12	MARSON SUR BARBOURE		55
137	TA 23	MARSONNAS		01
218	BA 37	MARSOULAS		31
189	FA 33	MARSSAC SUR TARN		81
25	EA 9	MARTAGNY		27
120	RA 22	MARTAILLY LES BRANCION		71
15	EA 6	MARTAINNEVILLE		80
36	V 11	MARTAINVILLE		14
23	Y 9	MARTAINVILLE		27
24	CA 9	MARTAINVILLE EPREVILLE		76
112	W 20	MARTAIZE		86
159	DA 29	MARTEL	C	46
67	XA 13	MARTHEMONT		54
47	ZA 11	MARTHILLE		57
153	ZA 25	MARTHOD		73
143	Y 26	MARTHON		16
174	FA 31	MARTIEL		12
138	VA 22	MARTIGNA		39
193	PA 33	MARTIGNARGUES		30
155	T 29	MARTIGNAS SUR JALLE		33
138	VA 23	MARTIGNAT		01
96	U 19	MARTIGNE BRIAND		49
76	Q 16	MARTIGNE FERCHAUD		35
77	T 14	MARTIGNE SUR MAYENNE		53
28	MA 9	MARTIGNY		02
56	R 12	MARTIGNY		50
24	BA 7	MARTIGNY		76
28	NA 9	MARTIGNY COURPIERRE		02
120	PA 22	MARTIGNY LE COMTE		71
67	WA 15	MARTIGNY LES BAINS		88
67	WA 13	MARTIGNY LES GERBONVAUX		88
36	V 11	MARTIGNY SUR L'ANTE		14
201	TA 36	MARTIGUES	C	13
156	U 30	MARTILLAC		33
24	BA 7	MARTIN EGLISE		76
45	XA 11	MARTINCOURT		54
25	FA 8	MARTINCOURT		60
30	TA 8	MARTINCOURT SUR MEUSE		55
109	P 21	MARTINET		85
178	OA 32	MARTINET, LE		30
17	IA 6	MARTINPUICH		62
33	P 8	MARTINVAST		50
88	XA 15	MARTINVELLE		88
209	AA 36	MARTISSERRE		31
114	BA 20	MARTIZAY		36
38	BA 9	MARTOT		27
35	T 10	MARTRAGNY		14
198	AB 34	MARTRE, LA		83
156	V 30	MARTRES		33
148	LA 25	MARTRES D'ARTIERE, LES		63
217	Z 37	MARTRES DE RIVIERE		31
148	KA 25	MARTRES DE VEYRE, LES		63
134	KA 24	MARTRES SUR MORGE		63
218	AA 37	MARTRES TOLOSANE		31
190	IA 33	MARTRIN		12
104	QA 18	MARTROIS		21
52	E 13	MARTYRE, LA		29
212	GA 36	MARTYS, LES		11
193	OA 33	MARUEJOLS LES GARDON		30
144	AA 26	MARVAL		87
30	RA 9	MARVAUX VIEUX		08
176	LA 31	MARVEJOLS	C	48
89	ZA 17	MARVELISE		25
31	UA 9	MARVILLE		55
60	CA 12	MARVILLE MOUTIERS BRULE		28
120	QA 21	MARY		71
41	KA 11	MARY SUR MARNE		77
92	M 17	MARZAN		56
189	EA 34	MARZENS		81
118	KA 20	MARZY		58
198	BB 34	MAS, LE		06
195	RA 34	MAS BLANC DES ALPILLES		13
212	HA 36	MAS CABARDES	C	11
171	X 31	MAS D'AGENAIS, LE	C	47
146	GA 25	MAS D'ARTIGE, LE		23
186	Y 33	MAS D'AUVIGNON		32
218	CA 37	MAS D'AZIL, LE	C	09
177	NA 31	MAS D'ORCIERES		48
192	NA 34	MAS DE LONDRES		34
164	QA 28	MAS DE TENCE, LE		43
221	HA 37	MAS DES COURS		11
188	BA 33	MAS GRENIER		82
177	LA 31	MAS ST CHELY		48
211	EA 36	MAS STES PUELLES		11
131	EA 24	MASBARAUD MERIGNAT		23
207	V 35	MASCARAAS HARON		64
208	X 35	MASCARAS		32
216	X 37	MASCARAS		65
211	EA 35	MASCARVILLE		31
159	CA 29	MASCLAT		46
90	BB 16	MASEVAUX	C	68
206	T 35	MASLACQ		64
145	DA 25	MASLEON		87
80	DA 17	MASLIVES		41
190	HA 34	MASNAU MASSUGUIES, LE		81
18	KA 6	MASNIERES		59
18	KA 5	MASNY		59
222	HA 39	MASOS, LOS		66
206	R 36	MASPARRAUTE		64
207	W 36	MASPIE LALONQUERE JUILLACQ		64
173	BA 31	MASQUIERES		47
210	CA 36	MASSABRAC		31
223	IA 38	MASSAC		11
128	V 25	MASSAC		17
189	EA 34	MASSAC SERAN		81
212	GA 35	MASSAGUEL		81
96	V 20	MASSAIS		79
190	HA 34	MASSALS		81
193	OA 33	MASSANES		30
84	OA 17	MASSANGIS		89
219	CA 38	MASSAT	C	09
100	FA 19	MASSAY		18
176	KA 32	MASSEGROS, LE	C	48
171	W 31	MASSEILLES		33
172	AA 32	MASSELS		47
93	O 17	MASSERAC		44
145	DA 26	MASSERET		19
209	Z 35	MASSEUBE	C	32
162	KA 27	MASSIAC	C	15
152	VA 27	MASSIEU		38
137	SA 24	MASSIEUX		01
43	RA 10	MASSIGES		51
144	Z 25	MASSIGNAC		16
152	WA 25	MASSIGNIEU DE RIVES		01
193	OA 33	MASSILARGUES ATTUECH		30
120	RA 22	MASSILLY		71
85	RA 16	MASSINGY		21
138	WA 25	MASSINGY		74
85	QA 17	MASSINGY LES SEMUR		21
104	RA 18	MASSINGY LES VITTEAUX		21
112	W 21	MASSOGNES		86
199	CB 33	MASSOINS		06
139	YA 23	MASSONGY		74
172	AA 31	MASSOULES		47
157	X 30	MASSUGAS		33
120	RA 22	MASSY		71
25	CA 8	MASSY		76
40	GA 12	MASSY	C	91
18	LA 5	MASTAING		59
138	VA 23	MATAFELON GRANGES		01
192	NA 34	MATELLES, LES	C	34
222	GA 39	MATEMALE		66
128	V 25	MATHA	C	17
65	QA 14	MATHAUX		10
108	AB 18	MATHAY		25
122	VA 20	MATHENAY		39
141	R 25	MATHES, LES		17
36	V 10	MATHIEU		14
66	TA 13	MATHONS		52
25	CA 8	MATHONVILLE		76
43	RA 12	MATIGNICOURT GONCOURT		51
55	M 13	MATIGNON	C	22
27	KA 7	MATIGNY		80
43	PA 11	MATOUGUES		51
136	QA 23	MATOUR	C	71
228	MB 41	MATRA		2B
8	GA 4	MATRINGHEM		62
67	XA 14	MATTAINCOURT		88
68	ZA 13	MATTEXEY		54
30	TA 8	MATTON ET CLEMENCY		08
70	EB 13	MATZENHEIM		67
151	TA 26	MAUBEC		38
187	AA 34	MAUBEC		82
196	TA 34	MAUBEC		84
29	QA 7	MAUBERT FONTAINE		08
19	OA 5	MAUBEUGE	C	59
208	W 35	MAUBOURGUET	C	65
61	GA 13	MAUCHAMPS		91
24	CA 8	MAUCOMBLE		76
207	V 36	MAUCOR		64
27	KA 8	MAUCOURT		60
27	IA 7	MAUCOURT		80
45	VA 10	MAUCOURT SUR ORNE		55
39	EA 10	MAUDETOUR EN VEXIN		95
194	OA 35	MAUGUIO	C	34
44	TA 12	MAULAN		55
113	X 20	MAULAY		86
18	LA 4	MAULDE		59
39	EA 11	MAULE		78
111	T 20	MAULEON	C	79
217	Z 38	MAULEON BAROUSSE	C	65
185	V 33	MAULEON D'ARMAGNAC		32
206	S 36	MAULEON LICHARRE	C	64
26	GA 8	MAULERS		60
39	DA 12	MAULETTE		78
95	T 20	MAULEVRIER		49
24	Z 8	MAULEVRIER STE GERTRUDE		76
185	W 34	MAULICHERES		32
94	R 17	MAUMUSSON		44
187	AA 33	MAUMUSSON		82
207	W 35	MAUMUSSON LAGUIAN		32
24	AA 9	MAUNY		76
64	OA 15	MAUPAS		10
185	V 34	MAUPAS		32
41	KA 12	MAUPERTHUIS		77
34	R 11	MAUPERTUIS		50
33	Q 8	MAUPERTUS SUR MER		50
129	Y 23	MAUPREVOIR		86
25	DA 8	MAUQUENCHY		76
218	BA 37	MAURAN		31
208	W 36	MAURE		64
75	N 16	MAURE DE BRETAGNE	C	35
39	FA 11	MAURECOURT		78
40	IA 11	MAUREGARD		77
28	NA 8	MAUREGNY EN HAYE		02
213	KA 36	MAUREILHAN		34
224	JA 40	MAUREILLAS LAS ILLAS		66
211	EA 35	MAUREMONT		31
157	Y 29	MAURENS		24
211	EA 35	MAURENS		31
209	AA 35	MAURENS		32
211	EA 35	MAURENS SCOPONT		81
39	FA 12	MAUREPAS	C	78
17	JA 6	MAUREPAS		80
210	CA 36	MAURESSAC		31
193	PA 33	MAURESSARGUES		30
211	EA 35	MAUREVILLE		31
160	GA 28	MAURIAC	S	15
157	W 30	MAURIAC		33
207	V 35	MAURIES		40
162	KA 29	MAURINES		15
18	MA 6	MAUROIS		59
74	M 15	MAURON	C	56
187	AA 33	MAUROUX		32
173	BA 31	MAUROUX		46
184	U 34	MAURRIN		40
160	GA 30	MAURS	C	15
44	SA 12	MAURUPT LE MONTOIS		51
223	IA 38	MAURY		66
225	KB 40	MAUSOLEO		2B
146	GA 26	MAUSSAC		19
195	SA 34	MAUSSANE LES ALPILLES		13
107	XA 18	MAUSSANS		70
132	HA 24	MAUTES		23
67	VA 13	MAUVAGES		55
210	DA 36	MAUVAISIN		31
165	SA 28	MAUVES		07
59	Z 13	MAUVES SUR HUISNE		61
94	Q 18	MAUVES SUR LOIRE		44
209	AA 36	MAUVEZIN		31
187	AA 34	MAUVEZIN	C	32
216	X 37	MAUVEZIN		65
185	W 33	MAUVEZIN D'ARMAGNAC		40
218	BA 37	MAUVEZIN DE PRAT		09
218	CA 37	MAUVEZIN DE STE CROIX		09
114	BA 22	MAUVIERES		36
85	RA 16	MAUVILLY		21
103	NA 19	MAUX		58
210	CA 36	MAUZAC		31
158	AA 29	MAUZAC ET GRAND CASTANG		24
127	T 23	MAUZE SUR LE MIGNON	C	79
112	V 20	MAUZE THOUARSAIS		79
158	AA 29	MAUZENS ET MIREMONT		24
148	LA 25	MAUZUN		63
80	CA 16	MAVES		41
104	RA 19	MAVILLY MANDELOT		21
46	YA 10	MAXE, LA		57
75	N 15	MAXENT		35
46	XA 12	MAXEVILLE		54
67	VA 13	MAXEY SUR MEUSE		88
67	VA 13	MAXEY SUR VAISE		55
124	AB 22	MAXILLY SUR LEMAN		74
106	UA 18	MAXILLY SUR SAONE		21
173	CA 31	MAXOU		46
47	AB 11	MAXSTADT		57
41	KA 10	MAY EN MULTIEN		77
95	S 19	MAY SUR EVRE, LE		49
36	V 10	MAY SUR ORNE		14
144	AA 27	MAYAC		24
57	T 14	MAYENNE	S	53
78	X 16	MAYET	C	72
134	LA 23	MAYET D'ECOLE, LE		03
135	NA 24	MAYET DE MONTAGNE, LE	C	03
184	T 34	MAYLIS		40
122	UA 22	MAYNAL		39
203	YA 36	MAYONS, LES		83
28	LA 8	MAYOT		02
159	DA 29	MAYRAC		46
175	HA 31	MAYRAN		12
217	Z 38	MAYREGNE		31
178	OA 30	MAYRES		07
149	NA 27	MAYRES		63
166	WA 29	MAYRES SAVEL		38
211	EA 36	MAYREVILLE		11
160	EA 29	MAYRINHAC LENTOUR		46
221	HA 37	MAYRONNES		11
40	HA 10	MAYSEL		60
212	HA 35	MAZAMET	C	81
195	TA 33	MAZAN		84
163	OA 30	MAZAN L'ABBAYE		07
79	AA 16	MAZANGE		41
203	WA 36	MAZAUGUES		83
147	JA 25	MAZAYE		63
96	V 18	MAZE		49
127	T 23	MAZEAU, LE		85
132	FA 23	MAZEIRAT		23
68	YA 14	MAZELEY		88
162	MA 28	MAZERAT AUROUZE		43
128	T 24	MAZERAY		17
211	DA 36	MAZERES		09
170	V 31	MAZERES		33
217	Z 37	MAZERES DE NESTE		65
207	U 36	MAZERES LEZONS		64
217	AA 37	MAZERES SUR SALAT		31
134	KA 24	MAZERIER		03
30	RA 8	MAZERNY		08
143	Y 25	MAZEROLLES		16
142	T 26	MAZEROLLES		17
184	U 34	MAZEROLLES		40
207	U 35	MAZEROLLES		64
208	X 36	MAZEROLLES		65
130	Z 22	MAZEROLLES		86
221	FA 37	MAZEROLLES DU RAZES		11
106	WA 19	MAZEROLLES LE SALIN		25
46	YA 12	MAZERULLES		54
163	PA 28	MAZET ST VOY		43
112	W 21	MAZEUIL		86
162	MA 28	MAZEYRAT D'ALLIER		43
173	BA 30	MAZEYROLLES		24
133	HA 25	MAZIERE AUX BONS HOMMES, LA		23
143	Z 25	MAZIERES		16
97	Y 18	MAZIERES DE TOURAINE		37
112	V 22	MAZIERES EN GATINE	C	79
95	T 19	MAZIERES EN MAUGES		49
172	Z 30	MAZIERES NARESSE		47
128	V 23	MAZIERES SUR BERONNE		79
136	RA 22	MAZILLE		71
17	IA 4	MAZINGARBE		62
8	HA 4	MAZINGHEM		62
18	MA 6	MAZINGHIEN		59
156	T 28	MAZION		33
133	HA 23	MAZIRAT		03
68	XA 14	MAZIROT		88
25	EA 7	MAZIS, LE		80
148	KA 27	MAZOIRES		63
216	Y 37	MAZOUAU		65
221	FA 38	MAZUBY		11
29	RA 7	MAZURES, LES		08
228	MB 40	MAZZOLA		2B
198	AB 33	MEAILLES		04
161	HA 27	MEALLET		15
131	EA 22	MEASNES		23
60	BA 13	MEAUCE		28
166	VA 28	MEAUDRE		38
34	R 10	MEAUFFE, LA		50
54	K 13	MEAUGON, LA		22
117	IA 21	MEAULNE		03
17	IA 6	MEAULTE		80
34	Q 9	MEAUTIS		50
41	JA 11	MEAUX	S	77
136	QA 24	MEAUX LA MONTAGNE		69
188	CA 33	MEAUZAC		82
76	Q 14	MECE		35
173	DA 30	MECHMONT		46
46	YA 11	MECLEUVES		57
19	NA 5	MECQUIGNIES		59
45	VA 12	MECRIN		55
41	MA 11	MECRINGES		51
39	FA 11	MEDAN		78
58	X 12	MEDAVY		61
149	NA 27	MEDEYROLLES		63
107	ZA 18	MEDIERE		25
143	W 27	MEDILLAC		16
141	S 26	MEDIS		17
67	VA 14	MEDONVILLE		88
75	N 14	MEDREAC		35
77	S 16	MEE		53
80	CA 15	MEE, LE		28
62	IA 13	MEE SUR SEINE, LE		77
183	R 34	MEES		40
197	XA 33	MEES, LES	C	04
58	X 14	MEES, LES		72
47	ZA 10	MEGANGE		57
140	ZA 25	MEGEVE		74
139	ZA 23	MEGEVETTE		74
55	M 14	MEGRIT		22
27	IA 7	MEHARICOURT		80
206	R 36	MEHARIN		64
99	DA 18	MEHERS		41
68	ZA 13	MEHONCOURT		54
58	V 13	MEHOUDIN		61
100	GA 19	MEHUN SUR YEVRE	C	18
95	T 17	MEIGNANNE, LA		49
96	V 19	MEIGNE		49
97	X 17	MEIGNE LE VICOMTE		49
63	KA 13	MEIGNEUX		77
26	FA 7	MEIGNEUX		80
144	BA 25	MEILHAC		87
209	Z 35	MEILHAN		32
184	T 34	MEILHAN		40
171	W 31	MEILHAN SUR GARONNE	C	47
145	DA 26	MEILHARDS		19
148	KA 26	MEILHAUD		63
55	O 13	MEILLAC		35
117	HA 21	MEILLANT		18
134	LA 22	MEILLARD		03
16	GA 6	MEILLARD, LE		80
111	S 21	MEILLERAIE TILLAY, LA		85
41	LA 12	MEILLERAY		77
94	Q 17	MEILLERAYE DE BRETAGNE, LA		44
124	AB 22	MEILLERIE		74
118	KA 22	MEILLERS		03
207	V 36	MEILLON		64
137	UA 23	MEILLONNAS		01
104	QA 19	MEILLY SUR ROUVRES		21
48	DB 11	MEISENTHAL		57
70	EB 13	MEISTRATZHEIM		67
86	SA 17	MEIX, LE		21
42	MA 12	MEIX ST EPOING, LE		51
65	QA 12	MEIX TIERCELIN, LE		51
178	PA 32	MEJANNES LE CLAP		30
178	PA 32	MEJANNES LES ALES		30
230	LB 43	MELA		2A
191	KA 34	MELAGUES		12
23	Y 8	MELAMARE		76
95	T 19	MELAY		49
87	WA 16	MELAY		52
135	OA 23	MELAY		71
59	Y 13	MELE SUR SARTHE, LE	C	61
89	ZA 17	MELECEY		70
75	P 14	MELESSE		35
72	F 16	MELGVEN		29
27	JA 9	MELICOCQ		60
37	Y 11	MELICOURT		27
45	VA 12	MELIGNY LE GRAND		55
44	UA 12	MELIGNY LE PETIT		55
87	WA 16	MELIN		70
88	XA 16	MELINCOURT		70
89	ZA 16	MELISEY	C	70
84	OA 16	MELISEY		89
175	HA 32	MELJAC		12
72	G 16	MELLAC		29
56	R 13	MELLE		35
128	V 23	MELLE	C	79
120	RA 20	MELLECEY		71
129	W 23	MELLERAN		79
59	AA 15	MELLERAY		72
83	JA 16	MELLEROY		45
217	AA 38	MELLES		31
15	DA 6	MELLEVILLE		76
73	I 14	MELLIONNEC		22
40	HA 10	MELLO		60
104	RA 19	MELOISEY		21
73	I 15	MELRAND		56
49	DB 12	MELSHEIM		67
62	IA 13	MELUN	P	77
181	XA 31	MELVE		04
63	LA 13	MELZ SUR SEINE		77
87	WA 17	MEMBREY		70
98	Z 18	MEMBROLLE SUR CHOISILLE, LA		37
95	T 17	MEMBROLLE SUR LONGUENEE, LE		49
80	DA 15	MEMBROLLES		41
68	AB 14	MEMENIL		88
49	FB 11	MEMMELSHOFFEN		67
108	AB 19	MEMONT, LE		25
103	NA 18	MENADES		89
68	AB 13	MENARMONT		88
80	CA 17	MENARS		41
133	JA 24	MENAT	C	63
44	UA 12	MENAUCOURT		55
8	GA 4	MENCAS		62
48	DB 11	MENCHHOFFEN		67
177	MA 31	MENDE	P	48
205	Q 36	MENDIONDE		64
206	S 37	MENDITTE		64
206	R 37	MENDIVE		64
74	L 15	MENEAC		56
196	TA 34	MENERBES		84
25	DA 8	MENERVAL		76
39	DA 11	MENERVILLE		78
86	SA 16	MENESBLE		21
15	DA 6	MENESLIES		80
157	W 28	MENESPLET		24
25	CA 9	MENESQUEVILLE		27
103	PA 19	MENESSAIRE		21
102	LA 18	MENESTREAU		58
81	FA 16	MENESTREAU EN VILLETTE		45
147	IA 27	MENET		15
101	JA 19	MENETOU COUTURE		18
101	IA 18	MENETOU RATEL		18
101	HA 19	MENETOU SALON		18
99	DA 19	MENETOU SUR NAHON		36
101	JA 18	MENETREOL SOUS SANCERRE		18
100	GA 18	MENETREOL SUR SAULDRE		18
115	EA 20	MENETREOLS SOUS VATAN		36
121	TA 21	MENETREUIL		71
85	QA 17	MENETREUX LE PITOIS		21
134	KA 25	MENETROL		63
122	VA 21	MENETRU LE VIGNOBLE		39
122	WA 21	MENETRUX EN JOUX		39
26	IA 8	MENEVILLERS		60
166	UA 30	MENGLON		26
112	W 22	MENIGOUTE	C	79
77	T 16	MENIL		53
89	AB 16	MENIL, LE		88
29	QA 9	MENIL ANNELLES		08
44	UA 12	MENIL AUX BOIS		55
37	Y 12	MENIL BERARD, LE		61
58	X 13	MENIL BROUT, LE		61
57	T 12	MENIL CIBOULT, LE		61
58	U 12	MENIL DE BRIOUZE, LE		61
69	BB 13	MENIL DE SENONES		88
67	XA 14	MENIL EN XAINTOIS		88
58	X 13	MENIL ERREUX		61
37	X 12	MENIL FROGER		61
58	V 12	MENIL GONDOUIN		61
59	X 13	MENIL GUYON, LE		61
36	V 11	MENIL HERMEI		61
58	X 12	MENIL HUBERT EN EXMES		61
35	U 11	MENIL HUBERT SUR ORNE		61
58	V 12	MENIL JEAN		61
45	VA 12	MENIL LA HORGNE		55
45	WA 12	MENIL LA TOUR		54
28	LA 9	MENIL LEPINOIS		08
58	W 12	MENIL SCELLEUR, LE		61
68	AB 13	MENIL SUR BELVITTE		88
66	TA 12	MENIL SUR SAULX		55
37	Y 12	MENIL VICOMTE, LE		61
36	V 11	MENIL VIN		61
38	CA 11	MENILLES		27
96	V 18	MENITRE, LA		49
62	HA 13	MENNECY	C	91
27	LA 7	MENNESSIS		02
100	EA 18	MENNETOU SUR CHER	C	41
37	Z 10	MENNEVAL		27
29	OA 9	MENNEVILLE		02
7	EA 3	MENNEVILLE		62
18	MA 6	MENNEVRET		02
66	UA 15	MENNOUVEAUX		52
159	EA 28	MENOIRE		19
111	T 21	MENOMBLET		85
90	BB 17	MENONCORT		90
25	DA 7	MENONVAL		76
106	VA 19	MENOTEY		39
102	LA 18	MENOU		58
39	FA 10	MENOUVILLE		95
88	XA 16	MENOUX		70
115	DA 22	MENOUX, LE		36
166	WA 29	MENS	C	38
143	Y 27	MENSIGNAC		24
47	ZA 9	MENSKIRCH		57
23	Y 8	MENTHEVILLE		76
139	YA 25	MENTHON ST BERNARD		74
139	XA 24	MENTHONNEX EN BORNES		74
139	XA 24	MENTHONNEX SOUS CLERMONT		74
162	KA 28	MENTIERES		15
200	EB 34	MENTON	C	06
7	FA 3	MENTQUE NORTBECOURT		62
39	FA 11	MENUCOURT		95
59	AA 13	MENUS, LES		61
188	BA 34	MENVILLE		31
115	CA 21	MEOBECQ		36
182	ZA 31	MEOLANS REVEL		04
97	X 17	MEON		49
203	XA 36	MEOUNES LES MONTRIEUX		83
80	DA 16	MER	C	41
207	U 35	MERACQ		64
76	S 15	MERAL		53
218	CA 37	MERAS		09
17	JA 5	MERCATEL		62
218	BA 37	MERCENAC		09
121	SA 20	MERCEUIL		21
38	CA 10	MERCEY		27
106	WA 19	MERCEY LE GRAND		25
87	WA 17	MERCEY SUR SAONE		70
28	LA 9	MERCIN ET VAUX		02
7	GA 3	MERCK ST LIEVIN		62

Page	Carreau	Commune	Adm.	Dpt
107	XA 18	MONCEY		25
15	DA 7	MONCHAUX SORENG		76
18	MA 5	MONCHAUX SUR ECAILLON		59
18	KA 4	MONCHEAUX		59
16	HA 5	MONCHEAUX LES FREVENT		62
18	KA 5	MONCHECOURT		59
16	GA 5	MONCHEL SUR CANCHE		62
46	YA 11	MONCHEUX		57
17	IA 5	MONCHIET		62
17	IA 5	MONCHY AU BOIS		62
17	HA 4	MONCHY BRETON		62
16	GA 4	MONCHY CAYEUX		62
27	IA 9	MONCHY HUMIERES		60
27	KA 7	MONCHY LAGACHE		80
17	JA 5	MONCHY LE PREUX		62
40	HA 9	MONCHY ST ELOI		60
15	DA 6	MONCHY SUR EU		76
207	V 35	MONCLA		64
185	W 33	MONCLAR		32
172	Y 31	MONCLAR	C	47
188	DA 33	MONCLAR DE QUERCY	C	82
208	Y 35	MONCLAR SUR LOSSE		32
106	WA 18	MONCLEY		25
54	K 14	MONCONTOUR	C	22
112	W 20	MONCONTOUR	C	86
209	Z 35	MONCORNEIL GRAZAN		32
68	AB 12	MONCOURT		57
111	U 21	MONCOUTANT	C	79
186	Y 33	MONCRABEAU		47
35	T 11	MONCY		61
209	BA 36	MONDAVEZAN		31
46	YA 10	MONDELANGE		57
42	NA 12	MONDEMENT MONTGIVROUX		51
27	KA 8	MONDESCOURT		60
76	R 15	MONDEVERT		35
36	V 10	MONDEVILLE		14
62	HA 13	MONDEVILLE		91
17	HA 5	MONDICOURT		62
30	RA 8	MONDIGNY		08
209	Z 36	MONDILHAN		31
113	Y 20	MONDION		86
107	YA 18	MONDON		25
188	CA 34	MONDONVILLE		31
61	EA 14	MONDONVILLE ST JEAN		28
32	YA 9	MONDORFF		57
79	AA 15	MONDOUBLEAU	C	41
210	DA 35	MONDOUZIL		31
179	RA 32	MONDRAGON		84
35	U 10	MONDRAINVILLE		14
19	OA 6	MONDREPUIS		02
62	IA 15	MONDREVILLE		77
39	DA 11	MONDREVILLE		78
207	T 36	MONEIN	C	64
209	BA 36	MONES		31
219	DA 37	MONESPLE		09
134	KA 23	MONESTIER		03
164	QA 28	MONESTIER		07
157	Y 29	MONESTIER		24
148	MA 26	MONESTIER, LE		63
167	WA 30	MONESTIER D'AMBEL		38
166	VA 29	MONESTIER DE CLERMONT	C	38
166	VA 29	MONESTIER DU PERCY, LE		38
147	HA 26	MONESTIER MERLINES		19
147	HA 26	MONESTIER PORT DIEU		19
189	FA 33	MONESTIES	C	81
211	EA 36	MONESTROL		31
134	LA 22	MONETAY SUR ALLIER		03
135	NA 22	MONETAY SUR LOIRE		03
83	MA 16	MONETEAU		89
181	XA 31	MONETIER ALLEMONT		05
167	ZA 29	MONETIER LES BAINS, LE	C	05
157	X 29	MONFAUCON		24
208	X 35	MONFAUCON		65
209	Z 35	MONFERRAN PLAVES		32
209	BA 35	MONFERRAN SAVES		32
172	AA 31	MONFLANQUIN	C	47
187	AA 34	MONFORT		32
35	S 9	MONFREVILLE		14
171	X 32	MONGAILLARD		47
209	AA 35	MONGAUSY		32
171	W 30	MONGAUZY		33
207	U 35	MONGET		40
185	V 34	MONGUILHEM		32
171	X 31	MONHEURT		47
59	Y 14	MONHOUDOU		72
196	UA 33	MONIEUX		84
162	MA 29	MONISTROL D'ALLIER		43
149	PA 27	MONISTROL SUR LOIRE	C	43
209	Y 36	MONLAUR BERNET		32
209	Y 36	MONLEON MAGNOAC		65
163	NA 28	MONLET		43
208	X 35	MONLEZUN		32
185	V 34	MONLEZUN D'ARMAGNAC		32
208	Y 36	MONLONG		65
158	Z 30	MONMADALES		24
158	Z 30	MONMARVES		24
37	Y 11	MONNAI		61
79	AA 17	MONNAIE		37
47	ZA 9	MONNEREN		57
134	MA 25	MONNERIE LE MONTEL, LA		63
61	FA 14	MONNERVILLE		91
41	KA 10	MONNES		02
122	WA 21	MONNET LA VILLE		39
122	VA 22	MONNETAY		39
139	YA 23	MONNETIER MORNEX		74
39	FA 10	MONNEVILLE		60
106	UA 19	MONNIERES		39
94	Q 19	MONNIERES		44
192	NA 33	MONOBLET		30
208	X 35	MONPARDIAC		32
173	AA 30	MONPAZIER	C	24
208	W 35	MONPEZAT		64
158	AA 29	MONPLAISANT		24
170	V 30	MONPRIMBLANC		33
128	W 25	MONS		16
128	V 25	MONS		17
178	PA 32	MONS		30
210	DA 35	MONS		31
213	JA 35	MONS		34
134	LA 24	MONS		63
198	AB 34	MONS		83
15	EA 6	MONS BOUBERT		80
9	KA 3	MONS EN BAROEUL		59
28	MA 8	MONS EN LAONNOIS		02
63	KA 13	MONS EN MONTOIS		77
18	KA 4	MONS EN PEVELE		59
158	Z 29	MONSAC		24
157	Z 30	MONSAGUEL		24
143	Y 27	MONSEC		24
171	W 30	MONSEGUR	C	33
207	U 35	MONSEGUR		40
172	AA 31	MONSEGUR		47
208	W 35	MONSEGUR		64
147	HA 27	MONSELIE, LA		15
173	AA 31	MONSEMPRON LIBOS		47
111	S 21	MONSIREIGNE		85
136	QA 23	MONSOLS	C	69
151	SA 27	MONSTEROUX MILIEU		38
26	GA 8	MONSURES		80
49	DB 12	MONSWILLER		67
207	T 35	MONT		64
217	Y 38	MONT		65
119	NA 21	MONT		71
69	BB 13	MONT, LE		88
8	IA 4	MONT BERNANCHON		62
35	S 11	MONT BERTRAND		14
31	WA 9	MONT BONVILLERS		54
24	BA 8	MONT CAUVAIRE		76
209	Z 36	MONT D'ASTARAC		32
28	MA 7	MONT D'ORIGNY		02
168	AB 30	MONT DAUPHIN		05
217	Z 37	MONT DE GALIE		31
24	AA 8	MONT DE L'IF		76
167	XA 28	MONT DE LANS		38
108	AB 19	MONT DE LAVAL		25
208	Y 36	MONT DE MARRAST		32
184	U 33	MONT DE MARSAN	P	40
108	AB 19	MONT DE VOUGNEY		25
30	TA 9	MONT DEVANT SASSEY		55
30	SA 8	MONT DIEU, LE		08
207	V 35	MONT DISSE		64
55	O 13	MONT DOL		35
147	JA 26	MONT DORE		63
103	MA 19	MONT ET MARRE		58
67	WA 13	MONT L'ETROIT		54
40	IA 10	MONT L'EVEQUE		60
29	QA 9	MONT LAURENT		08
88	XA 17	MONT LE VERNOIS		70
67	WA 12	MONT LE VIGNOBLE		54
87	WA 15	MONT LES LAMARCHE		88
67	VA 14	MONT LES NEUFCHATEAU		88
121	TA 20	MONT LES SEURRE		71
222	GA 40	MONT LOUIS	C	66
42	MA 9	MONT NOTRE DAME		02
36	X 11	MONT ORMEL		61
80	DA 17	MONT PRES CHAMBORD		41
190	HA 34	MONT ROC		81
139	ZA 24	MONT SAXONNEX		74
122	VA 20	MONT SOUS VAUDREY		39
26	FA 9	MONT ST ADRIEN, LE		60
24	BA 9	MONT ST AIGNAN	C	76
17	IA 5	MONT ST ELOI		62
29	PA 7	MONT ST JEAN		02
104	QA 18	MONT ST JEAN		21
58	W 14	MONT ST JEAN		72
87	WA 17	MONT ST LEGER		70
42	MA 9	MONT ST MARTIN		02
30	RA 9	MONT ST MARTIN		08
152	VA 27	MONT ST MARTIN		38
31	WA 8	MONT ST MARTIN	C	54
56	P 12	MONT ST MICHEL, LE		50
41	LA 10	MONT ST PERE		02
29	QA 9	MONT ST REMY		08
84	MA 15	MONT ST SULPICE		89
120	QA 21	MONT ST VINCENT	C	71
42	MA 10	MONT SUR COURVILLE		51
68	ZA 13	MONT SUR MEURTHE		54
122	WA 21	MONT SUR MONNET		39
58	W 12	MONTABARD		61
79	Y 17	MONTABON		72
56	R 11	MONTABOT		50
63	KA 14	MONTACHER VILLEGARDIN		89
209	AA 35	MONTADET		32
213	KA 36	MONTADY		34
219	CA 38	MONTAGAGNE		09
122	UA 22	MONTAGNA LE RECONDUIT		39
138	UA 22	MONTAGNA LE TEMPLIER		39
193	PA 33	MONTAGNAC		30
214	MA 35	MONTAGNAC	C	34
158	AA 28	MONTAGNAC D'AUBEROCHE		24
157	Y 29	MONTAGNAC LA CREMPSE		24
197	XA 34	MONTAGNAC MONTPEZAT		04
172	Y 32	MONTAGNAC SUR AUVIGNON		47
172	AA 31	MONTAGNAC SUR LEDE		47
137	UA 23	MONTAGNAT		01
156	V 29	MONTAGNE		33
165	TA 28	MONTAGNE		38
93	P 19	MONTAGNE, LA		44
89	AB 16	MONTAGNE, LA		70
16	FA 7	MONTAGNE FAYEL		80
106	VA 18	MONTAGNEY		70
88	YA 17	MONTAGNEY SERVIGNEY		25
152	UA 25	MONTAGNIEU		01
152	UA 26	MONTAGNIEU		38
191	JA 34	MONTAGNOL		12
152	WA 26	MONTAGNOLE		73
135	PA 24	MONTAGNY		42
150	RA 26	MONTAGNY		69
154	ZA 26	MONTAGNY		73
39	EA 10	MONTAGNY EN VEXIN		60
121	SA 20	MONTAGNY LES BEAUNE		21
120	RA 21	MONTAGNY LES BUXY		71
139	XA 25	MONTAGNY LES LANCHES		74
121	TA 20	MONTAGNY LES SEURRE		21
121	UA 21	MONTAGNY PRES LOUHANS		71
40	IA 10	MONTAGNY STE FELICITE		60
136	QA 23	MONTAGNY SUR GROSNE		71
171	W 30	MONTAGOUDIN		33
143	Y 27	MONTAGRIER	C	24
173	BA 32	MONTAGUDET		82
207	U 35	MONTAGUT		64
146	FA 27	MONTAIGNAC ST HIPPOLYTE		19
28	NA 8	MONTAIGU		02
122	VA 21	MONTAIGU		39
110	Q 20	MONTAIGU	C	85
173	BA 31	MONTAIGU DE QUERCY	C	82
33	Q 8	MONTAIGU LA BRISETTE		50
134	MA 23	MONTAIGU LE BLIN		03
56	R 11	MONTAIGU LES BOIS		50
188	CA 34	MONTAIGU SUR SAVE		31
135	NA 23	MONTAIGUET EN FOREZ		03
133	IA 23	MONTAIGUT	C	63
131	EA 24	MONTAIGUT LE BLANC		23
148	KA 26	MONTAIGUT LE BLANC		63
79	Z 15	MONTAILLE		72
153	YA 26	MONTAILLEUR		73
223	FA 38	MONTAILLOU		09
153	YA 27	MONTAIMONT		73
122	VA 21	MONTAIN		39
188	BA 33	MONTAIN		82
60	DA 14	MONTAINVILLE		28
39	EA 11	MONTAINVILLE		78
224	IA 39	MONTALBA LE CHATEAU		66
129	X 24	MONTALEMBERT		79
39	EA 10	MONTALET LE BOIS		78
138	UA 25	MONTALIEU VERCIEU		38
174	DA 32	MONTALZAT		82
209	AA 35	MONTAMAT		32
119	NA 21	MONTAMBERT		58
173	DA 30	MONTAMEL		46
113	Y 21	MONTAMISE		86
35	T 11	MONTAMY		14
137	SA 25	MONTANAY		69
108	BB 18	MONTANCY		25
108	BB 18	MONTANDON		25
56	Q 13	MONTANEL		50
208	W 36	MONTANER	C	64
138	WA 23	MONTANGES		01
189	EA 34	MONTANS		81
103	MA 19	MONTAPAS		58
149	OA 26	MONTARCHER		42
218	BA 37	MONTARDIT		09
207	V 36	MONTARDON		64
193	QA 33	MONTAREN ET ST MEDIERS		30
82	IA 15	MONTARGIS	S	45
63	JA 14	MONTARLOT		77
107	XA 18	MONTARLOT LES RIOZ		70
214	NA 35	MONTARNAUD		34
119	NA 20	MONTARON		58
172	Y 31	MONTASTRUC		47
208	Y 36	MONTASTRUC		65
188	CA 33	MONTASTRUC		82
217	AA 37	MONTASTRUC DE SALIES		31
188	DA 34	MONTASTRUC LA CONSEILLERE	C	31
209	BA 36	MONTASTRUC SAVES		31
173	CA 31	MONTAT, LE		46
40	HA 10	MONTATAIRE	C	60
188	CA 33	MONTAUBAN	P	82
75	N 14	MONTAUBAN DE BRETAGNE	C	35
217	Z 38	MONTAUBAN DE LUCHON		31
17	JA 6	MONTAUBAN DE PICARDIE		80
180	VA 32	MONTAUBAN SUR L'OUVEZE		26
193	OA 34	MONTAUD		34
152	VA 27	MONTAUD		38
57	S 13	MONTAUDIN		53
180	TA 31	MONTAULIEU		26
65	PA 14	MONTAULIN		10
38	BA 10	MONTAURE		27
211	EA 36	MONTAURIOL		11
172	Z 30	MONTAURIOL		47
224	IA 39	MONTAURIOL		66
190	HA 33	MONTAURIOL		81
198	AB 35	MONTAUROUX		83
219	DA 37	MONTAUT		09
158	Z 30	MONTAUT		24
210	CA 36	MONTAUT		31
208	Y 36	MONTAUT		32
184	T 34	MONTAUT		40
172	Z 30	MONTAUT		47
215	V 37	MONTAUT		64
187	Z 34	MONTAUT LES CRENEAUX		32
76	R 14	MONTAUTOUR		35
45	XA 11	MONTAUVILLE		54
18	MA 6	MONTAY		59
173	BA 31	MONTAYRAL		47
157	X 29	MONTAZEAU		24
221	GA 38	MONTAZELS		11
85	QA 17	MONTBARD	S	21
173	BA 32	MONTBARLA		82
122	VA 20	MONTBARREY	C	39
82	HA 15	MONTBARROIS		45
188	CA 33	MONTBARTIER		82
28	MA 8	MONTBAVIN		02
175	GA 31	MONTBAZENS	C	12
214	MA 35	MONTBAZIN		34
98	Z 18	MONTBAZON	C	37
221	FA 37	MONTBEL		09
177	NA 30	MONTBEL		48
89	AB 17	MONTBELIARD	S	25
108	AB 19	MONTBELIARDOT		25
121	SA 22	MONTBELLET		71
107	ZA 20	MONTBENOIT	C	25
218	BA 37	MONTBERAUD		31
209	AA 36	MONTBERNARD		31
188	DA 34	MONTBERON		31
110	Q 19	MONTBERT		44
103	PA 18	MONTBERTHAULT		21
188	CA 33	MONTBETON		82
118	MA 22	MONTBEUGNY		03
78	X 15	MONTBIZOT		72
44	SA 10	MONTBLAINVILLE		55
214	LA 36	MONTBLANC		34
106	WA 18	MONTBOILLON		70
60	CA 14	MONTBOISSIER		28
224	IA 40	MONTBOLO		66
152	WA 27	MONTBONNOT ST MARTIN		38
131	EA 24	MONTBOUCHER		23
179	SA 30	MONTDOUCHER SUR JABRON		26
147	IA 27	MONTBOUDIF		15
108	BB 18	MONTBOUTON		90
82	JA 16	MONTBOUY		45
143	W 27	MONTBOYER		16
107	YA 18	MONTBOZON	C	70
180	VA 30	MONTBRAND		05
67	WA 13	MONTBRAS		55
56	R 11	MONTBRAY		50
42	OA 10	MONTBRE		51
18	LA 6	MONTBREHAIN		02
179	SA 31	MONTBRISON		26
149	OA 26	MONTBRISON	S	42
143	Y 26	MONTBRON	C	16
48	DB 11	MONTBRONN		57
174	FA 31	MONTBRUN		46
177	MA 31	MONTBRUN		48
218	CA 37	MONTBRUN BOCAGE		31
212	IA 36	MONTBRUN DES CORBIERES		11
210	DA 35	MONTBRUN LAURAGAIS		31
180	UA 32	MONTBRUN LES BAINS		26
173	BA 31	MONTCABRIER		46
211	EA 35	MONTCABRIER		81
157	W 29	MONTCARET		24
152	UA 26	MONTCARRA		38
7	EA 4	MONTCAVREL		62
104	RA 19	MONTCEAU ET ECHARNANT		21
120	PA 21	MONTCEAU LES MINES	C	71
136	RA 24	MONTCEAUX		01
135	OA 23	MONTCEAUX L'ETOILE		71
41	JA 11	MONTCEAUX LES MEAUX		77
41	MA 12	MONTCEAUX LES PROVINS		77
65	PA 14	MONTCEAUX LES VAUDES		10
121	SA 21	MONTCEAUX RAGNY		71
134	KA 24	MONTCEL		63
153	XA 25	MONTCEL		73
120	QA 21	MONTCENIS	C	71
137	TA 23	MONTCET		01
88	YA 17	MONTCEY		70
166	WA 28	MONTCHABOUD		38
150	PA 25	MONTCHAL		42
28	NA 8	MONTCHALONS		02
35	T 11	MONTCHAMP		14
162	KA 28	MONTCHAMP		15
120	QA 21	MONTCHANIN	C	71
87	WA 16	MONTCHARVOT		52
34	P 11	MONTCHATON		50
142	V 27	MONTCHAUDE		16
35	T 11	MONTCHAUVET		14
39	DA 11	MONTCHAUVET		78
165	SA 28	MONTCHENU		26
30	SA 9	MONTCHEUTIN		08
59	Y 13	MONTCHEVREL		61
115	EA 22	MONTCHEVRIER		36
181	YA 31	MONTCLAR		04
221	GA 37	MONTCLAR		11
190	IA 33	MONTCLAR		12
218	BA 37	MONTCLAR DE COMMINGES		31
211	EA 36	MONTCLAR LAURAGAIS		31
165	TA 30	MONTCLAR SUR GERVANNE		26
162	MA 27	MONTCLARD		43
173	BA 30	MONTCLERA		46
180	VA 31	MONTCLUS		05
178	QA 32	MONTCLUS		30
135	NA 23	MONTCOMBROUX LES MINES		03
121	UA 21	MONTCONY		71
83	KA 15	MONTCORBON		45
29	OA 8	MONTCORNET		02
29	RA 7	MONTCORNET		08
88	XA 15	MONTCOURT		70
62	IA 14	MONTCOURT FROMONVILLE		77
121	SA 21	MONTCOY		71
82	JA 16	MONTCRESSON		45
34	Q 10	MONTCUIT		50
173	CA 31	MONTCUQ	C	46
138	VA 22	MONTCUSEL		39
29	RA 7	MONTCY NOTRE DAME		08
192	MA 33	MONTDARDIER		30
41	LA 11	MONTDAUPHIN		77
47	AB 11	MONTDIDIER		57
26	IA 8	MONTDIDIER	S	80
88	XA 16	MONTDORE		70
174	DA 32	MONTDOUMERC		46
189	FA 34	MONTDRAGON		81
188	DA 33	MONTDURAUSSE		81
228	MB 40	MONTE		2B
80	BA 17	MONTEAUX		41
33	Q 9	MONTEBOURG	C	50
188	CA 33	MONTECH	C	82
108	AB 18	MONTECHEROUX		25
225	JB 39	MONTEGROSSO		2B
209	Z 35	MONTEGUT		32
185	V 33	MONTEGUT		40
217	Y 37	MONTEGUT		65
208	X 36	MONTEGUT ARROS		32
209	AA 36	MONTEGUT BOURJAC		31
218	BA 37	MONTEGUT EN COUSERANS		09
211	FA 35	MONTEGUT LAURAGAIS		31
219	DA 37	MONTEGUT PLANTAUREL		09
209	AA 35	MONTEGUT SAVES		32
134	LA 23	MONTEIGNET SUR L'ANDELOT		03
147	HA 27	MONTEIL, LE		15
163	OA 28	MONTEIL, LE		43
132	FA 24	MONTEIL AU VICOMTE, LE		23
36	W 10	MONTEILLE		14
174	FA 32	MONTEILS		12
193	PA 33	MONTEILS		30
174	DA 32	MONTEILS		82
133	IA 24	MONTEL DE GELAT		63
165	SA 29	MONTELEGER		26
165	TA 29	MONTELIER		26
179	RA 30	MONTELIMAR	C	26
137	TA 24	MONTELLIER, LE		01
219	DA 37	MONTELS		09
213	JA 36	MONTELS		34
189	EA 33	MONTELS		81
143	Z 25	MONTEMBOEUF	C	16
32	ZA 9	MONTENACH		57
57	S 14	MONTENAY		53
142	U 27	MONTENDRE	C	17
153	YA 26	MONTENDRY		73
17	IA 5	MONTENESCOURT		62
74	M 16	MONTENEUF		56
41	MA 11	MONTENILS		77
108	AB 17	MONTENOIS		25
102	LA 19	MONTENOISON		58
46	YA 12	MONTENOY		54
40	IA 10	MONTEPILLOY		60
106	VA 19	MONTEPLAIN		39
42	OA 12	MONTEPREUX		51
74	K 16	MONTERBLANC		56
82	HA 16	MONTEREAU		45
63	JA 13	MONTEREAU FAULT YONNE	C	77
62	IA 13	MONTEREAU SUR LE JARD		77
75	N 15	MONTERFIL		35
25	CA 8	MONTEROLIER		76
74	M 16	MONTERREIN		56
74	L 16	MONTERTELOT		56
224	JA 39	MONTESCOT		66
28	LA 7	MONTESCOURT LIZEROLLES		02
217	AA 37	MONTESPAN		31
213	LA 35	MONTESQUIEU		34
172	Y 32	MONTESQUIEU		47
173	BA 32	MONTESQUIEU		82
218	BA 37	MONTESQUIEU AVANTES		09
224	JA 40	MONTESQUIEU DES ALBERES		66
209	Z 36	MONTESQUIEU GUITTAUT		31
210	DA 36	MONTESQUIEU LAURAGAIS		31
210	CA 36	MONTESQUIEU VOLVESTRE	C	31
208	Y 35	MONTESQUIOU	C	32
89	ZA 16	MONTESSAUX		70
39	GA 11	MONTESSON		78
187	Z 34	MONTESTRUC SUR GERS		32
134	KA 22	MONTET, LE	C	03
160	FA 30	MONTET ET BOUXAL		46
171	X 30	MONTETON		47
195	SA 33	MONTEUX		84
40	IA 11	MONTEVRAIN		77
166	WA 29	MONTEYNARD		38
161	IA 30	MONTEZIC		12
218	CA 37	MONTFA		09
190	GA 34	MONTFA		81
151	TA 27	MONTFALCON		38
33	R 8	MONTFARVILLE		50
41	LA 11	MONTFAUCON		02
107	XA 19	MONTFAUCON		25
195	RA 33	MONTFAUCON		30
174	DA 30	MONTFAUCON		46
110	R 19	MONTFAUCON	C	49
44	TA 10	MONTFAUCON D'ARGONNE	C	55
164	PA 28	MONTFAUCON EN VELAY	C	43
40	IA 11	MONTFERMEIL	C	93
173	CA 32	MONTFERMIER		82
133	IA 25	MONTFERMY		63
211	EA 36	MONTFERRAND		11
158	AA 30	MONTFERRAND DU PERIGORD		24
180	UA 31	MONTFERRAND LA FARE		26
107	XA 19	MONTFERRAND LE CHATEAU		25
152	VA 26	MONTFERRAT		38
198	ZA 35	MONTFERRAT		83
222	HA 40	MONTFERRER		66
219	EA 38	MONTFERRIER		09
192	NA 34	MONTFERRIER SUR LEZ		34
84	NA 15	MONTFEY		10
35	S 10	MONTFIQUET		14
138	UA 23	MONTFLEUR		39
77	T 14	MONTFLOURS		53
107	ZA 20	MONTFLOVIN		25
197	XA 33	MONTFORT		04
106	WA 19	MONTFORT		25
96	V 19	MONTFORT		49
206	S 36	MONTFORT		64
184	S 34	MONTFORT EN CHALOSSE	C	40
39	EA 12	MONTFORT L'AMAURY	C	78
79	Y 15	MONTFORT LE GESNOIS	C	72
203	XA 35	MONTFORT SUR ARGENS		83
222	GA 39	MONTFORT SUR BOULZANE		11
75	N 15	MONTFORT SUR MEU	C	35
23	Z 9	MONTFORT SUR RISLE	C	27
190	IA 34	MONTFRANC		12
195	RA 34	MONTFRIN		30
180	VA 32	MONTFROC		26
196	VA 34	MONTFURON		04
219	DA 38	MONTGAILLARD	C	09
223	IA 38	MONTGAILLARD		11
184	U 34	MONTGAILLARD		40
216	X 37	MONTGAILLARD		65
188	DA 33	MONTGAILLARD		81
187	AA 33	MONTGAILLARD		82
217	AA 37	MONTGAILLARD DE SALIES		31
211	EA 35	MONTGAILLARD LAURAGAIS		31
209	Z 36	MONTGAILLARD SUR SAVE		31
181	YA 31	MONTGARDIN		05
34	P 9	MONTGARDON		50
58	W 12	MONTGAROULT		61
218	BA 37	MONTGAUCH		09
59	Y 13	MONTGAUDRY		61
210	CA 36	MONTGAZIN		31
40	IA 11	MONTGE EN GOELE		77
210	DA 36	MONTGEARD		31
153	YA 27	MONTGELLAFREY		73
168	AB 29	MONTGENEVRE		05
64	MA 12	MONTGENOST		51
26	HA 8	MONTGERAIN		60
75	O 14	MONTGERMONT		35
40	HA 12	MONTGERON	C	91
39	FA 10	MONTGEROULT		95
107	YA 19	MONTGESOYE		25
173	CA 30	MONTGESTY		46
211	FA 35	MONTGEY		81
145	CA 26	MONTGIBAUD		19
153	YA 26	MONTGILBERT		73
154	ZA 26	MONTGIROD		73
210	DA 35	MONTGISCARD	C	31
116	FA 21	MONTGIVRAY		36
41	KA 9	MONTGOBERT		02
30	RA 8	MONTGON		08
221	FA 37	MONTGRADAIL		11
209	BA 35	MONTGRAS		31
147	JA 27	MONTGRELEIX		15
41	LA 10	MONTGRU ST HILAIRE		02
180	UA 32	MONTGUERS		26
64	OA 14	MONTGUEUX		10
77	T 16	MONTGUILLON		49
156	V 28	MONTGUYON	C	17
44	UA 11	MONTHAIRONS, LES		55
60	CA 14	MONTHARVILLE		28
56	R 13	MONTHAULT		35
221	FA 37	MONTHAUT		11
120	RA 20	MONTHELIE		21
42	OA 11	MONTHELON		51
120	PA 20	MONTHELON		71
28	MA 9	MONTHENAULT		02
66	SA 14	MONTHERIES		52
39	FA 9	MONTHERLANT		60
20	RA 7	MONTHERME	C	08
41	LA 10	MONTHIERS		02
137	SA 24	MONTHIEUX		01
153	YA 26	MONTHION		73
79	AA 17	MONTHODON		37
113	Z 21	MONTHOIRON		86
30	RA 9	MONTHOIS	C	08
122	VA 20	MONTHOLIER		39
80	CA 17	MONTHOU SUR BIEVRE		41
99	CA 18	MONTHOU SUR CHER		41
34	Q 10	MONTHUCHON		50
42	MA 11	MONTHUREL		02
67	XA 14	MONTHUREUX LE SEC		88
88	XA 15	MONTHUREUX SUR SAONE	C	88
40	JA 11	MONTHYON		77
225	KB 39	MONTICELLO		2B
65	RA 13	MONTIER EN DER	C	52
65	RA 14	MONTIER EN L'ISLE		10
65	PA 14	MONTIERAMEY		10
115	EA 20	MONTIERCHAUME		36
26	IA 8	MONTIERS		60
66	UA 13	MONTIERS SUR SAULX	C	55
209	Z 36	MONTIES		32
158	BA 28	MONTIGNAC	C	24
156	V 30	MONTIGNAC		33
216	X 37	MONTIGNAC		65
143	X 25	MONTIGNAC CHARENTE		16
172	Y 30	MONTIGNAC DE LAUZUN		47
143	X 27	MONTIGNAC LE COQ		16
172	Y 30	MONTIGNAC TOUPINERIE		47
193	PA 33	MONTIGNARGUES		30
142	W 25	MONTIGNE		16
77	T 15	MONTIGNE LE BRILLANT		53
78	V 17	MONTIGNE LES RAIRIES		49
110	R 19	MONTIGNE SUR MOINE		49
35	U 11	MONTIGNY		14
101	IA 19	MONTIGNY		18
61	GA 15	MONTIGNY		45
69	AB 13	MONTIGNY		54
58	X 13	MONTIGNY		72
24	AA 9	MONTIGNY		76
118	LA 20	MONTIGNY AUX AMOGNES		58
30	TA 9	MONTIGNY DEVANT SASSEY		55
28	MA 7	MONTIGNY EN ARROUAISE		02
18	LA 6	MONTIGNY EN CAMBRESIS		59
9	JA 4	MONTIGNY EN GOHELLE	C	62
103	NA 19	MONTIGNY EN MORVAN		58
18	KA 5	MONTIGNY EN OSTREVENT		59
41	KA 10	MONTIGNY L'ALLIER		02
84	NA 16	MONTIGNY LA RESLE		89
39	FA 12	MONTIGNY LE BRETONNEUX		78
60	BA 14	MONTIGNY LE CHARTIF		28
28	NA 8	MONTIGNY LE FRANC		02
80	CA 15	MONTIGNY LE GANNELON		28
63	LA 13	MONTIGNY LE GUESDIER		77
63	KA 13	MONTIGNY LENCOUP		77
27	KA 9	MONTIGNY LENGRAIN		02
122	WA 20	MONTIGNY LES ARSURES		39
87	WA 16	MONTIGNY LES CHERLIEU		70
42	MA 11	MONTIGNY LES CONDE		02
39	GA 11	MONTIGNY LES CORMEILLES		95
16	FA 5	MONTIGNY LES JONGLEURS		80
46	XA 10	MONTIGNY LES METZ	C	57
64	OA 15	MONTIGNY LES MONTS		10
67	VA 13	MONTIGNY LES VAUCOULEURS		55
88	XA 17	MONTIGNY LES VESOUL		70
85	PA 17	MONTIGNY MONTFORT		21

Page	Carreau	Commune	Adm.	Dpt
87	UA 17	MONTIGNY MORNAY VILLENEUVE SUR VINGEANNE		21
28	NA 7	MONTIGNY SOUS MARLE		02
104	PA 18	MONTIGNY ST BARTHELEMY		21
104	QA 18	MONTIGNY SUR ARMANCON		21
85	RA 15	MONTIGNY SUR AUBE	C	21
38	BA 12	MONTIGNY SUR AVRE		28
119	MA 20	MONTIGNY SUR CANNE		58
31	VA 9	MONTIGNY SUR CHIERS		54
28	MA 8	MONTIGNY SUR CRECY		02
122	WA 21	MONTIGNY SUR L'AIN		39
17	HA 6	MONTIGNY SUR L'HALLUE		80
62	IA 14	MONTIGNY SUR LOING		77
20	RA 6	MONTIGNY SUR MEUSE		08
30	RA 8	MONTIGNY SUR VENCE		08
28	NA 9	MONTIGNY SUR VESLE		51
96	U 19	MONTILLIERS		49
84	NA 17	MONTILLOT		89
118	LA 21	MONTILLY		03
57	U 12	MONTILLY SUR NOIREAU		61
142	U 26	MONTILS		17
80	CA 17	MONTILS, LES		41
116	FA 21	MONTIPOURET		36
221	HA 37	MONTIRAT		11
175	GA 32	MONTIRAT		81
60	BA 13	MONTIREAU		28
209	AA 35	MONTIRON		32
107	ZA 18	MONTIVERNAGE		25
23	X 8	MONTIVILLIERS	C	76
221	FA 37	MONTJARDIN		11
176	JA 32	MONTJAUX		12
39	EA 10	MONTJAVOULT		60
180	VA 31	MONTJAY		05
121	UA 20	MONTJAY		71
129	X 24	MONTJEAN		16
76	S 15	MONTJEAN		53
95	S 18	MONTJEAN SUR LOIRE		49
221	HA 37	MONTJOI		11
173	AA 32	MONTJOI		82
218	BA 37	MONTJOIE EN COUSERANS		09
108	BB 18	MONTJOIE LE CHATEAU		25
56	Q 13	MONTJOIE ST MARTIN		50
188	DA 34	MONTJOIRE		31
179	TA 31	MONTJOUX		26
179	SA 31	MONTJOYER		26
196	VA 34	MONTJUSTIN		04
88	YA 17	MONTJUSTIN ET VELOTTE		70
60	BA 13	MONTLANDON		28
223	IA 37	MONTLAUR		11
191	JA 33	MONTLAUR		12
210	DA 35	MONTLAUR		31
180	UA 30	MONTLAUR EN DIOIS		26
197	WA 33	MONTLAUX		04
173	BA 32	MONTLAUZUN		46
104	PA 18	MONTLAY EN AUXOIS		21
108	AB 19	MONTLEBON		25
116	FA 22	MONTLEVICQ		36
41	MA 11	MONTLEVON		02
62	GA 12	MONTLHERY	C	91
82	HA 15	MONTLIARD		45
142	V 27	MONTLIEU LA GARDE	C	17
40	GA 11	MONTLIGNON		95
85	QA 16	MONTLIOT ET COURCELLES		21
80	DA 17	MONTLIVAULT		41
40	IA 10	MONTLOGNON		60
29	OA 8	MONTLOUE		02
116	GA 20	MONTLOUIS		18
98	AA 18	MONTLOUIS SUR LOIRE	C	37
133	IA 23	MONTLUCON	S	03
137	SA 25	MONTLUEL	C	01
63	JA 14	MONTMACHOUX		77
27	JA 9	MONTMACQ		60
40	GA 11	MONTMAGNY		95
107	XA 20	MONTMAHOUX		25
105	TA 19	MONTMAIN		21
24	CA 9	MONTMAIN		76
106	UA 18	MONTMANCON		21
133	JA 23	MONTMARAULT	C	03
123	XA 20	MONTMARLON		39
27	IA 9	MONTMARTIN		60
34	R 9	MONTMARTIN EN GRAIGNES		50
65	QA 14	MONTMARTIN LE HAUT		10
34	P 11	MONTMARTIN SUR MER	C	50
181	WA 30	MONTMAUR		05
211	EA 36	MONTMAUR		11
166	UA 30	MONTMAUR EN DIOIS		26
209	Z 36	MONTMAURIN		31
31	UA 8	MONTMEDY	C	55
29	PA 8	MONTMEILLANT		08
136	QA 23	MONTMELARD		71
136	RA 24	MONTMELAS ST SORLIN		69
153	XA 26	MONTMELIAN	C	73
136	RA 24	MONTMERLE SUR SAONE		01
58	W 12	MONTMERREI		61
203	XA 35	MONTMEYAN		83
165	SA 29	MONTMEYRAN		26
139	YA 25	MONTMIN		74
42	MA 11	MONTMIRAIL	C	51
59	AA 15	MONTMIRAIL	C	72
165	TA 28	MONTMIRAL		26
193	OA 33	MONTMIRAT		30
106	VA 19	MONTMIREY LA VILLE		39
106	VA 19	MONTMIREY LE CHATEAU	C	39
143	X 27	MONTMOREAU ST CYBARD	C	16
40	HA 11	MONTMORENCY	C	95
65	QA 13	MONTMORENCY BEAUFORT		10
114	AA 22	MONTMORILLON	S	86
180	VA 31	MONTMORIN		05
148	LA 25	MONTMORIN		63
122	VA 21	MONTMOROT		39
119	OA 21	MONTMORT		71
42	NA 11	MONTMORT LUCY	C	51
88	YA 15	MONTMOTIER		88
86	RA 16	MONTMOYEN		21
175	GA 30	MONTMURAT		15
224	IA 38	MONTNER		66
104	RA 18	MONTOILLOT		21
93	N 18	MONTOIR DE BRETAGNE	C	44
79	AA 16	MONTOIRE SUR LE LOIR	C	41
45	XA 10	MONTOIS LA MONTAGNE		57
165	SA 29	MONTOISON		26
134	LA 23	MONTOLDRE		03
212	GA 36	MONTOLIEU		11
41	LA 11	MONTOLIVET		77
16	GA 6	MONTONVILLERS		80
134	KA 23	MONTORD		03
206	S 37	MONTORY		64
105	UA 19	MONTOT		21
87	WA 17	MONTOT		70
66	UA 14	MONTOT SUR ROGNON		52
213	JA 36	MONTOULIERS		34
219	DA 38	MONTOULIEU		09
192	NA 33	MONTOULIEU		34
209	AA 36	MONTOULIEU ST BERNARD		31
111	T 21	MONTOURNAIS		85
56	Q 13	MONTOURS		35

Page	Carreau	Commune	Adm.	Dpt
77	U 14	MONTOURTIER		53
216	Y 37	MONTOUSSE		65
209	BA 36	MONTOUSSIN		31
46	YA 10	MONTOY FLANVILLE		57
194	OA 35	MONTPELLIER	P	34
141	T 26	MONTPELLIER DE MEDILLAN		17
134	LA 24	MONTPENSIER		63
123	YA 20	MONTPERREUX		25
176	JA 30	MONTPEYROUX		12
157	W 29	MONTPEYROUX		24
192	MA 34	MONTPEYROUX		34
148	KA 26	MONTPEYROUX		63
193	PA 34	MONTPEZAT		30
209	AA 36	MONTPEZAT		32
172	Y 31	MONTPEZAT		47
173	DA 32	MONTPEZAT DE QUERCY	C	82
163	PA 30	MONTPEZAT SOUS BAUZON	C	07
34	Q 11	MONTPINCHON		50
190	GA 34	MONTPINIER		81
189	EA 34	MONTPITOL		31
44	TA 12	MONTPLONNE		55
96	W 17	MONTPOLLIN		49
157	X 28	MONTPON MENESTEROL	C	24
121	TA 22	MONTPONT EN BRESSE	C	71
63	MA 13	MONTPOTHIER		10
171	W 31	MONTPOUILLAN		47
210	DA 35	MONTRABE		31
35	S 10	MONTRABOT		50
137	TA 23	MONTRACOL		01
111	T 20	MONTRAVERS		79
178	PA 31	MONTREAL		07
212	GA 36	MONTREAL	C	11
186	X 33	MONTREAL	C	32
84	OA 17	MONTREAL		89
138	VA 23	MONTREAL LA CLUSE		01
180	UA 31	MONTREAL LES SOURCES		26
18	LA 5	MONTRECOURT		59
175	GA 30	MONTREDON		46
223	JA 37	MONTREDON DES CORBIERES		11
190	GA 34	MONTREDON LABESSONNIE	C	81
164	PA 28	MONTREGARD		43
217	Z 37	MONTREJEAU	C	31
95	S 18	MONTRELAIS		44
157	Z 28	MONTREM		24
98	BA 19	MONTRESOR	C	37
121	TA 21	MONTRET	C	71
38	CA 12	MONTREUIL		28
16	EA 4	MONTREUIL	S	62
111	S 22	MONTREUIL		85
40	HA 11	MONTREUIL	C	93
58	V 12	MONTREUIL AU HOULME		61
41	KA 11	MONTREUIL AUX LIONS		02
96	W 19	MONTREUIL BELLAY	C	49
113	X 22	MONTREUIL BONNIN		86
76	R 14	MONTREUIL DES LANDES		35
36	W 10	MONTREUIL EN AUGE		14
24	BA 8	MONTREUIL EN CAUX		76
79	AA 17	MONTREUIL EN TOURAINE		37
95	T 17	MONTREUIL JUIGNE		49
37	Y 11	MONTREUIL L'ARGILLE		27
36	W 11	MONTREUIL LA CAMBE		61
58	W 14	MONTREUIL LE CHETIF		72
75	O 14	MONTREUIL LE GAST		35
79	Z 16	MONTREUIL LE HENRI		72
57	U 13	MONTREUIL POULAY		53
76	R 14	MONTREUIL SOUS PEROUSE		35
65	PA 14	MONTREUIL SUR BARSE		10
66	SA 13	MONTREUIL SUR BLAISE		52
26	GA 8	MONTREUIL SUR BRECHE		60
39	EA 10	MONTREUIL SUR EPTE		95
75	P 14	MONTREUIL SUR ILLE		35
77	U 17	MONTREUIL SUR LOIR		49
34	R 10	MONTREUIL SUR LOZON		50
77	T 17	MONTREUIL SUR MAINE		49
26	GA 9	MONTREUIL SUR THERAIN		60
66	TA 13	MONTREUIL SUR THONNANCE		52
103	NA 19	MONTREUILLON		58
69	BB 13	MONTREUX		54
90	BB 17	MONTREUX CHATEAU		90
90	BB 17	MONTREUX JEUNE		68
90	BB 17	MONTREUX VIEUX		68
94	R 18	MONTREVAULT	C	49
152	UA 26	MONTREVEL		38
122	VA 22	MONTREVEL		39
137	TA 22	MONTREVEL EN BRESSE	C	01
98	BA 18	MONTRICHARD	C	41
153	ZA 27	MONTRICHER ALBANNE		73
188	DA 33	MONTRICOUX		82
81	EA 17	MONTRIEUX EN SOLOGNE		41
165	TA 28	MONTRIGAUD		26
140	AB 23	MONTRIOND		74
177	LA 30	MONTRODAT		48
130	AA 24	MONTROL SENARD		87
130	AA 24	MONTROLLET		16
150	QA 25	MONTROMANT		69
181	WA 31	MONTROND		05
122	WA 21	MONTROND		39
107	XA 19	MONTROND LE CHATEAU		25
149	PA 26	MONTROND LES BAINS		42
174	EA 32	MONTROSIER		81
150	QA 25	MONTROTTIER		69
25	EA 9	MONTROTY		76
40	GA 12	MONTROUGE	C	92
79	Z 16	MONTROUVEAU		41
127	S 23	MONTROY		17
176	IA 31	MONTROZIER		12
40	JA 11	MONTRY		77
92	Z 18	MONTS		37
39	FA 10	MONTS		60
35	T 10	MONTS EN BESSIN		14
16	HA 5	MONTS EN TERNOIS		62
113	X 20	MONTS SUR GUESNES	C	86
162	KA 29	MONTS VERTS, LES		48
174	FA 31	MONTSALES		12
196	VA 33	MONTSALIER		04
161	HA 30	MONTSALVY	C	15
153	YA 26	MONTSAPEY		73
103	OA 19	MONTSAUCHE LES SETTONS	C	58
87	UA 17	MONTSAUGEON		52
217	AA 37	MONTSAUNES		31
45	WA 11	MONTSEC		55
57	T 12	MONTSECRET		61
219	EA 38	MONTSEGUR		09
179	SA 31	MONTSEGUR SUR LAUZON		26
178	OA 31	MONTSELGUES		07
223	JA 37	MONTSERET		11
217	Y 37	MONTSERIE		65
218	CA 37	MONTSERON		09
151	SA 27	MONTSEVEROUX		38
97	W 19	MONTSOREAU		49
184	U 34	MONTSOUE		40
40	GA 10	MONTSOULT		95
77	U 15	MONTSURS	C	53
34	P 10	MONTSURVENT		50
65	PA 13	MONTSUZAIN		10
87	VA 17	MONTUREUX ET PRANTIGNY		70

Page	Carreau	Commune	Adm.	Dpt
88	XA 16	MONTUREUX LES BAULAY		70
163	OA 28	MONTUSCLAT		43
32	YA 8	MONTUSSAINT		25
156	U 29	MONTUSSAN		33
188	DA 34	MONTVALEN		81
159	DA 29	MONTVALENT		46
154	BB 26	MONTVALEZAN		73
165	SA 29	MONTVENDRE		26
149	OA 25	MONTVERDUN		42
153	YA 27	MONTVERNIER		73
160	GA 28	MONTVERT		15
133	JA 23	MONTVICQ		03
36	W 11	MONTVIETTE		14
24	BA 8	MONTVILLE		76
56	Q 12	MONTVIRON		50
44	TA 10	MONTZEVILLE		55
172	Z 30	MONVIEL		47
221	HA 37	MONZE		11
34	R 10	MOON SUR ELLE		50
90	CB 16	MOOSCH		68
90	CB 17	MOOSLARGUE		68
102	MA 18	MORACHES		58
127	T 24	MORAGNE		17
61	EA 13	MORAINVILLE		28
37	Y 10	MORAINVILLE JOUVEAUX		27
39	FA 11	MORAINVILLIERS		78
136	RA 24	MORANCE		69
60	DA 13	MORANCEZ		28
66	SA 13	MORANCOURT		52
79	BA 17	MORAND		37
42	NA 11	MORANGIS		51
40	GA 12	MORANGIS		91
40	GA 10	MORANGLES		60
77	U 16	MORANNES		49
45	VA 10	MORANVILLE		55
151	TA 25	MORAS		38
151	SA 27	MORAS EN VALLOIRE		26
8	HA 3	MORBECQUE		59
123	XA 22	MORBIER		39
183	S 33	MORCENX	C	40
27	JA 7	MORCHAIN		80
17	JA 6	MORCHIES		62
28	LA 7	MORCOURT		02
26	IA 7	MORCOURT		80
75	O 15	MORDELLES	C	35
74	K 16	MOREAC		56
80	CA 16	MOREE	C	41
125	R 22	MOREILLES		85
67	WA 14	MORELMAISON		88
65	PA 13	MOREMBERT		10
152	UA 25	MORESTEL	C	38
62	JA 13	MORET SUR LOING	C	77
153	XA 27	MORETEL DE MAILLES		38
152	UA 27	MORETTE		38
26	HA 7	MOREUIL	C	80
120	RA 20	MOREY		71
105	SA 19	MOREY ST DENIS		21
123	XA 22	MOREZ	C	39
31	WA 9	MORFONTAINE		54
207	U 35	MORGANX		40
45	VA 10	MORGEMOULIN		55
25	DA 9	MORGNY		27
29	OA 7	MORGNY EN THIERACHE		02
24	CA 8	MORGNY LA POMMERAYE		76
47	AB 11	MORHANGE		57
148	LA 27	MORIAT		63
25	EA 7	MORIENNE		76
41	JA 9	MORIENVAL		60
195	SA 33	MORIERES LES AVIGNON		84
60	DA 14	MORIERS		28
54	L 13	MORIEUX		22
198	ZA 33	MORIEZ		04
35	R 11	MORIGNY		50
61	GA 13	MORIGNY CHAMPIGNY		91
140	AB 24	MORILLON		74
8	GA 3	MORINGHEM		62
66	UA 14	MORIONVILLIERS		52
26	HA 7	MORISEL		80
68	ZA 14	MORIVILLE		88
68	ZA 13	MORIVILLER		54
67	WA 15	MORIZECOURT		88
93	W 30	MORIZES		33
207	V 36	MORLAAS	C	64
116	GA 21	MORLAC		18
52	F 13	MORLAIX	S	29
17	IA 6	MORLANCOURT		80
207	U 35	MORLANNE		64
120	QA 20	MORLET		71
66	TA 13	MORLEY		55
174	FA 32	MORLHON LE HAUT		12
27	KA 8	MORLINCOURT		60
110	Q 20	MORMAISON		85
63	JA 12	MORMANT	C	77
82	IA 15	MORMANT SUR VERNISSON		45
185	V 34	MORMES		32
196	TA 33	MORMOIRON	C	84
143	X 25	MORNAC		16
141	S 25	MORNAC SUR SEUDRE		17
149	OA 25	MORNAND		42
179	TA 30	MORNANS		26
150	RA 26	MORNANT	C	69
179	RA 32	MORNAS		84
120	QA 22	MORNAY		71
101	JA 19	MORNAY BERRY		18
118	KA 20	MORNAY SUR ALLIER		18
120	RA 21	MOROGES		71
101	IA 19	MOROGUES		18
226	LB 40	MOROSAGLIA	C	2B
107	XA 19	MORRE		25
27	KA 9	MORSAIN		02
42	MA 12	MORSAINS		51
33	Q 8	MORSALINES		50
37	Z 10	MORSAN		27
62	HA 12	MORSANG SUR ORGE	C	91
62	HA 13	MORSANG SUR SEINE		91
47	BB 10	MORSBACH		57
49	FB 11	MORSBRONN LES BAINS		67
49	EB 12	MORSCHWILLER		67
90	CB 16	MORSCHWILLER LE BAS		68
226	MB 38	MORSIGLIA		2B
69	AB 14	MORTAGNE		88
59	Z 13	MORTAGNE AU PERCHE	S	61
18	LA 4	MORTAGNE DU NORD		59
141	T 26	MORTAGNE SUR GIRONDE		17
95	S 20	MORTAGNE SUR SEVRE	C	85
57	S 12	MORTAIN	C	50
41	JA 12	MORTCERF		77
166	WA 28	MORTE, LA		38
108	ZA 19	MORTEAU	C	25
36	W 11	MORTEAUX COULIBOEUF	C	14
27	KA 9	MORTEFONTAINE		02
40	IA 10	MORTEFONTAINE		60
39	GA 10	MORTEFONTAINE EN THELLE		60
130	AA 24	MORTEMART		87
27	IA 8	MORTEMER		60
25	DA 7	MORTEMER		76

Page	Carreau	Commune	Adm.	Dpt
63	LA 13	MORTERY		77
100	GA 19	MORTHOMIERS		18
28	MA 8	MORTIERS		02
142	V 27	MORTIERS		17
96	W 19	MORTON		86
58	W 12	MORTREE	C	61
132	FA 22	MORTROUX		23
90	BB 16	MORTZWILLER		68
17	JA 6	MORVAL		62
90	BB 17	MORVILLARS		90
33	P 9	MORVILLE		50
67	WA 14	MORVILLE		88
61	GA 14	MORVILLE EN BEAUCE		45
46	ZA 12	MORVILLE LES VIC		57
25	DA 9	MORVILLE SUR ANDELLE		76
47	ZA 11	MORVILLE SUR NIED		57
46	YA 11	MORVILLE SUR SEILLE		54
25	EA 8	MORVILLERS		60
25	EA 7	MORVILLERS ST SATURNIN		80
65	RA 13	MORVILLIERS		10
60	AA 12	MORVILLIERS		28
17	JA 6	MORY		62
26	HA 8	MORY MONTCRUX		60
140	AB 23	MORZINE		74
35	T 9	MOSLES		14
42	OA 11	MOSLINS		51
143	W 26	MOSNAC		16
142	U 26	MOSNAC		17
115	DA 21	MOSNAY		36
98	BA 18	MOSNES		37
222	HA 39	MOSSET		66
85	RA 16	MOSSON		21
176	KA 32	MOSTUEJOULS		12
106	VA 18	MOTEY BESUCHE		70
87	WA 17	MOTEY SUR SAONE		70
109	P 21	MOTHE ACHARD, LA	C	85
128	V 22	MOTHE ST HERAY, LA	C	79
50	GB 11	MOTHERN		67
72	G 14	MOTREFF		29
74	K 14	MOTTE, LA		22
204	ZA 35	MOTTE, LA		83
180	UA 31	MOTTE CHALANCON, LA	C	26
196	VA 34	MOTTE D'AIGUES, LA		84
166	WA 29	MOTTE D'AVEILLANS, LA		38
165	SA 28	MOTTE DE GALAURE, LA		26
181	XA 31	MOTTE DU CAIRE, LA	C	04
153	XA 25	MOTTE EN BAUGES, LA		73
167	XA 30	MOTTE EN CHAMPSAUR, LA		05
165	UA 28	MOTTE FANJAS, LA		26
116	FA 22	MOTTE FEUILLY, LA		36
58	V 13	MOTTE FOUQUET, LA		61
152	WA 26	MOTTE SERVOLEX, LA	C	73
119	OA 22	MOTTE ST JEAN, LA		71
166	WA 29	MOTTE ST MARTIN, LA		38
104	PA 18	MOTTE TERNANT, LA		21
63	LA 13	MOTTE TILLY, LA		10
60	BA 14	MOTTEREAU		28
24	AA 8	MOTTEVILLE		76
151	UA 27	MOTTIER		38
138	WA 24	MOTZ		73
68	AB 12	MOUACOURT		54
93	P 17	MOUAIS		44
200	BB 35	MOUANS SARTOUX		06
45	WA 10	MOUAVILLE		54
76	P 14	MOUAZE		35
110	R 21	MOUCHAMPS		85
186	X 33	MOUCHAN		32
122	WA 20	MOUCHARD		39
56	Q 12	MOUCHE, LA		50
208	Y 35	MOUCHES		32
9	LA 4	MOUCHIN		59
26	GA 9	MOUCHY LE CHATEL		60
163	OA 29	MOUDEYRES		43
35	U 10	MOUEN		14
38	CA 11	MOUETTES		27
83	MA 17	MOUFFY		89
38	DA 10	MOUFLAINES		27
16	FA 6	MOUFLERS		80
15	EA 7	MOUFLIERES		80
200	BB 35	MOUGINS	C	06
128	V 23	MOUGON		79
205	Q 35	MOUGUERRE		64
115	EA 22	MOUHERS		36
131	CA 22	MOUHET		36
207	V 35	MOUHOUS		64
156	U 28	MOUILLAC		33
174	EA 32	MOUILLAC		82
123	XA 22	MOUILLE, LA		39
86	TA 17	MOUILLERON		52
111	S 21	MOUILLERON EN PAREDS		85
110	Q 21	MOUILLERON LE CAPTIF		85
45	VA 10	MOUILLY		55
45	VA 10	MOULAINVILLE		55
190	GA 33	MOULARES		81
57	T 14	MOULAY		53
189	FA 34	MOULAYRES		81
208	X 36	MOULEDOUS		65
192	NA 33	MOULES ET BAUCELS		34
158	Z 29	MOULEYDIER		24
193	OA 33	MOULEZAN		30
60	BA 14	MOULHARD		28
59	AA 13	MOULICENT		61
142	W 26	MOULIDARS		16
157	W 29	MOULIETS ET VILLEMARTIN		33
97	W 18	MOULIHERNE		49
191	JA 34	MOULIN MAGE		81
221	FA 37	MOULIN NEUF		09
157	W 28	MOULIN NEUF		24
27	KA 9	MOULIN SOUS TOUVENT		60
24	AA 9	MOULINEAUX		76
36	V 11	MOULINES		14
57	S 13	MOULINES		50
199	DB 33	MOULINET		06
172	Z 31	MOULINET		47
82	IA 16	MOULINET SUR SOLIN, LE		45
28	MA 9	MOULINS		02
118	LA 22	MOULINS	P	03
76	Q 15	MOULINS		35
84	OA 16	MOULINS EN TONNERROIS		89
119	NA 20	MOULINS ENGILBERT	C	58
59	Y 12	MOULINS LA MARCHE	C	61
58	W 14	MOULINS LE CARBONNEL		72
46	XA 10	MOULINS LES METZ		57
30	TA 8	MOULINS ST HUBERT		55
115	DA 20	MOULINS SUR CEPHONS		36
58	W 12	MOULINS SUR ORNE		61
83	LA 16	MOULINS SUR OUANNE		89
101	HA 19	MOULINS SUR YEVRE		18
218	BA 38	MOULIS		09
155	T 28	MOULIS EN MEDOC		33
130	AA 23	MOULISMES		86
8	GA 3	MOULLE		62
156	V 29	MOULON		33
82	IA 15	MOULON		45
45	WA 10	MOULOTTE		55
36	V 10	MOULT		14

Page	Carreau	Commune	Adm.	Dpt
208	X 36	MOUMOULOUS		65
206	T 36	MOUMOUR		64
191	JA 34	MOUNES PROHENCOUX		12
186	X 34	MOUREDE		32
171	V 30	MOURENS		33
207	T 36	MOURENX		64
175	HA 31	MOURET		12
133	JA 23	MOUREUILLE		63
214	LA 35	MOUREZE		34
195	SA 34	MOURIES		13
16	FA 5	MOURIEZ		62
131	DA 24	MOURIOUX VIEILLEVILLE		23
175	HA 30	MOURJOU		15
43	QA 10	MOURMELON LE GRAND		51
43	PA 10	MOURMELON LE PETIT		51
123	XA 21	MOURNANS CHARBONNY		39
30	RA 9	MOURON		08
103	NA 19	MOURON SUR YONNE		58
41	KA 11	MOUROUX		77
40	GA 10	MOURS		95
165	TA 28	MOURS ST EUSEBE		26
211	EA 35	MOURVILLES BASSES		31
211	EA 35	MOURVILLES HAUTES		31
184	S 35	MOUSCARDES		40
193	PA 33	MOUSSAC		30
130	Z 23	MOUSSAC		86
161	HA 27	MOUSSAGES		15
213	JA 36	MOUSSAN		11
76	Q 15	MOUSSE		35
63	KA 13	MOUSSEAUX LES BRAY		77
38	CA 11	MOUSSEAUX NEUVILLE		27
39	EA 11	MOUSSEAUX SUR SEINE		78
64	OA 14	MOUSSEY		10
69	AB 12	MOUSSEY		57
69	BB 13	MOUSSEY		88
138	WA 23	MOUSSIERES, LES		39
46	XA 11	MOUSSON		54
59	AA 12	MOUSSONVILLIERS		61
212	GA 36	MOUSSOULENS		11
42	OA 11	MOUSSY		51
102	LA 19	MOUSSY		58
39	FA 10	MOUSSY		95
40	IA 10	MOUSSY LE NEUF		77
40	IA 11	MOUSSY LE VIEUX		77
28	MA 9	MOUSSY VERNEUIL		02
217	Z 38	MOUSTAJON		31
53	I 13	MOUSTERU		22
169	T 31	MOUSTEY		40
171	X 30	MOUSTIER		47
19	PA 6	MOUSTIER EN FAGNE		59
146	FA 27	MOUSTIER VENTADOUR		19
197	YA 34	MOUSTIERS STE MARIE	C	04
53	H 14	MOUSTOIR, LE		22
74	K 16	MOUSTOIR AC		56
73	J 15	MOUSTOIR REMUNGOL		56
134	KA 24	MOUTADE, LA		63
153	XA 27	MOUTARET, LE		38
48	DB 11	MOUTERHOUSE		57
112	W 20	MOUTERRE SILLY		86
130	AA 23	MOUTERRE SUR BLOURDE		86
123	YA 21	MOUTHE	C	25
106	WA 19	MOUTHEROT, LE		25
122	UA 20	MOUTHIER EN BRESSE		71
106	UA 19	MOUTHIER HAUTE PIERRE		25
143	X 26	MOUTHIERS SUR BOEME		16
221	HA 38	MOUTHOUMET	C	11
132	FA 24	MOUTIER D'AHUN		23
132	FA 22	MOUTIER MALCARD		23
132	GA 24	MOUTIER ROZEILLE		23
61	EA 14	MOUTIERS		28
76	R 15	MOUTIERS		35
45	XA 10	MOUTIERS		54
154	ZA 26	MOUTIERS	C	73
59	AA 13	MOUTIERS AU PERCHE		61
36	W 11	MOUTIERS EN AUGE, LES		14
36	U 11	MOUTIERS EN CINGLAIS, LES		14
83	KA 17	MOUTIERS EN PUISAYE		89
109	N 19	MOUTIERS EN RETZ, LES		44
37	X 11	MOUTIERS HUBERT, LES		14
125	Q 22	MOUTIERS LES MAUXFAITS	C	85
112	U 20	MOUTIERS SOUS ARGENTON		79
111	T 21	MOUTIERS SOUS CHANTEMERLE		79
85	PA 17	MOUTIERS ST JEAN		21
125	R 22	MOUTIERS SUR LE LAY		85
129	X 25	MOUTON		16
122	VA 22	MOUTONNE		39
129	X 24	MOUTONNEAU		16
123	XA 21	MOUTOUX		39
67	WA 12	MOUTROT		54
9	KA 3	MOUVAUX		59
223	IA 37	MOUX		11
103	PA 19	MOUX EN MORVAN		58
153	XA 25	MOUXY		73
40	GA 9	MOUY	C	60
63	KA 13	MOUY SUR SEINE		77
98	AA 19	MOUZAY		37
30	TA 9	MOUZAY		55
94	Q 18	MOUZEIL		44
158	BA 29	MOUZENS		24
211	FA 35	MOUZENS		81
111	S 22	MOUZEUIL ST MARTIN		85
189	FA 33	MOUZIEYS PANENS		81
190	GA 34	MOUZIEYS TEULET		81
94	Q 19	MOUZILLON		44
30	TA 8	MOUZON	C	08
144	Z 25	MOUZON		16
89	BB 17	MOVAL		90
28	LA 7	MOY DE L'AISNE	C	02
37	Y 10	MOYAUX		14
180	VA 31	MOYDANS		05
138	WA 25	MOYE		74
68	ZA 14	MOYEMONT		88
68	ZA 13	MOYEN		54
27	JA 7	MOYENCOURT		80
26	FA 7	MOYENCOURT LES POIX		80
69	BB 13	MOYENMOUTIER		88
27	IA 9	MOYENNEVILLE		60
17	IA 5	MOYENNEVILLE		62
15	EA 6	MOYENNEVILLE	C	80
46	ZA 12	MOYENVIC		57
45	XA 10	MOYEUVRE GRANDE	C	57
32	XA 10	MOYEUVRE PETITE		57
34	R 11	MOYON		50
175	HA 31	MOYRAZES		12
21	IA 9	MOYVILLERS		60
134	KA 25	MOZAC		63
96	U 18	MOZE SUR LOUET		49
24	BA 7	MUCHEDENT		76
194	OA 35	MUDAISON		34
75	N 15	MUEL		35
90	DB 17	MUESPACH		68
90	DB 17	MUESPACH LE HAUT		68
184	T 34	MUGRON	C	40
69	DB 13	MUHLBACH SUR BRUCHE		67
90	BB 15	MUHLBACH SUR MUNSTER		68
80	DA 17	MUIDES SUR LOIRE		41

Page	Carreau	Commune	Adm.	Dpt
186	Y 33	NOMDIEU		47
66	TA 13	NOMECOURT		52
46	YA 11	NOMENY	C	54
68	YA 14	NOMEXY		88
89	AB 17	NOMMAY		25
69	AB 14	NOMPATELIZE		88
143	W 27	NONAC		16
38	BA 12	NONANCOURT	C	27
35	T 10	NONANT		14
58	X 12	NONANT LE PIN		61
159	EA 28	NONARDS		19
142	W 26	NONAVILLE		16
66	TA 13	NONCOURT SUR LE RONGEANT		52
148	LA 26	NONETTE		63
139	XA 24	NONGLARD		74
69	BB 13	NONHIGNY		54
164	QA 29	NONIERES		07
45	WA 11	NONSARD LAMARCHE		55
144	Z 26	NONTRON	S	24
62	IA 14	NONVILLE		77
67	XA 15	NONVILLE		88
60	BA 14	NONVILLIERS GRANDHOUX		28
226	MB 38	NONZA		2B
68	ZA 14	NONZEVILLE		88
8	HA 3	NOORDPEENE		59
7	FA 3	NORDAUSQUES		62
49	DB 12	NORDHEIM		67
70	EB 13	NORDHOUSE		67
17	JA 5	NOREUIL		62
105	TA 18	NORGES LA VILLE		21
59	Z 12	NORMANDEL		61
38	BA 10	NORMANVILLE		27
23	Z 8	NORMANVILLE		76
104	QA 18	NORMIER		21
37	X 10	NOROLLES		14
36	V 11	NORON L'ABBAYE		14
35	T 10	NORON LA POTERIE		14
26	HA 9	NOROY		60
88	YA 17	NOROY LE BOURG	C	70
41	KA 10	NOROY SUR OURCQ		02
8	HA 4	NORRENT FONTES	C	62
36	W 11	NORREY EN AUGE		14
43	RA 12	NORROIS		51
67	WA 14	NORROY		88
31	WA 9	NORROY LE SEC		54
46	XA 10	NORROY LE VENEUR		57
45	XA 11	NORROY LES PONT A MOUSSON		54
7	FA 3	NORT LEULINGHEM		62
94	P 18	NORT SUR ERDRE	C	44
7	FA 2	NORTKERQUE		62
23	Z 9	NORVILLE		76
62	GA 13	NORVILLE, LA		91
180	WA 32	NOSSAGE ET BENEVENT		05
68	AB 13	NOSSONCOURT		88
73	I 16	NOSTANG		56
131	DA 23	NOTH		23
70	DB 14	NOTHALTEN		67
24	CA 7	NOTRE DAME D'ALIERMONT		76
96	U 18	NOTRE DAME D'ALLENCON		49
35	S 10	NOTRE DAME D'ELLE		50
37	Z 10	NOTRE DAME D'EPINE		27
36	W 10	NOTRE DAME D'ESTREES		14
98	Z 18	NOTRE DAME D'OE		37
139	ZA 25	NOTRE DAME DE BELLECOMBE		73
24	Z 9	NOTRE DAME DE BLIQUETUIT		76
135	PA 24	NOTRE DAME DE BOISSET		42
24	BA 9	NOTRE DAME DE BONDEVILLE	C	76
34	R 11	NOTRE DAME DE CENILLY		50
166	WA 28	NOTRE DAME DE COMMIERS		38
37	X 11	NOTRE DAME DE COURSON		14
23	Z 8	NOTRE DAME DE GRAVENCHON		76
38	DA 10	NOTRE DAME DE L'ISLE		27
152	UA 27	NOTRE DAME DE L'OSIER		38
192	NA 33	NOTRE DAME DE LA ROUVIERE		30
36	W 10	NOTRE DAME DE LIVAYE		14
56	R 12	NOTRE DAME DE LIVOYE		50
192	NA 34	NOTRE DAME DE LONDRES		34
166	WA 28	NOTRE DAME DE MESAGE		38
109	N 20	NOTRE DAME DE MONTS		85
109	O 21	NOTRE DAME DE RIEZ		85
158	Z 28	NOTRE DAME DE SANILHAC		24
166	WA 29	NOTRE DAME DE VAULX		38
93	P 18	NOTRE DAME DES LANDES		44
153	YA 26	NOTRE DAME DES MILLIERES		73
23	X 8	NOTRE DAME DU BEC		76
153	YA 27	NOTRE DAME DU CRUET		73
37	Y 11	NOTRE DAME DU HAMEL		27
24	BA 7	NOTRE DAME DU PARC		76
78	V 16	NOTRE DAME DU PE		72
154	ZA 26	NOTRE DAME DU PRE		73
58	U 12	NOTRE DAME DU ROCHER		61
57	S 13	NOTRE DAME DU TOUCHET		50
60	DA 15	NOTTONVILLE		28
146	FA 25	NOUAILLE, LA		23
113	Y 22	NOUAILLE MAUPERTUIS		86
33	P 8	NOUAINVILLE		50
81	FA 17	NOUAN LE FUZELIER		41
58	X 14	NOUANS		72
99	CA 19	NOUANS LES FONTAINES		37
30	TA 9	NOUART		08
97	Z 19	NOUATRE		37
75	N 14	NOUAYE, LA		35
42	MA 12	NOUE, LA		51
210	DA 36	NOUEILLES		31
187	Z 34	NOUGAROULET		32
132	HA 23	NOUHANT		23
130	AA 24	NOUIC		87
208	W 35	NOUILHAN		65
127	T 24	NOUILLERS, LES		17
31	VA 9	NOUILLONPONT		55
46	YA 10	NOUILLY		57
186	X 34	NOULENS		32
26	HA 9	NOURARD LE FRANC		60
80	BA 16	NOURRAY		41
184	S 34	NOUSSE		40
48	DB 10	NOUSSEVILLER LES BITCHE		57
47	BB 10	NOUSSEVILLER ST NABOR		57
207	V 36	NOUSTY		64
7	FA 2	NOUVELLE EGLISE		62
16	EA 5	NOUVION	C	80
19	NA 6	NOUVION EN THIERACHE, LE	C	02
28	MA 8	NOUVION ET CATILLON		02
28	LA 8	NOUVION LE COMTE		02
28	MA 8	NOUVION LE VINEUX		02
30	RA 8	NOUVION SUR MEUSE		08
76	P 15	NOUVOITOU		35
27	KA 9	NOUVRON VINGRE		02
132	GA 22	NOUZERINES		23
131	EA 22	NOUZEROLLES		23
132	FA 22	NOUZIERS		23
79	Z 17	NOUZILLY		37
29	RA 7	NOUZONVILLE	C	08
148	MA 27	NOVACELLES		63
152	WA 26	NOVALAISE		73
228	MB 40	NOVALE		2B
45	XA 11	NOVEANT SUR MOSELLE		57
124	AB 22	NOVEL		74
226	LB 39	NOVELLA		2B
195	SA 33	NOVES		13
45	WA 11	NOVIANT AUX PRES		54
90	BB 17	NOVILLARD		90
107	XA 18	NOVILLARS		25
40	GA 10	NOVILLERS		60
29	QA 8	NOVION PORCIEN	C	08
29	QA 8	NOVY CHEVRIERES		08
54	L 13	NOYAL		22
75	P 15	NOYAL CHATILLON SUR SEICHE		35
92	L 17	NOYAL MUZILLAC		56
73	J 15	NOYAL PONTIVY		56
56	P 13	NOYAL SOUS BAZOUGES		35
76	Q 16	NOYAL SUR BRUTZ		44
76	P 15	NOYAL SUR VILAINE		35
28	MA 7	NOYALES		02
92	K 17	NOYALO		56
97	X 17	NOYANT	C	49
118	KA 22	NOYANT D'ALLIER		03
97	Z 19	NOYANT DE TOURAINE		37
28	LA 9	NOYANT ET ACONIN		02
94	S 16	NOYANT LA GRAVOYERE		49
96	U 18	NOYANT LA PLAINE		49
152	VA 27	NOYAREY		38
17	HA 5	NOYELLE VION		62
16	FA 5	NOYELLES EN CHAUSSEE		80
17	JA 4	NOYELLES GODAULT		62
16	GA 5	NOYELLES LES HUMIERES		62
9	KA 4	NOYELLES LES SECLIN		59
17	IA 4	NOYELLES LES VERMELLES		62
17	JA 5	NOYELLES SOUS BELLONNE		62
17	JA 4	NOYELLES SOUS LENS	C	62
18	KA 6	NOYELLES SUR ESCAUT		59
15	EA 5	NOYELLES SUR MER		80
19	NA 6	NOYELLES SUR SAMBRE		59
18	LA 5	NOYELLES SUR SELLE		59
17	IA 5	NOYELLETTE		62
78	W 16	NOYEN SUR SARTHE		72
63	LA 13	NOYEN SUR SEINE		77
167	XA 30	NOYER, LE		05
101	IA 18	NOYER, LE		18
153	XA 25	NOYER, LE		73
37	AA 11	NOYER EN OUCHE, LE		27
82	HA 16	NOYERS		45
67	VA 15	NOYERS		52
84	OA 17	NOYERS	C	89
39	EA 10	NOYERS		27
44	SA 11	NOYERS AUZECOURT		55
35	T 10	NOYERS BOCAGE		14
30	SA 8	NOYERS PONT MAUGIS		08
26	GA 8	NOYERS ST MARTIN		60
99	CA 18	NOYERS SUR CHER		41
181	WA 32	NOYERS SUR JABRON	C	04
27	JA 8	NOYON	C	60
64	OA 13	NOZAY		10
93	P 17	NOZAY	C	44
62	GA 12	NOZAY		91
123	XA 21	NOZEROY	C	39
164	QA 28	NOZIERES		07
116	HA 21	NOZIERES		18
95	T 19	NUAILLE		49
127	S 23	NUAILLE D'AUNIS		17
128	U 24	NUAILLE SUR BOUTONNE		17
103	NA 18	NUARS		58
44	TA 11	NUBECOURT		55
39	EA 10	NUCOURT		95
113	X 20	NUEIL SOUS FAYE		86
111	T 20	NUEIL SUR ARGENT		79
96	U 19	NUEIL SUR LAYON		49
136	RA 25	NUELLES		69
79	Y 15	NUILLE LE JALAIS		72
77	T 15	NUILLE SUR VICOIN		53
43	PA 11	NUISEMENT SUR COOLE		51
85	PA 16	NUITS		89
105	SA 19	NUITS ST GEORGES	C	21
25	DA 7	NULLEMONT		76
66	SA 14	NULLY TREMILLY		52
16	GA 5	NUNCQ HAUTECOTE		62
115	CA 21	NURET LE FERRON		36
138	VA 23	NURIEUX VOLOGNAT		01
17	JA 6	NURLU		80
173	CA 31	NUZEJOULS		46
222	GA 39	NYER		66
77	S 16	NYOISEAU		49
180	TA 31	NYONS	S	26

O

Page	Carreau	Commune	Adm.	Dpt
70	EB 14	OBENHEIM		67
48	EB 11	OBERBRONN		67
90	BB 16	OBERBRUCK		68
90	DB 17	OBERDORF		68
49	FB 11	OBERDORF SPACHBACH		67
47	ZA 10	OBERDORFF		57
90	DB 15	OBERENTZEN		68
48	CB 10	OBERGAILBACH		57
70	DB 13	OBERHASLACH		67
49	EB 12	OBERHAUSBERGEN		67
90	DB 15	OBERHERGHEIM		68
49	FB 11	OBERHOFFEN LES WISSEMBOURG		67
49	FB 12	OBERHOFFEN SUR MODER		67
108	CB 18	OBERLARG		68
50	GB 11	OBERLAUTERBACH		67
48	EB 11	OBERMODERN ZUTZENDORF		67
90	DB 15	OBERMORSCHWIHR		68
90	DB 17	OBERMORSCHWILLER		68
70	DB 13	OBERNAI	C	67
50	GB 11	OBERROEDERN		67
90	EB 15	OBERSAASHEIM		68
70	EB 13	OBERSCHAEFFOLSHEIM		67
48	DB 11	OBERSOULTZBACH		67
48	EB 11	OBERSTEINBACH		67
48	BB 12	OBERSTINZEL		57
47	ZA 10	OBERVISSE		57
19	NA 5	OBIES		59
159	CA 27	OBJAT		19
8	IA 4	OBLINGHEM		62
19	OA 5	OBRECHIES		59
47	ZA 11	OBRECK		57
62	HA 14	OBSONVILLE		77
114	BA 20	OBTERRE		36
85	QA 16	OBTREE		21
227	KB 42	OCANA		2A
58	W 12	OCCAGNES		61
87	UA 17	OCCEY		52
225	KB 39	OCCHIATANA		2B
16	GA 5	OCCOCHES		80
15	DA 6	OCHANCOURT		80
30	SA 8	OCHES		08
67	WA 13	OCHEY		54
8	HA 3	OCHTEZEELE		59
41	KA 11	OCQUERRE		77
23	Z 7	OCQUEVILLE		76
33	Q 8	OCTEVILLE L'AVENEL		50
23	X 8	OCTEVILLE SUR MER		76
192	LA 34	OCTON		34
210	DA 35	ODARS		31
136	RA 24	ODENAS		69
90	BB 16	ODEREN		68
10	MA 4	ODOMEZ		59
216	W 37	ODOS		65
70	DB 13	ODRATZHEIM		67
67	XA 13	OELLEVILLE		88
48	CB 11	OERMINGEN		67
47	BB 10	OETING		57
16	GA 5	OEUF EN TERNOIS		62
28	NA 9	OEUILLY		02
42	NA 10	OEUILLY		51
206	R 35	OEYREGAVE		40
183	R 34	OEYRELUY		40
7	FA 2	OFFEKERQUE		62
89	BB 17	OFFEMONT	C	90
50	FB 12	OFFENDORF		67
25	EA 7	OFFIGNIES		80
16	FA 4	OFFIN		62
106	VA 19	OFFLANGES		39
26	FA 8	OFFOY		60
27	KA 7	OFFOY		80
24	BA 7	OFFRANVILLE	C	76
7	EA 3	OFFRETHUN		62
67	XA 14	OFFROICOURT		88
48	EB 11	OFFWILLER		67
206	T 36	OGENNE CAMPTORT		64
42	OA 11	OGER		51
215	U 37	OGEU LES BAINS		64
68	AB 13	OGEVILLER		54
226	MB 38	OGLIASTRO		2B
27	KA 8	OGNES		02
42	OA 12	OGNES		51
40	JA 10	OGNES		60
67	XA 13	OGNEVILLE		54
27	JA 8	OGNOLLES		60
40	IA 10	OGNON		60
46	YA 10	OGY		57
19	OA 6	OHAIN		59
23	Z 8	OHERVILLE		76
19	OA 7	OHIS		02
49	EB 12	OHLUNGEN		67
70	DB 14	OHNENHEIM		67
110	R 20	OIE, L'		85
88	WA 16	OIGNEY		70
17	JA 4	OIGNIES		62
85	RA 17	OIGNY		21
79	AA 15	OIGNY		41
41	KA 10	OIGNY EN VALLOIS		02
136	RA 24	OINGT		69
61	EA 13	OINVILLE SOUS AUNEAU		28
61	FA 14	OINVILLE ST LIPHARD		28
39	EA 11	OINVILLE SUR MONTCIENT		78
112	W 20	OIRON		79
42	OA 11	OIRY		51
106	WA 18	OISELAY ET GRACHAUX		70
15	EA 6	OISEMONT	C	80
105	UA 18	OISILLY		21
99	CA 18	OISLY		41
61	FA 15	OISON		45
57	T 14	OISSEAU		53
58	W 14	OISSEAU LE PETIT		72
24	BA 9	OISSEL		76
40	JA 10	OISSERY		77
26	FA 7	OISSY		80
18	MA 6	OISY		02
83	LA 17	OISY		58
18	LA 5	OISY		59
18	KA 5	OISY LE VERGER		62
78	X 16	OIZE		72
101	HA 18	OIZON		18
213	JA 35	OLARGUES	C	34
147	JA 25	OLBY		63
226	MB 38	OLCANI		2B
208	X 36	OLEAC DEBAT		65
216	X 37	OLEAC DESSUS		65
175	HA 31	OLEMPS		12
36	V 11	OLENDON		14
226	MB 39	OLETTA	C	2B
222	GA 39	OLETTE	C	66
226	KB 42	OLIVESE		2A
81	FA 16	OLIVET	C	45
77	S 15	OLIVET		53
42	NA 10	OLIZY		51
30	RA 9	OLIZY PRIMAT		08
30	TA 8	OLIZY SUR CHIERS		55
67	WA 14	OLLAINVILLE		88
62	GA 13	OLLAINVILLE		91
107	YA 18	OLLANS		25
60	CA 13	OLLE		28
45	WA 10	OLLEY		54
27	KA 7	OLLEZY		02
202	WA 35	OLLIERES		83
139	YA 24	OLLIERES, LES		74
164	RA 29	OLLIERES SUR EYRIEUX, LES		07
148	MA 25	OLLIERGUES	C	63
202	WA 37	OLLIOULES	C	83
147	KA 26	OLLOIX		63
136	QA 25	OLMES, LES		69
148	MA 25	OLMET		63
191	LA 34	OLMET ET VILLECUN		34
226	MB 38	OLMETA DI CAPOCORSO		2B
226	MB 39	OLMETA DI TUDA		2B
229	KB 43	OLMETO	C	2A
225	KB 40	OLMI CAPPELLA		2B
229	KB 43	OLMICCIA		2A
228	MB 40	OLMO		2B
125	O 22	OLONNE SUR MER		85
213	IA 36	OLONZAC	C	34
215	T 37	OLORON STE MARIE	S	64
174	FA 31	OLS ET RINHODES		12
90	DB 17	OLTINGUE		68
49	EB 12	OLWISHEIM		67
165	TA 29	OMBLEZE		26
25	EA 8	OMECOURT		60
67	XA 13	OMELMONT		54
180	VA 32	OMERGUES, LES		04
39	EA 10	OMERVILLE		95
228	LB 40	OMESSA		2B
170	V 30	OMET		33
215	W 37	OMEX		65
43	QA 11	OMEY		51
30	SA 8	OMICOURT		08
27	JA 7	OMIECOURT		80
28	LA 7	OMISSY		02
58	X 12	OMMEEL		61
68	AB 12	OMMERAY		57
36	W 11	OMMOY		61
30	RA 8	OMONT	C	08
24	BA 7	OMONVILLE		76
33	O 8	OMONVILLE LA PETITE		50
33	O 8	OMONVILLE LA ROGUE		50
160	GA 29	OMPS		15
224	IA 39	OMS		66
107	ZA 17	ONANS		25
184	S 34	ONARD		40
106	VA 18	ONAY		70
138	UA 24	ONCIEU		01
68	YA 14	ONCOURT		88
62	HA 13	ONCY SUR ECOLE		91
35	T 11	ONDEFONTAINE		14
188	CA 34	ONDES		31
183	Q 35	ONDRES		40
62	HA 14	ONDREVILLE SUR ESSONNE		45
183	R 33	ONESSE ET LAHARIE		40
175	HA 31	ONET LE CHATEAU		12
16	FA 6	ONEUX		80
197	WA 33	ONGLES		04
123	XA 21	ONGLIERES		39
65	PA 13	ONJON		10
119	NA 20	ONLAY		58
18	MA 5	ONNAING		59
139	ZA 23	ONNION		74
122	VA 22	ONOZ		39
25	FA 9	ONS EN BRAY		60
152	WA 25	ONTEX		73
45	XA 11	ONVILLE		54
80	BA 17	ONZAIN		41
217	Y 38	OO		31
8	IA 2	OOST CAPPEL		59
200	BB 34	OPIO		06
223	JA 38	OPOUL PERILLOS		66
196	TA 34	OPPEDE		84
196	VA 33	OPPEDETTE		04
89	ZA 17	OPPENANS		70
17	JA 5	OPPY		62
152	UA 25	OPTEVOZ		38
206	S 35	ORAAS		64
161	JA 29	ORADOUR		15
128	W 24	ORADOUR		16
130	Z 24	ORADOUR FANAIS		16
130	BA 23	ORADOUR ST GENEST		87
130	BA 24	ORADOUR SUR GLANE		87
144	AA 25	ORADOUR SUR VAYRES	C	87
87	UA 17	ORAIN		21
29	OA 9	ORAINVILLE		02
197	WA 33	ORAISON		04
179	SA 32	ORANGE	C	84
122	UA 21	ORBAGNA		39
42	NA 11	ORBAIS L'ABBAYE		51
189	FA 34	ORBAN		81
37	Y 11	ORBEC	C	14
148	LA 26	ORBEIL		63
209	Z 35	ORBESSAN		32
69	CB 15	ORBEY		68
99	CA 19	ORBIGNY		37
87	UA 16	ORBIGNY AU MONT		52
87	UA 16	ORBIGNY AU VAL		52
111	T 22	ORBRIE, L'		85
100	FA 18	ORCAY		41
61	EA 13	ORCEMONT		78
116	HA 21	ORCENAIS		18
148	KA 25	ORCET		63
86	TA 16	ORCEVAUX		52
80	BA 17	ORCHAISE		41
106	VA 19	ORCHAMPS		39
107	ZA 19	ORCHAMPS VENNES		25
113	Y 20	ORCHES		86
18	LA 4	ORCHIES	C	59
139	ZA 23	ORCIER		74
167	YA 30	ORCIERES	C	05
179	TA 31	ORCINAS		26
147	JA 25	ORCINES		63
147	JA 25	ORCIVAL		63
43	RA 12	ORCONTE		51
186	Y 34	ORDAN LARROQUE		32
206	S 37	ORDIARP		64
216	X 37	ORDIZAN		65
141	S 27	ORDONNAC		33
138	VA 25	ORDONNAZ		01
217	Z 37	ORE		31
206	R 36	OREGUE		64
222	GA 39	OREILLA		66
168	ZA 28	ORELLE		73
26	GA 7	ORESMAUX		80
209	Y 36	ORGAN		65
108	AB 18	ORGEANS BLANCHEFONTAINE		25
143	Y 25	ORGEDEUIL		16
220	EA 39	ORGEIX		09
122	VA 22	ORGELET	C	39
75	P 15	ORGERES		35
37	Y 12	ORGERES		61
61	EA 15	ORGERES EN BEAUCE	C	28
39	EA 11	ORGERUS		78
66	SA 15	ORGES		52
105	TA 18	ORGEUX		21
28	NA 8	ORGEVAL		02
39	FA 11	ORGEVAL		78
217	AA 38	ORGIBET		09
33	Q 9	ORGLANDES		50
178	QA 32	ORGNAC L'AVEN		07
145	DA 27	ORGNAC SUR VEZERE		19
195	SA 34	ORGON	C	13
188	CA 33	ORGUEIL		82
89	ZA 17	ORICOURT		70
208	X 36	ORIEUX		65
216	X 37	ORIGNAC		65
170	U 31	ORIGNE		33
77	T 15	ORIGNE		53
142	V 27	ORIGNOLLES		17
85	RA 16	ORIGNY		21
19	OA 7	ORIGNY EN THIERACHE		02
59	Y 13	ORIGNY LE BUTIN		61
59	Y 14	ORIGNY LE ROUX		61
64	NA 13	ORIGNY LE SEC		10
28	MA 7	ORIGNY STE BENOITE		02
206	T 36	ORIN		64
216	W 37	ORINCLES		65
47	ZA 11	ORIOCOURT		57
165	UA 28	ORIOL EN ROYANS		26
142	W 27	ORIOLLES		16
206	S 36	ORION		64
167	WA 29	ORIS EN RATTIER		38
183	R 35	ORIST		40
143	W 27	ORIVAL		16
24	AA 9	ORIVAL		76
81	FA 16	ORLEANS	P	45
134	LA 25	ORLEAT		63
208	X 36	ORLEIX		65
158	BA 30	ORLIAC		24
145	EA 27	ORLIAC DE BAR		19
159	CA 29	ORLIAGUET		24
150	RA 26	ORLIENAS		69
222	FA 39	ORLU		09
61	FA 14	ORLU		28
40	HA 12	ORLY	C	94
41	LA 11	ORLY SUR MORIN		77
86	TA 16	ORMANCEY		52
107	YA 18	ORMENANS		70
48	DB 10	ORMERSVILLER		57
64	OA 13	ORMES		10
38	AA 10	ORMES		27
81	EA 15	ORMES		45
42	OA 10	ORMES		51
123	XA 21	ORMES		71
114	Z 20	ORMES, LES		86
83	LA 16	ORMES, LES		89
68	YA 13	ORMES ET VILLE		54
63	KA 13	ORMES SUR VOULZIE, LES		77
62	IA 14	ORMESSON		77
40	HA 12	ORMESSON SUR MARNE	C	94
88	YA 16	ORMOICHE		70
60	DA 12	ORMOY		28
88	XA 16	ORMOY		70
83	MA 15	ORMOY		89
62	HA 13	ORMOY		91
61	GA 13	ORMOY LA RIVIERE		91
41	JA 10	ORMOY LE DAVIEN		60
66	TA 14	ORMOY LES SEXFONTAINES		52
40	JA 10	ORMOY VILLERS		60
151	TA 27	ORNACIEUX		38
223	JA 37	ORNAISONS		11
107	XA 19	ORNANS	C	25
44	UA 10	ORNES		55
139	XA 23	ORNEX		01
209	Z 35	ORNEZAN		32
174	DA 31	ORNIAC		46
219	DA 38	ORNOLAC USSAT LES BAINS		09
167	XA 28	ORNON		38
46	YA 11	ORNY		57
26	GA 9	OROER		60
208	W 36	OROIX		65
47	ZA 11	ORON		57
112	W 21	OROUX		79
61	EA 13	ORPHIN		78
180	VA 32	ORPIERRE	C	05
66	UA 14	ORQUEVAUX		52
182	ZA 31	ORRES, LES		05
85	RA 17	ORRET		21
206	S 36	ORRIULE		64
60	CA 13	ORROUER		28
41	JA 9	ORROUY		60
40	HA 10	ORRY LA VILLE		60
18	MA 6	ORS		59
179	RA 32	ORSAN		30
206	R 36	ORSANCO		64
221	FA 37	ORSANS		11
107	ZA 19	ORSANS		25
39	GA 12	ORSAY	C	91
90	CB 15	ORSCHWIHR		68
70	DB 14	ORSCHWILLER		67
115	EA 22	ORSENNES		36
18	MA 5	ORSINVAL		59
148	LA 26	ORSONNETTE		63
61	EA 13	ORSONVILLE		78
224	JA 39	ORTAFFA		66
228	MB 40	ORTALE		2B
183	R 35	ORTHEVIELLE		40
206	T 35	ORTHEZ	C	64
193	OA 33	ORTHOUX SERIGNAC QUILHAN		30
65	PA 13	ORTILLON		10
228	MB 40	ORTIPORIO		2B
227	KB 41	ORTO		2A
68	ZA 14	ORTONCOURT		88
219	DA 38	ORUS		09
116	HA 21	ORVAL		18
34	Q 11	ORVAL		50
93	P 18	ORVAULT	C	44
38	BA 11	ORVAUX		27
107	ZA 18	ORVE		25
62	GA 13	ORVEAU		91
62	HA 14	ORVEAU BELLESAUVE		45
86	TA 17	ORVILLE		21
99	EA 19	ORVILLE		36
62	HA 14	ORVILLE		45
37	X 11	ORVILLE		61
17	HA 6	ORVILLE		62
27	IA 8	ORVILLERS SOREL		60
39	DA 11	ORVILLIERS		78
64	NA 13	ORVILLIERS ST JULIEN		10
183	Q 35	ORX		40
207	T 36	OS MARSILLON		64
227	IB 40	OSANI		2A
44	UA 11	OSCHES		55
90	CB 15	OSENBACH		68
121	SA 21	OSLON		71
27	LA 9	OSLY COURTIL		02
34	R 9	OSMANVILLE		14
117	IA 20	OSMERY		18
208	X 36	OSMETS		65
101	HA 19	OSMOY		18
39	EA 11	OSMOY		78
25	CA 7	OSMOY ST VALERY		76
66	TA 13	OSNE LE VAL		52
30	TA 8	OSNES		08
39	FA 10	OSNY		95
184	S 35	OSSAGES		40
206	S 37	OSSAS SUHARE		64
107	YA 18	OSSE		25
76	Q 15	OSSE		35
215	T 37	OSSE EN ASPE		64
222	FA 40	OSSEJA		66
106	WA 19	OSSELLE		25
216	W 37	OSSEN		65
206	S 36	OSSENX		64
206	S 36	OSSERAIN RIVAREYTE		64
205	Q 36	OSSES		64
64	NA 13	OSSEY LES TROIS MAISONS		10
216	W 37	OSSUN	C	65
216	W 37	OSSUN EZ ANGLES		65
206	R 36	OSTABAT ASME		64
28	MA 9	OSTEL		02
70	DB 14	OSTHEIM		68
70	EB 13	OSTHOFFEN		67
70	EB 13	OSTHOUSE		67
16	HA 5	OSTREVILLE		62
17	KA 4	OSTRICOURT		59
70	EB 13	OSTWALD		67
227	JB 41	OTA		2A
31	UA 9	OTHE		54
40	IA 10	OTHIS		77
32	XA 9	OTTANGE		57
49	DB 12	OTTERSTHAL		67
49	DB 12	OTTERSWILLER		67
90	DB 16	OTTMARSHEIM		68
47	ZA 10	OTTONVILLE		57
70	DB 13	OTTROTT		67
48	CB 11	OTTWILLER		67
102	MA 18	OUAGNE		58
23	Z 7	OUAINVILLE		76
83	LA 17	OUANNE		89
61	EA 14	OUARVILLE		28
34	R 9	OUBEAUX, LES		14
99	CA 18	OUCHAMPS		41
135	OA 24	OUCHES		42

Page	Carreau	Commune	Adm.	Dpt
80	**CA 16**	OUCQUES		41
23	**X 8**	OUDALLE		76
102	**LA 18**	OUDAN		58
26	**FA 8**	OUDEUIL		60
8	**HA 3**	OUDEZEELE		59
66	**TA 14**	OUDINCOURT		52
94	**Q 18**	OUDON		44
36	**W 11**	OUDON, L'		14
32	**YA 9**	OUDRENNE		57
119	**PA 22**	OUDRY		71
216	**X 37**	OUEILLOUX		65
38	**DA 12**	OUERRE		28
51	**A 12**	OUESSANT	**C**	29
35	**U 11**	OUFFIERES		14
87	**WA 16**	OUGE		70
105	**TA 18**	OUGES		21
106	**VA 19**	OUGNEY		39
107	**YA 18**	OUGNEY DOUVOT		25
103	**NA 19**	OUGNY		58
107	**YA 20**	OUHANS		25
163	**NA 29**	OUIDES		43
207	**V 36**	OUILLON		64
37	**Y 10**	OUILLY DU HOULEY		14
36	**V 11**	OUILLY LE TESSON		14
36	**X 10**	OUILLY LE VICOMTE		14
36	**V 9**	OUISTREHAM	**C**	14
115	**CA 21**	OULCHES		36
28	**NA 9**	OULCHES LA VALLEE FOULON		02
41	**LA 10**	OULCHY LA VILLE		02
41	**LA 10**	OULCHY LE CHATEAU	**C**	02
38	**DA 11**	OULINS		28
167	**XA 28**	OULLES		38
150	**RA 25**	OULLINS	**C**	69
111	**T 22**	OULMES		85
102	**LA 19**	OULON		58
122	**VA 20**	OUNANS		39
213	**IA 36**	OUPIA		34
106	**VA 19**	OUR		39
26	**GA 8**	OURCEL MAISON		60
165	**TA 29**	OURCHES		26
45	**VA 12**	OURCHES SUR MEUSE		55
217	**Z 38**	OURDE		65
216	**W 37**	OURDIS COTDOUSSAN		65
216	**W 37**	OURDON		65
102	**LA 19**	OUROUER		58
117	**IA 20**	OUROUER LES BOURDELINS		18
136	**RA 23**	OUROUX		69
103	**OA 19**	OUROUX EN MORVAN		58
135	**PA 22**	OUROUX SOUS LE BOIS STE MARIE		71
121	**SA 21**	OUROUX SUR SAONE		71
208	**W 36**	OURSBELILLE		65
17	**HA 4**	OURTON		62
23	**Z 8**	OURVILLE EN CAUX	**C**	76
207	**V 36**	OUSSE		64
184	**T 33**	OUSSE SUZAN		40
122	**VA 20**	OUSSIERES		39
82	**IA 17**	OUSSON SUR LOIRE		45
82	**IA 16**	OUSSOY EN GATINAIS		45
219	**CA 38**	OUST	**C**	09
15	**DA 6**	OUST MAREST		80
216	**W 37**	OUSTE		65
61	**FA 14**	OUTARVILLE	**C**	45
65	**RA 13**	OUTINES		51
7	**DA 3**	OUTREAU	**C**	62
16	**GA 5**	OUTREBOIS		80
67	**VA 14**	OUTREMECOURT		52
43	**RA 12**	OUTREPONT		51
138	**VA 24**	OUTRIAZ		01
107	**ZA 18**	OUVANS		25
7	**GA 3**	OUVE WIRQUIN		62
213	**JA 36**	OUVEILLAN		11
34	**Q 11**	OUVILLE		50
24	**AA 8**	OUVILLE L'ABBAYE		76
36	**W 10**	OUVILLE LA BIEN TOURNEE		14
24	**AA 7**	OUVILLE LA RIVIERE		76
81	**GA 16**	OUVROUER LES CHAMPS		45
113	**Y 21**	OUZILLY		86
82	**IA 16**	OUZOUER DES CHAMPS		45
80	**CA 15**	OUZOUER LE DOYEN		41
80	**DA 16**	OUZOUER LE MARCHE	**C**	41
82	**HA 15**	OUZOUER SOUS BELLEGARDE		45
82	**HA 16**	OUZOUER SUR LOIRE	**C**	45
82	**JA 17**	OUZOUER SUR TREZEE		45
215	**W 37**	OUZOUS		65
88	**XA 17**	OVANCHES		70
17	**IA 6**	OVILLERS LA BOISSELLE		80
8	**HA 3**	OXELAERE		59
135	**PA 23**	OYE		71
120	**YA 20**	OYE ET PALLET		25
7	**FA 2**	OYE PLAGE		62
42	**NA 12**	OYES		51
152	**UA 27**	OYEU		38
138	**VA 23**	OYONNAX	**C**	01
114	**Z 20**	OYRE		86
87	**VA 17**	OYRIERES		70
61	**FA 13**	OYSONVILLE		28
151	**SA 26**	OYTIER ST OBLAS		38
167	**XA 28**	OZ		38
137	**SA 22**	OZAN		01
181	**WA 31**	OZE		05
121	**SA 22**	OZENAY		71
206	**T 35**	OZENX MONTESTRUCQ		64
45	**WA 10**	OZERAILLES		54
33	**Q 9**	OZEVILLE		50
67	**UA 14**	OZIERES		52
142	**U 27**	OZILLAC		17
40	**IA 12**	OZOIR LA FERRIERE		77
80	**DA 15**	OZOIR LE BREUIL		28
136	**QA 22**	OZOLLES		71
164	**RA 28**	OZON		07
216	**X 37**	OZON		65
62	**IA 12**	OZOUER LE VOULGIS		77
184	**S 34**	OZOURT		40

P

Page	Carreau	Commune	Adm.	Dpt
28	**MA 9**	PAARS		02
53	**I 13**	PABU		22
135	**NA 23**	PACAUDIERE, LA	**C**	42
75	**O 14**	PACE		35
58	**W 13**	PACE		61
151	**SA 27**	PACT		38
84	**OA 16**	PACY SUR ARMANCON		89
38	**CA 11**	PACY SUR EURE	**C**	27
223	**IA 38**	PADERN		11
190	**HA 33**	PADIES		81
159	**EA 29**	PADIRAC		46
68	**ZA 14**	PADOUX		88
144	**AA 25**	PAGEAS		87
106	**WA 19**	PAGNEY		39
45	**WA 12**	PAGNEY DERRIERE BARINE		54
122	**WA 20**	PAGNOZ		39
67	**WA 13**	PAGNY LA BLANCHE COTE		55
105	**TA 19**	PAGNY LA VILLE		21
105	**TA 19**	PAGNY LE CHATEAU		21
46	**YA 11**	PAGNY LES GOIN		57
45	**VA 12**	PAGNY SUR MEUSE		55
45	**XA 11**	PAGNY SUR MOSELLE		54
206	**S 36**	PAGOLLE		64
216	**Y 38**	PAILHAC		65
164	**QA 28**	PAILHARES		07
161	**IA 29**	PAILHEROLS		15
218	**CA 37**	PAILHES		09
213	**KA 35**	PAILHES		34
26	**GA 8**	PAILLART		60
128	**U 24**	PAILLE		17
18	**LA 5**	PAILLENCOURT		59
170	**V 30**	PAILLET		33
172	**Z 31**	PAILLOLES		47
63	**LA 14**	PAILLY		89
87	**UA 16**	PAILLY, LE		52
93	**N 18**	PAIMBOEUF	**C**	44
53	**J 12**	PAIMPOL	**C**	22
75	**N 15**	PAIMPONT		35
104	**RA 19**	PAINBLANC		21
69	**BB 14**	PAIR ET GRANDRUPT		88
28	**NA 9**	PAISSY		02
64	**NA 14**	PAISY COSDON		10
128	**V 24**	PAIZAY LE CHAPT		79
114	**AA 21**	PAIZAY LE SEC		86
128	**V 23**	PAIZAY LE TORT		79
128	**W 24**	PAIZAY NADOUIN EMBOURIE		16
151	**TA 27**	PAJAY		38
152	**VA 26**	PALADRU		38
223	**IA 38**	PALAIRAC		11
91	**I 18**	PALAIS, LE	**C**	56
131	**CA 25**	PALAIS SUR VIENNE, LE		87
39	**GA 12**	PALAISEAU	**S**	91
87	**UA 16**	PALAISEUL		52
221	**HA 37**	PALAJA		11
210	**BA 36**	PALAMINY		31
89	**ZA 17**	PALANTE		70
106	**WA 19**	PALANTINE		25
226	**KB 39**	PALASCA		2B
222	**FA 40**	PALAU DE CERDAGNE		66
224	**JA 39**	PALAU DEL VIDRE		66
194	**OA 35**	PALAVAS LES FLOTS		34
159	**EA 28**	PALAZINGES		19
63	**JA 14**	PALEY		77
176	**LA 31**	PALHERS		48
120	**PA 22**	PALINGES	**C**	71
64	**NA 14**	PALIS		10
107	**XA 18**	PALISE		25
146	**GA 27**	PALISSE		19
134	**MA 24**	PALLADUC		63
208	**X 35**	PALLANNE		32
121	**TA 20**	PALLEAU		71
68	**ZA 14**	PALLEGNEY		88
94	**Q 19**	PALLET, LE		44
211	**FA 35**	PALLEVILLE		81
58	**V 13**	PALLU, LA		53
110	**P 20**	PALLUAU	**C**	85
115	**CA 20**	PALLUAU SUR INDRE		36
143	**X 27**	PALLUAUD		16
139	**ZA 25**	PALLUD		73
18	**KA 5**	PALLUEL		62
176	**JA 31**	PALMAS		12
223	**JA 37**	PALME, LA		11
228	**LB 42**	PALNECA		2A
149	**OA 25**	PALOGNEUX		42
198	**YA 34**	PALUD SUR VERDON, LA		04
23	**Z 7**	PALUEL		76
62	**JA 13**	PAMFOU		77
219	**DA 37**	PAMIERS	**S**	09
175	**GA 32**	PAMPELONNE	**C**	81
112	**U 22**	PAMPLIE		79
112	**W 22**	PAMPROUX		79
209	**Z 36**	PANASSAC		32
145	**CA 25**	PANAZOL		87
75	**P 16**	PANCE		35
66	**UA 13**	PANCEY		52
228	**MB 41**	PANCHERACCIA		2B
28	**MA 9**	PANCY COURTECON		02
160	**EA 27**	PANDRIGNES		19
76	**YA 10**	PANGE	**C**	57
105	**SA 18**	PANGES		21
38	**DA 10**	PANILLEUSE		27
152	**UA 26**	PANISSAGE		38
150	**PA 25**	PANISSIERES		42
185	**W 34**	PANJAS		32
94	**R 17**	PANNECE		44
61	**GA 14**	PANNECIERES		45
82	**IA 15**	PANNES		45
45	**WA 11**	PANNES		54
122	**VA 21**	PANNESSIERES		39
59	**X 14**	PANON		72
151	**TA 25**	PANOSSAS		38
162	**MA 30**	PANOUSE, LA		48
40	**HA 11**	PANTIN	**C**	93
97	**Y 19**	PANZOULT		37
19	**NA 6**	PAPLEUX		02
195	**RA 34**	PARADOU		13
101	**HA 19**	PARASSY		18
228	**MB 40**	PARATA		2B
61	**EA 13**	PARAY DOUAVILLE		78
119	**MA 21**	PARAY LE FRESIL		03
119	**OA 22**	PARAY LE MONIAL	**C**	71
134	**LA 23**	PARAY SOUS BRIAILLES		03
40	**HA 12**	PARAY VIEILLE POSTE		91
213	**JA 36**	PARAZA		11
207	**U 36**	PARBAYSE		64
23	**Y 8**	PARC D'ANXTOT		76
97	**X 18**	PARCAY LES PINS		49
97	**Z 18**	PARCAY MESLAY		37
97	**Y 19**	PARCAY SUR VIENNE		37
76	**R 14**	PARCE		35
97	**V 16**	PARCE SUR SARTHE		72
122	**UA 20**	PARCEY		39
137	**SA 24**	PARCIEUX		01
157	**W 28**	PARCOUL		24
16	**FA 5**	PARCQ, LE	**C**	62
41	**LA 10**	PARCY ET TIGNY		02
213	**JA 35**	PARDAILHAN		34
171	**X 30**	PARDAILLAN		47
207	**T 36**	PARDIES		64
207	**V 36**	PARDIES PIETAT		64
148	**KA 26**	PARDINES		63
216	**W 37**	PAREAC		65
45	**WA 10**	PAREID		55
156	**T 29**	PAREMPUYRE		33
78	**V 15**	PARENNES		72
148	**KA 26**	PARENT		63
148	**LA 26**	PARENTIGNAT		63
169	**R 31**	PARENTIS EN BORN	**C**	40
7	**EA 4**	PARENTY		62
67	**XA 14**	PAREY SOUS MONTFORT		88
67	**XA 13**	PAREY ST CESAIRE		54
29	**PA 7**	PARFONDEVAL		02
59	**Y 13**	PARFONDEVAL		61
28	**NA 8**	PARFONDRU		02
45	**VA 10**	PARFONDRUPT		55
35	**T 10**	PARFOURU SUR ODON		14
28	**NA 9**	PARGNAN		02
27	**JA 7**	PARGNY		80
28	**MA 9**	PARGNY FILAIN		02
42	**MA 11**	PARGNY LA DHUYS		02
28	**MA 8**	PARGNY LES BOIS		02
42	**NA 10**	PARGNY LES REIMS		51
67	**VA 14**	PARGNY SOUS MUREAU		88
44	**SA 12**	PARGNY SUR SAULX		51
85	**PA 15**	PARGUES		10
193	**PA 34**	PARIGNARGUES		30
56	**R 13**	PARIGNE		35
78	**Y 15**	PARIGNE L'EVEQUE		72
78	**X 16**	PARIGNE LE POLIN		72
57	**T 14**	PARIGNE SUR BRAYE		53
135	**OA 24**	PARIGNY		42
56	**R 12**	PARIGNY		50
102	**LA 18**	PARIGNY LA ROSE		58
102	**KA 19**	PARIGNY LES VAUX		58
40	**GA 11**	PARIS	**P**	75
120	**RA 20**	PARIS L'HOPITAL		71
189	**EA 34**	PARISOT		81
174	**EA 32**	PARISOT		82
160	**GA 29**	PARLAN		15
185	**W 33**	PARLEBOSCQ		40
83	**LA 16**	PARLY		89
39	**GA 10**	PARMAIN		95
138	**UA 25**	PARMILIEU		38
115	**CA 22**	PARNAC		36
173	**CA 31**	PARNAC		46
165	**TA 28**	PARNANS		26
117	**IA 20**	PARNAY		18
96	**W 19**	PARNAY		49
77	**T 15**	PARNE SUR ROC		53
39	**EA 10**	PARNES		60
87	**VA 15**	PARNOY EN BASSIGNY		52
45	**VA 11**	PAROCHES, LES		55
63	**LA 14**	PARON		89
106	**WA 19**	PAROY		25
63	**KA 13**	PAROY		77
66	**UA 13**	PAROY SUR SAULX		52
83	**LA 15**	PAROY SUR THOLON		89
99	**DA 19**	PARPECAY		36
28	**MA 7**	PARPEVILLE		02
172	**AA 30**	PARRANQUET		47
46	**ZA 12**	PARROY		54
65	**QA 13**	PARS LES CHAVANGES		10
64	**NA 13**	PARS LES ROMILLY		10
132	**GA 23**	PARSAC		23
112	**V 21**	PARTHENAY	**S**	79
75	**O 14**	PARTHENAY DE BRETAGNE		35
227	**JB 40**	PARTINELLO		2A
69	**BB 13**	PARUX		54
152	**WA 25**	PARVES		01
38	**BA 11**	PARVILLE		27
27	**IA 7**	PARVILLERS LE QUESNOY		80
129	**Y 24**	PARZAC		16
57	**T 13**	PAS, LE		53
112	**W 20**	PAS DE JEU		79
17	**HA 6**	PAS EN ARTOIS	**C**	62
59	**AA 13**	PAS ST L'HOMER, LE		61
84	**OA 17**	PASILLY		89
134	**MA 24**	PASLIERES		63
28	**LA 9**	PASLY		02
105	**SA 18**	PASQUES		21
122	**WA 21**	PASQUIER, LE		39
224	**JA 39**	PASSA		66
122	**VA 26**	PASSAGE, LE		38
172	**Z 32**	PASSAGE, LE		47
57	**T 13**	PASSAIS	**C**	61
107	**YA 18**	PASSAVANT		25
44	**SA 11**	PASSAVANT EN ARGONNE		51
88	**XA 15**	PASSAVANT LA ROCHERE		70
96	**U 19**	PASSAVANT SUR LAYON		49
27	**JA 8**	PASSEL		60
122	**VA 21**	PASSENANS		39
152	**UA 25**	PASSINS		38
142	**W 27**	PASSIRAC		16
107	**ZA 19**	PASSONFONTAINE		25
120	**QA 22**	PASSY		71
140	**AB 24**	PASSY		74
63	**LA 15**	PASSY		89
41	**KA 10**	PASSY EN VALOIS		02
42	**MA 12**	PASSY GRIGNY		51
42	**MA 10**	PASSY SUR MARNE		02
63	**LA 13**	PASSY SUR SEINE		77
227	**KB 41**	PASTRICCIOLA		2A
81	**EA 15**	PATAY	**C**	45
122	**WA 21**	PATORNAY		39
226	**MB 39**	PATRIMONIO		2B
207	**U 36**	PAU	**P**	64
82	**JA 15**	PAUCOURT		45
100	**FA 19**	PAUDY		36
187	**Z 33**	PAUILHAC		32
155	**T 28**	PAUILLAC	**C**	33
73	**H 14**	PAULE		22
161	**JA 28**	PAULHAC		15
188	**DA 34**	PAULHAC		31
148	**LA 27**	PAULHAC		43
162	**LA 29**	PAULHAC EN MARGERIDE		48
162	**MA 28**	PAULHAGUET	**C**	43
214	**LA 35**	PAULHAN		34
176	**KA 32**	PAULHE		12
161	**JA 29**	PAULHENC		15
172	**AA 30**	PAULHIAC		47
221	**GA 37**	PAULIGNE		11
159	**CA 28**	PAULIN		24
190	**HA 34**	PAULINET		81
114	**AA 20**	PAULMY		37
114	**BA 20**	PAULNAY		36
109	**O 20**	PAULX		44
158	**AA 29**	PAUNAT		24
143	**Z 27**	PAUSSAC ET ST VIVIEN		24
66	**UA 14**	PAUTAINES AUGEVILLE		52
29	**QA 9**	PAUVRES		08
41	**LA 11**	PAVANT		02
150	**RA 26**	PAVEZIN		42
209	**Z 35**	PAVIE		32
64	**NA 14**	PAVILLON STE JULIE, LE		10
40	**HA 11**	PAVILLONS SOUS BOIS, LES	**C**	93
24	**AA 8**	PAVILLY	**C**	76
64	**OA 13**	PAYNS		10
211	**EA 36**	PAYRA SUR L'HERS		11
159	**DA 29**	PAYRAC	**C**	46
129	**X 23**	PAYRE		86
159	**CA 30**	PAYRIGNAC		46
212	**HA 35**	PAYRIN AUGMONTEL		81
207	**U 35**	PAYROS CAZAUTETS		40
129	**Y 23**	PAYROUX		86
217	**Z 37**	PAYSSOUS		31
178	**PA 31**	PAYZAC		07
144	**BA 27**	PAYZAC		24
159	**CA 28**	PAZAYAC		24
223	**IA 38**	PAZIOLS		11
103	**MA 19**	PAZY		58
150	**RA 27**	PEAGE DE ROUSSILLON, LE		38
42	**NA 12**	PEAS		51
150	**RA 27**	PEAUGRES		07
92	**M 17**	PEAULE		56
125	**R 22**	PEAULT		85
209	**BA 35**	PEBEES		32
162	**MA 28**	PEBRAC		43
220	**EA 38**	PECH		09
211	**EA 36**	PECH LUNA		11
210	**DA 35**	PECHABOU		31
219	**EA 37**	PECHARIC ET LE PY		11
211	**FA 35**	PECHAUDIER		81
188	**DA 34**	PECHBONNIEU		31
210	**DA 35**	PECHBUSQUE		31
115	**DA 22**	PECHEREAU, LE		36
184	**U 34**	PECORADE		40
39	**FA 11**	PECQ, LE	**C**	78
18	**KA 5**	PECQUENCOURT		59
61	**FA 12**	PECQUEUSE		91
63	**KA 12**	PECY		77
53	**I 13**	PEDERNEC		22
192	**MA 34**	PEGAIROLLES DE BUEGES		34
192	**LA 34**	PEGAIROLLES DE L'ESCALETTE		34
200	**BB 35**	PEGOMAS		06
179	**TA 31**	PEGUE, LE		26
209	**Z 36**	PEGUILHAN		31
87	**UA 16**	PEIGNEY		52
74	**M 16**	PEILLAC		56
200	**DB 34**	PEILLE		06
200	**DB 34**	PEILLON		06
139	**YA 23**	PEILLONNEX		74
106	**VA 19**	PEINTRE		39
156	**W 28**	PEINTURES, LES		33
181	**XA 32**	PEIPIN		04
154	**AB 26**	PEISEY NANCROIX		73
65	**QA 13**	PEL ET DER		10
201	**TA 35**	PELISSANNE	**C**	13
167	**WA 29**	PELLAFOL		38
181	**XA 31**	PELLEAUTIER		05
209	**AA 35**	PELLEFIGUE		32
157	**X 30**	PELLEGRUE	**C**	33
188	**BA 34**	PELLEPORT		31
86	**RA 17**	PELLEREY		21
93	**O 19**	PELLERIN, LE	**C**	44
97	**X 18**	PELLERINE, LA		49
57	**S 14**	PELLERINE, LA		53
115	**CA 20**	PELLEVOISIN		36
96	**U 17**	PELLOUAILLES LES VIGNES		49
180	**UA 31**	PELONNE		26
177	**MA 30**	PELOUSE		48
106	**WA 18**	PELOUSEY		25
46	**YA 10**	PELTRE		57
150	**RA 27**	PELUSSIN	**C**	42
17	**JA 5**	PELVES		62
167	**ZA 29**	PELVOUX		05
40	**JA 11**	PENCHARD		77
52	**D 13**	PENCRAN		29
15	**DA 6**	PENDE		80
92	**L 17**	PENESTIN		56
54	**L 13**	PENGUILY		22
17	**HA 5**	PENIN		62
15	**CA 6**	PENLY		76
71	**D 16**	PENMARCH		29
212	**GA 36**	PENNAUTIER		11
189	**EA 33**	PENNE		81
199	**BB 33**	PENNE, LA		06
172	**AA 31**	PENNE D'AGENAIS	**C**	47
202	**VA 36**	PENNE SUR HUVEAUNE, LA		13
180	**TA 32**	PENNE SUR L'OUVEZE, LA		26
23	**X 9**	PENNEDEPIE		14
180	**UA 30**	PENNES LE SEC		26
202	**UA 36**	PENNES MIRABEAU, LES	**C**	13
88	**XA 17**	PENNESIERES		70
151	**TA 27**	PENOL		38
144	**AA 26**	PENSOL		87
228	**MB 40**	PENTA ACQUATELLA		2B
228	**MB 40**	PENTA DI CASINCA		2B
53	**I 12**	PENVENAN		22
182	**BB 32**	PEONE		06
212	**IA 36**	PEPIEUX		11
116	**GA 22**	PERASSAY		36
59	**Y 14**	PERAY		72
63	**LA 14**	PERCENEIGE		89
84	**NA 15**	PERCEY		89
87	**UA 17**	PERCEY LE GRAND		70
39	**FA 10**	PERCHAY, LE		95
117	**IA 21**	PERCHE, LA		18
185	**W 34**	PERCHEDE		32
166	**VA 29**	PERCY		38
56	**R 11**	PERCY	**C**	50
36	**W 10**	PERCY EN AUGE		14
39	**DA 10**	PERDREAUVILLE		78
127	**T 24**	PERE		17
216	**X 37**	PERE		65
219	**EA 38**	PEREILLE		09
228	**MB 40**	PERELLI		2B
9	**JA 3**	PERENCHIES		59
214	**LA 35**	PERET		34
146	**FA 26**	PERET BEL AIR		19
143	**W 26**	PEREUIL		16
164	**PA 29**	PEREYRES		07
187	**Z 33**	PERGAIN TAILLAC		32
227	**KB 42**	PERI		2A
167	**XA 29**	PERIER, LE		38
34	**Q 10**	PERIERS	**C**	50
36	**W 10**	PERIERS EN AUGE		14
36	**V 10**	PERIERS SUR LE DAN		14
143	**W 26**	PERIGNAC		16
142	**U 26**	PERIGNAC		17
148	**KA 25**	PERIGNAT LES SARLIEVE		63
148	**KA 25**	PERIGNAT SUR ALLIER		63
128	**V 23**	PERIGNE		79
149	**PA 27**	PERIGNEUX		42
134	**MA 23**	PERIGNY		03
35	**U 11**	PERIGNY		14
126	**R 23**	PERIGNY		17
80	**BA 16**	PERIGNY		41
62	**HA 12**	PERIGNY		94
64	**MA 13**	PERIGNY LA ROSE		10
158	**Z 28**	PERIGUEUX	**P**	24
156	**V 28**	PERISSAC		33
28	**MA 9**	PERLES		02
220	**EA 39**	PERLES ET CASTELET		09
173	**CA 31**	PERN		46
105	**SA 19**	PERNAND VERGELESSES		21
27	**LA 9**	PERNANT		02
97	**Y 18**	PERNAY		37
33	**Q 8**	PERNELLE, LA		50
16	**HA 4**	PERNES		62
7	**EA 3**	PERNES LES BOULOGNE		62
195	**TA 33**	PERNES LES FONTAINES	**C**	84
16	**GA 6**	PERNOIS		80
228	**MB 40**	PERO CASEVECCHIE		2B
194	**OA 35**	PEROLS		34
146	**FA 26**	PEROLS SUR VEZERE		19
138	**WA 23**	PERON		01
137	**TA 23**	PERONNAS	**C**	01
121	**SA 22**	PERONNE		71
17	**JA 7**	PERONNE	**S**	80
9	**KA 4**	PERONNE EN MELANTOIS		59
80	**DA 15**	PERONVILLE		28
137	**TA 24**	PEROUGES		01
115	**DA 21**	PEROUILLE, LA		36
89	**BB 17**	PEROUSE		90
40	**JA 10**	PEROY LES GOMBRIES		60
159	**CA 28**	PERPEZAC LE BLANC		19
145	**DA 27**	PERPEZAC LE NOIR		19
147	**IA 25**	PERPEZAT		63
224	**JA 39**	PERPIGNAN	**P**	66
33	**P 9**	PERQUES, LES		50
185	**V 33**	PERQUIE		40
74	**TA 16**	PERRANCEY LES VIEUX MOULINS		52
39	**EA 12**	PERRAY EN YVELINES, LE		78
120	**PA 21**	PERRECY LES FORGES		71
136	**RA 24**	PERREON, LE		69
73	**I 14**	PERRET		22
120	**QA 20**	PERREUIL		71
135	**OA 24**	PERREUX	**C**	42
83	**KA 16**	PERREUX		89
40	**HA 11**	PERREUX SUR MARNE, LE	**C**	94
137	**SA 23**	PERREX		01
148	**KA 26**	PERRIER		63
109	**N 20**	PERRIER, LE		85
59	**Y 13**	PERRIERE, LA		61
154	**ZA 27**	PERRIERE, LA		73
36	**W 11**	PERRIERES		14
57	**S 12**	PERRIERS EN BEAUFICEL		50
37	**AA 10**	PERRIERS LA CAMPAGNE		27
25	**CA 9**	PERRIERS SUR ANDELLE		27
139	**ZA 23**	PERRIGNIER		74
122	**UA 21**	PERRIGNY		39
83	**MA 16**	PERRIGNY		89
105	**SA 18**	PERRIGNY LES DIJON		21
85	**PA 17**	PERRIGNY SUR ARMANCON		89
106	**UA 18**	PERRIGNY SUR L'OGNON		21
119	**NA 22**	PERRIGNY SUR LOIRE		71
86	**TA 16**	PERROGNEY LES FONTAINES		52
35	**S 10**	PERRON, LE		50
53	**H 12**	PERROS GUIREC	**C**	22
57	**U 13**	PERROU		61
107	**XA 18**	PERROUSE		70
102	**KA 18**	PERROY		58
25	**CA 9**	PERRUEL		27
67	**UA 15**	PERRUSSE		52
98	**BA 19**	PERRUSSON		37
160	**GA 29**	PERS		15
129	**W 23**	PERS		79
63	**JA 15**	PERS EN GATINAIS		45
139	**YA 24**	PERS JUSSY		74
130	**Z 23**	PERSAC		86
40	**GA 10**	PERSAN		95
73	**I 15**	PERSQUEN		56
27	**JA 7**	PERTAIN		80
29	**PA 9**	PERTHES		08
66	**SA 12**	PERTHES		52
62	**IA 13**	PERTHES	**C**	77
65	**QA 13**	PERTHES LES BRIENNE		10
36	**W 11**	PERTHEVILLE NERS		14
224	**JA 40**	PERTHUS, LE		66
76	**R 15**	PERTRE, LE		35
196	**VA 34**	PERTUIS	**C**	84
163	**OA 28**	PERTUIS, LE		43
130	**Z 25**	PERUSE, LA		16
59	**Y 13**	PERVENCHERES	**C**	61
172	**AA 32**	PERVILLE		82
173	**BA 31**	PESCADOIRES		46
148	**MA 25**	PESCHADOIRES		63
159	**EA 28**	PESCHER, LE		19
108	**AB 18**	PESEUX		25
122	**UA 20**	PESEUX		39
148	**LA 27**	PESLIERES		63
106	**VA 18**	PESMES	**C**	70
156	**T 29**	PESSAC	**C**	33
157	**W 29**	PESSAC SUR DORDOGNE		33
209	**Z 35**	PESSAN		32
106	**WA 19**	PESSANS		25
134	**KA 24**	PESSAT VILLE NEUVE		63
138	**WA 23**	PESSE, LA		39
141	**T 25**	PESSINES		17
187	**AA 34**	PESSOULENS		32
48	**CB 11**	PETERSBACH		67
138	**VA 24**	PETIT ABERGEMENT, LE		01
94	**Q 17**	PETIT AUVERNE		44
143	**X 27**	PETIT BERSAC		24
139	**ZA 24**	PETIT BORNAND LES GLIERES, LE		74
56	**R 12**	PETIT CELLAND, LE		50
24	**BA 9**	PETIT COURONNE		76
90	**BB 17**	PETIT CROIX		90
31	**VA 9**	PETIT FAILLY		54
19	**NA 6**	PETIT FAYT		59
75	**P 15**	PETIT FOUGERAY, LE		35
90	**EB 16**	PETIT LANDAU		68
94	**Q 18**	PETIT MARS		44
106	**WA 19**	PETIT MERCEY, LE		39
65	**QA 14**	PETIT MESNIL		10
121	**UA 20**	PETIT NOIR		39
156	**W 29**	PETIT PALAIS ET CORNEMPS		33
114	**AA 20**	PETIT PRESSIGNY, LE		37
24	**BA 9**	PETIT QUEVILLY, LE	**C**	76
48	**DB 10**	PETIT REDERCHING		57
47	**BB 11**	PETIT TENQUIN		57
18	**MA 6**	PETIT VERLY		02
111	**T 20**	PETITE BOISSIERE, LA		79
123	**XA 21**	PETITE CHAUX		25
18	**MA 5**	PETITE FORET		59
69	**CB 14**	PETITE FOSSE, LA		88
133	**IA 23**	PETITE MARCHE, LA		03
47	**DB 11**	PETITE PIERRE, LA	**C**	67
69	**BB 13**	PETITE RAON, LA		88
47	**BB 10**	PETITE ROSSELLE		57
103	**PA 19**	PETITE VERRIERE, LA		71
90	**BB 16**	PETITEFONTAINE		90
30	**SA 8**	PETITES ARMOISES, LES		08
43	**PA 10**	PETITES LOGES, LES		51
89	**BB 16**	PETITMAGNY		90
69	**BB 13**	PETITMONT		54
36	**V 10**	PETIVILLE		14
23	**Z 9**	PETIVILLE		76
111	**S 22**	PETOSSE		85
229	**KB 43**	PETRETO BICCHISANO	**C**	2A
46	**ZA 12**	PETTONCOURT		57
69	**AB 13**	PETTONVILLE		54
156	**U 28**	PEUJARD		33
71	**D 15**	PEUMERIT		29
53	**I 14**	PEUMERIT QUINTIN		22
7	**EA 2**	PEUPLINGUES		62
77	**T 16**	PEUTON		53
31	**UA 9**	PEUVILLERS		55
191	**JA 34**	PEUX ET COUFFOULEUX		12
47	**AB 11**	PEVANGE		57
28	**NA 9**	PEVY		51
211	**FA 36**	PEXIORA		11

Page	Carreau	Commune	Adm.	Dpt
111	T 20	POMMERAIE SUR SEVRE, LA		85
36	U 11	POMMERAYE, LA		14
95	S 18	POMMERAYE, LA		49
54	L 13	POMMERET		22
18	MA 6	POMMEREUIL		59
25	DA 8	POMMEREUX		76
25	CA 7	POMMEREVAL		76
77	S 16	POMMERIEUX		53
46	XA 11	POMMERIEUX		57
53	I 12	POMMERIT JAUDY		22
53	I 12	POMMERIT LE VICOMTE		22
180	UA 31	POMMEROL		26
41	KA 12	POMMEUSE		77
173	AA 32	POMMEVIC		82
17	IA 5	POMMIER		62
151	TA 27	POMMIER DE BEAUREPAIRE		38
27	LA 9	POMMIERS		02
192	MA 33	POMMIERS		30
115	DA 22	POMMIERS		36
149	OA 25	POMMIERS		42
136	RA 24	POMMIERS		69
152	VA 27	POMMIERS LA PLACETTE		38
142	V 27	POMMIERS MOULONS		17
88	YA 17	POMOY		70
112	V 21	POMPAIRE		79
170	V 31	POMPEJAC		33
210	DA 35	POMPERTUZAT		31
46	XA 12	POMPEY	C	54
209	BA 35	POMPIAC		32
177	MA 32	POMPIDOU, LE		48
67	VA 14	POMPIERRE		88
107	ZA 18	POMPIERRE SUR DOUBS		25
171	X 32	POMPIEY		47
156	U 29	POMPIGNAC		33
192	NA 33	POMPIGNAN		30
188	CA 34	POMPIGNAN		82
171	W 32	POMPOGNE		47
40	IA 11	POMPONNE		77
157	Y 30	POMPORT		24
207	U 35	POMPS		64
221	FA 37	POMY		11
79	Z 16	PONCE SUR LE LOIR		72
106	UA 19	PONCEY LES ATHEE		21
86	RA 17	PONCEY SUR L'IGNON		21
16	FA 5	PONCHEL, LE		62
16	FA 5	PONCHES ESTRUVAL		80
26	GA 9	PONCHON		60
138	UA 24	PONCIN	C	01
149	PA 25	PONCINS		42
171	W 31	PONDAURAT		33
117	IA 21	PONDY, LE		18
166	UA 29	PONET ET ST AUBAN		26
217	Z 37	PONLAT TAILLEBOURG		31
142	U 26	PONS	C	17
108	Y 35	PONSAMPERE		32
209	Y 36	PONSAN SOUBIRAN		32
165	SA 28	PONSAS		26
208	W 36	PONSON DEBAT POUTS		64
208	W 36	PONSON DESSUS		64
166	WA 29	PONSONNAS		38
105	UA 19	PONT		21
9	KA 4	PONT A MARCQ	C	59
46	XA 11	PONT A MOUSSON	C	54
17	JA 4	PONT A VENDIN		62
28	MA 9	PONT ARCY		02
23	Z 9	PONT AUDEMER	C	27
37	Z 10	PONT AUTHOU		27
72	G 16	PONT AVEN	C	29
35	S 11	PONT BELLANGER		14
115	DA 21	PONT CHRETIEN CHABENET, LE		36
71	C 15	PONT CROIX	C	29
138	UA 24	PONT D'AIN	C	01
122	WA 20	PONT D'HERY		39
36	U 11	PONT D'OUILLY		14
179	SA 30	PONT DE BARRET		26
152	VA 26	PONT DE BEAUVOISIN, LE	C	38
152	VA 26	PONT DE BEAUVOISIN, LE	C	73
52	E 14	PONT DE BUIS LES QUIMERCH		29
151	TA 25	PONT DE CHERUY	C	38
166	WA 28	PONT DE CLAIX, LE		38
38	BA 9	PONT DE L'ARCHE	C	27
165	SA 28	PONT DE L'ISERE		26
178	PA 30	PONT DE LABEAUME		07
212	HA 35	PONT DE LARN		81
26	GA 7	PONT DE METZ		80
177	NA 31	PONT DE MONTVERT, LE	C	48
88	WA 17	PONT DE PLANCHES, LE		70
122	VA 21	PONT DE POITTE		39
108	AB 18	PONT DE ROIDE	C	25
98	Z 18	PONT DE RUAN		37
176	IA 32	PONT DE SALARS	C	12
121	SA 22	PONT DE VAUX	C	01
137	SA 23	PONT DE VEYLE	C	01
88	XA 15	PONT DU BOIS		70
172	Z 32	PONT DU CASSE		47
148	LA 25	PONT DU CHATEAU	C	63
122	WA 21	PONT DU NAVOY		39
166	UA 28	PONT EN ROYANS	C	38
104	PA 18	PONT ET MASSENE		21
151	SA 26	PONT EVEQUE		38
56	R 11	PONT FARCY		14
34	R 10	PONT HEBERT		50
71	D 16	PONT L'ABBE	C	29
127	S 25	PONT L'ABBE D'ARNOULT		17
36	X 9	PONT L'EVEQUE	C	14
27	JA 8	PONT L'EVEQUE		60
66	SA 15	PONT LA VILLE		52
68	XA 14	PONT LES BONFAYS		88
107	YA 18	PONT LES MOULINS		25
53	H 13	PONT MELVEZ		22
17	HA 7	PONT NOYELLES		80
75	O 15	PONT PEAN		35
16	FA 6	PONT REMY		80
149	PA 27	PONT SALOMON		43
73	H 16	PONT SCORFF	C	56
179	RA 32	PONT ST ESPRIT	C	30
27	LA 7	PONT ST MARD		02
93	P 19	PONT ST MARTIN		44
24	CA 9	PONT ST PIERRE		27
67	XA 12	PONT ST VINCENT		54
64	OA 14	PONT STE MARIE		10
40	IA 9	PONT STE MAXENCE	C	60
89	ZA 17	PONT SUR L'OGNON		70
68	YA 14	PONT SUR MADON		88
45	VA 12	PONT SUR MEUSE		55
19	NA 5	PONT SUR SAMBRE		59
64	MA 13	PONT SUR SEINE		10
63	LA 14	PONT SUR VANNE		89
63	KA 14	PONT SUR YONNE	C	89
135	PA 24	PONT TRAMBOUZE		69
215	W 37	PONTACQ	C	64
106	UA 18	PONTAILLER SUR SAONE	C	21
166	UA 30	PONTAIX		26
153	YA 27	PONTAMAFREY MONTPASCAL		73
132	EA 24	PONTARION	C	23
123	YA 20	PONTARLIER	S	25
40	HA 10	PONTARME		60
56	Q 12	PONTAUBAULT		50
84	NA 17	PONTAUBERT		89
40	IA 12	PONTAULT COMBAULT	C	77
133	IA 25	PONTAUMUR	C	63
28	NA 9	PONTAVERT		02
40	IA 12	PONTCARRE		77
88	XA 17	PONTCEY		70
37	X 11	PONTCHARDON		61
153	XA 27	PONTCHARRA		38
136	QA 25	PONTCHARRA SUR TURDINE		69
132	GA 25	PONTCHARRAUD		23
93	N 18	PONTCHATEAU	C	44
173	CA 30	PONTCIRQ		46
35	U 11	PONTECOULANT		14
224	JA 39	PONTEILLA		66
178	OA 31	PONTEILS ET BRESIS		30
169	R 32	PONTENX LES FORGES		40
153	YA 26	PONTET, LE		73
195	SA 33	PONTET, LE		84
123	YA 21	PONTETS, LES		25
203	XA 35	PONTEVES		83
157	X 28	PONTEYRAUD		24
43	PA 9	PONTFAVERGER MORONVILLIERS		51
147	JA 25	PONTGIBAUD	C	63
60	BA 13	PONTGOUIN		28
61	FA 13	PONTHEVRARD		78
43	RA 12	PONTHION		51
15	EA 5	PONTHOILE		80
52	G 13	PONTHOU, LE		29
138	WA 22	PONTHOUX		39
208	W 36	PONTIACQ VIELLEPINTE		64
96	W 17	PONTIGNE		49
84	NA 16	PONTIGNY		89
182	YA 31	PONTIS		04
73	J 15	PONTIVY	S	56
99	CA 18	PONTLEVOY		41
56	R 13	PONTMAIN		53
39	FA 11	PONTOISE	P	95
27	KA 8	PONTOISE LES NOYON		60
183	S 34	PONTONX SUR L'ADOUR		40
56	Q 13	PONTORSON	C	50
158	AA 29	PONTOURS		24
121	TA 20	PONTOUX		71
46	YA 11	PONTOY		57
47	AB 11	PONTPIERRE		57
40	IA 9	PONTPOINT		60
53	I 12	PONTRIEUX	C	22
27	KA 7	PONTRU		02
27	KA 7	PONTRUET		02
56	Q 12	PONTS		50
96	U 18	PONTS DE CE, LES	C	49
15	CA 6	PONTS ET MARAIS		76
78	X 16	PONTVALLAIN	C	72
214	MA 35	POPIAN		34
228	LB 40	POPOLASCA		2B
75	M 16	PORCARO		56
47	AB 10	PORCELETTE		57
157	W 28	PORCHERES		33
145	DA 26	PORCHERIE, LA		87
25	FA 9	PORCHEUX		60
39	EA 11	PORCHEVILLE		78
138	UA 25	PORCIEU AMBLAGNIEU		38
54	K 13	PORDIC		22
155	R 29	PORGE, LE		33
93	N 19	PORNIC	C	44
92	M 18	PORNICHET		44
27	JA 8	PORQUERICOURT		60
228	MB 40	PORRI		2B
51	B 13	PORSPODER		29
138	VA 23	PORT		01
219	CA 38	PORT, LE		09
76	S 15	PORT BRILLET		53
127	T 25	PORT D'ENVAUX		17
201	SA 36	PORT DE BOUC		13
183	R 35	PORT DE LANNE		40
114	Z 20	PORT DE PILES		86
126	R 24	PORT DES BARQUES		17
35	T 9	PORT EN BESSIN HUPPAIN		14
223	KA 37	PORT LA NOUVELLE		11
72	E 14	PORT LAUNAY		29
15	EA 6	PORT LE GRAND		80
122	WA 20	PORT LESNEY		39
73	H 16	PORT LOUIS	C	56
39	GA 11	PORT MARLY, LE		78
38	CA 10	PORT MORT		27
201	RA 36	PORT ST LOUIS DU RHONE	C	13
93	O 19	PORT ST PERE		44
157	X 29	PORT STE FOY ET PONCHAPT		24
172	Y 32	PORT STE MARIE	C	47
88	XA 17	PORT SUR SAONE	C	70
46	YA 11	PORT SUR SEILLE		54
224	KA 40	PORT VENDRES	C	66
38	DA 10	PORT VILLEZ		78
220	EA 39	PORTA		66
228	MB 40	PORTA, LA	C	2B
34	P 9	PORTBAIL		50
38	CA 10	PORTE JOIE		27
220	EA 39	PORTE PUYMORENS		66
7	DA 3	PORTEL, LE	C	62
223	JA 37	PORTEL DES CORBIERES		11
38	AA 11	PORTES		27
178	OA 32	PORTES		30
125	P 23	PORTES EN RE, LES		17
179	SA 31	PORTES EN VALDAINE		26
165	SA 29	PORTES LES VALENCE	C	26
207	V 35	PORTET		64
217	AA 38	PORTET D'ASPET		31
217	Y 38	PORTET DE LUCHON		31
210	CA 35	PORTET SUR GARONNE	C	31
156	U 30	PORTETS		33
68	YA 14	PORTIEUX		88
214	LA 36	PORTIRAGNES		34
230	LB 44	PORTO VECCHIO	C	2A
113	Z 20	PORTS		37
104	QA 18	POSANGES		21
38	CA 9	POSES		27
43	RA 11	POSSESSE		51
95	T 18	POSSONNIERE, LA		49
63	MA 14	POSTOLLE, LA		89
48	CB 11	POSTROFF		57
64	MA 13	POTANGIS		51
178	PA 32	POTELIERES		30
18	MA 5	POTELLE		59
59	Z 12	POTERIE AU PERCHE, LA		61
23	X 8	POTERIE CAP D'ANTIFER, LA		76
37	Y 10	POTERIE MATHIEU, LA		27
85	QA 16	POTHIERES		21
36	V 11	POTIGNY		14
27	JA 7	POTTE		80
64	OA 13	POUAN LES VALLEES		10
96	W 19	POUANCAY		86
76	R 16	POUANCE	C	49
113	X 20	POUANT		86
217	Y 38	POUBEAU		31
210	BA 36	POUCHARRAMET		31
186	X 33	POUDENAS		47
207	U 35	POUDENX		40
211	FA 35	POUDIS		81
215	V 37	POUEYFERRE		65
95	T 17	POUEZE, LA		49
128	V 23	POUFFONDS		79
132	FA 24	POUGE, LA		23
214	MA 35	POUGET, LE		34
193	QA 33	POUGNADORESSE		30
112	U 21	POUGNE HERRISSON		79
138	WA 23	POUGNY		01
102	KA 18	POUGNY		58
102	KA 19	POUGUES LES EAUX	C	58
65	PA 13	POUGY		10
142	V 27	POUILLAC		17
138	UA 23	POUILLAT		01
99	CA 18	POUILLE		41
111	S 22	POUILLE		85
113	Z 22	POUILLE		86
94	R 18	POUILLE LES COTEAUX		44
85	QA 17	POUILLENAY		21
106	WA 19	POUILLEY FRANCAIS		25
107	XA 18	POUILLEY LES VIGNES		25
183	S 35	POUILLON	C	40
29	OA 9	POUILLON		51
120	QA 21	POUILLOUX		71
46	YA 10	POUILLY		57
39	FA 10	POUILLY		60
104	QA 18	POUILLY EN AUXOIS	C	21
136	RA 24	POUILLY LE MONIAL		69
149	PA 25	POUILLY LES FEURS		42
135	OA 24	POUILLY LES NONAINS		42
135	OA 23	POUILLY SOUS CHARLIEU		42
101	JA 18	POUILLY SUR LOIRE	C	58
30	TA 8	POUILLY SUR MEUSE		55
121	TA 20	POUILLY SUR SAONE		21
28	MA 8	POUILLY SUR SERRE		02
87	UA 17	POUILLY SUR VINGEANNE		21
213	KA 35	POUJOL SUR ORB, LE		34
191	LA 34	POUJOLS		34
99	EA 19	POULAINES		36
16	GA 7	POULAINVILLE		80
189	GA 34	POULAN POUZOLS		81
86	TA 15	POULANGY		52
71	D 15	POULDERGAT		29
53	I 12	POULDOURAN		22
71	D 15	POULDREUZIC		29
136	QA 23	POULE LES ECHARMEAUX		69
207	V 35	POULIACQ		64
69	AB 14	POULIERES, LES		88
107	YA 18	POULIGNEY LUSANS		25
116	FA 22	POULIGNY NOTRE DAME		36
116	FA 22	POULIGNY ST MARTIN		36
114	BA 21	POULIGNY ST PIERRE		36
92	L 18	POULIGUEN, LE		44
71	D 15	POULLAN SUR MER		29
52	G 14	POULLAOUEN		29
142	W 27	POULLIGNAC		16
193	QA 33	POULX		30
216	X 37	POUMAROUS		65
187	AA 33	POUPAS		82
61	EA 15	POUPRY		28
103	NA 18	POUQUES LORMES		58
177	NA 31	POURCHARESSES		48
164	QA 30	POURCHERES		07
202	WA 35	POURCIEUX		83
42	OA 10	POURCY		51
121	TA 20	POURLANS		71
46	XA 11	POURNOY LA CHETIVE		57
46	YA 11	POURNOY LA GRASSE		57
83	LA 16	POURRAIN		89
202	WA 35	POURRIERES		83
129	X 24	POURSAC		16
128	U 24	POURSAY GARNAUD		17
207	U 35	POURSIUGUES BOUCOUE		64
30	TA 8	POURU AUX BOIS		08
30	TA 8	POURU ST REMY		08
214	MA 35	POUSSAN		34
146	GA 25	POUSSANGES		23
67	XA 14	POUSSAY		88
83	MA 17	POUSSEAUX		58
171	W 31	POUSSIGNAC		47
36	V 10	POUSSY LA CAMPAGNE		14
190	IA 34	POUSTHOMY		12
156	U 29	POUT, LE		33
59	Y 14	POUVRAI		61
68	ZA 15	POUXEUX		88
209	Z 36	POUY		65
210	BA 36	POUY DE TOUGES		31
209	Z 35	POUY LOUBRIN		32
186	Y 33	POUY ROQUELAURE		32
64	MA 14	POUY SUR VANNES		10
208	X 36	POUYASTRUC	C	65
185	V 33	POUYDESSEAUX		40
185	W 34	POUYDRAGUIN		32
208	X 35	POUYLEBON		32
216	X 37	POUZAC		65
111	S 21	POUZAUGES	C	85
97	Z 19	POUZAY		37
210	DA 35	POUZE		31
195	RA 33	POUZILHAC		30
164	RA 30	POUZIN, LE		07
133	JA 24	POUZOL		63
213	LA 35	POUZOLLES		34
214	MA 35	POUZOLS		34
213	JA 36	POUZOLS MINERVOIS		11
118	KA 21	POUZY MESANGY		03
184	S 34	POYANNE		40
106	UA 18	POYANS		70
184	S 34	POYARTIN		40
180	UA 30	POYOLS		26
17	IA 6	POZIERES		80
213	KA 35	PRADAL, LE		34
148	LA 26	PRADEAUX, LES		63
180	UA 30	PRADELLE		26
163	NA 30	PRADELLES	C	43
8	IA 3	PRADELLES		59
212	HA 36	PRADELLES CABARDES		11
221	HA 37	PRADELLES EN VAL		11
210	BA 35	PRADERE LES BOURGUETS		31
178	PA 30	PRADES		07
219	EA 38	PRADES		09
162	MA 28	PRADES		43
222	HA 39	PRADES	S	66
211	FA 35	PRADES		81
176	JA 31	PRADES D'AUBRAC		12
192	NA 34	PRADES LE LEZ		34
176	IA 32	PRADES SALARS		12
213	JA 35	PRADES SUR VERNAZOBRE		34
203	XA 37	PRADET, LE		83
219	EA 37	PRADETTES		09
219	DA 38	PRADIERES		09
161	JA 27	PRADIERS		15
175	GA 32	PRADINAS		12
146	FA 26	PRADINES		19
135	PA 24	PRADINES		42
173	CA 31	PRADINES		46
178	QA 31	PRADONS		07
182	ZA 32	PRADS HAUTE BLEONE		04
128	V 23	PRAHECQ	C	79
128	V 23	PRAILLES		79
154	AB 27	PRALOGNAN LA VANOISE		73
104	RA 18	PRALON		21
149	OA 26	PRALONG		42
164	QA 30	PRANLES		07
143	Y 26	PRANZAC		16
86	TA 16	PRASLAY		52
85	PA 15	PRASLIN		10
61	EA 14	PRASVILLE		28
53	H 12	PRAT		22
218	BA 37	PRAT BONREPAUX		09
228	LB 40	PRATO DI GIOVELLINA		2B
159	CA 29	PRATS DE CARLUX		24
222	HA 40	PRATS DE MOLLO LA PRESTE	C	66
222	HA 39	PRATS DE SOURNIA		66
173	BA 30	PRATS DU PERIGORD		24
211	FA 35	PRATVIEL		81
138	WA 22	PRATZ		39
87	UA 17	PRAUTHOY	C	52
80	BA 17	PRAY		41
67	XA 13	PRAYE		54
219	DA 38	PRAYOLS		09
173	BA 31	PRAYSSAC		46
172	Y 32	PRAYSSAS	C	47
140	ZA 25	PRAZ SUR ARLY		74
36	X 10	PRE D'AUGE, LE		14
58	V 13	PRE EN PAIL	C	53
60	DA 14	PRE ST EVROULT		28
40	HA 11	PRE ST GERVAIS, LE		93
60	DA 14	PRE ST MARTIN		28
164	RA 28	PREAUX		07
115	CA 20	PREAUX		36
77	U 15	PREAUX		53
24	BA 9	PREAUX		76
23	Y 9	PREAUX, LES		27
35	U 10	PREAUX BOCAGE		14
59	Z 14	PREAUX DU PERCHE		61
37	Y 11	PREAUX ST SEBASTIEN		14
166	VA 29	PREBOIS		38
56	Q 12	PRECEY		50
187	Z 34	PRECHAC		32
170	U 31	PRECHAC		33
216	W 37	PRECHAC		65
208	W 36	PRECHAC SUR ADOUR		32
206	T 36	PRECHACQ JOSBAIG		64
183	S 34	PRECHACQ LES BAINS		40
206	T 36	PRECHACQ NAVARRENX		64
149	PA 26	PRECIEUX		42
77	V 16	PRECIGNE		72
215	U 37	PRECILHON		64
35	S 10	PRECORBIN		50
101	JA 19	PRECY		18
84	NA 17	PRECY LE SEC		89
65	QA 13	PRECY NOTRE DAME		10
104	PA 18	PRECY SOUS THIL	C	21
65	QA 13	PRECY ST MARTIN		10
40	IA 11	PRECY SUR MARNE		77
40	HA 10	PRECY SUR OISE		60
83	LA 15	PRECY SUR VRIN		89
16	GA 4	PREDEFIN		62
92	M 19	PREFAILLES		44
62	IA 15	PREFONTAINES		45
84	MA 17	PREGILBERT		89
142	T 26	PREGUILLAC		17
84	NA 16	PREHY		89
170	V 30	PREIGNAC		33
187	Z 34	PREIGNAN		32
87	WA 16	PREIGNEY		70
221	GA 37	PREIXAN		11
123	XA 22	PREMANON		39
105	SA 19	PREMEAUX PRISSEY		21
102	LA 19	PREMERY	C	58
9	JA 3	PREMESQUES		59
152	VA 25	PREMEYZEL		01
213	JA 35	PREMIAN		34
105	UA 19	PREMIERES		21
64	OA 13	PREMIERFAIT		10
133	HA 23	PREMILHAT		03
138	VA 25	PREMILLIEU		01
18	LA 6	PREMONT		02
28	LA 8	PREMONTRE		02
160	FA 30	PRENDEIGNES		46
186	X 34	PRENERON		32
74	K 14	PRENESSAYE, LA		22
105	SA 18	PRENOIS		21
80	DA 15	PRENOUVELLON		41
122	WA 22	PRENOVEL		39
45	XA 11	PRENY		54
119	NA 20	PREPORCHE		58
59	Z 12	PREPOTIN		61
180	VA 31	PRES, LES		26
163	OA 29	PRESAILLES		43
18	MA 5	PRESEAU		59
108	AB 17	PRESENTEVILLERS		25
210	DA 35	PRESERVILLE		31
122	VA 22	PRESILLY		39
139	XA 24	PRESILLY		74
153	XA 27	PRESLE		73
35	T 11	PRESLES		14
166	UA 28	PRESLES		38
40	GA 10	PRESLES		95
40	IA 12	PRESLES EN BRIE		77
28	MA 9	PRESLES ET BOVES		02
28	MA 8	PRESLES ET THIERNY		02
100	HA 18	PRESLY		18
82	HA 15	PRESNOY		45
130	Z 24	PRESSAC		86
38	DA 10	PRESSAGNY L'ORGUEILLEUX		27
138	UA 23	PRESSIAT		01
144	Z 25	PRESSIGNAC		16
158	Z 29	PRESSIGNAC VICQ		24
87	VA 16	PRESSIGNY		52
112	W 21	PRESSIGNY		79
82	IA 16	PRESSIGNY LES PINS		45
152	VA 26	PRESSINS		38
16	HA 4	PRESSY		62
120	QA 22	PRESSY SOUS DONDIN		71
108	AB 18	PRETIERE, LA		25
122	WA 20	PRETIN		39
34	Q 9	PRETOT STE SUZANNE		50
24	AA 7	PRETOT VICQUEMARE		76
37	X 10	PRETREVILLE		14
121	SA 22	PRETY		71
44	TA 11	PRETZ EN ARGONNE		55
100	GA 19	PREUILLY		18
114	AA 21	PREUILLY LA VILLE		36
114	AA 20	PREUILLY SUR CLAISE	C	37
7	FA 4	PREURES		62
49	FB 11	PREUSCHDORF		67
25	DA 7	PREUSEVILLE		76
31	WA 9	PREUTIN HIGNY		54
18	MA 6	PREUX AU BOIS		59
18	NA 5	PREUX AU SART		59
59	Z 14	PREVAL		72
59	Y 14	PREVELLES		72
178	OA 31	PREVENCHERES		48
132	GA 22	PREVERANGES		18
139	XA 23	PREVESSIN MOENS		01
94	R 16	PREVIERE, LA		49
26	FA 8	PREVILLERS		60
175	GA 31	PREVINQUIERES		12
47	ZA 11	PREVOCOURT		57
38	CA 11	PREY		27
68	AB 14	PREY		88
144	BA 27	PREYSSAC D'EXCIDEUIL		24
29	PA 7	PREZ		08
67	VA 14	PREZ SOUS LAFAUCHE		52
127	T 23	PRIAIRES		79
137	UA 24	PRIAY		01
41	LA 10	PRIEZ		02
128	U 25	PRIGNAC		17
141	S 27	PRIGNAC EN MEDOC		33
156	U 28	PRIGNAC ET MARCAMPS		33
157	Y 29	PRIGONRIEUX		24
151	TA 27	PRIMARETTE		38
71	C 15	PRIMELIN		29
116	GA 20	PRIMELLES		18
127	T 23	PRIN DEYRANCON		79
113	X 20	PRINCAY		86
76	R 14	PRINCE		35
43	QA 12	PRINGY		51
139	XA 24	PRINGY		74
62	HA 13	PRINGY		77
93	N 18	PRINQUIAU		44
176	KA 30	PRINSUEJOLS		48
49	DB 12	PRINTZHEIM		67
28	NA 7	PRISCES		02
19	NA 6	PRISCHES		59
115	CA 22	PRISSAC		36
136	RA 23	PRISSE		71
128	U 23	PRISSE LA CHARRIERE		79
164	RA 30	PRIVAS	P	07
175	GA 31	PRIVEZAC		12
29	RA 7	PRIX LES MEZIERES		08
73	H 15	PRIZIAC		56
135	PA 22	PRIZY		71
89	ZA 16	PROISELIERE ET LANGLE, LA		70
159	CA 29	PROISSANS		24
28	NA 7	PROISY		02
28	MA 7	PROIX		02
207	V 35	PROJAN		32
174	EA 31	PROMILHANES		46
134	KA 24	PROMPSAT		63
147	IA 25	PRONDINES		63
26	IA 9	PRONLEROY		60
17	JA 6	PRONVILLE		62
180	TA 32	PROPIAC		26
136	QA 23	PROPIERES		69
229	KB 43	PROPRIANO		2A
43	PA 10	PROSNES		51
28	NA 9	PROUILLY		51
217	AA 37	PROUPIARY		31
35	U 11	PROUSSY		14
29	OA 9	PROUVAIS		02
16	GA 6	PROUVILLE		80
18	LA 5	PROUVY		59
26	GA 7	PROUZEL		80
108	AB 18	PROVENCHERE		25
88	XA 16	PROVENCHERE		70
67	XA 15	PROVENCHERES LES DARNEY		88
69	CB 14	PROVENCHERES SUR FAVE	C	88
84	OA 17	PROVENCY		89
65	RA 14	PROVERVILLE		10
152	WA 27	PROVEYSIEUX		38
18	KA 6	PROVILLE		59
9	JA 4	PROVIN		59
63	LA 13	PROVINS	S	77
29	OA 9	PROVISEUX ET PLESNOY		02
27	IA 7	PROYART		80
38	BA 12	PRUDEMANCHE		28
159	EA 29	PRUDHOMAT		46
221	HA 38	PRUGNANES		66
64	OA 14	PRUGNY		10
95	T 17	PRUILLE		49
79	Y 16	PRUILLE L'EGUILLE		72
78	X 15	PRUILLE LE CHETIF		72
175	HA 31	PRUINES		12
43	PA 10	PRUNAY		51
64	NA 14	PRUNAY BELLEVILLE		10
79	AA 17	PRUNAY CASSEREAU		41
61	EA 13	PRUNAY EN YVELINES		78
61	DA 14	PRUNAY LE GILLON		28
39	EA 11	PRUNAY LE TEMPLE		78
62	HA 14	PRUNAY SUR ESSONNE		91
228	MB 40	PRUNELLI DI CASACCONI		2B
228	MB 42	PRUNELLI DI FIUMORBO	C	2B
178	PA 30	PRUNET		07
161	HA 29	PRUNET		15
211	EA 35	PRUNET		31
224	IA 39	PRUNET ET BELPUIG		66
181	YA 31	PRUNIERES		05
166	WA 29	PRUNIERES		38
162	LA 29	PRUNIERES		48
116	FA 21	PRUNIERS		36
99	DA 18	PRUNIERS EN SOLOGNE		41
228	MB 40	PRUNO		2B
83	KA 16	PRUNOY		89
85	RA 16	PRUSLY SUR OURCE		21
84	OA 15	PRUSY		10
136	RA 23	PRUZILLY		71
48	DB 11	PUBERG		67
124	ZA 22	PUBLIER		74
122	VA 21	PUBLY		39
93	P 17	PUCEUL		44
222	FA 39	PUCH, LE		09
171	X 32	PUCH D'AGENAIS		47
25	DA 9	PUCHAY		27
17	HA 6	PUCHEVILLERS		80
191	LA 34	PUECH, LE		34
192	MA 34	PUECHABON		34
211	FA 35	PUECHOURSI		81
193	OA 33	PUECHREDON		30
65	RA 13	PUELLEMONTIER		52
107	YA 18	PUESSANS		25
196	UA 34	PUGET		84
199	BB 33	PUGET ROSTANG		06
204	AB 35	PUGET SUR ARGENS		83
199	BB 33	PUGET THENIERS	C	06
203	XA 36	PUGET VILLE		83
107	XA 19	PUGEY		25
138	VA 25	PUGIEU		01
211	FA 36	PUGINIER		11
156	U 28	PUGNAC		33
112	U 21	PUGNY		79
153	XA 25	PUGNY CHATENOD		73
212	IA 36	PUICHERIC		11

Page	Carreau	Commune	Adm.	Dpt
69	BB 13	PUID, LE		88
111	U 22	PUIHARDY		79
214	MA 35	PUILACHER		34
221	GA 38	PUILAURENS		11
126	R 23	PUILBOREAU		17
31	UA 8	PUILLY ET CHARBEAUX		08
197	XA 33	PUIMICHEL		04
213	KA 35	PUIMISSON		34
197	XA 34	PUIMOISSON		04
60	AA 12	PUISAYE, LA		28
62	HA 14	PUISEAUX	C	45
62	GA 13	PUISELET LE MARAIS		91
25	DA 7	PUISENVAL		76
61	EA 14	PUISET, LE		28
94	R 19	PUISET DORE, LE		49
29	QA 8	PUISEUX		08
60	CA 12	PUISEUX		28
25	EA 9	PUISEUX EN BRAY		60
40	HA 10	PUISEUX EN FRANCE		95
41	KA 9	PUISEUX EN RETZ		02
40	GA 10	PUISEUX LE HAUBERGER		60
39	FA 10	PUISEUX PONTOISE		95
42	OA 10	PUISIEULX		51
17	IA 6	PUISIEUX		62
41	JA 10	PUISIEUX		77
28	MA 7	PUISIEUX ET CLANLIEU		02
213	LA 35	PUISSALICON		34
156	W 29	PUISSEGUIN		33
213	KA 36	PUISSERGUIER		34
85	QA 16	PUITS		21
65	QA 14	PUITS ET NUISEMENT		10
26	GA 8	PUITS LA VALLEE		60
221	FA 38	PUIVERT		11
210	BA 35	PUJAUDRAN		32
195	RA 33	PUJAUT		30
208	W 36	PUJO		65
185	V 34	PUJO LE PLAN		40
157	W 29	PUJOLS	C	33
172	Z 31	PUJOLS		47
219	EA 37	PUJOLS, LES		09
170	U 30	PUJOLS SUR CIRON		33
120	QA 21	PULEY, LE		71
120	RA 20	PULIGNY MONTRACHET		21
37	AA 12	PULLAY		27
68	XA 13	PULLIGNY		54
67	XA 13	PULNEY		54
46	YA 12	PULNOY		54
133	JA 25	PULVERIERES		63
90	CB 16	PULVERSHEIM		68
27	JA 7	PUNCHY		80
67	WA 13	PUNEROT		88
209	Y 36	PUNTOUS		65
122	WA 20	PUPILLIN		39
30	TA 8	PURE		08
88	XA 16	PURGEROT		70
88	XA 17	PUSEY		70
151	TA 25	PUSIGNAN		69
61	FA 14	PUSSAY		91
113	Z 20	PUSSIGNY		37
88	XA 17	PUSY ET EPENOUX		70
58	V 12	PUTANGES PONT ECREPIN	C	61
40	GA 11	PUTEAUX	C	92
36	W 10	PUTOT EN AUGE		14
35	U 10	PUTOT EN BESSIN		14
47	BB 10	PUTTELANGE AUX LACS		57
32	YA 9	PUTTELANGE LES THIONVILLE		57
47	ZA 11	PUTTIGNY		57
45	WA 10	PUXE		54
45	WA 10	PUXIEUX		54
107	YA 18	PUY, LE		25
171	W 30	PUY, LE		33
159	EA 28	PUY D'ARNAC		19
111	T 22	PUY DE SERRE		85
127	T 24	PUY DU LAC		17
163	NA 28	PUY EN VELAY, LE	P	43
134	MA 24	PUY GUILLAUME		63
173	BA 31	PUY L'EVEQUE	C	46
132	GA 24	PUY MALSIGNAT		23
96	V 19	PUY NOTRE DAME, LE		49
182	ZA 30	PUY SANIERES		05
168	ZA 29	PUY ST ANDRE		05
182	ZA 30	PUY ST EUSEBE		05
147	IA 25	PUY ST GULMIER		63
179	SA 30	PUY ST MARTIN		26
168	ZA 29	PUY ST PIERRE		05
167	ZA 29	PUY ST VINCENT		05
196	UA 34	PUY STE REPARADE, LE		13
171	W 30	PUYBARBAN		33
189	FA 34	PUYBEGON		81
159	EA 29	PUYBRUN		46
189	FA 34	PUYCALVEL		81
187	Z 34	PUYCASQUIER		32
189	EA 33	PUYCELCI		81
173	CA 32	PUYCORNET		82
210	CA 36	PUYDANIEL		31
208	Y 36	PUYDARRIEUX		65
114	AA 21	PUYE, LA		86
187	AA 33	PUYGAILLARD DE LOMAGNE		82
188	DA 33	PUYGAILLARD DE QUERCY		82
179	SA 31	PUYGIRON		26
190	GA 33	PUYGOUZON		81
153	XA 26	PUYGROS		73
174	EA 31	PUYJOURDES		46
174	EA 32	PUYLAGARDE		82
174	DA 32	PUYLAROQUE		82
211	FA 35	PUYLAURENS	C	81
209	AA 35	PUYLAUSIC		32
202	VA 35	PUYLOUBIER		13
157	W 28	PUYMANGOU		24
209	AA 36	PUYMAURIN		31
179	TA 32	PUYMERAS		84
171	Y 31	PUYMICLAN		47
172	AA 32	PUYMIROL	C	47
143	X 26	PUYMOYEN		16
157	W 29	PUYNORMAND		33
207	U 35	PUYOL CAZALET		40
206	S 35	PUYOO		64
127	T 23	PUYRAVAULT		17
125	R 22	PUYRAVAULT		85
129	X 25	PUYREAUX		16
143	Y 26	PUYRENIER		24
127	T 24	PUYROLLAND		17
187	Z 34	PUYSEGUR		32
187	BA 34	PUYSSEGUR		31
171	X 30	PUYSSERAMPION		47
222	GA 39	PUYVALADOR		66
196	UA 34	PUYVERT		84
27	JA 7	PUZEAUX		80
46	YA 11	PUZIEUX		57
67	XA 14	PUZIEUX		88
222	GA 40	PY		66
37	AA 10	PYLE, LA		27
17	IA 6	PYS		80

Q

Page	Carreau	Commune	Adm.	Dpt
8	HA 2	QUAEDYPRE		59
152	WA 27	QUAIX EN CHARTREUSE		38
100	HA 19	QUANTILLY		18
213	JA 36	QUARANTE		34
18	MA 5	QUAROUBLE		59
103	OA 18	QUARRE LES TOMBES	C	89
87	WA 16	QUARTE, LA		70
133	IA 24	QUARTIER, LE		63
227	KB 42	QUASQUARA		2A
30	RA 9	QUATRE CHAMPS		08
159	DA 29	QUATRE ROUTES DU LOT, LES		46
38	BA 10	QUATREMARE		27
49	EB 12	QUATZENHEIM		67
17	JA 5	QUEANT		62
130	Z 23	QUEAUX		86
55	O 14	QUEBRIAC		35
75	N 14	QUEDILLAC		35
153	ZA 25	QUEIGE		73
77	T 15	QUELAINES ST GAULT		53
7	GA 3	QUELMES		62
75	N 16	QUELNEUC		56
72	E 15	QUEMENEVEN		29
105	SA 19	QUEMIGNY POISOT		21
85	RA 17	QUEMIGNY SUR SEINE		21
53	I 12	QUEMPER GUEZENNEC		22
53	H 12	QUEMPERVEN		22
15	DA 5	QUEND		80
84	MA 16	QUENNE		89
107	XA 18	QUENOCHE		70
230	LB 43	QUENZA		2A
7	FA 3	QUERCAMPS		62
228	MB 40	QUERCITELLO		2B
18	MA 5	QUERENAING		59
222	FA 39	QUERIGUT	C	09
8	HA 4	QUERNES		62
33	O 8	QUERQUEVILLE		50
77	T 17	QUERRE		49
72	G 15	QUERRIEN		29
17	HA 7	QUERRIEU		80
89	ZA 16	QUERS		70
27	KA 8	QUESMY		60
25	EA 7	QUESNE, LE		80
26	IA 7	QUESNEL, LE		80
26	GA 8	QUESNEL AUBRY, LE		60
18	MA 5	QUESNOY, LE	C	59
16	FA 5	QUESNOY EN ARTOIS, LE		62
15	EA 6	QUESNOY LE MONTANT		80
16	FA 6	QUESNOY SUR AIRAINES		80
9	KA 3	QUESNOY SUR DEULE	C	59
7	FA 3	QUESQUES		62
38	CA 11	QUESSIGNY		27
54	K 13	QUESSOY		22
92	L 17	QUESTEMBERT	C	56
7	EA 3	QUESTRECQUES		62
167	WA 29	QUET EN BEAUMONT		38
105	TA 18	QUETIGNY		21
33	Q 8	QUETTEHOU	C	50
33	P 9	QUETTETOT		50
23	Y 9	QUETTEVILLE		14
34	Q 11	QUETTREVILLE SUR SIENNE		50
64	NA 12	QUEUDES		51
40	IA 12	QUEUE EN BRIE, LA		94
39	EA 12	QUEUE LES YVELINES, LA		78
133	JA 24	QUEUILLE		63
26	FA 7	QUEVAUVILLERS		80
73	H 16	QUEVEN		56
55	N 13	QUEVERT		22
24	AA 9	QUEVILLON		76
67	XA 13	QUEVILLONCOURT		54
24	BA 9	QUEVREVILLE LA POTERIE		76
141	S 27	QUEYRAC		33
163	OA 28	QUEYRIERES		43
157	Y 29	QUEYSSAC		24
159	EA 29	QUEYSSAC LES VIGNES		19
160	GA 30	QUEZAC		15
177	MA 31	QUEZAC		48
91	I 17	QUIBERON	C	56
24	AA 7	QUIBERVILLE		76
34	R 10	QUIBOU		50
219	DA 38	QUIE		09
63	JA 12	QUIERS		77
82	HA 15	QUIERS SUR BEZONDE		45
17	JA 5	QUIERY LA MOTTE		62
27	KA 8	QUIERZY		02
8	GA 3	QUIESTEDE		62
19	OA 5	QUIEVELON		59
18	MA 5	QUIEVRECHAIN		59
25	CA 7	QUIEVRECOURT		76
18	LA 6	QUIEVY		59
7	FA 4	QUILEN		62
221	GA 38	QUILLAN	C	11
23	Y 9	QUILLEBEUF SUR SEINE	C	27
74	J 14	QUILLIO, LE		22
30	RA 9	QUILLY		08
93	N 18	QUILLY		44
74	L 16	QUILY		56
71	E 15	QUIMPER	P	29
72	G 16	QUIMPERLE	C	29
24	BA 8	QUINCAMPOIX		76
25	EA 7	QUINCAMPOIX FLEUZY		60
113	X 21	QUINCAY		86
85	PA 17	QUINCEROT		21
85	PA 15	QUINCEROT		89
105	SA 19	QUINCEY		21
88	YA 17	QUINCEY		70
136	RA 24	QUINCIE EN BEAUJOLAIS		69
152	UA 27	QUINCIEU		38
136	RA 24	QUINCIEUX		69
100	GA 19	QUINCY		18
28	LA 8	QUINCY BASSE		02
31	UA 9	QUINCY LANDZECOURT		55
85	PA 17	QUINCY LE VICOMTE		21
28	MA 9	QUINCY SOUS LE MONT		02
62	HA 12	QUINCY SOUS SENART		91
41	JA 11	QUINCY VOISINS		77
33	Q 8	QUINEVILLE		50
106	WA 19	QUINGEY	C	25
26	HA 8	QUINQUEMPOIX		60
175	HA 32	QUINS		12
144	Z 27	QUINSAC		24
156	U 30	QUINSAC		33
197	XA 34	QUINSON		04
133	HA 23	QUINSSAINES		03
210	DA 35	QUINT FONSEGRIVES		31
139	XA 25	QUINTAL		74
78	W 15	QUINTE, LA		72
164	RA 28	QUINTENAS		07
54	L 13	QUINTENIC		22
122	VA 21	QUINTIGNY		39
223	IA 38	QUINTILLAN		11
54	J 13	QUINTIN	C	22
55	N 14	QUIOU, LE		22
221	GA 38	QUIRBAJOU		11
26	HA 8	QUIRY LE SEC		80
193	OA 33	QUISSAC	C	30
174	EA 30	QUISSAC		46
73	I 16	QUISTINIC		56
38	BA 10	QUITTEBEUF		27
27	KA 7	QUIVIERES		80
16	FA 5	QUOEUX HAUT MAINIL		62

R

Page	Carreau	Commune	Adm.	Dpt
189	EA 34	RABASTENS	C	81
208	X 36	RABASTENS DE BIGORRE	C	65
219	DA 38	RABAT LES TROIS SEIGNEURS		09
110	R 20	RABATELIERE, LA		85
96	U 18	RABLAY SUR LAYON		49
58	V 12	RABODANGES		61
181	XA 30	RABOU		05
222	HA 39	RABOUILLET		66
68	YA 14	RACECOURT		88
66	TA 13	RACHECOURT SUR MARNE		52
66	SA 13	RACHECOURT SUZEMONT		52
18	KA 4	RACHES		59
84	NA 15	RACINES		10
121	TA 20	RACINEUSE, LA		71
8	HA 3	RACQUINGHEM		62
47	AB 11	RACRANGE		57
107	ZA 18	RADDON ET CHAPENDU		70
74	K 15	RADENAC		56
24	CA 9	RADEPONT		27
7	GA 4	RADINGHEM		62
9	JA 4	RADINGHEM EN WEPPES		59
58	X 13	RADON		61
65	QA 14	RADONVILLIERS		10
90	DB 17	RAEDERSDORF		68
90	DB 16	RAEDERSHEIM		68
23	Y 8	RAFFETOT		76
162	LA 28	RAGEADE		15
80	BA 16	RAHART		41
79	AA 15	RAHAY		72
48	CB 11	RAHLING		57
108	ZA 18	RAHON		25
106	UA 20	RAHON		39
37	Z 12	RAI		61
34	Q 10	RAIDS		50
18	KA 5	RAILLENCOURT STE OLLE		59
222	GA 39	RAILLEU		66
29	QA 8	RAILLICOURT		08
29	PA 8	RAILLIMONT		02
18	KA 4	RAIMBEAUCOURT		59
106	UA 19	RAINANS		39
17	HA 6	RAINCHEVAL		80
88	WA 16	RAINCOURT		70
40	HA 11	RAINCY, LE	S	93
24	AA 7	RAINFREVILLE		76
16	HA 6	RAINNEVILLE		80
19	OA 6	RAINSARS		59
67	WA 14	RAINVILLE		88
25	FA 9	RAINVILLERS		60
78	V 17	RAIRIES, LES		49
18	LA 5	RAISMES		59
219	EA 38	RAISSAC		09
213	JA 36	RAISSAC D'AUDE		11
212	GA 36	RAISSAC SUR LAMPY		11
44	TA 11	RAIVAL		55
129	X 24	RAIX		16
61	EA 12	RAIZEUX		78
138	UA 23	RAMASSE		01
204	AB 36	RAMATUELLE		83
181	XA 31	RAMBAUD		05
68	ZA 14	RAMBERVILLERS	C	88
44	UA 11	RAMBLUZIN ET BENOITE VAUX		55
61	EA 12	RAMBOUILLET	S	78
45	WA 11	RAMBUCOURT		55
15	EA 6	RAMBURELLES		80
15	EA 7	RAMBURES		80
16	GA 5	RAMECOURT		62
67	XA 14	RAMECOURT		88
65	PA 13	RAMERUPT	C	10
18	LA 6	RAMICOURT		02
18	LA 5	RAMILLIES		59
90	CB 16	RAMMERSMATT		68
89	AB 16	RAMONCHAMP		88
210	DA 35	RAMONVILLE ST AGNE		31
62	GA 14	RAMOULU		45
206	S 35	RAMOUS		64
19	OA 6	RAMOUSIES		59
186	X 34	RAMOUZENS		32
34	R 10	RAMPAN		50
158	AA 30	RAMPIEUX		24
63	KA 13	RAMPILLON		77
173	CA 30	RAMPOUX		46
137	SA 24	RANCE		01
107	XA 19	RANCENAY		25
20	SA 6	RANCENNES		08
65	QA 13	RANCES		10
136	QA 23	RANCHAL		69
106	VA 19	RANCHOT		39
35	T 10	RANCHY		14
143	Y 25	RANCOGNE		16
130	BA 23	RANCON		87
87	VA 15	RANCONNIERES		52
17	JA 6	RANCOURT		80
68	XA 14	RANCOURT		88
44	SA 12	RANCOURT SUR ORNAIN		55
121	TA 21	RANCY		71
134	LA 24	RANDAN	C	63
153	YA 26	RANDENS		73
107	ZA 18	RANDEVILLERS		25
59	Z 12	RANDONNAI		61
58	V 12	RANES		61
107	ZA 18	RANG		25
15	DA 4	RANG DU FLIERS		62
67	VA 15	RANGECOURT		52
49	DB 12	RANGEN		67
32	XA 9	RANGUEVAUX		57
76	R 16	RANNEE		35
69	CB 14	RANRUPT		67
106	WA 19	RANS		39
17	IA 5	RANSART		62
90	BB 16	RANSPACH		68
90	DB 17	RANSPACH LE BAS		68
90	DB 17	RANSPACH LE HAUT		68
107	YA 19	RANTECHAUX		25
26	HA 9	RANTIGNY		60
112	W 20	RANTON		86
90	DB 17	RANTZWILLER		68
36	V 10	RANVILLE		14
128	W 25	RANVILLE BREUILLAUD		16
88	XA 16	RANZEVELLE		70
45	VA 11	RANZIERES		55
68	ZA 15	RAON AUX BOIS		88
69	BB 13	RAON L'ETAPE	C	88
69	CB 13	RAON LES LEAU		54
69	CB 13	RAON SUR PLAINE		88
228	MB 40	RAPAGGIO		2B
226	LB 39	RAPALE		2B
68	YA 14	RAPEY		88
36	V 11	RAPILLY		14
43	RA 11	RAPSECOURT		51
40	IA 10	RARAY		60
44	TA 10	RARECOURT		55
224	IA 38	RASIGUERES		66
97	W 19	RASLAY		86
179	SA 32	RASTEAU		84
121	SA 22	RATENELLE		71
165	SA 28	RATIERES		26
121	UA 21	RATTE		71
48	CB 11	RATZWILLER		67
163	PA 28	RAUCOULES		43
46	YA 11	RAUCOURT		54
18	MA 5	RAUCOURT AU BOIS		59
30	SA 8	RAUCOURT ET FLABA	C	08
161	IA 29	RAULHAC		15
163	NA 29	RAURET		43
33	P 8	RAUVILLE LA BIGOT		50
33	P 9	RAUVILLE LA PLACE		50
48	CB 12	RAUWILLER		67
156	V 29	RAUZAN		33
102	KA 19	RAVEAU		58
148	LA 25	RAVEL		63
26	HA 8	RAVENEL		60
33	R 9	RAVENOVILLE		50
69	BB 14	RAVES		88
85	PA 16	RAVIERES		89
58	W 13	RAVIGNY		53
47	ZA 10	RAVILLE		57
46	ZA 12	RAVILLE SUR SANON		54
122	WA 22	RAVILLOLES		39
153	XA 26	RAVOIRE, LA	C	73
88	WA 17	RAY SUR SAONE		70
16	FA 5	RAYE SUR AUTHIE		62
172	AA 30	RAYET		47
117	IA 20	RAYMOND		18
89	AB 17	RAYNANS		25
203	ZA 37	RAYOL CANADEL SUR MER		83
190	HA 34	RAYSSAC		81
172	Y 30	RAZAC D'EYMET		24
157	X 29	RAZAC DE SAUSSIGNAC		24
158	Z 28	RAZAC SUR L'ISLE		24
88	XA 17	RAZE		70
217	AA 38	RAZECUEILLE		31
209	AA 35	RAZENGUES		32
131	CA 24	RAZES		87
171	X 31	RAZIMET		47
113	Y 20	RAZINES		37
222	GA 39	REAL		66
25	DA 7	REALCAMP		76
182	YA 30	REALLON		05
190	GA 34	REALMONT	C	81
174	DA 32	REALVILLE		82
185	W 34	REANS		32
62	IA 12	REAU		77
152	VA 27	REAUMONT		38
111	T 21	REAUMUR		85
186	X 33	REAUP LISSE		47
179	SA 31	REAUVILLE		26
142	U 26	REAUX		17
41	LA 11	REBAIS	C	77
8	GA 3	REBECQUES		62
215	U 37	REBENACQ		64
7	FA 3	REBERGUES		62
25	CA 8	REBETS		76
67	WA 14	REBEUVILLE		88
210	DA 35	REBIGUE		31
191	IA 33	REBOURGUIL		12
99	EA 19	REBOURSIN		36
81	FA 15	REBRECHIEN		45
17	IA 4	REBREUVE RANCHICOURT		62
16	HA 5	REBREUVE SUR CANCHE		62
16	HA 5	REBREUVIETTE		62
122	VA 20	RECANOZ		39
86	SA 16	RECEY SUR OURCE	C	21
90	CB 17	RECHESY		90
46	ZA 12	RECHICOURT LA PETITE		54
69	BB 12	RECHICOURT LE CHATEAU	C	57
44	TA 10	RECICOURT		55
61	EA 14	RECLAINVILLE		28
104	PA 19	RECLESNE		71
8	GA 4	RECLINGHEM		62
68	AB 13	RECLONVILLE		54
62	IA 14	RECLOSES		77
106	WA 18	RECOLOGNE		25
87	WA 17	RECOLOGNE		70
88	XA 17	RECOLOGNE LES RIOZ		70
166	UA 30	RECOUBEAU JANSAC		26
176	JA 30	RECOULES D'AUBRAC		48
177	LA 30	RECOULES DE FUMAS		48
176	JA 31	RECOULES PREVINQUIERES		12
17	KA 5	RECOURT		62
44	UA 11	RECOURT LE CREUX		55
90	BB 17	RECOUVRANCE		90
176	KA 31	RECOUX, LE		48
7	EA 4	RECQUES SUR COURSE		62
7	FA 3	RECQUES SUR HEM		62
19	OA 5	RECQUIGNIES		59
35	S 11	RECULEY, LE		14
123	XA 21	RECULFOZ		25
208	Y 36	RECURT		65
43	PA 11	RECY		51
32	WA 9	REDANGE		57
73	H 16	REDENE		29
193	QA 34	REDESSAN		30
48	CB 12	REDING		57
93	N 17	REDON	S	35
212	IA 36	REDORTE, LA		11
196	VA 33	REDORTIERS		04
41	JA 10	REEZ FOSSE MARTIN		60
112	V 22	REFFANNES		79
66	UA 12	REFFROY		55
56	R 12	REFFUVEILLE		50
217	Z 37	REGADES		31
219	EA 37	REGAT		09
16	FA 5	REGNAUVILLE		62
88	XA 15	REGNEVELLE		88
34	P 11	REGNEVILLE SUR MER		50
44	UA 10	REGNEVILLE SUR MEUSE		55
68	YA 14	REGNEY		88
136	RA 23	REGNIE DURETTE		69
16	EA 5	REGNIERE ECLUSE		80
20	QA 7	REGNIOWEZ		08
28	LA 7	REGNY		02
135	PA 24	REGNY		42
94	R 19	REGRIPPIERE, LA		44
74	K 15	REGUINY		56
90	DB 16	REGUISHEIM		68
203	XA 35	REGUSSE		83
68	ZA 14	REHAINCOURT		88
68	ZA 13	REHAINVILLER		54
69	AB 15	REHAUPAL		88
69	AB 13	REHERREY		54
31	WA 9	REHON		54
70	DB 14	REICHSFELD		67
48	EB 11	REICHSHOFFEN		67
49	FB 12	REICHSTETT		67
142	V 27	REIGNAC		16
142	U 27	REIGNAC		33
98	AA 19	REIGNAC SUR INDRE		37
148	LA 25	REIGNAT		63
33	Q 9	REIGNEVILLE BOCAGE		50
139	YA 23	REIGNIER	C	74
116	HA 22	REIGNY		18
161	HA 29	REILHAC		15
174	EA 30	REILHAC		46
159	DA 30	REILHAGUET		46
180	UA 32	REILHANETTE		26
196	VA 33	REILLANNE	C	04
69	AB 12	REILLON		54
39	EA 10	REILLY		60
42	OA 10	REIMS	S	51
43	RA 12	REIMS LA BRULEE		51
49	DB 12	REINHARDSMUNSTER		67
90	CB 16	REININGUE		68
48	DB 11	REIPERTSWILLER		67
122	VA 22	REITHOUSE		39
186	Y 34	REJAUMONT		32
217	Y 37	REJAUMONT		65
18	MA 6	REJET DE BEAULIEU		59
67	XA 15	RELANGES		88
122	UA 21	RELANS		39
51	C 13	RELECQ KERHUON, LE		29
137	SA 24	RELEVANT		01
8	HA 4	RELY		62
16	GA 5	REMAISNIL		80
59	AA 13	REMALARD	C	61
28	LA 7	REMAUCOURT		02
29	PA 8	REMAUCOURT		08
94	R 19	REMAUDIERE, LA		44
27	IA 8	REMAUGIES		80
62	JA 14	REMAUVILLE		77
44	TA 11	REMBERCOURT SOMMAISNE		55
45	WA 11	REMBERCOURT SUR MAD		54
26	HA 9	REMECOURT		60
47	ZA 10	REMELFANG		57
48	CB 10	REMELFING		57
32	ZA 9	REMELING		57
44	SA 12	REMENNECOURT		55
68	ZA 13	REMENOVILLE		54
26	GA 9	REMERANGLES		60
46	ZA 12	REMEREVILLE		54
47	AB 10	REMERING		57
47	BB 11	REMERING LES PUTTELANGE		57
44	SA 11	REMICOURT		51
67	XA 14	REMICOURT		88
26	HA 7	REMIENCOURT		80
28	MA 8	REMIES		02
28	LA 8	REMIGNY		02
120	RA 20	REMIGNY		71
46	YA 11	REMILLY		57
119	NA 20	REMILLY		58
30	SA 8	REMILLY AILLICOURT		08
104	RA 18	REMILLY EN MONTAGNE		21
29	QA 7	REMILLY LES POTHEES		08
34	R 10	REMILLY SUR LOZON		50
105	TA 18	REMILLY SUR TILLE		21
8	GA 3	REMILLY WIRQUIN		62
74	M 16	REMINIAC		56
89	ZA 15	REMIREMONT	C	88
31	UA 9	REMOIVILLE		55
181	XA 31	REMOLLON		05
69	BB 14	REMOMEIX		88
69	AB 12	REMONCOURT		54
67	XA 14	REMONCOURT		88
108	AB 18	REMONDANS VAIVRE		25
123	YA 21	REMORAY BOUJEONS		25
110	Q 19	REMOUILLE		44
193	QA 33	REMOULINS	C	30
67	WA 14	REMOVILLE		88
146	EA 25	REMPNAT		87
23	Y 8	REMUEE, LA		76
73	J 15	REMUNGOL		56
180	UA 31	REMUZAT	C	26
27	IA 9	REMY		60
17	JA 5	REMY		62
75	N 16	RENAC		35
152	UA 27	RENAGE		38
135	NA 24	RENAISON		42
28	MA 7	RENANSART		02
87	WA 17	RENAUCOURT		70
149	NA 25	RENAUDIE, LA		63
94	R 19	RENAUDIERE, LA		49
68	YA 15	RENAUVOID		88
80	BA 16	RENAY		41
76	S 16	RENAZE		53
166	UA 28	RENCUREL		38
58	X 14	RENE		72
107	YA 20	RENEDALE		25
8	HA 3	RENESCURE		59
106	UA 18	RENEVE		21
47	BB 11	RENING		57
39	FA 11	RENNEMOULIN		78
66	SA 15	RENNEPONT		52
75	O 15	RENNES	P	35
57	U 13	RENNES EN GRENOUILLES		53
221	GA 38	RENNES LE CHATEAU		11
221	HA 38	RENNES LES BAINS		11
122	WA 20	RENNES SUR LOUE		25
29	OA 7	RENNEVAL		02
29	PA 8	RENNEVILLE		08
25	CA 9	RENNEVILLE		27
211	EA 36	RENNEVILLE		31
227	JB 41	RENNO		2A
36	X 11	RENOUARD, LE		61
148	KA 27	RENTIERES		63
7	FA 4	RENTY		62
185	V 34	RENUNG		40
29	RA 7	RENWEZ	C	08
171	W 30	REOLE, LA	C	33
110	R 21	REORTHE, LA		85
168	ZA 30	REOTIER		05
69	AB 12	REPAIX		54
165	SA 30	REPARA AURIPLES, LA		26
142	V 25	REPARSAC		16
67	XA 14	REPEL		88
36	W 10	REPENTIGNY		14
137	SA 23	REPLONGES		01
139	ZA 24	REPOSOIR, LE		74
122	UA 21	REPOTS, LES		39
90	BB 17	REPPE		90
78	X 16	REQUEIL		72
190	HA 33	REQUISTA	C	12
37	X 12	RESENLIEU		61
106	VA 18	RESIE ST MARTIN, LA		70
29	PA 7	RESIGNY		02
44	TA 12	RESSON		55
39	FA 9	RESSONS L'ABBAYE		60

Page	Carreau	Commune	Adm.	Dpt
27	KA 9	RESSONS LE LONG		02
27	IA 8	RESSONS SUR MATZ	C	60
59	AA 13	RESSUINTES, LES		28
97	X 18	RESTIGNE		37
193	OA 34	RESTINCLIERES		34
112	U 22	RETAIL, LE		79
141	T 25	RETAUD		17
133	HA 24	RETERRE		23
29	QA 8	RETHEL	S	08
27	KA 9	RETHEUIL		02
27	JA 9	RETHONDES		60
27	JA 7	RETHONVILLERS		80
33	Q 8	RETHOVILLE		55
76	Q 16	RETIERS	C	35
185	V 33	RETJONS		40
46	YA 10	RETONFEY		57
25	DA 7	RETONVAL		76
163	OA 28	RETOURNAC	C	43
49	FB 11	RETSCHWILLER		67
32	YA 9	RETTEL		57
7	EA 3	RETY		62
90	CB 17	RETZWILLER		68
107	YA 20	REUGNEY		25
117	IA 22	REUGNY		03
79	AA 17	REUGNY		37
42	NA 10	REUIL		51
41	KA 11	REUIL EN BRIE		77
26	GA 8	REUIL SUR BRECHE		60
38	CA 10	REUILLY		27
100	FA 19	REUILLY		36
42	MA 10	REUILLY SAUVIGNY		02
105	SA 19	REULLE VERGY		21
18	MA 6	REUMONT		59
171	X 32	REUNION, LA		47
49	DB 12	REUTENBOURG		67
42	NA 12	REUVES		51
24	AA 7	REUVILLE		76
36	X 10	REUX		14
41	MA 12	REVEILLON		51
59	Z 13	REVEILLON		61
211	FA 35	REVEL	C	31
166	WA 28	REVEL		38
151	TA 27	REVEL TOURDAN		38
26	GA 7	REVELLES		80
191	LA 33	REVENS		30
151	SA 26	REVENTIN VAUGRIS		38
38	BA 12	REVERCOURT		28
196	VA 33	REVEST DES BROUSSES		04
196	VA 33	REVEST DU BION		04
203	XA 37	REVEST LES EAUX, LE		83
199	CB 33	REVEST LES ROCHES		06
197	WA 33	REVEST ST MARTIN		04
35	U 9	REVIERS		14
122	VA 21	REVIGNY		39
44	SA 11	REVIGNY SUR ORNAIN	C	55
33	R 8	REVILLE		50
31	UA 9	REVILLE AUX BOIS		55
28	NA 9	REVILLON		02
20	RA 7	REVIN	C	08
137	UA 23	REVONNAS		01
48	CB 11	REXINGEN		67
8	HA 2	REXPOEDE		59
48	DB 11	REYERSVILLER		57
160	FA 28	REYGADE		19
66	UA 14	REYNEL		52
224	IA 40	REYNES		66
188	CA 33	REYNIES		82
174	FA 30	REYREVIGNES		46
137	SA 24	REYRIEUX	C	01
121	SA 22	REYSSOUZE		01
139	ZA 23	REYVROZ		74
116	GA 21	REZAY		18
93	P 19	REZE	C	44
162	KA 28	REZENTIERES		15
45	XA 10	REZONVILLE		57
227	KB 41	REZZA		2A
64	OA 13	RHEGES		10
75	O 15	RHEU, LE		35
70	EB 14	RHINAU		67
47	BB 12	RHODES		57
80	CA 16	RHODON		41
40	IA 9	RHUIS		60
58	W 12	RI		61
222	HA 39	RIA SIRACH		66
94	Q 17	RIAILLE	C	44
212	HA 35	RIALET, LE		81
101	IA 19	RIANS		18
202	WA 35	RIANS	C	83
73	H 16	RIANTEC		56
66	TA 14	RIAUCOURT		52
45	VA 10	RIAVILLE		55
157	Y 30	RIBAGNAC		24
207	V 35	RIBARROUY		64
223	IA 37	RIBAUTE		11
193	OA 33	RIBAUTE LES TAVERNES		30
57	U 13	RIBAY, LE		53
66	UA 13	RIBEAUCOURT		55
16	FA 6	RIBEAUCOURT		80
18	MA 6	RIBEAUVILLE		02
69	DB 14	RIBEAUVILLE	S	68
27	JA 8	RIBECOURT DRESLINCOURT	C	60
18	KA 6	RIBECOURT LA TOUR		59
28	MA 7	RIBEMONT	C	02
17	HA 6	RIBEMONT SUR ANCRE		80
177	LA 30	RIBENNES		48
143	Y 27	RIBERAC	C	24
178	PA 31	RIBES		07
180	VA 31	RIBEYRET		05
181	WA 32	RIBIERS	C	05
221	FA 37	RIBOUISSE		11
202	WA 36	RIBOUX		83
150	QA 27	RICAMARIE, LA		42
23	Z 8	RICARVILLE		76
24	CA 7	RICARVILLE DU VAL		76
211	FA 36	RICAUD		11
216	X 37	RICAUD		65
85	QA 15	RICEYS, LES	C	10
55	N 12	RICHARDAIS, LA		35
68	YA 13	RICHARDMENIL		54
61	FA 13	RICHARVILLE		91
47	AB 11	RICHE		57
98	Z 18	RICHE, LA		37
86	TA 15	RICHEBOURG		52
8	IA 4	RICHEBOURG		62
39	DA 12	RICHEBOURG		78
45	WA 11	RICHECOURT		55
113	Y 20	RICHELIEU	C	37
47	BB 11	RICHELING		57
32	XA 9	RICHEMONT		57
25	DA 7	RICHEMONT		76
179	SA 31	RICHERENCHES		84
69	BB 12	RICHEVAL		57
38	DA 10	RICHEVILLE		27
70	EB 14	RICHTOLSHEIM		67
90	CB 16	RICHWILLER		68
208	X 35	RICOURT		32
27	IA 8	RICQUEBOURG		60
72	G 16	RIEC SUR BELON		29
90	DB 16	RIEDISHEIM		68
50	FB 11	RIEDSELTZ		67
70	DB 15	RIEDWIHR		68
85	RA 15	RIEL LES EAUX		21
16	FA 7	RIENCOURT		80
17	JA 6	RIENCOURT LES BAPAUME		62
17	JA 5	RIENCOURT LES CAGNICOURT		62
89	BB 16	RIERVESCEMONT		90
90	DB 17	RIESPACH		68
217	Z 37	RIEUCAZE		31
219	EA 37	RIEUCROS		09
18	LA 5	RIEULAY		59
211	EA 36	RIEUMAJOU		31
210	BA 36	RIEUMES	C	31
175	GA 32	RIEUPEYROUX	C	12
212	IA 36	RIEUSSEC		34
177	MA 30	RIEUTORT DE RANDON		48
210	CA 36	RIEUX	C	31
42	MA 11	RIEUX		51
93	N 17	RIEUX		56
40	HA 9	RIEUX		60
15	DA 7	RIEUX		76
219	DA 37	RIEUX DE PELLEPORT		09
18	LA 5	RIEUX EN CAMBRESIS		59
221	HA 37	RIEUX EN VAL		11
212	IA 36	RIEUX MINERVOIS		11
197	XA 34	RIEZ	C	04
222	HA 39	RIGARDA		66
199	BB 33	RIGAUD		06
175	GA 31	RIGNAC	C	12
159	EA 29	RIGNAC		46
107	YA 18	RIGNEY		25
137	TA 24	RIGNIEUX LE FRANC		01
107	YA 18	RIGNOSOT		25
89	ZA 16	RIGNOVELLE		70
106	VA 18	RIGNY		70
64	MA 13	RIGNY LA NONNEUSE		10
67	WA 12	RIGNY LA SALLE		55
64	MA 14	RIGNY LE FERRON		10
67	WA 12	RIGNY ST MARTIN		55
119	OA 22	RIGNY SUR ARROUX		71
97	X 18	RIGNY USSE		37
208	Y 35	RIGUEPEU		32
144	BA 25	RILHAC LASTOURS		87
131	CA 25	RILHAC RANCON		87
145	EA 26	RILHAC TREIGNAC		19
160	GA 28	RILHAC XAINTRIE		19
107	YA 18	RILLANS		25
97	X 18	RILLE		37
137	SA 25	RILLIEUX LA PAPE	C	69
42	OA 10	RILLY LA MONTAGNE		51
64	OA 13	RILLY STE SYRE		10
29	QA 9	RILLY SUR AISNE		08
98	BA 18	RILLY SUR LOIRE		41
97	Y 19	RILLY SUR VIENNE		37
66	UA 14	RIMAUCOURT		52
90	CB 16	RIMBACH PRES GUEBWILLER		68
89	BB 16	RIMBACH PRES MASEVAUX		68
90	CB 16	RIMBACHZELL		68
185	W 33	RIMBEZ ET BAUDIETS		40
7	FA 4	RIMBOVAL		62
162	LA 30	RIMEIZE		48
48	CB 10	RIMLING		57
29	QA 7	RIMOGNE		08
166	UA 30	RIMON ET SAVEL		26
132	FA 23	RIMONDEIX		23
171	W 30	RIMONS		33
218	CA 37	RIMONT		09
56	P 13	RIMOU		35
199	CB 33	RIMPLAS		06
48	CB 11	RIMSDORF		67
57	EB 11	RINGELDORF		67
49	EB 12	RINGENDORF		67
7	EA 3	RINXENT		62
157	X 30	RIOCAUD		33
209	AA 36	RIOLAS		31
213	JA 35	RIOLS		34
174	FA 32	RIOLS, LE		81
134	KA 25	RIOM	S	63
161	IA 27	RIOM ES MONTAGNES	C	15
180	UA 32	RIOMS		26
183	S 33	RION DES LANDES		40
170	U 30	RIONS		33
135	OA 26	RIORGES		42
150	QA 27	RIOTORD		43
141	T 26	RIOUX		17
143	W 27	RIOUX MARTIN		16
107	XA 18	RIOZ	C	70
69	CB 14	RIQUEWIHR		68
134	MA 24	RIS		63
216	Y 38	RIS		65
62	HA 12	RIS ORANGIS	C	91
185	W 34	RISCLE	C	32
168	AB 30	RISOUL		05
168	BB 30	RISTOLAS		05
50	FB 11	RITTERSHOFFEN		67
32	ZA 9	RITZING		57
207	V 36	RIUPEYROUS		64
115	CA 21	RIVARENNES		36
97	Y 18	RIVARENNES		37
149	PA 26	RIVAS		42
150	RA 26	RIVE DE GIER	C	42
27	IA 9	RIVECOURT		60
126	Q 23	RIVEDOUX PLAGE		17
206	S 36	RIVEHAUTE		64
221	FA 38	RIVEL		11
228	LB 41	RIVENTOSA		2B
219	CA 38	RIVERENERT		09
150	RA 26	RIVERIE		69
26	HA 7	RIVERY		80
152	VA 27	RIVES	C	38
172	Z 30	RIVES		47
191	LA 34	RIVES, LES		34
224	JA 38	RIVESALTES	C	66
97	X 19	RIVIERE		37
17	IA 5	RIVIERE		62
156	V 29	RIVIERE, LA		33
152	VA 27	RIVIERE, LA		38
64	OA 14	RIVIERE DE CORPS, LA		10
123	YA 20	RIVIERE DRUGEON, LA		25
140	AB 24	RIVIERE ENVERSE, LA		74
86	TA 17	RIVIERE LES FOSSES		52
183	R 34	RIVIERE SAAS ET GOURBY		40
23	X 9	RIVIERE ST SAUVEUR, LA		14
176	KA 32	RIVIERE SUR TARN		12
143	Y 25	RIVIERES		16
178	PA 32	RIVIERES		30
189	FA 33	RIVIERES		81
65	QA 12	RIVIERES HENRUEL, LES		51
87	UA 16	RIVIERES LE BOIS		52
23	Z 7	RIVILLE		76
136	RA 24	RIVOLET		69
123	XA 21	RIX		39
102	MA 18	RIX		58
90	DB 16	RIXHEIM		68
122	WA 22	RIXOUSE, LA		39
66	SA 14	RIZAUCOURT BUCHEY		52
170	V 31	ROAILLAN		33
179	SA 32	ROAIX		84
135	OA 24	ROANNE	S	42
160	HA 29	ROANNES ST MARY		15
67	VA 15	ROBECOURT		88
8	IA 4	ROBECQ		62
18	MA 6	ROBERSART		59
44	SA 12	ROBERT ESPAGNE		55
66	SA 13	ROBERT MAGNY LANEUVILLE A REMY		52
24	Z 7	ROBERTOT		76
40	IA 9	ROBERVAL		60
178	OA 32	ROBIAC ROCHESSADOULE		30
181	YA 32	ROBINE SUR GALABRE, LA		04
196	TA 34	ROBION		84
159	DA 29	ROC, LE		46
74	L 16	ROC ST ANDRE, LE		56
159	DA 29	ROCAMADOUR		46
203	XA 36	ROCBARON		83
80	BA 16	ROCE		41
151	TA 26	ROCHE		38
149	OA 26	ROCHE		42
92	M 17	ROCHE BERNARD, LA	C	56
94	R 18	ROCHE BLANCHE, LA		44
148	KA 25	ROCHE BLANCHE, LA		63
160	FA 28	ROCHE CANILLAC, LA	C	19
157	W 28	ROCHE CHALAIS, LA		24
147	JA 26	ROCHE CHARLES LA MAYRAND		63
97	X 19	ROCHE CLERMAULT, LA		37
133	IA 24	ROCHE D'AGOUX		63
165	SA 28	ROCHE DE GLUN, LA		26
168	ZA 30	ROCHE DE RAME, LA		05
53	I 12	ROCHE DERRIEN, LA	C	22
181	XA 30	ROCHE DES ARNAUDS, LA		05
103	PA 18	ROCHE EN BRENIL, LA		21
163	OA 28	ROCHE EN REGNIER		43
87	WA 17	ROCHE ET RAUCOURT		70
39	DA 10	ROCHE GUYON, LA		95
145	CA 26	ROCHE L'ABEILLE, LA		87
150	PA 27	ROCHE LA MOLIERE		42
146	HA 27	ROCHE LE PEYROUX		19
107	ZA 18	ROCHE LES CLERVAL		25
107	XA 18	ROCHE LEZ BEAUPRE		25
58	W 13	ROCHE MABILE, LA		61
52	D 13	ROCHE MAURICE, LA		29
87	WA 16	ROCHE MOREY, LA		70
148	KA 25	ROCHE NOIRE, LA		63
114	AA 21	ROCHE POSAY, LA		86
113	X 20	ROCHE RIGAULT, LA		86
179	TA 31	ROCHE ST SECRET BECONNE		26
139	YA 24	ROCHE SUR FORON, LA	C	74
179	SA 30	ROCHE SUR GRANE, LA		26
180	UA 32	ROCHE SUR LE BUIS, LA		26
107	YA 18	ROCHE SUR LINOTTE ET SORANS LES CORDIERS		70
110	Q 21	ROCHE SUR YON, LA	P	85
104	QA 18	ROCHE VANNEAU, LA		21
136	RA 23	ROCHE VINEUSE, LA		71
179	SA 30	ROCHEBAUDIN		26
143	Y 26	ROCHEBEAUCOURT ET ARGENTINE, LA		24
181	YA 31	ROCHEBRUNE		05
180	TA 31	ROCHEBRUNE		26
165	TA 28	ROCHECHINARD		26
144	AA 25	ROCHECHOUART	S	87
178	QA 31	ROCHECOLOMBE		07
98	Z 18	ROCHECORBON		37
126	R 24	ROCHEFORT	S	17
85	RA 16	ROCHEFORT		21
152	VA 26	ROCHEFORT		73
195	RA 33	ROCHEFORT DU GARD		30
74	M 16	ROCHEFORT EN TERRE	C	56
179	SA 31	ROCHEFORT EN VALDAINE		26
61	FA 13	ROCHEFORT EN YVELINES		78
147	JA 25	ROCHEFORT MONTAGNE	C	63
165	TA 29	ROCHEFORT SAMSON		26
66	TA 14	ROCHEFORT SUR LA COTE		52
95	T 18	ROCHEFORT SUR LOIRE		49
106	VA 19	ROCHEFORT SUR NENON	C	39
143	Y 25	ROCHEFOUCAULD, LA	C	16
180	TA 30	ROCHEFOURCHAT		26
196	VA 33	ROCHEGIRON, LA		04
179	RA 32	ROCHEGUDE		26
178	PA 32	ROCHEGUDE		30
123	YA 21	ROCHEJEAN		25
126	R 23	ROCHELLE, LA	P	17
87	WA 16	ROCHELLE		70
56	Q 12	ROCHELLE NORMANDE, LA		50
179	RA 30	ROCHEMAURE	C	07
128	U 23	ROCHENARD, LA		79
164	QA 28	ROCHEPAULE		07
120	RA 20	ROCHEPOT, LA		21
178	PA 30	ROCHER		07
113	X 21	ROCHEREAU, LE		86
132	FA 23	ROCHES		23
80	DA 16	ROCHES		41
66	TA 14	ROCHES BETTAINCOURT		52
150	RA 26	ROCHES DE CONDRIEU, LES		38
79	AA 16	ROCHES L'EVEQUE, LES		41
108	BB 18	ROCHES LES BLAMONT		25
113	Y 22	ROCHES PREMARIE ANDILLE		86
66	SA 12	ROCHES SUR MARNE		52
110	P 20	ROCHESERVIERE	C	85
164	RA 30	ROCHESSAUVE		07
89	AB 15	ROCHESSON		88
86	TB 16	ROCHETAILLEE		52
137	SA 25	ROCHETAILLEE SUR SAONE		69
152	UA 26	ROCHETOIRIN		38
111	S 21	ROCHETREJOUX		85
199	BB 33	ROCHETTE, LA		04
181	YA 30	ROCHETTE, LA		05
163	PA 29	ROCHETTE, LA		07
143	X 25	ROCHETTE, LA		16
153	XA 26	ROCHETTE, LA	C	73
62	IA 13	ROCHETTE, LA		77
180	UA 32	ROCHETTE DU BUIS, LA		26
33	P 8	ROCHEVILLE		50
32	XA 9	ROCHONVILLERS		57
26	GA 9	ROCHY CONDE		60
133	KA 22	ROCLES		03
178	PA 30	ROCLES		07
163	NA 30	ROCLES		48
17	JA 5	ROCLINCOURT		62
67	WA 15	ROCOURT		88
41	LA 10	ROCOURT ST MARTIN		02
36	V 10	ROCQUANCOURT		14
35	T 11	ROCQUE, LA		14
24	Z 8	ROCQUEFORT		76
40	IA 10	ROCQUEMONT		60
24	CA 8	ROCQUEMONT		76
26	HA 8	ROCQUENCOURT		60
39	FA 11	ROCQUENCOURT		78
37	X 10	ROCQUES		14
19	OA 6	ROCQUIGNY		02
29	PA 8	ROCQUIGNY		08
17	JA 6	ROCQUIGNY		62
20	QA 7	ROCROI	C	08
47	AB 11	RODALBE		57
7	FA 3	RODELINGHEM		62
175	IA 31	RODELLE		12
32	YA 9	RODEMACK		57
90	CB 16	RODEREN		68
70	DB 14	RODERN		68
224	IA 39	RODES		66
175	IA 31	RODEZ	P	12
193	QA 34	RODILHAN		30
221	FA 38	RODOME		11
76	R 16	ROE, LA		53
16	HA 5	ROELLECOURT		62
50	GB 11	ROESCHWOOG		67
18	LA 5	ROEULX		59
17	JA 5	ROEUX		62
78	W 16	ROEZE SUR SARTHE		72
84	OA 16	ROFFEY		89
161	KA 28	ROFFIAC		15
28	LA 8	ROGECOURT		02
23	X 8	ROGERVILLE		76
45	XA 12	ROGEVILLE		54
90	DB 16	ROGGENHOUSE		68
226	MB 38	ROGLIANO	C	2B
138	WA 23	ROGNA		39
201	TA 35	ROGNAC		13
153	ZA 26	ROGNAIX		73
196	UA 34	ROGNES		13
107	YA 18	ROGNON		25
195	RA 33	ROGNONAS		13
28	NA 7	ROGNY		02
82	JA 16	ROGNY LES SEPT ECLUSES		89
192	MA 33	ROGUES		30
26	GA 8	ROGY		80
59	AA 12	ROHAIRE		28
74	K 15	ROHAN	C	56
49	EB 12	ROHR		67
48	DB 11	ROHRBACH LES BITCHE	C	57
49	FB 12	ROHRWILLER		67
97	W 19	ROIFFE		86
150	RA 27	ROIFFIEUX		07
27	JA 8	ROIGLISE		80
104	PA 18	ROILLY		21
61	EA 13	ROINVILLE		28
61	FA 13	ROINVILLE		91
61	GA 14	ROINVILLIERS		91
18	KA 6	ROISEL	C	80
67	VA 13	ROISES, LES		55
150	RA 27	ROISEY		42
166	VA 29	ROISSARD		38
40	IA 12	ROISSY EN BRIE	C	77
40	HA 11	ROISSY EN FRANCE		95
37	X 11	ROIVILLE		61
29	PA 9	ROIZY		08
87	UA 15	ROLAMPONT		52
48	DB 10	ROLBING		57
67	WA 14	ROLLAINVILLE		88
16	FA 4	ROLLANCOURT		62
39	DA 11	ROLLEBOISE		78
23	X 8	ROLLEVILLE		76
27	IA 8	ROLLOT		80
129	X 23	ROM		79
148	KA 25	ROMAGNAT		63
156	V 30	ROMAGNE		33
76	R 14	ROMAGNE		35
129	X 23	ROMAGNE		86
29	PA 8	ROMAGNE, LA		08
95	S 19	ROMAGNE, LA		49
31	UA 9	ROMAGNE SOUS LES COTES		55
30	TA 9	ROMAGNE SOUS MONTFAUCON		55
152	VA 26	ROMAGNIEU		38
57	S 12	ROMAGNY		50
90	CB 17	ROMAGNY		68
90	BB 16	ROMAGNY SOUS ROUGEMONT		90
107	YA 18	ROMAIN		25
106	WA 19	ROMAIN		39
28	NA 9	ROMAIN		51
68	YA 13	ROMAIN		54
67	WA 15	ROMAIN AUX BOIS		88
67	VA 14	ROMAIN SUR MEUSE		52
40	HA 11	ROMAINVILLE	C	93
38	BA 11	ROMAN		27
136	RA 23	ROMANECHE THORINS		71
106	VA 19	ROMANGE		39
137	SA 23	ROMANS		01
128	V 22	ROMANS		79
165	TA 28	ROMANS SUR ISERE	C	26
49	DB 12	ROMANSWILLER		67
128	V 24	ROMAZIERES		17
56	Q 13	ROMAZY		35
69	CB 14	ROMBACH LE FRANC		68
32	XA 10	ROMBAS	C	57
18	MA 5	ROMBIES ET MARCHIPONT		59
8	HA 4	ROMBLY		62
127	T 25	ROMEGOUX		17
47	BB 11	ROMELFING		57
121	TA 22	ROMENAY		71
41	LA 11	ROMENY SUR MARNE		02
18	MA 5	ROMERIES		59
28	NA 7	ROMERY		02
42	OA 10	ROMERY		51
25	EA 8	ROMESCAMPS		60
171	W 31	ROMESTAING		47
166	UA 29	ROMEYER		26
186	Y 33	ROMIEU, LA		32
42	NA 10	ROMIGNY		51
191	LA 34	ROMIGUIERES		34
75	O 14	ROMILLE		35
79	BA 15	ROMILLY		41
37	AA 11	ROMILLY LA PUTHENAYE		27
80	CA 15	ROMILLY SUR AIGRE		28
24	CA 9	ROMILLY SUR ANDELLE		27
64	NA 13	ROMILLY SUR SEINE	C	10
68	ZA 14	ROMONT		88
99	EA 18	ROMORANTIN LANTHENAY	S	41
164	RA 29	ROMPON		07
58	V 12	RONAI		61
64	OA 14	RONCENAY		10
38	BA 11	RONCENAY AUTHENAY, LE		27
34	Q 11	RONCEY		50
89	AB 17	RONCHAMP		70
106	WA 19	RONCHAUX		25
42	MA 10	RONCHERES		02
83	KA 17	RONCHERES		89
25	DA 8	RONCHEROLLES EN BRAY		76
24	BA 9	RONCHEROLLES SUR LE VIVIER		76
9	KA 4	RONCHIN		59
25	DA 8	RONCHOIS		76
45	XA 10	RONCOURT		57
9	KA 3	RONCQ		59
127	T 23	RONDE, LA		17
34	Q 10	RONDE HAYE, LA		50
123	YA 21	RONDEFONTAINE		25
190	GA 34	RONEL		81
57	U 12	RONFEUGERAI		61
134	MA 23	RONGERES		03
133	IA 23	RONNET		03
136	QA 24	RONNO		69
39	GA 10	RONQUEROLLES		95
143	X 26	RONSENAC		16
18	KA 6	RONSSOY		80
150	RA 26	RONTALON		69
207	V 36	RONTIGNON		64
45	VA 10	RONVAUX		55
18	KA 4	ROOST WARENDIN		59
89	BB 17	ROPPE		90
50	GB 11	ROPPENHEIM		67
90	DB 17	ROPPENTZWILLER		68
48	DB 10	ROPPEVILLER		57
179	TA 32	ROQUE ALRIC, LA		84
36	X 10	ROQUE BAIGNARD, LA		14
196	UA 34	ROQUE D'ANTHERON, LA		13
198	AB 34	ROQUE ESCLAPON, LA		83
158	BA 29	ROQUE GAGEAC, LA		24
176	KA 32	ROQUE STE MARGUERITE, LA		12
178	QA 32	ROQUE SUR CEZE, LA		30
195	TA 33	ROQUE SUR PERNES, LA		84
199	DB 33	ROQUEBILLIERE	C	06
213	KA 35	ROQUEBRUN		34
186	X 34	ROQUEBRUNE		32
171	W 30	ROQUEBRUNE		33
200	DB 34	ROQUEBRUNE CAP MARTIN		06
204	AB 35	ROQUEBRUNE SUR ARGENS		83
203	WA 36	ROQUEBRUSSANNE, LA	C	83
172	AA 32	ROQUECOR		82
190	GA 34	ROQUECOURBE	C	81
212	IA 36	ROQUECOURBE MINERVOIS		11
192	MA 33	ROQUEDUR		30
212	HA 36	ROQUEFERE		11
221	FA 38	ROQUEFEUIL		11
219	EA 38	ROQUEFIXADE		09
187	Z 34	ROQUEFORT		32
185	V 33	ROQUEFORT	C	40
172	Z 32	ROQUEFORT		47
222	GA 39	ROQUEFORT DE SAULT		11
223	JA 37	ROQUEFORT DES CORBIERES		11
202	VA 36	ROQUEFORT LA BEDOULE		13
219	EA 38	ROQUEFORT LES CASCADES		09
200	CB 34	ROQUEFORT LES PINS		06
218	BA 37	ROQUEFORT SUR GARONNE		31
191	JA 33	ROQUEFORT SUR SOULZON		12
187	Z 34	ROQUELAURE		32
187	AA 34	ROQUELAURE ST AUBIN		32
195	RA 33	ROQUEMAURE	C	30
188	DA 34	ROQUEMAURE		81
186	Y 33	ROQUEPINE		32
191	KA 34	ROQUEREDONDE		34
210	CA 35	ROQUES		31
186	X 34	ROQUES		32
188	DA 34	ROQUESERIERE		31
213	KA 35	ROQUESSELS		34
199	BB 33	ROQUESTERON	C	06
200	BB 34	ROQUESTERON GRASSE		06
221	GA 37	ROQUETAILLADE		11
8	GA 3	ROQUETOIRE		62
38	CA 10	ROQUETTE, LA		27
200	BB 35	ROQUETTE SUR SIAGNE, LA		06
199	CB 34	ROQUETTE SUR VAR, LA		06
210	CA 35	ROQUETTES		31
202	VA 36	ROQUEVAIRE	C	13
211	EA 35	ROQUEVIDAL		81
206	S 37	ROQUIAGUE		64
157	X 29	ROQUILLE, LA		33
47	BB 11	RORBACH LES DIEUZE		57
70	DB 14	RORSCHWIHR		68
180	UA 31	ROSANS	C	05
122	UA 22	ROSAY		39
24	CA 8	ROSAY		76
39	EA 11	ROSAY		78
25	DA 9	ROSAY SUR LIEURE		27
227	KB 41	ROSAZIA		2A
47	BB 10	ROSBRUCK		57
51	C 14	ROSCANVEL		29
52	E 12	ROSCOFF		29
35	U 10	ROSEL		14
90	EB 17	ROSENAU		68
70	DB 13	ROSENWILLER		67
106	WA 19	ROSET FLUANS		25
00	XA 17	ROSEY		70
120	RA 21	ROSEY		71
70	DB 13	ROSHEIM	C	67
89	AB 16	ROSIERE, LA		70
178	PA 31	ROSIERES		07
163	OA 28	ROSIERES		43
40	JA 10	ROSIERES		60
190	GA 33	ROSIERES		81
68	YA 13	ROSIERES AUX SALINES		54
45	XA 12	ROSIERES EN HAYE		54
27	IA 7	ROSIERES EN SANTERRE	C	80
64	OA 14	ROSIERES PRES TROYES		10
108	AB 18	ROSIERES SUR BARBECHE		25
87	WA 16	ROSIERES SUR MANCE		70
146	FA 27	ROSIERS D'EGLETONS		19
145	CA 27	ROSIERS DE JUILLAC		19
96	V 18	ROSIERS SUR LOIRE, LES		49
213	JA 35	ROSIS		34
114	CA 21	ROSNAY		36
42	NA 10	ROSNAY		51
125	Q 22	ROSNAY		85
65	QA 13	ROSNAY L'HOPITAL		10
52	E 14	ROSNOEN		29
40	HA 11	ROSNY SOUS BOIS	C	93
39	DA 11	ROSNY SUR SEINE		78
26	HA 9	ROSOY		60
41	KA 10	ROSOY EN MULTIEN		60
63	JA 15	ROSOY LE VIEIL		45
53	H 12	ROSPEZ		22
228	LB 41	ROSPIGLIANI		2B
72	F 15	ROSPORDEN	C	29
32	XA 10	ROSSELANGE		57
70	EB 14	ROSSFELD		67
138	VA 25	ROSSILLON		01
48	DB 11	ROSTEIG		67
73	H 14	ROSTRENEN	C	22
18	LA 4	ROSULT		59
108	AB 19	ROSUREUX		25
122	VA 21	ROTALIER		39
26	FA 8	ROTANGY		60
69	CB 13	ROTHAU		67
48	EB 11	ROTHBACH		67
153	XA 26	ROTHERENS		73
65	QA 14	ROTHIERE, LA		10
26	FA 8	ROTHOIS		60
122	VA 22	ROTHONAY		39
58	V 12	ROTOURS, LES		61
35	U 10	ROTS		14
49	FB 11	ROTT		67
49	EB 12	ROTTELSHEIM		67
180	UA 31	ROTTIER		26

Page	Carreau	Commune	Adm.	Dpt
183	R 35	SAINT ETIENNE D'ORTHE		40
205	Q 37	SAINT ETIENNE DE BAIGORRY	C	64
164	QA 30	SAINT ETIENNE DE BOULOGNE		07
111	S 22	SAINT ETIENNE DE BRILLOUET		85
161	IA 29	SAINT ETIENNE DE CARLAT		15
97	Y 18	SAINT ETIENNE DE CHIGNY		37
147	IA 27	SAINT ETIENNE DE CHOMEIL		15
152	VA 27	SAINT ETIENNE DE CROSSEY		38
153	YA 27	SAINT ETIENNE DE CUINES		73
178	QA 30	SAINT ETIENNE DE FONTBELLON		07
172	Z 31	SAINT ETIENNE DE FOURGERES		47
131	DA 23	SAINT ETIENNE DE FURSAC		23
192	LA 34	SAINT ETIENNE DE GOURGAS		34
193	PA 33	SAINT ETIENNE DE L'OLM		30
156	W 29	SAINT ETIENNE DE LISSE		33
178	OA 30	SAINT ETIENNE DE LUGDARES	C	07
160	GA 30	SAINT ETIENNE DE MAURS		15
109	O 20	SAINT ETIENNE DE MER MORTE		44
93	O 18	SAINT ETIENNE DE MONTLUC	C	44
157	Y 28	SAINT ETIENNE DE PUYCORBIER		24
164	QA 29	SAINT ETIENNE DE SERRE		07
152	UA 27	SAINT ETIENNE DE ST GEOIRS	C	38
182	BB 32	SAINT ETIENNE DE TINEE	C	06
188	DA 33	SAINT ETIENNE DE TULMONT		82
150	RA 27	SAINT ETIENNE DE VALOUX		07
134	MA 23	SAINT ETIENNE DE VICQ		03
172	AA 30	SAINT ETIENNE DE VILLEREAL		47
147	IA 25	SAINT ETIENNE DES CHAMPS		63
80	BA 17	SAINT ETIENNE DES GUERETS		41
136	RA 24	SAINT ETIENNE DES OULLIERES		69
179	RA 32	SAINT ETIENNE DES SORTS		30
137	UA 23	SAINT ETIENNE DU BOIS		01
110	P 20	SAINT ETIENNE DU BOIS		85
195	RA 34	SAINT ETIENNE DU GRES		13
74	K 15	SAINT ETIENNE DU GUE DE L'ISLE		22
24	BA 9	SAINT ETIENNE DU ROUVRAY	C	76
177	MA 31	SAINT ETIENNE DU VALDONNEZ		48
38	CA 10	SAINT ETIENNE DU VAUVRAY		27
163	NA 30	SAINT ETIENNE DU VIGAN		43
121	TA 21	SAINT ETIENNE EN BRESSE		71
56	Q 13	SAINT ETIENNE EN COGLES		35
167	XA 30	SAINT ETIENNE EN DEVOLUY	C	05
191	KA 34	SAINT ETIENNE ESTRECHOUX		34
37	Z 10	SAINT ETIENNE L'ALLIER		27
128	U 24	SAINT ETIENNE LA CIGOGNE		79
146	GA 26	SAINT ETIENNE LA GENESTE		19
36	X 9	SAINT ETIENNE LA THILLAYE		14
136	RA 24	SAINT ETIENNE LA VARENNE		69
163	OA 28	SAINT ETIENNE LARDEYROL		43
193	YA 31	SAINT ETIENNE LE LAUS		05
149	OA 25	SAINT ETIENNE LE MOLARD		42
197	WA 33	SAINT ETIENNE LES ORGUES	C	04
89	AB 15	SAINT ETIENNE LES REMIREMONT		88
27	KA 9	SAINT ETIENNE ROILAYE		60
38	CA 10	SAINT ETIENNE SOUS BAILLEUL		27
64	OA 10	SAINT ETIENNE SOUS BARBUISE		10
148	KA 27	SAINT ETIENNE SUR BLESLE		43
137	SA 23	SAINT ETIENNE SUR CHALARONNE		01
137	SA 22	SAINT ETIENNE SUR REYSSOUZE		01
29	OA 9	SAINT ETIENNE SUR SUIPPE		51
148	LA 26	SAINT ETIENNE SUR USSON		63
177	NA 32	SAINT ETIENNE VALLEE FRANCAISE		48
41	MA 11	SAINT EUGENE		02
142	V 26	SAINT EUGENE		17
120	PA 21	SAINT EUGENE		71
44	SA 12	SAINT EULIEN		51
42	NA 10	SAINT EUPHRAISE ET CLAIRIZET		51
104	QA 18	SAINT EUPHRONE		21
120	QA 21	SAINT EUSEBE		71
139	XA 24	SAINT EUSEBE		74
167	XA 30	SAINT EUSEBE EN CHAMPSAUR		05
139	XA 25	SAINT EUSTACHE		74
23	Y 8	SAINT EUSTACHE LA FORET		76
143	X 27	SAINT EUTROPE		16
172	Z 30	SAINT EUTROPE DE BORN		47
72	E 15	SAINT EVARZEC		29
37	Y 12	SAINT EVROULT DE MONTFORT		61
37	Y 12	SAINT EVROULT NOTRE DAME DU BOIS		61
171	W 30	SAINT EXUPERY		33
146	HA 26	SAINT EXUPERY LES ROCHES		19
83	KA 17	SAINT FARGEAU	C	89
62	HA 13	SAINT FARGEAU PONTHIERRY		77
133	IA 23	SAINT FARGEOL		03
207	U 36	SAINT FAUST		64
164	RA 28	SAINT FELICIEN	C	07
224	IA 39	SAINT FELIU D'AMONT		66
224	IA 39	SAINT FELIU D'AVALL		66
134	MA 23	SAINT FELIX		03
143	W 27	SAINT FELIX		16
127	T 24	SAINT FELIX		17
175	GA 30	SAINT FELIX		46
26	GA 9	SAINT FELIX		60
139	XA 25	SAINT FELIX		74
143	Z 27	SAINT FELIX DE BOURDEILLES		24
171	W 30	SAINT FELIX DE FONCAUDE		33
191	LA 34	SAINT FELIX DE L'HERAS		34
192	MA 34	SAINT FELIX DE LODEZ		34
175	HA 30	SAINT FELIX DE LUNEL		12
193	OA 33	SAINT FELIX DE PALLIERES		30
158	AA 28	SAINT FELIX DE REILLAC ET MORTEMART		24
219	EA 37	SAINT FELIX DE RIEUTORD		09
191	JA 33	SAINT FELIX DE SORGUES		12
219	EA 37	SAINT FELIX DE TOURNEGAT		09
158	Z 29	SAINT FELIX DE VILLADEIX		24
211	FA 35	SAINT FELIX LAURAGAIS		31
29	PA 8	SAINT FERGEUX		08
89	ZA 17	SAINT FERJEUX		70
171	W 30	SAINT FERME		33
209	Z 36	SAINT FERREOL		31
153	YA 25	SAINT FERREOL		74
149	PA 27	SAINT FERREOL D'AUROURE		43
149	NA 26	SAINT FERREOL DES COTES		63
180	TA 31	SAINT FERREOL TRENTE PAS		26
221	GA 38	SAINT FERRIOL		11
53	I 13	SAINT FIACRE		22
41	JA 11	SAINT FIACRE		77
94	Q 19	SAINT FIACRE SUR MAINE		44
132	FA 23	SAINT FIEL		23
167	XA 29	SAINT FIRMIN	C	05
68	XA 13	SAINT FIRMIN		54
102	LA 19	SAINT FIRMIN		58
120	QA 20	SAINT FIRMIN		71
82	JA 15	SAINT FIRMIN DES BOIS		45
80	BA 16	SAINT FIRMIN DES PRES		41
82	IA 17	SAINT FIRMIN SUR LOIRE		45
64	NA 13	SAINT FLAVY		10
226	MB 39	SAINT FLORENT		2B
82	HA 17	SAINT FLORENT		45
110	Q 21	SAINT FLORENT DES BOIS		85
95	S 18	SAINT FLORENT LE VIEIL	C	49
178	OA 32	SAINT FLORENT SUR AUZONNET		30
116	GA 20	SAINT FLORENT SUR CHER		18
99	EA 19	SAINT FLORENTIN		36
84	NA 15	SAINT FLORENTIN	C	89
148	KA 26	SAINT FLORET		63
8	IA 3	SAINT FLORIS		62
162	KA 28	SAINT FLOUR	S	15
148	MA 25	SAINT FLOUR		63
163	NA 30	SAINT FLOUR DE MERCOIRE		48
114	BA 20	SAINT FLOVIER		37
33	Q 9	SAINT FLOXEL		50
7	FA 2	SAINT FOLQUIN		62
151	SA 25	SAINT FONS	C	69
120	PA 20	SAINT FORGEOT		71
39	FA 12	SAINT FORGET		78
136	QA 25	SAINT FORGEUX		69
135	OA 24	SAINT FORGEUX LESPINASSE		42
77	T 16	SAINT FORT		53
141	T 26	SAINT FORT SUR GIRONDE		17
142	V 26	SAINT FORT SUR LE NE		16
164	RA 29	SAINT FORTUNAT SUR EYRIEUX		07
128	W 24	SAINT FRAIGNE		16
57	T 13	SAINT FRAIMBAULT		61
57	U 14	SAINT FRAIMBAULT DE PRIERES		53
209	AA 36	SAINT FRAJOU		31
152	WA 26	SAINT FRANC		73
102	MA 19	SAINT FRANCHY		58
153	XA 25	SAINT FRANCOIS DE SALES		73
47	ZA 9	SAINT FRANCOIS LACROIX		57
153	YA 27	SAINT FRANCOIS LONGCHAMP		73
51	D 12	SAINT FREGANT		29
146	HA 26	SAINT FREJOUX		19
177	NA 30	SAINT FREZAL D'ALBUGES		48
177	NA 32	SAINT FREZAL DE VENTALON		48
212	IA 36	SAINT FRICHOUX		11
132	GA 25	SAINT FRION		23
34	R 10	SAINT FROMOND		50
129	X 25	SAINT FRONT		16
163	OA 29	SAINT FRONT		43
144	AA 27	SAINT FRONT D'ALEMPS		24
157	Y 28	SAINT FRONT DE PRADOUX		24
144	Z 26	SAINT FRONT LA RIVIERE		24
173	AA 30	SAINT FRONT SUR LEMANCE		47
144	Z 26	SAINT FRONT SUR NIZONNE		24
126	R 24	SAINT FROULT		17
110	R 20	SAINT FULGENT	C	85
59	Y 14	SAINT FULGENT DES ORMES		61
26	GA 7	SAINT FUSCIEN		80
35	U 9	SAINT GABRIEL BRECY		14
177	LA 30	SAINT GAL		48
133	JA 24	SAINT GAL SUR SIOULE		63
150	PA 26	SAINT GALMIER	C	42
88	WA 17	SAINT GAND		70
75	O 16	SAINT GANTON		35
23	X 9	SAINT GATIEN DES BOIS		14
217	Z 37	SAINT GAUDENS	S	31
129	X 24	SAINT GAUDENT		86
221	FA 37	SAINT GAUDERIC		11
115	CA 21	SAINT GAULTIER	C	36
189	EA 34	SAINT GAUZENS		81
185	V 34	SAINT GEIN		40
128	U 22	SAINT GELAIS		79
73	I 14	SAINT GELVEN		22
192	NA 34	SAINT GELY DU FESC		34
128	W 23	SAINT GENARD		79
130	BA 24	SAINT GENCE		87
112	W 20	SAINT GENEROUX		79
147	KA 25	SAINT GENES CHAMPANELLE		63
147	IA 26	SAINT GENES CHAMPESPE		63
156	T 28	SAINT GENES DE BLAYE		33
156	W 29	SAINT GENES DE CASTILLON		33
156	V 28	SAINT GENES DE FRONSAC		33
156	V 30	SAINT GENES DE LOMBAUD		33
134	KA 24	SAINT GENES DU RETZ		63
148	MA 26	SAINT GENES LA TOURETTE		63
133	IA 23	SAINT GENEST		03
68	ZA 14	SAINT GENEST		88
113	Y 20	SAINT GENEST D'AMBIERE		86
178	PA 31	SAINT GENEST DE BEAUZON		07
190	GA 34	SAINT GENEST DE CONTEST		81
164	QA 29	SAINT GENEST LACHAMP		07
150	PA 26	SAINT GENEST LERPT		42
150	QA 27	SAINT GENEST MALIFAUX	C	42
145	CA 25	SAINT GENEST SUR ROSELLE		87
163	NA 28	SAINT GENEYS PRES ST PAULIEN		43
41	LA 10	SAINT GENGOULPH		02
120	RA 22	SAINT GENGOUX DE SCISSE		71
120	RA 21	SAINT GENGOUX LE NATIONAL	C	71
159	CA 29	SAINT GENIES		24
188	DA 34	SAINT GENIES BELLEVUE		31
195	RA 33	SAINT GENIES DE COMOLAS		30
213	KA 35	SAINT GENIES DE FONTEDIT		34
193	PA 33	SAINT GENIES DE MALGOIRES		30
191	JA 34	SAINT GENIES DE VARENSAL		34
194	OA 34	SAINT GENIES DES MOURGUES		34
181	XA 32	SAINT GENIEZ		04
176	JA 31	SAINT GENIEZ D'OLT	C	12
160	FA 28	SAINT GENIEZ O MERLE		19
181	WA 31	SAINT GENIS		05
143	W 25	SAINT GENIS D'HIERSAC		16
142	U 26	SAINT GENIS DE SAINTONGE	C	17
224	JA 39	SAINT GENIS DES FONTAINES		66
156	V 30	SAINT GENIS DU BOIS		33
150	QA 25	SAINT GENIS L'ARGENTIERE		69
150	RA 25	SAINT GENIS LAVAL	C	69
150	RA 25	SAINT GENIS LES OLLIERES		69
139	XA 23	SAINT GENIS POUILLY		01
137	SA 23	SAINT GENIS SUR MENTHON		01
152	VA 26	SAINT GENIX SUR GUIERS	C	73
115	CA 20	SAINT GENOU		36
97	Z 18	SAINT GENOUPH		37
152	VA 27	SAINT GEOIRE EN VALDAINE	C	38
152	UA 27	SAINT GEOIRS		38
162	KA 28	SAINT GEORGES		15
129	X 24	SAINT GEORGES		16
187	AA 34	SAINT GEORGES		32
173	AA 31	SAINT GEORGES		47
69	BB 12	SAINT GEORGES		57
16	FA 5	SAINT GEORGES		62
174	DA 32	SAINT GEORGES		82
142	U 26	SAINT GEORGES ANTIGNAC		17
107	ZA 18	SAINT GEORGES ARMONT		25
157	Y 29	SAINT GEORGES BLANCANEIX		24
57	T 14	SAINT GEORGES BUTTAVENT		53
58	V 12	SAINT GEORGES D'ANNEBECQ		61
35	T 11	SAINT GEORGES D'AUNAY		14
162	MA 28	SAINT GEORGES D'AURAC		43
35	S 10	SAINT GEORGES D'ELLE		50
151	TA 26	SAINT GEORGES D'ESPERANCHE		38
126	Q 24	SAINT GEORGES D'OLERON		17
214	NA 35	SAINT GEORGES D'ORQUES		34
135	OA 25	SAINT GEORGES DE BAROILLE		42
34	R 10	SAINT GEORGES DE BOHON		50
76	Q 14	SAINT GEORGES DE CHESNE		35
166	WA 28	SAINT GEORGES DE COMMIERS		38
141	R 26	SAINT GEORGES DE DIDONNE		17
56	P 13	SAINT GEORGES DE GREHAIGNE		35
79	Z 16	SAINT GEORGES DE LA COUEE		72
33	O 9	SAINT GEORGES DE LA RIVIERE		50
176	KA 32	SAINT GEORGES DE LEVEJAC		48
56	R 12	SAINT GEORGES DE LIVOYE		50
128	U 24	SAINT GEORGES DE LONGUEPIERRE		17
191	JA 33	SAINT GEORGES DE LUZENCON		12
133	JA 24	SAINT GEORGES DE MONS		63
110	Q 20	SAINT GEORGES DE MONTAIGU		85
158	Z 29	SAINT GEORGES DE MONTCLARD		24
112	V 22	SAINT GEORGES DE NOISNE		79
110	P 21	SAINT GEORGES DE POINTINDOUX		85
117	HA 21	SAINT GEORGES DE POISIEUX		18
56	R 13	SAINT GEORGES DE REINTEMBAULT		35
136	RA 24	SAINT GEORGES DE RENEINS		69
127	T 23	SAINT GEORGES DE REX		79
57	T 13	SAINT GEORGES DE ROUELLEY		50
141	T 27	SAINT GEORGES DES AGOUTS		17
141	T 25	SAINT GEORGES DES COTEAUX		17
95	T 19	SAINT GEORGES DES GARDES		49
57	U 12	SAINT GEORGES DES GROSEILLERS		61
153	YA 26	SAINT GEORGES DES HURTIERES		73
96	V 18	SAINT GEORGES DES SEPT VOIES		49
127	T 23	SAINT GEORGES DU BOIS		17
96	V 17	SAINT GEORGES DU BOIS		49
78	W 15	SAINT GEORGES DU BOIS		72
37	Z 10	SAINT GEORGES DU MESNIL		27
59	Y 14	SAINT GEORGES DU ROSAY		72
37	Z 10	SAINT GEORGES DU VIEVRE	C	27
36	W 11	SAINT GEORGES EN AUGE		14
149	OA 25	SAINT GEORGES EN COUZAN	C	42
149	OA 26	SAINT GEORGES HAUTE VILLE		42
132	FA 24	SAINT GEORGES LA POUGE		23
149	NA 27	SAINT GEORGES LAGRICOL		43
77	U 15	SAINT GEORGES LE FLECHARD		53
58	W 14	SAINT GEORGES LE GAULTIER		72
113	Y 21	SAINT GEORGES LES BAILLARGEAUX	C	86
164	RA 29	SAINT GEORGES LES BAINS		07
131	CA 23	SAINT GEORGES LES LANDES		87
34	R 10	SAINT GEORGES MONTCOCQ		50
38	CA 12	SAINT GEORGES MOTEL		27
146	GA 25	SAINT GEORGES NIGREMONT		23
148	LA 25	SAINT GEORGES SUR ALLIER		63
116	FA 20	SAINT GEORGES SUR ARNON		36
83	MA 16	SAINT GEORGES SUR BAULCHE		89
98	BA 18	SAINT GEORGES SUR CHER		41
78	V 14	SAINT GEORGES SUR ERVE		53
60	CA 13	SAINT GEORGES SUR EURE		28
24	BA 8	SAINT GEORGES SUR FONTAINE		76
8	GA 2	SAINT GEORGES SUR L'AA		59
100	FA 19	SAINT GEORGES SUR LA PREE		18
96	U 19	SAINT GEORGES SUR LAYON		49
95	T 18	SAINT GEORGES SUR LOIRE	C	49
100	HA 19	SAINT GEORGES SUR MOULON		18
137	SA 24	SAINT GEORGES SUR RENON		01
184	S 34	SAINT GEOURS D'AURIBAT		40
183	R 34	SAINT GEOURS DE MAREMNE		40
73	J 15	SAINT GERAND		56
134	LA 22	SAINT GERAND DE VAUX		03
134	MA 23	SAINT GERAND LE PUY		03
171	X 30	SAINT GERAUD		47
157	X 29	SAINT GERAUD DE CORPS		24
94	R 18	SAINT GEREON		44
178	QA 30	SAINT GERMAIN		07
64	OA 14	SAINT GERMAIN		10
68	YA 13	SAINT GERMAIN		54
89	ZA 17	SAINT GERMAIN		70
114	AA 22	SAINT GERMAIN		86
136	RA 25	SAINT GERMAIN AU MONT D'OR		69
131	DA 23	SAINT GERMAIN BEAUPRE		23
118	LA 21	SAINT GERMAIN CHASSENAY		58
57	T 14	SAINT GERMAIN D'ANXURE		53
78	X 17	SAINT GERMAIN D'ARCE		72
37	Y 11	SAINT GERMAIN D'AUNAY		61
35	T 10	SAINT GERMAIN D'ECTOT		14
35	S 10	SAINT GERMAIN D'ELLE		50
141	S 27	SAINT GERMAIN D'ESTEUIL		33
24	BA 7	SAINT GERMAIN D'ETABLES		76
158	BA 29	SAINT GERMAIN DE BELVES		24
177	NA 32	SAINT GERMAIN DE CALBERTE	C	48
37	X 12	SAINT GERMAIN DE CLAIREFEUILLE		61
130	Z 24	SAINT GERMAIN DE CONFOLENS		16
58	V 14	SAINT GERMAIN DE COULAMER		53
38	CA 11	SAINT GERMAIN DE FRESNEY		27
170	V 30	SAINT GERMAIN DE GRAVE		33
138	WA 23	SAINT GERMAIN DE JOUX		01
59	Z 14	SAINT GERMAIN DE LA COUDRE		61
39	FA 11	SAINT GERMAIN DE LA GRANGE		78
156	V 29	SAINT GERMAIN DE LA RIVIERE		33
36	X 10	SAINT GERMAIN DE LIVET		14
112	V 21	SAINT GERMAIN DE LONGUE CHAUME		79
142	U 27	SAINT GERMAIN DE LUSIGNAN		17
127	S 24	SAINT GERMAIN DE MARENCENNES		17
59	Y 13	SAINT GERMAIN DE MARTIGNY		61
103	PA 18	SAINT GERMAIN DE MODEON		21
143	Y 26	SAINT GERMAIN DE MONTBRON		16
36	X 11	SAINT GERMAIN DE MONTGOMMERY		14
38	BA 10	SAINT GERMAIN DE PASQUIER		27
111	S 21	SAINT GERMAIN DE PRINCAY		85
134	KA 23	SAINT GERMAIN DE SALLES		03
57	S 12	SAINT GERMAIN DE TALLEVENDE LA LANDE VAUMONT		14
33	Q 8	SAINT GERMAIN DE TOURNEBUT		50
33	R 9	SAINT GERMAIN DE VARREVILLE		50
142	V 27	SAINT GERMAIN DE VIBRAC		17
38	BA 10	SAINT GERMAIN DES ANGLES		27
117	HA 20	SAINT GERMAIN DES BOIS		18
102	MA 18	SAINT GERMAIN DES BOIS		58
103	OA 18	SAINT GERMAIN DES CHAMPS		89
24	CA 8	SAINT GERMAIN DES ESSOURTS		76
134	LA 23	SAINT GERMAIN DES FOSSES		03
59	AA 13	SAINT GERMAIN DES GROIS		61
144	AA 27	SAINT GERMAIN DES PRES		24
82	JA 15	SAINT GERMAIN DES PRES		45
95	S 18	SAINT GERMAIN DES PRES		49
211	FA 35	SAINT GERMAIN DES PRES		81
33	O 8	SAINT GERMAIN DES VAUX		50
173	DA 30	SAINT GERMAIN DU BEL AIR	C	46
121	UA 21	SAINT GERMAIN DU BOIS	C	71
58	W 13	SAINT GERMAIN DU CORBEIS		61
35	T 11	SAINT GERMAIN DU CRIOULT		14
34	R 9	SAINT GERMAIN DU PERT		14
75	R 15	SAINT GERMAIN DU PINEL		35
121	SA 21	SAINT GERMAIN DU PLAIN	C	71
170	V 29	SAINT GERMAIN DU PUCH		33
101	HA 19	SAINT GERMAIN DU PUY		18
157	Y 28	SAINT GERMAIN DU SALEMBRE		24
141	T 26	SAINT GERMAIN DU SEUDRE		17
176	KA 31	SAINT GERMAIN DU TEIL	C	48
135	PA 23	SAINT GERMAIN EN BRIONNAIS		71
56	R 13	SAINT GERMAIN EN COGLES		35
39	FA 11	SAINT GERMAIN EN LAYE	S	78
123	XA 21	SAINT GERMAIN EN MONTAGNE		39
157	Z 29	SAINT GERMAIN ET MONS		24
111	S 21	SAINT GERMAIN L'AIGUILLER		85
148	MA 26	SAINT GERMAIN L'HERM	C	63
36	U 10	SAINT GERMAIN LA BLANCHE HERBE		14
37	Y 10	SAINT GERMAIN LA CAMPAGNE		27
152	WA 25	SAINT GERMAIN LA CHAMBOTTE		73
136	QA 23	SAINT GERMAIN LA MONTAGNE		42
25	FA 9	SAINT GERMAIN LA POTERIE		60
43	QA 11	SAINT GERMAIN LA VILLE		51
36	V 11	SAINT GERMAIN LANGOT		14
163	OA 28	SAINT GERMAIN LAPRADE		43
135	OA 25	SAINT GERMAIN LAVAL	C	42
63	KA 13	SAINT GERMAIN LAVAL		77
146	GA 26	SAINT GERMAIN LAVOLPS		19
62	IA 13	SAINT GERMAIN LAXIS		77
90	BB 17	SAINT GERMAIN LE CHATELET		90
77	T 15	SAINT GERMAIN LE FOUILLOUX		53
60	CA 13	SAINT GERMAIN LE GAILLARD		28
33	O 9	SAINT GERMAIN LE GAILLARD		50
77	S 14	SAINT GERMAIN LE GUILLAUME		53
85	RA 16	SAINT GERMAIN LE ROCHEUX		21
36	V 11	SAINT GERMAIN LE VASSON		14
59	Y 12	SAINT GERMAIN LE VIEUX		61
148	LA 26	SAINT GERMAIN LEMBRON	C	63
122	VA 21	SAINT GERMAIN LES ARLAY		39
62	GA 12	SAINT GERMAIN LES ARPAJON		91
145	DA 26	SAINT GERMAIN LES BELLES	C	87
120	RA 21	SAINT GERMAIN LES BUXY		71
62	HA 12	SAINT GERMAIN LES CORBEIL	C	91
152	VA 25	SAINT GERMAIN LES PAROISSES		01
85	PA 17	SAINT GERMAIN LES SENAILLY		21
159	DA 27	SAINT GERMAIN LES VERGNES		19
135	OA 24	SAINT GERMAIN LESPINASSE		42
147	IA 25	SAINT GERMAIN PRES HERMENT		63
85	RA 17	SAINT GERMAIN SOURCE SEINE		21
24	BA 8	SAINT GERMAIN SOUS CAILLY		76
41	KA 11	SAINT GERMAIN SOUS DOUE		77
38	CA 12	SAINT GERMAIN SUR AVRE		27
34	P 10	SAINT GERMAIN SUR AY		50
25	EA 7	SAINT GERMAIN SUR BRESLE		80
25	DA 7	SAINT GERMAIN SUR EAULNE		76
62	HA 13	SAINT GERMAIN SUR ECOLE		77
75	P 14	SAINT GERMAIN SUR ILLE		35
136	RA 25	SAINT GERMAIN SUR L'ARBRESLE		69
45	VA 12	SAINT GERMAIN SUR MEUSE		55
94	R 19	SAINT GERMAIN SUR MOINE		49
40	JA 11	SAINT GERMAIN SUR MORIN		77
137	TA 24	SAINT GERMAIN SUR RENON		01
138	WA 24	SAINT GERMAIN SUR RHONE		74
58	X 14	SAINT GERMAIN SUR SARTHE		72
34	Q 10	SAINT GERMAIN SUR SEVES		50
97	W 19	SAINT GERMAIN SUR VIENNE		37
23	Y 9	SAINT GERMAIN VILLAGE		27
29	PA 8	SAINT GERMAINMONT		08
185	V 34	SAINT GERME		32
25	EA 9	SAINT GERMER DE FLY		60
211	EA 35	SAINT GERMIER		31
187	AA 34	SAINT GERMIER		32
112	W 22	SAINT GERMIER		79
190	GA 34	SAINT GERMIER		81
148	LA 27	SAINT GERON		43
160	GA 29	SAINT GERONS		15
179	RA 32	SAINT GERVAIS		30
156	U 28	SAINT GERVAIS		33
166	VA 28	SAINT GERVAIS		38
109	N 20	SAINT GERVAIS		85
39	EA 10	SAINT GERVAIS		95
133	JA 24	SAINT GERVAIS D'AUVERGNE	C	63
79	AA 16	SAINT GERVAIS DE VIC		72
36	W 11	SAINT GERVAIS DES SABLONS		61
58	X 13	SAINT GERVAIS DU PERRON		61
78	X 16	SAINT GERVAIS EN BELIN		72
121	SA 20	SAINT GERVAIS EN VALLIERE		71
80	CA 17	SAINT GERVAIS LA FORET		41
140	AB 25	SAINT GERVAIS LES BAINS	C	74
113	Y 20	SAINT GERVAIS LES TROIS CLOCHERS	C	86
148	MA 25	SAINT GERVAIS SOUS MEYMONT		63
120	QA 20	SAINT GERVAIS SUR COUCHES		71
191	KA 34	SAINT GERVAIS SUR MARE	C	34
179	SA 30	SAINT GERVAIS SUR ROUBION		26
193	QA 33	SAINT GERVASY		30
148	KA 27	SAINT GERVAZY		63
157	Y 29	SAINT GERY		24
174	DA 31	SAINT GERY	C	46
158	AA 28	SAINT GEYRAC		24
43	PA 11	SAINT GIBRIEN		51
53	J 13	SAINT GILDAS		22
92	J 17	SAINT GILDAS DE RHUYS		56
93	N 17	SAINT GILDAS DES BOIS	C	44
194	QA 34	SAINT GILLES	C	30
75	O 14	SAINT GILLES		35
115	DA 22	SAINT GILLES		36
34	R 10	SAINT GILLES		50
42	MA 9	SAINT GILLES		51
120	RA 20	SAINT GILLES		71
73	J 14	SAINT GILLES VIEUX MARCHE		22
109	O 21	SAINT GILLES CROIX DE VIE	C	85
23	Z 8	SAINT GILLES DE CRETOT		76
23	Y 8	SAINT GILLES DE LA NEUVILLE		76
57	T 13	SAINT GILLES DES MARAIS		61
74	L 14	SAINT GILLES DU MENE		22
53	I 12	SAINT GILLES LES BOIS		22
145	DA 26	SAINT GILLES LES FORETS		87
53	I 13	SAINT GILLES PLIGEAUX		22
179	QA 30	SAINT GINEIS EN COIRON		07
124	AB 22	SAINT GINGOLPH		74
139	XA 25	SAINT GIROD		73
218	BA 37	SAINT GIRONS	S	09
184	S 35	SAINT GIRONS		64
156	U 28	SAINT GIRONS D'AIGUEVIVES		33
206	S 36	SAINT GLADIE ARRIVE MUNEIN		64
54	L 14	SAINT GLEN		22
72	F 14	SAINT GOAZEC		29
28	LA 8	SAINT GOBAIN		02
28	NA 7	SAINT GOBERT		02
206	T 36	SAINT GOIN		64
82	HA 17	SAINT GONDON		45
75	O 14	SAINT GONDRAN		35
75	N 15	SAINT GONLAY		35
74	K 15	SAINT GONNERY		56
185	V 33	SAINT GOR		40
92	M 17	SAINT GORGON		56
68	AB 14	SAINT GORGON		88
107	YA 20	SAINT GORGON MAIN		25
75	L 14	SAINT GOUENO		22
80	BA 17	SAINT GOURGON		41
129	X 24	SAINT GOURSON		16
131	DA 24	SAINT GOUSSAUD		23
16	HA 6	SAINT GRATIEN		80
40	GA 11	SAINT GRATIEN	C	95
119	MA 20	SAINT GRATIEN SAVIGNY		58
74	M 16	SAINT GRAVE		56
75	P 14	SAINT GREGOIRE		35
190	GA 33	SAINT GREGOIRE		81
142	U 26	SAINT GREGOIRE D'ARDENNES		17
37	Z 10	SAINT GREGOIRE DU VIEVRE		27
185	W 34	SAINT GRIEDE		32
129	X 25	SAINT GROUX		16
73	J 14	SAINT GUEN		22
192	MA 34	SAINT GUILHEM LE DESERT		34
166	VA 29	SAINT GUILLAUME		38
55	O 13	SAINT GUINOUX		35
192	LA 34	SAINT GUIRAUD		34
74	L 16	SAINT GUYOMARD		56
163	NA 29	SAINT HAON		43
135	OA 24	SAINT HAON LE CHATEL	C	42
135	OA 25	SAINT HAON LE VIEUX		42
150	PA 26	SAINT HEAND	C	42
55	N 13	SAINT HELEN		22
104	RA 18	SAINT HELIER		21
24	BA 7	SAINT HELLIER		76
93	P 19	SAINT HERBLAIN	C	44
94	R 18	SAINT HERBLON		44
148	KA 26	SAINT HERENT		63
72	G 14	SAINT HERNIN		29
74	K 14	SAINT HERVE		22
118	KA 22	SAINT HILAIRE		03
221	GA 37	SAINT HILAIRE	C	11
107	YA 18	SAINT HILAIRE		25
210	CA 36	SAINT HILAIRE		31
148	LA 27	SAINT HILAIRE		43
160	GA 29	SAINT HILAIRE		46
133	IA 24	SAINT HILAIRE		63
61	FA 13	SAINT HILAIRE		91
152	WA 27	SAINT HILAIRE (DU TOUVET)		38
43	QA 10	SAINT HILAIRE AU TEMPLE		51
145	CA 25	SAINT HILAIRE BONNEVAL		87
8	HA 4	SAINT HILAIRE COTTES		62
149	OA 27	SAINT HILAIRE CUSSON LA VALMITTE		42
157	Y 28	SAINT HILAIRE D'ESTISSAC		24
195	RA 33	SAINT HILAIRE D'OZILHAN		30
193	OA 34	SAINT HILAIRE DE BEAUVOIR		34
151	UA 26	SAINT HILAIRE DE BRENS		38
193	PA 33	SAINT HILAIRE DE BRETHMAS		30
58	V 12	SAINT HILAIRE DE BRIOUZE		61
93	O 19	SAINT HILAIRE DE CHALEONS		44
110	Q 19	SAINT HILAIRE DE CLISSON		44
100	FA 19	SAINT HILAIRE DE COURT		18
101	JA 19	SAINT HILAIRE DE GONDILLY		18
152	UA 27	SAINT HILAIRE DE LA COTE		38
171	W 30	SAINT HILAIRE DE LA NOAILLE		33
177	MA 32	SAINT HILAIRE DE LAVIT		48
110	Q 20	SAINT HILAIRE DE LOULAY		85
172	Y 32	SAINT HILAIRE DE LUSIGNAN		47
109	N 21	SAINT HILAIRE DE RIEZ		85
128	U 25	SAINT HILAIRE DE VILLEFRANCHE	C	17
111	T 21	SAINT HILAIRE DE VOUST		85
76	Q 14	SAINT HILAIRE DES LANDES		35
111	T 22	SAINT HILAIRE DES LOGES	C	85
142	U 27	SAINT HILAIRE DU BOIS		17
171	W 30	SAINT HILAIRE DU BOIS		33
56	R 13	SAINT HILAIRE DU HARCOUET	C	50
57	S 14	SAINT HILAIRE DU MAINE		53
165	TA 28	SAINT HILAIRE DU ROSIER		38
116	GA 21	SAINT HILAIRE EN LIGNIERES		18
103	NA 19	SAINT HILAIRE EN MORVAN		58
45	WA 10	SAINT HILAIRE EN WOEVRE		55
146	GA 27	SAINT HILAIRE FOISSAC		19
119	MA 21	SAINT HILAIRE FONTAINE		58
133	KA 24	SAINT HILAIRE LA CROIX		63
125	P 22	SAINT HILAIRE LA FORET		85
58	W 12	SAINT HILAIRE LA GERARD		61
80	BA 15	SAINT HILAIRE LA GRAVELLE		41
127	T 23	SAINT HILAIRE LA PALUD		79
132	FA 24	SAINT HILAIRE LA PLAINE		23
131	CA 23	SAINT HILAIRE LA TREILLE		87
132	EA 24	SAINT HILAIRE LE CHATEAU	C	23
59	Z 13	SAINT HILAIRE LE CHATEL		61
43	QA 10	SAINT HILAIRE LE GRAND		51
59	Y 15	SAINT HILAIRE LE LIERRU		72
43	QA 10	SAINT HILAIRE LE PETIT		51
110	R 21	SAINT HILAIRE LE VOUHIS		85
83	KA 15	SAINT HILAIRE LES ANDRESIS		45
145	EA 26	SAINT HILAIRE LES COURBES		19
147	IA 25	SAINT HILAIRE LES MONGES		63
144	BA 26	SAINT HILAIRE LES PLACES		87
18	LA 5	SAINT HILAIRE LEZ CAMBRAI		59
146	GA 27	SAINT HILAIRE LUC		19
34	R 9	SAINT HILAIRE PETITVILLE		50
159	DA 28	SAINT HILAIRE PEYROUX		19
135	PA 24	SAINT HILAIRE SOUS CHARLIEU		42
64	MA 13	SAINT HILAIRE SOUS ROMILLY		10
81	EA 16	SAINT HILAIRE ST MESMIN		45
84	BA 22	SAINT HILAIRE SUR BENAIZE		36
59	Z 14	SAINT HILAIRE SUR ERRE		61
19	NA 6	SAINT HILAIRE SUR HELPE		59
82	IA 16	SAINT HILAIRE SUR PUISEAUX		45
37	Y 12	SAINT HILAIRE SUR RISLE		61
80	CA 15	SAINT HILAIRE SUR YERRE		28
160	EA 28	SAINT HILAIRE TAURIEUX		19
61	EA 12	SAINT HILARION		78
63	LA 12	SAINT HILLIERS		77
161	IA 30	SAINT HIPPOLYTE		12
161	IA 27	SAINT HIPPOLYTE		15
127	S 24	SAINT HIPPOLYTE		17
89	AB 16	SAINT HIPPOLYTE	C	25
156	W 29	SAINT HIPPOLYTE		33
98	BA 19	SAINT HIPPOLYTE		37
224	JA 38	SAINT HIPPOLYTE		66
70	DB 14	SAINT HIPPOLYTE		68
193	PA 33	SAINT HIPPOLYTE DE CATON		30
193	QA 33	SAINT HIPPOLYTE DE MONTAIGU		30
192	NA 33	SAINT HIPPOLYTE DU FORT	C	30
179	TA 32	SAINT HIPPOLYTE LE GRAVEYRON		84
166	WA 29	SAINT HONORE		38
24	BA 7	SAINT HONORE		76
119	NA 20	SAINT HONORE LES BAINS		58
163	OA 28	SAINT HOSTIEN		43
46	YA 10	SAINT HUBERT		57
120	QA 21	SAINT HURUGE		71
36	X 10	SAINT HYMER		14
138	VA 22	SAINT HYMETIERE		39
73	I 14	SAINT IGEAUX		22
175	FA 31	SAINT IGEST		12
217	Z 37	SAINT IGNAN		31
134	LA 24	SAINT IGNAT		63
136	PA 23	SAINT IGNY DE ROCHE		71
136	QA 23	SAINT IGNY DE VERS		69
160	GA 28	SAINT ILLIDE		15
38	DA 11	SAINT ILLIERS LA VILLE		78
38	DA 11	SAINT ILLIERS LE BOIS		78
162	LA 28	SAINT ILPIZE		43
42	OA 10	SAINT IMOGES		51
7	EA 2	SAINT INGLEVERT		62
152	WA 27	SAINT ISMIER	C	38
190	IA 33	SAINT IZAIRE		12
198	YA 33	SAINT JACQUES		04
24	CA 7	SAINT JACQUES D'ALIERMONT		76
133	IA 24	SAINT JACQUES D'AMBUR		63
150	RA 27	SAINT JACQUES D'ATTICIEUX		07

Page	Carreau	Commune	Adm.	Dpt
135	NA 25	SAINT MARCEL D'URFE		42
178	QA 32	SAINT MARCEL DE CAREIRET		30
135	PA 25	SAINT MARCEL DE FELINES		42
158	Z 29	SAINT MARCEL DU PERIGORD		24
133	IA 23	SAINT MARCEL EN MARCILLAT		03
133	KA 23	SAINT MARCEL EN MURAT		03
136	QA 25	SAINT MARCEL L'ECLAIRE		69
150	RA 27	SAINT MARCEL LES ANNONAY		07
179	SA 30	SAINT MARCEL LES SAUZET		26
165	SA 29	SAINT MARCEL LES VALENCE		26
188	DA 34	SAINT MARCEL PAULEL		31
213	JA 36	SAINT MARCEL SUR AUDE		11
120	QA 22	SAINT MARCELIN DE CRAY		71
166	UA 28	SAINT MARCELLIN	C	38
149	PA 26	SAINT MARCELLIN EN FOREZ		42
179	TA 32	SAINT MARCELLIN LES VAISON		84
217	Z 37	SAINT MARCET		31
158	AA 30	SAINT MARCORY		24
35	S 10	SAINT MARCOUF		14
33	Q 9	SAINT MARCOUF		50
28	MA 9	SAINT MARD		02
127	T 24	SAINT MARD		17
68	YA 13	SAINT MARD		54
40	IA 11	SAINT MARD		77
27	IA 8	SAINT MARD		80
59	Z 13	SAINT MARD DE RENO		61
120	RA 20	SAINT MARD DE VAUX		71
42	OA 11	SAINT MARD LES ROUFFY		51
43	RA 11	SAINT MARD SUR AUVE		51
44	SA 11	SAINT MARD SUR LE MONT		51
24	BA 7	SAINT MARDS		76
23	Z 9	SAINT MARDS DE BLACARVILLE		27
37	Y 10	SAINT MARDS DE FRESNE		27
64	NA 14	SAINT MARDS EN OTHE		10
132	GA 22	SAINT MARIEN		23
156	U 28	SAINT MARIENS		33
57	T 13	SAINT MARS D'EGRENNE		61
78	Y 16	SAINT MARS D'OUTILLE		72
93	O 19	SAINT MARS DE COUTAIS		44
78	Y 16	SAINT MARS DE LOCQUENAY		72
94	Q 18	SAINT MARS DU DESERT		44
58	V 14	SAINT MARS DU DESERT		53
79	Y 15	SAINT MARS LA BRIERE		72
94	R 17	SAINT MARS LA JAILLE	C	44
111	S 20	SAINT MARS LA REORTHE		85
78	X 14	SAINT MARS SOUS BALLON		72
57	T 14	SAINT MARS SUR COLMONT		53
57	S 13	SAINT MARS SUR LA FUTAIE		53
41	LA 12	SAINT MARS VIEUX MAISONS		77
224	IA 39	SAINT MARSAL		66
164	PA 29	SAINT MARTIAL		07
161	KA 29	SAINT MARTIAL		15
143	W 27	SAINT MARTIAL		16
128	U 24	SAINT MARTIAL		17
192	NA 33	SAINT MARTIAL		30
171	V 30	SAINT MARTIAL		33
144	BA 27	SAINT MARTIAL D'ALBAREDE		24
157	X 28	SAINT MARTIAL D'ARTENSET		24
160	EA 27	SAINT MARTIAL DE GIMEL		19
142	U 27	SAINT MARTIAL DE MIRAMBEAU		17
159	CA 30	SAINT MARTIAL DE NABIRAT		24
144	Z 26	SAINT MARTIAL DE VALETTE		24
142	U 26	SAINT MARTIAL DE VITATERNE		17
160	FA 28	SAINT MARTIAL ENTRAYGUES		19
132	FA 24	SAINT MARTIAL LE MONT		23
133	GA 23	SAINT MARTIAL LE VIEUX		23
144	AA 23	SAINT MARTIAL SUR ISOP		87
142	U 26	SAINT MARTIAL SUR NE		17
143	Y 27	SAINT MARTIAL VIVEYROL		24
208	Y 35	SAINT MARTIN		32
69	AB 13	SAINT MARTIN		54
74	M 16	SAINT MARTIN		56
216	W 37	SAINT MARTIN		65
222	HA 38	SAINT MARTIN		66
69	DB 14	SAINT MARTIN		67
203	WA 35	SAINT MARTIN		83
25	EA 7	SAINT MARTIN AU BOSC		76
8	GA 3	SAINT MARTIN AU LAERT		62
24	AA 8	SAINT MARTIN AUX ARBRES		76
26	HA 8	SAINT MARTIN AUX BOIS		60
23	Y 7	SAINT MARTIN AUX BUNEAUX		76
43	QA 12	SAINT MARTIN AUX CHAMPS		51
23	X 9	SAINT MARTIN AUX CHARTRAINS		14
137	SA 22	SAINT MARTIN BELLE ROCHE		71
139	XA 24	SAINT MARTIN BELLEVUE		74
7	DA 3	SAINT MARTIN BOULOGNE		62
160	GA 28	SAINT MARTIN CANTALES		15
145	EA 25	SAINT MARTIN CHATEAU		23
7	EA 3	SAINT MARTIN CHOQUEL		62
171	W 31	SAINT MARTIN CURTON		47
81	GA 16	SAINT MARTIN D'ABBAT		45
42	NA 11	SAINT MARTIN D'ABLOIS		51
151	SA 27	SAINT MARTIN D'AOUT		26
206	R 36	SAINT MARTIN D'ARBEROUE		64
167	ZA 28	SAINT MARTIN D'ARC		73
96	W 17	SAINT MARTIN D'ARCE		49
179	QA 32	SAINT MARTIN D'ARDECHE		07
185	W 34	SAINT MARTIN D'ARMAGNAC		32
205	Q 36	SAINT MARTIN D'ARROSSA		64
156	V 28	SAINT MARTIN D'ARY		17
33	Q 10	SAINT MARTIN D'AUBIGNY		50
33	Q 8	SAINT MARTIN D'AUDOUVILLE		50
100	HA 19	SAINT MARTIN D'AUXIGNY	C	18
120	QA 21	SAINT MARTIN D'AUXY		71
37	Z 12	SAINT MARTIN D'ECUBLEI		61
182	AB 32	SAINT MARTIN D'ENTRAUNES		06
135	NA 23	SAINT MARTIN D'ESTREAUX		42
7	FA 4	SAINT MARTIN D'HARDINGHEM		62
166	WA 28	SAINT MARTIN D'HERES	C	38
102	KA 19	SAINT MARTIN D'HEUILLE		58
148	MA 27	SAINT MARTIN D'OLLIERES		63
184	T 33	SAINT MARTIN D'ONEY		40
83	KA 15	SAINT MARTIN D'ORDON		89
219	DA 37	SAINT MARTIN D'OYDES		09
166	WA 28	SAINT MARTIN D'URIAGE		38
138	VA 25	SAINT MARTIN DE BAVEL		01
172	AA 32	SAINT MARTIN DE BEAUVILLE		47
154	ZA 27	SAINT MARTIN DE BELLEVILLE		73
128	V 23	SAINT MARTIN DE BERNEGOUE		79
37	Y 11	SAINT MARTIN DE BIENFAITE LA CRESSONNIERE		14
35	S 10	SAINT MARTIN DE BLAGNY		14
34	R 10	SAINT MARTIN DE BONFOSSE		50
24	AA 9	SAINT MARTIN DE BOSCHERVILLE		76
64	MA 13	SAINT MARTIN DE BOSSENAY		10
177	NA 32	SAINT MARTIN DE BOUBAUX		48
61	FA 13	SAINT MARTIN DE BRETHENCOURT		78
197	WA 34	SAINT MARTIN DE BROMES		04
219	DA 37	SAINT MARTIN DE CARALP		09
196	VA 34	SAINT MARTIN DE CASTILLON		84
34	Q 11	SAINT MARTIN DE CENILLY		50
166	VA 29	SAINT MARTIN DE CLELLES		38
120	QA 20	SAINT MARTIN DE COMMUNE		71
78	V 14	SAINT MARTIN DE CONNEE		53
156	W 28	SAINT MARTIN DE COUX		17
201	SA 34	SAINT MARTIN DE CRAU		13
36	V 10	SAINT MARTIN DE FONTENAY		14
111	T 22	SAINT MARTIN DE FRAIGNEAU		85
144	AA 27	SAINT MARTIN DE FRESSENGEAS		24
163	OA 29	SAINT MARTIN DE FUGERES		43
187	Z 33	SAINT MARTIN DE GOYNE		32
157	X 29	SAINT MARTIN DE GURSON		24
183	R 35	SAINT MARTIN DE HINX		40
128	U 24	SAINT MARTIN DE JUILLERS		17
130	AA 25	SAINT MARTIN DE JUSSAC		87
213	JA 35	SAINT MARTIN DE L'ARCON		34
196	VA 34	SAINT MARTIN DE LA BRASQUE		84
166	VA 29	SAINT MARTIN DE LA CLUZE		38
37	X 10	SAINT MARTIN DE LA LIEUE		14
104	PA 19	SAINT MARTIN DE LA MER		21
96	V 18	SAINT MARTIN DE LA PLACE		49
153	ZA 27	SAINT MARTIN DE LA PORTE		73
115	DA 20	SAINT MARTIN DE LAMPS		36
56	R 13	SAINT MARTIN DE LANDELLES		50
177	NA 32	SAINT MARTIN DE LANSUSCLE		48
156	V 28	SAINT MARTIN DE LAYE		33
176	JA 31	SAINT MARTIN DE LENNE		12
171	W 30	SAINT MARTIN DE LERM		33
135	PA 23	SAINT MARTIN DE LIXY		71
192	NA 34	SAINT MARTIN DE LONDRES	C	34
96	W 20	SAINT MARTIN DE MACON		79
37	X 10	SAINT MARTIN DE MAILLOC		14
36	V 11	SAINT MARTIN DE MIEUX		14
61	DA 12	SAINT MARTIN DE NIGELLES		28
168	ZA 29	SAINT MARTIN DE QUEYRIERES		05
126	Q 23	SAINT MARTIN DE RE	C	17
143	Y 27	SAINT MARTIN DE RIBERAC		24
120	QA 22	SAINT MARTIN DE SALENCEY		71
35	U 11	SAINT MARTIN DE SALLEN		14
96	V 19	SAINT MARTIN DE SANZAY		79
183	Q 35	SAINT MARTIN DE SEIGNANX	C	40
171	V 30	SAINT MARTIN DE SESCAS		33
128	V 22	SAINT MARTIN DE ST MAIXENT		79
164	QA 29	SAINT MARTIN DE VALAMAS	C	07
178	OA 32	SAINT MARTIN DE VALGALGUES		30
33	R 9	SAINT MARTIN DE VARREVILLE		50
152	VA 26	SAINT MARTIN DE VAULSERRE		38
174	DA 30	SAINT MARTIN DE VERS		46
172	AA 30	SAINT MARTIN DE VILLEREAL		47
221	GA 37	SAINT MARTIN DE VILLEREGLAN		11
35	S 11	SAINT MARTIN DES BESACES		14
79	AA 16	SAINT MARTIN DES BOIS		41
101	JA 19	SAINT MARTIN DES CHAMPS		18
52	F 13	SAINT MARTIN DES CHAMPS		29
56	Q 12	SAINT MARTIN DES CHAMPS		50
41	LA 12	SAINT MARTIN DES CHAMPS		77
39	EA 11	SAINT MARTIN DES CHAMPS		78
83	KA 17	SAINT MARTIN DES CHAMPS		89
158	Z 29	SAINT MARTIN DES COMBES		24
35	T 10	SAINT MARTIN DES ENTREES		14
111	S 22	SAINT MARTIN DES FONTAINES		85
119	MA 21	SAINT MARTIN DES LAIS		03
58	W 13	SAINT MARTIN DES LANDES		61
59	Z 15	SAINT MARTIN DES MONTS		72
110	R 21	SAINT MARTIN DES NOYERS		85
149	NA 26	SAINT MARTIN DES OLMES		63
59	Y 12	SAINT MARTIN DES PEZERITS		61
148	LA 26	SAINT MARTIN DES PLAINS		63
53	J 14	SAINT MARTIN DES PRES		22
223	IA 37	SAINT MARTIN DES PUITS		11
110	R 20	SAINT MARTIN DES TILLEULS		85
35	S 11	SAINT MARTIN DON		14
23	X 8	SAINT MARTIN DU BEC		76
156	V 28	SAINT MARTIN DU BOIS		33
77	T 16	SAINT MARTIN DU BOIS		49
41	LA 12	SAINT MARTIN DU BOSCHET		77
129	X 24	SAINT MARTIN DU CLOCHER		16
95	T 18	SAINT MARTIN DU FOUILLOUX		49
112	W 21	SAINT MARTIN DU FOUILLOUX		79
138	VA 23	SAINT MARTIN DU FRENE		01
135	OA 23	SAINT MARTIN DU LAC		71
76	R 16	SAINT MARTIN DU LIMET		53
23	X 8	SAINT MARTIN DU MANOIR		76
36	X 11	SAINT MARTIN DU MESNIL OURY		14
138	UA 24	SAINT MARTIN DU MONT		01
104	RA 18	SAINT MARTIN DU MONT		21
121	UA 21	SAINT MARTIN DU MONT		71
171	W 30	SAINT MARTIN DU PUY		33
103	NA 18	SAINT MARTIN DU PUY		58
120	RA 21	SAINT MARTIN DU TARTRE		71
63	LA 14	SAINT MARTIN DU TERTRE		89
40	HA 10	SAINT MARTIN DU TERTRE		95
37	Z 10	SAINT MARTIN DU TILLEUL		27
200	CB 34	SAINT MARTIN DU VAR		06
59	Y 13	SAINT MARTIN DU VIEUX BELLEME		61
24	BA 9	SAINT MARTIN DU VIVIER		76
62	HA 13	SAINT MARTIN EN BIERE		77
121	TA 20	SAINT MARTIN EN BRESSE	C	71
15	CA 6	SAINT MARTIN EN CAMPAGNE		76
121	SA 20	SAINT MARTIN EN GATINOIS		71
150	QA 26	SAINT MARTIN EN HAUT		69
166	UA 28	SAINT MARTIN EN VERCORS		26
209	AA 35	SAINT MARTIN GIMOIS		32
58	V 12	SAINT MARTIN L'AIGUILLON		61
129	Y 23	SAINT MARTIN L'ARS		86
157	Y 28	SAINT MARTIN L'ASTIER		24
43	QA 10	SAINT MARTIN L'HEUREUX		51
25	CA 7	SAINT MARTIN L'HORTIER		76
38	BA 10	SAINT MARTIN LA CAMPAGNE		27
39	EA 11	SAINT MARTIN LA GARENNE		78
160	FA 28	SAINT MARTIN LA MEANNE		19
120	QA 21	SAINT MARTIN LA PATROUILLE		71
150	RA 26	SAINT MARTIN LA PLAINE		42
135	OA 25	SAINT MARTIN LA SAUVETE		42
174	EA 31	SAINT MARTIN LABOUVAL		46
156	T 28	SAINT MARTIN LACAUSSADE		33
174	FA 32	SAINT MARTIN LAGUEPIE		81
211	FA 36	SAINT MARTIN LALANDE		11
111	S 21	SAINT MARTIN LARS EN STE HERMINE		85
98	AA 18	SAINT MARTIN LE BEAU		37
56	R 12	SAINT MARTIN LE BOUILLANT		50
137	TA 23	SAINT MARTIN LE CHATEL		01
166	UA 29	SAINT MARTIN LE COLONEL		26
15	CA 6	SAINT MARTIN LE GAILLARD		76
33	P 8	SAINT MARTIN LE GREARD		50
33	P 8	SAINT MARTIN LE HEBERT		50
131	BA 22	SAINT MARTIN LE MAULT		87
26	FA 9	SAINT MARTIN LE NOEUD		60
144	Z 26	SAINT MARTIN LE PIN		24
173	BA 31	SAINT MARTIN LE REDON		46
212	GA 36	SAINT MARTIN LE VIEIL		11
144	BA 25	SAINT MARTIN LE VIEUX		87
166	WA 28	SAINT MARTIN LE VINOUX		38
197	WA 33	SAINT MARTIN LES EAUX		04
86	TA 16	SAINT MARTIN LES LANGRES		52
128	V 24	SAINT MARTIN LES MELLE		79
181	YA 31	SAINT MARTIN LES SEYNE		04
150	QA 25	SAINT MARTIN LESTRA		42
26	IA 9	SAINT MARTIN LONGUEAU		60
221	GA 38	SAINT MARTIN LYS		11
24	CA 8	SAINT MARTIN OSMONVILLE		76
171	X 30	SAINT MARTIN PETIT		47
18	MA 6	SAINT MARTIN RIVIERE		02
145	DA 27	SAINT MARTIN SEPERT		19
120	RA 20	SAINT MARTIN SOUS MONTAIGU		71
161	JA 29	SAINT MARTIN SOUS VIGOUROUX		15
37	Z 9	SAINT MARTIN ST FIRMIN		27
131	DA 24	SAINT MARTIN STE CATHERINE		23
84	OA 16	SAINT MARTIN SUR ARMANCON		89
17	JA 5	SAINT MARTIN SUR COJEUL		62
18	MA 5	SAINT MARTIN SUR ECAILLON		59
153	YA 27	SAINT MARTIN SUR LA CHAMBRE		73
179	RA 30	SAINT MARTIN SUR LAVEZON		07
43	PA 11	SAINT MARTIN SUR LE PRE		51
102	KA 18	SAINT MARTIN SUR NOHAIN		58
82	IA 17	SAINT MARTIN SUR OCRE		45
83	LA 16	SAINT MARTIN SUR OCRE		89
83	KA 16	SAINT MARTIN SUR OUANNE		89
131	DA 24	SAINT MARTIN TERRESSUS		87
160	HA 28	SAINT MARTIN VALMEROUX		15
199	CB 33	SAINT MARTIN VESUBIE	C	06
133	HA 23	SAINT MARTINIEN		03
217	AA 37	SAINT MARTORY	C	31
129	Y 25	SAINT MARY		16
162	KA 28	SAINT MARY LE PLAIN		15
29	PA 9	SAINT MASMES		51
144	Z 25	SAINT MATHIEU	C	87
192	NA 34	SAINT MATHIEU DE TREVIERS		34
125	P 22	SAINT MATHURIN		85
96	V 18	SAINT MATHURIN SUR LOIRE		49
173	BA 31	SAINT MATRE		46
74	K 15	SAINT MAUDAN		22
55	N 13	SAINT MAUDEZ		22
75	N 15	SAINT MAUGAN		35
25	EA 7	SAINT MAULVIS		80
116	GA 21	SAINT MAUR		18
208	Y 35	SAINT MAUR		32
115	DA 20	SAINT MAUR		36
122	VA 21	SAINT MAUR		39
25	FA 8	SAINT MAUR		60
56	R 12	SAINT MAUR DES BOIS		50
40	HA 12	SAINT MAUR DES FOSSES	C	94
60	DA 14	SAINT MAUR SUR LE LOIR		28
87	UA 16	SAINT MAURICE		52
102	MA 19	SAINT MAURICE		58
148	KA 25	SAINT MAURICE		63
70	DB 14	SAINT MAURICE		67
40	HA 12	SAINT MAURICE		94
69	BB 13	SAINT MAURICE AUX FORGES		54
64	MA 14	SAINT MAURICE AUX RICHES HOMMES		89
108	AB 18	SAINT MAURICE COLOMBIER		25
122	WA 22	SAINT MAURICE CRILLAT		39
178	QA 31	SAINT MAURICE D'ARDECHE		07
23	Z 9	SAINT MAURICE D'ETELAN		76
178	QA 31	SAINT MAURICE D'IBIE		07
137	SA 25	SAINT MAURICE DE BEYNOST		01
193	PA 33	SAINT MAURICE DE CAZEVIEILLE		30
137	TA 25	SAINT MAURICE DE GOURDANS		01
172	Z 30	SAINT MAURICE DE LESTAPEL		47
149	PA 27	SAINT MAURICE DE LIGNON		43
137	UA 24	SAINT MAURICE DE REMENS		01
152	WA 26	SAINT MAURICE DE ROTHERENS		73
136	RA 22	SAINT MAURICE DE SATONNAY		71
142	U 26	SAINT MAURICE DE TAVERNOLE		17
177	NA 32	SAINT MAURICE DE VENTALON		48
120	RA 21	SAINT MAURICE DES CHAMPS		71
130	Z 24	SAINT MAURICE DES LIONS		16
111	T 21	SAINT MAURICE DES NOUES		85
58	U 12	SAINT MAURICE DU DESERT		61
164	RA 29	SAINT MAURICE EN CHALENCON		07
33	P 9	SAINT MAURICE EN COTENTIN		50
149	PA 27	SAINT MAURICE EN GOURGOIS		42
160	FA 30	SAINT MAURICE EN QUERCY		46
121	SA 20	SAINT MAURICE EN RIVIERE		71
166	VA 30	SAINT MAURICE EN TRIEVES		38
167	XA 29	SAINT MAURICE EN VALGODEMARD		05
150	RA 27	SAINT MAURICE L'EXIL		38
129	Y 22	SAINT MAURICE LA CLOUERE		86
96	U 19	SAINT MAURICE LA FOUGEREUSE		79
131	DA 23	SAINT MAURICE LA SOUTERRAINE		23
111	T 21	SAINT MAURICE LE GIRARD		85
83	LA 16	SAINT MAURICE LE VIEIL		89
145	CA 25	SAINT MAURICE LES BROUSSES		87
59	AA 12	SAINT MAURICE LES CHARENCEY		61
135	PA 23	SAINT MAURICE LES CHATEAUNEUF		71
120	QA 20	SAINT MAURICE LES COUCHES		71
61	GA 13	SAINT MAURICE MONTCOURONNE		91
192	MA 34	SAINT MAURICE NAVACELLES		34
132	GA 25	SAINT MAURICE PRES CROCQ		23
133	IA 24	SAINT MAURICE PRES PIONSAT		63
45	VA 11	SAINT MAURICE SOUS LES COTES		55
60	BA 13	SAINT MAURICE ST GERMAIN		28
184	U 34	SAINT MAURICE SUR ADOUR		40
82	JA 16	SAINT MAURICE SUR AVEYRON		45
150	RA 26	SAINT MAURICE SUR DARGOIRE		69
179	SA 32	SAINT MAURICE SUR EYGUES		26
82	IA 15	SAINT MAURICE SUR FESSARD		45
59	Z 13	SAINT MAURICE SUR HUISNE		61
68	ZA 13	SAINT MAURICE SUR MORTAGNE		88
89	BB 16	SAINT MAURICE SUR MOSELLE		88
87	UA 17	SAINT MAURICE SUR VINGEANNE		21
83	LA 16	SAINT MAURICE THIZOUAILLE		89
172	AA 32	SAINT MAURIN		47
46	YA 12	SAINT MAX	C	54
15	EA 6	SAINT MAXENT		80
193	QA 33	SAINT MAXIMIN		30
153	XA 27	SAINT MAXIMIN		38
40	HA 10	SAINT MAXIMIN		60
202	WA 35	SAINT MAXIMIN LA STE BAUME	C	83
112	U 22	SAINT MAXIRE		79
180	UA 31	SAINT MAY		26
73	J 14	SAINT MAYEUX		22
145	DA 26	SAINT MEARD		87
143	Y 27	SAINT MEARD DE DRONE		24
157	X 29	SAINT MEARD DE GURCON		24
142	V 26	SAINT MEDARD		16
142	V 27	SAINT MEDARD		17
217	AA 37	SAINT MEDARD		31
208	Y 35	SAINT MEDARD		32
115	CA 20	SAINT MEDARD		36
173	CA 31	SAINT MEDARD		46
47	AB 12	SAINT MEDARD		57
207	U 35	SAINT MEDARD		64
128	V 23	SAINT MEDARD		79
127	S 23	SAINT MEDARD D'AUNIS		17
144	BA 27	SAINT MEDARD D'EXCIDEUIL		24
156	U 30	SAINT MEDARD D'EYRANS		33
156	W 28	SAINT MEDARD DE GUIZIERES		33
157	Y 28	SAINT MEDARD DE MUSSIDAN		24
160	EA 29	SAINT MEDARD DE PRESQUE		46
150	PA 26	SAINT MEDARD EN FOREZ		42
155	T 29	SAINT MEDARD EN JALLES	C	33
132	GA 24	SAINT MEDARD LA ROCHETTE		23
160	FA 30	SAINT MEDARD NICOURBY		46
75	P 14	SAINT MEDARD SUR ILLE		35
52	D 13	SAINT MEEN		29
75	M 14	SAINT MEEN LE GRAND	C	35
96	U 18	SAINT MELAINE SUR AUBANCE		49
178	OA 31	SAINT MELANY		07
55	M 13	SAINT MELOIR DES BOIS		22
55	O 12	SAINT MELOIR DES ONDES		35
109	O 20	SAINT MEME LE TENU		44
142	V 26	SAINT MEME LES CARRIERES		16
43	QA 11	SAINT MEMMIE		51
67	XA 14	SAINT MENGE		88
30	SA 7	SAINT MENGES		08
118	KA 21	SAINT MENOUX		03
160	FA 27	SAINT MERD DE LAPLEAU		19
147	HA 25	SAINT MERD LA BREUILLE		23
146	FA 26	SAINT MERD LES OUSSINES		19
62	JA 13	SAINT MERY		77
37	AA 10	SAINT MESLIN DU BOSC		27
40	IA 11	SAINT MESMES		77
64	OA 13	SAINT MESMIN		10
104	RA 18	SAINT MESMIN		21
145	CA 27	SAINT MESMIN		24
111	T 21	SAINT MESMIN		85
145	DA 27	SAINT MEXANT		19
187	Z 33	SAINT MEZARD		32
120	QA 21	SAINT MICAUD		71
19	PA 7	SAINT MICHEL		02
219	DA 37	SAINT MICHEL		09
143	W 26	SAINT MICHEL		16
218	BA 37	SAINT MICHEL		31
208	Y 36	SAINT MICHEL		32
192	LA 34	SAINT MICHEL		34
82	HA 15	SAINT MICHEL		45
206	R 37	SAINT MICHEL		64
187	AA 33	SAINT MICHEL		82
93	N 19	SAINT MICHEL CHEF CHEF		44
164	QA 29	SAINT MICHEL D'AURANCE		07
179	QA 32	SAINT MICHEL D'EUZET		30
25	DA 8	SAINT MICHEL D'HALESCOURT		76
159	EA 29	SAINT MICHEL DE BANNIERES		46
164	QA 30	SAINT MICHEL DE BOULOGNE		07
171	W 32	SAINT MICHEL DE CASTELNAU		33
164	RA 29	SAINT MICHEL DE CHABRILLANOUX		07
167	YA 30	SAINT MICHEL DE CHAILLOL		05
79	Z 15	SAINT MICHEL DE CHAVAIGNES		72
177	NA 32	SAINT MICHEL DE DEZE		48
157	X 28	SAINT MICHEL DE DOUBLE		24
77	U 16	SAINT MICHEL DE FEINS		53
156	V 29	SAINT MICHEL DE FRONSAC		33
34	Q 10	SAINT MICHEL DE LA PIERRE		50
76	R 16	SAINT MICHEL DE LA ROE		53
211	EA 36	SAINT MICHEL DE LANES		11
171	W 30	SAINT MICHEL DE LAPUJADE		33
36	X 11	SAINT MICHEL DE LIVET		14
224	IA 39	SAINT MICHEL DE LLOTES		66
167	ZA 28	SAINT MICHEL DE MAURIENNE	C	73
157	W 29	SAINT MICHEL DE MONTAIGNE		24
57	S 12	SAINT MICHEL DE MONTJOIE		50
55	M 13	SAINT MICHEL DE PLELAN		22
170	U 30	SAINT MICHEL DE RIEUFRET		33
152	UA 27	SAINT MICHEL DE ST GEOIRS		38
174	EA 32	SAINT MICHEL DE VAX		81
132	FA 24	SAINT MICHEL DE VEISSE		23
158	Z 29	SAINT MICHEL DE VILLADEIX		24
101	HA 19	SAINT MICHEL DE VOLANGIS		18
57	U 13	SAINT MICHEL DES ANDAINES		61
167	WA 29	SAINT MICHEL EN BEAUMONT		38
114	BA 20	SAINT MICHEL EN BRENNE		36
53	G 12	SAINT MICHEL EN GREVE		22
125	Q 22	SAINT MICHEL EN L'HERM		85
183	R 33	SAINT MICHEL ESCALUS		40
94	R 17	SAINT MICHEL ET CHANVEAUX		49
196	VA 33	SAINT MICHEL L'OBSERVATOIRE		04
190	HA 33	SAINT MICHEL LABADIE		81
111	T 22	SAINT MICHEL LE CLOUCQ		85
166	VA 29	SAINT MICHEL LES PORTES		38
160	EA 29	SAINT MICHEL LOUBEJOU		46
111	S 20	SAINT MICHEL MONT MERCURE		85
7	FA 4	SAINT MICHEL SOUS BOIS		62
97	Y 18	SAINT MICHEL SUR LOIRE		37
69	BB 14	SAINT MICHEL SUR MEURTHE		88
62	GA 12	SAINT MICHEL SUR ORGE	C	91
150	RA 27	SAINT MICHEL SUR RHONE		42
165	TA 28	SAINT MICHEL SUR SAVASSE		26
16	HA 5	SAINT MICHEL SUR TERNOISE		62
37	Z 12	SAINT MICHEL TUBOEUF		61
45	VA 11	SAINT MIHIEL	C	55
201	TA 35	SAINT MITRE LES REMPARTS		13
92	L 18	SAINT MOLF		44
8	GA 3	SAINT MOMELIN		59
185	V 34	SAINT MONT		32
179	RA 31	SAINT MONTANT		07
84	NA 17	SAINT MORE		89
131	EA 25	SAINT MOREIL		23
30	RA 9	SAINT MOREL		08
170	U 30	SAINT MORILLON		33
167	XA 28	SAINT MURY MONTEYMOND		38
134	KA 24	SAINT MYON		63
70	DB 13	SAINT NABOR		67
68	ZA 15	SAINT NABORD		88
65	PA 13	SAINT NABORD SUR AUBE		10
188	DA 33	SAINT NAUPHARY		82
179	RA 32	SAINT NAZAIRE		30
92	M 18	SAINT NAZAIRE	S	44
224	JA 39	SAINT NAZAIRE		66
213	JA 36	SAINT NAZAIRE D'AUDE		11
213	KA 35	SAINT NAZAIRE DE LADAREZ		34
194	OA 35	SAINT NAZAIRE DE PEZAN		34
173	BA 32	SAINT NAZAIRE DE VALENTANE		82
193	OA 33	SAINT NAZAIRE DES GARDIES		30
165	TA 28	SAINT NAZAIRE EN ROYANS		26
180	UA 30	SAINT NAZAIRE LE DESERT		26
152	WA 27	SAINT NAZAIRE LES EYMES		38
126	R 24	SAINT NAZAIRE SUR CHARENTE		17
147	JA 26	SAINT NECTAIRE		63
157	Z 29	SAINT NEXANS		24
71	D 14	SAINT NIC		29
53	H 14	SAINT NICODEME		22
17	IA 5	SAINT NICOLAS		62
28	LA 8	SAINT NICOLAS AUX BOIS		02
24	CA 7	SAINT NICOLAS D'ALIERMONT		76
37	AA 12	SAINT NICOLAS D'ATTEZ		27
24	Z 8	SAINT NICOLAS DE BLIQUETUIT		76
97	X 18	SAINT NICOLAS DE BOURGUEIL		37
172	Z 32	SAINT NICOLAS DE LA BALERME		47
187	BA 33	SAINT NICOLAS DE LA GRAVE	C	82
23	Z 8	SAINT NICOLAS DE LA HAIE		76
23	Y 8	SAINT NICOLAS DE LA TAILLE		76
152	VA 27	SAINT NICOLAS DE MACHERIN		38
34	P 9	SAINT NICOLAS DE PIERREPONT		50
68	YA 12	SAINT NICOLAS DE PORT	C	54
93	N 17	SAINT NICOLAS DE REDON	C	44
37	Z 12	SAINT NICOLAS DE SOMMAIRE		61
135	NA 24	SAINT NICOLAS DES BIEFS		03
56	R 12	SAINT NICOLAS DES BOIS		50
58	W 13	SAINT NICOLAS DES BOIS		61
37	Y 11	SAINT NICOLAS DES LAITIERS		61
79	BA 17	SAINT NICOLAS DES MOTETS		37
37	AA 10	SAINT NICOLAS DU BOSC		27
53	I 14	SAINT NICOLAS DU PELEM	C	22
74	M 16	SAINT NICOLAS DU TERTRE		56
64	MA 13	SAINT NICOLAS LA CHAPELLE		10
139	ZA 25	SAINT NICOLAS LA CHAPELLE		73
105	TA 19	SAINT NICOLAS LES CITEAUX		21
136	QA 24	SAINT NIZIER D'AZERGUES		69
149	OA 27	SAINT NIZIER DE FORNAS		42
166	VA 28	SAINT NIZIER DU MOUCHEROTTE		38
121	TA 22	SAINT NIZIER LE BOUCHOUX		01
137	TA 24	SAINT NIZIER LE DESERT		01
135	OA 23	SAINT NIZIER SOUS CHARLIEU		42
119	PA 20	SAINT NIZIER SUR ARROUX		71
74	K 16	SAINT NOLFF		56
39	FA 11	SAINT NOM LA BRETECHE	C	78
153	XA 25	SAINT OFFENGE DESSOUS		73
153	XA 25	SAINT OFFENGE DESSUS		73
35	U 11	SAINT OMER		14
8	GA 3	SAINT OMER	S	62
7	GA 2	SAINT OMER CAPELLE		62
26	FA 8	SAINT OMER EN CHAUSSEE		60
152	VA 26	SAINT ONDRAS		38
75	M 14	SAINT ONEN LA CHAPELLE		35
146	GA 25	SAINT ORADOUX DE CHIROUZE		23
132	HA 25	SAINT ORADOUX PRES CROCQ		23
187	AA 34	SAINT ORENS		32
210	DA 35	SAINT ORENS DE GAMEVILLE		31
186	Y 33	SAINT ORENS POUY PETIT		32
208	Y 36	SAINT OST		32
128	V 25	SAINT OUEN		17
80	BA 16	SAINT OUEN		41
16	GA 6	SAINT OUEN		80
40	GA 11	SAINT OUEN	C	93
37	AA 12	SAINT OUEN D'ATTEZ		27
127	S 23	SAINT OUEN D'AUNIS		17
59	Z 13	SAINT OUEN DE LA COUR		61
58	W 14	SAINT OUEN DE MIMBRE		72
38	AA 10	SAINT OUEN DE PONTCHEUIL		27
59	Y 12	SAINT OUEN DE SECHEROUVRE		61
24	AA 9	SAINT OUEN DE THOUBERVILLE		27
76	Q 14	SAINT OUEN DES ALLEUX		35
35	S 11	SAINT OUEN DES BESACES		14
23	Z 9	SAINT OUEN DES CHAMPS		27
77	S 15	SAINT OUEN DES TOITS		53
77	U 14	SAINT OUEN DES VALLONS		53
65	QA 12	SAINT OUEN DOMPROT		51
24	BA 8	SAINT OUEN DU BREUIL		76
36	W 10	SAINT OUEN DU MESNIL OGER		14
38	AA 9	SAINT OUEN DU TILLEUL		27
78	X 16	SAINT OUEN EN BELIN		72
63	JA 13	SAINT OUEN EN BRIE		77
78	V 15	SAINT OUEN EN CHAMPAGNE		72
39	GA 11	SAINT OUEN L'AUMONE	C	95
56	Q 13	SAINT OUEN LA ROUERIE		35
58	V 13	SAINT OUEN LE BRISOULT		61
36	X 11	SAINT OUEN LE HOUX		14
24	AA 7	SAINT OUEN LE MAUGER		76
36	X 10	SAINT OUEN LE PIN		14
67	WA 14	SAINT OUEN LES PAREY		88
98	BA 18	SAINT OUEN LES VIGNES		37
38	DA 11	SAINT OUEN MARCHEFROY		28
24	CA 7	SAINT OUEN SOUS BAILLY		76
130	BA 23	SAINT OUEN SUR GARTEMPE		87
37	Z 12	SAINT OUEN SUR ITON		61
118	LA 20	SAINT OUEN SUR LOIRE		58
58	V 12	SAINT OUEN SUR MAIRE		61
41	KA 11	SAINT OUEN SUR MORIN		77
64	NA 13	SAINT OULPH		10
147	JA 25	SAINT OURS		63
153	XA 25	SAINT OURS		73
99	EA 19	SAINT OUTRILLE		18
56	Q 12	SAINT OVIN		50
153	ZA 26	SAINT OYEN		73
51	C 13	SAINT PABU		29
24	AA 8	SAINT PAER		76
36	V 10	SAINT PAIR		14
56	P 12	SAINT PAIR SUR MER		50
149	OA 27	SAINT PAL DE CHALENCON		43
150	PA 27	SAINT PAL DE MONS		43
162	MA 27	SAINT PAL DE SENOUIRE		43
132	GA 22	SAINT PALAIS		03
100	HA 19	SAINT PALAIS		18
142	T 27	SAINT PALAIS		33
206	S 36	SAINT PALAIS	C	64
142	V 27	SAINT PALAIS DE NEGRIGNAC		17
142	T 26	SAINT PALAIS DE PHIOLIN		17
142	V 26	SAINT PALAIS DU NE		16
141	R 26	SAINT PALAIS SUR MER		17
144	Z 27	SAINT PANCRACE		24
153	YA 27	SAINT PANCRACE		73
152	WA 27	SAINT PANCRASSE		38
31	VA 8	SAINT PANCRE		54
183	R 34	SAINT PANDELON		40
173	CA 31	SAINT PANTALEON		46
196	TA 33	SAINT PANTALEON		84
146	GA 27	SAINT PANTALEON DE LAPLEAU		19
159	CA 28	SAINT PANTALEON DE LARCHE		19
179	SA 31	SAINT PANTALEON LES VIGNES		26
144	AA 27	SAINT PANTALY D'ANS		24
144	BA 27	SAINT PANTALY D'EXCIDEUIL		24
211	FA 36	SAINT PAPOUL		11
170	V 30	SAINT PARDON DE CONQUES		33
128	U 24	SAINT PARDOULT		17
133	KA 24	SAINT PARDOUX		63
112	V 22	SAINT PARDOUX		79
131	CA 24	SAINT PARDOUX		87
145	DA 27	SAINT PARDOUX CORBIER		19
132	HA 25	SAINT PARDOUX D'ARNET		23
143	Y 27	SAINT PARDOUX DE DRONE		24
171	X 31	SAINT PARDOUX DU BREUIL		47
158	AA 30	SAINT PARDOUX ET VIELVIC		24
172	Y 30	SAINT PARDOUX ISAAC		47
145	DA 27	SAINT PARDOUX L'ORTIGIER		19
160	FA 27	SAINT PARDOUX LA CROISILLE		19
144	Z 26	SAINT PARDOUX LA RIVIERE	C	24
146	HA 26	SAINT PARDOUX LE NEUF		19
132	GA 24	SAINT PARDOUX LE NEUF		23
146	GA 26	SAINT PARDOUX LE VIEUX		19
132	GA 24	SAINT PARDOUX LES CARDS		23
132	EA 25	SAINT PARDOUX MORTEROLLES		23
214	MA 35	SAINT PARGOIRE		34
118	LA 21	SAINT PARIZE EN VIRY		58
118	KA 20	SAINT PARIZE LE CHATEL		58
64	OA 14	SAINT PARRES AUX TERTRES		10
65	PA 14	SAINT PARRES LES VAUDES		10
175	GA 30	SAINT PARTHEM		12
172	Z 31	SAINT PASTOUR		47
216	W 37	SAINT PASTOUS		65
58	X 13	SAINT PATERNE	C	72
97	Y 17	SAINT PATERNE RACAN		37
40	JA 10	SAINT PATHUS		77
97	Y 18	SAINT PATRICE		37
34	Q 10	SAINT PATRICE DE CLAIDS		50

Page	Carreau	Commune	Adm.	Dpt
69	AB 14	SALLE, LA		88
95	T 19	SALLE DE VIHIERS, LA		49
167	WA 29	SALLE EN BEAUMONT, LA		38
95	S 18	SALLE ET CHAPELLE AUBRY, LA		49
168	ZA 29	SALLE LES ALPES, LA		05
177	MA 32	SALLE PRUNET, LA		48
156	U 29	SALLEBOEUF		33
148	LA 26	SALLEDES		63
212	HA 36	SALLELES CABARDES		11
213	JA 36	SALLELES D'AUDE		11
35	S 10	SALLEN		14
36	V 10	SALLENELLES		14
139	XA 24	SALLENOVES		74
109	N 20	SALLERTAINE		85
169	S 30	SALLES		33
172	AA 31	SALLES		47
215	W 37	SALLES		65
128	W 22	SALLES		79
189	FA 33	SALLES		81
157	W 29	SALLES, LES		33
135	NA 25	SALLES, LES		42
216	X 37	SALLES ADOUR		65
136	RA 24	SALLES ARBUISSONNAS EN BEAUJOLAIS		69
174	FA 31	SALLES COURBATIES		12
176	JA 32	SALLES CURAN	C	12
142	V 26	SALLES D'ANGLES		16
185	W 34	SALLES D'ARMAGNAC		32
213	KA 36	SALLES D'AUDE		11
142	W 26	SALLES DE BARBEZIEUX		16
173	BA 30	SALLES DE BELVES		24
129	X 24	SALLES DE VILLEFAGNAN		16
178	OA 32	SALLES DU GARDON, LES		30
217	Z 38	SALLES ET PRATVIEL		31
175	HA 31	SALLES LA SOURCE		12
143	X 27	SALLES LAVALETTE		16
144	Z 25	SALLES LAVAUGUYON, LES		87
206	S 35	SALLES MONGISCARD		64
179	SA 31	SALLES SOUS BOIS		26
210	BA 36	SALLES SUR GARONNE		31
211	EA 36	SALLES SUR L'HERS	C	11
126	R 24	SALLES SUR MER		17
197	YA 34	SALLES SUR VERDON, LES		83
206	T 35	SALLESPISSE		64
44	UA 12	SALMAGNE		55
104	RA 18	SALMAISE		21
50	GB 11	SALMBACH		67
175	IA 32	SALMIECH		12
9	JA 4	SALOME		59
64	OA 12	SALON		10
158	Z 28	SALON		24
201	TA 35	SALON DE PROVENCE	C	13
145	DA 26	SALON LA TOUR		19
46	ZA 12	SALONNES		57
120	RA 22	SALORNAY SUR GUYE		71
26	GA 7	SALOUEL		80
8	GA 3	SALPERWICK		62
218	BA 38	SALSEIN		09
223	JA 38	SALSES LE CHATEAU		66
212	HA 36	SALSIGNE		11
150	PA 25	SALT EN DONZY		42
189	EA 33	SALVAGNAC	C	81
174	EA 31	SALVAGNAC CAJARC		12
188	DA 33	SALVETAT BELMONTET, LA		82
211	EA 35	SALVETAT LAURAGAIS, LA		31
175	GA 32	SALVETAT PEYRALES, LA	C	12
210	CA 35	SALVETAT ST GILLES, LA		31
213	IA 35	SALVETAT SUR AGOUT, LA	C	34
222	GA 38	SALVEZINES		11
173	CA 30	SALVIAC	C	46
149	PA 25	SALVIZINET		42
221	HA 37	SALZA		11
142	MA 28	SALZUIT		43
207	U 35	SAMADET		40
209	Z 36	SAMAN		31
209	Y 36	SAMARAN		32
209	AA 35	SAMATAN	C	32
171	X 31	SAMAZAN		47
99	CA 18	SAMBIN		41
84	OA 16	SAMBOURG		89
18	LA 4	SAMEON		59
7	EA 3	SAMER	C	62
106	UA 19	SAMEREY		21
206	R 35	SAMES		64
97	X 19	SAMMARCOLLES		86
41	KA 11	SAMMERON		77
140	AB 24	SAMOENS	C	74
138	VA 23	SAMOGNAT		01
44	UA 10	SAMOGNEUX		55
62	IA 13	SAMOIS SUR SEINE		77
156	U 28	SAMONAC		33
62	IA 13	SAMOREAU		77
209	AA 36	SAMOUILLAN		31
28	NA 8	SAMOUSSY		02
106	UA 19	SAMPANS		39
45	VA 12	SAMPIGNY		55
128	RA 20	SAMPIGNY LES MARANGES		71
228	LB 42	SAMPOLO		2A
178	PA 31	SAMPZON		07
106	WA 19	SAMSON		25
207	W 35	SAMSONS LION		64
217	Z 37	SAMURAN		65
228	MB 40	SAN DAMIANO		2B
228	MB 40	SAN GAVINO D'AMPUGNANI		2B
230	LB 43	SAN GAVINO DI CARBINI		2A
228	LB 42	SAN GAVINO DI FIUMORBO		2B
226	LB 39	SAN GAVINO DI TENDA		2B
228	MB 40	SAN GIOVANNI DI MORIANI		2B
228	MB 40	SAN GIULIANO		2B
228	LB 40	SAN LORENZO		2B
226	MB 39	SAN MARTINO DI LOTA	C	2B
228	MB 40	SAN NICOLAO		2B
209	BA 36	SANA		31
202	WA 37	SANARY SUR MER		83
137	SA 23	SANCE		71
101	JA 19	SANCERGUES	C	18
101	JA 18	SANCERRE	C	18
107	ZA 18	SANCEY LE GRAND		25
108	AB 18	SANCEY LE LONG		25
61	DA 14	SANCHEVILLE		28
68	YA 14	SANCHEY		88
117	JA 20	SANCOINS	C	18
25	EA 9	SANCOURT		27
18	KA 5	SANCOURT		59
27	KA 7	SANCOURT		80
31	WA 9	SANCY		54
41	JA 11	SANCY		77
28	MA 9	SANCY LES CHEMINOTS		02
41	LA 12	SANCY LES PROVINS		77
70	EB 13	SAND		67
60	CA 14	SANDARVILLE		28
67	WA 14	SANDAUCOURT		88
81	FA 16	SANDILLON		45
23	Y 8	SANDOUVILLE		76
137	SA 24	SANDRANS		01
7	EA 2	SANGATTE		62
7	FA 3	SANGHEN		62
169	R 31	SANGUINET		40
178	PA 31	SANILHAC		07
193	QA 33	SANILHAC SAGRIES		30
132	HA 24	SANNAT		23
36	V 10	SANNERVILLE		14
196	UA 34	SANNES		84
40	GA 11	SANNOIS	C	95
208	W 36	SANOUS		65
46	YA 10	SANRY LES VIGY		57
46	YA 10	SANRY SUR NIED		57
67	XA 14	SANS VALLOIS		88
222	GA 39	SANSA		66
160	GA 29	SANSAC DE MARMIESSE		15
161	HA 30	SANSAC VEINAZES		15
128	T 23	SANSAIS		79
209	Z 35	SANSAN		32
163	NA 28	SANSSAC L'EGLISE		43
134	MA 23	SANSSAT		03
227	JB 42	SANT'ANDREA D'ORCINO		2A
228	LB 41	SANT'ANDREA DI BOZIO		2B
228	MB 40	SANT'ANDREA DI COTONE		2B
225	KB 39	SANT'ANTONINO		2B
228	LB 40	SANTA LUCIA DI MERCURIO		2B
228	MB 40	SANTA LUCIA DI MORIANI		2B
226	MB 38	SANTA MARIA DI LOTA		2B
229	KB 43	SANTA MARIA FIGANIELLA		2A
228	MB 40	SANTA MARIA POGGIO		2B
227	KB 42	SANTA MARIA SICHE	C	2A
225	KB 39	SANTA REPARATA DI BALAGNA		2B
228	MB 40	SANTA REPARATA DI MORIANI		2B
122	VA 20	SANTANS		39
81	GA 15	SANTEAU		45
52	E 12	SANTEC		29
120	RA 20	SANTENAY		21
80	BA 17	SANTENAY		41
40	IA 12	SANTENY		94
9	JA 4	SANTES		59
61	EA 13	SANTEUIL		28
39	FA 10	SANTEUIL		95
81	OA 17	SANTIGNY		89
61	EA 15	SANTILLY		28
120	RA 21	SANTILLY		71
226	LB 39	SANTO PIETRO DI TENDA		2B
228	LB 41	SANTO PIETRO DI VENACO		2B
107	ZA 18	SANTOCHE		25
120	RA 20	SANTOSSE		21
82	IA 17	SANTRANGES		18
174	FA 32	SANVENSA		12
120	PA 21	SANVIGNES LES MINES		71
112	W 22	SANXAY		86
112	U 20	SANZAY		79
45	WA 12	SANZEY		54
35	S 9	SAON		14
107	XA 19	SAONE		25
35	S 9	SAONNET		14
199	EB 33	SAORGE		06
59	X 14	SAOSNES		72
165	TA 30	SAOU		26
37	Y 11	SAP, LE		61
37	Y 11	SAP ANDRE, LE		61
65	RA 12	SAPIGNICOURT		51
17	JA 6	SAPIGNIES		62
30	RA 8	SAPOGNE ET FEUCHERES		08
31	UA 8	SAPOGNE SUR MARCHE		08
123	XA 21	SAPOIS		39
89	AB 15	SAPOIS		88
41	MA 10	SAPONAY		02
88	XA 16	SAPONCOURT		70
139	XA 24	SAPPEY, LE		74
152	WA 27	SAPPEY EN CHARTREUSE, LE		38
209	AA 35	SARAMON	C	32
81	EA 15	SARAN		45
107	XA 20	SARAZ		25
185	V 33	SARBAZAN		40
78	X 16	SARCE		72
58	W 12	SARCEAUX		61
40	HA 11	SARCELLES	S	95
162	WA 27	SARCENAS		38
66	UA 15	SARCEY		52
136	QA 25	SARCEY		69
209	Z 36	SARCOS		32
25	EA 8	SARCUS		60
42	NA 10	SARCY		51
193	QA 33	SARDAN		30
132	EA 24	SARDENT		23
151	TA 27	SARDIEU		38
134	KA 24	SARDON		63
103	NA 19	SARDY LES EPIRY		58
205	P 36	SARE		64
78	X 15	SARGE LES LE MANS		72
79	AA 15	SARGE SUR BRAYE		41
227	JB 42	SARI D'ORCINO	C	2A
230	MB 43	SARI SOLENZARA		2A
209	Z 36	SARIAC MAGNOAC		65
216	X 37	SARLABOUS		65
144	BA 26	SARLANDE		24
159	CA 29	SARLAT LA CANEDA	S	24
144	AA 27	SARLIAC SUR L'ISLE		24
208	X 36	SARNIGUET		65
25	FA 8	SARNOIS		60
64	NA 13	SARON SUR AUBE		51
217	Z 37	SARP		65
207	T 35	SARPOURENX		64
185	W 34	SARRAGACHIES		32
129	YA 21	SARRAGEOIS		25
208	Y 36	SARRAGUZAN		32
47	BB 11	SARRALBE	C	57
48	BB 12	SARRALTROFF		57
146	FA 27	SARRAN		19
215	T 37	SARRANCE		64
216	Y 38	SARRANCOLIN		65
187	AA 34	SARRANT		32
164	RA 28	SARRAS		07
144	BA 27	SARRAZAC		24
159	DA 28	SARRAZAC		46
184	U 34	SARRAZIET		40
48	CB 11	SARRE UNION	C	67
48	CB 12	SARREBOURG	S	57
209	Z 36	SARRECAVE		31
48	CB 10	SARREGUEMINES	S	57
48	CB 10	SARREINSMING		57
209	Z 36	SARREMEZAN		31
48	BB 11	SARREWERDEN		67
87	UA 15	SARREY		52
208	X 36	SARRIAC BIGORRE		65
195	SA 33	SARRIANS		84
96	U 17	SARRIGNE		49
122	VA 22	SARROGNA		39
227	JB 42	SARROLA CARCOPINO		2A
207	V 35	SARRON		40
208	X 36	SARROUILLES		65
147	HA 27	SARROUX		19
43	QA 11	SARRY		51
135	QA 23	SARRY		71
84	OA 17	SARRY		89
17	IA 6	SARS, LE		62
18	LA 4	SARS ET ROSIERES		59
17	HA 5	SARS LE BOIS		62
19	OA 6	SARS POTERIES		59
229	KB 43	SARTENE	S	2A
67	VA 14	SARTES		88
56	Q 12	SARTILLY	C	50
17	HA 6	SARTON		62
39	GA 11	SARTROUVILLE	C	78
116	EA 21	SARZAY		36
92	K 17	SARZEAU	C	56
79	AA 16	SASNIERES		41
120	RA 21	SASSANGY		71
99	DA 18	SASSAY		41
19	NA 5	SASSEGNIES		59
166	VA 28	SASSENAGE		38
121	SA 20	SASSENAY		71
24	AA 7	SASSETOT LE MALGARDE		76
23	Y 7	SASSETOT LE MAUCONDUIT		76
23	Z 7	SASSEVILLE		76
38	CA 10	SASSEY		27
30	TA 9	SASSEY SUR MEUSE		55
116	FA 21	SASSIERGES ST GERMAIN		36
216	W 38	SASSIS		65
36	W 11	SASSY		14
137	SA 25	SATHONAY CAMP		69
137	SA 25	SATHONAY VILLAGE		69
164	RA 28	SATILLIEU	C	07
151	TA 25	SATOLAS ET BONCE		38
193	OA 34	SATURARGUES		34
210	CA 35	SAUBENS		31
183	Q 34	SAUBION		40
208	W 36	SAUBOLE		64
183	Q 35	SAUBRIGUES		40
183	R 34	SAUBUSSE		40
170	T 30	SAUCATS		33
206	T 36	SAUCEDE		64
60	BA 12	SAUCELLE, LA		28
15	CA 7	SAUCHAY		76
16	KA 5	SAUCHY CAUCHY		62
18	KA 5	SAUCHY LESTREE		62
192	LA 33	SAUCLIERES		12
66	SA 14	SAUCLY		10
17	KA 5	SAUDEMONT		62
64	NA 12	SAUDOY		51
66	UA 13	SAUDRON		52
74	TA 12	SAUDRUPT		55
122	WA 21	SAUGEOT		39
185	S 34	SAUGNAC ET CAMBRAN		40
169	T 31	SAUGNACQ ET MURET		40
156	U 28	SAUGON		33
162	MA 29	SAUGUES	C	43
206	S 37	SAUGUIS ST ETIENNE		64
116	FA 20	SAUGY		18
174	FA 31	SAUJAC		12
141	S 25	SAUJON	C	17
181	XA 31	SAULCE, LA		05
165	SA 30	SAULCE SUR RHONE		26
29	QA 9	SAULCES CHAMPENOISES		08
29	QA 8	SAULCES MONCLIN		08
134	LA 23	SAULCET		03
41	LA 11	SAULCHERY		02
16	EA 5	SAULCHOY		62
26	GA 8	SAULCHOY, LE		60
26	FA 7	SAULCHOY SOUS POIX		80
69	BB 13	SAULCY, LE		88
69	BB 14	SAULCY SUR MEURTHE		88
107	YA 19	SAULES		25
120	RA 21	SAULES		71
130	AA 22	SAULGE		86
96	U 18	SAULGE L'HOPITAL		49
77	U 15	SAULGES		53
130	AA 24	SAULGOND		16
174	EA 31	SAULIAC SUR CELE		46
104	PA 18	SAULIEU	C	21
87	VA 16	SAULLES		52
30	TA 9	SAULMORY ET VILLEFRANCHE		55
115	CA 20	SAULNAY		36
31	WA 8	SAULNES		54
60	CA 12	SAULNIERES		28
75	P 16	SAULNIERES		35
89	AB 17	SAULNOT		70
46	XA 10	SAULNY		57
105	TA 19	SAULON LA CHAPELLE		21
105	TA 19	SAULON LA RUE		21
64	MA 13	SAULSOTTE, LA		10
196	UA 33	SAULT	C	84
138	UA 25	SAULT BRENAZ		01
184	T 35	SAULT DE NAVAILLES		64
29	QA 9	SAULT LES RETHEL		08
29	PA 9	SAULT ST REMY		08
18	MA 5	SAULTAIN		59
17	HA 5	SAULTY		62
45	VA 12	SAULVAUX		55
88	YA 16	SAULX	C	70
86	SA 17	SAULX LE DUC		21
45	VA 10	SAULX LES CHAMPLON		55
62	GA 12	SAULX LES CHARTREUX		91
39	EA 11	SAULX MARCHAIS		78
67	WA 13	SAULXEROTTE		54
69	CB 13	SAULXURES		67
67	WA 14	SAULXURES LES BULGNEVILLE		88
46	YA 12	SAULXURES LES NANCY		54
67	WA 13	SAULXURES LES VANNES		54
89	AB 15	SAULXURES SUR MOSELOTTE	C	88
117	HA 21	SAULZAIS LE POTIER	C	18
134	KA 23	SAULZET		03
147	JA 26	SAULZET LE FROID		63
18	LA 5	SAULZOIR		59
196	VA 33	SAUMANE		04
177	NA 32	SAUMANE		30
195	TA 33	SAUMANE DE VAUCLUSE		84
171	W 32	SAUMEJAN		47
60	CA 14	SAUMERAY		28
172	Y 32	SAUMONT		47
25	DA 8	SAUMONT LA POTERIE		76
155	S 29	SAUMOS		33
96	W 19	SAUMUR	S	49
79	AA 17	SAUNAY		37
132	FA 24	SAUNIERE, LA		23
121	TA 20	SAUNIERES		71
24	BA 7	SAUQUEVILLE		76
112	V 21	SAURAIS		79
219	DA 38	SAURAT		09
133	JA 24	SAURET BESSERVE		63
148	KA 26	SAURIER		63
90	DB 16	SAUSHEIM		68
214	NA 35	SAUSSAN		34
38	CA 11	SAUSSAY		28
24	AA 8	SAUSSAY		76
25	DA 9	SAUSSAY LA CAMPAGNE		27
38	BA 10	SAUSSAYE, LA		27
33	Q 8	SAUSSEMESNIL		50
190	GA 33	SAUSSENAC		81
211	EA 35	SAUSSENS		31
198	AB 33	SAUSSES		04
201	TA 36	SAUSSET LES PINS		13
23	X 8	SAUSSEUZEMARE EN CAUX		76
104	RA 19	SAUSSEY		21
34	Q 11	SAUSSEY		50
157	Y 29	SAUSSIGNAC		24
193	OA 34	SAUSSINES		34
105	SA 18	SAUSSY		21
219	EA 37	SAUTEL		09
170	U 31	SAUTERNES		33
193	OA 34	SAUTEYRARGUES		34
222	GA 40	SAUTO		66
93	P 18	SAUTRON		44
58	U 12	SAUVAGERE, LA		61
136	PA 24	SAUVAGES, LES		69
144	Z 25	SAUVAGNAC		16
172	Z 32	SAUVAGNAS		47
147	IA 25	SAUVAGNAT		63
148	KA 26	SAUVAGNAT STE MARTHE		63
106	WA 18	SAUVAGNEY		25
207	U 36	SAUVAGNON		64
133	JA 22	SAUVAGNY		03
149	NA 26	SAUVAIN		42
147	HA 27	SAUVAT		15
193	OA 33	SAUVE	C	30
156	V 30	SAUVE, LA		33
206	T 36	SAUVELADE		64
139	XA 23	SAUVERNY		01
149	NA 27	SAUVESSANGES		63
186	Y 34	SAUVETAT, LA		32
148	KA 26	SAUVETAT, LA		63
172	AA 32	SAUVETAT DE SAVERES, LA		47
172	Y 30	SAUVETAT DU DROPT, LA		47
172	Z 31	SAUVETAT SUR LEDE, LA		47
195	RA 33	SAUVETERRE		30
209	AA 35	SAUVETERRE		32
208	X 35	SAUVETERRE		65
212	HA 35	SAUVETERRE		81
173	CA 32	SAUVETERRE		82
206	S 36	SAUVETERRE DE BEARN	C	64
217	Z 37	SAUVETERRE DE COMMINGES		31
156	W 30	SAUVETERRE DE GUYENNE	C	33
175	GA 32	SAUVETERRE DE ROUERGUE		12
173	BA 30	SAUVETERRE LA LEMANCE		47
172	Z 32	SAUVETERRE ST DENIS		47
208	Y 36	SAUVIAC		32
171	V 31	SAUVIAC		33
214	LA 36	SAUVIAN		34
148	MA 25	SAUVIAT		63
131	DA 24	SAUVIAT SUR VIGE		87
142	W 27	SAUVIGNAC		16
106	WA 18	SAUVIGNEY LES GRAY		70
106	VA 18	SAUVIGNEY LES PESMES		70
67	WA 13	SAUVIGNY		55
84	OA 17	SAUVIGNY LE BEUREAL		89
84	OA 17	SAUVIGNY LE BOIS		89
118	LA 20	SAUVIGNY LES BOIS		58
30	RA 8	SAUVILLE		08
67	WA 14	SAUVILLE		88
26	HA 7	SAUVILLERS MONGIVAL		80
209	AA 35	SAUVIMONT		32
67	VA 12	SAUVOY		55
173	BA 31	SAUX		46
217	Z 37	SAUX ET POMAREDE		31
148	LA 26	SAUXILLANGES	C	63
198	AB 33	SAUZE		06
181	YA 31	SAUZE DU LAC, LE		05
129	X 23	SAUZE VAUSSAIS	C	79
114	BA 21	SAUZELLES		36
179	SA 30	SAUZET		26
193	PA 33	SAUZET		30
173	CA 31	SAUZET		46
189	EA 33	SAUZIERE ST JEAN, LA		81
91	I 18	SAUZON		56
217	AA 37	SAVARTHES		31
150	RA 27	SAVAS		07
151	TA 26	SAVAS MEPIN		38
179	RA 30	SAVASSE		26
93	O 18	SAVENAY	C	44
188	CA 34	SAVENES		82
132	EA 24	SAVENNES		23
147	HA 26	SAVENNES		63
95	T 18	SAVENNIERES		49
210	DA 36	SAVERDUN	C	09
210	BA 36	SAVERES		31
49	DB 12	SAVERNE	S	67
26	GA 7	SAVEUSE		80
120	RA 21	SAVIANGES		71
64	OA 13	SAVIERES		10
122	VA 22	SAVIGNA		39
174	FA 31	SAVIGNAC		12
171	W 31	SAVIGNAC		33
157	X 30	SAVIGNAC DE DURAS		47
156	V 29	SAVIGNAC DE L'ISLE		33
158	AA 29	SAVIGNAC DE MIREMONT		24
144	Z 26	SAVIGNAC DE NONTRON		24
145	CA 27	SAVIGNAC LEDRIER		24
144	AA 27	SAVIGNAC LES EGLISES	C	24
220	EA 39	SAVIGNAC LES ORMEAUX		09
209	BA 35	SAVIGNAC MONA		32
172	AA 31	SAVIGNAC SUR LEYZE		47
193	OA 33	SAVIGNARGUES		30
129	Y 23	SAVIGNE		86
78	X 15	SAVIGNE L'EVEQUE		72
78	W 17	SAVIGNE SOUS LE LUDE		72
97	Y 18	SAVIGNE SUR LATHAN		37
137	SA 24	SAVIGNEUX		01
149	OA 26	SAVIGNEUX		42
25	FA 9	SAVIGNIES		60
34	Q 11	SAVIGNY		50
87	VA 16	SAVIGNY		52
150	QA 25	SAVIGNY		69
139	XA 24	SAVIGNY		74
68	YA 14	SAVIGNY		88
122	UA 21	SAVIGNY EN REVERMONT		71
101	JA 18	SAVIGNY EN SANCERRE		18
101	HA 19	SAVIGNY EN SEPTAINE		18
84	OA 17	SAVIGNY EN TERRE PLAINE		89
97	X 19	SAVIGNY EN VERON		37
105	TA 18	SAVIGNY LE SEC		21
62	IA 13	SAVIGNY LE TEMPLE	C	77
56	R 13	SAVIGNY LE VIEUX		50
104	RA 19	SAVIGNY LES BEAUNE		21
113	Y 22	SAVIGNY LEVESCAULT		86
119	NA 21	SAVIGNY POIL FOL		58
113	X 20	SAVIGNY SOUS FAYE		86
104	RA 18	SAVIGNY SOUS MALAIN		21
30	RA 9	SAVIGNY SUR AISNE		08
42	NA 10	SAVIGNY SUR ARDRES		51
79	AA 16	SAVIGNY SUR BRAYE	C	41
83	KA 15	SAVIGNY SUR CLAIRIS		89
120	RA 21	SAVIGNY SUR GROSNE		71
62	HA 12	SAVIGNY SUR ORGE	C	91
121	TA 21	SAVIGNY SUR SEILLE		71
104	PA 19	SAVILLY		21
182	ZA 31	SAVINES LE LAC	C	05
63	KA 13	SAVINS		77
180	UA 32	SAVOILLAN		84
85	QA 16	SAVOISY		21
105	UA 18	SAVOLLES		21
97	Z 18	SAVONNIERES		37
44	TA 12	SAVONNIERES DEVANT BAR		55
66	TA 12	SAVONNIERES EN PERTHOIS		55
105	TA 19	SAVOUGES		21
181	WA 31	SAVOURNON		05
87	WA 17	SAVOYEUX		70
27	KA 7	SAVY		02
17	IA 5	SAVY BERLETTE		62
139	ZA 23	SAXEL		74
102	MA 19	SAXI BOURDON		58
67	XA 13	SAXON SION		54
147	KA 25	SAYAT		63
195	RA 33	SAZE		30
132	FA 22	SAZERAY		36
133	JA 23	SAZERET		03
97	Y 19	SAZILLY		37
216	W 38	SAZOS		65
72	G 15	SCAER	C	29
228	MB 40	SCATA		2B
144	Z 26	SCEAU ST ANGEL		24
179	RA 30	SCEAUTRES		07
84	OA 17	SCEAUX		89
40	GA 12	SCEAUX	C	92
77	T 17	SCEAUX D'ANJOU		49
62	IA 15	SCEAUX DU GATINAIS		45
59	Z 15	SCEAUX SUR HUISNE		72
107	XA 19	SCEY MAISIERES		25
88	WA 17	SCEY SUR SAONE ET ST ALBIN	C	70
70	EB 13	SCHAEFFERSHEIM		67
50	GB 11	SCHAFFHOUSE PRES SELTZ		67
49	EB 12	SCHAFFHOUSE SUR ZORN		67
48	CB 12	SCHALBACH		57
48	EB 11	SCHALKENDORF		67
70	EB 13	SCHARRACHBERGHEIM IRMSTETT		67
50	GB 11	SCHEIBENHARD		67
49	EB 12	SCHERLENHEIM		67
70	DB 14	SCHERWILLER		67
48	EB 11	SCHILLERSDORF		67
50	FB 12	SCHILTIGHEIM	C	67
69	CB 13	SCHIRMECK	C	67
49	FB 12	SCHIRRHEIN		67
49	FB 12	SCHIRRHOFFEN		67
50	GB 11	SCHLEITHAL		67
90	DB 17	SCHLIERBACH		68
48	CB 11	SCHMITTVILLER		57
48	CB 12	SCHNECKENBUSCH		57
49	EB 12	SCHNERSHEIM		67
70	EB 14	SCHOENAU		67
48	CB 11	SCHOENBOURG		67
47	BB 10	SCHOENECK		57
49	FB 11	SCHOENENBOURG		67
48	BB 11	SCHOPPERTEN		67
48	DB 10	SCHORBACH		57
49	EB 11	SCHWEIGHOUSE SUR MODER		67
90	CB 16	SCHWEIGHOUSE THANN		68
49	DB 12	SCHWENHEIM		67
47	ZA 9	SCHWERDORFF		57
48	DB 10	SCHWEYEN		57
49	EB 12	SCHWINDRATZHEIM		67
90	DB 17	SCHWOBEN		68
70	EB 14	SCHWOBSHEIM		67
128	U 22	SCIECQ		79
139	YA 24	SCIENTRIER		74
208	X 35	SCIEURAC ET FLOURES		32
139	YA 23	SCIEZ		74
111	U 21	SCILLE		79
139	ZA 24	SCIONZIER	C	74
226	MB 39	SCOLCA		2B
113	Y 20	SCORBE CLAIRVAUX		86
52	G 13	SCRIGNAC		29
43	RA 12	SCRUPT		51
46	XA 10	SCY CHAZELLES		57
88	XA 17	SCYE		70
186	X 34	SEAILLES		32
149	PA 27	SEAUVE SUR SEMENE, LA		43
175	IA 31	SEBAZAC CONCOURES		12
37	AA 11	SEBECOURT		27
33	Q 9	SEBEVILLE		50
18	MA 6	SEBONCOURT		02
18	MA 5	SEBOURG		59
175	IA 31	SEBRAZAC		12
207	U 35	SEBY		64
89	ZA 17	SECENANS		70
43	RA 10	SECHAULT		08
164	RA 28	SECHERAS		07
29	RA 7	SECHEVAL		08
166	WA 28	SECHILIENNE		38
107	YA 18	SECHIN		25
9	JA 4	SECLIN	C	59
128	V 23	SECONDIGNE SUR BELLE		79
112	U 21	SECONDIGNY	C	79
46	YA 11	SECOURT		57
35	U 10	SECQUEVILLE EN BESSIN		14
30	SA 8	SEDAN	S	08
217	Z 37	SEDEILHAC		31
180	VA 32	SEDERON	C	26
207	W 36	SEDZE MAUBECQ		64
207	V 36	SEDZERE		64
50	GB 11	SEEBACH		67
58	X 12	SEES	C	61
154	AB 26	SEEZ		73
172	Z 30	SEGALAS		47
208	X 36	SEGALAS		65
160	GA 29	SEGALASSIERE, LA		15
73	I 15	SEGLIEN		56
139	XA 23	SEGNY		01
142	V 26	SEGONZAC	C	16
159	CA 27	SEGONZAC		19
157	Y 28	SEGONZAC		24
207	V 35	SEGOS		32
210	BA 35	SEGOUFIELLE		32
77	S 17	SEGRE	S	49
211	EA 35	SEGREVILLE		31
78	W 14	SEGRIE		72
35	U 11	SEGRIE FONTAINE		61
105	SA 19	SEGROIS		21
116	FA 20	SEGRY		36
95	S 19	SEGUINIERE, LA		49
176	JA 32	SEGUR		12
174	FA 32	SEGUR, LE		81
145	CA 27	SEGUR LE CHATEAU		19
161	JA 27	SEGUR LES VILLAS		15
219	EA 37	SEGURA		09
179	TA 32	SEGURET		84
216	W 37	SEGUS		65
217	Y 37	SEICH		65
46	YA 12	SEICHAMPS	C	54
81	GA 15	SEICHEBRIERES		45
45	WA 11	SEICHEPREY		54
96	U 17	SEICHES SUR LE LOIR	C	49
221	FA 37	SEIGNALENS		11
128	V 24	SEIGNE		17
83	MA 16	SEIGNELAY	C	89

Page	Carreau	Commune	Adm.	Dpt
44	TA 11	SEIGNEULLES		55
183	Q 34	SEIGNOSSE		40
85	QA 17	SEIGNY		21
99	CA 19	SEIGY		41
188	CA 34	SEILH		31
145	EA 27	SEILHAC	C	19
217	Z 37	SEILHAN		31
80	BA 17	SEILLAC		41
198	AB 35	SEILLANS		83
138	VA 25	SEILLONNAZ		01
203	WA 35	SEILLONS SOURCE D'ARGENS		83
62	IA 13	SEINE PORT		77
47	AB 10	SEINGBOUSE		57
209	Z 35	SEISSAN		32
218	BA 38	SEIX		09
75	P 16	SEL DE BRETAGNE, LE	C	35
67	XA 13	SELAINCOURT		54
27	KA 8	SELENS		02
70	DB 14	SELESTAT	S	67
128	V 23	SELIGNE		79
122	VA 20	SELIGNEY		39
76	R 16	SELLE CRAONNAISE, LA		53
56	Q 13	SELLE EN COGLES, LA		35
82	JA 15	SELLE EN HERMOY, LA		45
76	R 14	SELLE EN LUITRE, LA		35
76	R 15	SELLE GUERCHAISE, LA		35
57	U 12	SELLE LA FORGE, LA		61
82	JA 15	SELLE SUR LE BIED, LA		45
23	Y 9	SELLES		27
43	PA 9	SELLES		51
7	FA 3	SELLES		62
88	XA 15	SELLES		70
100	FA 18	SELLES ST DENIS		41
99	DA 18	SELLES SUR CHER	C	41
115	DA 20	SELLES SUR NAHON		36
122	VA 20	SELLIERES	C	39
80	CA 16	SELOMMES	C	41
108	BB 18	SELONCOURT		25
86	TA 17	SELONGEY	C	21
181	YA 31	SELONNET		04
50	GB 11	SELTZ	C	67
29	OA 8	SELVE, LA		02
175	HA 32	SELVE, LA		12
220	DA 38	SEM		09
211	FA 35	SEMALENS		81
58	X 13	SEMALLE		61
104	RA 18	SEMAREY		21
163	MA 27	SEMBADEL		43
172	Z 32	SEMBAS		47
79	Z 17	SEMBLANCAY		37
99	EA 19	SEMBLECAY		36
208	X 35	SEMBOUES		32
208	X 36	SEMEAC	C	65
208	W 35	SEMEACQ BLACHON		64
46	XA 10	SEMECOURT		57
119	NA 20	SEMELAY		58
170	V 30	SEMENS		33
83	LA 17	SEMENTRON		89
19	OA 6	SEMERIES		59
80	CA 15	SEMERVILLE		41
105	SA 19	SEMEZANGES		21
209	Z 35	SEMEZIES CACHAN		32
29	RA 9	SEMIDE		08
142	T 27	SEMILLAC		17
67	UA 14	SEMILLY		52
88	WA 16	SEMMADON		70
42	OA 12	SEMOINE		10
85	QA 16	SEMOND		21
89	AB 17	SEMONDANS		25
151	TA 27	SEMONS		38
19	OA 6	SEMOUSIES		59
142	T 27	SEMOUSSAC		17
66	TA 15	SEMOUTIERS MONTSAON		52
81	FA 15	SEMOY		45
187	Z 33	SEMPESSERRE		32
27	JA 8	SEMPIGNY		60
16	FA 4	SEMPY		62
85	PA 17	SEMUR EN AUXOIS	C	21
135	OA 23	SEMUR EN BRIONNAIS	C	71
79	Z 15	SEMUR EN VALLON		72
141	S 26	SEMUSSAC		17
30	RA 9	SEMUY		08
170	U 32	SEN, LE		40
208	X 36	SENAC		65
87	WA 15	SENAIDE		88
160	FA 29	SENAILLAC LATRONQUIERE		46
174	EA 30	SENAILLAC LAUZES		46
85	PA 17	SENAILLY		21
83	LA 16	SENAN		89
61	DA 12	SENANTES		28
25	EA 9	SENANTES		60
209	BA 36	SENARENS		31
89	ZA 17	SENARGENT MIGNAFANS		70
25	EA 7	SENARPONT		80
195	TA 34	SENAS		13
138	UA 22	SENAUD		39
190	IA 34	SENAUX		81
144	Z 27	SENCENAC PUY DE FOURCHES		24
219	EA 38	SENCONAC		09
171	W 31	SENDETS		33
207	V 36	SENDETS		64
92	K 17	SENE		56
178	OA 31	SENECHAS		30
175	HA 30	SENERGUES		12
171	X 31	SENESTIS		47
163	NA 29	SENEUJOLS		43
198	ZA 33	SENEZ		04
160	HA 30	SENEZERGUES		15
217	AA 37	SENGOUAGNET		31
174	DA 30	SENIERGUES		46
113	Z 21	SENILLE		86
7	FA 3	SENINGHEM		62
7	FA 3	SENLECQUES		62
40	IA 10	SENLIS	S	60
7	GA 4	SENLIS		62
17	IA 6	SENLIS LE SEC		80
39	FA 12	SENLISSE		78
116	HA 20	SENNECAY		18
121	SA 21	SENNECEY LE GRAND	C	71
105	TA 18	SENNECEY LES DIJON		21
81	GA 17	SENNELY		45
98	BA 19	SENNEVIERES		37
23	Y 7	SENNEVILLE SUR FECAMP		76
85	PA 16	SENNEVOY LE BAS		89
85	PA 16	SENNEVOY LE HAUT		89
31	VA 9	SENON		55
60	BA 13	SENONCHES	C	28
88	XA 16	SENONCOURT		70
44	UA 10	SENONCOURT LES MAUJOUY		55
69	BB 13	SENONES	C	88
67	XA 15	SENONGES		88
76	R 16	SENONNES		53
39	FA 10	SENOTS		60
189	FA 33	SENOUILLAC		81
33	O 9	SENOVILLE		50
137	SA 22	SENOZAN		71
63	LA 14	SENS	S	89
101	IA 18	SENS BEAUJEU		18
76	P 14	SENS DE BRETAGNE		35
121	UA 21	SENS SUR SEILLE		71
217	AA 38	SENTEIN		09
26	FA 8	SENTELIE		80
218	BA 38	SENTENAC D'OUST		09
219	CA 38	SENTENAC DE SEROU		09
90	BB 16	SENTHEIM		68
58	W 12	SENTILLY		61
18	MA 5	SENTINELLE, LA		59
208	Y 36	SENTOUS		65
30	SA 9	SENUC		08
53	J 13	SENVEN LEHART		22
83	KA 15	SEPEAUX		89
18	MA 5	SEPMERIES		59
98	Z 19	SEPMES		37
90	CB 17	SEPPOIS LE BAS		68
90	CB 17	SEPPOIS LE HAUT		68
57	U 13	SEPT FORGES		61
35	S 11	SEPT FRERES		14
15	CA 6	SEPT MEULES		76
43	PA 10	SEPT SAULX		51
41	KA 11	SEPT SORTS		77
35	S 10	SEPT VENTS		14
151	SA 26	SEPTEME		38
202	UA 36	SEPTEMES LES VALLONS		13
39	EA 11	SEPTEUIL		78
174	DA 32	SEPTFONDS		82
107	YA 20	SEPTFONTAINES		25
138	WA 22	SEPTMONCEL		39
28	LA 9	SEPTMONTS		02
30	TA 9	SEPTSARGES		55
28	LA 8	SEPTVAUX		02
67	VA 13	SEPVIGNY		55
128	W 23	SEPVRET		79
217	AA 37	SEPX		31
9	JA 4	SEQUEDIN		59
28	LA 7	SEQUEHART		02
189	FA 33	SEQUESTRE, LE		81
18	LA 6	SERAIN		02
29	PA 8	SERAINCOURT		08
39	EA 11	SERAINCOURT		95
146	GA 27	SERANDON		19
198	AB 34	SERANON		06
39	EA 10	SERANS		60
58	V 12	SERANS		61
68	ZA 13	SERANVILLE		54
18	LA 6	SERANVILLERS FORENVILLE		59
27	KA 7	SERAUCOURT LE GRAND		02
67	VA 13	SERAUMONT		88
60	DA 13	SERAZEREUX		28
134	LA 24	SERBANNES		03
63	KA 14	SERBONNES		89
28	LA 9	SERCHES		02
68	ZA 14	SERCOEUR		88
8	HA 3	SERCUS		59
120	RA 21	SERCY		71
222	GA 39	SERDINYA		66
209	Z 36	SERE		32
215	W 37	SERE EN LAVEDAN		65
216	W 37	SERE LANSO		65
208	X 36	SERE RUSTAING		65
67	WA 15	SERECOURT		88
144	BA 25	SEREILHAC		87
32	XA 9	SEREMANGE ERZANGE		57
187	AA 34	SEREMPUY		32
190	GA 33	SERENAC		81
74	L 16	SERENT		56
26	HA 8	SEREVILLERS		60
38	CA 11	SEREZ		27
152	UA 26	SEREZIN DE LA TOUR		38
151	SA 26	SEREZIN DU RHONE		69
158	BA 28	SERGEAC		24
122	UA 20	SERGENAUX		39
122	UA 20	SERGENON		39
63	LA 14	SERGINES	C	89
139	XA 23	SERGY		01
42	MA 10	SERGY		02
16	GA 5	SERICOURT		62
63	KA 29	SERIERS		15
25	EA 9	SERIFONTAINE		60
178	BA 31	SERIGNAC		46
187	BA 33	SERIGNAC		82
172	Z 30	SERIGNAC PEBOUDOU		47
172	Y 32	SERIGNAC SUR GARONNE		47
213	LA 36	SERIGNAN		34
179	SA 32	SERIGNAN DU COMTAT		84
111	S 22	SERIGNE		85
59	Z 14	SERIGNY		61
113	Y 20	SERIGNY		86
159	EA 28	SERILHAC		19
42	MA 10	SERINGES ET NESLES		02
80	DA 16	SERIS		41
14	TA 21	SERLEY		71
103	NA 19	SERMAGES		58
96	V 17	SERMAISE		49
61	FA 13	SERMAISE		91
62	GA 14	SERMAISES		45
27	JA 8	SERMAIZE		60
44	SA 12	SERMAIZE LES BAINS		51
89	BB 17	SERMAMAGNY		90
106	VA 19	SERMANGE		39
228	LB 40	SERMANO	C	2B
148	MA 25	SERMENTIZON		63
152	UA 25	SERMERIEU		38
70	EB 14	SERMERSHEIM		67
121	TA 20	SERMESSE		71
42	OA 10	SERMIERS		51
84	NA 17	SERMIZELLES		89
28	LA 9	SERMOISE		02
118	KA 20	SERMOISE SUR LOIRE		58
121	SA 22	SERMOYER		01
132	HA 24	SERMUR		23
193	QA 33	SERNHAC		30
67	WA 14	SEROCOURT		88
208	W 36	SERON		65
151	SA 26	SERPAIZE		38
221	GA 38	SERPENT, LA		11
8	GA 3	SERQUES		62
87	WA 15	SERQUEUX		52
25	DA 8	SERQUEUX		76
37	Z 10	SERQUIGNY		27
229	JB 43	SERRA DI FERRO		2A
228	MB 42	SERRA DI FIUMORBO		2B
230	LB 43	SERRA DI SCOPAMENE	C	2A
222	HA 40	SERRALONGUE		66
139	YA 23	SERRAVAL		74
190	IA 33	SERRE, LA		12
132	GA 24	SERRE BUSSIERE VIEILLE, LA		23
106	WA 19	SERRE LES MOULIERES		39
106	WA 19	SERRE LES SAPINS		25
180	WA 31	SERRES	C	05
221	GA 38	SERRES		11
46	ZA 12	SERRES		54
207	V 36	SERRES CASTET		64
172	Y 30	SERRES ET MONTGUYARD		24
207	U 35	SERRES GASTON		40
207	V 36	SERRES MORLAAS		64
207	U 36	SERRES STE MARIE		64
219	DA 38	SERRES SUR ARGET		09
184	T 34	SERRESLOUS ET ARRIBANS		40
227	JB 41	SERRIERA		2A
150	RA 27	SERRIERES	C	07
136	RA 23	SERRIERES		71
138	UA 25	SERRIERES DE BRIORD		01
138	WA 25	SERRIERES EN CHAUTAGNE		73
138	UA 23	SERRIERES SUR AIN		01
84	OA 16	SERRIGNY		89
121	TA 20	SERRIGNY EN BRESSE		71
40	JA 11	SERRIS		77
32	WA 9	SERROUVILLE		54
116	HA 20	SERRUELLES		18
143	Y 26	SERS		16
216	W 38	SERS		65
28	LA 8	SERVAIS		02
28	MA 9	SERVAL		02
89	AB 16	SERVANCE		70
157	X 28	SERVANCHES		24
133	JA 23	SERVANT		63
137	TA 23	SERVAS		01
178	PA 32	SERVAS		30
24	CA 9	SERVAVILLE SALMONVILLE		76
162	LA 30	SERVERETTE		48
165	SA 28	SERVES SUR RHONE		26
214	LA 35	SERVIAN	C	34
177	LA 30	SERVIERES		48
160	FA 28	SERVIERES LE CHATEAU		19
193	PA 33	SERVIERS ET LABAUME		30
189	FA 34	SERVIES		81
221	HA 37	SERVIES EN VAL		11
121	TA 22	SERVIGNAT		01
88	YA 16	SERVIGNEY		70
34	Q 10	SERVIGNY		50
47	ZA 10	SERVIGNY LES RAVILLE		57
46	YA 10	SERVIGNY LES STE BARBE		57
38	DA 12	SERVILLE		28
134	MA 23	SERVILLY		03
107	ZA 18	SERVIN		25
17	IA 4	SERVINS		62
56	Q 12	SERVON		50
40	IA 12	SERVON		77
43	SA 10	SERVON MELZICOURT		51
76	P 15	SERVON SUR VILAINE		35
140	AB 24	SERVOZ		74
29	PA 8	SERY		08
84	NA 17	SERY		89
28	LA 7	SERY LES MEZIERES		02
40	JA 10	SERY MAGNEVAL		60
42	NA 10	SERZY ET PRIN		51
50	GB 12	SESSENHEIM		67
214	NA 36	SETE	C	34
8	GA 3	SETQUES		62
40	HA 10	SEUGY		95
29	QA 9	SEUIL		08
44	TA 11	SEUIL D'ARGONNE	C	55
134	MA 23	SEUILLET		03
97	X 19	SEUILLY		37
80	CA 17	SEUR		41
142	U 25	SEURE, LE		17
121	TA 20	SEURRE	C	21
26	GA 7	SEUX		80
45	VA 11	SEUZEY		55
135	PA 24	SEVELINGES		42
89	BB 17	SEVENANS		90
93	N 17	SEVERAC		44
176	JA 31	SEVERAC L'EGLISE		12
176	KA 31	SEVERAC LE CHATEAU	C	12
87	WA 17	SEVEUX		70
54	M 14	SEVIGNAC		22
207	V 35	SEVIGNACQ		64
215	U 37	SEVIGNACQ MEYRACQ		64
58	W 12	SEVIGNY		61
29	QA 7	SEVIGNY LA FORET		08
29	OA 8	SEVIGNY WALEPPE		08
24	BA 8	SEVIS		76
58	W 12	SEVRAI		61
40	HA 11	SEVRAN	C	93
39	GA 12	SEVRES	C	92
113	Y 22	SEVRES ANXAUMONT		86
121	SA 21	SEVREY		71
139	XA 25	SEVRIER		74
101	JA 19	SEVRY		18
89	BB 16	SEWEN		68
160	FA 28	SEXCLES		19
67	XA 12	SEXEY AUX FORGES		54
45	XA 12	SEXEY LES BOIS		54
66	TA 14	SEXFONTAINES		52
148	LA 25	SEYCHALLES		63
171	X 30	SEYCHES	C	47
182	YA 31	SEYNE	C	04
203	WA 37	SEYNE SUR MER, LA	C	83
178	PA 32	SEYNES		30
139	XA 25	SEYNOD	C	74
210	DA 36	SEYRE		31
183	R 34	SEYRESSE		40
138	WA 24	SEYSSEL	C	01
138	WA 24	SEYSSEL	C	74
210	CA 35	SEYSSES		31
210	BA 35	SEYSSES SAVES		32
166	WA 28	SEYSSINET PARISET		38
166	VA 28	SEYSSINS		38
151	SA 26	SEYSSUEL		38
153	YA 25	SEYTHENEX		74
140	ZA 23	SEYTROUX		74
42	NA 12	SEZANNE	C	51
208	W 36	SIARROUY		65
162	MA 28	SIAUGUES STE MARIE		43
52	E 12	SIBIRIL		29
16	GA 5	SIBIVILLE		62
152	UA 25	SICCIEU ST JULIEN ET CARISIEU		38
102	LA 19	SICHAMPS		58
90	BB 16	SICKERT		68
33	P 8	SIDEVILLE		50
116	GA 22	SIDIAILLES		18
128	V 25	SIECQ		17
50	GB 11	SIEGEN		67
64	MA 14	SIEGES, LES		89
32	YA 9	SIERCK LES BAINS	C	57
90	DB 17	SIERENTZ	C	68
48	DB 11	SIERSTHAL		57
24	BA 8	SIERVILLE		76
183	R 35	SIEST		40
189	FA 34	SIEURAC		81
218	CA 37	SIEURAS		09
166	WA 29	SIEVOZ		38
48	CB 11	SIEWILLER		67
200	BB 34	SIGALE		06
171	W 31	SIGALENS		33
223	JA 37	SIGEAN	C	11
81	GA 16	SIGLOY		45
217	Z 38	SIGNAC		31
203	WA 36	SIGNES		83
66	TA 14	SIGNEVILLE		52
29	QA 8	SIGNY L'ABBAYE	C	08
19	PA 7	SIGNY LE PETIT	C	08
31	UA 8	SIGNY MONTLIBERT		08
41	KA 11	SIGNY SIGNETS		77
142	V 25	SIGOGNE		16
70	DB 15	SIGOLSHEIM		68
197	WA 33	SIGONCE		04
180	VA 31	SIGOTTIER		05
157	Y 30	SIGOULES	C	24
111	S 21	SIGOURNAIS		85
181	XA 32	SIGOYER		04
181	XA 31	SIGOYER		05
220	DA 38	SIGUER		09
63	KA 13	SIGY		77
25	DA 8	SIGY EN BRAY		76
120	QA 22	SIGY LE CHATEL		71
73	I 15	SILFIAC		56
164	RA 29	SILHAC		07
152	UA 27	SILLANS		38
203	YA 35	SILLANS LA CASCADE		83
114	Z 22	SILLARS		86
171	W 31	SILLAS		33
78	W 14	SILLE LE GUILLAUME	C	72
59	Y 15	SILLE LE PHILIPPE		72
46	XA 11	SILLEGNY		57
43	PA 10	SILLERY		51
107	XA 19	SILLEY AMANCEY		25
107	YA 18	SILLEY BLEFOND		25
139	XA 24	SILLINGY		74
58	W 12	SILLY EN GOUFFERN		61
46	YA 11	SILLY EN SAULNOIS		57
41	KA 10	SILLY LA POTERIE		02
40	JA 10	SILLY LE LONG		60
46	YA 10	SILLY SUR NIED		57
26	GA 9	SILLY TILLARD		60
44	TA 12	SILMONT		55
48	CB 10	SILTZHEIM		67
228	MB 40	SILVARECCIO		2B
66	RA 15	SILVAROUVRES		52
207	V 35	SIMACOURBE		64
121	SA 21	SIMANDRE		71
138	UA 23	SIMANDRE SUR SURAN		01
151	SA 26	SIMANDRES		69
121	TA 21	SIMARD		71
17	IA 5	SIMENCOURT		62
159	CA 29	SIMEYROLS		24
202	UA 36	SIMIANE COLLONGUE		13
196	VA 33	SIMIANE LA ROTONDE		04
209	Z 35	SIMORRE		32
77	S 16	SIMPLE		53
18	KA 5	SIN LE NOBLE		59
166	VA 29	SINARD		38
27	LA 8	SINCENY		02
103	PA 18	SINCEY LES ROUVRAY		21
183	S 33	SINDERES		40
147	HA 26	SINGLES		63
157	Y 30	SINGLEYRAC		24
30	RA 8	SINGLY		08
49	DB 12	SINGRIST		67
219	DA 38	SINSAT		09
208	X 36	SINZOS		65
185	W 34	SION		32
75	P 16	SION LES MINES		44
159	EA 29	SIONIAC		19
67	VA 13	SIONNE		88
46	ZA 12	SIONVILLER		54
157	Y 28	SIORAC DE RIBERAC		24
158	BA 29	SIORAC EN PERIGORD		24
33	O 8	SIOUVILLE HAGUE		50
187	AA 34	SIRAC		32
16	GA 5	SIRACOURT		62
217	Z 38	SIRADAN		65
160	GA 29	SIRAN		15
212	IA 36	SIRAN		34
215	V 38	SIREIX		65
143	W 26	SIREUIL		16
123	XA 21	SIROD		39
207	U 36	SIROS		64
226	MB 38	SISCO		2B
28	NA 8	SISSONNE	C	02
28	LA 7	SISSY		02
187	AA 33	SISTELS		82
181	WA 32	SISTERON	C	04
196	UA 34	SIVERGUES		84
136	QA 22	SIVIGNON		71
46	YA 11	SIVRY		54
44	SA 11	SIVRY ANTE		51
62	IA 13	SIVRY COURTRY		77
44	UA 10	SIVRY LA PERCHE		55
31	UA 9	SIVRY SUR MEUSE		55
202	WA 37	SIX FOURS LES PLAGES	C	83
140	AB 24	SIXT FER A CHEVAL		74
75	N 16	SIXT SUR AFF		35
52	E 13	SIZUN	C	29
113	Y 22	SMARVES		86
25	DA 7	SMERMESNIL		76
227	KB 41	SOCCIA		2A
89	BB 17	SOCHAUX	C	25
68	YA 13	SOCOURT		88
8	HA 2	SOCX		59
217	Z 38	SODE		31
77	U 16	SOEURDRES		49
63	KA 13	SOGNOLLES EN MONTOIS		77
43	QA 11	SOGNY AUX MOULINS		51
43	SA 12	SOGNY EN L'ANGLE		51
36	V 11	SOIGNOLLES		14
62	IA 12	SOIGNOLLES EN BRIE		77
39	EA 11	SOINDRES		78
88	WA 17	SOING CUBRY CHARENTENAY		70
99	DA 18	SOINGS EN SOLOGNE		41
105	UA 19	SOIRANS		21
28	LA 9	SOISSONS	S	02
106	UA 18	SOISSONS SUR NACEY		21
63	LA 13	SOISY BOUY		77
40	GA 11	SOISY SOUS MONTMORENCY	C	95
62	HA 13	SOISY SUR ECOLE		91
62	HA 12	SOISY SUR SEINE		91
29	OA 8	SOIZE		02
59	AA 14	SOIZE		28
42	NA 12	SOIZY AUX BOIS		51
151	SA 26	SOLAIZE		69
228	MB 42	SOLARO		2B
69	CB 13	SOLBACH		67
198	AB 34	SOLEILHAS		04
108	AB 18	SOLEMONT		25
27	JA 8	SOLENTE		60
224	JA 39	SOLER, LE		66
179	SA 31	SOLERIEUX		26
62	IA 12	SOLERS		77
18	MA 5	SOLESMES	C	59
77	V 16	SOLESMES		72
152	UA 25	SOLEYMIEU		38
149	OA 26	SOLEYMIEUX		42
169	S 32	SOLFERINO		40
46	YA 11	SOLGNE		57
36	V 10	SOLIERS		14
145	CA 25	SOLIGNAC		87
149	OA 27	SOLIGNAC SOUS ROCHE		43
163	NA 29	SOLIGNAC SUR LOIRE	C	43
148	KA 26	SOLIGNAT		63
59	Z 12	SOLIGNY LA TRAPPE		61
63	MA 13	SOLIGNY LES ETANGS		10
229	KB 43	SOLLACARO		2A
154	AB 27	SOLLIERES SARDIERES		73
203	XA 37	SOLLIES PONT	C	83
203	XA 36	SOLLIES TOUCAS		83
203	XA 37	SOLLIES VILLE		83
136	RA 22	SOLOGNY		71
187	AA 34	SOLOMIAC		32
19	OA 5	SOLRE LE CHATEAU	C	59
19	OA 5	SOLRINNES		59
82	IA 16	SOLTERRE		45
136	RA 23	SOLUTRE POUILLY		71
18	LA 5	SOMAIN		59
123	YA 20	SOMBACOUR		25
104	RA 18	SOMBERNON	C	21
17	HA 5	SOMBRIN		62
208	W 35	SOMBRUN		65
95	T 19	SOMLOIRE		49
18	MA 5	SOMMAING		59
66	SA 13	SOMMANCOURT		52
104	PA 19	SOMMANT		71
30	SA 9	SOMMAUTHE		08
43	RA 10	SOMME BIONNE		51
43	QA 10	SOMME SUIPPE		51
43	RA 10	SOMME TOURBE		51
43	RA 11	SOMME VESLE		51
43	RA 11	SOMME YEVRE		51
83	KA 16	SOMMECAISE		89
44	UA 10	SOMMEDIEUE		55
44	SA 11	SOMMEILLES		55
41	LA 10	SOMMELANS		02
44	TA 12	SOMMELONNE		55
43	QA 10	SOMMEPY TAHURE		51
30	SA 9	SOMMERANCE		08
67	VA 14	SOMMERECOURT		52
26	FA 8	SOMMEREUX		60
19	OA 6	SOMMERON		02
35	T 9	SOMMERVIEU		14
46	ZA 12	SOMMERVILLER		54
25	DA 8	SOMMERY		76
24	Z 8	SOMMESNIL		76
43	PA 12	SOMMESOUS		51
107	ZA 19	SOMMETTE, LA		25
27	KA 7	SOMMETTE EAUCOURT		02
64	OA 14	SOMMEVAL		10
66	SA 13	SOMMEVOIRE		52
193	OA 34	SOMMIERES	C	30
129	Y 23	SOMMIERES DU CLAIN		86
128	W 23	SOMPT		79
43	QA 12	SOMPUIS	C	51
65	QA 12	SOMSOIS		51
29	PA 8	SON		08
174	EA 30	SONAC		46
61	EA 13	SONCHAMP		78
67	WA 13	SONCOURT		88
66	TA 14	SONCOURT SUR MARNE		52
90	CB 15	SONDERNACH		68
90	DB 17	SONDERSDORF		68
166	UA 28	SONE, LA		38
25	EA 8	SONGEONS	C	60
122	WA 21	SONGESON		39
138	VA 24	SONGIEU		01
43	QA 12	SONGY		51
175	GA 30	SONNAC		12
128	V 25	SONNAC		17
221	FA 37	SONNAC SUR L'HERS		11
151	SA 27	SONNAY		38
152	WA 26	SONNAZ		73
142	W 25	SONNEVILLE		16
28	MA 7	SONS ET RONCHERES		02
138	VA 23	SONTHONNAX LA MONTAGNE		01
97	Y 17	SONZAY		37
183	Q 34	SOORTS HOSSEGOR		40
90	CB 16	SOPPE LE BAS		68
90	CB 16	SOPPE LE HAUT		68
218	BA 38	SOR		09
107	XA 18	SORANS LES BREUREY		70
19	NA 7	SORBAIS		02
185	W 34	SORBETS		32
207	V 35	SORBETS		40
31	VA 9	SORBEY		55
46	YA 10	SORBEY		57
134	MA 22	SORBIER		03
180	VA 31	SORBIERS		05
150	QA 26	SORBIERS		42
228	MB 40	SORBO OCAGNANO		2B
230	LB 43	SORBOLLANO		2A
29	PA 8	SORBON		08
192	LA 33	SORBS		34
29	QA 8	SORCY BAUTHEMONT		08
45	VA 12	SORCY ST MARTIN		55
206	R 35	SORDE L'ABBAYE		40
170	U 32	SORE	C	40
208	X 36	SOREAC		65
224	JA 39	SOREDE		66
17	KA 6	SOREL		80
16	FA 6	SOREL EN VIMEU		80
38	CA 11	SOREL MOUSSEL		28
211	FA 35	SOREZE		81
220	EA 39	SORGEAT		09
144	AA 27	SORGES		24
195	SA 33	SORGUES		84
98	Z 19	SORIGNY		37
93	P 19	SORINIERES, LES		44
226	LB 39	SORIO		2B
64	NA 15	SORMERY		89
29	QA 7	SORMONNE		08
146	GA 26	SORNAC	C	19
106	VA 18	SORNAY		70
121	TA 21	SORNAY		71
46	ZA 12	SORNEVILLE		54
23	Z 8	SORQUAINVILLE		76
15	EA 4	SORRUS		62
183	S 34	SORT EN CHALOSSE		40
33	Q 9	SORTOSVILLE		50
33	O 9	SORTOSVILLE EN BEAUMONT		50
186	X 33	SOS		47
199	DB 34	SOSPEL	C	06
113	Y 20	SOSSAIS		86
217	Z 38	SOST		65
230	LB 44	SOTTA		2A
33	P 8	SOTTEVAST		50
33	O 8	SOTTEVILLE		50
24	BA 9	SOTTEVILLE LES ROUEN	C	76
24	BA 9	SOTTEVILLE SOUS LE VAL		76
24	AA 7	SOTTEVILLE SUR MER		76
173	BA 31	SOTURAC		46
47	AB 11	SOTZELING		57
43	QA 10	SOUAIN PERTHES LES HURLUS		51

Page	Carreau	Commune	Adm.	Dpt
211	FA 35	SOUAL		81
59	AA 14	SOUANCE AU PERCHE		28
222	GA 39	SOUANYAS		66
17	IA 6	SOUASTRE		62
192	LA 34	SOUBES		34
127	S 24	SOUBISE		17
208	W 35	SOUBLECAUSE		65
142	U 27	SOUBRAN		17
132	EA 24	SOUBREBOST		23
57	T 13	SOUCE		53
96	U 17	SOUCELLES		49
178	PA 30	SOUCHE, LA		07
17	IA 5	SOUCHEZ		62
48	DB 11	SOUCHT		57
122	WA 22	SOUCIA		39
150	RA 25	SOUCIEU EN JARREST		69
174	DA 30	SOUCIRAC		46
138	UA 25	SOUCLIN		01
27	KA 9	SOUCY		02
63	LA 14	SOUCY		89
145	EA 26	SOUDAINE LAVINADIERE		19
76	Q 16	SOUDAN		44
112	W 22	SOUDAN		79
143	Z 26	SOUDAT		24
79	AA 15	SOUDAY		41
43	PA 12	SOUDE		51
146	FA 27	SOUDEILLES		19
192	NA 33	SOUDORGUES		30
43	PA 11	SOUDRON		51
217	AA 37	SOUEICH		31
218	BA 38	SOUEIX ROGALLE		09
189	FA 33	SOUEL		81
208	X 36	SOUES		65
16	FA 6	SOUES		80
100	GA 18	SOUESMES		41
49	FB 12	SOUFFELWEYERSHEIM		67
50	GB 11	SOUFFLENHEIM		67
143	Y 26	SOUFFRIGNAC		16
115	DA 20	SOUGE		36
79	Z 16	SOUGE		41
58	W 14	SOUGE LE GANELON		72
56	P 13	SOUGEAL		35
83	LA 17	SOUGERES EN PUISAYE		89
221	HA 38	SOUGRAIGNE		11
81	EA 15	SOUGY		45
118	LA 20	SOUGY SUR LOIRE		58
44	TA 10	SOUHESMES RAMPONT, LES		55
85	QA 17	SOUHEY		21
16	HA 5	SOUICH, LE		62
211	FA 36	SOUILHANELS		11
211	FA 36	SOUILHE		11
159	DA 29	SOUILLAC	C	46
78	X 15	SOUILLE		72
44	UA 11	SOUILLY	C	55
219	EA 38	SOULA		09
141	R 26	SOULAC SUR MER		33
162	LA 28	SOULAGES		15
176	JA 30	SOULAGES BONNEVAL		12
65	RA 13	SOULAINES DHUYS	C	10
96	U 18	SOULAINES SUR AUBANCE		49
96	U 17	SOULAIRE ET BOURG		49
61	DA 13	SOULAIRES		28
219	CA 38	SOULAN		09
43	QA 12	SOULANGES		51
101	HA 19	SOULANGIS		18
36	V 11	SOULANGY		14
221	HA 38	SOULATGE		11
38	VA 14	SOULAUCOURT SUR MOUZON		52
173	AA 30	SOULAURES		24
108	BB 18	SOULCE CERNAY		25
77	U 15	SOULGE SUR OUETTE		53
212	IA 35	SOULIE, LE		34
42	OA 11	SOULIERES		51
156	V 30	SOULIGNAC		33
78	W 15	SOULIGNE FLACE		72
78	X 15	SOULIGNE SOUS BALLON		72
141	T 25	SOULIGNONNE		17
64	OA 14	SOULIGNY		10
79	Y 15	SOULITRE		72
109	O 21	SOULLANS		85
34	R 11	SOULLES		50
215	W 38	SOULOM		65
174	DA 30	SOULOMES		46
67	VA 13	SOULOSSE SOUS ST ELOPHE		88
90	CB 16	SOULTZ HAUT RHIN	C	68
70	DB 13	SOULTZ LES BAINS		67
49	FB 11	SOULTZ SOUS FORETS	C	67
90	CB 15	SOULTZBACH LES BAINS		68
90	CB 15	SOULTZEREN		68
90	CB 15	SOULTZMATT		68
76	Q 16	SOULVACHE		44
84	NA 15	SOUMAINTRAIN		89
132	GA 23	SOUMANS		23
172	Y 30	SOUMENSAC		47
142	U 27	SOUMERAS		17
192	LA 34	SOUMONT		34
36	V 11	SOUMONT ST QUENTIN		14
207	V 36	SOUMOULOU		64
211	FA 36	SOUPEX		11
28	MA 9	SOUPIR		02
62	IA 14	SOUPPES SUR LOING		77
184	T 34	SOUPROSSE		40
205	Q 36	SOURAIDE		64
108	AB 18	SOURANS		25
150	RA 25	SOURCIEUX LES MINES		69
28	NA 7	SOURD, LE		02
57	S 12	SOURDEVAL	C	50
56	Q 11	SOURDEVAL LES BOIS		50
26	HA 8	SOURDON		80
63	LA 13	SOURDUN		77
13	J 15	SOURN, LE		56
222	HA 39	SOURNIA	C	66
160	GA 27	SOURNIAC		15
181	XA 32	SOURRIBES		04
61	DA 13	SOURS		28
160	GA 27	SOURSAC		19
157	Y 28	SOURZAC		24
132	FA 24	SOUS PARSAT		23
160	FA 29	SOUSCEYRAC	C	46
142	V 27	SOUSMOULINS		17
179	SA 31	SOUSPIERRE		26
157	W 30	SOUSSAC		33
155	T 33	SOUSSANS		33
104	QA 18	SOUSSEY SUR BRIONNE		21
178	OA 32	SOUSTELLE		30
183	Q 34	SOUSTONS	C	40
166	WA 29	SOUSVILLE		38
135	OA 25	SOUTERNON		42
131	DA 23	SOUTERRAINE, LA	C	23
112	V 22	SOUTIERS		79
122	VA 20	SOUVANS		39
193	OA 34	SOUVIGNARGUES		30
129	W 24	SOUVIGNE		16
97	Y 17	SOUVIGNE		37
128	V 22	SOUVIGNE		79
59	Z 14	SOUVIGNE SUR MEME		72
77	U 16	SOUVIGNE SUR SARTHE		72
118	KA 22	SOUVIGNY	C	03
98	BA 18	SOUVIGNY DE TOURAINE		37
81	GA 17	SOUVIGNY EN SOLOGNE		41
208	X 36	SOUYEAUX		65
96	W 19	SOUZAY CHAMPIGNY		49
150	QA 25	SOUZY		69
61	GA 13	SOUZY LA BRICHE		91
228	LB 40	SOVERIA		2B
179	SA 30	SOYANS		26
143	X 26	SOYAUX	C	16
107	ZA 18	SOYE		25
117	HA 20	SOYE EN SEPTAINE		18
27	JA 7	SOYECOURT		80
47	VA 16	SOYERS		52
165	SA 29	SOYONS		07
48	DB 11	SPARSBACH		67
78	X 15	SPAY		72
90	CB 17	SPECHBACH LE BAS		68
90	CB 17	SPECHBACH LE HAUT		68
225	KB 39	SPELONCATO		2B
198	AB 34	SPERACEDES		06
72	G 14	SPEZET		29
47	BB 10	SPICHEREN		57
31	VA 9	SPINCOURT	C	55
45	WA 10	SPONVILLE		54
65	RA 14	SPOY		10
105	TA 18	SPOY		21
8	GA 2	SPYCKER		59
53	I 12	SQUIFFIEC		22
90	CB 16	STAFFELFELDEN		68
40	HA 11	STAINS	C	93
66	TA 12	STAINVILLE		55
8	HA 3	STAPLE		59
50	GB 12	STATTMATTEN		67
228	MB 40	STAZZONA		2B
8	HA 3	STEENBECQUE		59
8	HA 2	STEENE		59
8	IA 3	STEENVOORDE	C	59
8	IA 3	STEENWERCK		59
69	CB 14	STEIGE		67
90	CB 16	STEINBACH		68
49	DB 12	STEINBOURG		67
90	DB 17	STEINBRUNN LE BAS		68
90	DB 17	STEINBRUNN LE HAUT		68
49	FB 11	STEINSELTZ		67
90	DB 17	STEINSOULTZ		68
30	TA 9	STENAY	C	55
90	CB 17	STERNENBERG		68
90	DB 17	STETTEN		68
85	PA 16	STIGNY		89
70	DB 13	STILL		67
47	BB 10	STIRING WENDEL	C	57
30	SA 8	STONNE		08
89	BB 16	STORCKENSOHN		68
90	CB 15	STOSSWIHR		68
70	EB 14	STOTZHEIM		67
70	FB 13	STRASBOURG	P	67
8	IA 3	STRAZEELE		59
159	DA 29	STRENQUELS		46
90	CB 17	STRUETH		68
48	CB 11	STRUTH		67
32	YA 9	STUCKANGE		57
50	GB 11	STUNDWILLER		67
48	EB 10	STURZELBRONN		57
49	EB 12	STUTZHEIM OFFENHEIM		67
90	CB 17	SUARCE		90
129	Y 25	SUAUX		16
116	GA 20	SUBDRAY, LE		18
98	BA 18	SUBLAINES		37
35	T 10	SUBLES		14
101	IA 18	SUBLIGNY		18
56	Q 12	SUBLIGNY		50
63	KA 14	SUBLIGNY		89
220	DA 38	SUC ET SENTENAC		09
152	UA 26	SUCCIEU		38
94	P 18	SUCE SUR ERDRE		44
40	HA 12	SUCY EN BRIE	C	94
80	DA 17	SUEVRES		41
148	LA 26	SUGERES		63
28	RA 9	SUGNY		08
200	R 36	SUHESCUN		64
120	QA 22	SUIN		71
43	QA 10	SUIPPES	C	51
47	ZA 11	SUISSE		57
42	NA 11	SUIZY LE FRANC		51
137	SA 23	SULIGNAT		01
7	T 9	SULLY		14
25	EA 8	SULLY		60
120	QA 20	SULLY		71
81	GA 15	SULLY LA CHAPELLE		45
102	KA 18	SULLY LA TOUR		58
81	HA 16	SULLY SUR LOIRE	C	45
92	L 17	SULNIAC		56
192	NA 33	SUMENE	C	30
90	DB 15	SUNDHOFFEN		68
70	EB 14	SUNDHOUSE		67
123	XA 20	SUPT		39
134	LA 24	SURAT		63
219	DA 38	SURBA		09
49	FB 11	SURBOURG		67
16	FA 6	SURCAMPS		80
145	DA 26	SURDOUX		87
59	Y 13	SURE		61
40	GA 11	SURESNES	C	92
79	Y 15	SURFONDS		72
28	MA 7	SURFONTAINE		02
127	T 24	SURGERES	C	17
83	MA 17	SURGY		58
67	WA 14	SURIAUVILLE		88
112	U 22	SURIN		79
129	Y 24	SURIN		86
130	Z 25	SURIS		16
138	WA 24	SURJOUX		01
108	AB 18	SURMONT		25
7	FA 3	SURQUES		62
35	S 9	SURRAIN		14
33	O 9	SURTAINVILLE		50
38	BA 10	SURTAUVILLE		27
36	X 11	SURVIE		61
23	X 9	SURVILLE		14
38	BA 10	SURVILLE		27
34	P 9	SURVILLE		50
40	HA 10	SURVILLIERS		95
29	RA 7	SURY		08
82	HA 15	SURY AUX BOIS		45
101	JA 18	SURY EN VAUX		18
101	IA 18	SURY ES BOIS		18
149	PA 26	SURY LE COMTAL		42
82	JA 17	SURY PRES LERE		18
92	K 17	SURZUR		56
206	T 36	SUS		64
17	HA 5	SUS ST LEGER		62
206	T 36	SUSMIOU		64
145	DA 26	SUSSAC		87
193	OA 34	SUSSARGUES		34
133	KA 23	SUSSAT		03
104	QA 19	SUSSEY		21
166	WA 29	SUSVILLE		38
138	VA 24	SUTRIEU		01
219	DA 37	SUZAN		09
28	RA 8	SUZANNE		08
17	IA 6	SUZANNE		80
66	TA 13	SUZANNECOURT		52
38	DA 10	SUZAY		27
165	TA 30	SUZE		26
179	SA 32	SUZE LA ROUSSE		26
78	W 16	SUZE SUR SARTHE, LA	C	72
179	TA 32	SUZETTE		84
27	JA 8	SUZOY		60
28	MA 8	SUZY		02
30	SA 8	SY		08
123	XA 21	SYAM		39
38	BA 11	SYLVAINS LES MOULINS		27
191	JA 34	SYLVANES		12
89	AB 15	SYNDICAT, LE		88

T

Page	Carreau	Commune	Adm.	Dpt
206	S 36	TABAILLE USQUAIN		64
156	U 30	TABANAC		33
153	YA 26	TABLE, LA		73
110	Q 21	TABLIER, LE		85
219	EA 37	TABRE		09
129	Y 25	TACHE, LA		16
209	Z 35	TACHOIRES		32
39	DA 11	TACOIGNIERES		78
102	MA 18	TACONNAY		58
55	N 13	TADEN		22
207	V 35	TADOUSSE USSAU		64
228	MB 40	TAGLIO ISOLACCIO		2B
120	PA 21	TAGNIERE, LA		71
29	PA 9	TAGNON		08
90	CB 17	TAGOLSHEIM		68
90	DB 17	TAGSDORF		68
162	LA 28	TAILHAC		43
195	TA 34	TAILLADES		84
155	T 29	TAILLAN MEDOC, LE		33
67	VA 13	TAILLANCOURT		55
127	T 25	TAILLANT		17
57	U 12	TAILLEBOIS		61
127	T 25	TAILLEBOURG		17
171	X 31	TAILLEBOURG		47
171	X 30	TAILLECAVAT		33
89	BB 17	TAILLECOURT		25
127	S 22	TAILLEE, LA		85
27	KA 9	TAILLEFONTAINE		02
33	P 9	TAILLEPIED		50
224	IA 39	TAILLET		66
20	QA 7	TAILLETTE		08
76	R 14	TAILLIS		35
30	TA 9	TAILLY		08
121	SA 20	TAILLY		21
16	FA 7	TAILLY		80
165	SA 28	TAIN L'HERMITAGE	C	26
83	LA 17	TAINGY		89
69	BB 14	TAINTRUX		88
19	NA 6	TAISNIERES EN THIERACHE		59
19	NA 5	TAISNIERES SUR HON		59
42	OA 10	TAISSY		51
189	GA 33	TAIX		81
120	RA 22	TAIZE		71
112	W 20	TAIZE		79
129	X 24	TAIZE AIZIE		16
29	PA 8	TAIZY		08
217	Y 37	TAJAN		65
223	IA 37	TALAIRAN		11
141	R 26	TALAIS		33
46	YA 10	TALANGE		57
105	SA 18	TALANT		21
228	MB 40	TALASANI		2B
150	QA 26	TALAUDIERE, LA		42
208	W 36	TALAZAC		65
80	DA 16	TALCY		41
84	OA 17	TALCY		89
156	T 29	TALENCE	C	33
164	RA 28	TALENCIEUX		07
76	O 15	TALENSAC		35
138	WA 25	TALISSIEU		01
161	KA 28	TALIZAT		15
107	YA 18	TALLANS		25
181	XA 31	TALLARD	C	05
107	XA 18	TALLENAY		25
148	KA 26	TALLENDE		63
183	R 33	TALLER		40
139	YA 25	TALLOIRES		74
228	MB 41	TALLONE		2B
112	V 21	TALLUD, LE		79
111	S 21	TALLUD STE GEMME		85
16	HA 6	TALMAS		80
106	UA 18	TALMAY		21
125	P 22	TALMONT ST HILAIRE	C	85
141	S 26	TALMONT SUR GIRONDE		17
25	EA 9	TALMONTIERS		60
102	MA 18	TALON		58
42	NA 11	TALUS ST PRIX		51
150	RA 26	TALUYERS		69
33	Q 8	TAMERVILLE		50
103	NA 19	TAMNAY EN BAZOIS		58
158	BA 29	TAMNIES		24
161	JA 28	TANAVELLE		15
105	UA 18	TANAY		21
23	Y 9	TANCARVILLE		76
96	U 19	TANCOIGNE		49
135	PA 23	TANCON		71
69	BB 13	TANCONVILLE		54
41	KA 11	TANCROU		77
123	XA 22	TANCUA		39
16	HA 4	TANGRY		62
140	ZA 24	TANINGES	C	74
56	Q 13	TANIS		50
84	OA 16	TANLAY		89
30	SA 8	TANNAY		08
103	MA 18	TANNAY	C	58
200	BB 35	TANNERON		83
83	KA 16	TANNERRE EN PUISAYE		89
42	MA 9	TANNIERES		02
44	TA 12	TANNOIS		55
58	W 12	TANQUES		61
67	XA 13	TANTONVILLE		54
56	Q 12	TANU, LE		50
175	GA 32	TANUS		81
58	W 13	TANVILLE		61
141	T 26	TANZAC		17
136	RA 23	TAPONAS		69
143	Y 25	TAPONNAT FLEURIGNAC		16
211	EA 35	TARABEL		31
203	ZA 35	TARADEAU		83
136	QA 25	TARARE	C	69
195	RA 34	TARASCON	C	13
219	DA 38	TARASCON SUR ARIEGE	C	09
208	W 36	TARASTEIX		65
208	W 36	TARBES	P	65
107	XA 19	TARCENAY		25
132	HA 23	TARDES		23
206	S 37	TARDETS SORHOLUS	C	64
111	T 21	TARDIERE, LA		85
7	DA 2	TARDINGHEN		62
150	QA 27	TARENTAISE		42
222	HA 39	TARERACH		66
222	FA 40	TARGASSONNE		66
134	KA 23	TARGET		03
156	V 30	TARGON	C	33
146	FA 25	TARNAC		19
156	V 29	TARNES		33
183	Q 35	TARNOS		40
207	V 35	TARON SADIRAC VIELLENAVE		64
47	AB 12	TARQUIMPOL		57
228	MB 40	TARRANO		2B
185	W 34	TARSAC		32
207	U 36	TARSACQ		64
86	SA 17	TARSUL		21
105	TA 19	TART L'ABBAYE		21
105	TA 19	TART LE BAS		21
105	TA 19	TART LE HAUT		21
150	RA 26	TARTARAS		42
184	S 34	TARTAS	C	40
88	XA 16	TARTECOURT		70
28	LA 9	TARTIERS		02
26	HA 8	TARTIGNY		60
198	YA 33	TARTONNE		04
122	UA 21	TARTRE, LE		71
39	DA 12	TARTRE GAUDRAN, LE		78
29	PA 7	TARZY		08
208	W 35	TASQUE		32
78	V 16	TASSE		72
122	VA 20	TASSENIERES		39
78	W 15	TASSILLE		72
151	SA 25	TASSIN LA DEMI LUNE	C	69
228	LB 42	TASSO		2A
8	GA 3	TATINGHEM		62
142	V 27	TATRE, LE		16
127	S 23	TAUGON		17
52	F 12	TAULE	C	29
179	SA 31	TAULIGNAN		26
224	IA 40	TAULIS		66
74	L 15	TAUPONT		56
156	U 28	TAURIAC		33
159	EA 29	TAURIAC		46
188	DA 33	TAURIAC		81
191	JA 34	TAURIAC DE CAMARES		12
175	GA 32	TAURIAC DE NAUCELLE		12
178	PA 30	TAURIERS		07
218	BA 37	TAURIGNAN CASTET		09
218	BA 37	TAURIGNAN VIEUX		09
222	HA 39	TAURINYA		66
221	HA 37	TAURIZE		11
161	IA 29	TAUSSAC		12
213	KA 35	TAUSSAC LA BILLIERE		34
223	IA 38	TAUTAVEL		66
147	IA 26	TAUVES	C	63
42	OA 10	TAUXIERES MUTRY		51
98	AA 19	TAUXIGNY		37
227	KB 42	TAVACO		2A
97	Y 19	TAVANT		37
106	UA 19	TAVAUX		39
28	OA 7	TAVAUX ET PONTSERICOURT		02
195	RA 33	TAVEL		30
227	KB 42	TAVERA		2A
120	PA 20	TAVERNAY		71
203	XA 35	TAVERNES	C	83
39	GA 11	TAVERNY	C	95
80	DA 16	TAVERS		45
89	AB 17	TAVEY		70
134	KA 23	TAXAT SENAT		03
106	VA 19	TAXENNE		39
157	W 29	TAYAC		33
187	Z 34	TAYBOSC		32
175	GA 32	TAYRAC		12
172	AA 32	TAYRAC		47
119	OA 21	TAZILLY		58
222	HA 40	TECH, LE		66
166	UA 28	TECHE		38
180	FA 34	TECOU		81
169	S 30	TEICH, LE		33
103	MA 18	TEIGNY		58
179	RA 31	TEIL, LE		07
134	KA 24	TEILHEDE		63
219	EA 37	TEILHET		09
133	JA 24	TEILHET		63
76	P 16	TEILLAY		35
94	Q 18	TEILLE		44
78	X 14	TEILLE		72
190	HA 34	TEILLET		81
133	HA 23	TEILLET ARGENTY		03
57	S 13	TEILLEUL, LE	C	50
159	CA 27	TEILLOTS		24
160	HA 29	TEISSIERES DE CORNET		15
161	HA 29	TEISSIERES LES BOULIES		15
51	D 14	TELGRUC SUR MER		29
31	VA 8	TELLANCOURT		54
105	UA 18	TELLECEY		21
59	Y 12	TELLIERES LE PLESSIS		61
78	X 16	TELOCHE		72
155	S 29	TEMPLE, LE		33
79	AA 15	TEMPLE, LE		41
93	O 18	TEMPLE DE BRETAGNE, LE		44
144	BA 27	TEMPLE LAGUYON		24
172	Y 31	TEMPLE SUR LOT, LE		47
9	KA 4	TEMPLEMARS		59
9	KA 4	TEMPLEUVE		59
17	JA 6	TEMPLEUX LA FOSSE		80
17	KA 6	TEMPLEUX LE GUERARD		80
138	VA 24	TENAY		01
164	PA 28	TENCE	C	43
153	XA 27	TENCIN		38
199	EB 33	TENDE	C	06
68	AB 15	TENDON		88
117	JA 20	TENDRON		18
115	DA 21	TENDU		36
16	GA 4	TENEUR		62
78	W 15	TENNIE		72
47	BB 10	TENTELING		57
113	Z 22	TERCE		86
132	FA 22	TERCILLAT		23
183	R 34	TERCIS LES BAINS		40
8	HA 3	TERDEGHEM		59
27	LA 8	TERGNIER	C	02
133	IA 23	TERJAT		03
30	SA 9	TERMES		08
223	IA 37	TERMES		11
162	KA 29	TERMES		48
185	W 34	TERMES D'ARMAGNAC		32
154	AB 27	TERMIGNON		73
81	EA 15	TERMINIERS		28
136	QA 24	TERNAND		69
128	U 24	TERNANT		17
105	SA 19	TERNANT		21
119	NA 21	TERNANT		58
148	KA 26	TERNANT LES EAUX		63
16	HA 5	TERNAS		62
86	TA 16	TERNAT		52
79	AA 16	TERNAY		41
151	SA 26	TERNAY		69
96	W 19	TERNAY		86
161	KA 29	TERNES, LES		15
89	AB 16	TERNUAY MELAY ET ST HILAIRE		70
28	LA 9	TERNY SORNY		02
16	HA 6	TERRAMESNIL		80
153	WA 27	TERRASSE, LA		38
150	QA 26	TERRASSE SUR DORLAY, LA		42
159	CA 28	TERRASSON LAVILLEDIEU	C	24
224	IA 39	TERRATS		66
187	Z 33	TERRAUBE		32
190	GA 34	TERRE CLAPIER		81
87	VA 16	TERRE NATALE	C	52
209	AA 36	TERREBASSE		31
86	SA 16	TERREFONDREE		21
59	Y 14	TERREHAULT		72
108	AB 18	TERRES DE CHAUX, LES		25
161	JA 30	TERRISSE, LA		12
221	GA 37	TERROLES		11
30	RA 9	TERRON SUR AISNE		08
160	FA 29	TERROU		46
151	SA 27	TERSANNE		26
130	BA 23	TERSANNES		87
189	FA 33	TERSSAC		81
39	DA 11	TERTE ST DENIS, LE		78
27	KA 7	TERTRY		80
32	XA 9	TERVILLE		57
39	FA 11	TESSANCOURT SUR AUBETTE		78
57	U 13	TESSE FROULAY		61
35	U 10	TESSEL		14
141	T 26	TESSON		17
112	V 20	TESSONNIERE		79
95	S 20	TESSOUALE, LA		49
34	R 11	TESSY SUR VIRE	C	50
169	R 30	TESTE DE BUCH, LA	C	33
30	TA 8	TETAIGNE		08
8	HA 2	TETEGHEM		59
47	ZA 10	TETERCHEN		57
183	S 34	TETHIEU		40
47	AB 10	TETING SUR NIED		57
156	U 28	TEUILLAC		33
211	EA 35	TEULAT		81
33	Q 8	TEURTHEVILLE BOCAGE		50
33	O 8	TEURTHEVILLE HAGUE		50
143	Z 26	TEYJAT		24
194	OA 34	TEYRAN		34
179	TA 31	TEYSSIERES		26
160	FA 29	TEYSSIEU		46
211	FA 35	TEYSSODE		81
64	NA 12	THAAS		51
141	T 26	THAIMS		17
127	S 24	THAIRE		17
119	NA 20	THAIX		58
48	CB 11	THAL DRULINGEN		67
49	DB 12	THAL MARMOUTIER		67
147	HA 26	THALAMY		19
90	CB 16	THANN	S	68
69	CB 14	THANNENKIRCH		68
70	DB 14	THANVILLE		67
35	U 10	THAON		14
68	ZA 14	THAON LES VOSGES		88
178	PA 32	THARAUX		30
103	NA 18	THAROISEAU		89
84	NA 17	THAROT		89
117	JA 20	THAUMIERS		18
131	EA 24	THAURON		23
101	JA 18	THAUVENAY		18
217	Z 38	THEBE		65
47	BB 10	THEDING		57
173	CA 30	THEDIRAC		46
159	EA 29	THEGRA		46
93	N 17	THEHILLAC		56
134	KA 23	THEIL, LE		03
33	Q 8	THEIL, LE		50
59	Z 14	THEIL, LE	C	61
35	T 11	THEIL BOCAGE, LE		14
76	Q 16	THEIL DE BRETAGNE, LE		35
23	X 9	THEIL EN AUGE, LE		14
37	Z 10	THEIL NOLENT, LE		27
129	W 24	THEIL RABIER		16
63	LA 14	THEIL SUR VANNE		89
100	FA 18	THEILLAY		41
37	AA 9	THEILLEMENT		27
92	K 17	THEIX		56
136	RA 24	THEIZE		69
136	QA 24	THEL		69
59	AA 14	THELIGNY		72
150	QA 27	THELIS LA COMBE		42
67	XA 13	THELOD		54
30	SA 8	THELONNE		08
17	JA 5	THELUS		62
39	FA 10	THEMERICOURT		95
159	EA 30	THEMINES		46
160	EA 30	THEMINETTES		46
141	T 26	THENAC		17
157	Y 30	THENAC		24
29	OA 7	THENAILLES		02
115	CA 21	THENAY		36
99	CA 18	THENAY		41
28	MA 7	THENELLES		02
153	ZA 25	THENESOL		73
97	Y 19	THENEUIL		37
117	JA 21	THENEUILLE		03
112	W 21	THENEZAY	C	79
100	FA 18	THENIOUX		18
85	RA 17	THENISSEY		21
63	KA 13	THENISY		77
65	PA 14	THENNELIERES		10
26	HA 7	THENNES		80
158	BA 28	THENON	C	24
30	SA 9	THENORGUES		08
200	BB 35	THEOULE SUR MER		06
26	GA 9	THERDONNE		60
25	FA 8	THERINES		60
209	Z 36	THERMES MAGNOAC		65
161	IA 29	THERONDELS		12
8	GA 3	THEROUANNE		62
23	Y 7	THEROULDEVILLE		76
106	VA 19	THERVAY		39
99	CA 18	THESEE		41
122	WA 20	THESY		39
87	WA 17	THEULEY		70
181	YA 31	THEUS		05
61	DA 14	THEUVILLE		28
39	FA 10	THEUVILLE		95
23	Y 7	THEUVILLE AUX MAILLOTS		76
116	FA 21	THEVET ST JULIEN		36
33	Q 8	THEVILLE		50
37	Z 11	THEVRAY		27

Page	Carreau	Commune	Adm.	Dpt
67	XA 14	THEY SOUS MONTFORT		88
67	XA 13	THEY SOUS VAUDEMONT		54
153	XA 27	THEYS		38
224	JA 39	THEZA		66
141	T 26	THEZAC		17
173	BA 31	THEZAC		47
223	IA 37	THEZAN DES CORBIERES		11
213	KA 36	THEZAN LES BEZIERS		34
181	WA 32	THEZE		04
207	V 35	THEZE	C	64
46	YA 11	THEZEY ST MARTIN		54
195	RA 33	THEZIERS		30
138	VA 25	THEZILLIEU		01
26	HA 7	THEZY GLIMONT		80
40	HA 12	THIAIS	C	94
90	BB 17	THIANCOURT		90
118	MA 20	THIANGES		58
18	LA 5	THIANT		59
130	AA 23	THIAT		87
45	WA 11	THIAUCOURT REGNIEVILLE	C	54
69	AB 13	THIAVILLE SUR MEURTHE		54
37	Y 10	THIBERVILLE	C	27
43	PA 11	THIBIE		51
39	FA 9	THIBIVILLERS		60
37	AA 10	THIBOUVILLE		27
47	ZA 11	THICOURT		57
68	ZA 13	THIEBAUMENIL		54
43	RA 12	THIEBLEMONT FAREMONT	C	51
108	BB 18	THIEBOUHANS		25
65	QA 14	THIEFFRAIN		10
88	YA 17	THIEFFRANS		70
89	AB 15	THIEFOSSE		88
118	MA 22	THIEL SUR ACOLIN		03
7	FA 4	THIEMBRONNE		62
107	YA 18	THIENANS		70
8	HA 3	THIENNES		59
17	IA 6	THIEPVAL		80
23	Y 8	THIERGEVILLE		76
28	NA 7	THIERNU		02
134	MA 25	THIERS	S	63
40	IA 10	THIERS SUR THEVE		60
37	Z 9	THIERVILLE		27
44	UA 10	THIERVILLE SUR MEUSE		55
199	BB 33	THIERY		06
27	JA 8	THIESCOURT		60
23	Y 8	THIETREVILLE		76
60	BA 13	THIEULIN, LE		28
26	FA 7	THIEULLOY L'ABBAYE		80
26	FA 7	THIEULLOY LA VILLE		80
25	FA 8	THIEULOY ST ANTOINE		60
17	HA 4	THIEULOYE, LA		62
26	GA 8	THIEUX		60
40	IA 11	THIEUX		77
36	W 11	THIEVILLE		14
17	HA 6	THIEVRES		62
17	HA 6	THIEVRES		80
161	IA 28	THIEZAC		15
61	GA 14	THIGNONVILLE		45
137	SA 25	THIL		01
65	RA 14	THIL		10
188	BA 34	THIL		31
29	OA 9	THIL		51
32	WA 9	THIL		54
25	DA 9	THIL, LE		27
24	BA 7	THIL MANNEVILLE		76
25	DA 8	THIL RIBERPRE, LE		76
119	OA 20	THIL SUR ARROUX		71
29	RA 7	THILAY		08
40	HA 11	THILLAY, LE		95
48	RA 13	THILLEUX		52
39	DA 10	THILLIERS EN VEXIN, LES		27
42	OA 10	THILLOIS		51
44	UA 11	THILLOMBOIS		55
45	VA 11	THILLOT		55
89	AB 16	THILLOT, LE	C	88
97	Z 19	THILOUZE		37
60	CA 13	THIMERT GATELLES		28
47	ZA 11	THIMONVILLE		57
82	IA 16	THIMORY		45
29	QA 8	THIN LE MOUTIER		08
148	MA 26	THIOLIERES		63
134	MA 22	THIONNE		03
32	YA 9	THIONVILLE	S	57
23	Z 8	THIOUVILLE		76
67	XA 14	THIRAUCOURT		88
111	S 22	THIRE		85
70	BA 14	THIRON GARDAIS	C	28
29	RA 7	THIS		08
107	XA 18	THISE		25
60	DA 13	THIVARS		28
18	MA 4	THIVENCELLE		59
40	HA 10	THIVERNY		60
39	FA 11	THIVERVAL GRIGNON		78
87	UA 15	THIVET		52
144	AA 27	THIVIERS	C	24
80	CA 15	THIVILLE		28
116	FA 20	THIZAY		36
97	X 19	THIZAY		37
136	PA 24	THIZY	C	69
84	OA 17	THIZY		89
181	XA 32	THOARD		04
151	TA 27	THODURE		38
58	X 14	THOIGNE		72
193	OA 33	THOIRAS		30
58	X 14	THOIRE SOUS CONTENSOR		72
79	Y 16	THOIRE SUR DINAN		72
85	RA 16	THOIRES		21
138	VA 23	THOIRETTE		39
122	WA 22	THOIRIA		39
139	XA 23	THOIRY		01
153	XA 26	THOIRY		73
39	EA 11	THOIRY		78
136	RA 23	THOISSEY	C	01
122	UA 22	THOISSIA		39
104	QA 18	THOISY LA BERCHERE		21
104	QA 19	THOISY LE DESERT		21
26	FA 8	THOIX		80
57	UA 15	THOL LES MILLIERES		52
130	BA 22	THOLLET		86
124	AB 22	THOLLON LES MEMISES		74
202	VA 35	THOLONET, LE		13
89	AB 15	THOLY, LE		88
38	BA 11	THOMER LA SOGNE		27
62	IA 13	THOMERY		77
104	RA 19	THOMIREY		21
158	BA 28	THONAC		24
159	YA 25	THONES	C	74
66	TA 13	THONNANCE LES JOINVILLE		52
66	UA 13	THONNANCE LES MOULINS		52
31	UA 8	THONNE LA LONG		55
31	UA 8	THONNE LE THIL		55
31	UA 8	THONNE LES PRES		55
31	UA 8	THONNELLE		55
123	ZA 22	THONON LES BAINS	S	74
88	WA 15	THONS, LES		88
47	ZA 11	THONVILLE		57
195	SA 33	THOR, LE		84
82	JA 15	THORAILLES		45
106	WA 19	THORAISE		25
198	ZA 33	THORAME BASSE		04
182	ZA 32	THORAME HAUTE		04
162	MA 29	THORAS		43
79	AA 16	THORE LA ROCHETTE		41
78	W 17	THOREE LES PINS		72
139	YA 24	THORENS GLIERES	C	74
90	OA 16	THOREY		89
105	TA 19	THOREY EN PLAINE		21
67	XA 13	THOREY LYAUTEY		54
104	QA 18	THOREY SOUS CHARNY		21
104	RA 19	THOREY SUR OUCHE		21
128	V 23	THORIGNE		79
77	T 17	THORIGNE D'ANJOU		49
77	V 15	THORIGNE EN CHARNIE		53
76	P 14	THORIGNE FOUILLARD		35
79	Y 15	THORIGNE SUR DUE		72
110	R 21	THORIGNY		85
128	U 23	THORIGNY SUR LME MIGNON		79
40	IA 11	THORIGNY SUR MARNE	C	77
63	LA 14	THORIGNY SUR OREUSE		89
203	YA 35	THORONET, LE		83
150	RA 27	THORRENC		07
66	RA 14	THORS		10
128	V 25	THORS		17
26	HA 8	THORY		80
84	NA 17	THORY		89
104	PA 18	THOSTE		21
101	IA 18	THOU		18
82	JA 17	THOU		45
127	S 24	THOU, LE		17
96	U 18	THOUARCE	C	49
94	Q 18	THOUARE SUR LOIRE		44
112	V 20	THOUARS	C	79
218	CA 37	THOUARS SUR ARIZE		09
171	Y 32	THOUARS SUR GARONNE		47
111	S 21	THOUARSAIS BOUILDROUX		85
42	NA 11	THOULT TROSNAY, LE		51
29	OA 8	THOUR, LE		08
96	V 18	THOUREIL, LE		49
76	Q 16	THOURIE		35
131	CA 24	THOURON		87
27	JA 9	THOUROTTE		60
80	DA 17	THOURY		41
63	JA 14	THOURY FEROTTES		77
187	BA 34	THOUX		32
57	U 13	THUBOEUF		53
29	OA 8	THUEL, LE		02
222	GA 39	THUES ENTRE VALLS		66
178	PA 30	THUEYTS	C	07
29	QA 9	THUGNY TRUGNY		08
153	XA 26	THUILE, LA		73
182	ZA 31	THUILES, LES		04
67	XA 13	THUILLEY AUX GROSEILLES		54
67	XA 14	THUILLIERES		88
224	IA 39	THUIR	C	66
38	CA 10	THUIT, LE		27
38	BA 9	THUIT ANGER, LE		27
24	AA 9	THUIT HEBERT		27
38	AA 10	THUIT SIGNOL, LE		27
38	AA 10	THUIT SIMER, LE		27
108	BB 18	THULAY		25
45	WA 10	THUMEREVILLE		54
17	KA 4	THUMERIES		59
18	LA 5	THUN L'EVEQUE		59
18	LA 4	THUN ST AMAND		59
18	LA 5	THUN ST MARTIN		59
113	X 21	THURAGEAU		86
113	Y 20	THURE		86
134	LA 24	THURET		63
121	TA 21	THUREY		71
107	XA 18	THUREY LE MONT		25
150	RA 25	THURINS		69
120	QA 20	THURY		21
83	LA 17	THURY		89
41	KA 10	THURY EN VALOIS		60
35	U 11	THURY HARCOURT	C	14
40	GA 9	THURY SOUS CLERMONT		60
139	XA 24	THUSY		74
208	X 36	THUY		65
139	ZA 24	THYEZ		74
217	Y 37	TIBIRAN JAUNAC		65
37	X 11	TICHEVILLE		61
121	UA 20	TICHEY		21
48	CB 11	TIEFFENBACH		67
77	U 17	TIERCE	C	49
32	WA 9	TIERCELET		54
56	Q 14	TIERCENT, LE		35
35	U 9	TIERCEVILLE		14
208	W 35	TIESTE URAGNOUX		32
176	KA 31	TIEULE, LA		48
110	R 20	TIFFAUGES		85
41	JA 12	TIGEAUX		77
62	HA 12	TIGERY		91
220	EA 38	TIGNAC		09
96	U 19	TIGNE		49
67	WA 15	TIGNECOURT		88
154	BB 26	TIGNES		73
198	BB 35	TIGNET, LE		06
151	TA 25	TIGNIEU JAMEYZIEU		38
15	EA 5	TIGNY NOYELLE		62
51	GA 16	TIGY		45
86	TA 17	TIL CHATEL		21
184	S 35	TILH		40
216	Y 37	TILHOUSE		65
208	X 35	TILLAC		32
61	EA 14	TILLAY LE PENEUX		28
26	GA 9	TILLE		60
106	UA 19	TILLENAY		21
23	X 8	TILLEUL, LE		76
37	AA 11	TILLEUL DAME AGNES		27
38	AA 10	TILLEUL LAMBERT, LE		27
37	AA 10	TILLEUL OTHON, LE		27
67	WA 14	TILLEUX		88
94	R 19	TILLIERES		49
38	BA 12	TILLIERES SUR AVRE		27
27	IA 8	TILLOLOY		80
128	W 23	TILLOU		79
43	RA 11	TILLOY ET BELLAY		51
15	DA 6	TILLOY FLORIVILLE		80
26	GA 7	TILLOY LES CONTY		80
17	HA 5	TILLOY LES HERMAVILLE		62
17	JA 5	TILLOY LES MOFFLAINES		62
18	KA 5	TILLOY LEZ CAMBRAI		59
18	LA 4	TILLOY LEZ MARCHIENNES		59
38	DA 10	TILLY		27
131	BA 22	TILLY		36
39	DA 11	TILLY		78
16	GA 4	TILLY CAPELLE		62
36	V 10	TILLY LA CAMPAGNE		14
44	UA 11	TILLY SUR MEUSE		55
35	T 10	TILLY SUR SEULLES	C	14
8	GA 3	TILQUES		62
87	WA 17	TINCEY ET PONTREBEAU		70
57	T 12	TINCHEBRAY	C	61
17	KA 7	TINCOURT BOUCLY		80
17	HA 5	TINCQUES		62
47	ZA 11	TINCRY		57
7	EA 4	TINGRY		62
42	OA 10	TINQUEUX		51
75	O 14	TINTENIAC	C	35
120	QA 20	TINTRY		71
119	MA 20	TINTURY		58
149	OA 27	TIRANGES		43
209	AA 35	TIRENT PONTEJAC		32
56	Q 12	TIREPIED		50
84	NA 16	TISSEY		89
16	EA 5	TITRE, LE		80
61	FA 15	TIVERNON		45
162	KA 28	TIVIERS		15
156	V 29	TIZAC DE CURTON		33
156	V 28	TIZAC DE LAPOUYADE		33
143	Y 27	TOCANE ST APRE		24
23	Z 9	TOCQUEVILLE		27
33	Q 8	TOCQUEVILLE		50
24	AA 7	TOCQUEVILLE EN CAUX		76
23	Y 8	TOCQUEVILLE LES MURS		76
15	CA 6	TOCQUEVILLE SUR EU		76
15	EA 6	TOEUFLES		80
30	RA 9	TOGES		08
30	QA 11	TOGNY AUX BOEUFS		51
227	KB 42	TOLLA		2A
67	WA 15	TOLLAINCOURT		88
16	FA 5	TOLLENT		62
33	P 8	TOLLEVAST		50
40	KA 13	TOMBE, LA		77
172	Y 31	TOMBEBOEUF		47
46	YA 12	TOMBLAINE	C	54
226	MB 38	TOMINO		2B
178	TA 30	TONILS, LES		26
189	EA 33	TONNAC		81
127	T 24	TONNAY BOUTONNE	C	17
127	S 24	TONNAY CHARENTE	C	17
171	Y 31	TONNEINS	C	47
84	OA 16	TONNERRE	C	89
33	O 8	TONNEVILLE		50
68	YA 13	TONNOY		54
53	H 12	TONQUEDEC		22
76	R 15	TORCE		35
79	Y 15	TORCE EN VALLEE		72
77	V 15	TORCE VIVIERS EN CHARNIE		53
87	UA 16	TORCENAY		52
57	T 13	TORCHAMP		61
152	UA 26	TORCHEFELON		38
47	BB 11	TORCHEVILLE		57
138	UA 24	TORCIEU		01
16	FA 4	TORCY		62
120	QA 21	TORCY		71
40	IA 11	TORCY	S	77
41	LA 10	TORCY EN VALOIS		02
85	PA 17	TORCY ET POULIGNY		21
65	PA 13	TORCY LE GRAND		10
24	BA 7	TORCY LE GRAND		76
65	PA 13	TORCY LE PETIT		10
24	BA 7	TORCY LE PETIT		76
224	IA 39	TORDERES		66
37	Y 11	TORDOUET		14
110	R 19	TORFOU		49
62	GA 13	TORFOU		91
35	S 11	TORIGNI SUR VIRE	C	50
193	OA 33	TORNAC		30
94	VA 17	TORNAY		52
24	AA 8	TORP MESNIL, LE		76
106	WA 19	TORPES		25
122	UA 20	TORPES		71
23	Y 9	TORPT, LE		27
36	X 10	TORQUESNE, LE		14
224	JA 38	TORREILLES		66
143	X 26	TORSAC		16
148	KA 27	TORSIAC		43
147	IA 25	TORTEBESSE		63
16	FA 5	TORTEFONTAINE		62
17	KA 5	TORTEQUESNE		62
117	JA 20	TORTERON		18
35	T 10	TORTEVAL QUESNAY		14
117	JA 22	TORTEZAIS		03
36	X 11	TORTISAMBERT		14
64	OA 14	TORVILLIERS		10
127	T 24	TORXE		17
38	CA 10	TOSNY		27
183	Q 34	TOSSE		40
137	UA 23	TOSSIAT		01
208	X 36	TOSTAT		65
38	BA 10	TOSTES		27
67	XA 14	TOTAINVILLE		88
24	BA 8	TOTES	C	76
116	GA 21	TOUCHAY		18
179	SA 31	TOUCHE, LA		26
94	Q 18	TOUCHES, LES		44
128	V 24	TOUCHES DE PERIGNY, LES		17
83	LA 16	TOUCY	C	89
199	CB 33	TOUDON		06
199	DB 34	TOUET DE L'ESCARENE		06
199	BB 33	TOUET SUR VAR		06
173	BA 32	TOUFFAILLES		82
9	LA 3	TOUFFLERS		59
36	V 10	TOUFFREVILLE		14
25	DA 9	TOUFFREVILLE		27
23	Z 8	TOUFFREVILLE LA CABLE		76
24	AA 8	TOUFFREVILLE LA CORBELINE		76
15	CA 6	TOUFFREVILLE SUR EU		76
187	AA 34	TOUGET		32
218	BA 37	TOUILLE		31
85	QA 17	TOUILLON		21
123	YA 21	TOUILLON ET LOUTELET		25
185	V 34	TOUJOUSE		32
45	WA 12	TOUL	S	54
164	RA 29	TOULAUD		07
170	V 30	TOULENNE		33
29	RA 8	TOULIGNY		08
28	NA 8	TOULIS ET ATTENCOURT		02
203	WA 37	TOULON	P	83
118	LA 22	TOULON SUR ALLIER		03
119	PA 21	TOULON SUR ARROUX	C	71
174	FA 31	TOULONJAC		12
224	JA 39	TOULOUGES	C	66
210	CA 35	TOULOUSE	P	31
122	VA 20	TOULOUSE LE CHATEAU		39
184	T 34	TOULOUZETTE		40
132	GA 23	TOULX STE CROIX		23
23	X 9	TOUQUES		14
7	DA 4	TOUQUET PARIS PLAGE, LE		62
37	Y 12	TOUQUETTES		61
41	KA 12	TOUQUIN		77
199	CB 33	TOUR, LA		06
139	ZA 23	TOUR, LA		74
143	Y 27	TOUR BLANCHE, LA		24
196	VA 34	TOUR D'AIGUES, LA		84
147	IA 26	TOUR D'AUVERGNE, LA	C	63
174	EA 31	TOUR DE FAURE		46
150	RA 25	TOUR DE SALVAGNY, LA		69
106	VA 18	TOUR DE SCAY, LA		25
219	EA 37	TOUR DU CRIEU, LA		09
122	VA 22	TOUR DU MEIX, LA		39
92	K 17	TOUR DU PARC, LE		56
152	UA 26	TOUR DU PIN, LA	S	38
35	T 9	TOUR EN BESSIN		14
150	QA 26	TOUR EN JAREZ, LA		42
80	DA 17	TOUR EN SOLOGNE		41
97	Y 19	TOUR ST GELIN, LA		37
191	KA 34	TOUR SUR ORB, LA		34
80	BA 17	TOURAILLES		41
57	U 12	TOURAILLES, LES		61
214	LA 35	TOURBES		34
30	RA 9	TOURCELLES CHAUMONT		08
72	F 15	TOURCH		29
9	KA 3	TOURCOING	C	59
208	X 35	TOURDUN		32
149	OA 27	TOURETTE, LA		42
212	GA 36	TOURETTE CABARDES, LA		11
199	CB 33	TOURETTE DU CHATEAU		06
36	W 9	TOURGEVILLE		14
95	T 19	TOURLANDRY, LA		49
33	P 8	TOURLAVILLE	C	50
172	AA 30	TOURLIAC		47
39	FA 10	TOURLY		60
9	KA 4	TOURMIGNIES		59
122	VA 20	TOURMONT		39
58	W 12	TOURNAI SUR DIVE		61
209	AA 35	TOURNAN		32
40	JA 12	TOURNAN EN BRIE	C	77
107	YA 18	TOURNANS		25
29	RA 7	TOURNAVAUX		08
216	X 37	TOURNAY	C	65
35	T 10	TOURNAY SUR ODON		14
156	U 30	TOURNE, LE		33
36	V 11	TOURNEBU		14
187	AA 34	TOURNECOUPE		32
38	BA 10	TOURNEDOS BOIS HUBERT		27
38	CA 9	TOURNEDOS SUR SEINE		27
210	CA 35	TOURNEFEUILLE	C	31
199	CB 33	TOURNEFORT		06
7	FA 3	TOURNEHEM SUR LA HEM		62
191	KA 33	TOURNEMIRE		12
161	HA 28	TOURNEMIRE		15
29	RA 7	TOURNES		08
35	S 11	TOURNEUR, LE		14
38	BA 10	TOURNEVILLE		27
35	S 10	TOURNIERES		14
223	IA 37	TOURNISSAN		11
80	DA 15	TOURNOISIS		45
153	YA 26	TOURNON		73
173	BA 31	TOURNON D'AGENAIS	C	47
114	AA 21	TOURNON ST MARTIN	C	36
98	AA 19	TOURNON ST PIERRE		37
164	RA 28	TOURNON SUR RHONE	S	07
208	Y 36	TOURNOUS DARRE		65
208	Y 36	TOURNOUS DEVANT		65
121	SA 22	TOURNUS	C	71
38	DA 10	TOURNY		27
59	Z 13	TOUROUVRE	C	61
213	IA 36	TOUROUZELLE		11
221	GA 37	TOURREILLES		11
217	Z 37	TOURREILLES, LES		31
187	Z 34	TOURRENQUETS		32
200	DB 34	TOURRETTE LEVENS		06
198	AB 35	TOURRETTES		83
179	SA 30	TOURRETTES, LES		26
200	CB 34	TOURRETTES SUR LOUP		06
143	X 25	TOURRIERS		16
98	Z 18	TOURS	P	37
153	ZA 26	TOURS EN SAVOIE		73
15	EA 6	TOURS EN VIMEU		80
42	OA 10	TOURS SUR MARNE		51
148	MA 25	TOURS SUR MEYMONT		63
96	W 19	TOURTENAY		79
30	RA 8	TOURTERON	C	08
144	BA 27	TOURTOIRAC		24
203	YA 35	TOURTOUR		83
218	BA 37	TOURTOUSE		09
172	Y 31	TOURTRES		47
219	EA 37	TOURTROL		09
203	WA 36	TOURVES		83
23	X 9	TOURVILLE EN AUGE		14
38	AA 10	TOURVILLE LA CAMPAGNE		27
25	CA 7	TOURVILLE LA CHAPELLE		76
24	BA 9	TOURVILLE LA RIVIERE		76
23	Y 8	TOURVILLE LES IFS		76
24	BA 7	TOURVILLE SUR ARQUES		76
35	U 10	TOURVILLE SUR ODON		14
23	Y 9	TOURVILLE SUR PONT AUDEMER		27
34	P 11	TOURVILLE SUR SIENNE		50
61	FA 14	TOURY		28
118	LA 21	TOURY LURCY		58
118	LA 21	TOURY SUR JOUR		58
148	KA 26	TOURZEL RONZIERES		63
23	Y 7	TOUSSAINT		76
151	SA 26	TOUSSIEU		69
137	SA 24	TOUSSIEUX		01
62	HA 14	TOUSSON		77
39	GA 12	TOUSSUS LE NOBLE		78
23	Y 9	TOUTAINVILLE		27
30	TA 9	TOUTENANT		71
17	HA 6	TOUTENCOURT		80
211	EA 35	TOUTENS		31
95	T 19	TOUTLEMONDE		49
84	OA 17	TOUTRY		21
142	V 27	TOUVERAC		16
153	WA 27	TOUVET, LE	C	38
24	Z 9	TOUVILLE		27
109	P 20	TOUVOIS		44
143	X 26	TOUVRE		16
142	V 26	TOUZAC		16
173	BA 31	TOUZAC		46
228	MB 41	TOX		2B
146	FA 26	TOY VIAM		19
35	T 10	TRACY BOCAGE		14
27	KA 9	TRACY LE MONT		60
27	KA 9	TRACY LE VAL		60
101	JA 18	TRACY SUR LOIRE		58
35	T 9	TRACY SUR MER		14
136	QA 23	TRADES		69
70	DB 13	TRAENHEIM		67
46	YA 11	TRAGNY		57
63	LA 13	TRAINEL		10
81	FA 15	TRAINOU		45
24	AA 9	TRAIT, LE		76
107	XA 18	TRAITIEFONTAINE		70
152	WA 26	TRAIZE		73
133	IA 24	TRALAIGUES		63
228	LB 40	TRALONCA		2B
54	M 13	TRAMAIN		22
136	RA 23	TRAMAYES	C	71
136	QA 23	TRAMBLY		71
16	GA 4	TRAMECOURT		62
42	NA 10	TRAMERY		51
216	X 38	TRAMEZAIGUES		65
151	TA 26	TRAMOLE		38
67	XA 13	TRAMONT EMY		54
67	XA 13	TRAMONT LASSUS		54
67	WA 13	TRAMONT ST ANDRE		54
137	SA 25	TRAMOYES		01
66	UA 14	TRAMPOT		88
64	MA 14	TRANCAULT		10
125	Q 23	TRANCHE SUR MER, LA		85
137	TA 24	TRANCLIERE, LA		01
61	EA 14	TRANCRAINVILLE		28
78	X 15	TRANGE		72
115	CA 20	TRANGER, LE		36
65	RA 14	TRANNES		10
67	WA 13	TRANQUEVILLE GRAUX		88
58	V 14	TRANS		53
204	ZA 35	TRANS EN PROVENCE		83
56	P 13	TRANS LA FORET		35
94	Q 17	TRANS SUR ERDRE		44
15	EA 6	TRANSLAY, LE		80
17	JA 6	TRANSLOY, LE		62
115	EA 21	TRANZAULT		36
39	FA 12	TRAPPES	C	78
212	HA 36	TRASSANEL		11
90	CB 17	TRAUBACH LE BAS		68
90	CB 17	TRAUBACH LE HAUT		68
212	IA 36	TRAUSSE		11
179	SA 32	TRAVAILLAN		84
28	LA 8	TRAVECY		02
209	Z 35	TRAVERSERES		32
88	XA 17	TRAVES		70
190	GA 34	TRAVET, LE		81
112	U 21	TRAYES		79
74	M 16	TREAL		56
33	O 8	TREAUVILLE		50
51	B 14	TREBABU		29
134	KA 22	TREBAN		03
190	HA 33	TREBAN		81
190	HA 33	TREBAS		81
55	N 13	TREBEDAN		22
212	HA 36	TREBES		11
53	G 12	TREBEURDEN		22
216	X 37	TREBONS		65
217	Z 38	TREBONS DE LUCHON		31
211	EA 35	TREBONS SUR LA GRASSE		31
53	H 14	TREBRIVAN		22
54	L 14	TREBRY		22
105	UA 19	TRECLUN		21
42	OA 11	TRECON		51
54	L 14	TREDANIEL		22
53	I 12	TREDARZEC		22
55	M 14	TREDIAS		22
74	L 16	TREDION		56
53	G 12	TREDREZ LOCQUEMEAU		22
53	G 12	TREDUDER		22
27	KA 7	TREFCON		02
75	N 15	TREFFENDEL		35
71	D 16	TREFFIAGAT		29
94	P 17	TREFFIEUX		44
92	K 17	TREFFLEAN		56
166	VA 29	TREFFORT		38
138	UA 23	TREFFORT CUISIAT	C	01
53	G 14	TREFFRIN		22
52	E 12	TREFLAOUENAN		29
52	E 13	TREFLEVENEZ		29
52	D 12	TREFLEZ		29
41	MA 12	TREFOLS		51
55	N 14	TREFUMEL		22
51	D 13	TREGARANTEC		29
51	D 14	TREGARVAN		29
53	H 12	TREGASTEL		22
53	H 13	TREGLAMUS		22
51	C 13	TREGLONOU		29
54	J 13	TREGOMEUR		22
55	M 13	TREGON		22
53	I 12	TREGONNEAU		22
72	F 15	TREGOUREZ		29
53	H 13	TREGROM		22
71	D 16	TREGUENNEC		29
54	K 13	TREGUEUX		22
54	J 12	TREGUIDEL		22
53	I 12	TREGUIER	C	22
72	F 16	TREGUNC		29
79	Z 16	TREHET		41
74	M 15	TREHORENTEUC		56
52	E 13	TREHOU, LE		29
145	EA 26	TREIGNAC	C	19
132	GA 23	TREIGNAT		03
83	KA 17	TREIGNY		89
223	JA 38	TREILLES		11
82	IA 15	TREILLES EN GATINAIS		45
93	P 18	TREILLIERES		44
66	TA 14	TREIX		52
110	R 20	TREIZE SEPTIERS		85
111	S 20	TREIZE VENTS		85
173	CA 32	TREJOULS		82
176	KA 31	TRELANS		48
96	U 18	TRELAZE		49
53	H 12	TRELEVERN		22
149	OA 25	TRELINS		42
158	AA 28	TRELISSAC		24
55	N 13	TRELIVAN		22
34	Q 11	TRELLY		50
19	OA 6	TRELON	C	59
42	MA 10	TRELOU SUR MARNE		02
51	D 13	TREMAOUEZAN		29
53	I 14	TREMARGAT		22
23	Z 8	TREMAUVILLE		76
141	R 25	TREMBLADE, LA	C	17
56	P 13	TREMBLAY		35
94	S 17	TREMBLAY, LE		49
40	HA 11	TREMBLAY EN FRANCE	C	93
60	CA 12	TREMBLAY LES VILLAGES		28
37	AA 10	TREMBLAY OMONVILLE, LE		27
39	FA 12	TREMBLAY SUR MAULDRE, LE		78
45	WA 12	TREMBLECOURT		54
106	VA 18	TREMBLOIS, LE		70
31	UA 8	TREMBLOIS LES CARIGNAN		08
29	QA 7	TREMBLOIS LES ROCROI		08
55	P 13	TREMEHEUC		35
53	G 12	TREMEL		22
54	J 13	TREMELOIR		22
95	T 19	TREMENTINES		49
71	D 16	TREMEOC		29
55	N 13	TREMEREUC		22
46	YA 10	TREMERY		57
55	M 14	TREMEUR		22
53	J 12	TREMEVEN		22
72	G 16	TREMEVEN		29
166	WA 30	TREMINIS		38
89	AB 17	TREMOINS		70
158	AA 29	TREMOLAT		24
173	AA 31	TREMONS		47
96	U 19	TREMONT		49
59	X 12	TREMONT		61
44	TA 12	TREMONT SUR SAULX		55

Page	Carreau	Commune	Adm.	Dpt
102	**KA 19**	VARENNES LES NARCY		58
136	**PA 23**	VARENNES SOUS DUN		71
162	**MA 28**	VARENNES ST HONORAT		43
121	**TA 22**	VARENNES ST SAUVEUR		71
134	**LA 23**	VARENNES SUR ALLIER	**C**	03
99	**DA 19**	VARENNES SUR FOUZON		36
97	**W 19**	VARENNES SUR LOIRE		49
134	**KA 24**	VARENNES SUR MORGE		63
63	**JA 14**	VARENNES SUR SEINE		77
134	**MA 23**	VARENNES SUR TECHE		03
148	**LA 26**	VARENNES SUR USSON		63
102	**KA 19**	VARENNES VAUZELLES		58
172	**Y 31**	VARES		47
27	**KA 8**	VARESNES		60
122	**VA 22**	VARESSIA		39
159	**DA 28**	VARETZ		19
219	**DA 37**	VARILHES	**C**	09
41	**KA 10**	VARINFROY		60
29	**OA 9**	VARISCOURT		02
60	**DA 15**	VARIZE		28
47	**ZA 10**	VARIZE		57
68	**YA 14**	VARMONZEY		88
45	**VA 11**	VARNEVILLE		55
24	**BA 8**	VARNEVILLE BRETTEVILLE		76
88	**YA 16**	VAROGNE		70
105	**TA 18**	VAROIS ET CHAIGNOT		21
33	**Q 8**	VAROUVILLE		50
96	**W 19**	VARRAINS		49
63	**JA 11**	VARREDDES		77
182	**AB 30**	VARS		05
143	**X 25**	VARS		16
87	**VA 17**	VARS		70
159	**CA 27**	VARS SUR ROSEIX		19
47	**AB 10**	VARSBERG		57
141	**T 25**	VARZAY		17
102	**LA 18**	VARZY	**C**	58
25	**CA 9**	VASCOEUIL		27
112	**W 21**	VASLES		79
69	**CB 12**	VASPERVILLER		57
148	**LA 25**	VASSEL		63
100	**HA 19**	VASSELAY		18
152	**UA 26**	VASSELIN		38
27	**KA 9**	VASSENS		02
28	**MA 9**	VASSENY		02
166	**UA 29**	VASSIEUX EN VERCORS		26
43	**PA 12**	VASSIMONT ET CHAPELAINE		51
44	**SA 12**	VASSINCOURT		55
28	**NA 9**	VASSOGNE		02
24	**BA 8**	VASSONVILLE		76
35	**T 11**	VASSY	**C**	14
85	**PA 17**	VASSY		89
33	**Q 8**	VAST, LE		50
33	**O 8**	VASTEVILLE		50
164	**PA 29**	VASTRES, LES		43
99	**EA 19**	VATAN	**C**	36
68	**ZA 13**	VATHIMENIL		54
25	**DA 7**	VATIERVILLE		76
152	**UA 27**	VATILIEU		38
47	**ZA 11**	VATIMONT		57
43	**PA 12**	VATRY		51
23	**Y 8**	VATTETOT SOUS BEAUMONT		76
23	**X 7**	VATTETOT SUR MER		76
38	**CA 10**	VATTEVILLE		27
24	**Z 9**	VATTEVILLE LA RUE		76
35	**S 10**	VAUBADON		14
135	**PA 23**	VAUBAN		71
44	**TA 11**	VAUBECOURT	**C**	55
68	**YA 14**	VAUBEXY		88
35	**T 9**	VAUCELLES		14
28	**MA 8**	VAUCELLES ET BEFFECOURT		02
107	**YA 18**	VAUCHAMPS		25
42	**MA 11**	VAUCHAMPS		51
64	**OA 14**	VAUCHASSIS		10
27	**JA 8**	VAUCHELLES		60
17	**HA 6**	VAUCHELLES LES AUTHIE		80
16	**FA 6**	VAUCHELLES LES DOMART		80
16	**FA 6**	VAUCHELLES LES QUESNOY		80
120	**RA 20**	VAUCHIGNON		21
65	**QA 14**	VAUCHONVILLIERS		10
70	**XA 17**	VAUCHOUX		70
96	**U 18**	VAUCHRETIEN		49
42	**NA 10**	VAUCIENNES		51
41	**KA 10**	VAUCIENNES		60
103	**NA 19**	VAUCLAIX		58
42	**RA 12**	VAUCLERC		51
108	**AB 19**	VAUCLUSE		25
108	**AB 18**	VAUCLUSOTTE		25
65	**PA 13**	VAUCOGNE		10
88	**WA 17**	VAUCONCOURT NERVEZAIN		70
67	**VA 12**	VAUCOULEURS	**C**	55
69	**AB 12**	VAUCOURT		54
40	**JA 11**	VAUCOURTOIS		77
39	**GA 11**	VAUCRESSON		92
39	**EA 10**	VAUDANCOURT		60
135	**PA 22**	VAUDEBARRIER		71
96	**V 19**	VAUDELNAY		49
36	**W 11**	VAUDELOGES		14
43	**PA 10**	VAUDEMANGE		51
67	**XA 13**	VAUDEMONT		54
65	**PA 14**	VAUDES		10
43	**QA 10**	VAUDESINCOURT		51
28	**MA 9**	VAUDESSON		02
64	**MA 16**	VAUDEURS		89
164	**RA 28**	VAUDEVANT		07
68	**YA 13**	VAUDEVILLE		54
68	**ZA 14**	VAUDEVILLE		88
67	**VA 13**	VAUDEVILLE LE HAUT		55
40	**HA 11**	VAUDHERLAND		95
68	**YA 13**	VAUDIGNY		54
122	**WA 21**	VAUDIOUX, LE		39
31	**VA 9**	VAUDONCOURT		55
67	**WA 14**	VAUDONCOURT		88
62	**HA 14**	VAUDOUE, LE		77
63	**KA 12**	VAUDOY EN BRIE		77
47	**ZA 9**	VAUDRECHING		57
67	**VA 14**	VAUDRECOURT		52
66	**SA 15**	VAUDREMONT		52
38	**BA 10**	VAUDREUIL, LE		27
211	**FA 36**	VAUDREUILLE		31
33	**Q 8**	VAUDREVILLE		50
122	**VA 20**	VAUDREY		39
17	**IA 4**	VAUDRICOURT		62
15	**DA 6**	VAUDRICOURT		80
34	**Q 10**	VAUDRIMESNIL		50
7	**FA 3**	VAUDRINGHEM		62
107	**ZA 18**	VAUDRIVILLERS		25
35	**S 11**	VAUDRY		14
108	**BB 18**	VAUFREY		25
196	**UA 34**	VAUGINES		84
150	**RA 25**	VAUGNERAY	**C**	69
61	**GA 12**	VAUGRIGNEUSE		91
40	**GA 12**	VAUHALLAN		91
167	**XA 28**	VAUJANY		38
40	**IA 11**	VAUJOURS		93
96	**W 17**	VAULANDRY		49
161	**IA 28**	VAULMIER, LE		15
166	**WA 28**	VAULNAVEYS LE BAS		38
166	**WA 28**	VAULNAVEYS LE HAUT		38
130	**BA 24**	VAULRY		87
84	**NA 17**	VAULT DE LUGNY		89
16	**FA 5**	VAULX		62
139	**XA 24**	VAULX		74
151	**SA 25**	VAULX EN VELIN	**C**	69
151	**TA 26**	VAULX MILIEU		38
17	**JA 6**	VAULX VRAUCOURT		62
25	**EA 9**	VAUMAIN, LE		60
119	**MA 22**	VAUMAS		03
181	**XA 32**	VAUMEILH		04
41	**JA 10**	VAUMOISE		60
63	**LA 14**	VAUMORT		89
144	**AA 27**	VAUNAC		24
165	**TA 30**	VAUNAVEYS LA ROCHETTE		26
59	**Y 14**	VAUNOISE		61
24	**AA 9**	VAUPALIERE, LA		76
60	**BA 13**	VAUPILLON		28
65	**PA 13**	VAUPOISSON		10
44	**TA 10**	VAUQUOIS		55
39	**FA 11**	VAUREAL		95
175	**GA 31**	VAUREILLES		12
25	**FA 9**	VAUROUX, LE		60
112	**V 22**	VAUSSEROUX		79
112	**V 22**	VAUTEBIS		79
90	**BB 17**	VAUTHIERMONT		90
55	**S 14**	VAUTORTE		53
202	**VA 35**	VAUVENARGUES		13
194	**PA 34**	VAUVERT	**C**	30
36	**W 9**	VAUVILLE		14
33	**O 8**	VAUVILLE		50
88	**XA 15**	VAUVILLERS	**C**	70
27	**IA 7**	VAUVILLERS		80
133	**IA 22**	VAUX		03
211	**EA 35**	VAUX		31
46	**XA 10**	VAUX		57
129	**X 23**	VAUX		86
18	**MA 6**	VAUX ANDIGNY		02
29	**QA 9**	VAUX CHAMPAGNE		08
44	**UA 10**	VAUX DEVANT DAMLOUP		55
16	**GA 6**	VAUX EN AMIENOIS		80
136	**QA 24**	VAUX EN BEAUJOLAIS		69
138	**UA 24**	VAUX EN BUGEY		01
30	**SA 9**	VAUX EN DIEULET		08
120	**RA 21**	VAUX EN PRE		71
27	**KA 7**	VAUX EN VERMANDOIS		02
123	**YA 20**	VAUX ET CHANTEGRUE		25
143	**X 27**	VAUX LAVALETTE		16
106	**WA 18**	VAUX LE MONCELOT		70
62	**IA 13**	VAUX LE PENIL		77
30	**RA 9**	VAUX LES MOURON		08
30	**TA 8**	VAUX LES MOUZON		08
45	**VA 11**	VAUX LES PALAMEIX		55
106	**WA 19**	VAUX LES PRES		25
29	**PA 8**	VAUX LES RUBIGNY		08
138	**WA 22**	VAUX LES ST CLAUDE		39
16	**EA 6**	VAUX MARQUENNEVILLE		80
29	**QA 8**	VAUX MONTREUIL		08
142	**W 25**	VAUX ROUILLAC		16
105	**SA 18**	VAUX SAULES		21
87	**UA 17**	VAUX SOUS AUBIGNY		52
37	**T 9**	VAUX SUR AURE		14
66	**SA 13**	VAUX SUR BLAISE		52
38	**CA 11**	VAUX SUR EURE		27
63	**JA 14**	VAUX SUR LUNAIN		77
141	**R 26**	VAUX SUR MER		17
122	**VA 20**	VAUX SUR POLIGNY		39
39	**FA 11**	VAUX SUR SEINE		78
37	**T 10**	VAUX SUR SEULLES		14
17	**HA 7**	VAUX SUR SOMME		80
66	**TA 13**	VAUX SUR ST URBAIN		52
113	**Z 20**	VAUX SUR VIENNE		86
29	**QA 7**	VAUX VILLAINE		08
28	**LA 9**	VAUXAILLON		02
86	**TA 16**	VAUXBONS		52
27	**LA 9**	VAUXBUIN		02
28	**MA 9**	VAUXCERE		02
136	**RA 23**	VAUXRENARD		69
28	**LA 9**	VAUXREZIS		02
28	**MA 9**	VAUXTIN		02
44	**TA 11**	VAVINCOURT	**C**	55
43	**RA 12**	VAVRAY LE GRAND		51
43	**RA 12**	VAVRAY LE PETIT		51
69	**AB 13**	VAXAINVILLE		54
68	**ZA 14**	VAXONCOURT		88
47	**ZA 11**	VAXY		57
43	**P 17**	VAY		44
220	**EA 39**	VAYCHIS		09
174	**DA 31**	VAYLATS		46
159	**EA 29**	VAYRAC	**C**	46
156	**V 29**	VAYRES		33
144	**AA 25**	VAYRES		87
62	**HA 13**	VAYRES SUR ESSONNE		91
163	**NA 28**	VAZEILLES LIMANDRE		43
162	**MA 29**	VAZEILLES PRES SAUGUES		43
173	**CA 32**	VAZERAC		82
134	**KA 23**	VEAUCE		03
149	**PA 26**	VEAUCHE		42
149	**PA 26**	VEAUCHETTE		42
101	**IA 18**	VEAUGUES		18
165	**SA 28**	VEAUNES		26
24	**AA 8**	VEAUVILLE LES BAONS		76
24	**Z 7**	VEAUVILLE LES QUELLES		76
220	**EA 38**	VEBRE		09
147	**HA 27**	VEBRET		15
177	**MA 32**	VEBRON		48
48	**CB 11**	VECKERSVILLER		57
47	**ZA 9**	VECKRING		57
89	**AB 15**	VECOUX		88
46	**HA 7**	VECQUEMONT		80
66	**TA 13**	VECQUEVILLE		52
195	**SA 33**	VEDENE		84
162	**LA 28**	VEDRINES ST LOUP		15
159	**EA 29**	VEGENNES		19
68	**AB 13**	VEHO		54
98	**Z 18**	VEIGNE		37
139	**YA 23**	VEIGY FONCENEX		74
211	**EA 35**	VEILHES		81
99	**EA 18**	VEILLEINS		41
104	**RA 19**	VEILLY		21
146	**EA 26**	VEIX		19
46	**XA 12**	VELAINE EN HAYE		54
46	**YA 12**	VELAINE SOUS AMANCE		54
44	**UA 12**	VELAINES		55
152	**VA 26**	VELANNE		38
105	**SA 18**	VELARS SUR OUCHE		21
202	**UA 35**	VELAUX		13
26	**GA 9**	VELENNES		60
26	**FA 7**	VELENNES		80
106	**WA 18**	VELESMES ECHEVANNE		70
106	**WA 19**	VELESMES ESSARTS		25
106	**VA 18**	VELET		70
213	**IA 36**	VELIEUX		34
157	**W 29**	VELINES	**C**	24
39	**GA 12**	VELIZY VILLACOUBLAY	**C**	78
88	**XA 17**	VELLE LE CHATEL		70
68	**YA 13**	VELLE SUR MOSELLE		54
113	**Y 20**	VELLECHES		86
89	**ZA 17**	VELLECHEVREUX ET COURBENANS		70
106	**WA 18**	VELLECLAIRE		70
88	**XA 17**	VELLEFAUX		70
106	**WA 18**	VELLEFREY ET VELLEFRANGE		70
88	**YA 16**	VELLEFRIE		70
88	**XA 17**	VELLEGUINDRY ET LEVRECEY		70
88	**YA 17**	VELLEMINFROY		70
106	**WA 18**	VELLEMOZ		70
195	**TA 33**	VELLERON		84
107	**ZA 18**	VELLEROT LES BELVOIR		25
107	**ZA 19**	VELLEROT LES VERCEL		25
115	**DA 21**	VELLES		36
87	**WA 16**	VELLES		52
90	**BB 17**	VELLESCOT		90
107	**ZA 18**	VELLEVANS		25
87	**WA 17**	VELLEXON QUEUTREY ET VAUDEY		70
106	**WA 18**	VELLOREILLE LES CHOYE		70
127	**S 22**	VELLUIRE		85
104	**QA 18**	VELOGNY		21
228	**MB 40**	VELONE ORNETO		2B
88	**YA 16**	VELORCEY		70
31	**UA 8**	VELOSNES		55
68	**YA 14**	VELOTTE ET TATIGNECOURT		88
17	**JA 6**	VELU		62
47	**ZA 10**	VELVING		57
42	**OA 11**	VELYE		51
161	**HA 28**	VELZIC		15
40	**IA 10**	VEMARS		95
38	**CA 10**	VENABLES		27
228	**LB 41**	VENACO	**C**	2B
110	**P 21**	VENANSAULT		85
199	**CB 33**	VENANSON		06
85	**QA 17**	VENAREY LES LAUMES	**C**	21
159	**DA 28**	VENARSAL		19
117	**IA 22**	VENAS		03
196	**TA 33**	VENASQUE		84
200	**CB 34**	VENCE	**C**	06
190	**OA 34**	VENDARGUES		34
134	**LA 23**	VENDAT		03
141	**R 27**	VENDAYS MONTALIVET		33
18	**MA 5**	VENDEGIES AU BOIS		59
18	**MA 5**	VENDEGIES SUR ECAILLON		59
76	**Q 14**	VENDEL		35
34	**Q 10**	VENDELEE, LA		50
27	**KA 7**	VENDELLES		02
214	**MA 35**	VENDEMIAN		34
120	**PA 22**	VENDENESSE LES CHAROLLES		71
119	**OA 21**	VENDENESSE SUR ARROUX		71
49	**EB 12**	VENDENHEIM		67
35	**T 10**	VENDES		14
28	**LA 8**	VENDEUIL		02
26	**GA 8**	VENDEUIL CAPLY		60
36	**W 11**	VENDEUVRE		14
113	**X 21**	VENDEUVRE DU POITOU		86
65	**QA 14**	VENDEUVRE SUR BARSE	**C**	10
9	**KA 4**	VENDEVILLE		59
18	**KA 6**	VENDHUILE		02
41	**LA 11**	VENDIERES		02
17	**JA 4**	VENDIN LE VIEIL		62
18	**IA 4**	VENDIN LES BETHUNE		62
211	**EA 35**	VENDINE		31
115	**CA 21**	VENDOEUVRES		36
143	**X 27**	VENDOIRE		24
79	**BA 16**	VENDOME	**S**	41
135	**PA 24**	VENDRANGES		42
110	**R 20**	VENDRENNES		85
213	**KA 36**	VENDRES		34
30	**RA 8**	VENDRESSE		08
28	**MA 9**	VENDRESSE BEAULNE		02
41	**KA 11**	VENDREST		77
64	**OA 14**	VENDUE MIGNOT, LA		10
179	**RA 32**	VENEJAN		30
202	**UA 35**	VENELLES		13
127	**T 25**	VENERAND		17
106	**VA 18**	VENERE		70
151	**TA 26**	VENERIEU		38
18	**MA 6**	VENEROLLES		02
210	**DA 35**	VENERQUE		31
190	**GA 34**	VENES		81
116	**GA 20**	VENESMES		18
24	**AA 7**	VENESTANVILLE		76
17	**IA 9**	VENETTE		60
62	**IA 14**	VENEUX LES SABLONS		77
69	**AB 13**	VENEY		54
57	**S 12**	VENGEONS		50
107	**XA 18**	VENISE		25
88	**XA 16**	VENISEY		70
151	**SA 25**	VENISSIEUX	**C**	69
28	**LA 9**	VENIZEL		02
84	**NA 15**	VENIZY		89
107	**YA 18**	VENNANS		25
81	**FA 15**	VENNECY		45
107	**ZA 19**	VENNES		25
68	**ZA 13**	VENNEZEY		54
38	**BA 10**	VENON		27
166	**WA 28**	VENON		38
167	**XA 29**	VENOSC		38
84	**NA 16**	VENOUSE		89
84	**MA 16**	VENOY		89
141	**R 27**	VENSAC		33
134	**KA 24**	VENSAT		63
202	**UA 35**	VENTABREN		13
181	**WA 31**	VENTAVON		05
28	**NA 9**	VENTELAY		51
219	**EA 37**	VENTENAC		09
212	**GA 36**	VENTENAC CABARDES		11
213	**JA 36**	VENTENAC EN MINERVOIS		11
181	**XA 31**	VENTEROL		04
179	**TA 31**	VENTEROL		26
38	**BA 11**	VENTES, LES		27
59	**X 13**	VENTES DE BOURSE, LES		61
24	**CA 8**	VENTES ST REMY		76
162	**MA 29**	VENTEUGES		43
42	**NA 10**	VENTEUIL		51
153	**ZA 25**	VENTHON		73
228	**MB 42**	VENTISERI		2B
129	**Y 24**	VENTOUSE		16
89	**BB 15**	VENTRON		88
59	**Z 12**	VENTROUZE, LA		61
228	**MB 40**	VENZOLASCA		2B
50	**Q 11**	VER		50
60	**DA 13**	VER LES CHARTRES		28
40	**IA 10**	VER SUR LAUNETTE		60
35	**U 9**	VER SUR MER		14
156	**V 29**	VERAC		33
150	**RA 27**	VERANNE		42
193	**OA 34**	VERARGUES		34
221	**GA 37**	VERAZA		11
27	**IA 9**	VERBERIE		60
74	**TA 15**	VERBIESLES		52
107	**ZA 19**	VERCEL VILLEDIEU LE CAMP	**C**	25
18	**MA 5**	VERCHAIN MAUGRE		59
140	**AB 24**	VERCHAIX		74
165	**TA 30**	VERCHENY		26
96	**V 19**	VERCHERS SUR LAYON, LES		49
16	**GA 4**	VERCHIN		62
7	**FA 4**	VERCHOCQ		62
122	**UA 21**	VERCIA		39
180	**UA 31**	VERCLAUSE		26
180	**UA 32**	VERCOIRAN		26
15	**EA 5**	VERCOURT		80
181	**YA 32**	VERDACHES		04
212	**GA 35**	VERDALLE		81
170	**V 30**	VERDELAIS		33
41	**LA 11**	VERDELOT		77
69	**AB 13**	VERDENAL		54
26	**FA 8**	VERDEREL LES SAUQUEUSE		60
26	**HA 9**	VERDERONNE		60
80	**CA 15**	VERDES		41
228	**MB 40**	VERDESE		2B
207	**T 36**	VERDETS		64
189	**EA 33**	VERDIER, LE		81
203	**XA 35**	VERDIERE, LA		83
101	**JA 18**	VERDIGNY		18
128	**W 25**	VERDILLE		16
41	**LA 10**	VERDILLY		02
158	**Z 29**	VERDON		24
42	**MA 11**	VERDON		51
141	**R 26**	VERDON SUR MER, LE		33
85	**PA 16**	VERDONNET		21
219	**EA 38**	VERDUN		09
44	**UA 10**	VERDUN	**S**	55
211	**FA 36**	VERDUN EN LAURAGAIS		11
188	**CA 34**	VERDUN SUR GARONNE	**C**	82
121	**SA 20**	VERDUN SUR LE DOUBS	**C**	71
117	**JA 20**	VEREAUX		18
152	**WA 26**	VEREL DE MONTBEL		73
153	**XA 26**	VEREL PRAGONDRAN		73
98	**AA 18**	VERETZ		37
87	**VA 17**	VEREUX		70
189	**EA 34**	VERFEIL	**C**	31
174	**EA 32**	VERFEIL		82
178	**QA 32**	VERFEUIL		30
47	**AB 11**	VERGAVILLE		57
76	**R 15**	VERGEAL		35
89	**ZA 17**	VERGENNE, LA		70
75	**O 15**	VERGER, LE		35
127	**S 24**	VERGEROUX		17
122	**VA 21**	VERGES		39
23	**X 8**	VERGETOT		76
163	**NA 28**	VERGEZAC		43
193	**PA 34**	VERGEZE		30
133	**IA 24**	VERGHEAS		63
15	**EA 7**	VERGIES		80
84	**NA 15**	VERGIGNY		89
136	**RA 23**	VERGISSON		71
128	**U 24**	VERGNE		17
128	**U 24**	VERGNE, LA		17
185	**V 34**	VERGOIGNAN		32
56	**Q 13**	VERGONCEY		50
148	**LA 27**	VERGONGHEON		43
94	**R 16**	VERGONNES		49
198	**ZA 33**	VERGONS		04
107	**ZA 18**	VERGRANNE		25
158	**Z 28**	VERGT	**C**	24
172	**AA 30**	VERGT DE BIRON		24
18	**KA 7**	VERGUIER, LE		02
122	**UA 22**	VERIA		39
198	**YA 34**	VERIGNON		83
60	**CA 13**	VERIGNY		28
150	**RA 26**	VERIN		42
127	**S 23**	VERINES		17
121	**TA 21**	VERISSEY		71
138	**UA 22**	VERJON		01
121	**SA 20**	VERJUX		71
89	**AB 17**	VERLANS		70
188	**DA 33**	VERLHAC TESCOU		82
83	**LA 15**	VERLIN		89
7	**EA 3**	VERLINCTHUN		62
9	**JA 3**	VERLINGHEM		59
207	**V 35**	VERLUS		32
27	**KA 7**	VERMAND	**C**	02
27	**IA 7**	VERMANDOVILLERS		80
17	**IA 4**	VERMELLES		62
84	**NA 17**	VERMENTON	**C**	89
69	**CB 13**	VERMONT, LE		88
77	**S 17**	VERN D'ANJOU		49
75	**P 15**	VERN SUR SEICHE		35
117	**IA 21**	VERNAIS		18
150	**RA 26**	VERNAISON		69
219	**DA 37**	VERNAJOUL		09
54	**SA 11**	VERNANCOURT		51
97	**W 18**	VERNANTES		49
122	**VA 21**	VERNANTOIS		39
209	**OA 32**	VERNAREDE, LA		30
151	**UA 25**	VERNAS		38
163	**NA 28**	VERNASSAL		43
220	**EA 38**	VERNAUX		09
136	**QA 23**	VERNAY		69
140	**ZA 23**	VERNAZ, LA		74
107	**YA 18**	VERNE		25
196	**TA 34**	VERNEGUES		13
132	**GA 23**	VERNEIGES		23
153	**YA 26**	VERNEIL, LE		73
78	**X 16**	VERNEIL LE CHETIF		72
133	**IA 22**	VERNEIX		03
99	**DA 19**	VERNELLE, LA		36
210	**CA 35**	VERNET		31
134	**MA 24**	VERNET, LE		03
182	**ZA 32**	VERNET, LE		04
219	**DA 37**	VERNET, LE		09
163	**MA 28**	VERNET, LE		43
148	**MA 26**	VERNET LA VARENNE		63
222	**HA 39**	VERNET LES BAINS		66
147	**JA 26**	VERNET STE MARGUERITE, LE		63
147	**HA 25**	VERNEUGHEOL		63
144	**Z 25**	VERNEUIL		16
117	**IA 20**	VERNEUIL		18
42	**NA 10**	VERNEUIL		51
118	**MA 20**	VERNEUIL		58
134	**KA 23**	VERNEUIL EN BOURBONNAIS		03
40	**HA 9**	VERNEUIL EN HALATTE		60
31	**UA 8**	VERNEUIL GRAND		55
63	**JA 12**	VERNEUIL L'ETANG		77
97	**Y 19**	VERNEUIL LE CHATEAU		37
130	**BA 23**	VERNEUIL MOUSTIERS		87
31	**UA 8**	VERNEUIL PETIT		55
28	**LA 8**	VERNEUIL SOUS COUCY		02
37	**AA 12**	VERNEUIL SUR AVRE	**C**	27
116	**FA 21**	VERNEUIL SUR IGNERAIE		36
98	**BA 19**	VERNEUIL SUR INDRE		37
39	**FA 11**	VERNEUIL SUR SEINE		78
28	**MA 8**	VERNEUIL SUR SERRE		02
130	**BA 25**	VERNEUIL SUR VIENNE		87
37	**Y 11**	VERNEUSSES		27
45	**XA 10**	VERNEVILLE		57
107	**W 14**	VERNIE		72
107	**YA 19**	VERNIERFONTAINE		25
147	**JA 26**	VERNINES		63
219	**DA 37**	VERNIOLLE		09
151	**SA 27**	VERNIOZ		38
56	**R 12**	VERNIX		50
96	**W 18**	VERNOIL		49
122	**VA 21**	VERNOIS, LE		39
108	**AB 18**	VERNOIS LES BELVOIR		25
86	**TA 17**	VERNOIS LES VESVRES		21
87	**WA 16**	VERNOIS SUR MANCE		70
161	**JA 27**	VERNOLS		15
178	**PA 31**	VERNON		07
38	**DA 10**	VERNON	**C**	27
113	**Y 22**	VERNON		86
65	**RA 14**	VERNONVILLIERS		10
164	**RA 28**	VERNOSC LES ANNONAY		07
86	**SA 17**	VERNOT		21
88	**WA 17**	VERNOTTE, LA		70
81	**EA 17**	VERNOU EN SOLOGNE		41
42	**JA 13**	VERNOU LA CELLE SUR SEINE		77
98	**AA 18**	VERNOU SUR BRENNE		37
38	**CA 12**	VERNOUILLET		28
39	**FA 11**	VERNOUILLET		78
121	**TA 22**	VERNOUX		01
112	**U 21**	VERNOUX EN GATINE		79
164	**RA 29**	VERNOUX EN VIVARAIS	**C**	07
112	**V 23**	VERNOUX SUR BOUTONNE		79
63	**KA 15**	VERNOY		89
89	**AB 17**	VERNOY, LE		25
133	**JA 23**	VERNUSSE		03
44	**YA 11**	VERNY	**C**	57
227	**KB 42**	VERO		2A
63	**LA 15**	VERON		89
165	**TA 30**	VERONNE		26
86	**TA 17**	VERONNES		21
136	**QA 22**	VEROSVRES		71
30	**SA 9**	VERPEL		08
151	**TA 26**	VERPILLIERE, LA	**C**	38
27	**JA 8**	VERPILLIERES		80
85	**QA 15**	VERPILLIERES SUR OURCE		10
195	**SA 34**	VERQUIERES		13
8	**IA 4**	VERQUIN		62
153	**YA 26**	VERRENS ARVEY		73
212	**IA 35**	VERRERIES DE MOUSSANS		34
104	**RA 18**	VERREY SOUS DREE		21
104	**RA 18**	VERREY SOUS SALMAISE		21
65	**PA 13**	VERRICOURT		10
96	**V 18**	VERRIE		49
111	**S 20**	VERRIE, LA		85
39	**FA 12**	VERRIERE, LA		78
30	**SA 9**	VERRIERES		08
65	**PA 14**	VERRIERES		10
176	**KA 32**	VERRIERES		12
142	**V 26**	VERRIERES		16
44	**SA 10**	VERRIERES		51
59	**AA 13**	VERRIERES		61
147	**KA 26**	VERRIERES		63
130	**Z 22**	VERRIERES		86
124	**ZA 20**	VERRIERES DE JOUX		25
107	**YA 19**	VERRIERES DU GROSBOIS		25
149	**OA 26**	VERRIERES EN FOREZ		42
40	**GA 12**	VERRIERES LE BUISSON		91
113	**X 20**	VERRUE		86
112	**V 22**	VERRUYES		79
174	**DA 31**	VERS		46
121	**SA 21**	VERS		71
139	**XA 24**	VERS		74
122	**WA 20**	VERS EN MONTAGNE		39
193	**QA 33**	VERS PONT DU GARD		30
122	**VA 20**	VERS SOUS SELLIERES		39
180	**VA 32**	VERS SUR MEOUGE		26
26	**GA 7**	VERS SUR SELLES		80
39	**GA 12**	VERSAILLES	**P**	78
137	**TA 24**	VERSAILLEUX		01
36	**V 11**	VERSAINVILLE		14
150	**QA 27**	VERSANNE, LA		42
135	**OA 22**	VERSAUGUES		71
87	**UA 16**	VERSEILLES LE BAS		52
87	**UA 16**	VERSEILLES LE HAUT		52
28	**LA 8**	VERSIGNY		02
40	**IA 10**	VERSIGNY		60
191	**JA 33**	VERSOLS ET LAPEYRE		12
35	**U 10**	VERSON		14
139	**XA 23**	VERSONNEX		01
138	**WA 24**	VERSONNEX		74
166	**WA 28**	VERSOUD, LE		38
184	**U 33**	VERT		40
39	**EA 11**	VERT		78
128	**U 24**	VERT, LE		79
38	**CA 12**	VERT EN DROUAIS		28
62	**HA 13**	VERT LE GRAND		91
62	**HA 13**	VERT LE PETIT		91
62	**IA 13**	VERT ST DENIS		77
42	**NA 11**	VERT TOULON		51
18	**MA 5**	VERTAIN		59
148	**LA 25**	VERTAIZON	**C**	63
122	**WA 21**	VERTAMBOZ		39
85	**PA 16**	VERTAULT		21
143	**Y 27**	VERTEILLAC	**C**	24
172	**Y 31**	VERTEUIL D'AGENAIS		47
129	**X 24**	VERTEUIL SUR CHARENTE		16
152	**WA 26**	VERTHEMEX		73
141	**S 27**	VERTHEUIL		33
149	**NA 26**	VERTOLAYE		63
15	**EA 4**	VERTON		62
94	**Q 19**	VERTOU	**C**	44
138	**UA 25**	VERTRIEU		38
42	**OA 11**	VERTUS	**C**	51
129	**X 25**	VERVANT		16
128	**U 24**	VERVANT		17
69	**AB 14**	VERVEZELLE		88
28	**NA 7**	VERVINS	**S**	02
34	**TA 10**	VERY		55
136	**RA 22**	VERZE		71
221	**GA 37**	VERZEILLE		11
42	**PA 10**	VERZENAY		51
43	**PA 10**	VERZY	**C**	51
67	**UA 14**	VESAIGNES SOUS LAFAUCHE		52
87	**UA 15**	VESAIGNES SUR MARNE		52
139	**XA 22**	VESANCY		01
180	**TA 31**	VESC		26
89	**BB 16**	VESCEMONT		90
48	**CB 12**	VESCHEIM		57
138	**VA 22**	VESCLES		39
121	**SA 22**	VESCOURS		01
228	**MB 40**	VESCOVATO	**C**	2B
184	**HA 22**	VESDUN		18
43	**QA 11**	VESIGNEUL SUR MARNE		51
137	**SA 22**	VESINES		01
39	**GA 11**	VESINET, LE	**C**	78
28	**NA 8**	VESLES ET CAUMONT		02
28	**NA 8**	VESLUD		02
39	**DA 10**	VESLY		27
34	**P 10**	VESLY		50
88	**YA 17**	VESOUL	**P**	70
37	**Y 11**	VESPIERE, LA		14
178	**QA 30**	VESSEAUX		07
56	**Q 13**	VESSEY		50

Page	Carreau	Commune	Adm.	Dpt
193	PA 34	VESTRIC ET CANDIAC		30
104	QA 18	VESVRES		21
86	TA 17	VESVRES SOUS CHALANCEY		52
39	EA 10	VETHEUIL		95
139	YA 23	VETRAZ MONTHOUX		74
89	BB 17	VETRIGNE		90
99	DA 19	VEUIL		36
41	KA 10	VEUILLY LA POTERIE		02
24	AA 7	VEULES LES ROSES		76
23	Z 7	VEULETTES SUR MER		76
118	KA 21	VEURDRE, LE		03
152	VA 27	VEUREY VOROIZE		38
43	PA 11	VEUVE, LA		51
98	BA 18	VEUVES		41
104	RA 19	VEUVEY SUR OUCHE		21
85	RA 15	VEUXHAULLES SUR AUBE		21
122	VA 21	VEVY		39
69	BB 13	VEXAINCOURT		88
35	U 11	VEY, LE		14
181	WA 31	VEYNES	C	05
130	BA 25	VEYRAC		87
164	QA 30	VEYRAS		07
148	KA 26	VEYRE MONTON	C	63
177	LA 32	VEYREAU		12
139	XA 25	VEYRIER DU LAC		74
146	HA 27	VEYRIERES		15
146	HA 26	VEYRIERES		19
159	CA 29	VEYRIGNAC		24
158	BA 29	VEYRINES DE DOMME		24
158	AA 28	VEYRINES DE VERGT		24
152	VA 26	VEYRINS THUELLIN		38
34	R 9	VEYS, LES		50
151	TA 26	VEYSSILIEU		38
41	KA 10	VEZ		60
161	HA 29	VEZAC		15
158	BA 29	VEZAC		24
84	NA 16	VEZANNES		89
27	KA 9	VEZAPONIN		02
161	JA 27	VEZE		15
107	XA 19	VEZE, LA		25
103	NA 18	VEZELAY	C	89
67	XA 13	VEZELISE	C	54
89	BB 17	VEZELOIS		90
161	IA 29	VEZELS ROUSSY		15
193	PA 33	VEZENOBRES	C	30
152	UA 26	VEZERONCE CURTIN		38
88	WA 17	VEZET		70
148	LA 27	VEZEZOUX		43
41	MA 12	VEZIER, LE		51
97	X 19	VEZIERES		86
38	CA 10	VEZILLON		27
42	MA 10	VEZILLY		02
75	O 15	VEZIN LE COQUET		35
84	OA 16	VEZINNES		89
95	T 19	VEZINS		49
176	JA 32	VEZINS DE LEVEZOU	C	12
59	X 14	VEZOT		72
228	LB 41	VEZZANI	C	2B
61	EA 14	VIABON		28
191	KA 33	VIALA DU PAS DE JAUX		12
191	JA 33	VIALA DU TARN		12
177	NA 31	VIALAS		48
207	V 35	VIALER		64
146	EA 26	VIAM		19
190	IA 34	VIANE		81
104	PA 19	VIANGES		21
171	X 32	VIANNE		47
64	OA 13	VIAPRES LE PETIT		10
40	HA 10	VIARMES	C	95
214	LA 36	VIAS		34
174	FA 30	VIAZAC		46
175	IA 32	VIBAL, LE		12
47	BB 11	VIBERSVILLER		57
24	AA 8	VIBEUF		76
142	W 26	VIBRAC		16
142	V 27	VIBRAC		17
79	Z 15	VIBRAYE	C	72
72	PA 18	VIC DE CHASSENAY		21
104	RA 19	VIC DES PRES		21
208	W 36	VIC EN BIGORRE	C	65
186	Y 34	VIC FEZENSAC	C	32
214	NA 35	VIC LA GARDIOLE		34
148	LA 26	VIC LE COMTE	C	63
193	OA 34	VIC LE FESQ		30
104	PA 18	VIC SOUS THIL		21
27	KA 9	VIC SUR AISNE	C	02
161	IA 29	VIC SUR CERE	C	15
46	ZA 12	VIC SUR SEILLE	C	57
220	DA 38	VICDESSOS	C	09
33	Q 8	VICEL, LE		50
148	KA 27	VICHEL		63
41	LA 10	VICHEL NANTEUIL		02
59	AA 14	VICHERES		28
67	XA 13	VICHEREY		88
134	LA 23	VICHY	S	03
227	JB 41	VICO	C	2A
16	HA 6	VICOGNE, LA		80
55	N 13	VICOMTE SUR RANCE, LA		22
134	KA 23	VICQ		03
87	VA 15	VICQ		52
18	MA 4	VICQ		59
39	EA 12	VICQ		78
184	S 34	VICQ D'AURIBAT		40
136	GA 21	VICQ EXEMPLET		36
145	CA 26	VICQ SUR BREUILH		87
114	AA 21	VICQ SUR GARTEMPE		86
99	DA 19	VICQ SUR NAHON		36
36	W 11	VICQUES		14
36	W 10	VICTOT PONTFOL		14
59	Y 13	VIDAI		61
174	EA 31	VIDAILLAC		46
132	FA 24	VIDAILLAT		23
203	ZA 35	VIDAUBAN		83
33	Q 8	VIDECOSVILLE		50
144	Z 25	VIDEIX		87
62	HA 13	VIDELLES		91
208	Y 36	VIDOU		65
35	S 10	VIDOUVILLE		50
208	W 35	VIDOUZE		65
26	FA 8	VIEFVILLERS		60
96	W 17	VIEIL BAUGE, LE		49
44	SA 11	VIEIL DAMPIERRE, LE		51
38	CA 11	VIEIL EVREUX, LE		27
16	GA 5	VIEIL HESDIN		62
7	FA 3	VIEIL MOUTIER		62
162	LA 27	VIEILLE BRIOUDE		43
8	IA 4	VIEILLE CHAPELLE		62
7	FA 2	VIEILLE EGLISE		62
61	FA 12	VIEILLE EGLISE EN YVELINES		78
106	VA 19	VIEILLE LOYE, LA		39
37	Z 11	VIEILLE LYRE, LA		27
210	DA 35	VIEILLE TOULOUSE		31
82	HA 16	VIEILLES MAISONS SUR JOUDRY		45
162	KA 28	VIEILLESPESSE		15
175	HA 30	VIEILLEVIE		15
210	DA 36	VIEILLEVIGNE		31
110	Q 20	VIEILLEVIGNE		44
107	XA 18	VIEILLEY		25
104	RA 18	VIEILMOULIN		21
28	MA 9	VIEL ARCY		02
29	QA 8	VIEL ST REMY		08
207	W 35	VIELLA		32
216	W 38	VIELLA		65
216	X 37	VIELLE ADOUR		65
216	Y 38	VIELLE AURE	C	65
216	Y 38	VIELLE LOURON		65
185	V 33	VIELLE SOUBIRAN		40
183	Q 33	VIELLE ST GIRONS		40
184	U 34	VIELLE TURSAN		40
207	U 36	VIELLENAVE D'ARTHEZ		64
206	T 36	VIELLENAVE DE NAVARRENX		64
206	T 36	VIELLESEGURE		64
102	KA 18	VIELMANAY		58
211	FA 35	VIELMUR SUR AGOUT	C	81
163	OA 29	VIELPRAT		43
41	LA 11	VIELS MAISONS		02
106	UA 18	VIELVERGE		21
112	V 21	VIENNAY		79
151	SA 26	VIENNE	S	38
39	EA 10	VIENNE EN ARTHIES		95
35	T 9	VIENNE EN BESSIN		14
81	GA 16	VIENNE EN VAL		45
44	SA 10	VIENNE LA VILLE		51
44	SA 10	VIENNE LE CHATEAU		51
196	VA 33	VIENS		84
69	BB 14	VIENVILLE		88
216	W 37	VIER BORDES		65
132	HA 23	VIERSAT		23
61	FA 13	VIERVILLE		28
34	R 9	VIERVILLE		50
35	S 9	VIERVILLE SUR MER		14
100	FA 19	VIERZON	S	18
41	LA 9	VIERZY		02
18	MA 6	VIESLY		59
35	T 11	VIESSOIX		14
107	ZA 18	VIETHOREY		25
138	VA 25	VIEU		01
138	VA 24	VIEU D'IZENAVE		01
117	JA 22	VIEURE		03
213	JA 35	VIEUSSAN		34
60	CA 14	VIEUVICQ		28
57	S 13	VIEUVY		53
35	U 10	VIEUX		14
189	EA 33	VIEUX		81
8	IA 3	VIEUX BERQUIN		59
183	Q 34	VIEUX BOUCAU LES BAINS		40
23	X 9	VIEUX BOURG		14
53	J 13	VIEUX BOURG, LE		22
129	Y 24	VIEUX CERIER, LE		16
63	KA 13	VIEUX CHAMPAGNE		77
89	BB 17	VIEUX CHARMONT		25
103	OA 18	VIEUX CHATEAU		21
18	MA 4	VIEUX CONDE		59
90	CB 17	VIEUX FERRETTE		68
36	W 10	VIEUX FUME		14
29	OA 9	VIEUX LES ASFELD		08
48	CB 12	VIEUX LIXHEIM		57
24	CA 8	VIEUX MANOIR		76
53	H 12	VIEUX MARCHE, LE		22
143	Y 27	VIEUX MAREUIL		24
19	NA 5	VIEUX MESNIL		59
27	JA 9	VIEUX MOULIN		60
69	BB 13	VIEUX MOULIN		88
58	W 12	VIEUX PONT		61
36	W 11	VIEUX PONT EN AUGE		14
23	Z 9	VIEUX PORT		27
19	OA 5	VIEUX RENG		59
25	EA 7	VIEUX ROUEN SUR BRESLE		76
24	CA 9	VIEUX RUE, LA		76
129	Y 24	VIEUX RUFFEC		16
90	CB 16	VIEUX THANN		68
56	P 13	VIEUX VIEL		35
38	CA 10	VIEUX VILLEZ		27
76	Q 14	VIEUX VY SUR COUESNON		35
209	Y 36	VIEUZOS		65
105	TA 18	VIEVIGNE		21
66	TA 14	VIEVILLE		52
45	WA 11	VIEVILLE EN HAYE		54
104	QA 19	VIEVY		21
80	CA 16	VIEVY LE RAYE		41
216	W 38	VIEY		65
166	VA 28	VIF	C	38
41	MA 11	VIFFORT		02
192	MA 33	VIGAN, LE	S	30
159	CA 30	VIGAN, LE		46
160	HA 28	VIGEAN, LE		15
130	Z 23	VIGEANT, LE		86
145	CA 25	VIGEN, LE		87
145	DA 27	VIGEOIS	C	19
216	W 37	VIGER		65
132	FA 23	VIGEVILLE		23
229	KB 43	VIGGIANELLO		2A
82	GA 16	VIGLAIN		45
16	GA 6	VIGNACOURT		80
226	MB 39	VIGNALE		2B
36	W 11	VIGNATS		14
185	V 34	VIGNAU, LE		40
187	BA 34	VIGNAUX		31
168	ZA 29	VIGNEAUX, LES		05
216	X 38	VIGNEC		65
40	JA 11	VIGNELY		77
27	JA 9	VIGNEMONT		60
207	U 35	VIGNES		64
103	OA 17	VIGNES		89
174	LA 32	VIGNES, LES		48
66	UA 14	VIGNES LA COTE		52
31	UA 8	VIGNEUL SOUS MONTMEDY		55
68	YA 13	VIGNEULLES		54
45	WA 11	VIGNEULLES LES HATTONCHATEL	C	55
33	O 18	VIGNEUX DE BRETAGNE		44
29	OA 7	VIGNEUX HOCQUET		02
40	HA 12	VIGNEUX SUR SEINE	C	91
221	HA 37	VIGNEVIEILLE		11
152	UA 26	VIGNIEU		38
75	O 14	VIGNOC		35
103	MA 18	VIGNOL		58
105	SA 19	VIGNOLES		21
142	W 26	VIGNOLLES		16
145	CA 27	VIGNOLS		19
156	V 29	VIGNONET		33
66	TA 14	VIGNORY	C	52
42	VA 12	VIGNOT		55
101	HA 19	VIGNOUX SOUS LES AIX		18
100	GA 19	VIGNOUX SUR BARANGEON		18
46	YA 11	VIGNY		57
39	FA 10	VIGNY	C	95
132	FA 22	VIGOULANT		36
210	DA 35	VIGOULET AUZIL		31
115	DA 22	VIGOUX		36
187	BA 33	VIGUERON		82
46	YA 10	VIGY	C	57
95	U 19	VIHIERS	C	49
132	GA 22	VIJON		36
45	XA 11	VILCEY SUR TREY		54
55	N 13	VILDE GUINGALAN		22
117	JA 22	VILHAIN, LE		03
143	Y 25	VILHONNEUR		16
62	HA 13	VILLABE		91
101	IA 19	VILLABON		18
159	CA 28	VILLAC		24
64	OA 13	VILLACERF		10
68	YA 13	VILLACOURT		54
64	MA 14	VILLADIN		10
89	ZA 17	VILLAFANS		70
90	EB 17	VILLAGE NEUF		68
85	QA 17	VILLAINES EN DUESMOIS		21
59	X 13	VILLAINES LA CARELLE		72
59	Z 15	VILLAINES LA GONAIS		72
58	V 14	VILLAINES LA JUHEL	C	53
85	PA 17	VILLAINES LES PREVOTES		21
97	Y 19	VILLAINES LES ROCHERS		37
40	HA 10	VILLAINES SOUS BOIS		95
79	Y 16	VILLAINES SOUS LUCE		72
78	W 16	VILLAINES SOUS MALICORNE		72
23	X 8	VILLAINVILLE		76
38	BA 11	VILLALET		27
212	HA 36	VILLALIER		11
80	DA 15	VILLAMBLAIN		45
157	Z 28	VILLAMBLARD	C	24
56	R 13	VILLAMEE		35
80	DA 15	VILLAMPUY		28
170	U 31	VILLANDRAUT	C	33
97	Y 18	VILLANDRY		37
212	HA 36	VILLANIERE		11
227	KB 41	VILLANOVA		2A
119	OA 20	VILLAPOURCON		58
167	YA 28	VILLAR D'ARENE		05
221	HA 37	VILLAR EN VAL		11
167	XA 29	VILLAR LOUBIERE		05
221	GA 37	VILLAR ST ANSELME		11
168	AB 29	VILLAR ST PANCRACE		05
131	EA 23	VILLARD		23
139	ZA 23	VILLARD		74
153	WA 27	VILLARD BONNOT		38
153	XA 26	VILLARD D'HERY		73
166	VA 28	VILLARD DE LANS	C	38
153	YA 26	VILLARD LEGER		73
153	XA 26	VILLARD NOTRE DAME		38
167	XA 28	VILLARD RECULAS		38
166	WA 29	VILLARD REYMOND		38
153	XA 26	VILLARD SALLET		73
166	WA 29	VILLARD ST CHRISTOPHE		38
138	WA 22	VILLARD ST SAUVEUR		39
122	WA 22	VILLARD SUR BIENNE		39
153	ZA 25	VILLARD SUR DORON		73
221	HA 37	VILLARDEBELLE		11
212	GA 36	VILLARDONNEL		11
122	WA 22	VILLARDS D'HERIA		39
139	YA 24	VILLARDS SUR THONES, LES		74
153	YA 27	VILLAREMBERT		73
89	ZA 17	VILLARGENT		70
104	PA 18	VILLARGOIX		21
153	YA 27	VILLARGONDRAN		73
188	DA 34	VILLARIES		31
154	ZA 26	VILLARLURIN		73
168	AB 28	VILLARODIN BOURGET		73
154	BB 26	VILLAROGER		73
153	XA 26	VILLAROUX		73
144	Z 27	VILLARS		24
60	DA 14	VILLARS		28
150	PA 26	VILLARS		42
196	UA 33	VILLARS		84
121	SA 21	VILLARS, LE		71
182	ZA 32	VILLARS COLMARS		04
85	RA 15	VILLARS EN AZOIS		52
141	T 26	VILLARS EN PONS		17
85	QA 17	VILLARS ET VILLENOTTE		21
105	SA 19	VILLARS FONTAINE		21
88	WA 16	VILLARS LE PAUTEL		70
108	BB 18	VILLARS LE SEC		90
108	BB 18	VILLARS LES BLAMONT		25
112	U 25	VILLARS LES BOIS		17
137	TA 24	VILLARS LES DOMBES	C	01
86	SA 16	VILLARS SANTENOGE		52
108	AB 18	VILLARS SOUS DAMPJOUX		25
108	AB 18	VILLARS SOUS ECOT		25
106	WA 19	VILLARS ST GEORGES		25
199	CB 33	VILLARS SUR VAR	C	06
212	HA 36	VILLARZEL CABARDES		11
221	GA 37	VILLARZEL DU RAZES		11
211	FA 36	VILLASAVARY		11
211	CA 35	VILLATE		31
188	DA 34	VILLAUDRIC		31
219	EA 37	VILLAUTOU		11
79	AA 16	VILLAVARD		41
139	YA 24	VILLAZ		74
27	JA 8	VILLE		60
69	CB 14	VILLE	C	67
31	WA 9	VILLE AU MONTOIS		54
46	XA 11	VILLE AU VAL		54
65	RA 13	VILLE AUX BOIS, LA		10
29	OA 8	VILLE AUX BOIS LES DIZY, LA		02
28	NA 9	VILLE AUX BOIS LES PONTAVERT, LA		02
80	BA 15	VILLE AUX CLERCS, LA		41
92	Z 18	VILLE AUX DAMES, LA		37
39	GA 11	VILLE D'AVRAY		92
44	UA 11	VILLE DEVANT BELRAIN		55
31	UA 9	VILLE DEVANT CHAUMONT		55
225	KB 39	VILLE DI PARASO		2B
226	MB 39	VILLE DI PIETRABUGNO		2B
188	BA 33	VILLE DIEU DU TEMPLE, LA		82
42	OA 10	VILLE DOMMANGE		51
62	GA 12	VILLE DU BOIS, LA		91
107	ZA 20	VILLE DU PONT		25
66	SA 13	VILLE EN BLAISOIS		52
139	ZA 23	VILLE EN SALLAZ		74
42	OA 10	VILLE EN SELVE		51
42	NA 10	VILLE EN TARDENOIS	C	51
68	YA 12	VILLE EN VERMOIS		54
45	VA 10	VILLE EN WOEVRE		55
55	N 13	VILLE ES NONAIS, LA		35
34	VA 8	VILLE HOUDLEMONT		54
139	YA 23	VILLE LA GRAND		74
118	MA 20	VILLE LANGY		58
16	FA 6	VILLE LE MARCLET		80
42	MA 9	VILLE SAVOYE		02
151	SA 27	VILLE SOUS ANJOU		38
65	RA 15	VILLE SOUS LA FERTE		10
42	MA 11	VILLE SOUS ORBAIS, LA		51
63	JA 14	VILLE ST JACQUES		77
17	IA 6	VILLE SUR ANCRE		80
65	QA 15	VILLE SUR ARCE		10
44	TA 10	VILLE SUR COUSANCES		55
79	YA 14	VILLE SUR ILLON		88
136	RA 24	VILLE SUR JARNIOUX		69
29	RA 7	VILLE SUR LUMES		08
29	QA 9	VILLE SUR RETOURNE		08
44	TA 12	VILLE SUR SAULX		55
65	RA 14	VILLE SUR TERRE		10
43	RA 10	VILLE SUR TOURBE	C	51
45	WA 10	VILLE SUR YRON		54
61	DA 14	VILLEAU		28
58	X 12	VILLEBADIN		61
80	CA 17	VILLEBAROU		41
34	R 11	VILLEBAUDON		50
221	HA 37	VILLEBAZY		11
63	JA 14	VILLEBEON		77
96	W 18	VILLEBERNIER		49
104	QA 18	VILLEBERNY		21
105	TA 19	VILLEBICHOT		21
63	KA 14	VILLEBLEVIN		89
138	UA 25	VILLEBOIS		01
143	X 26	VILLEBOIS LAVALETTE	C	16
180	VA 31	VILLEBOIS LES PINS		26
60	BA 13	VILLEBON		28
40	GA 12	VILLEBON SUR YVETTE	C	91
63	KA 14	VILLEBOUGIS		89
79	Y 17	VILLEBOURG		37
80	BA 15	VILLEBOUT		41
172	Y 31	VILLEBRAMAR		47
133	IA 23	VILLEBRET		03
188	DA 33	VILLEBRUMIER	C	82
116	GA 20	VILLECELIN		18
62	JA 14	VILLECERF		77
45	XA 11	VILLECEY SUR MAD		54
138	UA 22	VILLECHANTRIA		39
79	AA 17	VILLECHAUVE		41
150	QA 25	VILLECHENEVE		69
65	PA 14	VILLECHETIF		10
64	MA 15	VILLECHETIVE		89
57	S 13	VILLECHIEN		50
83	LA 15	VILLECIEN		89
31	UA 8	VILLECLOYE		55
175	IA 31	VILLECOMTAL		12
208	X 36	VILLECOMTAL SUR ARROS		32
86	TA 17	VILLECOMTE		21
61	GA 13	VILLECONIN		91
27	JA 7	VILLECOURT		80
40	HA 12	VILLECRESNES	C	94
203	YA 35	VILLECROZE		83
213	JA 36	VILLEDAIGNE		11
161	KA 28	VILLEDIEU		15
85	QA 16	VILLEDIEU		21
179	TA 32	VILLEDIEU		84
128	V 24	VILLEDIEU, LA		17
146	FA 25	VILLEDIEU, LA		23
162	MA 30	VILLEDIEU, LA		48
123	YA 21	VILLEDIEU, LES		25
113	Y 22	VILLEDIEU DU CLAIN, LA	C	86
88	YA 16	VILLEDIEU EN FONTENETTE, LA		70
94	R 19	VILLEDIEU LA BLOUERE		49
79	Z 16	VILLEDIEU LE CHATEAU		41
58	W 12	VILLEDIEU LES BAILLEUL		61
56	R 11	VILLEDIEU LES POELES	C	50
115	DA 20	VILLEDIEU SUR INDRE		36
99	CA 19	VILLEDOMAIN		37
79	AA 17	VILLEDOMER		37
125	R 23	VILLEDOUX		17
212	HA 36	VILLEDUBERT		11
129	W 24	VILLEFAGNAN	C	16
83	MA 16	VILLEFARGEAU		89
131	BA 23	VILLEFAVARD		87
104	QA 18	VILLEFERRY		21
221	HA 37	VILLEFLOURE		11
128	V 23	VILLEFOLLET		79
151	TA 26	VILLEFONTAINE	C	38
221	FA 38	VILLEFORT		11
178	OA 31	VILLEFORT	C	48
209	Z 35	VILLEFRANCHE		32
83	KA 15	VILLEFRANCHE		89
190	HA 33	VILLEFRANCHE D'ALBIGEOIS	C	81
133	JA 22	VILLEFRANCHE D'ALLIER		03
222	HA 39	VILLEFRANCHE DE CONFLENT		66
211	EA 36	VILLEFRANCHE DE LAURAGAIS	C	31
157	W 29	VILLEFRANCHE DE LONCHAT	C	24
190	IA 33	VILLEFRANCHE DE PANAT		12
174	FA 31	VILLEFRANCHE DE ROUERGUE	S	12
173	BA 30	VILLEFRANCHE DU PERIGORD	C	24
171	X 32	VILLEFRANCHE DU QUEYRAN		47
180	VA 32	VILLEFRANCHE LE CHATEAU		26
99	EA 18	VILLEFRANCHE SUR CHER		41
200	DB 34	VILLEFRANCHE SUR MER	C	06
136	RA 24	VILLEFRANCHE SUR SAONE	S	69
97	CA 17	VILLEFRANCOEUR		41
106	WA 18	VILLEFRANCON		70
205	Q 35	VILLEFRANQUE		64
208	W 35	VILLEFRANQUE		65
212	GA 36	VILLEGAILHENC		11
129	X 24	VILLEGATS		16
38	DA 11	VILLEGATS		27
121	TA 21	VILLEGAUDIN		71
101	IA 18	VILLEGENON		18
212	HA 36	VILLEGLY		11
115	DA 20	VILLEGONGIS		36
156	V 29	VILLEGOUGE		33
115	CA 20	VILLEGOUIN		36
87	UA 16	VILLEGUSIEN LE LAC		52
99	EA 18	VILLEHERVIERS		41
129	W 25	VILLEJESUS		16
143	X 25	VILLEJOUBERT		16
40	HA 12	VILLEJUIF	C	94
62	GA 12	VILLEJUST		91
196	UA 34	VILLELAURE		84
99	CA 19	VILLELOIN COULANGE		37
216	W 38	VILLELONGUE		65
221	FA 37	VILLELONGUE D'AUDE		11
224	JA 39	VILLELONGUE DE LA SALANQUE		66
224	JA 40	VILLELONGUE DELS MONTS		66
64	NA 14	VILLELOUP		10
188	CA 33	VILLEMADE		82
211	FA 36	VILLEMAGNE		11
213	KA 35	VILLEMAGNE L'ARGENTIERE		34
128	W 24	VILLEMAIN		79
82	IA 15	VILLEMANDEUR		45
63	KA 14	VILLEMANOCHE		89
80	BA 16	VILLEMARDY		41
63	JA 14	VILLEMARECHAL		77
41	JA 11	VILLEMAREUIL		77
188	DA 34	VILLEMATIER		31
64	NA 14	VILLEMAUR SUR VANNE		10
208	Y 36	VILLEMBITS		65
25	EA 9	VILLEMBRAY		60
62	JA 14	VILLEMER		77
83	MA 16	VILLEMER		89
64	OA 14	VILLEMEREUIL		10
60	DA 12	VILLEMEUX SUR EURE		28
151	TA 25	VILLEMOIRIEU		38
64	NA 14	VILLEMOIRON EN OTHE		10
95	S 18	VILLEMOISAN		49
62	GA 12	VILLEMOISSON SUR ORGE		91
224	JA 39	VILLEMOLAQUE		66
40	HA 11	VILLEMOMBLE	C	93
135	OA 24	VILLEMONTAIS		42
41	LA 9	VILLEMONTOIRE		02
65	PA 15	VILLEMORIEN		10
128	V 24	VILLEMORIN		17
114	AA 22	VILLEMORT		86
137	UA 22	VILLEMOTIER		01
212	HA 36	VILLEMOUSTAUSSOU		11
82	HA 15	VILLEMOUTIERS		45
65	PA 14	VILLEMOYENNE		10
209	Z 36	VILLEMUR		65
188	DA 34	VILLEMUR SUR TARN	C	31
82	HA 17	VILLEMURLIN		45
197	WA 34	VILLEMUS		04
64	MA 13	VILLENAUXE LA GRANDE	C	10
63	LA 13	VILLENAUXE LA PETITE		77
184	S 33	VILLENAVE		40
156	U 29	VILLENAVE D'ORNON	C	33
156	V 30	VILLENAVE DE RIONS		33
208	W 36	VILLENAVE PRES BEARN		65
208	W 36	VILLENAVE PRES MARSAC		65
63	KA 14	VILLENAVOTTE		89
137	SA 24	VILLENEUVE		01
197	WA 33	VILLENEUVE		04
218	AA 38	VILLENEUVE		09
174	FA 31	VILLENEUVE	C	12
156	T 28	VILLENEUVE		33
148	KA 26	VILLENEUVE		63
132	HA 24	VILLENEUVE, LA		23
121	TA 20	VILLENEUVE, LA		71
64	MA 13	VILLENEUVE AU CHATELOT, LA		10
64	NA 15	VILLENEUVE AU CHEMIN		10
65	QA 14	VILLENEUVE AU CHENE, LA		10
88	YA 16	VILLENEUVE BELLENOYE ET LA MAIZE, LA		70
162	LA 28	VILLENEUVE D'ALLIER		43
123	XA 20	VILLENEUVE D'AMONT		25
9	KA 3	VILLENEUVE D'ASCQ	C	59
122	WA 20	VILLENEUVE D'AVAL		39
182	AB 32	VILLENEUVE D'ENTRAUNES		06
219	EA 38	VILLENEUVE D'OLMES		09
178	QA 30	VILLENEUVE DE BERG	C	07
157	X 30	VILLENEUVE DE DURAS		47
224	JA 39	VILLENEUVE DE LA RAHO		66
151	TA 26	VILLENEUVE DE MARC		38
185	V 33	VILLENEUVE DE MARSAN	C	40
217	Z 37	VILLENEUVE DE RIVIERE		31
218	CA 37	VILLENEUVE DU LATOU		09
219	DA 37	VILLENEUVE DU PAREAGE		09
38	DA 11	VILLENEUVE EN CHEVRIE, LA		78
120	RA 21	VILLENEUVE EN MONTAGNE		71
80	CA 16	VILLENEUVE FROUVILLE		41
64	MA 14	VILLENEUVE L'ARCHEVEQUE	C	89
211	FA 36	VILLENEUVE LA COMPTAL		11
128	U 23	VILLENEUVE LA COMTESSE		17
63	KA 15	VILLENEUVE LA DONDAGRE		89
40	GA 11	VILLENEUVE LA GARENNE	C	92
63	KA 14	VILLENEUVE LA GUYARD		89
41	MA 12	VILLENEUVE LA LIONNE		51
224	JA 39	VILLENEUVE LA RIVIERE		66
40	JA 12	VILLENEUVE LE COMTE		77
40	HA 12	VILLENEUVE LE ROI	C	94
217	Y 37	VILLENEUVE LECUSSAN		31
195	RA 33	VILLENEUVE LES AVIGNON	C	30
213	LA 36	VILLENEUVE LES BEZIERS		34
63	KA 13	VILLENEUVE LES BORDES		77
188	DA 34	VILLENEUVE LES BOULOC		31
134	LA 24	VILLENEUVE LES CERFS		63
42	NA 12	VILLENEUVE LES CHARLEVILLE, LA		51
138	UA 23	VILLENEUVE LES CHARNOD		39
85	RA 17	VILLENEUVE LES CONVERS, LA		21
223	JA 38	VILLENEUVE LES CORBIERES		11
83	KA 16	VILLENEUVE LES GENETS		89
211	EA 35	VILLENEUVE LES LAVAUR		81
214	NA 35	VILLENEUVE LES MAGUELONE		34
221	GA 37	VILLENEUVE LES MONTREAL		11
39	FA 10	VILLENEUVE LES SABLONS		60
200	CB 34	VILLENEUVE LOUBET		06
212	HA 36	VILLENEUVE MINERVOIS		11
42	OA 11	VILLENEUVE RENNEVILLE CHEVIGNY		51
104	QA 18	VILLENEUVE SOUS CHARIGNY		21
40	IA 11	VILLENEUVE SOUS DAMMARTIN		77
122	VA 21	VILLENEUVE SOUS PYMONT		39
41	KA 10	VILLENEUVE SOUS THURY, LA		60
40	IA 12	VILLENEUVE ST DENIS		77
40	HA 12	VILLENEUVE ST GEORGES	C	94
28	LA 9	VILLENEUVE ST GERMAIN		02
61	DA 14	VILLENEUVE ST NICOLAS		28
84	MA 16	VILLENEUVE ST SALVES		89
64	NA 12	VILLENEUVE ST VISTRE ET VILLEVOTTE		51
118	LA 21	VILLENEUVE SUR ALLIER		03
62	GA 13	VILLENEUVE SUR AUVERS		91
41	LA 11	VILLENEUVE SUR BELLOT		77
116	GA 20	VILLENEUVE SUR CHER		18
80	DA 15	VILLENEUVE SUR CONIE		45
42	MA 10	VILLENEUVE SUR FERE		02
172	Z 31	VILLENEUVE SUR LOT	S	47
40	IA 9	VILLENEUVE SUR VERBERIE		60
189	FA 33	VILLENEUVE SUR VERE		81
83	LA 15	VILLENEUVE SUR YONNE	C	89
210	CA 35	VILLENEUVE TOLOSANE		31
214	LA 35	VILLENEUVETTE		34
39	FA 11	VILLENNES SUR SEINE		78
211	EA 35	VILLENOUVELLE		31
40	JA 11	VILLENOY		77
99	DA 19	VILLENTROIS		36
81	EA 17	VILLENY		41
58	V 13	VILLEPAIL		53
40	IA 11	VILLEPARISIS		77
88	YA 17	VILLEPAROIS		70
180	TA 31	VILLEPERDRIX		26
98	Z 19	VILLEPERDUE		37
63	KA 14	VILLEPERROT		89
211	FA 36	VILLEPINTE		11
40	HA 11	VILLEPINTE	C	93
79	AA 17	VILLEPORCHER		41
76	R 16	VILLEPOT		44
39	FA 11	VILLEPREUX		78
23	Z 8	VILLEQUIER		76
27	KA 8	VILLEQUIER AUMONT		02
101	JA 19	VILLEQUIERS		18
47	AB 11	VILLER		57
79	BA 16	VILLERABLE		41
80	CA 17	VILLERBON		41
172	Z 30	VILLEREAL	C	47
81	FA 15	VILLEREAU		45
18	MA 5	VILLEREAU		59
135	OA 24	VILLEREST		42
18	KA 7	VILLERET		02
65	RA 14	VILLERET		10
138	UA 23	VILLEREVERSURE		01
80	DA 16	VILLERMAIN		41
80	BA 16	VILLEROMAIN		41
40	HA 10	VILLERON		95
223	IA 37	VILLEROUGE TERMENES		11
40	JA 11	VILLEROY		77

W

BELGIQUE

Page	Carreau	Commune	Administratif	Département
10	AO 2	AALST	S Chef-Lieu d'Arrondissement	44
			P Chef-Lieu de Province	

287 - PARIS - Monuments - Grands Axes

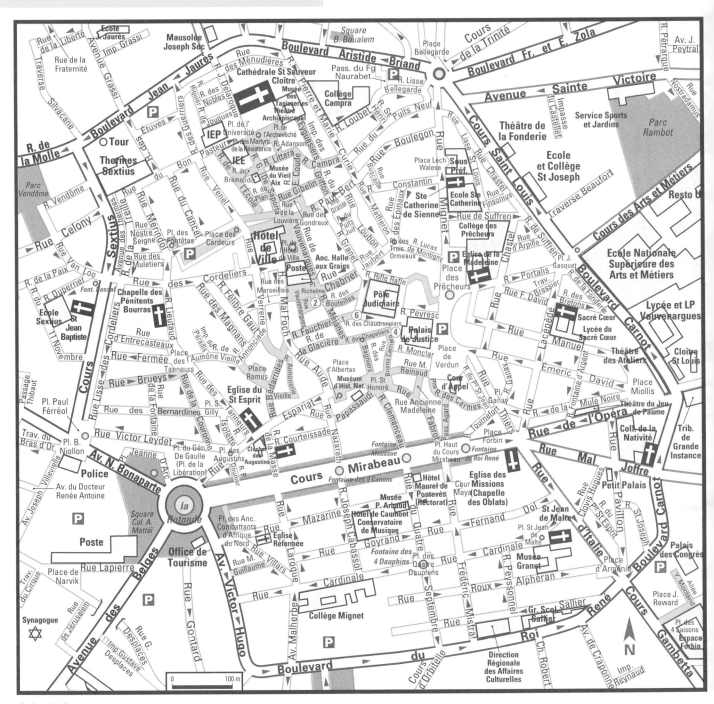

② Rue de la Baratanque
④ Place du Procureur Général Beljean
⑥ Place Désiré Gautier

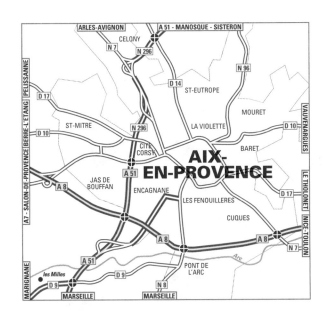

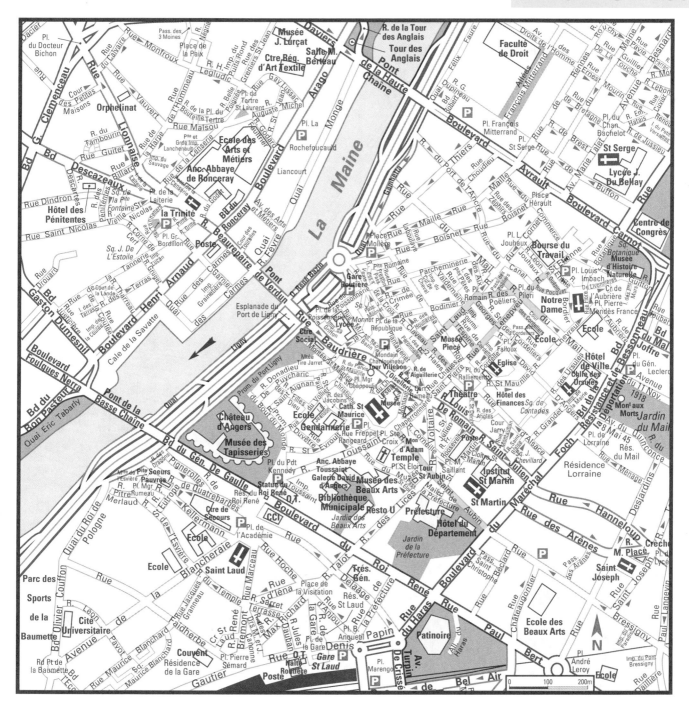

ANGERS

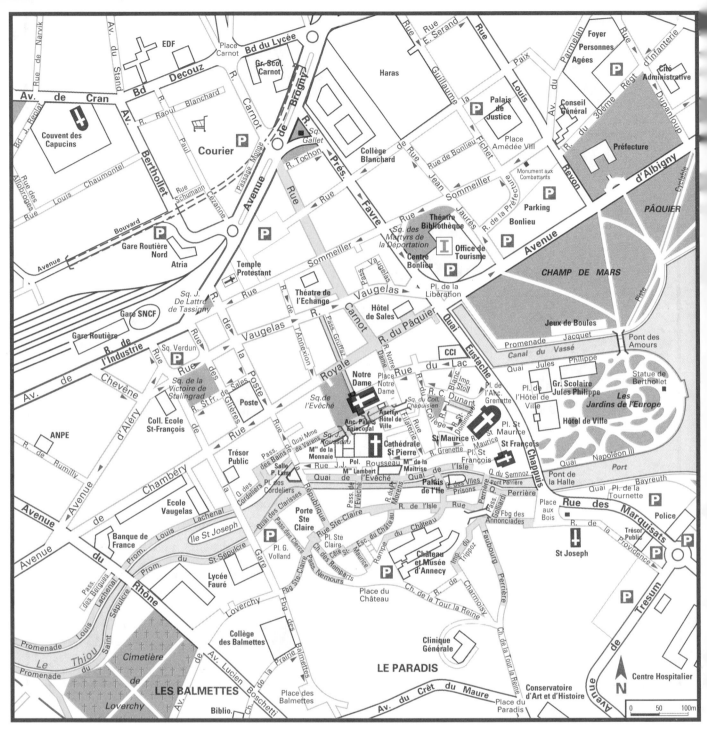

Rue de Narvik · Av. du Stand · Rue de Narvik · EDF · Place Carnot · Bd du Lycée · Rue E. Serand · Rue · Foyer Personnes Agées · Rue du Parmelan · Rue d'Infanterie

Av. de Cran · Bd Decouz · R. Raoul Blanchard · Gr. Scol. Carnot · Haras · Rue Guillaume · Rue · Rue · Paix · Rue du 30ème Régt. · Cité Administrative

Couvent des Capucins · Av. Berthollet · R. Paul Cézanne · Courier · Carnot · R. Tochon · Sq. Gallet · Collège Blanchard · de · Rue · Palais de Justice · Louis · Av. du · Conseil Général · Préfecture · Dupanloup

Bd J. Replat · Rue des Allobroges · Louis Chaumontel · Rue · Bouvard · Avenue · Gare Routière Nord · Atria · Passage Monge · Avenue · de · Brogny · Rue · Prés. · Favre · Rue Jean · de Bonlieu Fichet · Place Amédée VIII · Monument aux Combattants · Parking Bonlieu · Revon · d'Albigny · Cyclable · PÂQUIER

Chevène · Temple Protestant · Rue · Sommeiller · Rue · Sommeiller · Jaurès · R. de la Préfecture · Théâtre Bibliothèque · Centre Bonlieu · Office de Tourisme · Avenue · CHAMP DE MARS · Piste

Gare SNCF · Sq. J. De Lattre de Tassigny · Théâtre de l'Echange · Sq. des Martyrs de la Déportation · Pl. de la Libération

Gare Routière · R. de l'Industrie · Sq. Verdun · Rue de la Poste · Vaugelas · Pass. de l'Annexion · Hôtel de Sales · R. du Pâquier · Quai Eustache · CCI · Jeux de Boules · Promenade Jacquet · Canal du Vassé · Quai Jules · Philippe · Gr. Scolaire Jules Philippe · Statue de Berthollet · Pont des Amours

Av. de Chevène · Sq. de la Victoire de Stalingrad · Coll. Ecole St-François · Rue · de · Sales · St. Fr. · Poste · Royale · Notre Dame · Place Notre Dame · Imp. Stoll · Pl. de l'Anc. Grenette · Pl. de l'Hôtel de Ville · Les Jardins de l'Europe · Hôtel de Ville

ANPE · R. de Rumilly · Trésor Public · Sq. de l'Evêché · Anc. Palais Episcopal · Ancien Hôtel de Ville · Sq. du Coll. Chapuisien · R. C. Dunant · Collège · St Maurice · Pl. St Maurice · St François · Napoléon III

Av. de Chambéry · Ecole Vaugelas · Lachenal · Pass. des Bains · Quai Mme de Varens · Mme de la Monnaie · Salle P. Lamy · Cathédrale St Pierre · Mme Lambert · Sq. J.J. Rousseau · Pol. · R. J.J. · Flaterie · Mme de la Maîtrise · R. Grenette · Pl. St François · Chapuis · Quai · Pont de la Halle · Port · Pont Perrière · Quai Napoléon III

Banque de France · Prom. Louis · Ile St Joseph · St-Sépulcre · Quai de l'Evêché · Quai · de l'Isle · Palais de l'Ile · Pass. Perrière · R. de l'Isle · Rue · Place aux Bois · Rue des · Quai Pl. de la Tournette · Quai de la Tournette · Bayreuth

Avenue · de · Prom. du Rhône · St-Sépulcre · Pl. des Clarisses · Porte Ste Claire · Pl. G. Volland · Rue Ste-Claire · Pl. Ste Claire · Rampe du Château · Château · Pass. des Villes Prisons · Pl. Fbg des Annonciades · R. de la Providence · Trésor Public · Police

Avenue · Pass. des Bergues · Lachenal · Louis · St Sépulcre · Lycée Fauré · Fbg Ste-Claire · Pass. des Oches · Ch. des Côte St. · Esc. du Château · Maurice · Château et Musée d'Annecy · Imp. du Trippoz · Faubourg · St Joseph · Rue · de · Tresum

Le Thiou · Promenade Louis · Promenade · du Saint · Cimetière de Loverchy · LES BALMETTES · Collège des Balmettes · Fbg des Balmettes · Place des Balmettes · Place du Château · Ch. de la Tour la Reine · Clinique Générale · LE PARADIS · Conservatoire d'Art et d'Histoire · Centre Hospitalier · Avenue

Loverchy · Av. Lucien Boschetti · Biblio. · Place des Balmettes · Av. du Crêt du Maure · Place du Paradis · N

0 · 50 · 100m

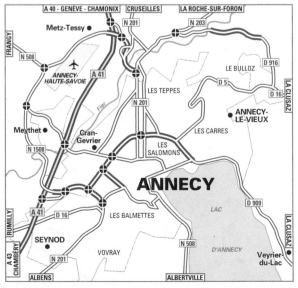

A 40 - GENÈVE - CHAMONIX · CRUSEILLES · LA ROCHE-SUR-FORON · FRANGY · Metz-Tessy · N 201 · N 203 · N 508 · ANNECY-HAUTE-SAVOIE · A 41 · LE BULLOZ · D 916 · D 5 · D 16 · LA CLUSAZ · LES TEPPES · N 201 · Fier · ANNECY-LE-VIEUX · LES CARRES · Meythet · Cran-Gevrier · N 1508 · LES SALOMONS · ANNECY · N 1508 · A 41 · D 16 · LES BALMETTES · LAC · D 909 · RUMILLY · CHAMBÉRY · A 43 · SEYNOD · VOVRAY · N 201 · N 508 · D'ANNECY · Veyrier-du-Lac · LA CLUSAZ · ALBENS · ALBERTVILLE

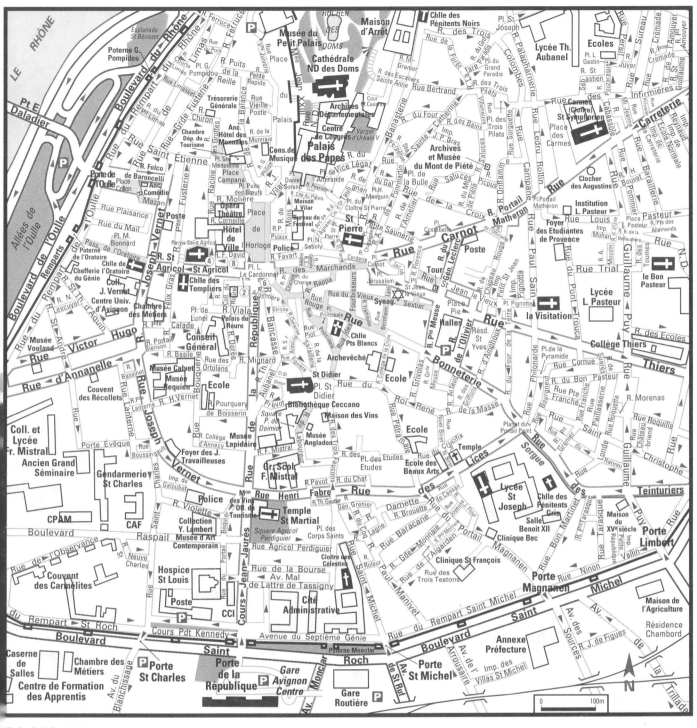

② Rue Emile Espérandieu
④ Passage Agricol Moureau
⑥ Passage du Panier Fleuri
⑧ Passage Saint Agricol

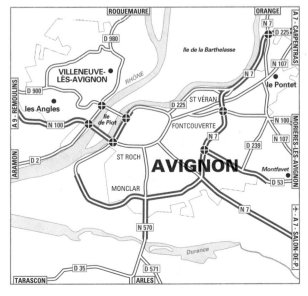

293 - BORDEAUX

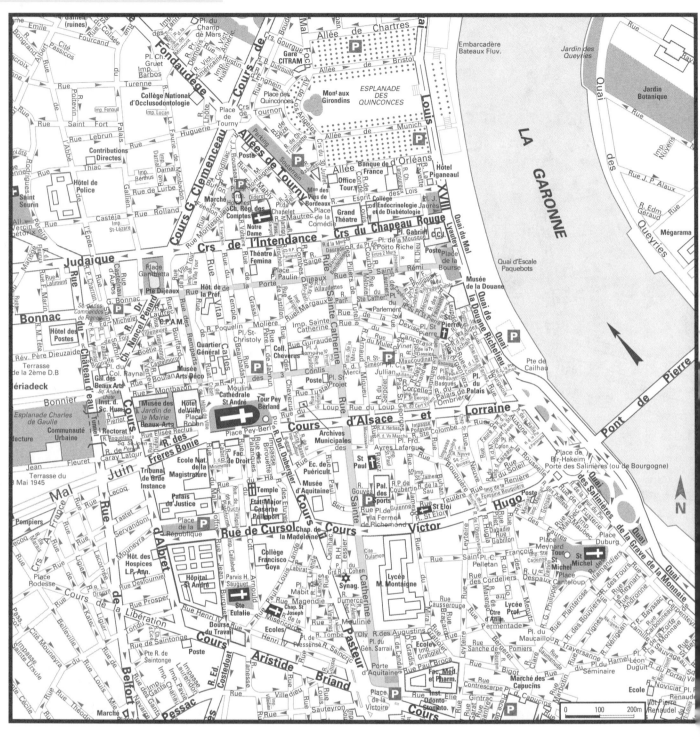

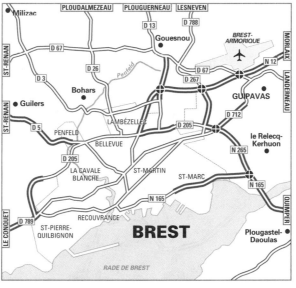

295 - CAEN

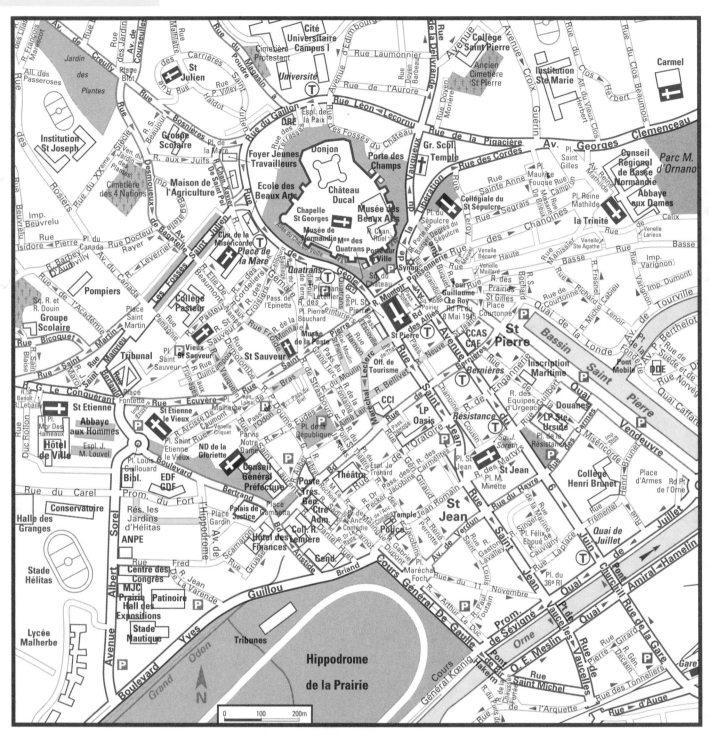

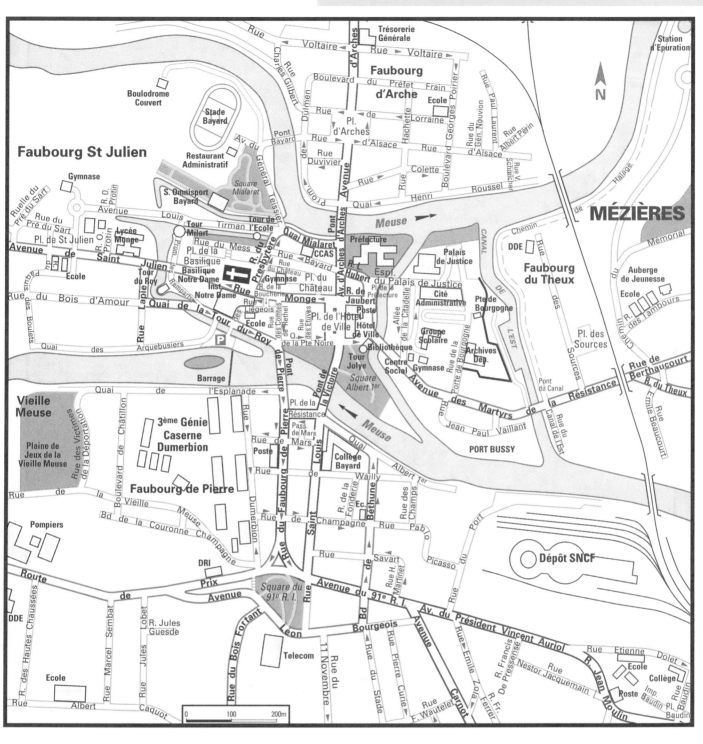

Boulodrome Couvert

Stade Bayard

Restaurant Administratif

Faubourg St Julien

Gymnase

Square Mialaret

Ruelle du Pré du Sart

Rue du Pré du Sart

R. O. Protin

Prom. des

Avenue

Gymnase

Lycée Monge

R. O. Protin

Pl. de St Julien

Avenue de Saint Julien

Ecole

Rue du Bois d'Amour

Rue des Boulets

Rue La Pie

Quai de la Tour du Roy

Quai des Arquebusiers

Vieille Meuse

Plaine de Jeux de la Vieille Meuse

Rue des Victimes de la Déportation

Barrage

Quai de l'Esplanade

Boulevard de Châtillon

Rue de

Boulevard de la Couronne

Bd. de la Couronne

3ème Génie Caserne Dumerbion

Faubourg de Pierre

Rue Vieille Meuse

Champagne

Dumerbion

Pompiers

Route

DDE

Rue des Hautes Chaussées

R. Jules Guesde

Rue Marcel Sembat

Rue Jules Lobet

Ecole

Rue Albert

Rue Caquot

DRI

Prix

Avenue de

Square du 91e R.I.

Léon Forffant

Rue du Bois Forffant

Telecom

Rue du 11 Novembre

Avenue du 91e R.I.

Bd.

Rue

Saint

Louis

de

Poste

Rue de Mars

Pass. de Mars

Pl. de la Résistance

Pont de Pierre

Pont de la Victoire

Rue Louis

Collège Bayard

R. de la Fonderie

Ec.

Béthune

Rue Champagne

Wailly

Savart

Rue H. Martinet

Rue Pablo Picasso

Avenue du 91e R.I.

Bourgeois

Rue Pierre Curie

Rue du Stade

Rue de Champagne

Quai

Albert 1er

Av. du Président Vincent Auriol

Carnot

R. Fr. De Pressensé

R. Fr. Ferrer

Rue Nestor Jacquemain

Rue Emile Zola

Rue Francis

Rue E. Wautelet

Rue Etienne Dolet

Ecole

Collège

R. Jean Moulin

Imp. Baudin

Poste

Pl. Baudin

Rue Voltaire

Trésorerie Générale

Rue Voltaire

Faubourg d'Arche

Boulevard du Préfet Frain

Ecole

Rue Charles Gilbert

Rue d'Arches

Pont Bayard

Av. du Général Teisserenc

Pl. d'Arches

Rue Dülmen

Rue de Lorraine

Rue Hachette

Rue Colette

Rue Duvivier

Pl. d'Alsace

Rue d'Alsace

Boulevard Georges Poirier

Rue du Gén. Nouvion

Rue Albert Périn

Rue V. Schœlcher

Rue Roussel

Rue Henri

Station d'Épuration

de

Halage

MÉZIÈRES

Mémorial

Auberge de Jeunesse

Ecole

Chemin des Tambours

Rue de Berthaucourt

R. du Theux

Rue Emile Beaucourt

Faubourg du Theux

DDE

Pl. des Sources

Chemin

de

L'EST

CANAL

Meuse

Prom.

Pont d'Arches

Quai Mialaret

Quai Mialaret

Av. d'Arches

Rue du Mess

Tour de l'Ecole

Tour l'Ecole

Tour Milart

Rue du Presbytère

Rue du Château

Pl. de la Basilique

Basilique Notre Dame

Inst. Notre Dame

Tour du Roy

Rue de la Boucherie

Gymnase

Pl. du Château

Rue de Monge

Rue Liégeois

Rue des Comtes de Rethel

Rue des Étuves

Q. de la Pte Noire

Ecole

Pl. de l'Hôtel de Ville

Hôtel de Ville

Tour Jolye

Square Albert 1er

Bibliothèque

Centre Social

Groupe Scolaire

Gymnase

Rue de la Porte de Bourgogne

CCAS

R.I.

Hubert

R. de la Préfecture

R. de Jaubert

Poste

Préfecture

Espl.

Pl. du Palais de Justice

Palais de Justice

Allée de la Citadelle

Cité Administrative

Pte de Bourgogne

Archives Dép.

Avenue des Martyrs

Jean Paul Vaillant

PORT BUSSY

Pont du Canal

Rue du Canal de l'Est

de la Résistance

Rue des Sources

du Port

Dépôt SNCF

0   100   200m

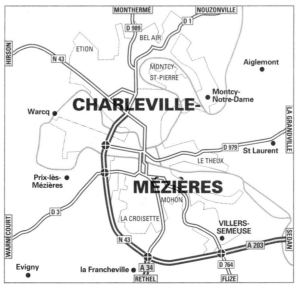

MONTHERMÉ

NOUZONVILLE

D 989

D 1

BEL AIR

ETION

HIRSON

N 43

MONTCY-ST-PIERRE

Aiglemont

Montcy-Notre-Dame

CHARLEVILLE-

Warcq

LE THEUX

St Laurent

D 979

LA GRANDVILLE

Prix-lès-Mézières

MÉZIÈRES

MOHON

D 3

WARNÉCOURT

LA CROISETTE

VILLERS-SEMEUSE

N 43

A 203

SEDAN

Evigny

la Francheville

A 34

RETHEL

D 764

FLIZE

297 - CHÂTEAUROUX

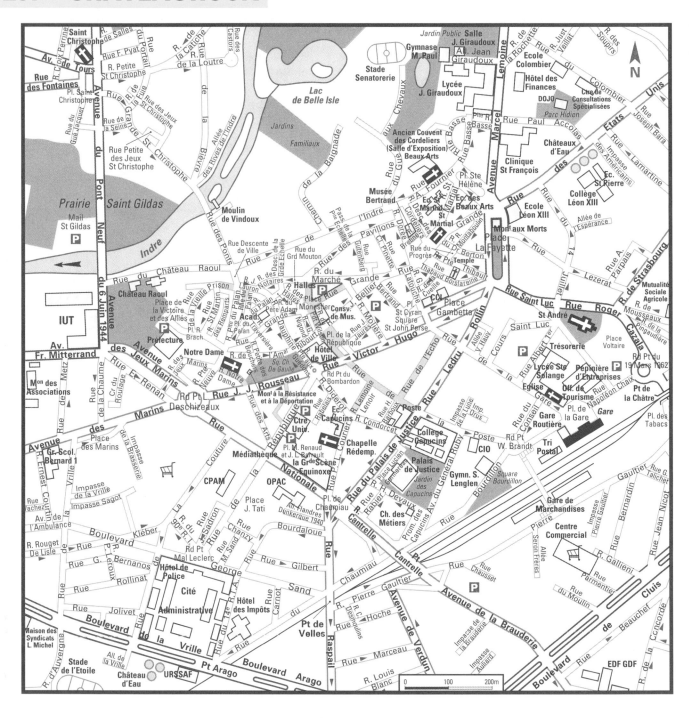

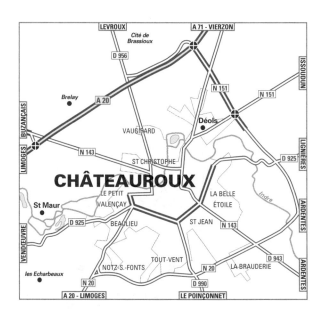

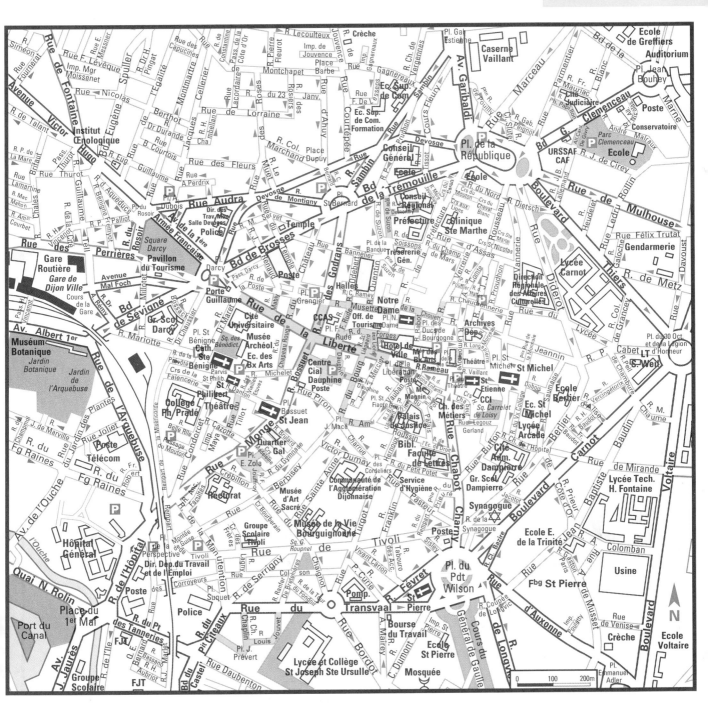

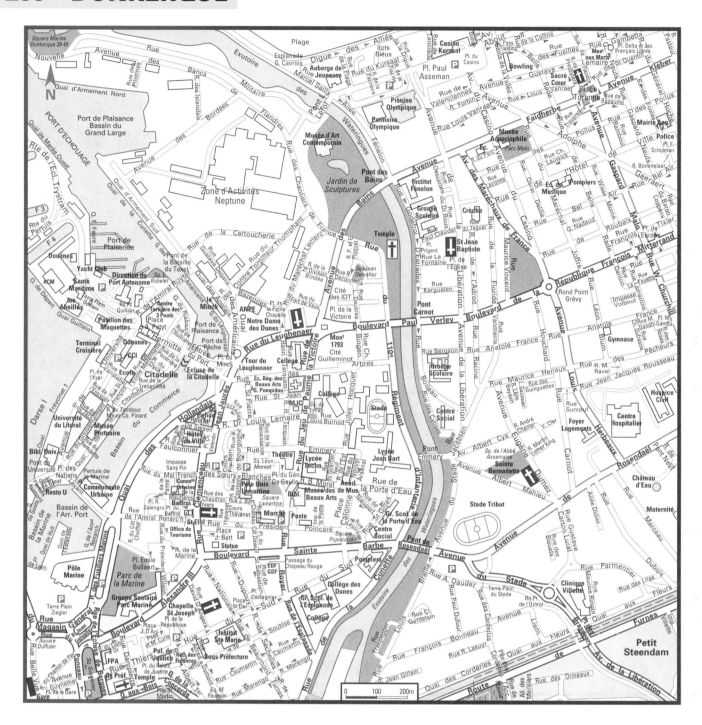

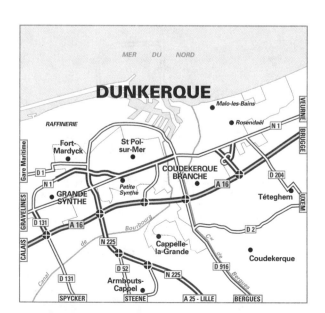

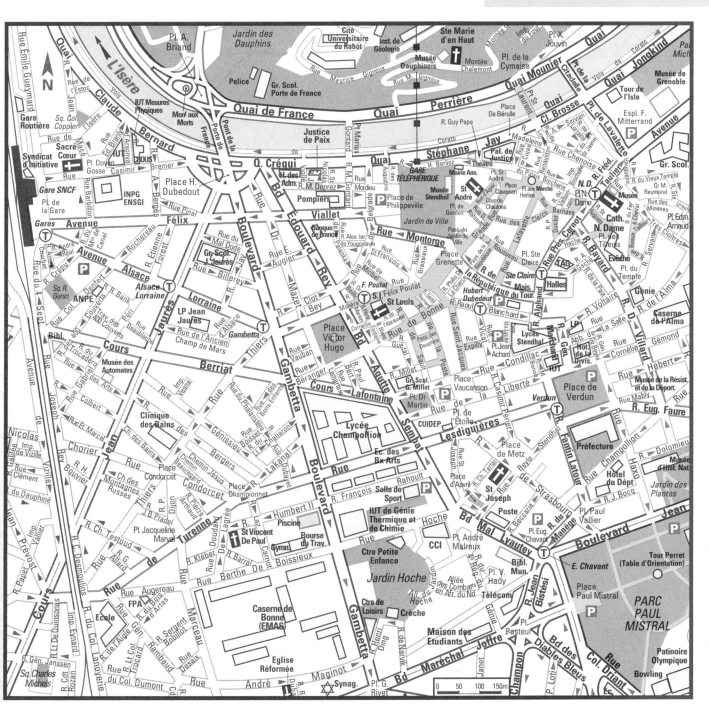

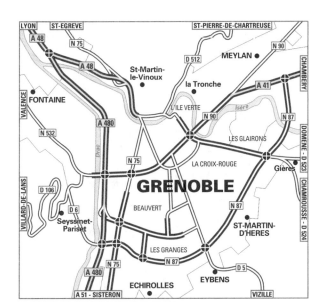

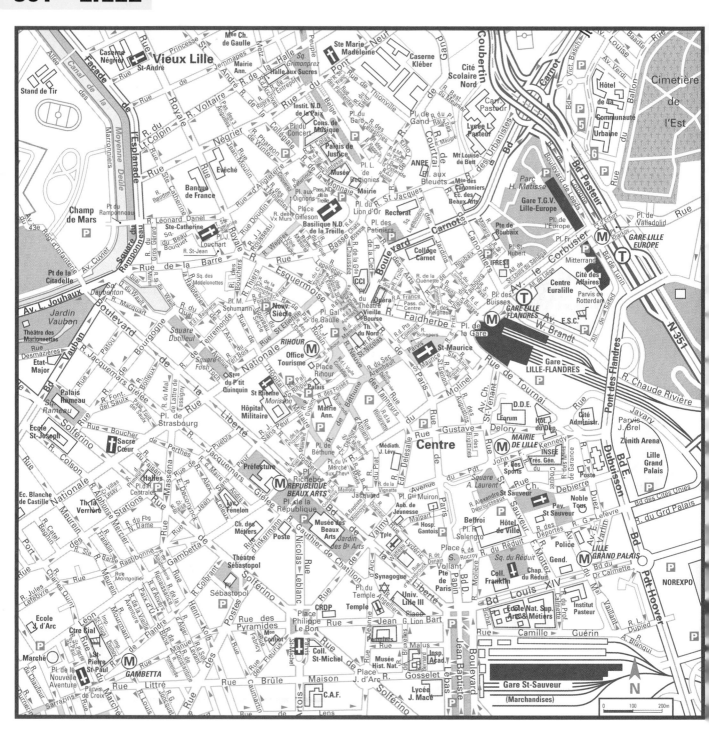

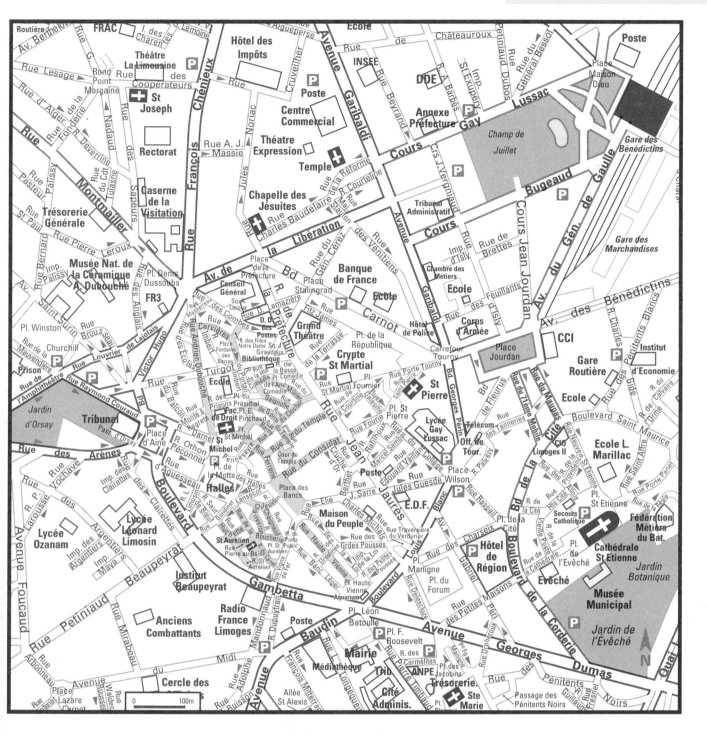

Routière
FRAC
I. des Charen
Av. V. Lemoine
Ecole
Rue de Châteauroux
Poste

Av. Berthelot
Rue G.
Hôtel des Impôts
Rue Aigueperse
Rue
de
Imp. Petiniaud Bessol
Rue du Général Bessol
Place Maison Dieu

Rue Lesage
Théâtre La Limousine
Rue des Coopérateurs
INSEE
Rue
DDE
Imp. St Exupéry
Poste

Rue d'Alger
de la Fonderie
St Joseph
Rue A. J. Massie
Centre Commercial
Avenue Garibaldi
Rue St Barbès
Annexe Préfecture Gay
Champ de Juillet
Gare des Bénédictins

Rue Palissy
Rue Pasteur
Rue du Cdt Deverrine
Rectorat
Théâtre Expression
Temple
Cours
Lussac

Trésorerie Générale
Rue St Paul
Montmailler
Sapeurs
Caserne de la Visitation
Chapelle des Jésuites
Rue de la Libération
Rue de la Réforme
R. Courteline
Maison Station
Tribunal Administratif
Cours Bugeaud

Musée Nat. de la Céramique A. Dubouché
Pl. Denis Dussoubs
Place de la Préfecture
Conseil Général
Bd Place Stalingrad
Banque de France
Ecole
Chambre des Métiers
Cours Jean Jourdan
Gare des Marchandises

FR3
Pl. Winston Churchill
Rue des Anglais
D.D. des Postes
Grand Théâtre
Pl. de la République
Hôtel de Police
Ecole
Corps d'Armée
Av. du Gén. de Gaulle
Av. des Bénédictins

Prison
Victor Hugo
Turgot
Ecole
Crypte St Martial
Carrefour Tourny
Place Jourdan
CCI
Gare Routière
Institut d'Economie

Jardin d'Orsay
Tribunal
Place d'Aine
Fac. de Droit
St Michel
St Pierre
Lycée Gay Lussac
Télécom
Off. de Tour.
CIO Limoges II
Ecole
Ecole L. Marillac

Rue des Arènes
Halles
Place des Bancs
Poste
Rue Jean Jaurès
E.D.F.
Place Wilson
Secours Catholique
Pl. St Etienne
Fédération Métiers du Bat.
Cathédrale St Etienne

Lycée Ozanam
Lycée Léonard Limosin
Maison du Peuple
St Aurélien
Hôtel de Région
Evêché
Musée Municipal
Jardin Botanique

Institut Beaupeyrat
Beaupeyrat
Gambetta
Aquarium
Pl. Haute Vienne
Pl. du Forum
Bd de la Corderie
Jardin de l'Evêché

Anciens Combattants
Radio France Limoges
Poste
Baudin
Pl. Léon Betoulle
Pl. F. Roosevelt
Avenue Georges Dumas

Cercle des
Mairie
Médiathèque
ANPE
Trésorerie
Cité Adminis.
Ste Marie
Passage des Pénitents Noirs

0   100m

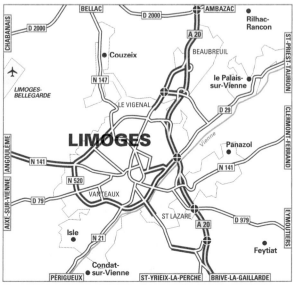

CHABANAIS
BELLAC
D 2000
AMBAZAC
Rilhac-Rancon

D 2000
A 20
BEAUBREUIL
ST-PRIEST-TAURION

Couzeix
N 147
le Palais-sur-Vienne
CLERMONT-FERRAND

ANGOULÊME
LIMOGES-BELLEGARDE
LE VIGENAL
D 29

LIMOGES
Pänazol

AIXE-SUR-VIENNE
N 141
N 141
EYMOUTIERS

N 520
VANTEAUX

D 79
ST LAZARE
A 20
D 979

Isle
N 21
Feytiat

PÉRIGUEUX
Condat-sur-Vienne
ST-YRIEIX-LA-PERCHE
BRIVE-LA-GAILLARDE

303 - LYON

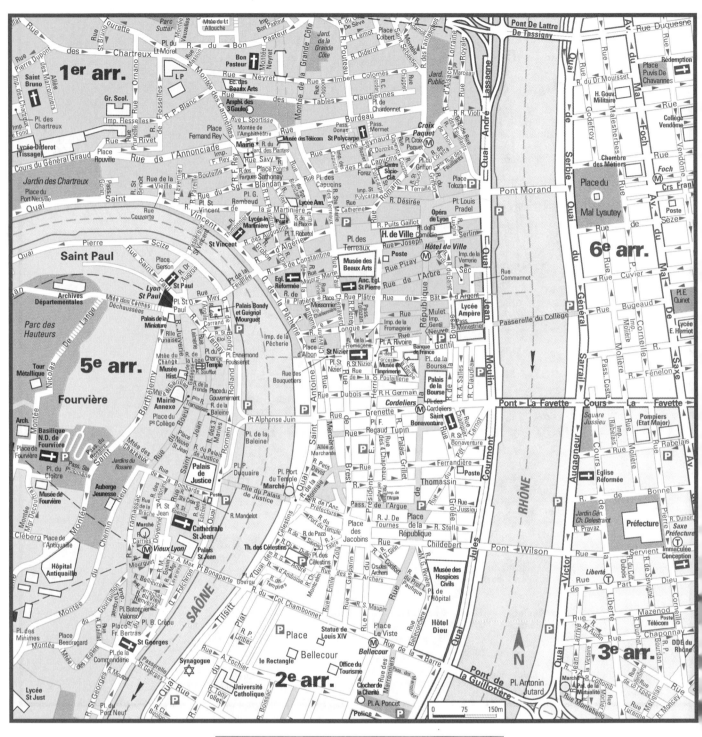

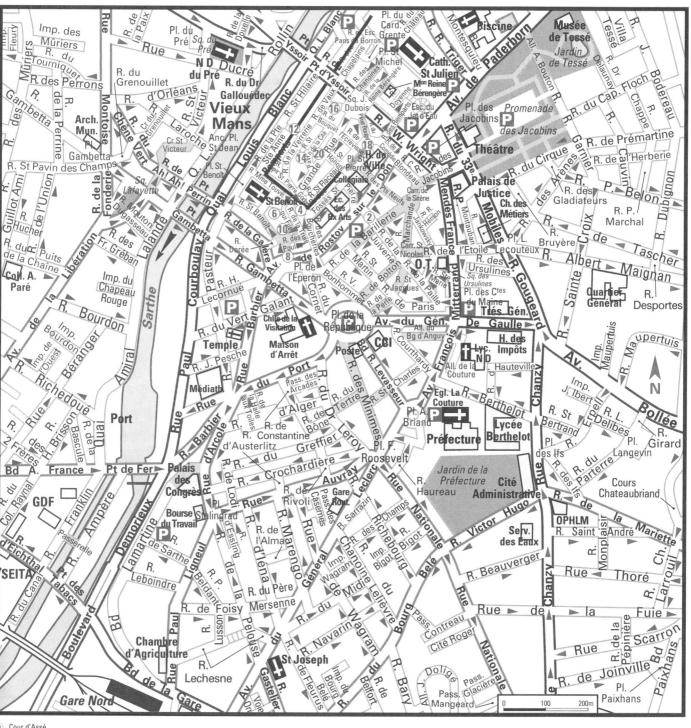

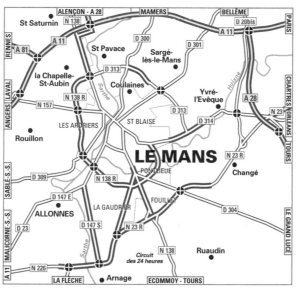

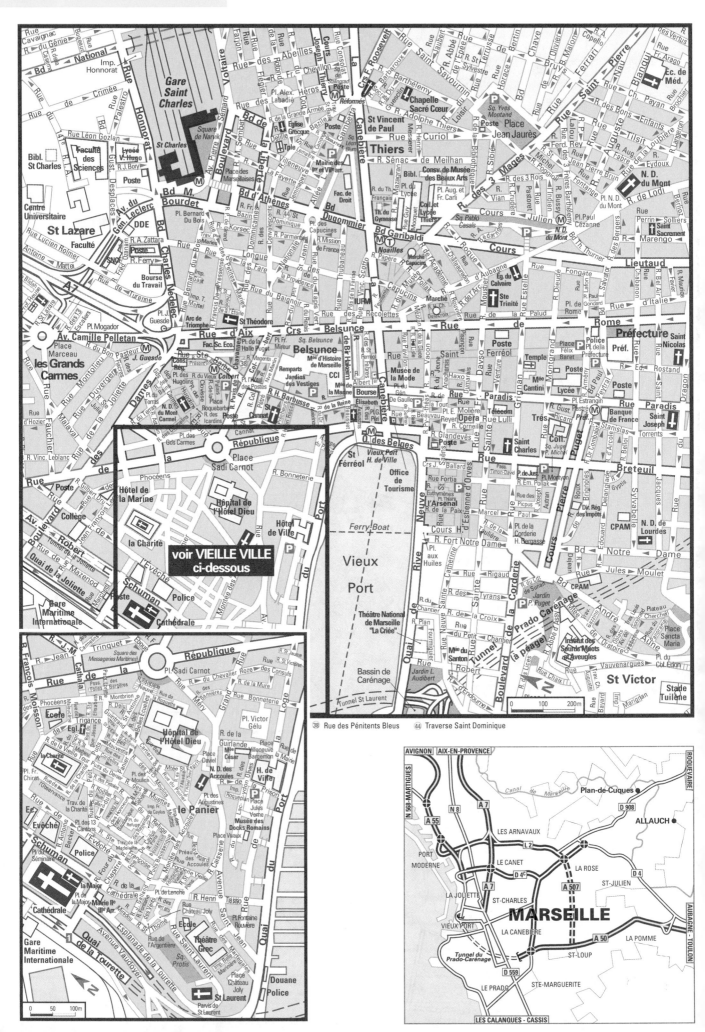

38 Rue des Pénitents Bleus   44 Traverse Saint Dominique

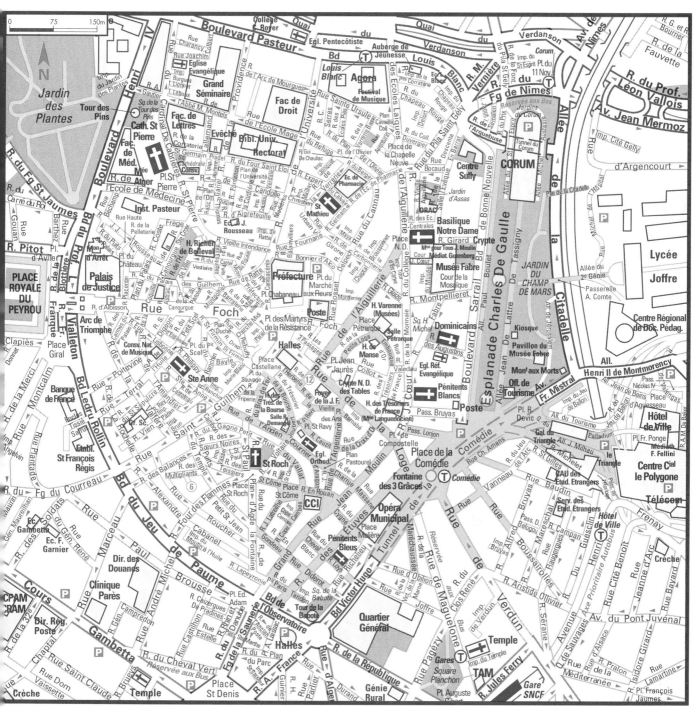

0 75 150m

Jardin des Plantes

PLACE ROYALE DU PEYROU

CORUM

Lycée Joffre

Centre Régional de Doc. Pédag.

Hôtel de Ville

Centre Cial le Polygone

Place de la Comédie

Gares Square Planchon

TAM

Gare SNCF

③ Impasse des Multipliants   ⑫ Rue Draperie Rouge

MONTPELLIER

GRABELS · LE VIGAN · QUISSAC · ALÈS · LUNEL

CASTELNAU-LE-LEZ

LA PAILLADE · AIGUELONGUE

LA COLOMBIERE

LES BEAUX ARTS

LA POMPIGNANE

CELLENEUVE

GIGNAC - A 75 · N 109 · N 109

FIGUEROLLES

LA CITADELLE

ANTIGONE

MONTPELLIER - FRÉJORGUES · NÎMES · LA GRANDE MOTTE

CROIX D'ARGENT

PIGNAN

St-Jean-de-Védas

PRES-D'ARENES

MEZE · SETE · PERPIGNAN · LATTES · PALAVAS-LES-FLOTS

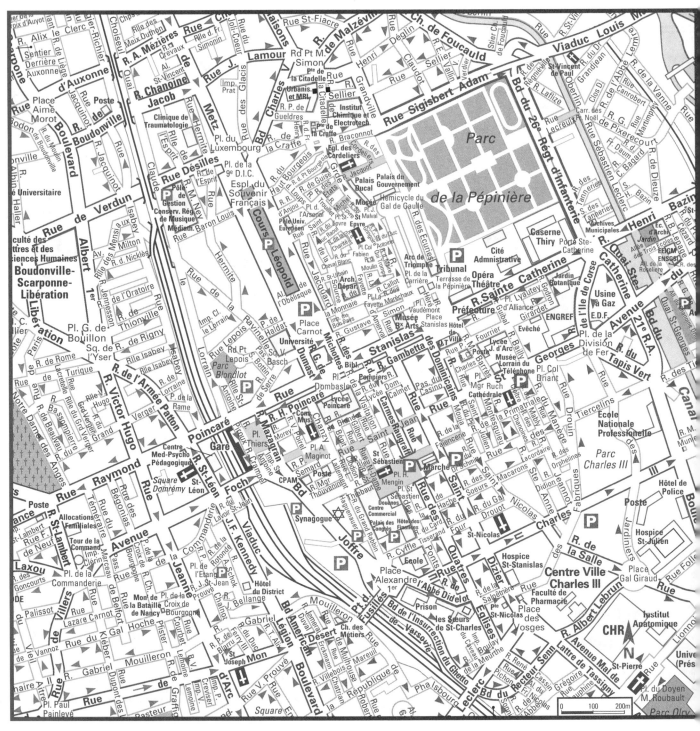

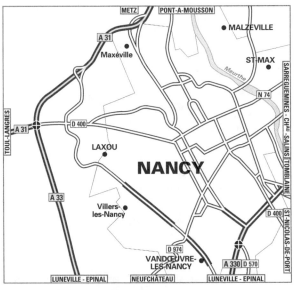

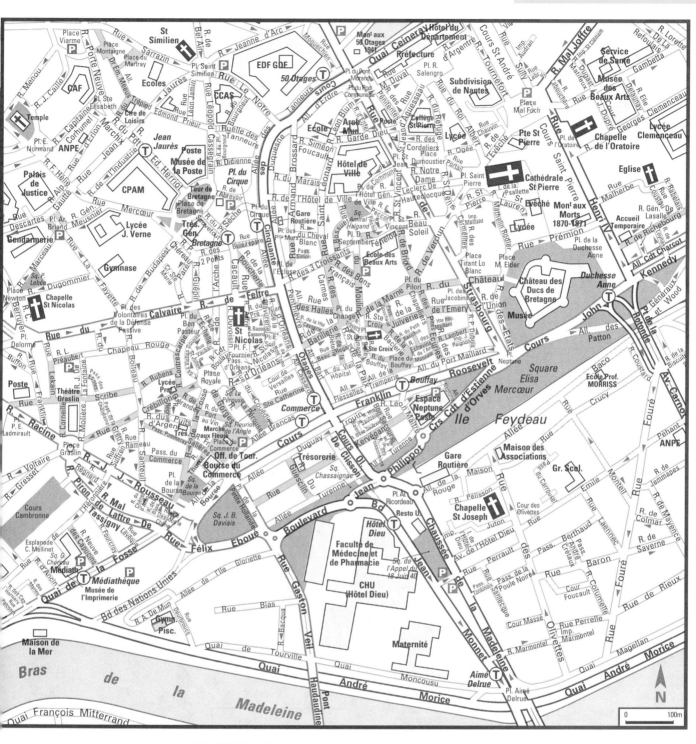

R. Menou · R. J. Caillé · CAF · R. Ste Elisabeth · Temple · Pl. E. Normand · ANPE · Palais de Justice · Rue Descartes · Gendarmerie · Chapelle St Nicolas · Pl. Delorme · R. Buffon · Poste · Racine · R. Gresset · R. Voltaire · Cours Cambronne

Place Viarme · St Similien · R. Sarrazin · Ecoles · Pl. Saint Similien · CCAS · Jean Jaurès · Poste · Musée de la Poste · CPAM · Lycée J. Verne · Gymnase · Calvaire · St Nicolas · Chapeau Rouge · Lycée Prof · Place Royale · Théâtre Graslin · Place Graslin · Pl. de la Bourse · Off. de Tour. Bourse du Commerce · Trésorerie

Place Montaigne · EDF GDF · 50 Otages · Mont aux 50 Otages 1941 · Préfecture · Hôtel de Ville · Gare Routière · Tour de Bretagne · Place de Bretagne · Pl. du Cirque · Ecole des Beaux Arts · Pl. des Halles · Commerce · Franklin · Bouffay · Espace Neptune Poste · Cours · Duguay · Sq. Chassaignac

Hôtel du Département · Subdivision de Nantes · Place Mal Foch · Pte St Pierre · Collège St Pierre · Lycée · Cathédrale St Pierre · Evêché · Mont aux Morts 1870-1871 · Lycée · Château des Ducs de Bretagne · Musée · Château · Square Elisa Mercœur · Île Feydeau · Crs Cdt d'Estienne d'Orves · Cours Roosevelt · Gare Routière · Maison des Associations · Gr. Scol.

Service de Santé · Musée des Beaux Arts · Chapelle de l'Oratoire · Eglise · Accueil Temporaire · Pl. de la Duchesse Anne · Duchesse Anne · Kennedy · John · Pl. de la Rotonde · Ecole Prof. MORRISS · ANPE · Av. Carnot

Maison de la Mer · Médiath. · Médiathèque · Musée de l'Imprimerie · Quai de la Fosse · Gymn. Pisc. · Bd des Nations Unies · Hôtel Dieu · Faculté de Médecine et de Pharmacie · CHU (Hôtel Dieu) · Chapelle St Joseph · Resto U · Maternité · Aimé Delrue · Pl. Aimé Delrue

Bras de la Madeleine · Quai François Mitterrand · Quai André Morice · Pont Haudaudine · N · 0 100m

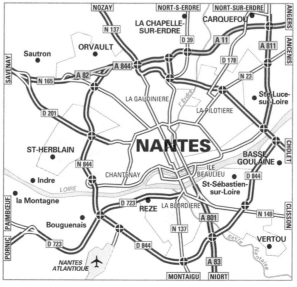

NOZAY · NORT-S-ERDRE · NORT-SUR-ERDRE · ANGERS · ANCENS
N 137 · LA CHAPELLE-SUR-ERDRE · CARQUEFOU · A 811
Sautron · ORVAULT · D 39 · A 11 · D 178
SAVENAY · N 165 · A 82 · A 844 · D 23 · N 23
D 201 · LA GAUDINIERE · LA PILOTIERE · Ste-Luce-sur-Loire
ST-HERBLAIN · NANTES · CHOLET
N 844 · ILE BEAULIEU · BASSE GOULAINE
Indre · CHANTENAY · St-Sébastien-sur-Loire · D 844
PAIMBŒUF · PORNIC · la Montagne · D 723 · REZE · LA BLORDIERE · CLISSON
Bouguenais · N 137 · A 801 · N 149
D 723 · D 844 · A 83 · VERTOU
NANTES ATLANTIQUE · MONTAIGU · NIORT · Sèvre

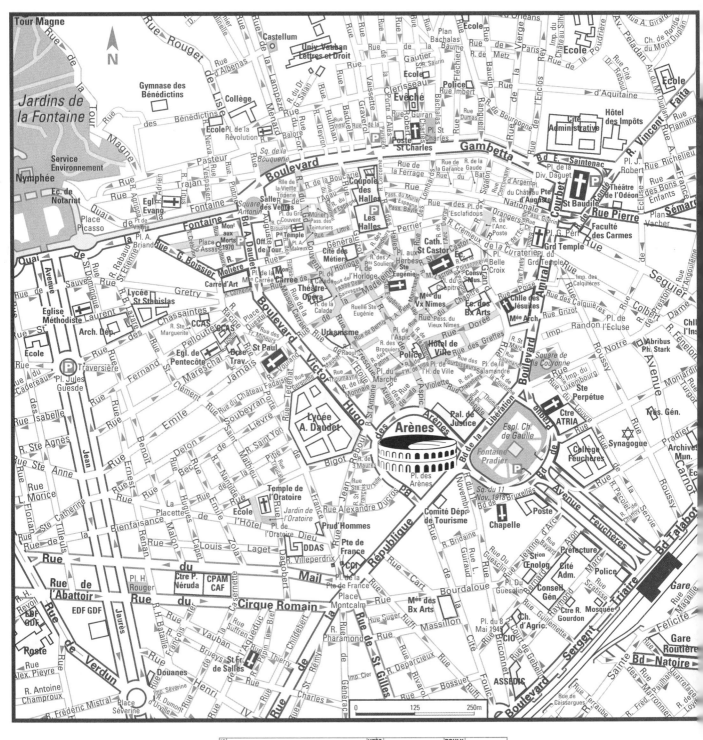

Tour Magne

Jardins de
la Fontaine

Service
Environnement

Nymphée

Ec. de
Notariat

Gymnase des
Bénédictins

Collège

Castellum

Univ. Vauban
Lettres et Droit

Ecole

Ecole

Police

Ecole
Faita

Ecole

Hôtel
des Impôts

Cité
Administrative

R. Vincent

Evêché

Poste
St Charles

Gambetta

Bd E. Saintenac

Pte
d'Auguste

Théâtre
de l'Odéon

St Baudile

Rue Pierre

Sémart

Coupole
des Halles

Les Halles

Egl. Evang.

Place
Picasso

Fontaine

Mont
aux
Morts 1970

Off.
de Tour.

Pl. Temple

Cité des
Métiers

Cath.
St Castor

Grd Temple

Faculté
des Carmes

Pl. G. Péri

Carré d'Art

Théâtre
Opéra

Mon Carrée

Mée des
Bx Arts

Chlle des
Jésuites

Mée Arch.

Pl. de
l'Ecluse

Eglise
Méthodiste

Arch. Dép.

Lycée
St Stanislas

CCAS

St Paul

Urbanisme

Hôtel
de Ville

Police

Square de
la Couronne

Ph. Stark

R. Fénelon

Egl. de
Pentecôte

Bse
Trav.

Pl. Jules
Guesde

Ste
Perpétue

Ctre
ATRIA

Lycée
A. Daudet

Arènes

Pal. de
Justice

Espl. Ch.
de Gaulle

Fontaine
Pradier

Collège
Feuchères

Synagogue

Archives
Mun.

Temple de
l'Oratoire

Ecole

Jardin de
l'Oratoire

Prud'Hommes

Pte de
France

Sq. du 11
Nov. 1918

Comité Dépt
de Tourisme

Chapelle

Poste

Préfecture

DDAS

CCI

Mée des
Bx Arts

Conseil
Gén.

Police

Gare

Ctre P.
Néruda

CPAM
CAF

Cirque Romain

Place
Montcalm

St°
Enolog

Cité
Adm.

Ctre R.
Gourdon

CIO

Mosquée

Gare
Routière

EDF GDF

Poste

Douanes

St Fr.
de Salles

Ch.
d'Agric.

ASSEDIC

Bd Natoire

0   125   250m

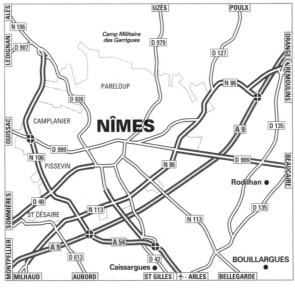

ALÈS

N 106

LÉDIGNAN

D 907

UZÈS

POULX

Camp Militaire
des Garrigues

D 979

D 127

ORANGE / REMOULINS

N 86

PARELOUP

QUISSAC

D 926

CAMPLANIER

NÎMES

A 9

D 135

BEAUCAIRE

D 999

N 106

PISSEVIN

D 999

N 86

Rodilhan

SOMMIÈRES

D 40

ST CÉSAIRE

N 113

N 113

D 135

D 613

A 9

A 54

D 42

BOUILLARGUES

MONTPELLIER

MILHAUD

AUBORD

Caissargues

ST GILLES / ARLES

BELLEGARDE

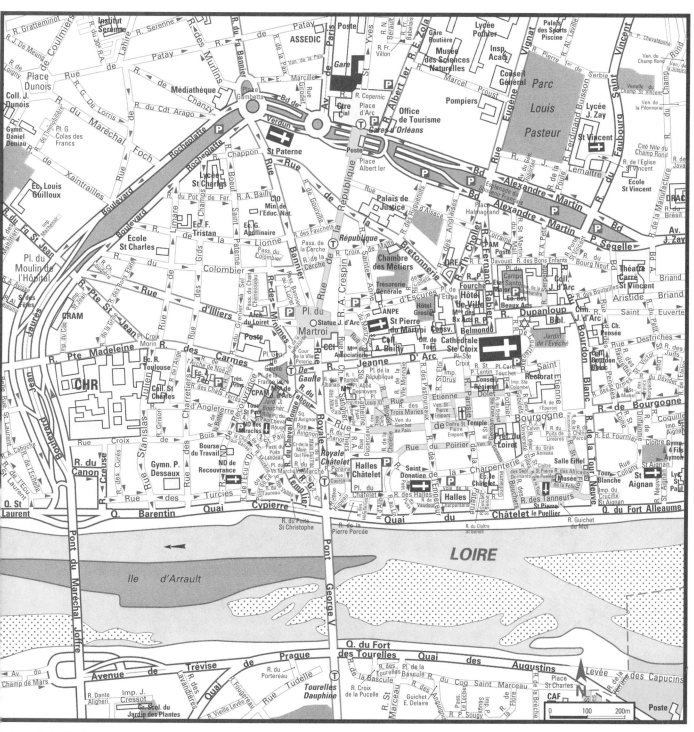

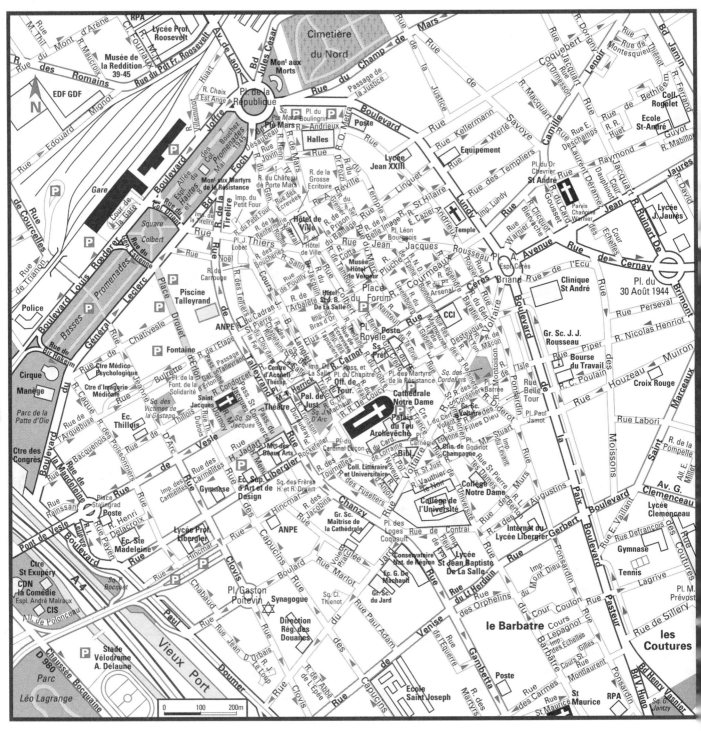

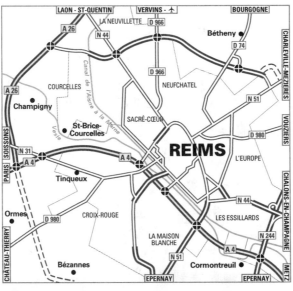

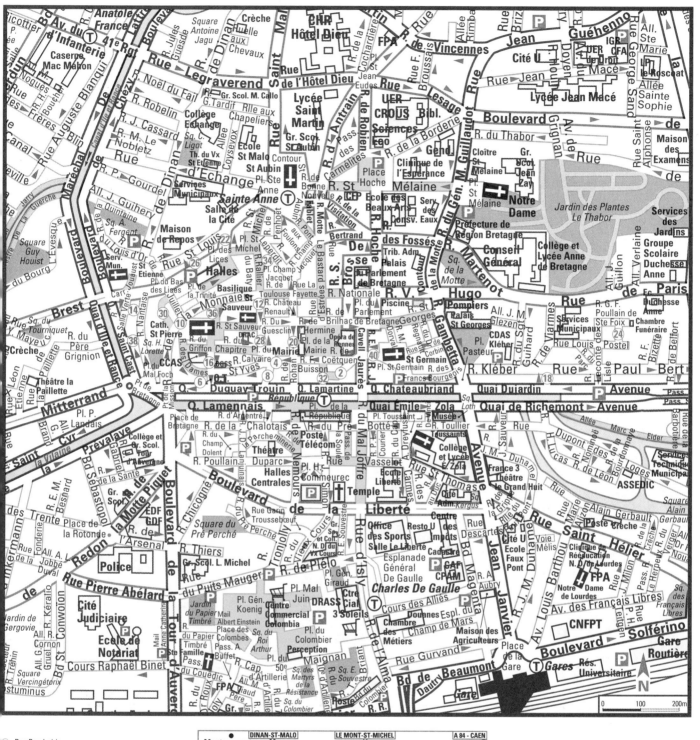

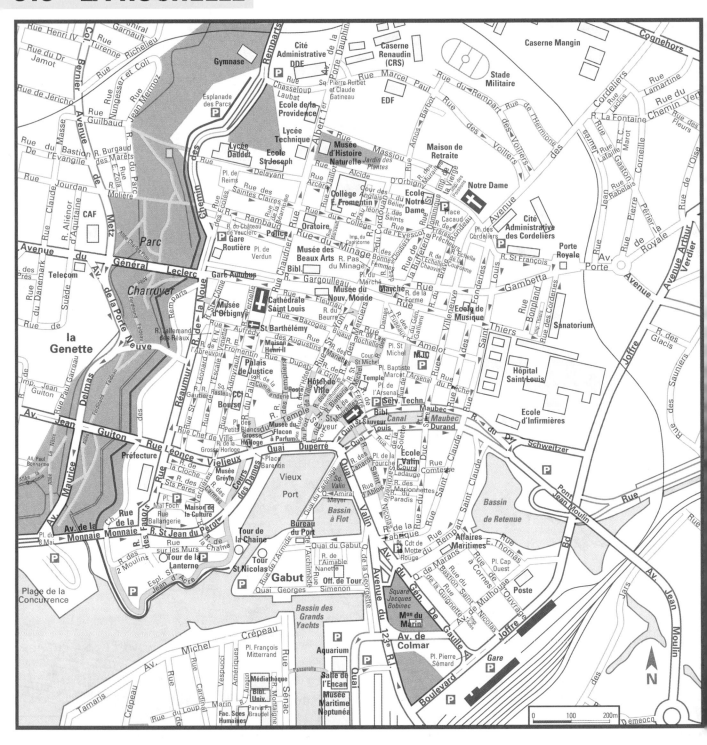

Rue Henri IV
Rue du Dr Jamot
Rue de Jéricho
Col. Turenne
Bernier
Richelieu
Avenue
Rue Guilbaud
Amiral Garnault
Nungesser et Coli
R. Jean Mermoz
Gymnase
Rue
Esplanade des Parcs
Cité Administrative DDE
Rempart de la Porte du Dauphin
Caserne Renaudin (CRS)
Caserne Mangin
Cognehors
Rue Lamartine
Rue du Chemin Vert
Rue Masse
R. Burgaud
R. du Parc
des Marêts
R. E. Zola
R. Molière
Rue de l'Évangile
De l'Bastion
Rue du Dr Jamot
Rue Claude
Rue Jourdan
R. Aliénor d'Aquitaine
CAF
Metz
Parc
Charruyer
Avenue
du Général Leclerc
Chemin
Rempart
des
Chasseloup Laubat
Sq. Pierre Ruibet et Claude Gatineau
EDF
Marcel Paul
Rue du Rempart des
Hermione
Amos Barbot
Stade Militaire
Rue des Voiliers
Cordeliers
Rue Lacis
Rue du Chemin des Fleurs
R. La Fontaine
R. C. Marot
Rue Lafaille
Gaston
Corneille
Rue Pierre
Périer
R. de l'Oise
Avenue
Esplanade des Parcs
Ecole de la Providence
Lycée Technique
Lycée Daudet
Ecole St Joseph
Pl. de Reims
Delayant
Rue des Saintes Claires
Rue de l'École
Albert
Rue
Massiou
Musée d'Histoire Naturelle
Jardin des Plantes
Rue
Alcide
D'Orbigny
R. des Murailles
La Vierge
Maison de Retraite
Notre Dame
Cité Administrative des Cordeliers
Rue de Royale
Av. Arthur Verdier
Rue Rambaud
Rue de la Cloche
Oratoire
Collège E. Fromentin
Cour des Anglais
R. du Bélier
Rue Alcide
Ecole Notre Dame
Rue
Léonce
Place Cacaud
Ph. des Cordeliers
Rue St François
Porte Royale
Av. Porte
Gare Routière
Pl. de Verdun
Police
Musée des Beaux Arts
R. du Minage
R. St Léonard
R. des Saints
R. du Collège
R. de l'Évescot
Pl. du Marché
Marché
R. de la Forme
Rue
Gambetta
Rue Thiers
Sanatorium
R. des Glacis
Bibl.
R. Gargoulleau
Rue Fleury
R. du Beurre
Musée du Nouv. Monde
Pl. St Michel
Ecole de Musique
Rue Bonpland
R. des Cordeliers
Cathédrale Saint Louis
Musée d'Orbigny
St Barthélémy
Maison Henri II
Rue Bazoges
Rue des Augustins
R. du
Rue Gén. Gallieni
Amelot
Hôpital Saint Louis
Ecole d'Infirmières
Palais de Justice
CCI Bourse
Musée du Flacon à Parfums
Grosse Horloge
Hôtel de Ville
Temple
Pl. Baptiste Marcet
Pl. de l'Arsenal
Rue du Prêche
Serv. Techn.
Canal
Maubec Durand
Ecole
Préfecture
Musée Grévin
Vieilleux
Place Barentin
Vieux Port
Duperré
Quai
Ecole Valin
Bassin de Retenue
Pont Jean Moulin
Rue
Maison de la Culture
Rue Ballangerie
Av. de la Monnaie
R. St Jean du Pérot
Tour de la Chaine
Tour de la Lanterne
Tour St Nicolas
Gabut
Bureau du Port
Quai du Gabut
Quai Valin
Affaires Maritimes
Poste
Plage de la Concurrence
Bassin des Grands Yachts
Av. Michel
Pl. François Mitterrand
Médiathèque
Bibl. Univ.
Fac. Sces Humaines
Aquarium
Salle de l'Encan
Musée Maritime Neptunéa
Square Jacques Bobinec
Mon du Marin
Av. de Colmar
Pl. Pierre Sémard
Gare
Boulevard
Joffre
Avenue Jean Moulin

0   100   200m

N

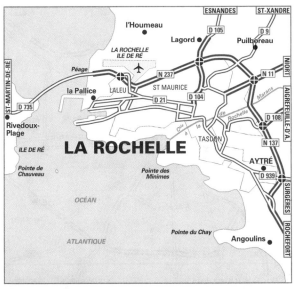

ESNANDES
ST-XANDRE
l'Houmeau
Lagord
Puilboreau
D 105
D 9
ST-MARTIN-DE-RÉ
Péage
LA ROCHELLE ILE DE RÉ
N 237
ST MAURICE
N 11
NIORT
la Pallice
LALEU
D 21
D 104
AIGREFEUILLE-D'A.
D 735
Rivedoux-Plage
ILE DE RÉ
D 108
N 137
Pointe de Chauveau
TASDON
LA ROCHELLE
AYTRÉ
D 939
SURGÈRES
ROCHEFORT
Pointe des Minimes
OCÉAN
Pointe du Chay
Angoulins
ATLANTIQUE

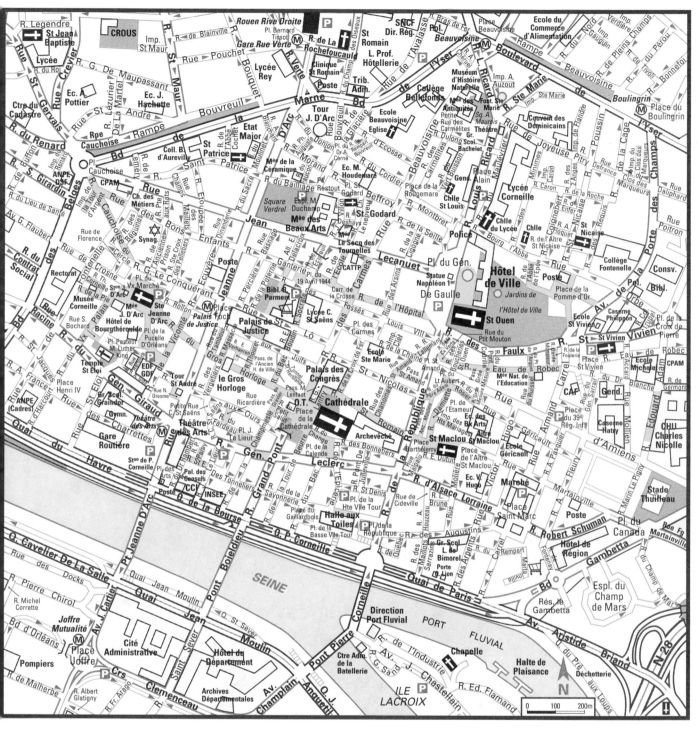

R. Legendre
St Jean
Baptiste
CROUS
Imp.
St Maur
Rouen Rive Droite
Pl. Bernard
Tissot
Gare Rue Verte
R. de Blainville
R. de la
Rochefoucauld
SNCF
Dir. Rég.
Pol.
St
Romain
L. Prof.
Hôtellerie
Place
Beauvoisine
Beauvoisine
Ecole du
Commerce
d'Alimentation
Rampe
Beauvoisine
de
Boulevard
Lycée
Lycée
Rey
R. du Roi
R. G. De Maupassant
Rue Pouchet
Clinique
St Romain
Poste
Trib.
Adm.
Muséum
d'Histoire
Naturelle
Ste Marie
Place du
Boulingrin
Ec. A.
Pottier
Ec. J.
Hachette
Bouvreuil
Marne
Bd
Tour
J. D'Arc
Collège
Bellefonds
Mée des
Antiquités
Fon. Ste
Marie
Couvent des
Dominicains
Place du
Boulingrin
Ctre du
Cadastre
Etat
Major
Ecole
Beauvoisine
Eglise
Théâtre
Gr.
Bachelet
Rue
de
Joyeuse
R. du Renard
Coll. B.
d'Aurevilly
St
Patrice
Saint
Patrice
Coll. B.
Cauchoise
Bd
Belges
ANPE
DSF
CPAM
Ch. des
Métiers
Pl.
Cauchoise
Square
Verdrel
Espl. M.
Duchamp
Mée des
Beaux Arts
St Godard
Place de la
Rougemare
Gend.
Alain
Lycée
Corneille
R. de la Roche
Rue
Poitron
Synag.
Rue
Cauchoise
Jean
Mée Le Secq des
Tournelles
Chlle
St Louis
Chlle
Police
St
Nicaise
Collège
Fontenelle
Conserv.
Rectorat
Musée
Corneille
Poste
Jeanne
Lecanuet
Carmes
Pl. du Gén.
De Gaulle
Statue
Napoléon 1er
Hôtel
de Ville
Jardins de
l'Hôtel de Ville
Place de la
Pomme d'Or
Bibl.
Pol.
Temple
St Eloi
Place
Henri IV
ANPE
(Cadres)
Mée
Ste
J. D'Arc
Place
Jeanne d'Arc
Palais
Foch
Palais de
Justice
Lycée C.
St Saëns
Pl. des
Carmes
St Ouen
Ecole
St Vivien
St
Vivien
St Vivien
CPAM
Ecole
Michelet
Gare
Routière
Gr. Scol.
Graindor
Tour
St André
le Gros
Horloge
Palais des
Congrès
Ecole
Ste Marie
Eau de Robec
Faulx
CAP
Gend.
CHU
Charles
Nicolle
Théâtre
des Arts
Stue de P.
Corneille
O.T.
Cathédrale
Archevêché
St Maclou
St Maclou
Ecole
Géricault
Caserne
Hatry
CCI
INSEE
Halle aux
Toiles
Leclerc
R. d'Alsace Lorraine
Marché
Place
Saint Marc
Poste
Stade
Thuilleau
Pont
Boïeldieu
Pont
P. Corneille
Pl. de la
République
Gr. Scol.
Bimorel
Hôtel de
Région
Gambetta
SEINE
Quai de Paris
Direction
Port Fluvial
PORT
FLUVIAL
Av. Aristide
Briand
Espl. du
Champ
de Mars
N-28
Q. Cavelier De La Salle
Rue des Docks
R. Pierre
Chirol
R. Michel
Corrette
Joffre
Mutualité
Place
Joffre
Pompiers
Quai
Jean
Moulin
Cité
Administrative
Hôtel du
Département
Pont Pierre
Anquetil
Ctre Adm.
de la
Batellerie
Av. de
l'Industrie
Chapelle
Halte de
Plaisance
Déchetterie
N
ILE
LACROIX
Archives
Départementales
Clemenceau
0 100   200m

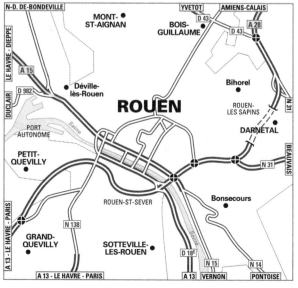

N-D. DE-BONDEVILLE
YVETOT
AMIENS-CALAIS
MONT-
ST-AIGNAN
BOIS-
GUILLAUME
D 43
D 43
A 28
LE HAVRE - DIEPPE
A 15
Déville-
lès-Rouen
Bihorel
DUCLAIR
D 982
ROUEN
ROUEN-
LES-SAPINS
N 31
PORT
AUTONOME
Seine
DARNÉTAL
BEAUVAIS
PETIT-
QUEVILLY
N 31
Bonsecours
LE HAVRE - PARIS
ROUEN-ST-SEVER
N 138
GRAND-
QUEVILLY
SOTTEVILLE-
LES-ROUEN
D 18E
N 15
N 14
A 13 - LE HAVRE - PARIS
A 13
VERNON
PONTOISE

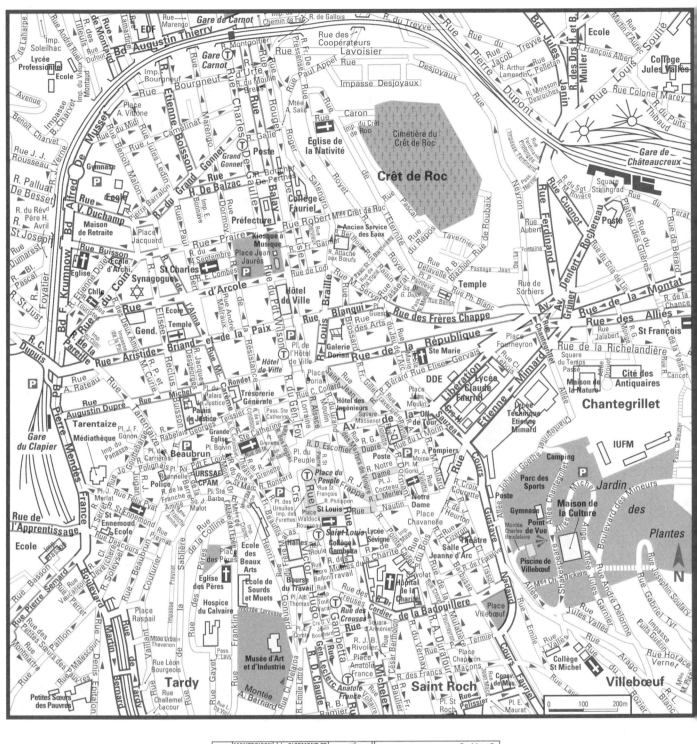

Robespierre Villon
Rue Jean
Bd du Moulin
de la Butte
Gare
Rue René
Guy Caddu
Terminal
Fruitier
Q. des
Antiques
Collège
Jean Moulin
Berthauderie
ANPE
Pl. Pierre
Sémard
R. Lazare
Hoche
Rue Mme
De Sévigné
Square
Alcide
Benoist
BASSIN DE PENHOËT
Gymnase
Fraternité
St Gohard
Pl. de
Bel Air
Carburand
Boulevard
de la
Libération
Bd de
l'Europe
Dépôt
STRAN
Silo
Plessis
Cimetière
de Toutes Aides
Boulevard de la Renaissance
Serv. Maritime
et de Navigation
Halles
Place du
Commerce
Rue du
Grand Ormeau
Ateliers
Municipaux
Pompiers
Place du
Dolmen
Av.
du Pertuis
Pont
Mobile
Rue Jules Guesde
R.A.B. Lechat
Médiath
ANPE
Parc des
Halles
Centre
République
Centre
Médico-Social
Jaurès
Dolmen
Square
Delzieux
Phares et
Balises
Dispensaire
Place du
8 et 11 Mai
1945
Palais de
la Justice
DDAS
Tribunal
d'Instance
Pl. des Martyrs
de la Résistance
Place
Stalingrad
Gare
Roufière
Escal'
Atlantic
Cuves
Gymnase
Es. Nat.
de Musique
Cimetière
de la
Briandais
Centre
d'Animation
STRAN
Mon du
Peuple
Centre
Médico-Social
Base
Sous
Marine
Pont
Mobile
ENTRÉE
EST
la Briandais
Poste
Finances
Police
Terminal
Frigorifique
Sous Marin
Espadon
Écomusée
Centre
Foncier
Gendarmerie
CCI
Place des
4 Z'Horloges
Halles
à Marée
Parc des
Expositions
Ancien Embarcadère
du Bac de Mindin
Aire de
Jeux
Hôtel de
Ville
OPHLM
Ecole d'Arts
Plastiques
Saint
Nazaire
Sous
Préfecture
Salle
des Fêtes
Salle
de la
Rampe
Phare du
Vieux Môle
Jardin
des
Plantes
Mon de
Retraite
Croisic
Pl. Franklin
Roosevelt
Pl. du
18 Juin
1940
Monument
du Commando
Pilotage
Monument
1870
Monument
aux Morts
Capitainerie
Usine
Élévatoire
Collège
St Louis
Bd Albert 1er
Monument
Américain
Plage de
Saint Nazaire
Port
Autonome
ENTRÉE
SUD
Appontement
Pétrolier
Jetée
Est
Jetée
Ouest
AVANT PORT
N

0   100   200m

NANTES
N 171
MONTOIR-DE-
BRETAGNE
DONGES
Marais
de la
Grande Brière
Trignac
D 971
D 100
Port Atlantique
Nantes - St-Nazaire
N 171
PENHOËT
LOIRE
LA BAULE par la côte
LES MILLAUX
D 492
RÉTON
D 92
ST-NAZAIRE
D 277
PAIMBŒUF
LA BAULE
D 292
OCÉAN
St-Brévin-
les-Pins
D 213
D 5
ATLANTIQUE
PORNIC
ST-PÈRE-EN-RETZ

317 - SAINT-QUENTIN

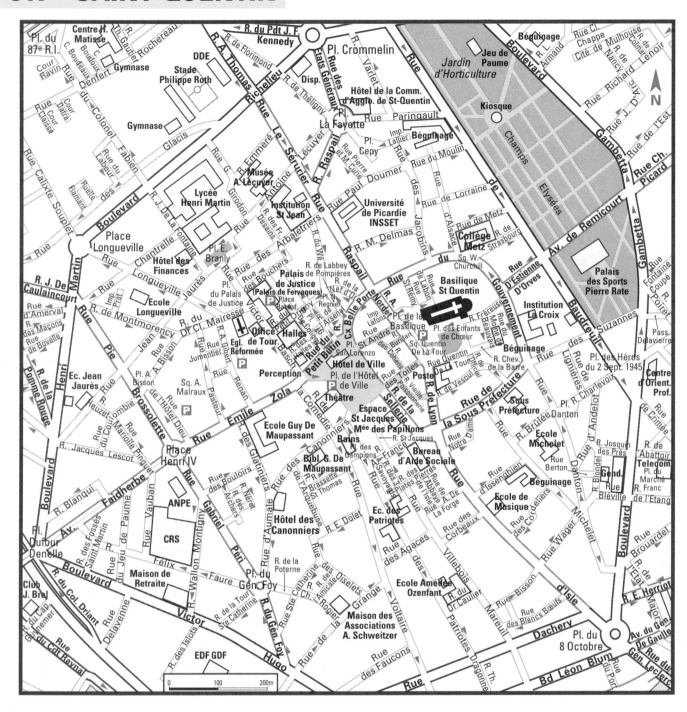

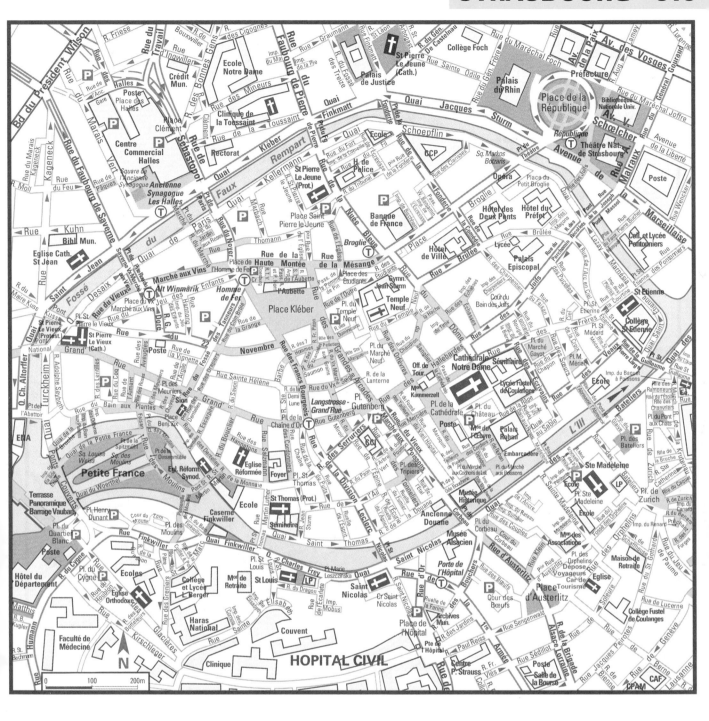

Bd du Président Wilson
R. Friese
R. du Travail
R. d'Ingwiller
Bouxwiller
R. des Cigognes
R. Graumann
Imp. du Mai
Av. de la Paix
Av. des Vosges
R. du Gén. Frère
De Castelnau
Collège Foch
R. du Mal Foch
Av. de la Paix
Av. du Gén. Gouraud
R. Turenne

Rue du Faubourg de Pierre
Rue des Bonnes Gens
Crédit Mun.
Ecole Notre Dame
R. du Fossé des Treize
St Pierre Le Jeune (Cath.)
Rue Sainte-Odile
R. du Gén. de Castelnau
Palais du Rhin
Préfecture
R. du Maréchal Foch

Poste
Place des Halles
Place Clément
Clinique de la Toussaint
Quai Finkmatt
Quai Jacques
Sturm
Place de la République
Bibliothèque Nationale Univ.
Av. A. Schoelcher

Centre Commercial Halles
Square de l'Ancienne Synagogue
Ancienne Synagogue Les Halles
Rectorat
Quai Kléber
Rempart
Quai de Pierre
Ecole
Schoepflin
CCP
Sq. Markos Botzaris
République
Théâtre
Théâtre Nat. de Strasbourg
Avenue
R. A. Malraux
Avenue de la Liberté

Eglise Cath. St Jean
Rue du Faubourg de Saverne
Bihl Mun.
Quai du Faux
St Pierre Le Jeune (Prot.)
H. de Police
Place Saint Pierre le Jeune
Banque de France
Broglie
Opéra
Place du Petit Broglie
Hôtel des Deux Ponts
Hôtel du Préfet
Poste
Marseillaise

Rue Saint Jean
Desaix
Marché aux Vins
Rue du Vieux
Place de Haute Montée
l'Homme de Fer
Rue de la Mésange
Rue de l'Eglise
Place des Étudiants
Hôtel de Ville
Rue Brûlée
Palais Épiscopal
Lycée
St Etienne
Collège St Etienne

Alt Winmärik
Homme de Fer
Place Kléber
Gymn. Jean Sturm
Temple Neuf
Cathédrale Notre Dame
Séminaire
Ecole
Bateliers

Marché aux Vins
St Pierre Le Vieux (Protest.)
St Pierre Le Vieux (Cath.)
Poste
Novembre
Place du Temple Neuf
Off. de Tour.
Kammerzell
Pl. de la Cathédrale
Pl. du Château
Palais Rohan
Musée de l'Œuvre
Pl. des Bateliers

Sion
Place Benj. Zix
Langstrosse - Grand'Rue
Rue Gutenberg
Pl. Gutenberg
Pl. du Marché Neuf
Pl. du Marché aux Poissons
Embarcadère
Ste Madeleine
Pl. de Zurich

Petite France
Eglise Réformée
Foyer
Pl. St Thomas
St Thomas (Prot.)
Pl. du Marché aux Cochons de Lait
Musée Historique
Ecole
Pl. Ste Madeleine

Terrasse Panoramique Barrage Vauban
Pt de la Spitzmühl
Caserne Finkwiller
Ecole
Séminaire
Quai Finkwiller
Ancienne Douane
Musée Alsacien
Maison de Retraite

Pl. du Quartier Blanc
Poste
Pl. Henry Dunant
Cour du Moulin
Pl. des Moulins
Saint Thomas
Saint Nicolas
Porte de l'Hôpital
Eglise
Place de Tourisme d'Austerlitz

Hôtel du Département
Pl. du Cygne
Ecoles
Collège et Lycée L. Berger
Mon de Retraite
St Louis
Saint Nicolas
Cr Saint Nicolas
Cour des Bœufs
Collège Fustel de Coulanges

Matthis
R.B. Kugler
Faculté de Médecine
Clinique
Haras National
Couvent
Place de l'Hôpital
Archives Mun.
Pte de l'Hôpital
Centre P. Strauss
Poste
Salle de la Bourse
CAF
CPAM

N
0   100   200m

HOPITAL CIVIL

HOCHFELDEN
METZ-HAGUENAU
SELTZ
ILL
SAVERNE
D 31
A 4
BISCHHEIM
D 63
Mittelhausbergen
D 263
Oberhausbergen
SCHILTIGHEIM
LA ROBERTSAU
D 41
CRONENBOURG
A 350
A 351
HAUTEPIERRE
D 41
A 4
N 4
STRASBOURG
KŒNIGSHOFFEN
D 45
N 4
A 35
KEHL-ALLEMAGNE
Eckbolsheim
PORT AUTONOME
NEUDORF
ELSAU
Rhone
Ill
Canal du
N 4
PORT
Lingolsheim
D 392
A 35
N 83
NEUHOF
OBERNAI
MOLSHEIM
Ostwald
D 468
SELESTAT - COLMAR
NEUF-BRISACH

319 - TOULON

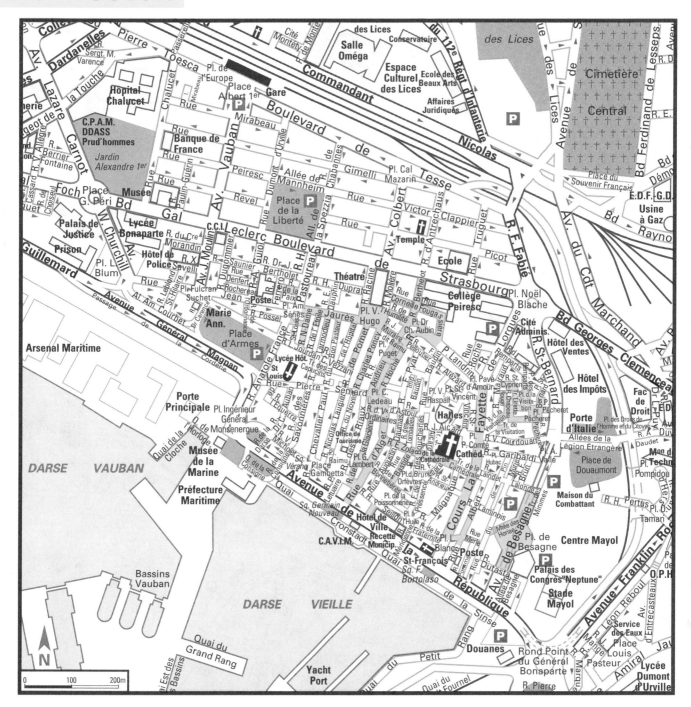

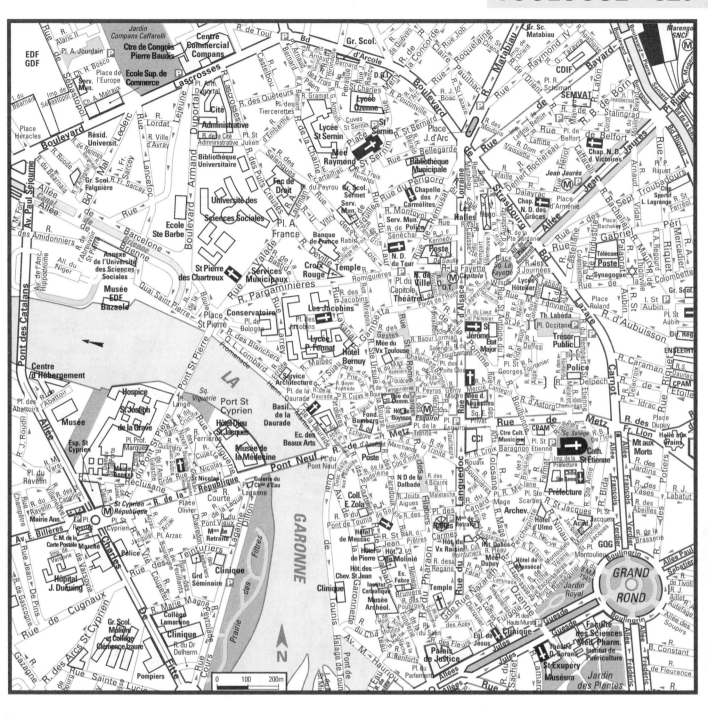

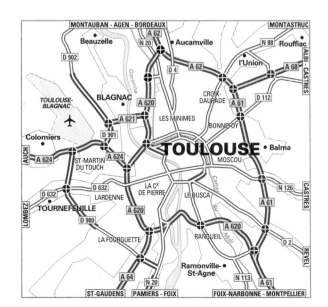

321 - TOURS

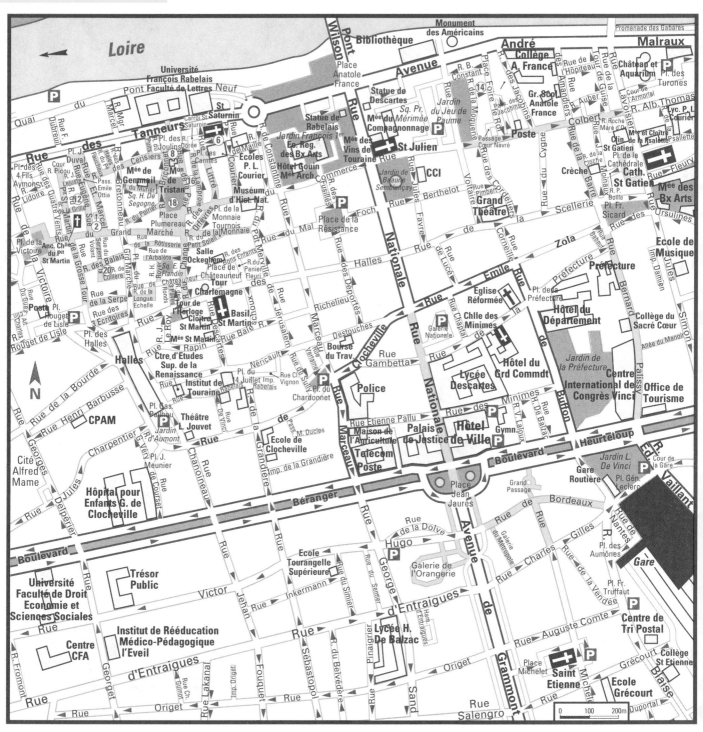

- ② Cour Edouard André
- ⑥ Rue des Carmes
- ⑧ Jardin Chanoi
- ⑫ Carroi aux Herbes
- ⑭ Rue du Docteur Hermary
- ⑯ Place de la Lamproie
- ⑱ Jardin Saint Pierre Le Puëllier
- ⑳ Jardin du Vert galant

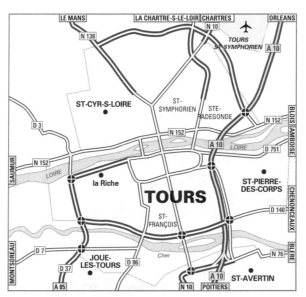

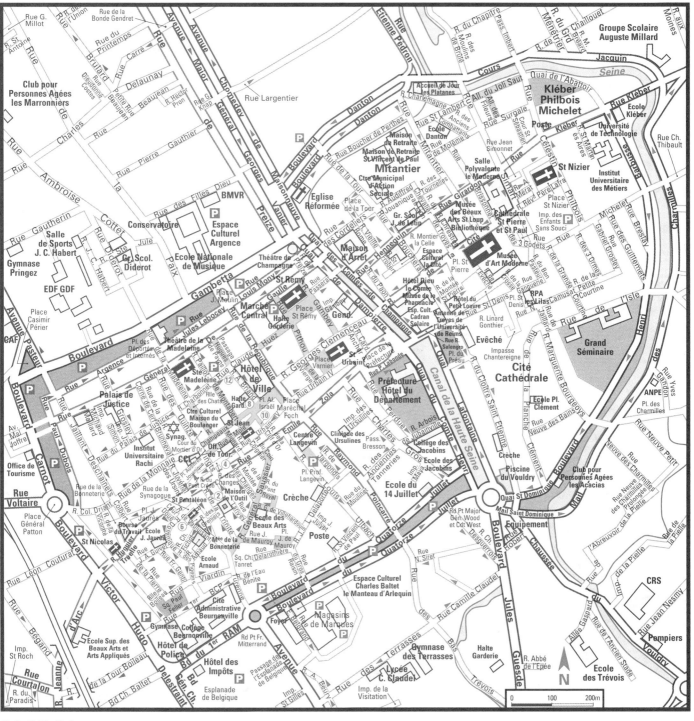

2 Rue Thérèse Bordet

4 Place du Marché au Pain

6 Rue du Marché aux Noix

8 Passage Niwinski

10 Rue du Petit Cimetière Saint Jean

12 Cour de la Rencontre

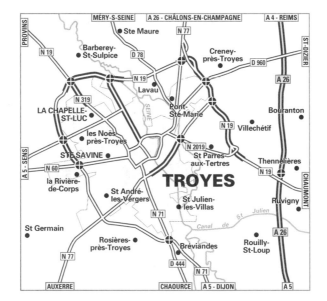

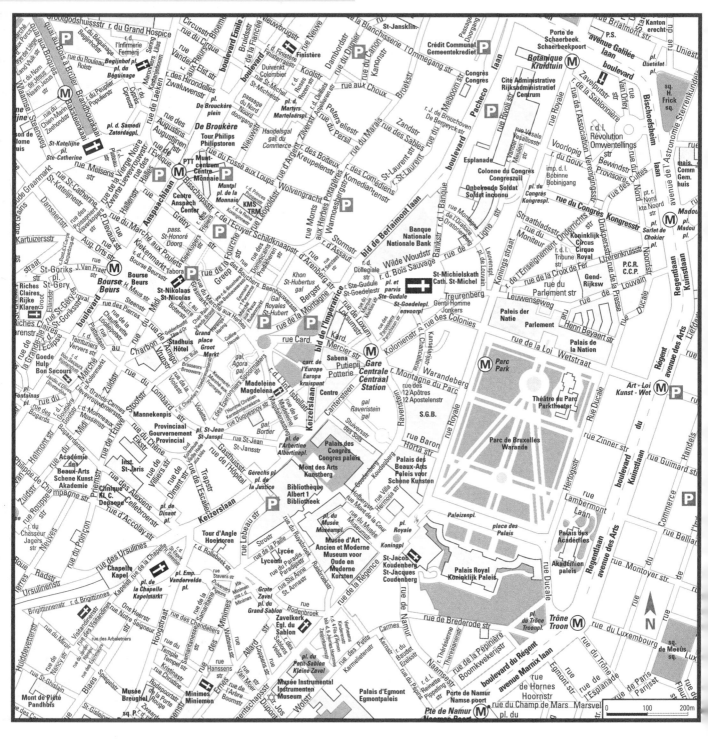

BANLIEUE DE PARIS - PARIS SUBURBS - VORORTE VON PARIS - BUITENWIJKEN VAN PARIJS - PERIFERIA DI PARIGI

Page	Carreau	Commune	Page	Carreau	Commune	Page	Carreau	Commune
331	S-17	Alfortville	326	O-8	Enghien-les-Bains	327	Q-9	Pierrefitte-sur-Seine
330	O-20	Antony	326	O-9	Épinay-sur-Seine	330	N-18	Plessis-Robinson (Le)
330	P-17	Arcueil	330	N-18	Fontenay-aux-Roses	332	Y-17	Plessis-Trévise (Le)
325	L-9	Argenteuil	332	V-15	Fontenay-sous-Bois	325	H-13	Port-Marly (Le)
326	O-11	Asnières-sur-Seine	330	P-20	Fresnes	327	S-13	Pré-Saint-Gervais (Le)
327	R-11	Aubervilliers	325	K-8	Frette-sur-Seine (La)	326	M-13	Puteaux
328	V-9	Aulnay-sous-Bois	328	X-13	Gagny	332	Y-18	Queue-en-Brie (La)
330	O-18	Bagneux	329	K-15	Garches	328	W-12	Raincy (Le)
327	T-14	Bagnolet	326	M-11	Garenne-Colombes (La)	329	H-16	Rocquencourt
325	L-10	Bezons	327	S-8	Garges-lès-Gonesse	327	T-12	Romainville
329	L-20	Bièvres	326	O-10	Gennevilliers	328	V-13	Rosny-sous-Bois
327	T-9	Blanc-Mesnil (Le)	330	Q-17	Gentilly	325	J-13	Rueil-Malmaison
327	T-12	Bobigny	332	Y-14	Gournay-sur-Marne	331	Q-20	Rungis
326	N-11	Bois-Colombes	331	Q-19	Hay-les-Roses (L')	329	L-15	Saint-Cloud
332	W-20	Boissy-Saint-Léger	325	K-10	Houilles	327	Q-9	Saint-Denis
328	V-12	Bondy	326	P-10	Île-Saint-Denis (L')	326	O-8	Saint-Gratien
327	T-8	Bonneuil-en-France	330	N-16	Issy-les-Moulineaux	331	S-15	Saint-Mandé
332	V-19	Bonneuil-sur-Marne	331	R-17	Ivry-sur-Seine	332	V-17	Saint-Maur-des-Fossés
329	I-14	Bougival	332	U-16	Joinville-le-Pont	331	T-16	Saint-Maurice
330	M-16	Boulogne-Billancourt	329	K-19	Jouy-en-Josas	326	P-11	Saint-Ouen
327	T-10	Bourget (Le)	331	Q-17	Kremlin-Bicêtre (Le)	326	M-8	Sannois
330	P-18	Bourg-la-Reine	326	O-12	Levallois-Perret	325	K-10	Sartrouville
332	X-15	Bry-sur-Marne	327	S-13	Lilas (Les)	330	O-19	Sceaux
329	I-19	Buc	328	W-10	Livry-Gargan	328	X-10	Sevran
330	P-18	Cachan	329	I-20	Loges-en-Josas (Les)	329	L-16	Sèvres
325	K-11	Carrières-sur-Seine	329	H-14	Louveciennes	327	R-9	Stains
329	I-15	Celle-Saint-Cloud (La)	331	T-17	Maisons-Alfort	332	W-19	Sucy-en-Brie
332	W-16	Champigny-sur-Marne	325	J-9	Maisons-Laffitte	326	L-13	Suresnes
331	S-16	Charenton-le-Pont	330	O-16	Malakoff	331	S-19	Thiais
330	N-19	Châtenay-Malabry	329	J-16	Marnes-la-Coquette	328	Y-9	Tremblay-en-France
330	N-17	Châtillon	325	I-10	Mesnil-le-Roi (Le)	331	U-20	Valenton
325	J-12	Chatou	330	M-17	Meudon	330	O-16	Vanves
329	K-17	Chaville	325	I-11	Montesson	329	J-15	Vaucresson
332	X-18	Chennevières-sur-Marne	328	X-12	Montfermeil	328	Y-10	Vaujours
329	I-16	Chesnay (Le)	327	Q-8	Montmagny	329	K-18	Vélizy-Villacoublay
331	Q-19	Chevilly-Larue	327	U-13	Montreuil	330	N-20	Verrières-le-Buisson
331	T-20	Choisy-le-Roi	330	P-17	Montrouge	329	I-17	Versailles
330	N-18	Clamart	325	L-12	Nanterre	325	I-12	Vésinet (Le)
326	O-11	Clichy	332	W-14	Neuilly-Plaisance	329	K-16	Ville-d'Avray
328	X-12	Clichy-sous-Bois	332	X-14	Neuilly-sur-Marne	331	Q-18	Villejuif
326	M-11	Colombes	326	N-13	Neuilly-sur-Seine	328	W-13	Villemomble
325	L-8	Cormeilles-en-Parisis	332	V-16	Nogent-sur-Marne	326	P-10	Villeneuve-la-Garenne
328	Y-11	Coubron	332	Y-19	Noiseau	328	X-9	Villepinte
326	M-12	Courbevoie	332	Y-15	Noisy-le-Grand	327	Q-9	Villetaneuse
327	S-10	Courneuve (La)	327	U-12	Noisy-le-Sec	332	X-16	Villiers-sur-Marne
332	U-18	Créteil	332	X-18	Ormesson-sur-Marne	331	T-15	Vincennes
325	I-13	Croissy-sur-Seine	327	S-12	Pantin	329	J-17	Viroflay
326	P-8	Deuil-la-Barre	328	V-11	Pavillons-sous-Bois (Les)	331	S-18	Vitry-sur-Seine
327	T-11	Drancy	325	H-12	Pecq (Le)			
327	T-9	Dugny	332	W-15	Perreux-sur-Marne (Le)			

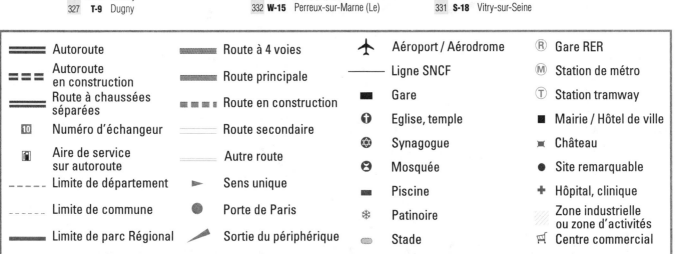

▬▬▬ Autoroute	▬▬▬ Route à 4 voies	✈ Aéroport / Aérodrome	Ⓡ Gare RER
═══ Autoroute en construction	▬▬▬ Route principale	—— Ligne SNCF	Ⓜ Station de métro
▬▬▬ Route à chaussées séparées	▬ ▬ ▬ Route en construction	▬ Gare	Ⓣ Station tramway
🔟 Numéro d'échangeur	▬▬▬ Route secondaire	✪ Eglise, temple	■ Mairie / Hôtel de ville
🅿 Aire de service sur autoroute	▬▬▬ Autre route	✡ Synagogue	⚏ Château
- - - - Limite de département	► Sens unique	☪ Mosquée	● Site remarquable
· · · · Limite de commune	● Porte de Paris	▬ Piscine	✚ Hôpital, clinique
▬▬ Limite de parc Régional	⟋ Sortie du périphérique	❄ Patinoire	Zone industrielle ou zone d'activités
		⬯ Stade	🛒 Centre commercial

FRANCE - DÉPARTEMENTS - RÉGIONS
FRANCE - DEPARTMENTS - REGIONS
FRANKREICH - DEPARTEMENTS - REGIONEN
FRANKRIJK - DEPARTEMENTEN - GEWESTEN
FRANCIA - DIPARTIMENTO - REGIONI

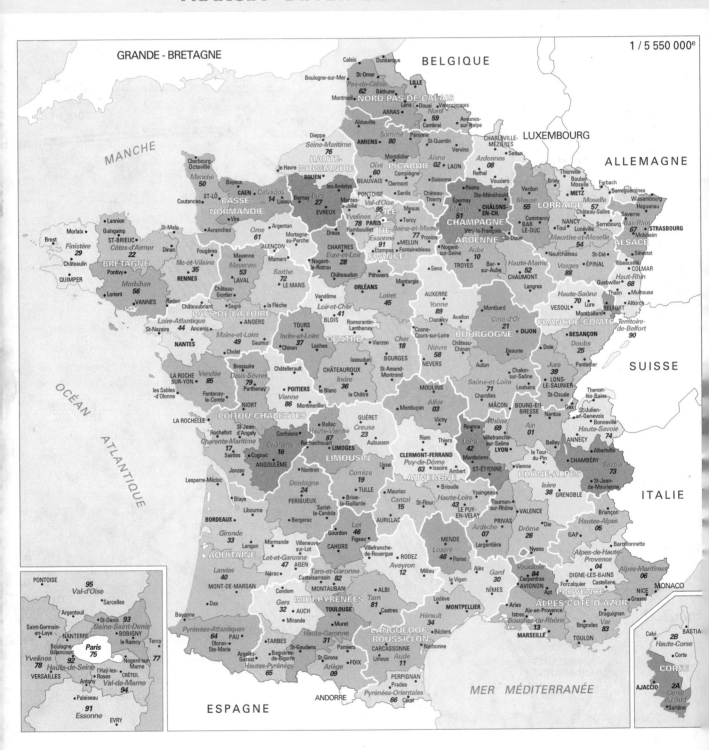

1 / 5 550 000e

01 Ain	14 Calvados	27 Eure	41 Loir-et-Cher	55 Meuse	68 Rhin (Haut)	82 Tarn-et-Garonne
02 Aisne	15 Cantal	28 Eure-et-Loir	42 Loire	56 Morbihan	69 Rhône	83 Var
03 Allier	16 Charente	29 Finistère	43 Loire (Haute)	57 Moselle	70 Saône (Haute)	84 Vaucluse
04 Alpes-de-Haute-	17 Charente-Maritime	30 Gard	44 Loire-Atlantique	58 Nièvre	71 Saône-et-Loire	85 Vendée
Provence	18 Cher	31 Garonne (Haute)	45 Loiret	59 Nord	72 Sarthe	86 Vienne
05 Alpes (Hautes)	19 Corrèze	32 Gers	46 Lot	60 Oise	73 Savoie	87 Vienne (Haute)
06 Alpes-Maritimes	2A Corse du Sud	33 Gironde	47 Lot-et-Garonne	61 Orne	74 Savoie (Haute)	88 Vosges
07 Ardèche	2B Corse (Haute)	34 Hérault	48 Lozère	62 Pas-de-Calais	75 Paris	89 Yonne
08 Ardennes	21 Côte-d'Or	35 Ille-et-Vilaine	49 Maine-et-Loire	63 Puy-de-Dôme	76 Seine-Maritime	90 Belfort (Territoire de)
09 Ariège	22 Côtes-d'Armor	36 Indre	50 Manche	64 Pyrénées-	77 Seine-et-Marne	91 Essonne
10 Aube	23 Creuse	37 Indre-et-Loire	51 Marne	Atlantiques	78 Yvelines	92 Hauts-de-Seine
11 Aude	24 Dordogne	38 Isère	52 Marne (Haute)	65 Pyrénées (Hautes)	79 Deux-Sèvres	93 Seine-Saint-Denis
12 Aveyron	25 Doubs	39 Jura	53 Mayenne	66 Pyrénées-Orientales	80 Somme	94 Val-de-Marne
13 Bouches-du-Rhône	26 Drôme	40 Landes	54 Meurthe-et-Moselle	67 Rhin (Bas)	81 Tarn	95 Val d'Oise